1200 Jahre Birkenau

1200 Jahre Birkenau

Ein Dorf und seine Zeit

Die Deutsche Bibliothek – CIP-Einheitsaufnahme

Birkenau:
1200 Jahre Birkenau : ein Dorf und seine Zeit / [Hrsg.:
Gemeinde Birkenau]. – Birkenau : Bitsch, 1994
   ISBN 3-925014-13-6
NE: HST

© Copyright 1994
Druckerei und Verlag Bitsch GmbH, Birkenau
Herausgeber: Gemeinde Birkenau
Redaktion: Werner Helmke, Albert Kanz, Günter Körner, Friedrich Reinhard und Peter Spilger
Gesamtherstellung: Druckerei und Verlag Bitsch GmbH, Birkenau
Umschlaggestaltung: MSB, Weinheim

Gedruckt auf umweltfreundlichem Papier

Printed in Germany
ISBN 3-925014-13-6

Zu diesem Buch

„1200 Jahre Birkenau" — so der Titel des vorliegenden Heimatbuches unserer Gemeinde. Der Titel sagt nicht aus, daß alle 1200 Jahre chronologisch skizziert sind, der Titel sagt aber etwas über den Anlaß: 1200 Jahre sind vergangen, seit Birkenau zum ersten Mal im Lorscher Codex urkundlich erwähnt worden ist.

Das ist, wie ich meine, Grund genug, um zurückzublicken auf Ereignisse, die unsere Gemeinde miterlebt oder unmittelbar berührt haben. Einiges ist eingebettet in die große Geschichte, anderes ist mitten aus dem Leben. Birkenau in verschiedenen Jahrhunderten. Das Buch erhebt nicht den Anspruch auf Vollständigkeit — dies ist bei 1200 Jahren Geschichte gar nicht möglich — das Buch will in erster Linie Heimatgeschichte vermitteln.

Dies geschieht einmal durch das Informative, zum anderen durch Schilderungen verschiedener Begebenheiten, die einen Einblick geben in das Alltägliche unserer Vorfahren.

Das Buch ist ein Gemeinschaftswerk. Der Leser erkennt dies sicherlich an den verschiedenen Arten des Schreibens, doch dies macht das Lesen umso interessanter.

Über fünf Jahre traf sich in unregelmäßigen Abständen — zum Schluß immer häufiger — eine Autoren- und Redaktionsgruppe und sichtete das Geschriebene, diskutierte, wählte Bilder aus, verwarf wieder ...

Das Ergebnis, glaube ich, kann sich sehen lassen. Unsere Gemeinde ist um einen Kulturträger reicher.

Allen Autoren, den Mitarbeiterinnen und Mitarbeitern möchte ich sehr herzlich danken — auch all denen, die für dieses Buch Bilder zur Verfügung gestellt haben.

Bei allem Gemeinschaftsgeist gilt es, Herrn Günter Körner einen besonderen Dank auszusprechen, er war über all die Jahre hinweg die treibende Kraft für dieses Buch.

Dank gilt auch der Gemeindevertretung, ohne deren Bereitstellung der Mittel die Finanzierung kaum möglich gewesen wäre.

Es bleibt der Wunsch, daß „1200 Jahre Birkenau" den Leserinnen und Lesern viel Freude bereitet und einen großen Anklang in der Bevölkerung findet.

Albert Kanz
Bürgermeister

Inhaltsverzeichnis

Ein Dorf und seine Zeit 1
    Birkenau zur Lorscher Zeit 1
    Birkenau zur Zeit des 30jährigen Krieges 8
    Birkenau von 1806-1848 18
    Der Odenwälder Landsturm 1799 37
    Vormärz und Revolution 1848/49 im Birkenauer Tal 39

Zwischen Großherzogtum und Republik 65
    Birkenau von 1850 bis 1918 65

Inflation und 2. Weltkrieg 91
    Birkenau von 1918-1948 91
    Vom Leben und Leiden der Birkenauer Juden 139

Nachkriegsjahre und Gegenwart 161
    Fern der Heimat – Flüchtlingsschicksal 161
    Birkenau von 1945 bis heute 165

Birkenauer Heimatkunde 187
    Die Freiherrliche Familie Wambolt von Umstadt 187
    Das alte Rathaus von 1552 195
    Denkmäler in Wald und Flur 201
    Brauchbuch 210
    Der Birkenauer Feuersegen 217
    Birkenauer Märkte 222
    Birkenauer Bürgerhäuser 233
    Von Mühlen und Müllern 239
    „Wer hat dich, du schöner Wald..." 253

Recht und Ordnung im Dorf 265
    Zur Bedeutung des Birkenauer Gemeindewappens 265
    Die Orts- und Zentherren 272
    Zent und Zentgericht Birkenau 296
    Der Ortsbürgernutzen 317
    Vom Birkenauer Galgen 320
    Die Birkenauer Bürgermeister seit 1821 324
    Die Gemeindevertretung 329

Von Wirten, Lehrern und Doktoren 331
   Von Birkenauer Gastwirten und „Chirurgen" 331
   Johann Leonhard Schneider, Gerichtsschreiber und Lehrer in Birkenau
     (1783 bis 1835) 337
   Zur Geschichte des Hebammenwesens in Birkenau 344
   Dr. Johannes Stöhr – ein unermüdlicher Helfer der Kranken 351
   Rektor Johannes Pfeifer – ein Birkenauer Heimatforscher 354

Was das Dorf zusammenhält 357
   Kirchliche Geschichte 357
   Fürs Leben lernen – aus der Schulgeschichte 371
   Baugenossenschaft Birkenau 389

Vereinsleben 393
   Vereine der Gemeinde Birkenau im Jubiläumsjahr 393
    1. ASV Angelsportverein Birkenau 1972 e.V. 395
    2. Birkenauer Blaskapelle 398
    3. Birkenauer Carnevalverein „BCV 73" 399
    4. Kleintierzuchtverein Birkenau 402
    5. Kolpingsfamilie Birkenau 406
    6. Mandolinenclub Birkenau 407
    7. Männergesangverein „Eintracht" 1852 Birkenau 409
    8. Odenwaldklub Birkenau 414
    9. Rotes Kreuz, Ortsvereinigung Birkenau 417
   10. Schachklub Birkenau 419
   11. Sportvereine von 1886 bis heute 420
      a) TSV Turn- und Sportverein Birkenau 433
      b) Behinderten Sportgruppe Birkenau 443
      c) VfL Verein für Leibesübungen Birkenau 444
      d) Tennisverein Blau-Weiß Birkenau 446
      e) Reit- und Fahrverein Birkenau 447
   12. Verein Vereinshaus 448
   13. Verein zur Partnerschaftspflege e.V. Birkenau - La Rochefoucauld 450
   14. Kultur- und Verkehrsverein Birkenau 452
   15. Volks-Chor Birkenau 457

Was das Dorf am Leben hält 461
    Landwirtschaft in Birkenau 461
    Der Eisenbahnbau 1895 465
    Kurze Postgeschichte 481
    Vom Feuerlöschwesen 483

Dorfgeschichten – Dorfgeschehen 497
    Die Eskapaden des Johann Bertram von Hersbach 497
    Chronikalische Aufzeichnungen des Pfarrers Johannes Heinrich
        Hallenbauer (1707-1738) 503
    Ein Meinungsstreit über die Moral in Birkenau (1805) 515

Die Autoren 520

Namensverzeichnis 522

Ein Dorf und seine Zeit

Birkenau zur Lorscher Zeit

Die Zent Birkenau hat sich innerhalb der im Jahre 773 an das Kloster Lorsch geschenkten Mark Heppenheim entwickelt, war die kleinste ihrer Art und wurde wohl schon im 12. Jahrhundert an Vasallen als Lehen vergeben. Aus diesem Grunde war sie auch nie Bestandteil des Amtes Starkenburg, sondern blieb mainzisch und wurde auch in der Zeit der Pfandschaft (1461 – 1623 bzw. 1650) nie pfälzisch, obwohl sie zu allen Zeiten engste Verbindungen zum pfälzischen Weinheim hatte. Auch das Kirchspiel Birkenau, das im Umfang ursprünglich mit der Zent völlig übereinstimmte, ging seinen eigenen Weg; seit der Einführung der Reformation (etwa schon im Jahre 1522) war und blieb es lutherisch in einer reformierten bzw. katholischen Umgebung.

Diese merkwürdige Sonderstellung gibt Anlaß, die Herrschaftsverhältnisse dieser Zent nach dem neuesten Forschungsstand umfassend darzustellen.

Vorgeschichte

Seit der Jungsteinzeit ist der Mensch hier seßhaft gewesen. An der Talausmündung der Weschnitz in die Rheinebene, also in der Weinheimer Gemarkung, haben sich wahrscheinlich seit 6000 Jahren Menschen ununterbrochen niedergelassen, was die Bodenfunde bestätigen. Seit wann das Weschnitztal selbst besiedelt wurde, ist wegen Mangels an Funden nicht zu bestimmen. Da jedoch in den letzten Jahren Steinbeile bei Fürth gefunden werden konnten, meist in Tiefen von 2 m und mehr (was damals Oberfläche war), und auch im entlegenen Überwald die Fundberichte sich häufen, dürfte kein Zweifel mehr sein, daß das breite und von fruchtbarem Lößboden bedeckte Weschnitztal mindestens an den günstigsten Stellen seit der Jüngeren Steinzeit besiedelt worden ist. Auch die Römer werden dieses Tal von Weinheim aus als Zugang zum Limes benutzt haben. Von einer völligen Siedlungsleere zu sprechen, als im Jahre 764 das Kloster Lorsch gegründet wurde, ist abwegig.

Erste Erwähnung 795

Die Alemannen überrannten 233 erstmals den Limes, der dann um 260 von den Römern endgültig aufgegeben wurde. Nach dem Siege Chlodwichs über die Alemannen im Jahre 496 wurde unsere weitere Heimat fränkisch, doch blieben sicherlich die bisherigen Bewohner im Land. Der Besitznahme durch die Franken folgte eine neue Landaufteilung, auch wohl Neuansiedlungen an neuen Wohnplätzen. Näheres ist darüber nicht bekannt, nur, daß viele dieser fränkischen Siedlungen Ortsnamen mit der typischen „-heim" Endung erhielten (Weinheim, Heppenheim, Viernheim). Der gleichen Siedlungsschicht gehören auch die früh bezeugten „-stadt" und ein Teil der „-bach" − Orte an (vermutlich auch Mörlenbach und Rimbach). Als das Kloster Lorsch 764 gegründet wurde, war die Besiedlung im Ried und an der Bergstraße weitgehend abgeschlossen. Wie es im Lautertal und im Weschnitztal stand, läßt sich nicht ermitteln. Wenn aber kleine Orte wie z.B. Mitlechtern und Lauten-Weschnitz schon 805 bezeugt sind, dann wäre es seltsam, wenn so günstig gelegene Orte wie Fürth, Rimbach und Mörlenbach noch nicht bestanden haben sollten.

Unbestritten ist, daß zum Zeitpunkt der Gründung des Klosters Lorsch auch schon eine feste Gauverfassung bestand. Die Grenzen zwischen dem Rheingau und dem Lobdengau waren längst festgelegt, diese Grenzlinie war auch schon damals die Trennlinie für die Diözesen Mainz und Worms. Weinheim und das Weschnitztal bis Lindenfels waren und blieben der Wormser Diözese zugeteilt.

Die 773 von Karl d. Gr. dem Kloster Lorsch geschenkte Mark Heppenheim erstreckte sich über beide Gaue. Karl der Große konnte diese Großmark nur deshalb dem Kloster Lorsch übereignen, weil sie Königsgut war, d.h. innerhalb ihrer Grenzen gab es keinen Privatbesitz. Es konnten demnach keine Privatbesitzer irgendwelche Schenkungen aus dieser Mark dem Kloster zuwenden, wie sie sonst aus der Rheinebene, Rheinhessen usw. in großer Fülle erfolgt sind, die der Lorscher Codex uns überliefert hat. In diesen Schenkungen aus der 2. Hälfte des 8. Jahrhunderts werden viele Orte erstmals genannt. Die Nichterwähnung vieler innerhalb der Mark Heppenheim liegenden Odenwaldorte ist somit kein Beweis dafür, daß diese Orte damals noch nicht bestanden hatten. Dies gilt auch für Birkenau.

Der Schenkungsurkunde über die Mark Heppenheim vom Jahre 773 ist eine Grenzbeschreibung nachträglich zugefügt worden, die jedoch erst ums Jahr 1000 angefertigt sein dürfte (CL 6a$_1$). Von den Forschern unbestritten ist dagegen die Grenzbeschreibung vom Jahre 795 (CL 6a$_2$). Der Anlaß waren Grenzstreitigkeiten. Deswegen beauftragte Karl der Große den Gaugrafen Warin, durch ein ordentliches Schiedsgericht die Angelegenheit zu ordnen. Dieser versammelte daraufhin auf dem „Walinehoug", dem heutigen Kahlenberg bei Weschnitz, angesehene Männer aus Lobden-, Rhein-, Main- und dem Gau Wingarteiba, hegte das Gericht und ließ die Grenzpunkte festlegen (s. nachfolgende Urkunde und Karte). Die Sprachformen der Grenzpunkte tragen die Kennzeichen des frühen Althochdeutschen, deshalb kann an der Echtheit der Urkunde nicht gezweifelt werden.

Der eigentlichen Grenzbeschreibung hat ein späterer Schreiber, weil sie im Westen unvollständig war, die Grenzpunkte der Süd- und Westgrenze der Mark Bürstadt zugefügt. Diese Mark gehörte nicht zur Mark Heppenheim, war aber bis zu Beginn des 9. Jahrhunderts schon völlig in der Hand des Klosters.

Auch die Aufzählung der einliegenden Orte ist, nach den Formen der Ortsnamen zu urteilen, ebenfalls später erfolgt (darunter befindet sich Birkenowa), doch kann mit Sicherheit davon ausgegangen werden, daß der Kanzlist Urkunden und Hinweise besessen hat, die seine Einfügung in die Urkunde von 795 glaubhaft machen. Die einliegenden Orte sind auch sonst schon für die Karolingerzeit (714 - 911) bezeugt: Mörlenbach um 900, Rimbach 877, Birkenau 846, 877, 897, Weinheim 755, Hemsbach 805, Laudenbach 805, Heppenheim 775, 773, 805, Bensheim 765, 767, 771, Auerbach 784, danach 1023 Fürth. Aus diesem Grunde ist sicher, daß die Erster-

Erste urkundliche Erwähnung von Birkenau Anno 795

De marcha hephenhei

Hanc villã cũ silua habuerẽ in beneficio Wegelenilo, pt̃
Warin, 7 post eũ Warin comes filʼ eī; mīnusterīū habuīi
adop̃ regis 7 p̃ eũ Bougolfus come; q̃ispʼ eũ karolus rex
sc̃o ĩ palatio tradidit. Iste Warin expp̃o karoli regis
anno xxvīi regni eī; mediante ipse Augusto placuit in
eade silua ad tumulũ q̃ dicit̃ Walmehoug. habuit. 7 cũ
illustrũ uirog̃ iudicio 7 testimonio tīnīū diuisione
et faciens, eā ãsilua que princet ad moynegowe. 7 ab oī
bo ea rẽ posins marchẽ ĩuberũ 7 designans limitip,
distermīaũt. Iuog̃ limitũ hec sũ uocabula. Limites ip̃i sũ
Steinfurt. Gunnesloch. Walodam. Aldolfesbach.
Felisberk. Winterchasto. Gelcheberga. Arelgres
ce. Walehinhoug. Burguntharg. Scheuesharg.
Hildigeresbrunno. Ososharg. Lintbrunno. Era
winberk. Albuunnesneita. Mauresberk. Samenes
bach. Igelsbuch. Renniferssol. usp̃ muluena. que in
fluit in seochar. Abuluena usp̃ ad franconodal. Ad
petrā in kasenowa. Ad petrā ad strselanden. Loubwi
sa. Marelacha. Musa. Aganrod.
Infra hos limites ipxa decursū fluuii Wisgoz. ẽ ex duob;
forna[b scarce. sed duo unculos̃. uidel̃. manoldescella. 7 Rich
gyselsburg. stop̃ stē hec uille. Furse. Rimbach. Morienbach.
Birkenowa. Wimenhei. Hemmungisbach. Lutenbach.
Stephenhei. Besinshei. Vrbach. Lauresham. Bileslar.
Huic determinationi hi resti in fuere. sc. e. losoowegowe
Biesbreht. Erpols. Engilbreht. Leitrad. Isenbreht.
Regenbrebe. Herzerinc. Hadebreht. Bŭbo. Erkenbreht.
Ham hoch. Helmbreht. D̊ OWING ARTEIBA.
Adelbodo. Snelhart. Waldrich. Bodolof. Albrich.
Dragebodo. Gebehart. Sloor. De moynicgowe. et
Rysocgowe. Ruprut comes. Gerhart. Wolfhart.
Rado. Lambodo. Tiezo. Rugger. Wacher. Benning.
Buodo. Hereman. Hercrar. Regenher. German. Wach
mune. Rudolf. Vgo.

Lorscher Codex Urk. Nr. 6a : Grenzbeschreibung 795 der von Karl d. Gr. dem Kloster Lorsch im Jahre 773 geschenkten Mark Heppenheim wähnung von Birkenau im Jahre 795 nicht angezweifelt werden kann. Diesem Urteil hat sich auch das Staatsarchiv in Darmstadt angeschlossen.

Urkunde von 795

De marcha Hephenheim

1. Hanc villam cum silva habuerunt in beneficio Wegelenzo, pater
2. Warini, et post eum Warinus comes, filius eius, in ministerium habuit
3. ad opus regis, et post eum Bougolfus comes, quousque eam Karolus rex
4. sancto Nazario tradidit. Iste Warinus ex precepto Karoli regis
5. anno XXVII regni eius, mediante mense augusto placitum in
6. eadem silva ad tumulum, qui dicitur Walinehoug habuit, et cum
7. illustrium virorum iudicio et testimonio terminum et divisionem
8. eius faciens, eam a silva, que pertinet ad Moynecgowe, et ab omni-
9. bus circumpositis marchis, sub certis et designatis limitibus
10. disterminavit. Quorum limitum hec sunt vocabula. – Limites qui supra:
11. Steinfurt, Ginnesloch, Walodam, Aldolfesbach,
12. Felisberk, Winterchasto, Gelicheberga, Arezgref –
13. te, Walehinhoug, Burgunthart, Eichenesharrt,
14. Hildigeresbrunno, Mosahart, Lintbrunno, Cra-
15. winberk, Albwinessneita, Mauresberk, Gamenes-
16. bach, Igilesbuch, Rennolfessol, usque in Ulvena, que in-
17. fluit in Necchar. Ab Ulvena usque ad Franconodal. Ad
18. petram in Kasenowa. Ad petram ad Hirselanden, Loubwi-
19. sa, Marclacha, Musa, Aganrod.
20. Infra hos limites iuxta decursum fluvii Wisgoz, qui ex duobus
21. fontibus scatet, secus duos viculos, videlicet Manoldescella et Rich-
22. gisesbura, site sunt hee ville: Furte, Rintbach, Morlenbach,
23. Birkenowa, Winenheim, Hemmingisbach, Lutenbach,
24. Hephenheim, Bensinsheim, Urbach, Lauresham, Bisestat.
25. Huic determinationi hii testes interfuerunt. De Lobodengowe:
26. Dietbreht, Erpolt, Engilbreht, Leitrad, Isenbreht,
27. Reginbreht, Hertrinc, Hadebreht, Bubo, Erkenbreht,
28. Nanthoch, Helmbreht. – De Wingarteiba:
29. Adelbodo, Snelhart, Waldrich, Bodololf, Albrich,
30. Dragobodo, Gebehart, Moor. – De Moynicgowe et
31. Rinecgowe: Rupertus comes, Gerhart, Wolfart,
32. Rado, Lambodo, Tieto, Rugger, Wacher, Beinung,
33. Duodo, Hereman, Hererat, Regenher, German, Wach-
34. munt, Rudolf, Ugo.

Übersetzung

Über die Mark Heppenheim

Dieses Dorf (Heppenheim) mit dem Wald (= Waldmark) trugen zu Lehen Wegelenzo, der Vater des Warin, und nach ihm hatte es Graf Warin, dessen Sohn, als Amtsbezirk zur Verfügung des Königs und nach ihm Graf Bougolf, bis es Karl dem heiligen Nazarius übergeben hat (773). Jener Warin hielt auf Befehl König Karls im 27. Jahr seiner Königsherrschaft (795) um die Mitte des Monats August eine Gerichtsverhandlung in demselben Walde bei dem Hügel, der Walinehoug genannt wird (Kahlberg bei Weschnitz, auf dem die Walpurgiskapelle steht). Und indem er nach dem Urteil und Zeugnis vornehmer Männer eine Grenze und Abteilung dieser Waldmark machte, schied er ihn von dem Wald, der zum Maingau gehört, und von allen umliegenden Marken durch sichere und klar bezeichnete Grenzen. Die Namen der Grenzpunkte sind die folgenden:

Grenzen wie oben (siehe Grenzbeschreibung 773): Steinfurt, Ginnesloch, Walodam, Aldolfesbach, Felisberk, Winterchasto, Gelicheberga, Arezgrefte, Walehinhoug, Burgunthart, Eicheneshart, Hildigeresbrunno, Mosahart, Lintbrunno, Crawinberg. Albwinessneita, Mauresberk, Gamenesbach, Igilesbuch, Rennolfessol bis zur Ulvena, die in den Neckar einfließt, von der Ulvena bis nach Franconodal. Zum Stein in Kasenowa, zum Stein bei Hirselanden, Loubwisa, Marclacha, Musa, Aganrod.

Innerhalb dieser Grenzen liegen längs dem Lauf der Weschnitz, die aus zwei Quellen hervorsprudelt, neben zwei Weilern, nämnlich Manoldescella und Richgisesbura, folgende Dörfer:

Fürth, Rimbach, Mörlenbach, **Birkenau**, Weinheim, Hemsbach, Laudenbach, Heppenheim, Bensheim, Auerbach, Lorsch, Bürstadt.

An dieser Abgrenzung nahmen folgende Zeugen teil:

Vom Lobdengau: Dietbreht, Erpolt, Engilbreht, Leitrad, Isenbreht, Reginbreht, Hertrinc, Hadebreht, Bubo, Erkenbreht, Nanthoch, Helmbreht.

Von der Wingarteiba: Adelbodo, Snelhart, Waldrich, Bodololf, Albrich, Dragobodo, Gebehart, Moor.

Vom Maingau und Rheingau: Graf Rupert, Gerhart, Wolfhart, Rado, Lambodo, Tieto, Rugger, Wacher, Beinung, Duodo, Hereman, Hererat, Regenher, German, Wachmunt, Rudolf, Ugo.

(Übersetzt: Hans-Peter Lachmann)

Weitere frühe Erwähnungen

Auf die Ersterwähnung 795 folgen im Lorscher Codex noch drei weitere, und zwar recht bedeutsame, frühe Erwähnungen im 9. Jahrhundert, eine Besonderheit Birkenaus, die andere Orte der weiteren Umgebung nicht aufweisen können.

Wir haben schon oben erklärt, daß Birkenau älter ist als das Kloster Lorsch und auf keinen Fall erst von dessen Mönchen gegründet wurde. Es ist bisher schon bekannt gewesen, daß Birkenau einen Fronhof (Fronhube) besessen hat, der auf dem Hochufer gegenüber der evangelischen Kirche lag und mit ihr eine Einheit bildete. Hier ist, wie schon Johannes Pfeifer festgestellt hat, der Ausgangspunkt des Ortes zu suchen. Es handelt sich hier gewiß — ähnlich wie in Schlierbach bei Lindenfels — um eine frühe Gründung der fränkischen Könige oder ihrer Gaugrafen. Schon Chlodwig hat das von den Alemannen eroberte Land als Königsland und persönlichen Besitz betrachtet. Er und seine Nachfolger errichteten in den Gauen und Marken königliche Gutshöfe von teils bescheidener Größe. Manche dieser Höfe wurden den Gefolgsleuten des Königs zur Nutznießung überlassen. Einen Teil der Dorfmark

überließ man den bisher schon seßhaften oder angesiedelten Bauern, die verpflichtet waren, in gewissen Tagen in der Woche Frondienste für den herrschaftlichen Hof zu leisten, aber so, daß sie ihr eigenes Land auch noch zur Zufriedenheit bestellen konnten. Dieser Fronhof fiel also 773 ans Kloster Lorsch, das ihn zeitweise an hochgestellte Personen zur Nutznießung weitergab, wie wir weiter unten sehen werden. Im allgemeinen hatten Fronhöfe eine Größe von 300 Morgen.

Der Fronhofverwalter (villicus) übte im Auftrage seines Herrn die Gerichtsbarkeit aus. Die Gerichtssitzungen fanden im Freien statt, wohl dicht beim Fronhof oder unter einer Linde bei der Kirche. Die erste Dorfkirche aus Holz dürfte schon im 8. Jahrhundert dicht beim Fronhof vom König oder einem Adligen als Eigenkirche errichtet worden sein. Von einer Gründung durch das Kloster Lorsch ist nichts überliefert, und sie ist auch unwahrscheinlich, denn das Kloster hätte in späterer Zeit gewisse Rechte an der Kirche gehabt, die nicht nachzuweisen sind. Die früher vertretene Ansicht, Birkenau sei aus einer Zelle eines Einsiedlers entstanden, weil in der Urkunde von 846 Birkenau als „Cella" bezeichnet wird, ist irrig. Damit ist nur gemeint, daß das Dorf damals schon eine Kirche besessen hat, trägt doch auch das viel größere Michelstadt noch im Jahre 819 ebenfalls diese Bezeichnung „Cella". 877 und 897 tritt uns dann die Bezeichnung „Villa" entgegen.

846 Im Jahre 846 übergibt Graf Werinher testamentarisch allen seinen Besitz in Biblis, Wattenheim und Zullestein, den er 10 Jahre zuvor von König Ludwig dem Deutschen als Geschenk erhalten hatte (CL 26), auf ewige Zeiten dem Kloster Lorsch, behält sich aber die Nutznießung bis an sein Lebensende vor. Außerdem darf er über die Einkünfte von allen Gütern, die Engilhelm und seine Gattin dem Kloster vermacht haben, verfügen, und schließlich erhält er die gesamte Nutznießung über das Dorf Weinheim und die Cella Birkenowa. Nach seinem Tod sollen diese Besitzungen und Nutznießungen ungeteilt dem Kloster anheim- bzw. zurückfallen. Seinen Erben behält er aber die Möglichkeit vor, den geschenkten Besitz vom Kloster mit Geld auszulösen (was jedoch nicht erfolgt ist). Der geschenkte Besitz soll ausschließlich dem Unterhalt der Mönche dienen und darf niemals als Lehen vergeben werden. Der genannte Graf Werinher ist nach seinem Tod in der sog. „Bunten Kirche" (ecclesia varia) beigesetzt worden. (CL 27)

Dem Text der Urkunde ist zu entnehmen, daß Graf Werinher erst damals Birkenau nur zur Nutznießung auf Lebenszeit und nicht als Eigentum erhalten hat. Sein Sterbejahr ist nicht bekannt, 858 ist er noch erwähnt.

877

Eine ähnliche Schenkung erfolgte im Jahre 877 (CL 40). Liuthar, Graf des Lobdengaus, schenkt seinen Besitz in Leutershausen, Sachsenheim, Dossenheim und vielen weiteren Orten in diesem Gau dem Kloster Lorsch unter der Bedingung, daß er die Nutznießung bis ans Lebensende behält. Dafür erhält er vom Kloster als zeitgebundenes Lehen die Orte Weinheim, Birkenau, Reisen, Liebersbach, Zotzenbach und Rimbach. Nach seinem Tod fallen die Lehen ans Kloster zurück. Auch diese Schenkung soll zukünftig den Mönchen zum Unterhalt dienen und darf niemals als Lehen vergeben werden. Graf Liuthar ist nochmals 888 (CL 48) erwähnt.

897

Im Jahre 897 wird Birkenau wiederum bei der Schenkung des Bischofs und Abtes Adalbero erwähnt (CL 53). Dieser war von 895 - 900 Abt in Lorsch und ist 909 verstorben. Er war gleichzeitig Bischof von Augsburg. Er übergibt allen Besitz, den ihm Kaiser Arnulf in Gernsheim geschenkt hat (895), erhält ihn aber wieder zur lebenslänglicher Nutznießung zurück. Außerdem bekommt er zur Nutznießung auf Lebenszeit Weinheim, Birkenau, Kunzenbach, Liebersbach, Leutershausen und weitere Orte.

Wie diese drei Urkunden einwandfrei zeigen, war Birkenau nur zur Nutznießung, jedoch nicht eigentümlich verliehen. Erst als das Kloster Lorsch im 11. und 12. Jahrhundert von seinen Vögten fast seines ganzen Besitzes im Odenwald beraubt wurde, worüber der Chronist sich heftig beklagt, scheint auch Birkenau mit Zubehör als Lehen an die Swende von Weinheim weggegeben worden zu sein, vielleicht aber erst nach der Übernahme durch den Erzbischof von Mainz.

Rudolf Kunz

Birkenau zur Zeit des 30jährigen Krieges

Birkenau war um 1600 ein kleiner Ort mit etwa 50 Häusern und ca. 270 Einwohnern und bildete den Mittelpunkt der gleichnamigen Zent. Zur Zent selbst gehörten die Ortschaften Kallstadt, Balzenbach, Nieder-Liebersbach (zu 1/3), Hornbach sowie Rohrbach.

Birkenau war, in moderner Verwaltungssprache ausgedrückt, ein kleines Mittelzentrum, von dem aus versucht wurde, durch die noch nicht sehr stark ausgeprägte Verwaltung die Zent-Angelegenheiten zu regeln. Die Zent hatte zwei Lehnsherren, für Hornbach und Balzenbach Kurpfalz, für Birkenau Kurmainz. Von 1515 – 1649 teilten sich die Landschaden von Steinach und die Wambolt von Umstadt die Ortsherrschaft. Bei diesen unterschiedlichen Lehens- bzw. Herrschaftsverhältnissen waren Meinungsverschiedenheiten, die oftmals Anlaß zu Streitereien und Irritationen waren, fast an der Tagesordnung. So ist z.B. für den Bau des historischen Birkenauer Rathauses belegt, daß Hornbach und Balzenbach wohl aufgrund der geschilderten Machtverhältnisse die verlangten Fronden verweigerten und deshalb mit einer Geldstrafe belegt wurden, die aber mit landschadischer Unterstützung zurückgestellt werden konnte. An die konfessionellen Streitigkeiten zwischen Lutheranern und Katholiken, die in Birkenau über Jahrhunderte anhielten, sei hier nur beiläufig erinnert.

So war die Zent ein recht zerbrechliches Gebilde. Es liegt deshalb nahe, daß der sog. Maueranker im Birkenauer Wappen gerade wegen der geschilderten Spannungen innerhalb der Zent vielleicht nichts anderes als ein Zeichen für die Zusammengehörigkeit der ganzen Zent bedeuten sollte. Ein schriftlicher Beleg hierfür hat sich allerdings trotz intensiver Nachforschungen bis heute nicht finden lassen.
Vor dem 30jährigen Krieg funktionierte das Gemeinwesen recht gut. Einmal im Jahr wurde eine Zentgerichtsversammlung abgehalten, auf der herrschaftliche Anordnungen und Befehle bekanntgemacht wurden, aber auch die einzelnen Haushaltsvorstände Wünsche, Anregungen und Beschwerden vorbringen konnten. Die Anwesenheit der Herrschaft ermöglichte es, leichte Vergehen wie Beleidigungen, Schlägereien und kleinere Diebstähle sofort abzuurteilen.

Bis 1655 hatte die Ortsherrschaft auch die sog. „vier hohen Zentfälle", d.h. die Bestrafung für Mord, schweren Diebstahl, Ehebruch und Brandstiftung, inne. In solchen Fällen wurde eine gesonderte Gerichtsverhandlung abgehalten. Beispielhaft sei hierfür der Fall des Nikolaus Balschbach aus dem Jahre 1596 angeführt, dem wegen unerlaubten Fischens und Fangens von Krebsen ein Ohr abgeschnitten wurde, außerdem der Fall der Katharina und Agnes Erhard, die unter dem Galgen wegen zweifachen Kindesmordes 1609 enthauptet wurden.

Die Bebauung Birkenaus erstreckte sich fast ausschließlich auf die linke Wechnitzseite im Bereich Kreuzgasse, Kirchgasse und Untergasse. Auf der anderen Weschnitzseite, zu der parallel die sog. Odenwäldische Landstraße verlief, die entgegen schon gelegentlich geäußerten Vermutungen nicht durch den Ort führte, standen zwei Gasthäuser. Das eine wurde von Jörg Knosp, das andere von Samuel König betrieben, von dem gelegentlich noch die Rede sein wird.

Ein Schloß hat es in Birkenau vor dem 30jährigen Krieg nicht gegeben. Vielleicht gab es im 13. oder 14. Jahrhundert eine kleine Burg, von der aus die Landstraße Weinheim-Fürth kontrolliert werden konnte. Starke Fundamente wurden beim Ausbau der B 38 Anfang 1960 angeschnitten.

Zweimal im Jahr fanden Märkte statt, bei denen sich die Bevölkerung mit lebensnotwendigen Gütern eindecken konnte. Es war auch die einzige Möglichkeit, wie es heißt, sich ehrbar zu ergötzen. Der eine Markt, an Kirchweih, fand am Sonntag nach Jacobi, Anfang August statt, dem vermutlichen Einweihungsdatum des Vorgängerbaues der heutigen evangelischen Kirche; der Bartholomäi-Markt fand am 24. August statt.

In Birkenau gab es ursprünglich 4 Mühlen: die Carlebachmühle, das jetzige Anwesen Frank; zwei Mühlen in der Obergasse, die Römsmühle und die sog. Donelsmühle sowie die Dengersmühle, wobei angemerkt werden muß, daß vom eigentlichen Baubestand vor dem 30jährigen Krieg nichts erhalten ist.

Örtliche Schilderungen über die Zeit des 30jährigen Krieges greifen oftmals gezwungenermaßen auf Vorgänge zurück, die sich in anderen Städten und Dörfern ereignet haben, da durch die Kriegswirren vorhandene Dokumente weitgehend vernichtet wurden. Der verstorbene Rektor Johannes Pfeifer, der 1934/35 einen Aufsatz mit dem Titel „Birkenau zur Zeit des 30jährigen Krieges" veröffentlicht hat, schöpfte deshalb auch hauptsächlich aus Werken wie „Die Geschichte der Stadt Weinheim" von Dr. Weiß (1911) und der Bieberauer Chronik des Johann Daniel Minck. Die wenigen Angaben über Birkenau hatte er aus dem Evangelischen Kirchenbuch und vorhandenen Reparaturrechnungen zusammengetragen.

Zwischenzeitlich haben sich einige Belege gefunden, die etwas Licht in die Birkenauer Vorkommnisse in dieser schweren Zeit bringen. Eine Anmerkung in der Kirchenchronik lautet: „Im 30jährigen Krieg mußte Birkenau viel Leid und Not erfahren. Gleich am Anfang erschienen feindliche Truppen und richteten mancherlei Unheil an." Vermutlich waren es Spanier unter General Cordova, welche damals an der Bergstraße hausten.

Aus einer Bemerkung unter einem Kaufbrief, der 1622 protokolliert wurde, „weilen das Gerichtssiegel bei dieser Kriegszeit entwendet worden", vermutet Pfeifer die Plünderung des Rathauses. Auch Privathäuser dürften damals geplündert worden sein. Dokumente von einiger Wichtigkeit wie Grenzbeschreibungen, Grund-, Zins- und Steuerbücher und nicht zuletzt das örtliche Weistum, eine Beschreibung der Rechte und Pflichten eines jeden Bürgers, also eine Art Birkenauer Gemeindeordnung, wurden in einer eichenen Gerichtskiste, die durch eiserne Bänder und zwei Schlösser gesichert war, in der Kirche und nicht etwa im Rathaus, wie man vermuten könnte, aufbewahrt. Diese Gerichtskiste konnte nur durch zwei Personen, die jeweils einen Schlüssel hierzu hatten, geöffnet werden. Kein Wunder, daß plündernde Soldaten gerade hier irgendwelche Reichtümer vermuteten und dann bei Entdeckung der für sie wertlosen Papiere in ihrem Zorn diese vernichteten.

Bis heute hat sich aus diesem Grund wohl auch kein Birkenauer Weistum aus der Zeit vor dem 30jährigen Krieg finden lassen. Ein undatiertes Schriftstück, das aber mit Sicherheit zwischen 1622 und 1625 von Schultheiß, Gericht und der ganzen

Gemeinde zu Birkenau verfaßt wurde, versucht daher, die althergebrachten Gerechtigkeiten und Freiheiten durch Befragung festzuhalten, um so die innegehabte Position gegenüber der Ortsherrschaft nicht preiszugeben.

Neben Einquartierungen und Plünderungen hatte die leidgeprüfte Bevölkerung auch Schatzungen, also Geldabgaben, die zur Führung des Krieges notwendig waren, zu erbringen. Die Finanzkraft der Bürger wurde schon im Jahre 1622 überfordert. So war es notwendig geworden, Geld zu leihen, das auswärts aufgenommen wurde. Darüber wurden drei Belege gefunden. Zu Fastnacht 1622 nimmt die Gemeinde Birkenau 50 Gulden von Hans Hülzenkopf zu Lützelsachsen auf und gibt als Pfand Wald im Schwanklingen. Ebenfalls zum vorgenannten Zeitpunkt borgt Nieder-Liebersbach 50 Gulden bei Hans Erkemann und seiner Frau Catharina und verpfändet dafür zwei Stücke im Hammersgraben und ein Stück im Mertz-Wasen. Zu Nikolai 1623 nimmt die Gemeinde Birkenau weitere 600 Gulden bei Johann Philipp Scherben auf und setzt ein großes Waldstück in der Leppelshecke als Sicherheit ein. 1624 schließlich leiht die Gemeinde Birkenau von Anna Haimes einen Betrag von 500 Gulden und verpfändet hierfür ein Stück Wald, gelegen am Kallstadter Weg. Ebenfalls im gleichen Jahr leiht Nieder-Liebersbach 300 Gulden von Peter Weigant zu Auerbach und gibt ein Grundstück, den gemeinen Jungbusch, als Sicherheit.

Dies war erst der Anfang der gemeindlichen Verschuldung, die bereits in einem sehr frühen Stadium des Krieges den finanziellen Ruin einleitete und ein sachbezogenes Wirtschaften und Haushalten unmöglich machte. Als ungefährer Anhaltspunkt mag dabei dienen, daß im Jahre 1600 die gesamten Ausgaben für ein Haushaltsjahr 65 Gulden betrugen und für die erwähnten Jahre 1622 bis 1624 1500 Gulden (fl) an Schatzungen, also das über Zwanzigfache des Betrages, aufgebracht werden mußten. Hierbei bleibt unberücksichtigt, daß gewiß nicht alle Schuldverschreibungen lückenlos erhalten sind. 1623 muß es nach einem Beleg, der Rohrbach betrifft, wiederum zu kriegsbedingten Plünderungen gekommen sein. Johann Casimir Wambolt bürgte für zwei Rohrbacher Hofleute namens Hans Berk und Hans Bechtold für 100 fl. „weil demnach zwei Untertanen durch das Kriegswesen ihrer fahrenden Hab und Nahrung, als Früchten, Pferden und Vieh allerdings beraubt worden und jetzt wegen Mangelung der Samfrüchte die Felder nicht bestellen können".

Ebenfalls 1623 gibt es Kirchenbucheinträge von eingeschlagenen Fenstern in der Kirche und der Pfarrhofreite. Die Gemeinde Birkenau wurde also ebenfalls in Mitleidenschaft gezogen.

Immer wenn Kriege tobten, geschahen in der Vorstellung der damals Lebenden wunderliche Dinge. „So tauchten im Odenwald und anderswo farbige Mäuse auf, die sich sogar in die Kirche wagten." Am 29. November 1623 war zwischen Bergstraße und den Pfälzer Bergen ein Erdbeben zu verspüren. Auch das Wetter schien sich gegen die Menschen verschworen zu haben. Das Jahr 1624 brachte einen strengen Winter mit Hochwasser. Die Aussicht auf eine gute Weinernte wurde durch Hagelschlag zunichte gemacht.

Mit den persönlichen und finanziellen Leiden ging eine Verrohung der Sitten und Verhaltensweisen einher. Auffällig häuften sich 1624/25 Wirtshausschlägereien, bei denen der Birkenauer Gastwirt Samuel König sich besonders hervortat. Solange diese Opfer Einheimische waren, mag es ja gut abgegangen sein. 1625 kam es zu einer Schlägerei zwischen besagtem Samuel König und zwei Passauer Soldaten. Diese waren in Weinheim einquartiert und soffen und schlugen sich auch in Birkenau. Der eine der beiden Birkenauer Ortsherren, Pleickard Landschad, wurde deshalb bei einem Offizier in Heidelberg vorstellig. Er übergab eine Bittschrift der Birkenauer Einwohner und bat diesen „Capitain", seine Soldaten anzuweisen, damit nicht wegen der Schlägerei des Samuel König der ganze Ort drangsaliert würde. Der Offizier gab eine entsprechende Zusage, bat aber auch darum, die Birkenauer anzuhalten, seine Soldaten nicht durch unüberlegte Handlungen zu provozieren.

1630 gar erlaubte sich der örtliche Wundarzt, den lutherischen Pfarrer Peter Luzius, der sich in volltrunkenem Zustand befand, zum allgemeinen Gespött in einem Karren durch den Ort zu fahren und in das Wirtshaus zu tragen. Daß sich dies an Fastnacht ereignete, war sicherlich Zufall. Die Obrigkeit in Person des wamboltischen Kellers konnte sich in bezug auf eine strafrechtliche Verfolgung trotz Unterstützung durch mehrere Zentangehörige nicht durchsetzen.

Um das Jahr 1628 bereits, so erfahren wir aus einem Schreiben, das in gleicher Ausfertigung an die beiden Ortsherren gerichtet wurde, haben sich die Birkenauer beim Burggrafen des Amtes Starkenburg beschwert. Sie beklagen den Niedergang ihrer alten Rechte und Gebräuche, die mangels fehlender Urkunden nicht belegt werden konnten. Dieses Mal wird der Vorschlag gemacht, mit den beiden Ortsherren nach Mainz zu ihrer kurfürstlichen Gnaden zu reiten, um dort „unsere Not" zu klagen. Für den Fall, daß dieses Angebot mißachtet werden sollte, wollten die Bürger anbringen, „wie übel bisher mit uns verfahren worden" und daß sie „auf das höchste beschwert und bedrängt wurden". Insbesondere wird beklagt:

1. daß die Frucht zu 16 Kopfstück in 16 guten Gulden bezahlen zu müssen (4fach überhöhte Teuerung),
2. daß 12 oder 13 Jahre kein Zenttag mehr gehalten wurde und keine Kirchen-, Waisen- und Zentrechnungen abgelegt und geprüft worden seien,
3. daß die fränkische Ritterschaft, Kanton Odenwald, eine Schatzung forderte, die zwar teils erlassen wurde, teils aber immer noch offenstehe; weiter seien mangels des alten abhanden gekommenen Gerichtsbuches willkürliche Abgaben zu leisten. Die Gemeinde stellte fest, daß bei Fortdauer dieses Zustandes „unsere armen Weiber und Kinder in äußerstes Verderben kommen müssen".

Das gemeindliche Leben scheint trotz allem halbwegs normal funktioniert zu haben. Aus einer Zusammenstellung vom 31. 12. 1628 ist ersichtlich, daß in diesem Jahr sieben neue Gemeindsleute angenommen wurden, nämlich Caspar Bladt, Wolf Zimmermann, Philipp Müller, Velten Zimmermann, Jerg Stain, Velten Bernhard und Lorentz Rohr. Das eingenommene Einzugs- und Frevelgeld wurde zwischen den beiden Ortsherren geteilt.

Im Februar 1630 berichtet der wamboltische Keller, daß Samuel König eine große Schlägerei im Wirtshaus angefangen habe und dabei einen „Gemeindsmann mit einem Messer zwei Stich geben und einem Bauer fast die Gurgel abgestochen hat". Darauf wurde diesem Raufbold das Betreten der Zent Birkenau bei 12 Pfund Heller Strafe verboten. Gerade in dieser Zeit muß die erstmals 1626 aufgetretene Pest in Birkenau ihre Opfer gefordert haben, was man aus der Bemerkung „dieser Tage hat sich, an dem zuvor zwei Kinder gestorben, auch gelegt. Gott weiß, was ferner noch geben wird" schließen kann.

Am 28./29. Februar 1631 nahm Friedrich Wambolt von Umstadt, kurfürstlich sächsischer Rittmeister, die Erbhuldigung der ganzen Zent Birkenau entgegen, da Johann Casimir Wambolt von Umstadt im Jahre 1629 verstorben war. Dem alten Brauch folgend, hielt der neue Ortsherr eine kurze Ansprache und nahm anschließend nacheinander den gewöhnlichen Huldigungseid des Schultheißen, der Zentschöffen und auch der Bürger entgegen. Der gesamte Vorgang ist wortwörtlich überliefert und stellt ein einzigartiges Zeugnis aus jener Zeit dar. Am 6. März 1631 wurde auf dem Rathaus zu Birkenau Zentgericht gehalten. Auf zwei vollen Seiten wird wieder über Samuel König berichtet, der mit Gott und der Welt Streit hatte. Peter Hoffmann hatte unerlaubt Fische gefangen, Nikolaus Heinzelbecker dem Velten Rutz eine Hacke übergehauen. Eine Reihe ähnlicher Delikte ließe sich noch aufzählen. Zu neuen Gemeindsleuten wurden angenommen: Hanß Kiefer, Hanß Kopff, Peter Helfrichs Witwe, Melchior Heidenstengel, Hanß Ziegler, Hanß Flach, Peter Fleßers Frau und Bastian Probst. Dies machte zusammen 27 Gulden Einzugsgeld.

Das Jahr 1631 hatte so gut begonnen und sollte doch eines der schwersten des 30jährigen Krieges für Birkenau werden. Bereits 1630 hatten lüneburgische Reiter die Kirchentüren zerschlagen; doch lassen wir zuerst Rektor Pfeifer aus seinem eingangs erwähnten Artikel zu Wort kommen:

„Auch Birkenau wurde in dieser Zeit furchtbar heimgesucht und soll, wie die Kirchenrechnung berichtet, von den Spaniern größtenteils niedergebrannt worden sein." Es wurden drei verschiedene Kontributionen von Birkenau verlangt:
1. zur Ergänzung des 13 750 fl betragenden Darmstädtischen Werbsoldes sollte Birkenau 121 fl beisteuern,
2. die ‚löbliche' Ritterschaft in Franken (Kanton Odenwald) fordern eine Schatzung in nicht genannter Höhe. Hier ist auch die Belegstelle für den 1631 vorgekommenen Großbrand erwähnt: Zu welcher Schatzung sonderlich weilen wir Salva Quarden Armage [= Schutztruppen] mit aller Beschwernis [haben und] wegen Brand namens von Königl. Mayestät Schwedenvolk sollten hinweg befreit sein....
3. ein in Weinheim befindlicher, namentlich nicht genannter Obristenleutnant verlangte für seine Truppen wöchentlich 10 Malter Hafer (ca. 24 Zentner), 5 Malter Korn (ca. 18 Zentner), 3 Wagen Heu, 3/8 Zentner Fleisch und 10 Gulden.

Aus dem Brief ist weiter zu entnehmen, daß zu dieser Zeit (Februar 1632) schwedische Kriegsvölker in Birkenau einquartiert waren, von deren Befreiung die Einwohner „herzlich erfreuet" gewesen wären. Verzweifelt schließt der Brief mit der Bemerkung, für den Fall, daß die Belastungen nicht aufhören sollten, müßten „Weib und Kinder verkommen oder gar Haus und Hof verlassen". Noch über 100 Jahre später, 1736, stellt der damalige evangelische Pfarrer fest: „Man findet Nachricht, daß die hiesige Kirche vor mehr als 100 Jahren abgebrannt, wodurch die Mauern dergestalt mürbe wurden, daß nichts daran kann gemacht werden."

Für die Folgejahre sind wir auf die von Rektor Pfeifer ermittelten Fakten angewiesen: „Die nächste große Not brachte das Jahr 1634. Die Kirchenchronik berichtet darüber: die Pest wütete, die Einwohner flüchteten nach Weinheim und kehrten erst

1635 wieder zurück. 'Marx Knosp, Schultheiß, ist dieses anno 1635. Jahr wieder anfänglich samt den ganzen Zentleuten von Weinheim nach Birkenau kommen − in allem 10 Mann'" (wohl Haushaltsvorstände). Die Flucht der Bevölkerung nach Weinheim lag ursächlich jedoch nicht in der Pest begründet, sondern in den Kriegsereignissen selbst. 1635 geriet jegliches Wirtschaftsleben ins Stocken, und so unterblieb vor allem die Bestellung der Felder. Die Folge war eine Hungersnot von unbeschreiblichen Ausmaßen. Am schlimmsten wütete der Hunger in den Jahren 1636 und 1637, und erst das Jahr 1641 wird wieder als ein „gutes Fruchtjahr" bezeichnet.

Für die Jahre 1638/39 und 1640/41 haben sich wamboltische Kellereirechnungen erhalten, aus denen folgende interessante Einzelheiten entnommen sind: „In den beiden erstgenannten Jahren mußte Jörg Henig für 20 Albus ein Schreiben von Weinheim nach Darmstadt tragen, als man sich des Weimarischen Einfalls befürchtet, des vorrätigen Weines wegen Bericht zu tun." Gewissenhaft wurde auch vermerkt, „diese Samfrucht, so noch sämtlich noch unverteilt beisammengelegen ist, [ist] durch des Obrist von Haßlangs gehaltene Einquartierung sämtlich verzehrt worden, daß kein Zentherr etwas davon genossen". Trotz allem brachte man es in diesem Rechnungjahr fertig, Abgaben zu leisten. So wurden aus Birkenau, Rohrbach und Kallstadt einige Malter Heidekorn geliefert, ein Beweis dafür, daß dort wohl Bürger seßhaft waren und das Land bewirtschaftet hatten.

Für das Jahr 1640/41 sind folgende Angaben erwähnenswert: Zur Beschaffung von Barmitteln wurde vermutlich Zug um Zug die Carlebachmühle demontiert: „Nacheinander Mühlsteine für 7 Gulden, 10 Stück alter Hasengang für 12 Gulden verkauft. Wegen des beständigen Regenwetters sind die Sommerfrüchte meistenteils im Feld verfault, daher der Zent nichts ertragen können." Andere Abgaben an Gültfrüchten sind auch für dieses Jahr aus Birkenau, Kallstadt und Rohrbach überliefert. 1642 wurde das Birkenauer Zentgericht erneuert. Das erste Zentgericht konnte jedoch erst am 11. 8. 1645 gehalten werden. Das dazugehörige Protokoll hat sich erhalten. Dort ist u.a. aufgeführt, daß Konrad Schmitts Hausfrau im Suff geäußert habe, der Donner und der Hagel solle den Schultheißen samt seinen Ochsen erschlagen. Für diese Beleidigung mußte sie einen Gulden Strafe bezahlen. Weiter fällt auf, daß einige Vergehen offenbar aus wirtschaftlicher Not begangen wurden. So wurden mehrfach Frucht und Holz entwendet, außerdem scheint es üblich gewesen zu sein, daß wegen der mehrfachen Plünderungen wertvolle Gegenstände auf dem freien Feld vergraben wurden, was folgender Eintrag beweist: „Hans Spath wird gerügt, Adam Velten etliche im Feld verborgene Mobilien entwendet zu haben. Der Angeklagte ist geständig, bittet aber um Gnad." Der Täter mußte vier Gulden bezahlen.

Für das Jahr 1647 und 1648 sind wir ebenfalls auf Informationen von Rektor Pfeifer angewiesen. Demnach wurden in der vordersten Pfarrstube nochmals zwei Fensterläden repariert, die offenbar durch Kriegseinwirkungen zerstört worden waren. Die durchgeführte Reparatur wurde allerdings nochmals von Soldaten durch Brand zunichte gemacht. Ein weiterer Vermerk lautet: „Anno 1648 ist wegen der Kriegskosten und da wir haben ausweichen müssen nichts an Kirchenzinsen eingebracht worden."

Pfeifer fragt, was die Einwohner noch im letzten Kriegsjahre zur Flucht getrieben habe. Wir wissen es nicht, jedenfalls sollte es die letzte Heimsuchung während des 30jährigen Krieges gewesen sein.

1649 übertrugen die Wambolt von Umstadt ihren Anteil an Birkenau an die Bertram von Hersbach, die nun mit Friedrich III. Landschad von Steinach bis 1653 gemeinsam Ortsherren waren. 1653 kam Reichshofrat Johann Philipp von Bohn (Bonn) in den Besitz des landschadischen Teiles von Birkenau, nachdem Landschad Friedrich III. verstorben war. 1655 wurden die von Bohn mit ganz Birkenau belehnt. Es kam mehrfach zu Streitigkeiten mit den Bertram von Hersbach, da die letzteren die neuen alleinigen Ortsherren aus verschiedenen Gründen nicht akzeptieren wollten. Vordergründig ging es dabei um die finanzielle Ablösung der Rechte der Bertram von Hersbach. Hauptgrund für die Zwistigkeiten war die Tatsache, daß die Brüder Georg Friedrich und Hans Georg Friedrich von Hersbach Grundstücke und Häuser an sich gebracht hatten, ohne die entsprechenden Besitznachweise erbringen zu können, was bei der ins Auge gefaßten Renovation aller in Birkenau vorhandenen Grundstücke unangenehme Folgen gehabt hätte.

Einem Bericht von 1655 aus der Feder des Reichshofrates Johann Philipp von Bohn entnehmen wir,

– „…daß [er] die gewisse Nachricht habe, daß vor diesem [30jährigen Krieg] über 40 Untertanen [gemeint sind Haushaltungsvorstände] in selbigen Dörflein sich befunden, welche nunmehr bis auf 13 heruntergekommen, darunter 2 Bauern, die übrige Weiber und Taglöhner.
– Solches kommt daher, daß die Vasallen [= Ortsherren Bertram von Hersbach und Friedrich Landschad von Steinach] die Bauten, Häuser samt zugehörigen Gütern an sich ziehen.
– Davon 10 Hofstätten, über 300 Morgen Holzung [= Wald], Wiesen dem Generalmajor Rabenhaupt und Herrn Kanzler Rochau zu Heidelberg verkauft worden."

Was an Gebäuden noch halbwegs intakt war, wurde abgerissen, geplündert und verkauft. So wurde das eine oder andere Haus von Birkenau samt Inventar nach Weinheim verkauft und dort wieder aufgebaut.

Wegen seiner Bedeutung und Einmaligkeit sei hier ein Zustandsbericht vom 16. Juli 1655 ungekürzt wiedergegeben:

„An Hausbauten
1. Peter Josten Haus ist von den Bertram von Hersbach abgebrochen, nach Weinheim geführt, und daselbst verbrannt.
2. Stephan Weißenheimers Haus hat die Landschadin abgebrochen und an ihre Birkenauer Mühl wieder setzen lassen, aber die Scheuer, welche gleich dem Haus noch ganz gut gewesen, haben Bertram abgebrochen, nach Weinheim geführt, daselbst verbrannt.
3. Hanß Josten Haus ist von den Bertram an Catharein, der Obstgarten aber an die Kanzlerin zu Heidelberg verkauft worden, die Scheuer aber haben die Bertram abgebrochen und verbrannt.
4. Claus Reißen Hausplatz hat General-Major Rabenhaupt durch einen Gültbrief, so darauf gestanden, um etliche wenige Reichstaler an sich gebracht, von Niklaß Werner herrührend.

5. Hanß Steckmans Hausplatz sambt einem kleinen Garten haben die Bertram an Rabenhaupt verkauft.
6. Hanß Eberhardts Hausplatz ist auch an Rabenhaupt verkauft.
7. Hanß Clehen Haus hat die Landschadin abbrechen lassen und verbrannt.
8. Hanß Gumbel und Veltin Zopfen Haus haben die Bertram verbrannt.
9. Samuel Königs Haus und Scheuern bewohnen die Bertram selbst, dazu hat [= haben] sie Adam Kleinen Hauß an sich gezogen und zu einem Garten gemacht.
10. Peter Schaben Behausung haben die Bertram gleichfalls abgebrochen.
11. Georg Knospen Haus, darauf eine Zeit lang selbst darin gewohnt und nunmehr an Marketender verliehen, aber der Kirche ist nichts entrichtet worden.
12. Von Velten Schabs Haus hat die Landschadin Ziegel genommen und ihre Mühl damit gedeckt.
13. Nickel Flecken Haus hat die Landschadin abgebrochen und zu Weinheim wieder aufrichten lassen, alle Fenster, Tische und Ofen weggenommen und auf Weinheim mit der Versprechung geführt, daß man sie den Leuten hiernächst wieder geben wollte, aber alle an einen Bürger von Weinheim, Veltin Schaben, verkauft worden.

Dieser Prozeß mit Einreißen und Ruinierung der Fenster ist also so lang fortgangen, bis Friedrich Landschad dem Schultheißen einen Befehl geschickt, er solle nichts mehr im Dorf abbrechen lassen, es treffe wen es wolle: außer die Bertram noch hätten mehr eingerissen.

Hat also Hr. General-Major Rabenhaupt nunmehr in Birkenau an Häuser:
1. Adam Schmidts Haus, es steht noch und wird von seinem Hofbauern bewohnt
2. Hanß Josten
3. Clauß Reißen
4. Hanß Steckmans
5. Hanß Eberhardts [1655: Hausplätze 2 - 5]

Die Kanzlerin zu Heidelberg:
1. Marx Knospen, des Schultheißen Haus und Mühl wird durch ihren Hofbauern bewohnt, es steht noch.
2. Hanß Lang
3. des Hirten
4. Hanß Bollen
5. Georg Straß [1655: Haus und Mühlplatz 2 - 5]

An Feldgütern

Von der Carlebachmühl, welches ein sehr vornehmes Stück in Birkenauer Gemarkung, unfern vom Gericht [= Galgen] gelegen, haben die Bertram erst die Ziegel abgehoben, verkauft, hernach den Bau abgebrochen und verbrannt, die zusammen gefallenen Rudera [= Trümmer, Reste] samt dazu gehörigen Wiesen und etlich Stück Äcker, auch bei 300 Morgen Wald, wie solches zuvor die Wamboltin gehabt, verkauft, die sie solche nunmehr Fructuaria [= zur Nutznießung] gebrauchen sollen.

Über das 5 Morgen Äcker uff der Lemmelsau, beim Gericht
3 Morgen unten an der Straße
3 Morgen über der Straße
1 Morgen im Weipert
$^1/_2$ Morgen in der Lifersbach [= Liebersbach]
1 Morgen der Streiß Acker daselbst
1 Morgen in der Schwabsklingen
5 Morgen am Burgacker
6 Morgen bey der Mühlen, die Spitz genannt

Sa   25$^1/_2$ Morgen

Item sechs ansehnliche Stücke Wiesen:

1. die Allmend Wießen
2. die hohe Wieß
3. in der Haßen Klingen
4. die Streit Wieß
5. die Bothen Klingen
6. neben Veit Rohr

Item von Samuel Königs Gült ungefähr 25 Morgen Acker samt Wiesen und Hecken hat General-Major Rabenhaupt von den Bertram gekauft.

Noch hat Rabenhaupt neben Adam Schmidts Haus und Hof eine gute Anzahl Äcker, Wiesen und Hecken. Was die Bertram weiter an Stücken Wiesen hinweg geben, ist unbewußt, weil alles ohne das Gericht behandelt und geschlossen [wird].

Verzeichnis der Güter, welche die Bertram Herrn Kanzler zu Heidelberg, Zacharia, von woher verkauft:

von Samuel Königs Güter . . . . 8 Morgen 2$^1/_2$ Viertel
von Georg Knospen . . . . 4 Morgen $^3/_4$
von Leonhard Breumlings . . . . 4 Morgen 1   Viertel
von Peter Weißen Güter . . . . 4 Morgen 2   Viertel
von Peter Schaben . . . . 1 Morgen 1   Viertel
von Philipp Flecken eine Hecke
von Veit Rohrs Gütern . . . . 1 Morgen 2   Viertel
                                                                            24 Morgen 1$^1/_2$ Viertel
Hecken . . . . 5 Morgen

Ohne was man nicht in Erfahrung bringen konnte von diesen Gütern hat Hr. Kanzler von dem Schultheißen Georg Knosp sein ganzes Haus, Hof, Acker, Wiesen, Waldung, samt der Mühlen.

Item von der von Bellendorff 8 oder 9 Morgen Acker, etliche Wiesen und Hecken. Item von verschiedenen Privat Leuten unterschiedliche Güter an sich gezogen, das man deswegen nicht wissen kann, weil alles heimlich ohne Wissenschaft des Gerichts geschehen ist."

Birkenau war demnach zwischen mehreren Großgrundbesitzern aufgeteilt, die die Grundstücke für einen „Apfel und ein Ei" gekauft oder ganz umsonst an sich gebracht hatten. Viele Eigentümer waren ohne Erben verstorben, die herrenlosen Grundstücke wurden von denjenigen, die am schnellsten handelten, einfach in Besitz genommen.

Die Bertram von Hersbach und Friedrich Landschad hatten zwar am 11. Mai 1652 „Birkenauer Statuta" erlassen, die in 30 Punkten das Gemeinleben bis in Kleinigkeiten zu regeln versuchten, doch blieb dies nur Stückwerk, da selbst eine hohe Strafandrohung bei dem unsteten Leben der Herrschaft nichts oder nur wenig bewirken konnte.

Erste Ansätze zum Besseren hin ergaben sich beim Zentgericht, das durch die von Bohn als neue Ortsherren am 23. Mai 1655 auf dem Rathaus gehalten wurde. So wurden die vakanten Gerichtsstellen wieder besetzt, und verschiedene Beschwerden, die sich im Laufe der Zeit ergeben hatten, konnten behandelt, jedoch bei der mehr als verworrenen Rechtslage nicht erledigt werden.

Alle Haushaltungsvorstände der Zent Birkenau wurden bei dieser Gelegenheit namentlich erfaßt:

Birkenau

1. Marx Knosp (Zentschultheiß)
2. Lenhart Köbel
3. Hanß Ziegler (Schneider)
4. Peter Schab (Glaser)
5. Philipp Lammer
6. Conrad Schmiedt
7. Hanß Boll (Schneider)
8. Cantzlerin Hofbauer Hanß Flori
9. Lorentz Bernauer Wwe.
10. Hr. Rabenhaupts Hoffmann Peter Koch
11. Hartmann Würtemberger (Taglöhner)
12. Philipp Kießetter
13. Hanß Kleh (Taglöhner)
14. Hanß Fleck (Taglöhner)
15. Velten Schab (Müller)
16. Philipp Deißel (Schmied)
17. Michel Zincken Wittib
18. Philip Jost (Bäcker)

Rohrbach

19. Peter Geiß
20. Hanß Jacob

Calstatt

21. Hanß Sommer
22. Lenhardt Becker

Hornbach

23. Peter Kaidel
24. Georg Müller
25. Veit Rohr
26. Hanß Zopf
27. Adam Rettig
28. Nickel Werner
29. Hans Spath
30. Peter Jöst

Liebersbach

31. Hans Kopff
32. Martin Ziegler
33. Adam Schmiedt
34. Hans Stephan
35. Aßmuß Pfrangen Hoffmann
36. Hanß Aitt
37. Hartmann Julg
38. Jerg Bickler

Am 2. Mai 1656 ordneten die von Bohn eine Renovation (neue Aufzeichnung) aller in Birkenau liegenden Grundstücke an. Es sollten alle Einwohner, Beisassen und Begüterte (Ausmärker) innerhalb von drei Wochen Mitteilung darüber machen, welche „liegenden Güter, an Häuser, Hofstätten, Gärten, Äcker und Wiesen" sie auf Birkenauer Gemarkung hätten oder für sich beanspruchten. Die Bertram von Hersbach versuchten, diese notwendige Maßnahme zu hintertreiben, wo sie nur konnten, vermutlich um sich selbst nicht am Zeug flicken zu lassen. So nimmt es nicht Wunder, daß diese Maßnahme bis 1666 dauerte.

Günter Körner

Birkenau von 1806–1848

„Durch öftere Besuche in Birkenau ist mir das Erhabene-Romantische dieses Ortes wohl bekannt und macht auf mich den vorzüglichsten Eindruck." Diese Zeilen schrieb der katholische Schullehrer Königsfeld im Jahre 1835, der sich vergeblich um eine Stelle beworben hatte. Albert Ludwig Grimm, ein Weinheimer Schriftsteller, bemerkte 1822, nachdem er die Schönheit des Birkenauer Tales gepriesen hatte: „Von hier aus sieht man das Dorf Birkenau mit dem freiherrlich wamboltischen Schloßbau und Garten und das Ganze bildet eine schöne Landschaft. Weiterhin ist das Tal nicht so malerisch."

Ganz im Gegensatz zu diesen romantischen Schilderungen stand der harte Alltag unserer Vorfahren. Nur wenige Gemeindsleute waren in der Lage zu überblicken, wie sie wohl ihren Lebensunterhalt etwa im nächsten Monat bestreiten sollten, da ein regelmäßiges Einkommen eher die Ausnahme war. Zudem kam es im Jahr 1806 zu grundlegenden politischen Veränderungen. Hessen-Darmstadt war am 7. Januar 1806 von französischen Truppen besetzt worden; notgedrungen verbündete sich Landgraf Ludwig einige Tage später mit Frankreich. Am 13. Juli 1806 wurde der Rheinbundvertrag geschlossen. 16 deutsche Fürsten bildeten eine Konföderation, die dem unbeschränkten militärischen Oberbefehl Napoleons unterstand. Diese Fürsten, darunter befand sich auch Landgraf Ludwig, erklärten den Austritt aus dem Deutschen Reich. Der Landgraf erhielt den Titel eines Großherzogs und die volle Souveränität. Kleinere Herrschaften, so auch Birkenau, hatten aufgehört zu existieren, sie wurden dem Großherzogtum Hessen kurzerhand einverleibt. Die logische Folge davon war die sog. Zivilbesitzstandsnahme (förmliche Besitzergreifung) der seither wamboltischen Orte Birkenau, Kallstadt und Rohrbach durch den Großherzoglich-Hessischen Amtsvogt Krauß zu Fürth. Am 22. Oktober 1806 schwor jedoch zunächst nur die wamboltische Dienerschaft, der Amtmann Ignaz Bouthelier, der ev. Pfarrer Martin Hacker, der kath. Pfarrer Franz Heier, der Schultheiß Johann Hofmann, sämtliche Ortsgerichtspersonen, der Förster, der Amtsbote sowie der Wachtmeister dem Großherzog Treue und Gefolgschaft. Sie versprachen dem in Darmstadt residierenden Ludwig dem I. (bis 13.08.1806 nannte er sich Ludwig der X.): „Seiner Königlichen Hoheit treu, hold und gewärtig zu sein, in allen die Gesetzgebung, oberste Gerichtbarkeit, Ober-Polizei, Militärhoheit, Steuern und Abgaben betreffenden Befehlen, Verordnungen und Anstalten, den gebührenden Gehorsam zu leisten und nichts zu unternehmen oder geschehen zu lassen, was den Souveränitätsrechten zu irgendeinem Nachteil gereichen könnte."

Amtmann Ignaz Bouthelier hatte nach dieser Zivilbesitzstandsnahme Berichte über vielerlei Sachverhalte nach Darmstadt zu schicken, damit sich die Obrigkeit ein möglichst genaues Bild über die Leistungsfähigkeit der neu hinzugekommenen Untertanen machen konnte. Diese authentischen Schilderungen sind leider nicht erhalten.

Erst am 11. Oktober 1808 fand sich Zeit, der Einwohnerschaft (108 Haushaltsvorstände, 19 Beisassen, d.h. Einwohner ohne Bürgerrecht, „66 ledige Burschen von 18 Jahren und darüber" und 7 Tolerierte) das Handgelöbnis abzunehmen. Für den Großherzog tat dies der Heppenheimer Amtsvogt Pfülb nach dem sonntäglichen Gottesdienst um 11 Uhr. Der Huldigungseid hatte den umständlichen Wortlaut: „Ihr sollet mit handgegebener Treue geloben und einen leiblichen Eid zu dem Allmächtigen schwören, daß Ihr sollet und wollet seiner Königlichen Hoheit, dem Großherzog von Hessen, Herzog von Westphalen pp., unserm durchlauchtigsten Souverain und nach seiner Königlichen Hoheit in Gottes Händen stehenden tödlichen Hinritt, allerhöchst dero Mannleibs-Lehenserben und in deren Ermangelung, dem in der Regierung weiter folgenden Agnaten des Großherzoglichen Hauses, alles nach dem Recht der Erstgeburt und nach Maßgabe der Großherzoglichen Hausverträge und Erbstatuten getreu, hold, gehorsam und gewärtig zu sein, seiner Königlichen Hoheit, unserem durchlauchtigsten Souverain, Ehre Nutzen und Bestes zu befördern, Schaden zu wenden und warnen, nach Euerem besten Vermögen, auch nicht im Rat, vielweniger bei der Tat zu sein, dawider seiner Königlichen Hoheit etwas gehandelt, geratschlaget oder vorgenommen würde, überhaupt aber alles dasjenige tun und lassen, was getreue Untertanen ihrem Souverain und Landesherren von Rechtspflichten und Gewohnheit wegen tun und zu lassen schuldig sind. Alles getreulich und ohne Gefährde."

Ein Vermerk lautet: „Die Juden haben nicht angelobt, weilen die Verordnung ihrer nicht erwähnte."

Nur wenige Haushaltsvorstände fehlten und galten durch den Vermerk „ist krank, ist in der Fremde" als entschuldigt. Bei Michael Lammer wurde der Zusatz gemacht: „berauscht". Er hatte offenbar vorgefeiert und konnte dem Huldigungsakt, durch Alkohol außer Gefecht gesetzt, nicht folgen. Bei Johannes Kadel heißt es, er sei ein „Deserteur". Er war in der Nacht des 13. auf 14. Dezember 1806 zwangsrekrutiert und am 18. Dezember an französische Truppen weitergereicht worden. Dort hatte er wohl einen günstigen Augenblick zur Flucht genutzt.

Mit dem vorgeschilderten Huldigungsakt war die förmliche Besitzergreifung Birkenaus durch den Großherzog in Darmstadt beendet.

Gemeindeämter, Einführung der Hessischen Gemeindeordnung

Zwar war Birkenau im Oktober 1806 durch die sog. Zivilbesitzstandsnahme an das Großherzogtum Hessen gekommen, die alten, seit Jahrzehnten bewährten Strukturen der gemeindlichen Verwaltung blieben jedoch noch bis 1821, der Einführung der

Hessischen Gemeindeordnung, erhalten. Bestimmende Persönlichkeit auf örtlicher Ebene war dabei der Schultheiß, der zwar der Herrschaft verpflichtet war, aber auch gleichzeitig die Interessen der Gemeinde vertreten sollte. Die Schultheißen in Birkenau übten ihr Amt lange aus, ja oft bis zu ihrem Ableben. Birkenauer Schultheiß war von 1793 bis 1815 Johannes Hofmann, dem von 1815 bis 1821 Jakob Eisenhauer nachfolgte. Daneben gab es noch das Ortsgericht, das aus sechs Deputierten, die ihr Amt acht Jahre ausübten, bestand. Je drei dieser Deputierten waren evangelisch und katholisch, obwohl dies nicht dem Bevölkerungsanteil entsprach. Am 18.01.1810 erhielten von ev. Seite der Müller Johannes Kadel, Georg Peter Stutz und Georg Löw sen. die meisten Stimmen, Adam Helfrich, Stephan Helfrich und Philipp Krämer waren dies von kath. Seite. Das Ortsgericht hatte u.a. die Aufgabe, Übergaben, Käufe und Verkäufe abzuschließen und zu protokollieren, aber auch für Gemeindsleute, die in das Ausland (z.B. nach Weinheim) verzogen, sog. Atteste (etwa dem heutigen Führungszeugnis entsprechend) auszustellen. Örtliche Streitigkeiten wurden nach Möglichkeit auch vom Ortsgericht beigelegt. Aus der Mitte des Ortsgerichts wurde der Gerichtsbürgermeister als Vorsitzender, der gemeine Bürgermeister und der Rechnungsführer bestimmt. Die Ämter wechselten dabei jährlich in einer bestimmten Reihenfolge.

Einmal im Jahr fand das Haingericht (eine Art Bürgerversammlung) statt, meist zu Jahresbeginn, bei Bedarf öfter. Zu diesem Haingericht kamen die Birkenauer Haushaltsvorstände in der Halle des Rathauses zusammen und berieten alle die Gemeinde angehenden Dinge. Nach Abschluß der Beratung ging man zum gemütlichen Teil über, es wurde gespeist und ausgiebig getrunken. So wurde auch am 7. Dezember 1809 Haingericht gehalten. Dabei ging es um folgende Punkte:

1. Baumpflanzungen an der Weschnitz
2. Prüfung der Gemeinderechnungen
3. Beratung wegen rückständigen Steuern
4. Neuorganisation der Feuerwehr. Es ging darum, wer die Feuerleitern und die Feuerhaken bedienen sollte
5. Annahme einiger junger Bürger
6. Ablieferung der Spatzenköpfe (jeder Birkenauer Haushalt mußte eine Anzahl dieser Schädlinge fangen und unschädlich machen).

Danach wurden die Gemeindeämter besetzt: Gerichtsbürgermeister wurde 1809 Michael Wittemayer, gemeiner Bürgermeister Georg Dillmann, Rechnungsprüfer Johannes Kadel, Gerichtsdiener Heinrich Lieberknecht, Schweinehirt und Nachtwächter wurde Peter Büchler, zweiter Nachtwächter Michael Schütz. Auch damals schon konnten Ortsgerichtsmitglieder zur Verantwortung gezogen werden. Im September 1809 wurde dem Johannes Schmitt seine Gerichtsstelle aberkannt, da er seine Pflichten verletzt hatte. Nachfolger wurde der Dorfarzt Jakob Eisenhauer.

Die beiden Nachtwächter gaben öfters Anlaß zu Beanstandungen, da sie offenbar ihr Amt nicht sehr gewissenhaft ausübten. Im Januar 1809 hieß es: „Da vielfältig gegen die üble Nachtwach der beiden Hirten geklagt wurde, also wurden dieselben für dermalen noch nicht gedingt und man will warten bis gegen Fastnacht hin, ob etwa sich selbe in der Nachtwach bessern würden." 1821 gab es wiederum Klagen: „Ferner wurde hierbei Michael Schütz wieder als Nachtwächter und Schweinehirt um den vorigen Lohn gedingt, jedoch ihm vorgehalten, daß er von jetzt an künftig von Martini bis Peterstag mit 9 Uhr des abends anfangen, alle Stund bis 4 Uhr blasen und rufen solle und nicht schon, wie mehrere Jahre geschehen, das 4-Uhr-Blasen morgens auslassen soll." Die Rüge schien keine dauernde Besserung bewirkt zu haben. 1822 und im Jahr darauf wurde dem säumigen Nachtwächter das 4-Uhr-Blasen „schärfstens und strengstens anempfohlen". Nachtwächter in Birkenau gab es bis Anfang des 20. Jahrhunderts.

Ein Ereignis von außergewöhnlicher Tragweite war die Einführung der Hessischen Gemeindeordnung (1821). Erstmals wurde das Amt des Bürgermeisters im heutigen Sinne eingeführt. Ihm zur Seite stand ein Beigeordneter. Als weitere Neuerung wurde der Gemeinderat eingeführt, der aus neun Gemeinderäten gebildet wurde. Doch zunächst zur Wahl des Bürgermeisters, die keine freie Wahl im heutigen Sinne war. Die wahlberechtigten Einwohner schlugen durch Stimmabgabe drei Männer vor, die ihnen am geeignetsten erschienen. Die Staatsregierung bestimmte dann einen Kandidaten zum Bürgermeister (nicht unbedingt den, der die meisten Stimmen auf sich vereinigt hatte), der dann noch von der früheren Ortsherrschaft, dem Hause Wambolt, bestätigt werden mußte. Der Ablauf der ersten Wahl in Birkenau am 4. Dezember 1821 ist überliefert. Am Tag zuvor waren die wahlberechtigten Männer auf das Rathaus bestellt und mit den Modalitäten der Wahl vertraut gemacht worden. Danach trafen sie sich in ihren Häusern und „versicherten sich ihrer Stimme", d.h. sie legten sich auf bestimmte Kandidaten fest. Dabei kam es zu einem Phänomen, das die Birkenauer Ortsgeschichte während des gesamten 18. Jahrhunderts beeinflußt hatte: zur Spaltung der Bevölkerung in zwei Blöcke, in einen evangelischen und einen katholischen. Damit war bereits vor der Wahl offenkundig, daß nur ein evangelischer Kandidat eine reelle Chance hatte, Bürgermeister zu werden. Die Vorbereitungen und den Wahlgang schilderte der wamboltische Verwalter so: „Auf heute (4.12.1821) war die hiesige Bürgermeisterwahl bestimmt, weshalb Herr Landrat Heim mit einem Schreiber und Amtsdiener anhero kam, da derselbe (Landrat) aber nicht von Lindenfels, sondern von Darmstadt kam, übernachtete er in Heppenheim bei Forstinspektor Strauch. Herr Landgerichtsassessor Gutfleisch wollte auch kommen, um Treibjagden anzustellen, allein die Witterung war hierzu nicht günstig, so kam er nicht, und die Jagd unterblieb. Vor der Ankunft des Herrn Landrates wurden noch Bäume, deren Äste zu weit auf die Straße hingen, abgeästet, die Zäune abgeworfen, die Straße allenthalben, sowie das Rathaus sehr gereinigt, damit alles reinlich aussah. Als Herr Landrat angekommen und gefrühstückt hatte, ging er auf das Rathaus und eröffnete den Akt mit einer langen Rede wegen der neuen Einrichtung. Nach diesem erhielt ein jeder Bürger ein Blättchen Papier, worauf ein jeder den bemerkte, dem er seine Stimme zugedacht hatte. Das Verzeichnis der Gewählten schrieb ein jeder Bürger in seinem Haus dazu (füllten ihre Stimmzettel aus), ihm war eine Zeit bestimmt, wieder auf das Rathaus zu kommen. Die Zettel kamen in ein verschlossenes Kistchen und wurden in das Logis des Herrn Landrat gebracht, wo die Mehrheit entschied. Die Stimmen sind auf drei Lutherische gefallen, nämlich auf einen Bauer namens Jacob Kadel sen., der als Kanonier in Darmstadt gedient hatte und nachher Landwehrleutnant wurde. Die zweite Mehrheit der Stimmen erhielt dessen Bruder Niklaß Kadel, ein Müller im Oberdorf. Die dritte Mehrheit hatte ein Bauer namens Bernhard Illich (Jüllich). Der jetzige Schultheiß Eisenhauer stand um eine Stimme zurück." Es folgte die Zustimmung der Staatsregierung und die Bestätigung durch die ehemalige Ortsherrschaft. Auch nach Auffassung des Landrates Heim war mit Jacob Kadel sen. der „rechtlichste und kluglichste" zum Bürgermeister gewählt worden. Am 5. März wurde der neue Bürgermeister endlich in sein Amt eingeführt. Der Beigeordnete wurde vom 13. - 15. März gewählt. Wiederum wurden drei Kandidaten gewählt, von denen Peter Schäfer schließlich Beigeordneter wurde. „Er ist ein junger ehrlicher Mann voll Ehrgefühl und soweit ich ihn beurteilen kann, auch voller Rechtsgefühl", meinte Landrat Heim.

Am 20. Juni wurde schließlich der Gemeinderat, bestehend aus neun Mitgliedern, gewählt. Es herrschte ein Zweiklassenwahlrecht, die Höchstbesteuerten wählten ein Drittel der Mitglieder ohne Rücksicht auf ihren tatsächlichen Bevölkerungsanteil. Die Höchstbesteuerten wählten Leonhard Jüllich, Valentin Kinscherf und Peter Kadel. Die Mindervermögenden wählten sechs Gemeinderäte und zwar Sebastian Schütz, Peter Müller, Johannes Florig, Leonhard Schneider, Peter Bernhard und Stephan Helfrich.

Bereits am 6. Oktober 1824 war der neu gewählte Bürgermeister verstorben. Die Neuwahl fand am 7. Dezember 1824 statt. Gewählt wurde der bisherige Beigeordnete Peter Schäfer. Erstmals in Zusammenhang mit dieser Wahl sind unterschiedliche örtliche Strömungen, außer den religiösen, zum Vorschein gekommen. Die „Großbegüterten" konnten sich schwerlich mit dem Gedanken vertraut machen, einen Schuhmacher als Bürgermeister zu akzeptieren: „Auch will scheinen, daß sich die Großbegüterten in diese Stelle eindringen wollen, weil sie diesem (Peter Schäfer) den Vorwurf machen, er sei nur ein Schuhmacher und sein einstöckiges Haus nicht geeignet. Hieraus schließe ich, daß sie sich seiner schämen." Die wohlhabende Opposition hatte sich mit Beschwerden gegen den seitherigen Beigeordneten an den Landrat gewandt, die Wahl zu hintertreiben, doch der Landrat meinte: „Zwar können es die Bauern, die Gutsbesitzer in Birkenau, nicht verdauen, daß ein Schuhmacher Bürgermeister und ihr Vorgesetzter werden könne, sie haben deswegen alles, was sie nur im entferntesten gegen denselben aufbringen können, in der anliegenden Vorstellung an mich vorgetragen, allein die Protestgründe sind so arm, daß sie bei dem ersten Überblick schon als nicht zu berücksichtigen erscheinen." Im Gegenteil, Heim empfahl Schäfer wärmstens: „Unter den vorgeschlagenen Objekten ist er in jeder Hinsicht der Tauglichste, ein Mann von Kraft und Energie, rücksichtslos seinen Weg gerade durchgehend, ehrgeizig und hinlänglich gebildet, um seine Gedanken mündlich und schriftlich vorzutragen. In Birkenau, einem Hauptgrenzort, muß ein tüchtiger Bürgermeister angestellt werden, weil hundert Fälle vorkommen, wo er keine Zeit hat anzufragen und aus eigener intellektueller Kraft zu handeln im Stande sein muß." Trotz aller Widrigkeiten wurde Schäfer mit 97 Stimmen gewählt und bestätigt.

1830 standen wiederum Neuwahlen an. Die Partei „Geis", aus 14 Einwohnern bestehend, reichte wiederum gegen Schäfer eine Beschwerdeschrift ein. Eine Brücke über den Kallstädter Bach, die während seiner Amtszeit gebaut worden ist, sei zusammengebrochen. Der Schaden wurde auf 500 Gulden beziffert. Das Polizeiwesen liege im argen, nächtliches Fenstereinschlagen, Diebereien und Felddiebstähle hätten stark zugenommen. Drei Kandidaten stellten sich zur Wahl: der Amtsinhaber

Dieses badische Hoheitszeichen stand einst an der Birkenauer/Weinheimer Grenze. Heute ist es im Weinheimer Kerwehaus zu sehen

Schäfer, Johannes Bernhard und Johannes Hofmann, der frühere Schultheiß. Gewählt und bestätigt wurde Johann Bernhard mit 65 Stimmen, Peter Schäfer wurde mit 63 Stimmen knapp geschlagen. Bernhard übte sein Amt bis 1833 aus, dann wurde Bürgermeisterverwalter Leonhard Jüllich genannt. Grund für die vorzeitige Amtsniederlegung war eine zu leichte Brunnenkette. Bernhard hatte angeblich den Schmied Johann Kadel begünstigt. Die Vorwürfe erwiesen sich später als haltlos.

1836 fanden Neuwahlen statt: Johannes Bernhard erhielt 121 Stimmen, Georg Kadel 83, Peter Denger 48 Stimmen. Auch dieses Mal waren Vorwürfe vor und nach der Wahl laut geworden. Die Nikolaus Kadel'sche Partei artikulierte, der Förster Bernhard habe sich bei der Bestellung von Tannensamen bereichert, der Bürgermeister hätte dies gewußt und gebilligt. Ungeachtet dessen blieb Johannes Bernhard bis 1842 im Amt.

1841 beabsichtigte Bürgermeister Bernhard, eine verbesserte Verkehrsführung in der engen Kreuzgasse zu ermöglichen. Hierzu sollte der 1. Beigeordnete Leonhard Jüllich (Kreuzgasse 11, heute Schuh-Heckmann) einen schmalen Geländestreifen abgeben. Gegen dieses Verlangen sperrte sich der 1. Beigeordnete völlig, er ver-

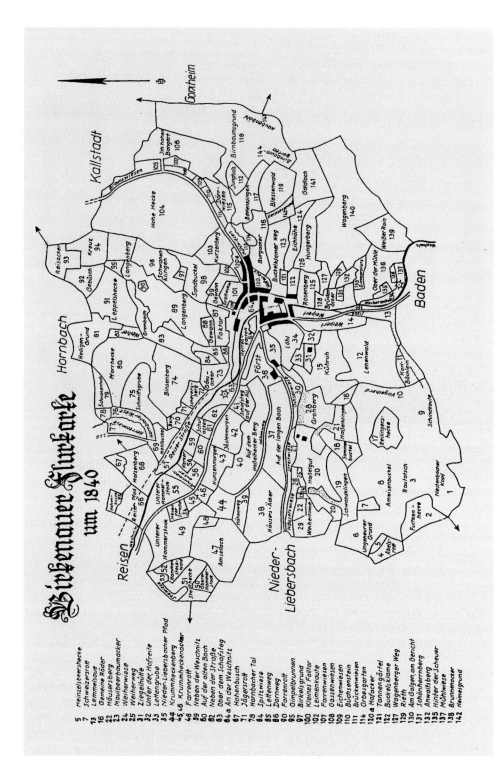

mutete, der Bürgermeister wolle ihn ruinieren. Eigennutz sei im Spiel, ließ der streitbare Leonhard Jüllich hören. Der Bürgermeister und dessen Schwager Adam Reinig seien Gastwirte und könnten es nicht sehen, wenn einige Baumstämme durch Birkenau gefahren würden, ohne daß Einkehr bei ihnen gehalten würde. So kam es, daß zwischen dem Bürgermeister und dem 1. Beigeordneten eine persönliche Feindschaft entstand. Einige Zeit später hieß es, Bürgermeister Bernhard sei dem Jüllich absichtlich durch frisches Korn gefahren. Als der Geschädigte hinzukam, sei es gar zu einer Schlägerei zwischen den beiden Gemeindehonoratioren gekommen. Unter diesen Vorzeichen fand 1843 die Wahl des Bürgermeisters statt. Gewählt wurde Leonhard Jüllich, der dann 1844/45 der Verbreiterung der Kreuzgasse durch Abtretung eines Geländestreifens seines Grundstückes zustimmte. Welch heftiger Wahlkampf mag dieser Wahl vorausgegangen sein!

Auf Leonhard Jüllich kamen ab Mitte der 1840er Jahre Anforderungen zu, an denen er fast zerbrach. Davon wird an anderer Stelle die Rede sein. Verbittert starb der drangsalierte Bürgermeister in den ersten Augusttagen 1849. Mit zunehmender Aufgabenvielfalt war die Schaffung zusätzlicher Gemeindeämter erforderlich. Als Beispiel seien die Verhältnisse des Jahres 1843 angeführt: Waldschützen erhielten als Entlohnung, die aus Geld und einer Holzgabe bestand, jährlich je 35 Gulden. Es gab zu dieser Zeit vier Nachtwächter, zwei erhielten 21 Gulden, die beiden, die gleichzeitig Viehhirten waren, 37 Gulden. Neu angestellt worden war ein Gänsehirt, der 24 Gulden und freie Unterkunft bekam. Der Wundarzt Dalauen, der auch für andere Orte zuständig war, erhielt von Birkenau Leistungen von 18 Gulden. Totengräber Michael Löw erhielt für seine Dienste 13 Gulden 35 Kreuzer. Sein Einkommen richtete sich nach der Zahl der Sterbefälle. Das Einkommen des Gemeinderechners orientierte sich an der Höhe der gemeindlichen Einnahmen. 1843 waren dies immerhin 112 Gulden 59 Kreuzer. Bezirkswegewärter Öhlschläger erhielt aus dem Gemeindesäckel 33 Gulden 20 Kreuzer, Bezirksmaulwurffänger Heidenreich aus Zotzenbach bekam 35 Gulden 35 Kreuzer. Bürgermeister Bernhard, der bis September 1843 im Amt war, erhielt bis dahin für Bürokosten 78 Gulden 50 Kreuzer, der Nachfolger Jüllich ab September für den Restzeitraum 31 Gulden 10 Kreuzer. Drei Bauern, die im Auftrag der Gemeinde drei Fasel hielten, erlangten eine Entschädigung zwischen 24 und 34 Gulden. Pensionen wurden an den ehemaligen Schultheißen Eisenhauer und die beiden Nachtwächter Müller und Fries, wenn auch in bescheidener Höhe, gezahlt.

Wirtschaftliche Verhältnisse

Wie war damals die Bevölkerung strukturiert, wie suchte man sein tägliches Auskommen? Hierüber gibt eine nachstehende Zusammenstellung Auskunft. Diese Berufsübersicht ist nicht frei von Ungenauigkeiten, so fehlen für das Jahr 1809 die Angaben über die Bauern und Taglöhner. Verblüffend ist die Zahl der Birkenauer Leineweber, die in der ersten Hälfte des vorigen Jahrhunderts durchweg über 20 % der ausgeübten Berufe ausmachten. Selbst wenn die Herstellung von Leinen beschwerlich war, so konnte die gesamte Produktion nicht allein für die Birkenauer Bevölkerung gebraucht werden. Es ist deshalb zu vermuten, daß die Birkenauer

Leineweber für einen oder verschiedene Abnehmer tätig waren und so in einem lohnabhängigen Verhältnis standen.

Häufigkeit der vorkommenden Berufe

	1809	1822	1841
Leineweber	33	36	66
Weber	–	3	–
Schuster	12	16	30
Taglöhner	k.Ang.	21	25
Bauern	k.Ang.	24	24
Schneider	7	4	15
Schreiner	7	6	12
Müller	4	4	10
Mühlärzte (reparierten Mühlen)	–	2	1
Wagner	2	3	9
Bäcker	4	4	7
Maurer	3	3	6
Wirte	10	4	6
Schmiede	6	3	6
Metzger	1	2	4
Glaser	–	–	3
Tüncher	3	2	4
Küfer	3	2	3
Ziegler (Inh. einer Ziegelei)	1	3	3
Schlosser	1	2	2
Förster	–	–	1
Gendarmen	–	–	2
Büchsenmacher	1	1	–
Dreher	–	–	1
Holzschneider	–	1	–
Chirurgen	–	2	1
Händler	1	4	2
Krämer	2	–	–
Sattler	–	–	1
Gelderheber	–	–	1
Gemeinderechner	–	–	1
Mitterer (Fruchtmesser)		1	
Lehrer	–	2	2
Zimmerleute	1	3	1
Steuererheber	–	–	1

Es fällt auf, daß die Zahl der Müller von 1822 bis 1841 von vier auf zehn anstieg. Hatte die Ortsherrschaft früher die Mühlbaukonzessionen eher restriktiv vergeben, um so die Ergiebigkeit der Steuereinnahmen zu sichern, so wurden nach 1820 nach vorhandenen Bauakten allein in Birkenau fünf neue Mühlen erbaut. Das Ergebnis war, daß die Mühlen sich gegenseitig die Kundschaft ausspannten; mittelfristig wurden so Existenzgrundlagen entzogen. Zum Antrieb der Mühlräder dienten Bachläufe, so etwa der Liebersbach, die in früheren Zeiten wegen ihrer unzureichenden Wasserführung gemieden worden waren. Interessant ist auch, daß nach dem Übergang zum Großherzogtum Hessen zahlreiche Gaststätten eröffnet wurden, die mangels Zuspruch wieder geschlossen werden mußten.

Von 92 Handwerkern gehörten 1809 lediglich vier einer Zunft an: Die Witwe des Müllers Georg Kinscherf gehörte der Heppenheimer Zunft an, ebenso wie der Maurer Johannes Wagner und der Schuster Michael Christ. Der Schneider und Schultheiß Johannes Hofmann gehörte der Weinheimer Zunft an. Der Zunftbeitrag betrug jährlich zwischen 8 und 12 Kreuzer.
Selten genug gab es größere Baumaßnahmen im Ort, die ausgiebig Arbeit boten. Zu nennen wären der Bau der Brücke über den Liebersbach 1817, der Bau von Brunnen 1820, Pflasterarbeiten in der Untergasse 1827, der Bau einer Brücke über den Kallstadter Bach 1830, Wegearbeiten 1838, der Bau einer Brücke über den Liebersbach 1840, der Bau der Provinzialstraße (Vorgänger der B 38) 1841-43. Größere Baumaßnahmen waren auch die Neubauten der ev. und kath. Kirchen 1818 – 1820.
Von einiger Bedeutung für den Handel und das Gewerbe waren auch die zwei jährlichen Jahrmärkte, die damals als Hauptzweck noch die Versorgung der Bevölkerung mit lebensnotwendigen Gütern hatten.

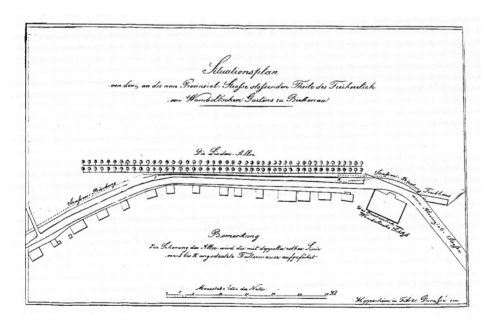

Situationsplan anläßlich des Baues der Provinzialstraße 1841. Zum Schutz der Lindenallee im Schloßpark mußte eine Stützmauer errichtet werden. Der Plan zeigt die Wegstrecke vom Birkenauer Schloß bis zum Schafssteg

Lehrlinge erhielten im letzten Jahrhundert keine Entlohnung, im Gegenteil, sie mußten Lehrgeld für die Ausbildung entrichten. Der Text eines Lehrvertrages aus dem Jahre 1840 lautete:

„Lehrkontrakt, Endesunterschriebene haben unterm heutigen Datum folgenden Lehrkontrakt abgeschlossen:

1. Karl Hofmann nimmt seinen Bruder Ignaz in die Lehre und verspricht demselben, die Schneiderprofession zu erlernen.
2. Ignaz Hofmann hat 2 Jahre bei seinem Meister zu lernen und hat 30 Gulden Lehrgeld zu bezahlen.
3. Das Lehrgeld wird die erste Hälfte in 14 Tagen, die 2te Hälfte binnen einem Jahr von dem Kuraten Adam Eisenhauer ausbezahlt.
4. Karl Hofmann muß seinem Bruder Kost, Logis und Kleidung stellen.
5. Die Lehrzeit beginnt von 20. Juni, allwo der Ignaz Hofmann aus der Schule entlassen wird.
6. Dieser Kontrakt wurde doppelt ausgefertigt und von jedem Teil unterschrieben.

Birkenau, den 28ten März 1840, Adam Eisenhauer und 5 weitere Unterschriften."

Selbst behinderten Personen, dem „Zwerg Peter Opimont", über dessen Lebensverhältnisse weiter unten nähere Ausführungen folgen, wurde in den 1840er Jahren die Absolvierung einer Lehre als Schreiner durch die Zahlung des Lehrgeldes durch die Gemeinde Birkenau in Höhe von 10 Gulden jährlich ermöglicht.

Längst fanden nicht alle Arbeitswilligen in Birkenau eine Beschäftigung, man war gezwungen, auswärts eine berufliche Tätigkeit aufzunehmen, wobei natürlich zu berücksichtigen ist, daß es erwünscht war, in der Fremde eine Ausbildung zu absolvieren bzw. seine Fertigkeiten zu vertiefen. Ein Heimatscheinverzeichnis (Verzeichnis über die von der Gemeinde ausgestellten Personalpapiere) der Jahre 1833-43 gibt Auskunft über Berufe und über die Zielorte. 191 in Birkenau wohnhafte Personen beantragten einen Heimatschein. Dabei wurden folgende Berufe und Tätigkeiten angegeben:

Magd (56 Personen), Knecht (15), Schneider (8), Schuhmacher (7), Schenkamme (6) Leineweber (4); je drei Nennungen: Schreiner, Schneiderlehrling, Hausmädchen, Handlungslehrling, jeweils zwei Nennungen: Schmiedegeselle, Spinnerin, Dienstkraft, Weißbinder; je eine Nennung: Müllerknecht, Dienstbote, Haushälterin, Lehrjunge, Küfer, Küfersknecht, Küblergeselle, Lehrerausbildung, Schönfärber, Bäcker, Bäckerlehre, Kleidermacherin, Steinbrecher, Weißbinderlehre, in die Pflege, Mühlenbesitzer, Gutsverwalter, Spenglerlehrling, Barbier, Regenschirmmacherlehrling, „nach Mainz in das weibliche Lehrinstitut", ohne Angaben 49 Personen, sonstige (5). Das nahe Weinheim bot 43 Personen die Aufnahme einer beruflichen Tätigkeit, es folgen Mannheim mit zwanzig. Jeweils vier Nennungen: Hohensachsen, Oberkunzenbach, Worms; drei Nennungen: Frankfurt, Frankreich, Großherzogtum Baden, Heidelberg, Ladenburg, Nächstenbach, Sonderbach, Sulzbach, Weiher, Wiesloch; zwei Nennungen: Altenbach, Darmstadt, Heddesheim, Heppenheim, Hirschhorn, Leutershausen, Lörzenbach, Ritschweier, Schriesheim, Vöckelsbach; je eine Nennung: Abtsteinach, Amt Heidelberg, Amt Ladenburg, Balzenbach, Beerfelden, Bensheim, Bern, Bonsweiher, Eberbach, Erbach bei Heppenheim, Friedberg, Fürth/Odw., Geisenbach, Großsachsen, Heidenheim, Hemsbach, Ilvesheim, Laubach, Landau, Litzelbach, Lüttich, Lützelsachsen, Mainz, Mosbach, Ober-Grenzbach, Offenburg, Reichenbach, Rimbach, Salem, Schannenbach, Wald-

Michelbach, „Ausland". In die Fremde (4), keine Angaben 21 Personen. Dauer der Aufenthalte: 1 Jahr (32 Personen), 2 Jahre (73), 3 Jahre (35), 4 Jahre (5), 6 Jahre (2), unter einem Jahr (7), keine Angaben 21 Personen.

Webstuhl 18. Jahrhundert im städt. Museum Weinheim. Ehemaliger Standort Birkenau, Kirchgasse 27

Die Tallage von Birkenau setzte der Landwirtschaft enge Grenzen. Anfang des 19. Jahrhunderts bewirtschafteten 9 Voll- und 18 Nebenerwerbsbauern diese Flächen. Angebaut wurden Gerste, Korn, Spelz, Hafer, Dickrüben, Kartoffeln, Erbsen, Raps, Hirse, an Obst hauptsächlich Äpfel, Birnen und Zwetschgen. Unbekannt war bisher, daß im 19. Jahrhundert in Birkenau Weinbau betrieben wurde. Diese Tradition läßt sich bis Anfang des 17. Jahrhunderts zurückverfolgen. Entsprechend waren auch die Trinkgewohnheiten unserer Vorfahren, die für einen Schoppen Wein allemal ein Glas Bier stehen ließen. Ausgaben für Wein anläßlich gemeindlicher Zusammenkünfte haben in den Rechnungen ihren Niederschlag gefunden. Weinbauflächen sind für 1840 an folgenden Stellen nachweisbar: unterhalb des kleinen Kühruhweges, Am Langenberg (heute Hangfläche zwischen den Häusern Lettenweg 17 und 27 und dem Bahnkörper der Strecke Weinheim – Fürth) und oberhalb des wamboltischen Rentamtes.

Für die Jahre 1813-25 verfügen wir durch Aufzeichnungen eines wamboltischen Beamten über Angaben zum Wetter und Ernteerträge:

1813   wenig Heu
1814   wegen Frost weniger Gerste als im Vorjahr, es wurde wenig Raps angebaut, dazu noch schlechte Qualität
1815   wenig Heu, wenig Wintergerste und Raps wegen großer Trockenheit
1816   kaltes Wetter mit viel Regen, wenig Kartoffeln und Kraut, der Hanf steht niedrig, Tabak steht schlecht, Felder sind teilweise „ersoffen"
1817   viel Heu und Klee, deshalb werden niedrige Preise erzielt
1818   die Gerste litt durch Frost im Mai, wenig Raps, weil im Frühjahr durch das Vieh abgegrast

1819 viel Raps, Wintergerste hat durch Frost und anschließende Trockenheit gelitten, wenig Heu
1820 durch trockene Witterung trat Futtermangel für das Vieh ein
1821 Wintergerste und der Raps sind meist erfroren, was auf den Feldern steht ist dünn, fehlendes Wachstum durch häufigen Regen
1822 wenig Heu, Wintergerste und Raps durch ungünstige Witterung
1823 allgemein gutes Wachstum, deshalb niedrige Preise, Kartoffeln werden von Frankenthal nach Weinheim gebracht, ein Maßel kostet lediglich 4 Kreuzer
1824 großer Schaden durch ein verheerendes Gewitter am 18. Juli, der Hanf steht keine Elle hoch, Kartoffeln sind durch Hagelschlag „mitgenommen", teils nur groß wie „Klicker"
  durch anhaltende Trockenheit kaum halbe Elle hoch, der Hanf steht gut, Schalenfrüchte sind sehr wenig angebaut und äußerst unvollkommen

Ernteerträge hatten natürlich direkte Auswirkungen auf die Fleisch- und Brotpreise, die im Wochenblatt für den Kreis Heppenheim für Birkenau unter dem „Taxbezirk V" zusammen mit denen von Rimbach veröffentlicht wurden. Die Preise von 1830-45 blieben weitgehend konstant. 1846/47 verdoppelten sich die Brotpreise, was nach herrschender Meinung mit dazu beitrug, daß es 1848 zu den revolutionären Ereignissen kam. Erstaunlicherweise veränderten sich die Fleisch- und Wurstpreise nicht so gravierend, doch wer konnte sich diese nicht alltäglichen Speisen schon leisten?

Vergleich Brot- und Fleischpreise. Grundlage: „Polizeitaxe" für den Kreis Juli 1834 und Oktober 1846

	Juli 1834	Okt. 1846
Gewicht eines Wasserwecks für einen Kreuzer (xr)	8 Lot	4 Lot
Gewicht eines Wasserbrotes für einen xr.	7 Lot	3 Lot
Gewicht eines Tafelbrotes für 2 xr.	–	11 Lot
4 Pfund Brot	–	16 xr
5 Pfund Brot (1846 Angaben für 2 Pfund)	8 xr	8 xr
1 Pfund Ochsenfleisch	9 xr	10 xr
1 Pfund Rindfleisch	8 xr	8 xr
1 Pfund Kuhfleisch	7 xr	8 xr
1 Pfund Kalbfleisch	5 xr	6 xr
1 Pfund Hammelfleisch	7 xr	7 xr 2 Pf.
1 Pfund Schweinefleisch	9 xr	12 xr
1 Pfund Schinken und Dörrfleisch	–	16 xr
1 Pfund Speck	–	19 xr
1 Pfund Nierenfett	16 xr	16 xr
1 Pfund Hammelfett	16 xr	16 xr
1 Pfund unausgelassenes Schweineschmalz	18 xr	20 xr
1 Pfund ausgelassenes Schweineschmalz	20 xr	22 xr
1 Pfund Bratwurst	14 xr	16 xr
1 Pfund Schweine-, Leber- oder Blutwurst mit Grieben	12 xr	12 xr
1 Pfund gemischte Wurst	8 xr	9 xr

Interessant sind auch die Angaben über den Birkenauer Viehbestand, der damals wie heute noch durch Viehzählung ermittelt wurde:

Birkenauer Viehbestand 1825–45

Jahr	Fohlen	Pferde	Esel	Kälber	Jung-vieh	Bullen priv.	Bullen Gemeinde	Kühe	Ochsen	Schafe	Schweine	Ziegen
1825	2	10	—	—	111	—	2	221	8	20	76	9
1830	11	26	—	—	141	—	3	270	24	40	160	20
1835	5	21	1	—	157	—	2	262	6	—	128	9
1840	9	38	3	42	141	—	3	263	4	5	178	28
1845	1	28	1	—	174	—	3	203	4	4	122	40

Für das Jahr 1823 sind Angaben über die einzelnen Kulturflächen greifbar. Danach waren auf Birkenauer Gemarkung 1270 1/2 Morgen Wald, 1145 1/2 Morgen Acker, 163 Morgen Wiesen, zusammen 2879 Morgen. Das Steuerkapital (Wert dieser Flächen) war mit 14.782 Gulden festgesetzt. Die Allmenden (in Gemeinnutz stehende Flächen) teilten sich wie folgt auf: 915 Morgen Wald, 62 Morgen Acker, 3 Morgen Wiesen. Von sämtlichen Feldfrüchten mußte der Zehnte als eine steuerähnliche Abgabe entrichtet werden. Dabei unterschied man den großen und kleinen Zehnten. Die Verzehntung, die Festsetzung der abzugebenden Früchte, war ein mühsames Geschäft, da die Bauern sich nicht übervorteilen lassen wollten, die Obrigkeit dagegen immer bestrebt war, sich den Zehnten nicht verkürzen zu lassen. Entweder ging ein Beauftragter der Herrschaft auf die Felder und Wiesen und bestimmte die Menge des Korns, des Hafers, der Gerste, des Klees, des Obstes usw., das abzuliefern war. Eine zweite Möglichkeit war, daß der Zehnte an Privatleute versteigert wurde, d.h. ein Interessent zahlte für den Zehnten eine gewisse Summe. Dieser Privatmann erwarb so das Recht, den Zehnten auf den Feldern einzusammeln und auf seine Rechnung zu verkaufen. Lief dieses Geschäft gut, so war ein beachtliches Zubrot zu erwarten. Hatte man sich in Bezug auf die Fruchtmenge, die es einzusammeln galt, verschätzt, drohte sogar Verlust. Selbstverständlich unterlag auch der gesamte Viehbestand der Verzehntung. Der Zehnte wurde von 1823 bis über die Jahrhundertmitte abgelöst. Gegen Zahlung eines Mehrfachen des jährlichen Zehnten wurden die Abgabepflichtigen von dieser ungeliebten Belastung befreit, wobei natürlich die Ablösung für den einzelnen Bauern eine beträchtliche Belastung bedeuten konnte.

Soziale Verhältnisse

„Bekanntlich sind es hier drei Klassen von Untertanen, die ihnen bekannte und längst bestimmte Abgaben zu leisten haben, als die Bürger, Beisassen und Juden. Diesen zum Nachteil befinden sich hier noch die Tolerierten, die weder gnädiger Herrschaft noch der Gemeinde im geringsten nichts entrichten, da sie doch gleiche Nutzungen wie die Beisassen genießen. ….werden durch deren Hantieren die Bürger oder Beisassen in der Nahrung geschmälert und endlich die Gemeinde an ihren Waldungen durch Holzfrevel und besonders durch deren Vieh- und Geißenhaltung geschädigt. So sind diese ein Auswuchs, der dem Stamm die Kräfte entzieht."

Diese aufschlußreichen Zeilen schrieb 1805 der Gerichtsschreiber Leonhard Schneider und hat damit wohl die damals herrschende Ansicht zu Papier gebracht. Er machte sich Sorgen um den Nahrungsbestand der Gemeinde, den er insbesondere durch Tolerierte und Ausländer gefährdet sah. Ganz auf dieser Linie lagen verschiedene Verordnungen, die die Ausfuhr von Holz, Nahrungsmittel und Gebrauchsgütern aus Birkenau verboten. Erst nach Befriedigung des eigenen Bedarfs konnten Ausfuhren in das Ausland geduldet werden. Schädlichen Auswirkungen aus dem Ausland suchte man ebenfalls durch Verbote beizukommen, fremde Bettler und Hausierer, die einen Teil des Birkenauer Nahrungsbestandes abschöpften, sollten umgehend über die Gemeindegrenzen gebracht werden. Notfalls sollte durch eine Tracht Prügel nachgeholfen werden. Eine solche Sonderbehandlung erfuhr ein Jude im Jahr 1794, weil er versucht hatte, Halstücher zu überhöhten Preisen zu verkaufen. Er wurde inhaftiert, vor dem Rathaus ausgepeitscht, fast seiner sämtlichen Kleidung entledigt und über die Grenze getrieben. Bettler und sonstige Personen, die kein Obdach hatten, waren so ständig auf dem Sprung, da sie für das Gemeinwohl als äußerst schädlich erachtet wurden. Mit den eingangs zitierten Zeilen versuchte der Gerichtsschreiber Schneider die Ortsarmen davon abzuhalten, ihre Geißen an Wegrändern und Rainen grasen zu lassen. Dieses Futter würde der Dorfbevölkerung entzogen. So sollten die Tolerierten ihre Geißen abschaffen oder wenigstens den Bestand erheblich reduzieren. In Birkenau und Kallstadt machte Schneider über 20 Haushaltungen namhaft, die von dieser Maßnahme betroffen sein sollten. Zwangsversteigert wurden dann tatsächlich „eine Geiß mit drei jungen, eine trächtige Geiß und ein Frischlingsschweinchen" der „Orschels Bärbel", die auch als „Marxins Witwe" bezeichnet wurde. Allerdings scheint hier eine gehörige Portion Voreingenommenheit und Haß eine Rolle gespielt zu haben. Einige Zeit später sollte die Orschels Bärbel ihr Toleriertengeld bezahlen, hierzu war sie nicht imstande. Kurzerhand wurde ihr Bett beschlagnahmt, das zur Abdeckung ihrer Schuld zwangsversteigert werden sollte. Eine Beschwerde beim Ortsherrn war erfolgreich, der Witwe wurde ihr Bett zurückgegeben. So drastisch diese Vorgänge waren, so zeigen sie doch, wie man mit Menschen umsprang, die an ihrer Not „selbst schuld" waren. Dementsprechend verzeichnen die Birkenauer Gemeinderechnungen bis in die 1830er Jahre hinein zwar Ausgaben für Arme, wie „für einen, dem die Hand abgehauen, für einen Abgebrannten", gezielte Unterstützungen für Ortsarme findet man kaum. Die Almosenempfänger waren fast durchweg auswärtige Personen, die von einem besonders harten Schicksal, für das sie nichts konnten, betroffen waren. Arme, hilfsbedürftige Personen gab es nach dieser Lesart in Birkenau offensichtlich kaum. Das ist natürlich ein Trugschluß, bitterarm waren die bereits erwähnten Tolerierten oder Toleranten, die kein Bleiberecht in Birkenau hatten und ohne Angabe von Gründen des Ortes verwiesen werden konnten. Sie lebten in notdürftigen Unterkünften, waren überwiegend als Taglöhner tätig und fristeten ein kümmerliches Dasein. Da sie keine Ortsbürgerrechte besaßen, gingen sie auch bei der jährlichen Holzzuteilung und dem „Genuß" der gemeindlichen Allmenden (Nutzung von Wiesen und Äckern) leer aus. Die berechtigten Einwohner mußten freilich für diesen Gemeinnutzen auch Fronden leisten. Die Beisassen hatten ein bedingtes Aufenthaltsrecht, waren aber, was den sozialen Status anging, auch nicht wesentlich besser gestellt. Um als Bürger angenommen zu werden, mußte der Betreffende Vermögen nachweisen und für die Annahme als Bürger einen Betrag bezahlen. Ähnliches gilt für die Birkenauer Judenschaft, die um 1680 hauptsächlich wegen ihrer erhöhten Abgaben von der Herrschaft von Bohn angesiedelt wurde. Ein „ausreichendes Einkommen" hatten nur einige Großbauern, Mühlenbesitzer, Gastwirte, Krämer und Personen, die durch Erbe zu Geld gekommen waren. Die ständig wachsende Einwohnerzahl verschärfte die sozialen Probleme zusehends. Nach 1800 muß der sog. Waldfrevel, das unberechtigte Holzsammeln und Baumfällen, beängstigende Formen angenommen haben. Der bereits erwähnte Gerichtsschreiber Schneider berichtet darüber, daß Weinheimer Ausländer truppweise nachts über die Grenze kamen, um Holzfrevel zu begehen. Zum Schutz der Waldungen wurden Nachtwachen aufgestellt. Auch die Birkenauer, die kein ausreichendes Einkommen hatten, dürften das notwendige Holz unerlaubt geschlagen haben. Als Folge davon mußten die jährlichen Holzzuteilungen ständig gekürzt werden. Eine zunehmende Verschuldung der Gemeinde machte den verstärkten Holzeinschlag in Gemeindewaldungen notwendig, ein unheilvoller Kreislauf. 1841 wurde wegen Dauerfrost Buchenholz und Reisigwellen vor dem Rathaus den Ortsarmen ausgeteilt.

Bei der steigenden Einwohnerzahl vergrößerte sich auch die Armut, was aus den Hinweisen auf Zuwendungen in den Gemeinderechnungen ersichtlich wird, so daß man von ersten Ansätzen einer gezielten Fürsorge sprechen kann. 1841 wurden für Arme 269 Gulden ausgegeben, 1844 waren es bereits 442 Gulden. Ein untrügliches Indiz für die zunehmende Verarmung war die Auswanderungswelle in die Vereinigten Staaten, dort erhoffte man sich ein besseres Leben. Die Gemeinde schloß für Pflegebedürftige Kontrakte ab, so lautete ein Vermerk: „Dem Georg Michael Schab für die Verpflegung des armen Michael Poh vom 1. Januar 1841 bis 1. Januar 1842 40 Gulden" oder „der armen ekelhaft kranken Elisabetha Schmitt 29 Gulden." Im Krankheitsfalle wurden auch Arzneimittel und Arztkosten aus der Gemeindekasse bezahlt. Arznei wurde aus Apotheken in Weinheim, Wald-Michelbach und Rimbach besorgt. Es handelte sich hauptsächlich um Tee, Brechmittel, alle Arten Pflaster (Zug- Bläh-, Senfpflaster), Spiritus und alle möglichen Sorten von Mixturen. Ein probates Mittel war auch das Setzen von Blutegeln oder Schröpfköpfen.

Die ärztliche Versorgung sicherten zwei „Chirurgen". Der Begriff des Chirurgen darf nicht in unserem heutigen Sinne verstanden werden. Jakob Eisenhauer, der seit 1796 als Gastwirt und Chirurg tätig war, hatte neun Jahre in der Fremde als Barbiergeselle zugebracht und legte vor der chirurgischen Innung Heidelberg eine Prüfung ab, die sich auf die Beantwortung einiger Fragen beschränkte. Mit dieser bescheidenen Ausbildung konnte er als einfacher Landarzt bestehen, ausgerenkte Gliedmaßen richten, Knochenbrüche schienen und zur Ader lassen. Der zweite Chirurg war der aus Mörlenbach stammende Nikolaus Bergold. Er war 1811 in Birkenau angenommen worden und war ebenfalls Gastwirt. Hebammen sind für Birkenau ab Anfang des 18. Jahrhunderts nachweisbar. Sie hatten im Gegensatz zu den Chirurgen eine gründliche Ausbildung. Zunächst wurden die angehenden Hebammen von erfahrenen Kräften eine Zeitlang unterwiesen, daran schloß sich eine fundierte theoretische Ausbildung am Ammenkollegium in Mainz oder Darmstadt an. 1811 wurde Christina Lieberknecht in Birkenau Hebamme. Ihr folgte Anna Maria Brehm von 1836

– 1861 nach. Ihr Einkommen belief sich jährlich auf 60 bis 80 Gulden. Ortsarmen Frauen mußte die Hebamme unentgeltlich beistehen, dafür erhielt sie eine Entschädigung aus der Gemeindekasse.

Mit einer Anzeige vom 22. April 1838 bot Physikatswundarzt Knispel seine Dienste folgendermaßen an: „Sämtlichen Bewohnern meines Bezirkes sowie der Umgebung mache ich hiermit die Anzeige, daß ich meine Stelle dahier in Birkenau angetreten habe und daß es mein eifriges Bestreben sein wird, mir das Zutrauen derselben durch aufmerksame und billige Behandlung zu erwerben und zu erhalten. Um irrigen Meinungen zu begegnen, mache ich bekannt, daß ich neben Ausübung der höheren Chirurgie auch kleineren chirurgischen Operationen als Zahnausnehmen, Aderlassen usw. verrichte." Doch bereits nach dreieinhalb Jahren zog der Arzt weg. „Lebewohl meinen Freunden und Bekannten sowie allen Bewohnern meines Bezirks, die ich vor meiner Abreise nicht erst noch sprechen konnte, sage ich hiermit Lebewohl, Birkenau, im Oktober 1841, Knispel, Physikatswundarzt."

Ab 1842 war ein Wundarzt namens Dalauen in Birkenau tätig. Von der Gemeinde erhielt er aufs Jahr gesehen 100 Gulden. Er war auch noch 1848 in Birkenau.

Das Schicksal von zwei behinderten Kindern ist überliefert, das hier kurze Erwähnung finden soll. 1841 lebte die Witwe von Jakob Opimont allein mit ihren beiden Kindern Katharina und Peter und erhielt gelegentlich finanzielle Unterstützung von Seiten der Gemeinde. Kurze Zeit darauf wurden die beiden Kinder voneinander getrennt und in Pflegestellen gegeben. Wiederholt wurden Pflegekontrakte mit einer jährlichen Laufzeit abgeschlossen. Aus diesen Schriftstücken ist ersichtlich, daß Katharina als schwachsinnig angesehen wurde, Peter war kleinwüchsig, er galt als „Zwerg". Im Krankheitsfalle verpflichtete sich die Gemeinde, Kosten für Arznei und ärztliche Behandlung zu übernehmen. Peter Opimont war in der Lage, leichtere Arbeiten zu verrichten. Im Dezember 1845 verstarb seine Schwester Katharina. Ein Passus des Pflegekontrakts lautete: „Im Fall das Geschöpf mit dem Tode abgehen sollte, übernimmt die Gemeinde die Beerdigungskosten." Der schwarz angestrichene Sarg kostete 2 Gulden 50 Kreuzer. Peter Opimont absolvierte eine Schneiderlehre, über deren Erfolg allerdings nichts überliefert ist. Das Lehrgeld bezahlte die Gemeinde. 1852 verstarb auch der „Zwerg" Peter Opimont. Dieses Beispiel zeigt, daß auch die Gemeinde gezwungen war, im Gegensatz zu früheren Zeiten, individuell zu helfen.

In den 1840er Jahren nahm die Armut ständig zu. Dies machten Straftaten, aus persönlicher Not begangen, überdeutlich. Die deswegen verhängten Geldstrafen konnten die Betroffenen auch nicht zahlen. So schrieb Ignaz Nieberlein: „Ich habe nämlich nicht besten Verhältnisse, so daß ich im Stande wäre, meine Lebensbedürfnisse unbekümmert anzukaufen. Ich war deshalb auch kürzlich notgedrungen wegen der Beschaffung von einer Traglast Holz im Gemeindewald unterwegs. Der Forstschütze schrieb mich auf und wurde mir deshalb eine Strafe angesetzt, wovon ich 4 Gulden 48 Kreuzer der Birkenauer Rezeptur bezahlen soll. Hierzu bin ich nicht im Stande." Der Schutzjude Hirsch bat inständig um Erlaß der Strafe, was er so begründete: „Ich bin Familienvater von vier unerzogenen Kindern und kann mit größter Anstrengung meine Familie kümmerlich ernähren. Als Schutzjude von Birkenau genieße ich keine Gemeinnutzen. Ich suche also auf alle mögliche Art meine Familie, insoweit mir

Nachricht für Auswanderer nach Nord-Amerika.

Agentur der Post-Schiffe und Dampffregatten
zwischen
Havre und New-York.

Für die am 8., 16., 24. Mai und 1. Juni von Havre nach New-York abgehenden Postschiffe können aufs billigste Verträge abgeschlossen werden.

Die Reise geht entweder über Rotterdam per Dampfboot nach Havre, oder mit dem Dampfboot bis Cöln, und von da per Eisenbahn bis Havre. — Die Ueberfahrtszeit ab Gernsheim nach New-York kann durchschnittlich auf 30—35 Tage angenommen werden.

Gernsheim, am 1. Mai 1848.

Franz Jos. Kæhl.

Gerichtliche Anzeigen.

[1] **Edictalladung.**
Nachfolgende Personen von Birkenau:
Schneider Adam Kadel,
Johannes Kadel I.,
Christoph Kadel's Wittwe
beabsichtigen, nach Nordamerika auszuwandern. Rechtliche Ansprüche an dieselben sind binnen drei Monaten von heute an bei Gr. Landgerichte Fürth anzuzeigen und auszuführen, gegenfalls die Entlassungsurkunde ausgehändigt werden wird.
Heppenheim, den 23. Februar 1835.
Der Großh. Hess. Kreisrath des Kreises Heppenheim.
Steppes.

[1] **Edictalladung.**
(Heppenheim.) Der Ortsbürger und Leinweber Andreas Jacob von Birkenau beabsichtigt mit seiner Ehefrau und 4 Kindern, wovon der älteste Sohn Philipp bereits volljährig ist, nach Nordamerika auszuwandern. Alle diejenigen, welche Forderungen und sonstige Ansprüche an ihn haben, werden daher aufgefordert, dieselbe binnen drei Monaten a dato bei Gr. Landgericht Fürth anzuzeigen und zu begründen, widrigenfalls die Entlassungsurkunde ertheilt werden wird.
Heppenheim, am 15. April 1836.
Der Gr. Hess. Kreisrath des Kreises Heppenheim.
Steppes.

[4] **Edictalladung.**
(Heppenheim.) Die Ortsbürger Peter Scherer und Adam Brehm von Birkenau wollen mit ihren Familien nach Nordamerika auswandern. Rechtsansprüche an dieselben sind daher binnen 3 Monaten a dato um so gewisser bei Großh. Landgericht Fürth anzuzeigen und geltend zu machen, als sonst die Entlassungsurkunde ertheilt werden wird.
Heppenheim, am 2. Mai 1836.
Der Gr. Hess. Kreisrath des Kreises Heppenheim.
Steppes.

[7] **Edictalladung.**
(Heppenheim.) Der Ortsbürger und Schmied Johann Kadel II. von Birkenau ist Willens mit seiner Familie nach Nordamerika auszuwandern.
Rechtsansprüche an denselben sind daher binnen 3 Monaten a dato bei Gr. Landgerichte Fürth anzuzeigen und geltend zu machen, widrigenfalls die Entlassungsurkunde ertheilt werden wird.
Heppenheim, den 29. April 1836.
Der Gr. Hess. Kreisrath des Kreises Heppenheim.
Steppes.

2) **Gläubiger-Aufforderung.**
Der Ortsbürger und Schuhmacher Peter Christ von Birkenau will mit seiner Familie nach den nordamerikanischen Freistaaten auswandern. Forderungen an denselben sind daher binnen drei Monaten von heute an, um so gewisser bei Gr. Landgerichte Fürth anzuzeigen und auszuführen, als sonst die Auswanderungserlaubniß ertheilt werden wird.
Heppenheim am 17. Mai 1837.
Der Gr. Hess. Kreisrath des Kreises Heppenheim.
Steppes.

3) **Gläubiger-Aufforderung.**
Andreas Jacob I. von Birkenau will mit Familie nach Nordamerika auswandern. Etwaige Forderungen an ihn, sind daher binnen drei Monaten, von heute an, um so gewisser bei Gr. Landgerichte Fürth anzuzeigen und geltend zu machen, als sonst die Entlassungsurkunde ertheilt werden wird.
Heppenheim den 26. Mai 1837.
Der Gr. Hess. Kreisrath des Kreises Heppenheim.
Steppes.

1) **Gläubiger-Aufforderung.**
Leonhard Florig II. von Birkenau ist Willens, mit seiner Familie nach Hochsachsen, Großh. Bad. Bezirksamts Weinheim auszuwandern.
Rechtsansprüche an denselben sind daher binnen drei Monaten, von heute an, um so gewisser bei Großherzogl. Landgerichte Fürth geltend zu machen, als sonst die Entlassungsurkunde ertheilt werden wird.
Heppenheim den 30. März 1838.
Der Großh. Hess. Kreisrath des Kreises Heppenheim.
Steppes.

2) **Gläubiger-Aufforderung.**
Rechtsansprüche an den nach Eitelsachsen, Großh. Bad. Bezirksamts Weinheim, auswandern wollenden Johannes Bernhard von Birkenau sind um so gewisser binnen 3 Monaten a dato bei Großh. Landgerichte Fürth geltend zu machen, als sonst die Entlassungsurkunde ertheilt werden wird.
Heppenheim den 20. April 1838.
Der Großh. Hess. Kreisrath des Kreises Heppenheim.

Anzeigen von Behörden.

336) **Edictalladung.**
Forderungen und sonstige Ansprüche an den nach Nordamerika auswandern wollenden Ortsbürger Jacob Beck zu Birkenau sind um so gewisser binnen 3 Monaten bei Großh. Landgerichte Fürth anzuzeigen und geltend zu machen, widrigenfalls die Entlassungsurkunde ertheilt werden wird.
Heppenheim, den 11. Februar 1842.
Der Großh. Hessische Kreisrath des Kreises Heppenheim.
In dessen Verhinderung:
Der Großherzogl. Kreissecretär
v. Willich.

möglich, vor dem größten Mangel zu schützen. So hatte ich dieses Jahr, wie früher alle Jahre, einige Zieglein geschlachtet und verkauft. Es wurde mir verboten, wurde vor kurzem angezeigt und mit 5 Gulden bestraft. Ich habe jetzt mit den größten Nahrungssorgen zu kämpfen, es ist mir nicht möglich, diese Strafe zu bezahlen, ohne meine Familie in großes Elend zu setzen." Bürgermeister Leonhard Jüllich kam nun die Aufgabe zu, diese Strafen zu kassieren, was sich großteils als eine Unmöglichkeit erwies. So kapitulierte der Bürgermeister und ließ die Anweisungen des Amtsgerichts Fürth, die Strafgelder zu erheben, unerledigt liegen. Für seine Versäumnisse bekam er allein von April 1845 - Mai 1846 61 Geldstrafen zudiktiert. Die Situation sah Jüllich so: „(Als Folge der schlechten Fruchtjahre) ... werden ungeheure Ansprüche von Hausarmen an mich gemacht, die mich veranlaßten, mit einem Kostenaufwand von wenigstens 150 – 200 Gulden zu helfen, ohne die Kost, welche ich täglich an verschiedene Arme verabreiche." Im Laufe des Sommers 1846 war es erstmals notwendig geworden, für die täglich vor seiner Haustür bettelnden Armen Brot zu kaufen. Früher waren die Bittsteller mit ein paar Kreuzern aus der Almosenkasse zufrieden gewesen, die schreiende Not hatte sie immer aggressiver und fordernder werden lassen.

Selbst die Verhältnisse des Bürgermeisters, der sich bei Amtsantritt als vermögend bezeichnete, hatten gelitten. Jüllich bürgte 1845 auf vielfältiges Bitten für den Schmiedemeister Peter Jöst, der sein Haus, das überschuldet war, halten wollte. Jöst war dann aus Verzweiflung heimlich nach Amerika geflohen und hatte seine Familie zurückgelassen. Bürgermeister Jüllich mußte als Bürge vereinbarungsgemäß 83 Gulden an den Gläubiger des Jöst zahlen. Der während seiner Amtszeit zu arg bedrängte Bürgermeister verstarb Anfang August 1849 in „Abzehrung". Seine Witwe bat bis 1854 in zahlreichen Schreiben, die ihrem Mann zugedachten Strafen doch endlich zu erlassen.

Das Gefühl, in der angestammten Heimat kein ausreichendes Auskommen zu haben, hat in dieser schweren Zeit auch manchen Birkenauer mit seiner Familie bewogen, nach Amerika auszuwandern. Die erste dokumentierte Auswanderung war die des Johannes Michael Römer mit seiner Ehefrau Charlotta Amalia, einer geborenen Hartwig im Jahr 1738. Über die Auswanderungen während der ersten Hälfte des 19. Jahrhunderts waren Auswanderungsakten vorhanden, die sich beim Staatsarchiv in Darmstadt nicht mehr auffinden lassen. So sind wir auf die spärlichen Informationen, die sich in den erhaltenen Zeitungsbänden aus dieser Zeit finden, angewiesen.

Günter Körner

Der Odenwälder Landsturm 1799

In der Reihe der kriegerischen Ereignisse, welche im Laufe der Jahrhunderte über Birkenau hinweggezogen sind, waren die Kämpfe, welche der „Odenwälder Landsturm" gegen die Französische Revolutionsarmee führte, nur eine kurze Episode.

Frankreich hatte in seiner glorreichen Revolution die absolut herrschenden Monarchen abgeschüttelt und Freiheit, Gleichheit und Brüderlichkeit für das gesamte Volk proklamiert. Neu war die nationale Idee: der Rhein als Abgrenzung gegenüber Deutschland. Die Deutschen mit ihren Kleinfürsten hatten der anstürmenden Armee mit der verlockenden Revolutionsidee von einer Herrschaft des Volkes in ihren wenig motivierten Söldnertruppen zunächst wenig entgegenzusetzen. Deshalb stellten sich Bauerngruppen den fremden Soldaten entgegen, als diese den Rhein überschritten und fordernd in die Odenwaldtäler bei Birkenau und Gorxheim eindringen wollten. In einem zwischen Kurpfalz und Kurmainz umstrittenen Bemühen um die Mobilisierung des Volkes (man fürchtete die Revolutionsidee) entstand der „Odenwälder Landsturm".

Birkenau blieb zunächst unbeteiligt, obwohl bewaffnete Bauern unter dem kurmainzischen Amtsvogt Kraus aus Fürth im Birkenauer Gebiet bis zur Kinscherfschen Mühle im engen Weschnitztal unterhalb des Dorfes patrouillierten. Unter dem Druck Mainzer, Pfälzer und gräflich Erbachischer Gruppen und auch Birkenauer Einwohner schloß man sich diesen Gruppen an. Man ernannte den Wamboltischen Amtmann Boutellier zum Kommandanten des Landsturmes für das Weschnitztal bis Fürth. Verhaue genannte Hindernisse wurden errichtet. Sie sollten das schnelle Vordringen der aus der Richtung Mannheim/Weinheim kommenden französischen Truppen, vor allem der Kavallerie, verhindern. Gleichzeitig wurden drei Kanonen in den Bergen auf die Engstelle im Weschnitztal hin in Stellung gebracht. (Peter Bräumer aus Birkenau glaubt, Reste dieser Geschützstellungen gefunden zu haben und beschreibt sie 1985 in seinem Buch „Szenen aus der Zent"). Scharfschützen sicherten die Batteriestellung ab. Es kam, wie befürchtet, zu Feuergefechten. Darüber berichtet Amtmann Boutellier an seinen Ortsherrn, der in dieser Zeit nicht in Birkenau gewohnt hat:

„Den 20. April (1799) in der Frühe gleich nach 2 Uhr griff der Feind, der bei 2000 Mann geschätzt werden konnte, wovon der größte Teil Infanterie war, die Ottenwälder im Trösler (und Gorxheimer) Tal an. Die nicht genug gerühmt werden könnende Standhaftigkeit und Muth der dortigen Scharfschützen vereitelten alldort seinen ganzen Angriff, alsdann kam es an unser Tal, wo sie mit dem nämlichen Force zurückgeprellt wurden. Die höchst erbittert gewesene Attak dauerte bis 1/2 6 hin morgens, wo zu Abzug von seiten des Feindes getrommelt wurde". Weiter berichtet Boutellier: „Von den Bauern können im Ganzen an tod und plaßirten bei 14 Mann ebenfalls gerechnet werden, die aber nicht sowohl von dem Feind, als von den w. Bauern erlegt wurden". Mit den „w" Bauern sind Weinheimer „Französlinge" genannte, vielleicht der Revolutionsidee ergebene Bürger gemeint.

In der Darstellung des Birkenauer Rektors J. Pfeifer, dem wir hier im wesentlichen folgen, kommt zur Folgezeit der langatmig berichtende Gerichtsschreiber Schneider zu Wort. Fassen wir zusammen:

Nach einer Rheinüberschreitung bei Mainz rückten bei schwacher Gegenwehr durch das „Darmstädtische" etwa 8 bis 12 000 Franzosen gegen die Bergstraße vor. Da es bei dieser Art der Kriegsführung keine festen Frontlinien gab, konnten am 14. Oktober ihre „Fouragierer" (Lebensmittelaufkäufer, die je nach der Geschäfts- oder Gefechtslage bezahlten), Reiter und Infanterie nach Liebersbach und am Tage darauf sogar nach Birkenau kommen und abends mit dem Requirierten (Beschlagnahmten) wieder abziehen. Die französischen Vorposten an der Ortsgrenze im Birkenauer Tal, in der Nähe des Galgens, mußte man verpflegen und ihr Wachfeuer unterhalten. Abends gingen diese zurück nach Weinheim. Langsam formierte sich zum Schutz von Haus und Hof wieder der Landsturm im Odenwald.

Schneider berichtet: „Auf den 29. Oktober, Dienstag Morgens, machten einige von Szeklers Husaren (sie waren im Mai zur Unterstützung des Landsturms hierher beordert worden), wie auch die Franzosen hierher Patroll: Die Husaren zogen sich etwas zurück und lockten die französische Patroll, die immer stark war, vor hiesiges Dorf hinaus, wo die Bauern gleich von den nahen Bergen auf den Feind anfingen zu feuern, und diesen auch, ob derselbe schon von seinem nahen Posten Verstärkung an sich zog, zurück nach Weinheim drängten, wo er alsdann seinen ganzen Schwarm zusammennahm und die Bauern wieder zum Rückzug nötigte. Der Verlust dieses Tages ... war auf beiden Seiten gering.

Den 30. Oktober, als dem Tag darauf, machten die Franzosen ein Gegenstück des Angriffs, und zogen mit einer kleinen Kanone – die sie zu Reisen lösten und dem dortigen Schultheißen durch das Gebäude schossen – nach Mörlenbach und Zotzenbach, und jagten die schwach besetzten Bauern Piketer überall zurück, bis endlich der Feind genugsam geplündert, nachmittags in seine vorige Stellung nach Weinheim zurückging.

Den 31. Oktober fiel hier kein Gefecht vor. Diese Tagesstille nun wurde von dem Landsturm dazu bezweckt, daß man sich zu einem allgemeinen Angriff auf den folgenden Tag, als den 1. November, anschickte, und kaum begann der Tag Allerheiligen – als an welchem die hiesige Gemeinde eben im Begriff war, ihr Geisellösungs-Geld – durch den hiesigen Schultheiß, der in der Absicht entlassen worden war, (am Vortag hatten ihn die Franzosen als Geisel mitgenommen) fortzuschicken – so kamen zwei Mann von Szeklers Husaren ins Dorf, um Kunde einzuziehen, worauf bald zwischen den beiderseitigen Patrollen geplankelt wurde, und ging – als inzwischen der ganze Landsturm vorrückte – der Lärm und die Attacke an." Der Feind wurde in einen Hinterhalt gelockt, geschlagen und verfolgt. Er zog sich sogar aus Weinheim zurück. Man glaubte, einen entscheidenden Sieg errungen zu haben. Hierzu wieder Schneider:

„So wie es nicht selten geschieht, daß auch bei regulierten Truppen die errungenen Vorteile über den Feind, in der Hitze nicht mit Vorteil benutzt werden, so ging es auch hier den vor Freuden und Einbildungen trunkenen Bauern, sie glaubten, ganz das Ziel und Endes ihres Zwecks erreicht und übersprungen zu haben und überließen sich sonach größten Teils einer gänzlichen Sorglosigkeit und dem berauschenden Gesöff. Der geschlagene, aber nicht ganz zersprengte Feind sammelte sich wieder und zog noch Verstärkung an sich und rückte schnell wieder auf Weinheim vor und so war es natürlich, daß so eine unregelmäßige Streitmaschine, als die Bauern, die zugleich in diesem Zeitpunkt den zweckmäßigen Ordre der Husaren-Offiziere im geringsten nicht nachkamen, in solchen Zustand keiner Gegenwehr mehr fähig waren. Die Bauern liefen also in Unordnung wieder nach ihrem Gebirge rückwärts, und ließen manchen der Ihrigen, berauscht im Blute liegend zurück."

Soweit der örtliche Ausschnitt vom Kampfgeschehen. Geblieben und längst als selbstverständlich angenommen ist aus der Zeit um Napoleon die Auflösung der deutschen Kleinstaaten, unter ihnen die Länder Kurpfalz und Kurmainz. Ihre Territorien wurden z.T. dem heutigen Baden und Hessen zugeschlagen.

Klaus Zenner

Quellen:

Rektor Johannes Pfeifer, Birkenau: „Der Odenwälder Landsturm" in „Die Starkenburg" Weinheim 2. Jg. (1925) Nr. 1 + 2

Prof. Dr. Friedr. Walter, Mannheim: „Der Odenwälder Landsturm" in „Die Windeck" Weinheim 2. Jg. (1926) Nr. 2

Dr. Heinrich Schlick, Karlsruhe: „Als die Kurpfalz badisch wurde" in „Die Windeck" 9. Jg. (1933) Nr. 2

Rainer Gutjahr: „Im Jahre 1799 ‚Volkskrieg' an der Bergstraße" in „Der Rodensteiner" 43. Jg. (1981) Nr. 3

Vormärz und Revolution 1848/49 im Birkenauer Tal

Über die Revolution von 1848/49 und die Jahre, die ihr vorangingen, ist der Bevölkerung nur noch weniges bekannt, obwohl die Odenwälder am politischen Leben ihrer Zeit folgenschweren Anteil genommen haben, und viele Familien hierdurch in großes Unglück gestürzt wurden.

Die Zusammenfassung von Gerichts- und Gemeindeakten, Presseberichte aus damaligen Zeitungen und andere Arbeiten über dieses Thema erlauben uns, Einblick zu nehmen, wie diese Zeit in den Orten der Großgemeinde Birkenau erlebt wurde.

Auf die hohe Politik soll hier nur soweit eingegangen werden, wie sie den Rahmen für das örtliche Geschehen bildet.

Die erste Hälfte des 19. Jahrhunderts brachte für ganz Europa gewaltige politische Umwälzungen. Das Heilige Römische Reich Deutscher Nation, das rund 1000 Jahre Bestand gehabt hatte, war 1806 erloschen. Die Napoleonische Ära erforderte nicht nur unermeßliche Kriegsopfer, sondern leitete mit der Säkularisation und der Mediatisierung die bis dahin größte territoriale Umgestaltung Deutschlands ein. Sämtliche geistlichen Reichsstände wurden aufgelöst, kirchlicher Besitz verstaatlicht und bisher reichsunmittelbare Herrschaften der Landeshoheit unterworfen. Die Folge für unsere Gegend war eine völlige Auflösung ihrer alten Herrschaftsstrukturen, die an anderer Stelle beschrieben sind. Birkenau wurde zum Grenzort zwischen den neugebildeten Großherzogtümern Hessen und Baden. In den Befreiungskriegen wuchs die Hoffnung breiter Bevölkerungskreise auf politische Emanzipation. Jedoch der Wiener Kongreß von 1815 enttäuschte diese Hoffnung genauso wie das Streben nach Reichseinheit.

Deutschland wurde neu aufgeteilt in 39 souveräne Einzelstaaten, die in einem losen Verband, dem „Deutschen Bund", zusammengeschlossen waren. Dieser hatte seinen Sitz in Frankfurt/M.

Die nun folgende Epoche bis zum Ausbruch der Märzrevolution 1848 ist unter dem Begriff „Vormärz" in die Geschichte eingegangen. Äußerlich eine Zeit des Friedens, wurde sie im Inneren immer mehr geprägt von der Auseinandersetzung zwischen den Kräften der Restauration und den Anhängern von Liberalismus und Demokratie. Das gegen Staatsallmacht und noch bestehende adelige Privilegien aufbegehrende Bürgertum beanspruchte in zunehmendem Maße eine Beteiligung an der politischen Verantwortung. Zur Unterdrückung dieser Bestrebungen wurde durch die „Karlsbader Beschlüsse" 1819 ein polizeiliches Kontrollsystem aufgebaut, welches das ganze politische Leben erfaßte. Die Presse stand hierdurch unter strengen Zensurgesetzen, und die Universitäten wurden von staatlichen Kuratoren überwacht.

Hinzu kam eine weit umsichgreifende Verarmung der Bevölkerung. Mißernten und dadurch bedingte Hungersnöte verschärften zusätzlich die Lage. Zu Tausenden verließen die Menschen ihre Heimat, um in anderen Ländern nach besseren Existenzmöglichkeiten zu suchen. Viele Familien aus Birkenau und der näheren Umgebung wanderten nach Amerika aus und schrieben von dort begeisterte Briefe, in denen sie ihren Angehörigen ihr gutes, freies Leben in der neuen Welt schilderten.[1]

Ein Auswandererbrief

Dem Ehepaar Johannes und Elisabeth Klein, die wahrscheinlich um 1830 nach Amerika augewandert waren, verdanken wir den folgenden Brief an seine Mutter und Geschwister in Birkenau. Er soll wegen seiner großen Anschaulichkeit hier in voller Länge wiedergegeben werden. Lediglich die Rechtschreibung wurde unserer heutigen angepaßt.

Greenvillage, den 18. Okt. 1831.

Viel geliebte Mutter und Geschwister,

Euer Schreiben habe ich von dem Friedrich Boll erhalten. Wir freuen uns über unsere gesunde Zusammenkunft. Boll blieb in Baltimore über Winter, das Frühjahr zieht er auch auf Land(suche). Back blieb bei Martin Kohl bei Fayetteville, Ohio. Boll reiste aber 70 Meilen, uns zu besuchen. Sie waren dick und fett, ihnen tat die Seekrankheit nicht viel.
Lieber Bruder, meine Lebensumstände sind folgende: Wir haben ein vergnügtes ruhiges, freies Leben. An Lebensnahrung fehlt es uns nicht. Ich arbeite auf meinem Handwerk und hab guten Verdienst. Vor einen groben Mannsrock bekomm ich 5, auch 6 Gulden, von einem feinen 8 bis 11 Gulden, von Hosen die geringste 1 Gulden, feine Hosen aber 1 Taler (Dollar), nämlich 2 Gulden 30 Kreuzer, die Westen desgleichen.

Der Anfang war schwer bei mir, wie Ihr wißt. Die Reisemode fehlt bei mir, die Sprach fehlt aber jetzt – Gott sei Dank nicht mehr, dies ist überstanden.

Vor Anfang, wenn ein englischer Mann kam, brauch ich ein Dolmetscher, wenn er etwas gemacht will haben. Meine Kinder sind beinahe ganz englisch. Ihnen war diese fremde Sprache etwas leichtes, aber bei uns alten Europäern geht es langsam. Sie gehen in die englische Schule. Ich wohne im Hauszins bei Greenvillage, 6 Meilen von Chambersburg an der Landstraße, nämlich am Thonbeck genannt auf amerikanisch, unten gegen Chambersburg. Gerade vor meinem Wirt hinüber wohnt ein Mann, der hat denselben Namen wie ich. Es gibt viele Kleine bei uns. Ich muß 12 Taler Rent (Miete) bezahlen, das sind meine Abgaben. Ich hab eine Kuh ohne Hörner, wie es viele gibt bei uns, und 8 Schweine. Das Rindvieh und die Schwein haben denselben Preis wie bei Euch, die Pferde sind arg teuer und gibt sehr viele. Ein Pferd, wo jung und schön ist, kostet 200 bis 400 Gulden, ein Sprunghengst aber kostet 1000 bis 1800 Gulden, Federvieh gibts ungeheuer viel, alle Gattungen, nämlich Welschhühner, Perlhühner, Pfauen, Fasanen, Enten, andere gemeine Hühner.

Es wird sehr viel gegessen in jedem Stand. Es ist alles gleich, es sei arm oder reich. Es werden nicht viele Komplementen abgespeist. Die deutsche und englische Sprache ist eins das ganze Land hindurch. Es ist nicht soviel Unterschied wie in Deutschland. So ist auch die Mode in der Kleidertracht.

Bei uns sind 21 Freistaaten, einige wie Königreich, einige wie ein Großherzogtum. Wir kamen an in Maryland in Baltimore und zogen 70 Meilen ins Land hinaus gegen Chambersburg, wir Birkenauer und Rimbacher in Pennsylvania. Da suchte sich jeder seine Heimat nach seinem Werke.

Die Bauerei ist ganz anders eingerichtet wie bei Euch. Vor das Vieh wird keine Handvoll Futter heimgefahren oder getragen. Sie müssen sich alles selbst helfen in zugemachten Feldern. Sie sind drein bei Tag und Nacht und werden auch in den Feldern gemolken. Im Winter laufen sie im Hof herum wie Gäns und Hühner und werden gefüttert.

Sie haben 10 bis 30 Acker (acres) zugemacht mit Palisaden oder Hensen (fences) genannt auf ihre Art. Sie bauen Weizen, Korn und Welschkorn (Mais) und Buchweizen, nämlich Heidekorn, Grumbeeren aber nicht viel. Ein Bauer bei Euch baut mehr (Kartoffeln) als 10 bei uns. Mit dem Vieh werden keine gefüttert, und wenn sie Kartoffel essen, da sieht man sie nicht vor Fleisch. Wenn sie nicht alle Tage dreimal (Fleisch) haben, können sie nicht bestehen. Das Fleischessen ist ganz erstaunlich. Mein Nachbar, ein Schuhmacher, hat in drei Monat vier Schwein gefressen und muß alles mit Schuhmachen verdienen. Die Buschel (25,24 Liter) Korn kostet 1/2 Taler, die Buschel Weizen 1 Taler, ich rechne drei Buschel zu einem Malter. Das Welschkorn kostet 32 Cents die Buschel, 100 Cents ist ein Taler. Es wird alles nach dem Buschel verkauft und gekauft, die Kartoffel 1/2 Taler die Buschel. Die Ernte war aus im Juni, die Haferernte im Juli.

Den 18. August sahen wir an dem Himmelfirmament eine dunkle, ohne Strahlen traurige Sonne. Es riß das gefährlich Fleckfieber ein im Land oben naus, bei uns waren auch etliche krank, es starben aber nicht viele, und ein gemeines Frieren von keiner Bedeutung. Das, glaubten sie, das wäre die Anzeige der Sonne. Die Mehlmühlen und die Sägemühlen sind besser eingerichtet wie in

Deutschland. Der Wagen treibt das Wasser wieder zurück, wenns durchgeschnitten ist, unten am Stirnrad und Schwenkrad ist es ganz anders. Da ist ein Wasserkasten, da ist ein kleines Wasserrad darin, das springt wie der Wind (Turbine). Mit der Mahlmühle ist es auch ganz anders. Die Beutel und Beutelkästen sein 15 Fuß lang. Die Beutel sind aufgerinnt wie eine Seih und drehen sich im Kasten herum wie ein Wellbaum im Welloch. Sie haben nur die halbe Arbeit, alle Monat wird es einmal scharf gemacht.

Von Sonntag Anfang bis Ende müssen die Mühlen und Kaufläden ruhen und geschlossen sein, denn der Sabbat wird heilig gehalten, wie es uns vorgeschrieben ist im dritten Gebot Gottes „Du sollst den Feiertag heiligen".
Es gibt sehr viele Sekten bei uns, folgende: Mededis (Methodisten), diese bekennen sich, die wahren Christen zu sein. Nachfolger Jesus. Wenn sie in der Kirche sein, fallen sie auf die Knie und beten. Wenn sie wieder aufgestanden sind, schreien sie mit lauter Stimme „O, mein Erlöser wird mich nicht verlassen, daß ich nicht verloren sei" und danken Gott mit lauter Stimme für ihre Nahrung, Kräfte und Gesundheit. Guvernenten, Manisten, Herrenhuter, Dunker, Dansenden, Quäker, diese tanzen bei Ihrem Gottesdienst.

Mohren und Neger gibts auch viel. Drei Sorten: Kohlschwarze, Halbschwarze und Gelbe. Sie sind aber wenig geachtet. Und die anderen Religionen, wo mir und Euch bekannt sind, überhaupt alle Religionen, haben freie Ausübung.

In unserer Gegend ist das Land nicht Wohlfeil, aber oben naus kauft man den Morgen Acker vor 6 Taler, nämlich Land mit großem Holz (= Wald). Ein guter Arbeiter brauchts nicht zu wagen (abzuwägen). Ein Taglöhner, wenn er mit einem Reff mähen kann, in der Ernte kann er in einem Tage einen Taler verdienen und gutes Essen. Wer aber bindet und rechert, nur den halben Lohn. Die Frucht wird das meiste gemähet, da geht man gleich hinter dem Reff nach und tuts zusammenrechen und aufbinden auf kleine Buschel, wo man vier tragen kann. Da werden zwölf zusammengestellt, bis alles abgemähet ist. Nachher wird heimgefahren. Der Weizen wird mit den Pferden ausgeritten, das Korn aber gedroschen. Außer der Ernte bekommt ein Taglöhner 40 Cents oder 1 Gulden und gutes Essen, aber die Arbeit ist nicht leicht, denn das Geschirr ist viel schwerer als bei Euch. Die Holzachsen sind noch (einmal) so breit wie bei Euch, die Sensen so lang, die Sicheln sind auch viel größer. Es kommt bloß auf die Gewohnheit an.

Ich wollte, meine alte gebrechliche Mutter wäre bei mir in der Freiheit und könnt das weiße Brot und die guten Äpfel genießen. Malasig (Melasse), Sirup und Honig und Butter wird erstaunlich viel gegessen. Es wird Fleisch und weißes Brot mit Butter geschmiert und zusammengegessen. Diese Lebensart ist ganz anders als in Birkenau. Vor die Weibspersonen ist es ein vortrefflich gutes Land. Das Waschen und Backen ist ihre Arbeit. Sie tragen sich wie die Edeldamen, es sei arm oder reich, es ist alles gleich. Sie haben leghornene Sommerhüte vor den Preis von 3 bis 18 Taler und Schleier darauf. Sie haben ein großes Recht in diesem Lande. Ihre Männer dürfen sie nicht brigeln (prügeln), sonst kommen sie bös weg. Wenn eine 2 Meil auf Besuch will, reiten sie auf Pferden dahin. Sie rauchen alle Tabak. Alle Sonnabend wird der Fußboden aufgerieben.

Ein Müllerknecht kann in einem Monat 39 bis 40 Gulden verdienen und (hat) freie Wohnung und Brennholz. Die Müller haben den zehnten Teil vor ihren Lohn (bei uns 1/6) oder Multer und haben nur die halbe Arbeit. Eine jede Mühle hat ihren Flaschenzug, wo die Mehlfässer und Säck hinauf und hinunter gelassen werden. Die Bauern verkaufen wenig Frucht, sie lassen sie mahlen und in die Fässer tun und fahren in (die) Seestädte.

Ich, Elisabeth Klein, weigerte mich so sehr, um das Vaterland zu verlassen. Wie Ihr selbst wißt. Aber jetzt danke ich Gott, dem himmlischen Vater, und meinem Mann, daß wir aus der Sklaverei, Kriegsangst und Not sein. Wir haben oft in der Zeitung gelesen von Unruhen und Rebellerei und Blutvergießen in Europa. Es hat sich bei uns in Amerika auch ein kleiner Aufruhr gezeigt bei den Mohren in Petschinestädt, 60 Meilen gegen Süden von uns. Sie wurden aber sehr mißhandelt. Sie sollten nichts essen als Welschkorn. Sie konnten aber nichts (aus) richten. Sie sein kaum der dritte Teil.

Das Mehl wird in Städten und in Kaufläden gekauft, die Leut kaufen das Brot von den Bäckern. Auf dem Land gibts kein Bäcker, da kauft man die Frucht und läßts mahlen. In den Kaufläden kann man alles bekommen, nämlich Mehl und Butter, Whisky und Schnaps, Schuh und Kleidungsstücke und das übrige, wo zur Kaufmannschaft gehört, kann man haben.

Ihr lieben Brüder, Freund und Bekannten! Wenn Ihr es machen könnt, brauchts nicht zu wagen (abwägen), ich sage Euch die Wahrheit. Wer arbeiten will, kann bestehen besser wie bei Euch, denn der Verdienst ist viel besser wie bei Euch und keine Abgaben. Wer herein will, soll sich zeitlich das Frühjahr aufmachen und gegen Bremen seine Marschroute schlagen und von da gegen Baltimore. Das, glaubt man, das wäre der beste Weg. Wenn sie in New York oder Philadelphia ankommen, müssen sie 158 Meilen reisen, aber von Baltimore nur 70 Meilen. Drei Meilen ist eine Stund. Man glaubt, es werde nicht lange mehr geduldet. Die Amerikaner sagen, es werde am Ende noch wie (in) Europa. Das Jahr, wo ich auswanderte, zogen sehr viele, aber dieses Jahr 1831 war es erbärmlich arg. Dreimal mehr zogen über die große Meeresflut, nämlich Franzosen, Schweizer, Engländer, Irländer, Preußen, Bayern, Württemberger, Elsäßer, Kurhessen, Badische, Hessen-Darmstädter, Hessen-Homburger.

Mein Lebenswandel hat sich geändert, denn ein freies Leben ist edel. Diese Reise ist beschwerlich, aber nicht gefährlich bei dieser Jahreszeit, aber im Winter war es schon gefährlich gewesen. Eine Person über 12 Jahren kann man rechnen (an Auswanderungskosten) auf 100 Gulden, unter 12 Jahren 50 Gulden, unter 6 Jahren 25 Gulden. Die geringste Münze enthält 7 1/2 gutes Silber, es wird nicht rot wie Euer Lumpengeld.

Grüßet uns alle guten Freunde, nämlich Johannes Müller, weil ich ihm die Wahrheit nicht sagte von wegen der Wehmütigkeit des Abschieds. Grüßet mir meine Gevattersmänner Peter und Adam Müller, den Johannes Bernhart, den neugewählten Bürgermeister Georg Fries, Adam Reinig.

Liebe Schwester, wenn Du kommen kannst, bringe mir einen feinen Henkenkorb mit von der Mittelsort. Diese Adresse auf dem ersten Brief, wo ich Dir geschickt habe, war nicht gültig beim Postmeister, weil es nicht lateinisch war. Ich wollte wünschen, mein Petter wäre bei mir, jetzt wollte ich ihn das Handwerk lehren besser wie in Birkenau, jetzt sollt ihr meine Arbeit einmal sehen, da sollt ihr Euch verwundern.

Ich grüße Euch viel tausendmal, Ihr lieben Brüder, Gott sei bei Euch und uns, ich bin und bleibe Dein treuer Bruder

Johannes Klein

Birkenauer Ortsgeschichte spiegelt die hohe Politik

Diese Schilderungen ließen Amerika bei den Daheimgebliebenen zum Inbegriff freiheitlicher Gesellschaftsordnung werden und brachten sie zu der Überzeugung, daß auch hierzulande die Verhältnisse grundlegend geändert werden müßten. So bildeten sich in unserer Gegend schon in den dreißiger Jahren Oppositionsgruppen, die sich natürlich nur im Untergrund treffen konnten. In Birkenau versammelten sich die liberal Gesinnten am Kreuzungspunkt der Wege nach Gorxheim und Buchklingen, von den Einheimischen „Das Geldloch" genannt, und im Saal der Fuchs'schen Mühle.[2] Sie standen in Verbindung zum „Bund der Geächteten", der 1834 von deutschen Handwerksgesellen, Studenten und politischen Flüchtlingen in Paris gegründet worden war, und der den Sturz der Monarchien und die Erlangung „sozialistischer Freiheit, Gleichheit und Einheit" zum Ziel hatte.[3]

Kartellträger, d.h. Übermittler der geheimen Nachrichten, war Jakob Klein (1789-1853) der Bruder des Auswanderers Johannes Klein. Sein Beruf wird meistens mit Frucht- (Getreide) Makler angegeben,[4] andere Akten bezeichnen ihn als Kolportagehändler.[5] Klein verkaufte nämlich auch allerlei Gedrucktes – Zeitschriften, Kalender und Bücher – womit er die Verbreitung revolutionärer Schriften geschickt verbinden konnte.

Im Mai 1840 aber beging er eine verhängnisvolle Unvorsichtigkeit. Er übergab dem Fürther Gerichtsangestellten Hunzinger eine Druckschrift „An Deutsche Vaterlandsfreunde" und ein Heftchen mit dem Titel „Erklärung der Menschen- und Bürgerrechte". Als gehorsamer Staatsdiener erstattete Hunzinger – wie es seine Pflicht war – Anzeige, und die beiden Schriften wurden dem hessischen Innen- und Justizministerium überstellt. Der als Gegner der liberalen Bewegung gefürchtete hessische Chefminister du Thiel befahl die sofortige Verhaftung Kleins und die Durchsuchung seines Hauses am 18. Mai 1840. Weil er die Drucker der Schriften im Badischen vermutete, berichtete du Thiel dem badischen Außenministerium von dem Untersuchungsergebnis folgendes:

„Es wurden nicht nur höchst verdächtige, sondern geradezu aufrührerische Schriften entdeckt, ... darunter die lithographischen Statuten eines auf Umsturz der Throne beschlossenen Bundes."

Beschlagnahmt wurde auch eine Druckschrift mit dem Lied „Fürsten zum Land hinaus", sowie der vorher abgedruckte Auswandererbrief, der auf diese Weise der Nachwelt erhalten blieb. Auch in Baden begannen nun die Ermittlungen. Sowohl das hessische als auch das badische Innenministerium erhielten Anweisung, die Bundeszentralbehörde in Frankfurt laufend über den Stand der Untersuchungen zu unterrichten.

Als Bezugsquelle der beschlagnahmten Schriften verdächtigte man den Buchhändler Heuser von der Hoff'schen Buchdruckerei und Verlagsbuchhandlung in Mannheim. Da die Verhaftung Kleins bei seinen politischen Freunden jedoch umgehend bekannt wurde, gelang es den badischen Behörden nicht, bei ihren Durchsuchungen belastendes Material zu finden. Der hessische Kriminalrichter Nöllner berichtete bei einer Zusammenkunft mit dem Direktor des badischen Unterrheinkreises Dahmen und den Amtsvorständen von Mannheim, Heidelberg und Weinheim, es sei unzweifelhaft, daß Klein Verbindung hatte „zu anderen staatsgefährlicher Gesinnung verdächtigen Individuen". Aber als ein verschmitzter Mensch habe er den Ausweg ergriffen, alle Schuld und Teilnahme auf inzwischen Verstorbene zu wälzen.
Hier nun ein Textauszug aus dem Aufruf an „Deutsche Vaterlandsfreunde", der bis in die höchsten Regierungskreise so große Aufmerksamkeit erregte:

„Deutsche Vaterlandsfreunde!

Zu ernstem Handeln mahnt uns die Gegenwart, dem diplomatischen Fürstenbunde gegenüber, nach welchem die Völker für erb und eigen gewisser Sippschaften erklärt werden, (es) regt und erhebt sich im deutschen Vaterlande, wie bei unseren Nachbarn ringsum, das Streben nach Freiheit und Eintracht der Völker. Das Höhere wird nicht in müßigem Zuschauen erwirkt, sondern durch eigene, freie Kraft errungen. Unmännlich und eines großen Volkes unwürdig wäre es, das Heil von anderen zu erwarten. Fester Wille und Einigkeit überwinden alle Hindernisse. Daher geht abermals an Euch der Ruf zusammenzutreten zu einer Gesellschaft Deutscher Vaterlandsfreunde.

Zweck der Gesellschaft: Herstellung eines großen deutschen Vaterlandes – Einheit – Reichstag. – Fragt nicht mit Ängstlichkeit danach, was nachher kommen werde, sondern vertraut auf Euch selbst und die Gesamtheit des deutschen Volkes. Deutschland birgt im Kern des Volkes solch hohes, sittliches Gefühl, im Innern vieler edlen Männer solch hohe Einsicht, daß es nur der Freiheit bedarf, um sie hell strahlen zu lassen. Der Reichstag, bestehend aus frei erwählten Abgeordneten wird in Anerkennung der Menschenwürde nach den Grundsätzen der Gerechtigkeit und des Wohlwollens die nöthigen Anordnungen der bürgerlichen Verhältnisse zu treffen haben.

Vorschlag zur Ausführung: Geistige Kraft ist die höchste und die am wohltätigsten wirkende. Suchen wir daher, durch die Macht der Überzeugung in Schrift und Wort, in Zusammenkünften und Versammlungen, dem Ziele näher zu rücken. Wenn aber, wie zu erwarten steht, Einzelne fortfahren sollten, zur Behauptung ihrer ausnahmsweisen Stellung, der freien Entwicklung des Volkslebens sich zu widersetzen, so tritt natürlich für uns der Kernspruch des Dichters Bürger ein: 'Feder gegen Feder, aber Schwert gegen Schwert vom Leder.'
Gutenberg, dem Vater der Buchdruckerkunst wurde in Mainz ein Denkmal gesetzt: und finstere Gewalt feiert den freien Aufschwung der Presse. Ein anderes Denkmal wird auf dem Teutoburger Walde Hermann, dem Helden Deutschlands errichtet:

und statt der Herrschaft Roms lastet ein erblicher Fürstenbund auf dem zerklaubten Vaterlande! Wer wird jenen Männern das edlere Denkmal der Einheit aufbauen?" [6]

Jakob Klein belastete während seiner mehr als einjährigen Untersuchungshaft[7] keinen lebenden Gesinnungsfreund. Er sagte, er habe die Schriften von Lehrer Elsässer aus Weinheim kurz vor dessen Tod erhalten. Den Untersuchungsrichtern gelang es nicht, ihn zur Preisgabe von Organisation und Mitgliedschaft des Bundes der Geächteten zu zwingen. Über das Verlagshaus Hoff und Heuser in Mannheim verhängte Regierungsdirektor Dahmen eine mehrjährige Polizeiaufsicht.[8]

Es läßt sich denken, daß auch die Birkenauer in der Folgezeit einer besonders strengen Überwachung ausgesetzt waren. So berichtet der Weinheimer Amtmann Gockel am 28. Mai 1840, daß *„der Mechanikus Schmied Jöst aus Birkenau, ein bekannter Verbindungsmann ... wegen Klein in Darmstadt war."* [9] Vermutlich hat Jöst Klein in der Untersuchungshaft besucht und von diesem Nachrichten zur Übermittlung erhalten, denn am 13. Juni 1840 schrieb der Lehrer der katholischen Volksschule Birkenau Michael Andreas Grimm im Auftrag Kleins einen Brief an den Buchhändler Heuser, in dem er einige verdächtige Leute grüßen läßt. Daraufhin bekamen Lehrer Grimm und Schmied Jöst eine Vorladung nach Darmstadt. Nach einigen Tagen Untersuchungshaft wurden sie wieder freigelassen, aber der Weg zurück auf seine Schulstelle wurde Lehrer Grimm verwehrt. Die Kellerei Birkenau bat am 10. August 1840 den damals in Aschaffenburg wohnenden Frh. Wambolt von Umstadt, als Patronatsherrn der Schule, um Weisung in dieser Angelegenheit und schließt mit dem Satz: *„In keinem Falle wird aber Grimm dahier als Schullehrer bleiben können, da es doch gewiß ist, daß er sich mit den sogenannten Liberalen eingelassen hat."*

Freiherr Wambolt von Umstadt vertritt in seinem Antwortschreiben die gleiche Meinung, daß *„Schullehrer Grimm in keinem Falle länger in Birkenau geduldet werden darf, weil er als ein wegen demagogischer Umtriebe befangener Mann, welcher sogar inhaftiert war, durchaus nicht mehr das Vertrauen der Gemeinde weniger aber noch jenes der Kinder haben kann."* Der katholische Pfarrer Bertsch berichtete, er habe aus zuverlässiger Quelle erfahren, der Oberschulrat wolle Grimm nicht mehr in Birkenau belassen, seine Untersuchungssache könne ausgehen, wie sie wolle.[10]

Erst 1842 wurde Jakob Klein wegen Verbreitung revolutionärer Schriften zu 3 Monaten Korrektionshaus verurteilt.[11]

Grabstein Joseph Valentin Kinscherf

Zwischen Anhängern und Gegnern der Liberalen kam es in den folgenden Jahren zu großen Konfrontationen. Als der Beigeordnete Jüllich 1843 in Vertretung das Bürgermeisteramt versah, hielt er es für seine Amtspflicht, der Behörde anzuzeigen, daß verschiedene Einwohner von Birkenau und Umgebung unerlaubte Reden geführt hätten. Es kam wiederum zu einer großen Untersuchung, in der namentlich der Gast- und Landwirt Nikolaus Schaab aus Reisen, der Gastwirt Adam Reinig und Valentin Kinscherf aus Birkenau genannt wurden.[12]

Kinscherf war Besitzer der ehemaligen Carlebach-Mühle, der heutigen Fabrik Frank. Er gehörte zusammen mit Nikolaus Schaab schon seit den dreißiger Jahren der sog. „Weinheimer Gesellschaft" an, einer der ersten bekannt gewordenen politischen Gruppierungen im deutschen Südwesten.[13] Ihr Zentrum war das Weinheimer Gasthaus „Zur Burg Windeck" von Friedrich Härter, bei dem die Verbindungsfäden der demokratisch Gesinnten aus dem nordbadischen und dem südhessischen Raum zusammenliefen.[14]

Valentin Kinscherf gelang es schließlich, auf legalem Wege politische Verantwortung zu übernehmen: Er wurde 1847 in die II. Kammer des Hessischen Landtages gewählt, dem er bis 1849 angehörte, und wo er den Wahlkreis Waldmichelbach vertrat.

Die Revolution beginnt

Solchermaßen war der Boden in unserer Gegend vorbereitet, als sich die Pariser Februarrevolution von 1848 springflutartig über Europa ausbreitete. Zwei Verse aus einem langen Kampflied, welches Benedikt Dalei in jenen Tagen schrieb, machen die Stimmung besonders anschaulich. Er geht zunächst noch einmal auf die enttäuschten Hoffnungen nach den Befreiungskriegen ein:

> „Der deutschen Freiheit grüne Saaten,
> gedüngt mit unserm Herzensblut,
> sie wurden bloßes Fürstengut,
> der Meineid hat das Volk verraten.
> Das Volk ertrug die Sklavenpein
> durch dreißig Jahr in Mark und Bein.
>
> Da hören wir den Donner schlagen,
> in Frankreichs hohem Königssitz,
> da fuhr er aus, der Racheblitz,
> und wird von Volk zu Volk getragen.
> Sie setzen Blut und Leben ein,
> des Lebens satt, ein Knecht zu sein!"[15]

Die Fürsten gaben unter dem Druck der Massendemonstration zunächst nach. Sie konnten sich auf ihre Beamten und Soldaten nicht mehr verlassen und bewilligten die sogenannten „Märzforderungen", wie Presse- und Versammlungsfreiheit, Volksbewaffnung und ein Deutsches Parlament. Am 30. März beschloß der Bundestag in Frankfurt die unverzügliche Wahl von Nationalvertretern. Vom 30. März bis

5. April trafen sich angesehene Männer aus allen deutschen Staaten, darunter auch der Birkenauer Valentin Kinscherf, zu einem Vorparlament in Frankfurt, welches Wahlen für eine Verfassungsgebende Nationalversammlung vorbereiten sollte. Überall wurden die Regierungen umgebildet und reformfreudige Minister ins Amt berufen. In Darmstadt wurde der Chefminister du Thiel abgelöst von dem liberal-konservativen späteren Präsidenten des Paulskirchenparlamentes, Heinrich von Gagern.
Sobald aber die Last der Illegalität von der Opposition genommen war, wurde sichtbar, daß sie aus verschiedenen Interessengruppen bestand, die untereinander uneins waren. Den Armen ging es dabei weniger um politische Freiheiten, als um eine Verbesserung ihrer katastrophalen Lebensverhältnisse.

Aber die zentrale Frage, die sich nun vordringlich erhob, war, wer künftig an der Spitze des Reiches stehen sollte. Den Bestrebungen nach einem konstitutionellen, erblichen Kaisertum stand neben verschiedenen Zwischenlösungen die Forderung nach Entmachtung der Fürsten und Einführung der Republik gegenüber. Der auch in unserer Gegend sehr populäre Friedrich Hecker, Abgeordneter des Bezirks Weinheim-Ladenburg in der Badischen Zweiten Kammer, und der Mannheimer Journalist Gustav v. Struve waren leidenschaftliche Anhänger der Republik. *„Wohlstand, Bildung und Freiheit für alle Klassen der Gesellschaft ohne Unterschied der Geburt und des Standes..."* forderte Struve schon am 27. Februar 1848 bei der ersten Volksversammlung in Mannheim.[16]

Als aber auf einer großen Volksversammlung in Offenburg am 19. März 1848 der Journalist Josef Fikler die Ausrufung der Republik forderte, weil er diese Gelegenheit als nicht wiederkehrende Sternstunde der Revolution ansah, hielten Hecker und v. Struve wie auch andere Redner den Zeitpunkt für zu früh, weil der Gedanke der Republik in den übrigen deutschen Ländern noch nicht verbreitet genug sei. Baden sei zu klein, um für sich die Republik auszurufen, so daß im übrigen Deutschland dadurch Zwiespalt entstünde, und das große Ziel der nationalen Einigung dadurch ferne gerückt würde.[17]

Noch glaubte Hecker, in einem allgemeinen deutschen Parlament, dessen Zusammentreten bevorstand, eine republikanische Mehrheit für die legale Verwirklichung seiner Ideen zu finden.[18] Aber bereits im Vorparlament wurde der Antrag zur Einführung der Republik mit etwa 70% der Stimmen abgelehnt. Zu groß war die Angst der Abgeordneten vor einer so tiefgreifenden Änderung alles bisher dagewesenen. Nach dieser Abstimmungsniederlage verließ Hecker mit etwa 40 Abgeordneten das Frankfurter Vorparlament.

Die große Volksversammlung von Reisen

In diesen Tagen des offen ausbrechenden Meinungsstreits um die künftige Neuordnung des Reiches erschienen in den Zeitungen der näheren und weiteren Umgebung, bis hin zur „Karlsruher Zeitung", verschieden lautende Anzeigen, die zu einer Volksversammlung in Reisen im Odenwald einluden. Unterzeichnet waren sie von Lehrer Metz aus Ober-Abtsteinach. Gastgeber der Versammlung war Nikolaus Schaab, der in seinem Bauernhof in der Schimbacher Straße (heute Nr. 5, 7 u. 9) in Reisen das viel besuchte Gasthaus „Zur schönen Aussicht" sowie eine Schnapsbrennerei betrieb. In seinem Grasgarten wurden die Feste der damaligen Zeit gefeiert. Hinter diesem erstreckte sich in Richtung Birkenau ein großes, zum Hof gehörendes Gelände, das ausreichend Platz für eine Versammlung von mehreren tausend Menschen bot. Als Tag der Reisener Volksversammlung war der 9. April 1848 festgesetzt, eine Woche nach dem spektakulären Auszug Heckers aus dem Frankfurter Vorparlament. Nun wurden Gerüchte verbreitet, aus Baden seien zahlreiche bewaffnete Freunde der Republik zu erwarten, „um den Worten, wenn diese nicht ausreichten, den Nachdruck der Waffen zu verleihen", so die Darmstädter Zeitung vom 10. April.

Dies gab Anlaß zu Besorgnissen, „...umsomehr", schreibt der Rimbacher Gefälleverwalter Seeger an den Erbach-Schönbergischen Rentamtmann, *„da sich im ganzen Odenwald unter der niederen Volksklasse der Geist der Gesetzlosigkeit fast überall vernehmen läßt, und man nur auf einen äußeren Anstoß zu warten scheint, die bestehenden sozialen Verhältnisse umzustürzen."*[19]

Zur allgemeinen Verunsicherung mögen auch extremistische Parolen beigetragen haben, wie die folgende: *„Aristokraten wollen wir braten, Pfaffen und Juden werden gehenkt!"*[20] In der Tat war es in Rimbach bereits zu Plünderungen durch Auswärtige bei jüdischen Kaufmannsfamilien gekommen. Die Rimbacher hatten sich aber schützend vor ihre Mitbürger gestellt und die Angreifer in die Flucht geschlagen. Auch Nikolaus Schaab machte seinen ganzen Einfluß geltend, um solchen Terrorakten zu wehren.[21]

In der Residenzstadt Darmstadt sah man dem nicht untätig zu. Hier war das Lager der gemäßigten Liberalen um Heinrich v. Gagern. Sie glaubten, ihr Streben nach mehr bürgerlicher Freiheit und nationaler Einheit auch unter einer konstitutionellen Monarchie verwirklichen zu können. Gerne nahmen sie die Einladung nach Reisen an und versuchten die Volksversammlung für ihr Programm zu gewinnen, was ihnen auch gelang. Vorsorglich schenkten sie vielen armen Leuten aus Darmstadt Fahrkarten für die damals noch ganz neue Eisenbahn, mit der diese nach Weinheim fahren und in Reisen gegen die Republik stimmen sollten.

Wer waren nun diese Männer, die die Volksversammlung von Reisen, als einzige des Odenwaldes, für den Konstitutionalismus gewannen?[22] Hauptredner war der Darmstädter Landtagsabgeordnete Theodor Reh, ein Schwager des Büchner-Mitstreiters Friedrich Ludwig Weidig. Er war später Mitglied und zeitweiliger Präsident der Nationalversammlung in der Paulskirche. Weiter Hofgerichtsadvokat Stahl, sowie der „Hessische Turnvater" Heinrich Felsing, der, von Beruf Kupferstecher, das bis heute gebrauchte Turnerkreuz entworfen hat. Ein weiterer Redner war der Jurist, Journalist und Schriftsteller Dr. Wilhelm Schulz, eine der bedeutendsten Persönlichkeiten des Darmstädter Vormärz. Seine aufsehenerregenden Aufklärungsschriften hatten ihm Festungshaft eingetragen, aus der er sich 1834 befreien und ins Ausland fliehen konnte. Nun war er aus 13-jährigem Exil zurückgekommen, um beim Aufbau eines demokratischen Deutschlands mitzuhelfen. Sie alle waren im Frankfurter Vorparlament. In ihrer Jugend gehörten sie zu den sog. „Darmstädter Schwarzen", die 1818/19 durch eine Versammlungs- und Petitionskampagne die für ihre Zeit als fortschrittlich geltende Hessische Verfassung von 1820 durchsetzen halfen.[23]

Über den Verlauf der Volksversammlung berichtete die „Darmstädter Zeitung" vom 10. April auf ihrer Titelseite an erster Stelle, vor den Nachrichten aus Wien und Berlin. Das „Mannheimer Journal" vervollständigt uns die Information über dieses vielbeachtete Ereignis, zu welchem aus dem ganzen Odenwald, von der Bergstraße, aus Frankfurt, Mannheim, Heidelberg und, wie erwähnt, aus Darmstadt mehrere tausend Menschen zusammengeströmt waren.

Theodor Reh eröffnete um 13.30 Uhr die Volksversammlung und erläuterte das ihr zugrundegelegte Programm. Dieses fand allgemeine Zustimmung, nachdem unter die Rechte jedes hessischen Staatsbürgers noch die zureichende Verabfolgung von Waldstreu aus den Gemeindewaldungen aufgenommen war. Die Darmstädter Zeitung berichtet: „*Advokat Stahl erläuterte die Bestimmung des deutschen Parlamentes und*

Landtagsabgeordneter Theodor Reh aus Darmstadt

der constituirenden Nationalversammlung für Deutschland. Die begeisternde Rede schloß mit einem allgemeinen Hoch der deutschen Einigkeit, der Zuversicht auf die Ergebnisse des deutschen Parlaments und mit der auf allgemeinen Zuruf bestätigten Erklärung, sich den Ansprüchen (Anweisungen) der deutschen Nationalversammlung unbedingt unterwerfen zu wollen. Dr. Wilhelm Schulz fand in einem vergleichenden Rückblicke der Vergangenheit von 1819 und der Gegenwart eine dem geprüften Freunde der gesetzlichen Freiheit gebührende Genugtuung." Im Mannheimer Journal lesen wir ergänzend hierzu, Dr. Schulz habe mit Bitterkeit von dem Druck gesprochen, der seit dreißig Jahren auf dem deutschen Volk laste. Heinrich Felsing sprach über den vergangenen und jetzigen Zustand der Staatsverfassung.

Karl Ludolf, ein Kurhesse, der sich auf der Rückreise aus seinem Schweizer Exil befand, sprach für die Einführung der Republik. „*Allein*", so schreibt das Mannheimer Journal, „*die allgemeine Stimmung war so gegen ihn, daß er kein Gehör mehr fand und sich zurückzog. Nach ihm versuchte ein Heidelberger Student die Vorzüge der republikanischen Regierungsform hervorzuheben, vermochte aber nichts vorzubringen, was nur die geringste Sympathie dafür erwecken konnte. Nachdem Reh die gehaltenen Vorträge resümiert hatte, brachte er die Frage zur Abstimmung, ob sich die Versammlung für Republik oder constitutionelle Monarchie entscheide. Wer die Republik wolle solle die Hand erheben – und siehe da, von allen Tausenden, die zugegen waren, sah man kaum ein Dutzend Hände erhoben.*" Die Darmstädter Zeitung schreibt es so: „*Eine wiederholte Abstimmung erklärte jedesmal den beinahe übereinstimmenden Willen der 6000 bis 7000 versammelten Männer gegen Republik*

Was will die Volksversammlung in Reissen?

Die Volksversammlung in Reissen will die baldige Gewährung der Rechte und Freiheiten, welche jeder Deutsche als Bürger des großen deutschen Vaterlandes und die Rechte und Freiheiten, welche jeder hessische Staatsbürger fordern kann.

Als Rechte und Freiheiten jedes Deutschen erkennt sie:
1) Selbstständigkeit der Gemeinden.
2) Gerechte Vertheilung der Staatslasten.
3) Glaubens= und Gewissensfreiheit.
4) Schutz der persönlichen Freiheit.
5) Freiheit der Meinungsäußerung durch Wort und Schrift.
6) Unabhängigkeit der Rechtspflege und Schwurgericht.
7) Vereinigungsrecht.
8) Schutz und Berücksichtigung der arbeitenden Klassen.
9) Deutsches Staatsbürgerthum.
10) Vertretung des deutschen Volkes im Parlament durch von ihm gewählte Abgeordnete.

Als besondere Rechte und Freiheiten jedes hessischen Staatsbürgers erkennt sie:
1) Vertretung bei dem Landtag durch Abgeordnete gewählt auf Grundlage eines freien Wahlgesetzes.
2) Abtretung des Jagdrechts an die Gemeinden.
3) Einführung einer Einkommensteuer.
4) Herabsetzung des Stempels.
5) Zureichende Verabfolgung von Waldstreue aus den Gemeindewaldungen.
6) Fürsorge für den Holzbedarf aller Gemeindeangehörigen.
7) Beschränkung der Ausgaben für das stehende Heer.

Zum Schutz dieser Rechte und Freiheiten fordert die Volksversammlung
allgemeine Volksbewaffnung
auf Grundlage eines Gesetzes, und sie erklärt es für eine heilige Pflicht der Gemeinden wie jedes Einzelnen, jedem gewaltthätigen Angriff gegen Personen und Eigenthum und jeder Störung der öffentlichen Ruhe und Ordnung kräftigst entgegen zu wirken.

Zugleich erklärt die Volksversammlung in Reissen, daß sie für die constituirende Nationalversammlung (das deutsche Parlament) vollkommen freie Berathung und Entschließung verlangt, daß sie deren Beschlüssen sich unbedingt fügen wird, übrigens ihrerseits die republikanische Staatsform als der Einigkeit Deutschlands schädlich ansieht und deßhalb nicht wünscht.

und für constitutionelle Monarchie..." Das Mannheimer Journal schließt seinen Bericht mit den Sätzen: *„Reh ermahnte hierauf, bei der nun bevorstehenden Wahl für das deutsche Parlament echte Volksmänner von Herz und Verstand zu wählen, dann würde Deutschlands Glück und Größe sicher gegründet und jeder gerechten Beschwerde des Volkes Abhilfe verschafft werden und schloß hierauf mit der weiteren Ermahnung zur Ruhe und gesetzlichen Ordnung die Versammlung. In schönen Zügen, wie sie gekommen waren, mit Musik und Fahnen an der Spitze, entfernten sich nun die verschiedenen Kreise durch die grünenden Thäler des Odenwaldes, und es gab diese Versammlung ein echtes Beispiel deutscher Brüderlichkeit, weil sie, wills Gott, bald im gesamten deutschen Vaterlande sich kund geben wird."* [24]

Die republikanisch gesinnten Kreise, besonders im nordbadischen Raum, waren über die Reisener Beschlüsse tief enttäuscht und so nutzte das Mannheimer Abendblatt die Gelegenheit, Hohn und Spott darüber auszugießen, als die Sache mit den Freifahrkarten bekannt wurde. Am späten Abend des 9. April hatten etwa 40 mittellose Darmstädter den letzten Zug zur Heimfahrt in Weinheim verpaßt und versuchten nun verzweifelt, ihre Fahrkarten am Bahnhof zurückzugeben, um an Bargeld für Essen und Übernachtung zu kommen. Es gab Krawall, die Weinheimer Bürgerwehr schritt ein und belegte einige der Unglücklichen mit 6 Kreuzer Strafe.[25]

Der Heckerzug

Hecker, am Ende seiner Illusion, für das republikanische Programm müsse eine Mehrheit erreichbar sein, beschloß mit seinen Freunden, daß nun das Volk mit Waffen in der Hand seine neue Verfassung erringen müsse. Bei der Wahl, ob der Aufstand im Odenwald oder im badischen Bodenseekreis beginnen solle, fiel diese auf letzteren.[26] Der sog. Heckerzug wurde nach wenigen Tagen am 20. April bei Kandern niedergeschlagen. Diese Ereignisse warfen einen Schatten auf die allgemeine Freude über die Eröffnung der Nationalversammlung am 18. Mai 1848 in der Paulskirche in Frankfurt am Main.

Reformgesetze

Im Laufe der kommenden Monate wurde von dem Großherz. Hess. Landtag ein beachtliches Gesetzeswerk erarbeitet, welches die meisten der erhobenen Forderungen erfüllen sollte. So wurden z.B. die Kreisverwaltungen neu eingeteilt. Um den Gemeinden mehr Mitspracherecht einzuräumen, wurde die Wahl von Bezirksräten ausgeschrieben. Die Kreise Heppenheim und Bensheim bildeten nun zusammen den Regierungsbezirk Heppenheim. An dessen Spitze wurde Christian Prinz als Dirigent der Regierungskommission – auch Provinzial-Commissär genannt – berufen. Jede Gemeinde konnte eine Bürgerwehr aufstellen und bekam dafür Waffen zur Verfügung gestellt.[27] In Birkenau ist noch ein Gewehr davon in Privatbesitz vorhanden. Mit der Volksbewaffnung sollte den Fürsten die Möglichkeit genommen werden, das Militär gegen das seine Rechte einfordernde Volk einzusetzen.

Die Forderung nach Abtretung des Jagdrechts sollte das Jagd- und Fischereigesetz vom 31.7.1848 erfüllen. Die Gemeinden veröffentlichten nun im Anzeigeblatt ihre ersten Termine zur Jagdversteigerung. Dieses Gesetz gehört zu den wenigen dauerhaften Errungenschaften des Jahres 1848, ebenso wie die Schaffung einer demokratischen Justiz durch Einführung von Schwurgerichten.

In den Orten der heutigen Großgemeinde Birkenau sollte es sich bald erweisen, daß die Zustimmung zur konstitutionellen Monarchie nur ein kurzes Strohfeuer gewesen war. Vielen ging das Reformwerk der Regierung zu langsam, senkte nicht schnell genug die Steuern und machte die Hungrigen nicht satt. Die Vorstellungen, die die Leute von der Republik hatten, waren sehr verschwommen und vielfach illusionär. Auf einem Flugblatt, welches die amerikanische Staatsform pries, war zu lesen: *„Da werden mit einem Mal die Steuern wegfallen, wie faule Äpfel vom Baum."* [28] Michael Heckmann aus Nieder-Liebersbach wurde später von Untersuchungsrichter Zentgraf gefragt: *„Wie erklären Sie mir denn, daß, wie ermittelt ist, die Gegend Ihres Wohnortes so für die Republik gestimmt ist?"* Heckmann antwortete: *„Ich hab während des Sommers beim Nikolaus Schaab als Taglöhner gearbeitet. Der hat immer an der Republik gehalten und hat gesagt, 'Wenn die Leute zusammenstünden, könnten sie's gewinnen.'. Vermutlich hat er die Gesinnung von den Weinheimern bekommen, denn der Franz Kinscherf (Bruder von Val. Kinscherf) und der Kaufmann Diesbach waren oft draussen bei ihm. Dort hörte ich schon während des Sommers, daß nach der Ernte es Krieg gäbe, und daß die Leute zusammenstehen sollten. Wenn es anders würde, wäre weniger zu bezahlen."* [29] Johannes Weber aus Birkenau sagte im Verhör aus, es sei die Meinung der Ärmeren gewesen, daß wenn einmal Republik wäre, man den Reichen nehme und man Gleichstellung erhalte. [30]
Das Kriegsgerücht ließ Gustav v. Struve ausstreuen, der von der Schweiz her einen neuen Umsturzversuch plante. Er schickte Michael Zeiler aus Schwetzingen zweimal auf Rundreise durch Baden, damit er die Stimmung erkunde und zu Aufstandsvorbereitungen auffordere. Zeiler hat dabei auch bei Wirt Friedrich Härter in Weinheim Station gemacht. [31]

Der Struve-Putsch und das Eisenbahnattentat

Im September kam es zu neuerlichen Unruhen — und nun hielt Struve seine Zeit für gekommen. Am 21. Sept. 1848 rief er in Lörrach die Republik aus. An einem Fenster des Rathauses hielt er der versammelten Menge eine Rede. Er sagte, man stehe im Kampf um die Volksherrschaft nicht allein. In allen deutschen Gauen breche am gleichen Tag die Erhebung los.
Außer im badischen Oberland wurde diese Botschaft fast nirgends so gläubig aufgenommen, wie in unserer Gegend. Aus Birkenau, Reisen, Nieder-Liebersbach und Hornbach engagierten sich 65 Männer auf folgenschwere Weise für dieses zweifelhafte Unternehmen. In einer großen Kettenreaktion, so glaubten sie, würde das ganze deutsche Volk nun aufstehen, um die Demokratie endgültig zu verwirklichen. Deshalb ließen sie sich zu einem Terrorakt hinreißen, mit dem sie sich und ihrer Sache größten Schaden zufügten. Auf der 1846 eingeweihten, und wie man fand *„großartigen Einrichtung der Eisenbahn"*, sollten Truppen gegen Struves Freischaren ins badische Oberland transportiert werden. Das jedoch hatten die Aufständischen vorausgesehen und bereits im Vorfeld der Ereignisse genaue Pläne ent-

wickelt, wo überall die Eisenbahnlinien zu unterbrechen seien. Auch in Weinheim sollte dies ausgeführt werden.[32]

Der Plan hierzu wurde nachmittags – es war Samstag, der 23.9. – bei einer Zusammenkunft bei Härter im Gasthaus „Zur Burg Windeck" in Weinheim besprochen. Durch Nikolaus Schaab, die beiden Müller Ferdinand und Josef Kinscherf (Söhne des Abgeordneten Josef Kinscherf) und den Makler Jakob Klein wurde das Vorhaben im Odenwald bekannt gemacht. Eine große Menge Birkenauer, die zum Mitziehen bereit waren, versammelten sich gegen 9 Uhr abends auf dem sog. Schloßplatz und dem daneben liegenden Hoffmann'schen Wirtshaus in der Nähe der kath. Kirche. Der Plan wurde hier offen besprochen. Es hieß, es könne keinem etwas passieren, Struve käme von oben herunter. Zu den Birkenauern gesellten sich einige Reisener, die erzählten, die anderen Reisener zögen über Liebersbach an die Eisenbahn.

Auch in Mörlenbach war ein Trupp zusammengekommen, der in Richtung Laudenbach marschieren wollte. Er kam aber nur bis Bonsweiher und kehrte da um, weil den Leuten das Unternehmen zu gefährlich erschien.

Unterdessen hatte schon abends um 6 Uhr ein Zug mit hessischem Militär den Weinheimer Bahnhof passiert. Aus der bereits dort versammelten Menschenmenge wurde dem Lokomotivführer zugerufen „Es ist gut, wenn ihr oben seid, kommt nicht mehr zurück!" und „Ihr fahrt nicht mehr lang hinauf" und anderes mehr.

Die Birkenauer begaben sich in drei Abteilungen nach Weinheim. Sie kehrten zuerst im Gasthaus „Zum Löwen" und dann in der Fild'schen Wirtschaft in der Nähe des Bahnhofs (heute Goldener Bock) ein, wo ihnen noch einmal gesagt wurde, Struve würde mit bewaffneter Macht vordringen. Er habe 30 bis 40.000 Mann bei sich, darunter 10.000 Scharfschützen. Und weil heute noch Militär gegen ihn abgehen solle, müsse die Bahnlinie zerstört werden.

Gegen 10 Uhr abends begaben sie sich zusammen mit den ebenfalls versammelten Weinheimern in Richtung Lützelsachsen, wo sie am sog. „Weinheimer Bogen", einer Bahnkurve in der Nähe des Rosenbrunnens, auf einer Strecke von 130 Fuß (ca. 40 m) die Schienen und Schwellen herausrissen. Sie warfen diese in den nächsten Acker. Die Dammkrone wurde auf der östlichen Seite mit Schaufeln abgetragen. Eine Schiene fand sich später in einem Weinberg ungefähr 1.500 Schritt vom Bahndamm entfernt. Das voraussehbare Unglück geschah etwa um 11 Uhr abends. Ein Zug, der Truppen transportiert hatte, kam mit zwei Lokomotiven leer aus Heidelberg zurückgefahren. Die beiden Loks – sie hatten die Namen „Keßler Nr. 1" und „Karl der Große" – stürzten mit ihren Tendern den Bahndamm hinab und lagen, wie es im Bahnprotokoll nicht ohne unfreiwillige Komik heißt, *„auf der rechten Seite hingestreckt"*. Hinterher stürzten zwei Pritschen- und ein Pferdewagen, die gänzlich zertrümmert und verschoben wurden. Ein Pferdewagen blieb stark beschädigt am Rande der Böschung stehen. Die nachfolgenden Personenwagen blieben auf den Schienen. Wie durch ein Wunder erlitten die sieben sich im Zug befindlichen Bahnbediensteten keine schweren Verletzungen.

Die Gruppe der Reisener und Liebersbacher war an dem eben beschriebenen Geschehen nicht beteiligt. Von ihnen berichten die Akten folgendes: In Reisen war eine Gruppe Männer vom Schaabshof weggegangen. Ihnen schlossen sich an der

Weschnitzbrücke die in der Neugasse Wohnenden an. Sie gingen nach Nieder-Liebersbach, wo der Gastwirt Andreas Kopp mit einem weiteren Trupp hinzukam. Mit Brechwerkzeugen versehen und zum Teil bewaffnet, marschierten sie am Schaafhof vorbei, über Hemsbach nach Sulzbach.

Man hatte geglaubt, „*der ganze Odenwald ziehe an die Bahn*". Nun aber hörten und sahen sie niemanden. Daraufhin beschlossen sie: „*Wenn die nichts machen, machen wir auch nichts.*" Schaab bot denjenigen 5 Gulden Belohnung, welche die Schienen aufreissen würden. Konrad Gölz und Johannes Uhl, beide aus Nieder-Liebersbach, wollten sich das Geld verdienen. Über den Schaden, den sie bei Sulzbach an der Bahnstrecke anrichteten, ist amtlicherseits folgendes festgestellt worden: „*Eine 16 1/2 Fuß, badischen Maßes, lange Schiene war an dem südlichen Ende noch auf der Stoßschwelle in den Kloben, am unteren Theile aber herausgehoben und über die Schwelle nach der Ostseite beigedrückt, die Schwellen selbst auf derselben Seite in die Höhe gehoben, die Köpfe der Kloben herausgezwängt. Die Wiederherstellung der Beschädigung war von dem Bahnwärter selbst geschehen.*"[33]

Konrad Gölz sagte darüber bei seinem Geständnis vor dem Untersuchungsrichter am 22.12.1848 folgendes: „*Wir haben die Schienen nicht einmal ganz heraus gemacht; das Elend ist mir eingefallen, die Straf, die jetzt kommt! Mein Sohn, der bei den Soldaten ist, ist mir auch eingefallen.*" Und weinend fuhr er fort: „*Wenn der mir plötzlich auf der Bahn gekommen wäre, hätts ja ein Unglück geben können! Wär ich im Kopf sauber gewesen* (Nicht betrunken), *so wärs nicht passiert.*"

Die meisten der Mitgezogenen bemerkten von der Zerstörung gar nichts. Sie hatten sich unterwegs schon zerstreut und kehrten über Weinheim nach Hause zurück.

Etwas belustigend wirkt die Aussage der beiden Birkenauer Gendarmen Becker und Müller, sie wüßten über die Verübung des Verbrechens nichts näheres, weil sie am Abend des 23. September nach Rohrbach und Hornbach patrouillieren mußten.[34]

Der Struve-Putsch war indessen nach drei Tagen blutig niedergeschlagen. Der badische General Hoffmann bezwang die Freischaren am 24.9. bei Staufen. Gustav Struve wurde gefangengenommen.

Sowohl auf badischem als auch auf hessischem Gebiet begann nun eine Verhaftungswelle. Die Namen der Beteiligten wurden in die Hypothekenbücher der Gemeinden eingetragen mit dem Vermerk, daß ihr gesamter Besitz mit Sequester belegt, d.h. beschlagnahmt sei. Es waren aus Birkenau 32 Männer, von denen Jakob Klein, der Müller Johannes Kadel und die Söhne des Landtagsabgeordneten Valentin Kinscherf, sowie der Viehmakler Franz Eisenhauer als Anführer galten, weil sie den Plan bekannt gemacht und die Leute zum Mitgehen aufgefordert hatten.

In Reisen wurden 21 Männer, allen voran Nikolaus Schaab namhaft gemacht. Ein Knecht von Nik. Gölz war aus Kreidach, ein anderer von Schaab war aus Ferdinandsdorf bei Walldürn. Der einzige beteiligte Hornbacher war Wochenknecht bei Adam Jochim in Reisen.

Aus Nieder-Liebersbach wurden 15 Beteiligte zur Verantwortung gezogen, denen der Gastwirt Kopp das Vorhaben bekannt gemacht hatte.[35]

Wieviel Aufsehen das Eisenbahnattentat in der Öffentlichkeit erregt hatte, geht aus einer Bemerkung des Verteidigers Justizrat Reatz hervor, die er später im Prozeß machte. Er bezeichnete die Brüder Kinscherf als Opfer politischer Verfolgungssucht. Als sie verhaftet wurden, sei eine Bewegung in Darmstadt gewesen, wie bei den Russen zu Ostern. Statt dort *„Christus ist auferstanden"*, habe hier einer dem anderen zugerufen: *„Weißt du schon, die Kinscherfe sind arretiert."* In der Frankfurter Oberpostamtszeitung sei ein Artikel vom 29. September 1848 erschienen, der fälschlich die Verhaftung ihres Vaters, des Abgeordneten Valentin Kinscherf, gemeldet habe und voller Schmähungen gegen diesen gewesen sei. Kinscherf habe wegen Verleumdung klagen wollen, aber er wurde vom Verteidiger seiner Söhne davon abgehalten.[36]

Solange die Untersuchungen dauerten, wurden die Häftlinge in Einzelhaft gehalten, damit sie sich nicht absprechen konnten. Erst als die Verhöre abgeschlossen waren, wurden sie zusammengelegt.[37]

Es muß ein trauriger Winter für die Verhafteten und ihre Familien gewesen sein, während die Nationalversammlung in der Paulskirche in Frankfurt das Gesetz über die Grundrechte des Deutschen Volkes beriet. Am 27. und 28. März 1849 wurde nach langen, schwierigen Beratungen die Reichsverfassung angenommen. Bestritten wurde ihre Gültigkeit allerdings von Österreich, Preußen und anderen Staaten, die ihre alte Macht längst zurückgewonnen hatten.

Das Parlament bot dem preußischen König Friedrich Wilhelm IV die Kaiserkrone an, dieser lehnte es aber ab, *„sie aus den Händen des Volkes zu empfangen"*.

Nun kam es zu weiteren Aufständen, welche die Nachwelt als Reichsverfassungskampagne bezeichnet. Die Aufständischen argumentierten, die Reichsverfassung sei rechtmäßig in Kraft, und die Fürsten machten sich durch ihre Nichtanerkennung des Hochverrats schuldig. Das Volk befinde sich deshalb in Notwehr. Am 12. und 13. Mai 1849 verweigerte in verschiedenen badischen Garnisonen das Militär den Gehorsam. Großherzog Leopold floh und in Karlsruhe wurde eine Revolutionsregierung gebildet. Durch eine allgemeine Amnestie öffneten sich für die Häftlinge die Gefängnistore, auch für die badischen Beteiligten am Weinheimer Eisenbahnattentat. Ihre Akten wurden verbrannt.

Dieses strebten die Revolutionäre auch für Hessen an. Am 23. Mai war eine große Volksversammlung in Erbach im Odenwald, deren Forderungen in 15 Programmpunkten zusammengefaßt an die Großh. Regierung in Darmstadt geschickt wurden. Darin verlangte man u.a., das hessische Militär und die Beamten sofort auf die Reichsverfassung zu vereidigen, das hessische Militär von der badischen Grenze zurückzuziehen und auch die wegen des Eisenbahnattentats Einsitzenden zu amnestieren.

Die Volksversammlung von Ober-Laudenbach

Am darauffolgenden Tag, dem 24. Mai, wollte eine bewaffnete Volksversammlung in Laudenbach an der badischen Bergstraße die Antwort der Regierung in Darmstadt erwarten. Man hoffte, mit Hilfe badischer Truppen die Forderungen bei der hessischen Regierung durchzusetzen. Außerdem gingen die Bestrebungen dahin, die hessischen Soldaten zum Überlaufen zu bewegen und mit badischer Hilfe die gewaltsame Auflösung des Paulskirchenparlaments zu verhindern. Der Bürgermeister Eberle des badischen Laudenbach war jedoch ein Gegner der Revolutionäre und verbot die Versammlung in seinem Ort. Die Anführer, es waren die Ärzte Dr. Ferdinand v. Löhr aus Worms und Wilhelm Zimmermann aus Darmstadt, sowie der Pfarramtskandidat Karl Ohly aus Großenbusek im Kreis Biedenkopf, verlegten nun die Versammlung in das hessische Ober-Laudenbach. Es kamen dort 3000 bis 5000 Leute zusammen.

Es ist heute nicht mehr möglich, ein genaues Bild vom Geschehen in Ober-Laudenbach zu gewinnen, denn im Staatsarchiv in Darmstadt sind im 2. Weltkrieg zahlreiche Akten verbrannt. Die mündliche Überlieferung in unserer Gegend ist auch sehr lückenhaft und von Legenden überwuchert.
Durch einen glücklichen Zufall wurde jedoch von privater Seite ein Abdruck der Anklageschrift entdeckt. Wenn sie auch einseitig die Position der Anklagebehörde wiedergibt, so ist sie doch eine Quelle von unschätzbarem Wert. Darin lesen wir folgendes über die Vorgänge in Birkenau am Morgen des 24. Mai:

„Aus Birkenau waren mehrere Personen auf der Erbacher Volksversammlung und teilten mit, was dort beschlossen worden war. Am anderen Morgen forderten Leute aus dem hinteren Odenwald zum Mitziehen auf. Es ward Sturm geläutet und mit einer Trommel Alarm geschlagen. In einer sofort abgehaltenen Bürgerversammlung mahnten der Bürgermeistervertreter, ferner Geometer Bernhard, Kaufmann Fries und andere gesetzlich gesinnte Männer von Bewaffnung ab, es kam aber zu keinem Beschluß. Da erschien Dr. v. Löhr mit dem Weinheimer Civilcommissär Härter und dem Müller Jakob Fuchs. Löhr hielt auf der Straße den Birkenauern eine Rede und forderte sie auf, mit Waffen nach Laudenbach zu kommen: heute sei der Tag, an dem sie ihr Glück finden würden. Mehrere Personen wie namentlich die Angeklagten Philipp Krämer und Georg Hofmann bemühten sich, Löhrs Pläne zu unterstützen und brachten es dahin, daß sich ein Zug von Bewaffneten und Unbewaffneten nach Laudenbach begab. Hierbei wurden die vom Staat der Gemeinde zur Volksbewaffnung abgegebenenen Carabiner benutzt, die auch schon bei der Eisenbahnzerstörung gedient hatten. Mehrere im besten Rufe stehende (nicht angeklagte) Birkenauer haben bekannt, daß sie auch mitgezogen seien, weil sie es als Geschäftsleute mit den Leuten nicht verderben durften. In Birkenau war die Meinung, die Soldaten würden übergehen; auch war davon die Rede, daß die Gefangenen befreit werden sollten."

Die Militär- und Zivilbehörden in Heppenheim hatten Kenntnis von den Vorgängen erhalten. Der Kommandant der hessischen Grenztruppen Generalmajor Schäffer von Bernstein befahl deshalb sofort die Entsendung von 3 Kompagnien des 3. Infanterieregiments unter Oberst Dingeldey, um die Volksversammlung zu verhindern. Dingeldey ließ außerdem noch einen Zug des 4. I.R. aus der Station Erbach b. Heppenheim nachfolgen.[38]

Gegen 17 Uhr traf das Militär in Ober-Laudenbach ein. Es war vom Vertreter der Zivilbehörde, dem Provinzial-Commissär Prinz begleitet. Auf einer Anhöhe südlich des Dorfes gingen die Kompanien in Stellung. Die Hoffnung der Aufständischen, das Militär würde — wie in Baden — auf ihre Seite überwechseln, erfüllte sich nicht. Nur von einzelnen Soldaten ist bekannt, daß sie auf die andere Seite übergegangen sind.[39]

Über den weiteren Verlauf der Geschehnisse berichtet der Anklageakt: Prinz warnte vor Gesetzeswidrigkeiten und forderte zum Ablegen der Waffen und zum Auseinandergehen auf. Zunächst schien man Folge zu leisten, und Ohly versprach Prinz, dafür zu sorgen, daß nichts vorfalle. Prinz und Dingeldey einigten sich dahingehend, daß man schonend verfahren und jeden Zusammenstoß vermeiden wolle. Prinz erklärte dann dem Oberst, er betrachte seine Aufgabe nun als gelöst. Als er und Gendarm Schumacher wieder an das Eckstein'sche Wirtshaus kamen, stießen sie auf einen bewaffneten Menschenhaufen. Prinz forderte die Leute auf, sich ruhig zu verhalten. Die Menge brach aber sogleich in wildes Geschrei aus; man hörte rufen: *„Wir stehen auf dem Boden der Freiheit, wir verlangen, was uns versprochen worden ist,"* und dergleichen mehr. Prinz erwiderte, sie hätten ja seit dem letzten Jahr alles Mögliche erhalten. Es folgte die Antwort: *„Nichts haben wir gekriegt, und wir werden auch nichts kriegen, bis wir hin sind."* Hierauf nahm der 20jährige Georg Adam Schaab aus Reisen das Wort. Prinz entgegnete ihm: *„Dazu sind Sie doch noch viel zu jung und unerfahren, um über solche Sachen sprechen zu können, da sind ältere Leute, lassen Sie diese sprechen."* Nun rief aus der Menge der Beigeordnete Johannes Knapp aus Mörlenbach: *„Ja, der hat Ursache zu sprechen, sein Vater und zwei Brüder schmachten im Correctionshaus."* Man hörte andere aus dem Haufen schreien: *„Auch ich habe einen drin, auch ich, wir kriegen sie schon heraus, wir rächen uns."* Prinz winkte dem Gendarm Schumacher zum Fortgehen und beabsichtigte, sich zu dem am unteren Ende des Ortes wohnenden Bürgermeister zu begeben. Als sie durch Häuser und Bäume der Sicht des Militärs entzogen waren, umringte sie drohend eine bewaffnete Menschenmenge und fiel über sie her. Prinz sagte noch: *„Ihr Leute, was wollt ihr? Ihr werdet uns doch nichts zuleidetun, bedenkt, was ihr tut!"*

Gendarm Schumacher gelang es nicht, Prinz mit seinem Säbel zu decken. Schwer verwundet konnte er sich retten. Prinz wurde zu Boden geschlagen, und viele schlugen nun auf ihn ein. Ein großer junger Mann habe ihm danach noch einen solchen Schlag versetzt, daß der Stock in der Mitte entzweisprang und die eine Hälfte in die Luft fuhr. Prinz richtete sich auf und wankte die Straße zurück nach dem Bitsch'schen Hofe. Es fielen dann gleichzeitig drei Schüsse und Prinz brach zusammen. Ein herbeigeeilter Gendarm brachte ihn in das Haus Bitsch, wo er kurze Zeit später verstarb. Alles dieses war das Werk weniger Minuten.

Der Obduktionsbericht ist eine grauenhafte Aufzählung von an die 70 Verletzungen, die Christian Prinz beigebracht worden waren. Tödlich waren eine Gewehrkugel und eine Schrotladung, die ihm die Lunge zerrissen hatten.

Nun griff das Militär ein, und nach einem kurzen heftigen Gefecht flohen die Aufständischen. Über die Zahl der Opfer berichtet der Anklageakt, es habe auf Seiten des Militärs 2 Verwundete gegeben. Die Verluste der Aufständischen waren weit höher, nämlich 12 Tote und 21 Verwundete. 107 Personen wurden gefangengenommen und in Untersuchungshaft gebracht.

Die Anklagebehörde zieht folgenden Schluß:
„Es lag dem Verbrechen keinerlei Haß gegen Prinz zugrunde... es bestand gegen ihn keine Mißstimmung... Während die damalige Sachlage ihn vollkommen zu

scharfen Maßregeln berechtigt hätte, beschränkte er sich auf den Befehl, die Waffen abzulegen und auf die Ermahnung, den gesetzlichen Weg nicht zu verlassen. Wenn daher eine bedeutende Zahl von Landleuten den wehrlosen Mann hinterlistig überfiel, auf unmenschliche Weise ermordete und sich nachher noch, wie Zeugen mitteilten, des Verbrechens rühmte, so bleibt nur eine Erklärung möglich: War die Masse... schon vorher aufgeregt – so war jetzt durch die Reden auf den beiden Volksversammlungen, durch die in Aussicht gestellte Revolution... durch die getäuschte Hoffnung auf Abfall des Militärs, die Masse bis zur Wuth erhitzt, – und in diesem Augenblick fiel ein öffentlicher Beamter, ein Organ der öffentlichen Gewalt, die man den Leuten als unerträglichen Druck geschildert hatte, in die Hände der tobenden Menge; auf diesen Beamten entlud sich der künstlich erzeugte Haß gegen alle Autorithät, als deren Träger wurde Regierungsdirigent Prinz das Opfer entfesselter Leidenschaft."
Soweit der Anklageakt.[40]

Die Bevölkerung reagierte darauf mit großer Bestürzung, und für die Beteiligten begann die Zeit der Flucht und des Exils. Ein Stück weit gelingt es uns, den Weg des 20jährigen Georg Adam Schaab aus Reisen zu verfolgen. Die Nachkommen der Familie Schaab wissen davon nur zu erzählen, daß Georg Adam zunächst in sein Elternhaus zurückgekehrt sei. Er habe seiner Mutter seine Unschuld beteuert. Als dann die Polizei sich dem Hofe näherte, um ihn zu verhaften, sei er zum hinteren Fenster hinausgesprungen und geflohen.[41]

Über die Umstände seiner Flucht gibt es in Reisen, Birkenau und Hornbach zwei verschiedene Erzählungen. Die erste, die auch im Familienkreis so geschildert wird, besagt, er sei zwischen zwei Sandstein-Futterkrippen liegend auf einem Fuhrwerk über den Rhein gebracht worden. Die andere Version spricht von einem großen Faß, in dem er weggefahren worden sei. Schaab floh, so sagt die mündliche Überlieferung, nach Amerika, wo er nach zwei Jahren vor Heimweh gestorben sein soll.[42] Näheres war seither nicht in Erfahrung zu bringen. Im Anklageakt ist festgehalten, er habe aus Le Havre einen Brief an den Untersuchungsrichter geschrieben, in dem er seine Schuld bestreitet und Zeugen dafür aufführt, daß er unbewaffnet in Reisen weggegangen war. Er flüchte, so schreibt er, *„weil er nicht auch, wie sein Vater und seine Brüder im Gefängnis schmachten wolle, die,"* fährt er fort, *„auch unschuldig sind wie ich."*

Die Anklageschrift wirft ihm vor, er habe sich in Ober-Laudenbach das Gewehr seines Onkels Georg Schaab aus Rohrbach geben lassen und habe nach Zeugenaussagen auf Prinz geschlagen und geschossen. Der Zeuge Johannes Wagner aus Birkenau machte seine Aussage jedoch erst, als Schaab entflohen war. Das Gericht war der Auffassung, *„daß Wagner noch mehr Aussagen hätte machen können, damit aber zurückhielt, und daß es fast ohne Zweifel sei, daß noch andere Birkenauer bei dem Angriff auf Prinz beteiligt waren."* Der Birkenauer Philipp Müller wurde beobachtet, wie er an seiner Büchse etwas machte. Er ist in der Untersuchungshaft gestorben.

Die anderen Angeklagten aus Birkenau waren der 44jährige Taglöhner Philipp Krämer, der 30jährige Bäcker Georg Hofmann und Jakob Löb II., Taglöhner und Musikant, 44 Jahre alt.

Insgesamt waren in dem Mammutprozeß 85 Männer angeklagt. Zu einer genauen Feststellung der Personen, welche auf den Provinzial-Commissär Prinz geschossen hatten, kam es trotz gründlicher Recherchen des Gerichts nicht. Es gab kein Geständnis der Tat.

Viele hessische Odenwälder kämpften in den nächsten Wochen auf badischer Seite, um die Auflösung der Deutschen Nationalversammlung zu verhindern. Als sogenanntes Rumpfparlament mußte sie am 31. Mai nach Stuttgart ausweichen. Dort wurde sie am 18. Juni gewaltsam ganz aufgelöst. Hessische, mecklenburgische und bayrische Truppen waren an der Niederschlagung der Erhebung im Raum Bergstraße und Odenwald beteiligt. In diese Kämpfe war zeitweilig auch das Birkenauer Tal mit einbezogen. Preußische Truppen unterwarfen die Pfalz. Zuletzt fiel die Festung Rastatt am 23. Juli 1849.

Die Strafprozesse

1. Das Eisenbahnattentat

Im Herbst 1849 fand am Assisenhof, dem neueingerichteten Schwurgericht, der größte Prozeß statt, den Darmstadt seither gesehen hatte. Es saßen 67 Männer wegen des Eisenbahnattentats von Weinheim auf der Anklagebank. Zwei waren abwesend: Lorenz Gölz aus Mörlenbach lag noch krank mit einer in Ober-Laudenbach erhaltenen Schußwunde. Georg Adam Schaab aus Reisen war, wie berichtet, entflohen. Die Verhandlung begann am 22. Oktober und endete nach 33 Verhandlungstagen mit der Urteilsverkündung am 1. Dezember. Die „Darmstädter Zeitung" berichtet darüber auf insgesamt 80 Zeitungsseiten, die uns einen detaillierten Einblick in das Prozeßgeschehen ermöglichen. Neun Verteidiger standen den Angeklagten zur Seite. Die 12 Geschworenen kamen aus folgenden Berufen: 4 Fabrikanten, 1 Buchdrucker, 1 Kaufmann, 1 Gymnasiallehrer, 1 Müller und 3 Landwirte. *„An der Wand hinter dem Richtertische,"* so schreibt die Darmstädter Zeitung, *„allen Anwesenden deutlich sichtbar, erblickt man einen Abriß der Lage der Orte Mörlenbach mit Bonsweiher, Reisen, Nieder-Liebersbach, Birkenau und Weinheim und der Wege zwischen den Orten, auch die Bezeichnung der angerichteten Zerstörung jenseits Weinheim."* Die Anklagepunkte lauten auf Hochverrat, gewaltsame Änderung der Verfassungen der Staaten Deutschlands, Komplottbildung zum Zwecke der Eisenbahnzerstörung, Mithilfe oder Gegenwart bei deren Ausführung, sowie Beabsichtigung des Todes oder Körperverletzung von Reisenden, namentlich der erwarteten Truppen. Besonders letzteren Punkt bestritten die Verteidiger energisch. Da die Sache nicht geheim geblieben sei, so Advokat Fuhr, hätte man doch annehmen dürfen, daß die Eisenbahnverwaltung ihre Schuldigkeit tun und den Zug rechtzeitig anhalten würde. Hatten die Angeklagten bei ihren Verhören zum großen Teil Geständnisse abgelegt, so verlegten sich nun im Prozeß die meisten aufs Leugnen. Dieses war ihnen offenbar von außen angeraten worden, denn es wird berichtet, die Gefängniswärter hätten einen Kassiber entdeckt mit der Aufforderung zu widerrufen, zu sagen, sie seien nicht aus dem Haus gekommen und ihre früheren Angaben auf die strengen Verhörmethoden des Untersuchungsrichters zu schieben. *„Seit fest und standhaft, wißt von nichts, so kann man Euch auch nichts tun"* etc.[43)]

Viele hielten diese Linie im Prozeß eisern durch, was sich aber nicht als straferleichternd, sondern erschwerend erweisen sollte.

Die zwölf Geschworenen wurden am Ende des Prozesses, dem 25. November, in Klausur geschickt, um 249 Fragen mit „schuldig" oder „nicht schuldig" zu beantworten. Am Mittag des 28. November verkündeten sie ihr Verdikt. Die Frage des Hochverrats als selbständiges Verbrechen wurde für alle Angeklagten verneint. Nur die sechs Hauptangeklagten Johannes Kadel, Josef und Ferdinand Kinscherf, Nikolaus Schaab, Jakob Klein und Franz Eisenhauer wurden der Beihilfe bzw. Vorbereitung zum Hochverrat für schuldig befunden.

Schaab erhielt die Höchststrafe von 6 Jahren Zuchthaus, Jakob Klein 4 Jahre, Kadel $3\frac{1}{2}$, Josef Kinscherf $2\frac{1}{2}$ und Franz Eisenhauer 2 Jahre Zuchthaus. Ferdinand Kinscherf befand man in geringerem Maße für schuldig. Er wurde zu 2 Jahren Korrektionshaus, d.h. Gefängnis verurteilt. Andreas Kopp, als dem Hauptangeklagten von Nieder-Liebersbach wurde sein ehrliches Geständnis und seine offene Reue zugute gehalten. Er wurde zu 1 Jahr Korrektionshaus verurteilt.

31 Männer bekamen Gefängnisstrafen zwischen 4 Monaten und $1\frac{1}{2}$ Jahren. 30 weitere aus Birkenau, Reisen, Nieder-Liebersbach, Hornbach, Mörlenbach und Kreidach wurden freigesprochen. Der Makler Adam Jochum und der Hufschmied Johann Jungblut aus Mörlenbach mußten aber wieder in die Haft zurück wegen ihrer Beteiligung an der Volksversammlung von Ober-Laudenbach.[44)]

Nach mündlicher Überlieferung sollen die Haftbedingungen grausam gewesen sein. Dafür spricht das fernere Schicksal der Hauptangeklagten, soweit es bekannt ist. Der Müller Johannes Kadel starb 35jährig am 14. Dezember 1850 in Birkenau. Wahrscheinlich hatte man ihm vorher Haftverschonung wegen Krankheit gewährt. Andreas Kopp, der sich um die Armen in seinem Heimatort verdient gemacht hatte, überlebte seine Haftzeit nur um 1 Jahr. Er starb am 25. Oktober 1851 im Alter von 38 Jahren. Jakob Klein, den sein Verteidiger im Prozeß einen „Alten Hambacher" genannt hatte, dem man 1848 vergessen hatte Ehrenpforten zu errichten, überlebte seine Haftzeit nicht. Auf Marienschloß, dem Landeszuchthaus Rockenberg bei Friedberg, endete 1853 sein tapferes Leben für Freiheit und Menschenrechte. Er war 64 Jahre alt geworden. Nikolaus Schaab wurde in der Haft so krank, daß ihm das Schwurgericht Darmstadt für die Zeit vom 4. Dezember 1853 bis zum 1. Juli 1854 Haftverschonung zubilligte. Er mußte dafür aber einen Acker auf der Liebersbacher Höhe zum Schätzwert von 850 Gulden als Kaution stellen, „damit er nicht nach Amerika entfliehe". Auch Schaab galt, wie Andreas Kopp als Wohltäter der Armen. Ihm waren nach seiner Haftverbüßung noch 3 Jahre in Freiheit vergönnt, bis er am 23. Sept. 1859 sechzigjährig verstarb.[45)]

2. Der Prozeß gegen die Angeklagten von Ober-Laudenbach

Die Anklage wegen der Volksversammlung von Ober-Laudenbach richtete sich „gegen Dr. Ferdinand von Löhr, praktischer Arzt aus Worms und achtundachtzig Consorten wegen... Hoch- und Landesverath, Aufruhr, Todtschlag, Erpressung, Widersetzung, Gewalttätigkeit und Drohung."[46)] Dabei saßen im Sommer 1851 Leute aus 14 Orten des Odenwaldes auf der Anklagebank. Aus den Presseberichten zum Prozeßverlauf geht hervor, daß keineswegs nur Männer, sondern auch Frauen mitgegangen waren, die als Zeuginnen verhört wurden. Aus Birkenau wird die 31jährige Gertrude Mischler, die Schwägerin des Angeklagten Georg Hofmann genannt. Aus Mörlenbach die 25jährige Katharina Emig. Elisabetha Flößer, 46 Jahre alt, aus Nieder-Mumbach *„ging am 24. Mai wie viele andere nach Ober-Laudenbach. Als es anfing zu schießen, flüchtete sie auf den Speicher (des Eckstein'schen Wirtshauses)".*[47]

Die Urteile wurden nach sieben Verhandlungswochen am 30. August 1851 verkündet. Während die Höchststrafe von 14 Jahren Zuchthaus an einen Fürther fiel,[48] kamen die Birkenauer verhältnismäßig glimpflich davon. Philipp Krämer wurde zu 3 Monaten, Jakob Löb II und Georg Hofmann je zu 4 Monaten Korrektionshaus wegen versuchter Nötigung mittels Drohung verurteilt. Allen wurden 2 Monate Haft jeweils als verbüßt angerechnet.[49]

Durch den tragischen Ausgang der Ereignisse sprach man später meist nur hinter vorgehaltener Hand darüber. Die Beteiligten wurden als Kriminelle abgestempelt, wobei der Grund für ihre Handlungsweise übersehen wurde, nämlich das Streben nach einer Verbesserung ihrer Lebensumstände, nach Freiheit und Reichseinheit. Diese Epoche in der Geschichte Birkenaus ist es wert, sich ihrer zu erinnern.

Helga Müller

Quellenverzeichnis

[1] „...wir fahren nach Amerika" — Briefe Odenwälder Auswanderer aus den Jahren 1830—1833. Schriftenreihe des Museums Schloß Lichtenberg Nr. 7.
[2] G. Fuchs: „Das Weschnitztal" — Sonderdruck der gleichn. Artikelserie im Weinheimer Anzeiger 1911.
[3] Lexikon der deutschen Geschichte — Kröner.
[4] Hypothekenbuch der Gemeinde Birkenau.
[5] Generallandesarchiv Karlsruhe (GLA), Abt. 236 Nr. 8768.
[6] Siehe Anm. Nr. 5.
[7] Darmstädter Zeitung Nr. 330 vom 28.11.1849.
[8] N. Deuchert: „Vom Hambacher Fest zur badischen Revolution" S. 98 — Theiss-Verlag.
[9] GLA 236, 8768.
[10] Freiherrl. Wambolt'sches Archiv, Bestand 15/8.
[11] Beilage zur Darmstädter Zeitung Nr. 330 vom 28.11.1849.
[12] Kreisarchiv Heppenheim: Birkenauer Straßenakten.
[13] Siehe Anm. Nr. 8.
[14] R. Gutjahr: „Die Republik ist unser Glück", Weinheimer Geschichtsblatt Nr. 32, S. 32ff.
[15] Seeblätter Konstanz Nr. 85 vom 8.4.1848 — Universitätsbibliothek Heidelberg (UB — HD) Signatur R 187.
[16] F.X. Volmer: „Der Traum von der Freiheit", S. 37, Theiss-Verlag.
[17] Darmstädter Zeitung Nr. 82 vom 22.3.1848, Staatsarchiv Darmstadt (STAD) und Seeblätter Konstanz Nr. 72 vom 24.3.1848 (UB-HD).
[18] F.X. Vollmer: „Vormärz und Revolution 1848/49 in Baden" S. 2f. — Diesterweg Verlag.
[19] Brief des Rimbacher Gefälleverwalters Seeger an das Erbach-Schönbergische Rentamt — Privatbesitz.
[20] Der Bergsträßer Bote Nr. 6 vom 7.3.1849.
[21] Wochenblatt für den Kreis Heppenheim vom 17.3.1848 und Beilage zur Darmstädter Zeitung Nr. 311 vom 9.11.1849.
[22] K. Buchner: „Das Großherzogthum Hessen in seinen politischen und sozialen Entwicklungen vom Herbst 1847 bis zum Herbst 1850, Darmstadt 1850 — STAD. D 703/3.

23) „Georg Büchner und seine Zeit" – Ausstellung der hessischen Staatsarchive 1987, M. Köhler „Die nationale Petitionsbewegung zu Beginn der Revolution 1848 in Hessen – Quellen und Forschungen zur hessischen Geschichte 56
Hrsg.: Hessische Historische Kommission Darmstadt 1985 und E. Zimmermann: „Für Freiheit und Recht" – Hessische Historische Kommission Darmstadt 1987.
24) Darmstädter Zeitung Nr. 101 vom 10.4.1848, STAD und Mannheimer Journal Nr. 102 vom 12.4.1848, UB-HD Signatur R 720.
25) Mannheimer Abendzeitung Nr. 102 vom 12.04.1848, UB-HD Signatur R 735 A.
26) F.X. Vollmer: „Der Traum von der Freiheit" – Theiss Verlag S. 93.
27) Anzeigenblätter für den Regierungsbezirk Heppenheim, Gemeinde-Archiv Birkenau.
28) Das Flugblatt „Was wir wollen" – unterschrieben mit „Ein Mann aus dem Odenwald" wurde unter der Nummer 67a als Petition an den Fünfzigerausschuß – das Nachfolgeorgan des Vorparlaments – registriert. Quelle: M. Köhler – s. Anmerkung 23.
29) GLA Abt. 305 Nr. 64.
30) Darmstädter Zeitung vom 30.10.1849, STAD.
31) Siehe Anm. Nr. 8, S. 274.
32) GLA 305/66.
33) GLA 305/65.
34) GLA 305/64.
35) Hypothekenbücher der Gemeinden Birkenau, Nieder-Liebersbach, Reisen und Hornbach – Gemeinde-Archiv Birkenau.
36) Darmstädter Zeitung über den 25. Prozeßtag am 19.11.1849, STAD.
37) Darmstädter Zeitung Nr. 320 vom 18.11.1849, STAD.
38) Karl-Ludwig Schmitt: „Rimbach in den Revolutionsjahren 1848/49, Sonderdruck des Verfassers.
39) W. Wirth: „Auch ein Kapitel Sozialgeschichte... Revolution und Revolte 1848/49 – Festbuch des Kreises Bergstraße 1988.
40) Anklageakt des Staats-Anwaltes am Criminalsenate des Großherzoglich Hessischen Hofgerichts der Provinz Starkenburg.
41) P. Schaab, persönliche Mitteilung.
42) Siehe Anm. 39.
43) Darmstädter Zeitung über den 19. Prozeßtag am 12.11.1849, STAD.
44) Darmstädter Zeitung über den 33. Prozeßtag und Urteilsverkündigung am 1.12.1849, STAD.
45) Sterbeprotokolle der ev. Ki. Gem. Birkenau, Hypothekenbuch der Gemeinde Nieder-Liebersbach. Zum Sterbedatum J. Kleins siehe Anm. Nr. 1, S. 128.
46) Siehe Anm. 40.
47) Prozeßberichte der Darmstädter Zeitung Juli – August 1851 STAD.
48) Großherzogl. Hess. Regierungsblatt Nr. 380 vom 29.6.1852.
49) Darmstädter Zeitung Nr. 241 vom 31.8.1851, STAD.
Das Programm der Volksversammlung von Reisen wurde mir freundlicherweise von Dr. Rolf Reutter, Darmstadt, zur Verfügung gestellt.

Zwischen Großherzogtum und Republik

Birkenau 1850 bis 1918

Siebzig Jahre, ein Menschenleben lang, mögen im Leben eines Dorfes kurz erscheinen. Tatsächlich schien das Dorf 1920 kaum anders auszusehen als 1850, und was sich nicht wandelt, meint man mit einem Blick überschauen zu können. Erst wenn der Blick tiefer geht, wenn er sich bemüht, die Lebensbedingungen der Menschen zu erfassen, werden 70 Jahre lang. Dann wird man erkennen können, daß 1920 die frühere agrarische Lebensordnung bereits weitgehend auf dem Weg zur heutigen industriellen Gesellschaft war.

Was also das äußere Bild betraf, kam nur wenig zum alten Ortskern um Rathaus, Schloß und die beiden Kirchen hinzu. Das Bauerndorf an der Weschnitz zog sich 1850 entlang der beiden Bachparallelen, der Chaussee einerseits und den Dorfstraßen Untergasse, Kreuzgasse und Kirchgasse andererseits. Von beiden Achsen bog ein Talweg ab, nach Norden zum Hasselhof und nach Liebersbach, der Liebersbacher Weg, der bebaut war, und nach Süden der Weg nach Kallstadt, die Obergasse, die zum alten Siedlungskern gehört. Außerdem bestand die Neugasse bereits, der westliche Rand des Dorfes.

Birkenau um 1880, vor dem Bau der Eisenbahn

Wilhelm Fries (1819 – 1878) hat uns einen Blick auf das Ackerdorf im Jahre 1870 hinterlassen.[1] Das Ölgemälde hängt im Stadtmuseum in Weinheim.[2] Aus der Schule der Heidelberger Romantiker hervorgegangen, hat Fries ein Dorfidyll gemalt, wie es uns als Inbegriff der guten alten Zeit vorschwebt. Eingeschmiegt in die Talmulde, die Höhen dicht bewaldet, Wiesen und Äcker rings um das Dorf. Ein Hütejunge kehrt, etwa von der Eichhöhe, mit seinen Ziegen zum Dorf zurück, dem sich die Abendschatten nähern. Der rasche Bach hat das Dorf verlassen, zu beiden Seiten erstreckt sich die Tuchbleiche.

Zur Freude des Lokalhistorikers hat Fries sehr sorgsam die Details des Dorfes registriert. Die Chaussee von Weinheim kommend, gesäumt von Apfelbäumen, erreicht das Dorf am alten Rentamt (1972 abgerissen) links der Straße und rechts dem 'Birkenauer Tal'. Vorher bereits zweigen nach links zwei Wege ab, zuerst der Ziegeleiweg, zu einer baumbestandenen Gebäudegruppe führend, der Ziegelei (etwa Ziegeleiweg 10), und danach der Kühruhweg, der auf der Höhe die tiefen Aushöhlungen der Tongruben im Böhl zeigt.[3] Weiter der Chaussee folgend trifft der Wanderer auf die katholische Kirche und das Wambolt'sche Schloß, und, bevor er das Dorf verläßt, hat er sich in die Nähe der evangelischen Kirche gewandt, deren heller Giebel (damals noch ohne die Schieferverkleidung) in der Sonne leuchtet, und dort, in der Kreuzgasse, ist er im Wirtslokal des Adam Eberle eingekehrt. Tiefer Frieden liegt über dem Dorf und über den Höhen bis hinauf zur Tromm, die den Horizont begrenzt.

Noch ist die Eisenbahn weit, die einmal den Talgrund und das Dorf durchschneiden wird, noch ist der moderne Autoverkehr ganz weit, der aus der Apfelbaumchaussee ein fließendes Metallband werden läßt.

Noch trennte nur der Bach das Dorf in zwei Hälften und außerdem der große Schloßpark zwischen Brückenstraße und Schafsteg. Verbunden waren die Hälften durch eine steinerne Brücke zwischen der Emich'schen und der Schäfer'schen Mühle (Brückenstraße 4 und 6) und durch zwei Holzstege, einer im Unterdorf, die Neugassbrücke, einer im Oberdorf, der Schafsteg. Neben dem Schafsteg lief eine Furt durch die Weschnitz für das Vieh und die Fuhrwerke. Die Furt lag wahrscheinlich unmittelbar neben dem Steg. Gegen die Vermutung, die Furt sei in die heutige Sackgasse gemündet, spricht, daß der Mühlgraben der Brenner'schen Mühle hier vorbeiführte und erst unterhalb der Sackgasse früher der Weschnitzstraße, in den Bach mündete (am Grundstück 'Hotel Ratsstuben'). Außerhalb des Dorfes lagen außer dem Hasselhof eine Ziegelei (heute Ziegeleiweg 10 und 11) und drei Mühlen, die Brenner'sche Mühle (heute Rathaus) oberhalb des Dorfes und die Kinscherf'sche oder Carlebach'sche Mühle (heute Fa. Frank) unterhalb des Dorfes. Das Schloß, die beiden Kirchen, vier Schulhäuser nach Konfession getrennt, eine Judenschule (Obergasse, wegen des Bahnbaus abgerissen), ein Judenbad (neben Untergasse 11), der Friedhof an der Kirchgasse, der Judenfriedhof außerhalb, das Pfarrhaus am Ende des Pfarrgäßchens, das Rathaus im Obergeschoß des schönen Renaissancegebäudes, insgesamt 9 Mühlen, etwa 1300 Seelen, davon rund 850 evangelisch, rund 350 katholisch, 100 jüdisch, etwa 250 Haushaltungen, ein Bürgermeister und 8 Gemeinderäte – das war rein äußerlich Birkenau 1850.

Was kam hinzu bis 1920? Wie veränderte sich das Leben? Bereits 1842 war die Provinzialstraße (die Chaussee, die heutige B 38) in den Odenwald gebaut, bzw. ausgebaut worden. Im Ort führte die Landstraße unmittelbar vor dem Schloß entlang, ein Verlauf, auf den die Ortsherrschaft weder früher noch jetzt Einfluß hatte. Am Wambolt'schen Schloßpark wurde zum Schutz der Lindenallee eine Stützmauer errichtet.

Die Häuser auf der anderen Straßenseite, gegenüber dem Schloßpark, standen bereits zu dieser Zeit, und zwar bis hinauf zum Haus des Johann Gaßmann (heute Haarstudio, Hauptstr. 128). Gaßmann wurde übrigens einer der vielen Auswanderer aus Birkenau. In der zweiten Jahrhunderthälfte entstanden die Häuser hinauf bis zur Goethestraße und bis zur Grenze des Mühlengeländes (bis Hauptstr. 111).

Die Emich'sche Brücke 1907

Im unteren Dorf wurden die meisten der an der Chaussee liegenden Häuser bis zum heutigen Ortseingang gebaut, 1847 bereits das Gasthaus 'Zum Birkenauer Tal', 1864 das katholische Pfarrhaus (Ecke Neugasse), 1885 verlegten Johann und Jakob Stief

Birkenau von Nordwesten, am Anfang unseres Jahrhunderts. Die Schule ist noch nicht begonnen

ihren Betrieb an die Chaussee in eine neue große Ziegelei (BP Tankstelle und Euromarkt), 1895 erstellte die Gemeinde erstmalig einen Ortsbauplan, 1898 erschloß sie in einem Zug die Johannisstraße auf gemeindeeigenem Gelände mit 16 Bauplätzen, 1900 entstand das Forstamt (heute Adrian) und 1904 wurde dann die Gemeinschaftsschule gebaut und die Ludwigstraße angelegt.

Im Ort selbst entstand 1859 eine neue Synagoge in Nachbarschaft zum Rathaus an der Obergasse (heute Zufahrt zum ev. Kindergarten). Das Gebäude wurde 1938 in der sogenannten „Reichskristallnacht" von den Nazis angezündet und 1942 abgerissen. Auch wenn die Bahntrasse (ab 1893) um den Ort herum geführt wurde, hatte sie natürlich doch erheblichen Einfluß auf das Ortsbild und dessen weiteres Wachstum. Sie trennte die Obergasse vom Ort, schnitt zwischen Synagoge und Rathaus hindurch und führte über den Schulhof der evangelischen Schule. Dann erreichte die Trasse wieder freies Feld, den Frohnacker, und ließ im weiteren Verlauf den Ort unter sich liegen. Das Bahnhofsgebäude folgte 1894, die Bahnhofsgastwirtschaft 1906 (heute Zweigstelle der Sparkasse).

Karte Birkenau 1899

Die Birkenauer Brücken waren selbstverständlich für die Ortsbürger von großer Bedeutung. Als 1849 geplant wurde, den Steg an der Neugasse zu ersetzen, bewirkte die „Eingabe verschiedener Bürger von Birkenau", daß ein „Fuhrbrückenbau" erwogen und 1850 als zweite steinerne Brücke erstellt wurde. Die Gesamtkosten beliefen sich auf 405 fl.[4]. Der Kostenanteil der Ortsbürger an der Brücke betrug 77 fl 47 kr (etwa der Wert einer Kuh oder der Wert von 150 Tagewerken). Die Brücke tat ihren Dienst bis 1976.

1859 wurde ein hölzerner Ersatz für den Schafsteg im Gemeinderat erörtert. 70 Bürger engagierten sich jetzt mit Unterschrift für den Vorschlag, auch hier eine steinerne Fuhrbrücke zu errichten, „indem es für das Vieh im Frühjahr, Herbst und

Die Neugaßbrücke von 1850

Winter, wo das Wasser sehr kalt, durch die Weschnitz zu fahren, sehr nachteilig ist". Die Brücke sollte also so groß sein, daß man das Vieh hinübertreiben konnte und nicht mehr die Furt gebrauchen mußte. Die Bittsteller konnten sich nicht durchsetzen, es blieb bei einem Steg, allerdings jetzt aus Stein, und nunmehr mit 7 Fuß (2,10 m) breit genug, daß die „Schubkarren zur Erntezeit mit Fruchtgarben oder dürrem Heu beladen" nicht mehr stecken bleiben konnten, wie es vorher der Fall war. Der Schafsteg wurde erst in den 20er Jahren unseres Jahrhunderts zur Fuhrbrücke ausgebaut.

Die drei Brücken sind noch heute die Verbindungen innerorts. Die „Schubkarren zur Erntezeit" sind einem Heer von motorisierten Pendlern gewichen, die in Weinheim, Mannheim oder Ludwigshafen ihren Arbeitsplatz anstreben. Doch immer noch müssen die drei alten „Fuhrbrücken" ihren Dienst tun.

1920 hatte Birkenau knapp 1000 Einwohner mehr als 1850, also 2300. Im Dorfbild erschien der Zuwachs nicht dramatisch. Vergleichen wir etwa das Plus von 1000 Einwohnern zwischen 1970 und 1990, dann registrieren wir die gewachsenen Bedürfnisse an Wohnraum und persönlicher Umgebung. Der Siedlungsraum des Dorfes explodierte förmlich. Ein neues Baugebiet, etwa Langenberg und Rod, umfaßt so viel Fläche, wie der alte Ort in 1000 Jahren beansprucht hat.

Im Leben des Dorfes blieb in diesen 70 Jahren vieles, wie es schon immer war. Gepflastert waren nur die Straßen im Ort, mit blanken Kopfsteinen, auf denen die eisenbeschlagenen Räder der Bauernwagen rumpelten. An der Fahrbahn führte seitlich eine Ablaufrinne entlang, die die häuslichen Abwässer (im Dialekt die sogenannte „Gräwelsbrieh") und das Regenwasser in die Weschnitz leiteten. Im Winter verwandelten sie sich in Rutschbahnen zum Vergnügen der Kinder und zum Ärgernis für die Bauern, deren Zugtiere mit dem Eis ihre liebe Not hatten. Die 10 Birkenauer Brunnen, unter anderem der am Rathaus, blieben bis zum Beginn unseres Jahrhunderts in Betrieb. Seit 1902 war die Wasserleitung im Bau, einzelne Abschnitte, die jeweils von einem Brunnen versorgt wurden. 1913 war die Obergasse dran, der

Hochbehälter befand sich oberhalb des Judenfriedhofs. Die Kanalisation folgte erst in Einzelschritten ab 1929, wobei die Abwässer nach dem Passieren der hauseigenen Sickergrube in die Weschnitz geleitet wurden.

Noch war und blieb die Gasse der Ort des sozialen Lebens, nicht nur Kinder, Hunde, Hühner und Ziegen waren dort anzutreffen. Vor dem Haus war das Winterholz aufgeschichtet und wurde dort gesägt und gehackt. Überhaupt war die Gasse Wirtschaftsraum, wo der Leiterwagen repariert, das Pferd beschlagen und das Schwein geschlachtet wurde. Die Landwirtschaft bestimmte den Lebensrhythmus des Dorfes. Die Höfe lagen mitten im Ort, mit Scheuer und Stallung, und der von Pferden oder Kühen gezogene Erntewagen brachte die hohe Fuhre durch die engen Gassen.

Der Brunnen am Rathaus

Die ortsansässigen Handwerker waren zum erheblichen Teil auf landwirtschaftliche Bedürfnisse ausgerichtet, und Wagner, Schmied, Küfer, Sattler und Zimmermann verrichteten ihre Arbeit zwischen Werkstatt und Gasse. Die heutige Parkanlage des Juliusbrunnen war der Zimmerplatz der Zimmerleute Treiber. Der sonntägliche Kirchgang war ein soziales Ereignis. Man sah, wer zur Familie gehörte, und der Klatsch war noch die wichtigste Informationsquelle. Der Krämer an der Kirche (Kirchgasse 6) öffnete sonntags nach dem Gottesdienst und zwischen Hosenknöpfen, Rosinen, Zimtstangen und Steingut konnte man die Neuigkeiten austauschen.

Wie die Photographien der Birkenauer Kalender zeigen, war das Land um den Ort zum allergrößten Teil Ackerland und nicht wie heute Grünland. Der Boden am Ort war noch die wichtigste Nahrungsgrundlage, so daß Roggen (Korn), Hafer, Gerste, Spelz (eine Abart des Weizens mit festgewachsenen Hülsen) und Kartoffeln, dazu Raps und Hanf die wichtigsten Nutzpflanzen waren. Auch der Anbau von Buchweizen für Grütze oder Brot war verbreitet. Wiesen für die Heumahd lagen nur entlang der Bachläufe. Weschnitz, Hornbach, Kallstadter Bach und Liebersbach wurden und werden zum Teil bis heute von Wiesen gesäumt, typisch die Tal- und die Herrenwiese entlang der Hornbach. Viele Kuppen waren wie heute von Wald bedeckt.

Natürlich spielte die Nutzung des Waldes eine große Rolle, nicht nur als Heizmaterial. Viele Gegenstände des täglichen Lebens waren und blieben aus Holz gefertigt, das lokal geschlagen und bearbeitet wurde. Die Geräte des Landwirtes, die Wagen, Karren, Geschirre, Leitern, Pfähle, Pfosten, Rechen, die Schober, Ställe und Schuppen, der Dachstuhl und der Fußboden, die Fenster, das Fachwerk, Holz war der

Die Frohnäcker 1908 (heute Schwanklingen bis Lettenweg) Ackerland bis an die Waldgrenze

wichtigste Werkstoff. Kisten, Truhen, Schränke und Bänke, Stühle und Schemel, Bett und Kasten stammten meistens vom örtlichen Schreiner (Schreinerei Keil, Hauptstr. 132).

Wenn auch das äußere Bild in diesen Jahren sich sehr ähnlich blieb, so änderte sich doch die Art und Weise, wie die Güter des Lebens hergestellt wurden, es änderte sich die Kenntnis an Wissenschaft und Technik, der geistige Raum, in dem die Menschen lebten, vergrößerte sich, die politischen Vorstellungen wandelten sich, und damit wurde der Birkenauer von 1920 ein anderer Mensch als der von 1850.

1850 bestand noch eine patriarchalisch geprägte Lebensordnung. Der Freiherr von Wambolt und seine Güterverwaltung ('Rentamt oder Kellerei' genannt) bestimmten noch Leben und Arbeit vieler Bauern und das der Lehrer und Pfarrer in diesem Ort. Zwar war der Freiherr kein Ortsherr mehr mit Gerichts- und Polizeigewalt. Wie bereits ausgeführt, war seit 1806 der Großherzog von Hessen an dessen Stelle getreten, seit 1821 gab es auch eine gewählte örtliche Selbstverwaltung mit Bürgermeister und einem insgesamt 9köpfigem Gemeinderat. Aber noch war Wambolt Grundherr und Patronatsherr. Sein Amtskeller Kreuter zog den Zehnten ein oder versteigerte ihn auf dem Halm in Birkenau, Rohrbach und Kallstadt. Die Pfarrer beider Konfessionen und die 4 Lehrer wurden vom Patron bestellt und beaufsichtigt, bezahlt wurden sie in Naturalien und Geld durch die Ortsbürger und durch das Nutzungsrecht an einigen Wiesen und Äckern.

Das Ende der alten Ortsherrlichkeit und deren Einverleibung in den größeren Flächenstaat brachten bedeutende Neuerungen. In Hessen-Darmstadt war seit dem 27. Juni 1836 ein Gesetz in Kraft, das die Ablösung der Grundgefälle (der Zehnten) ermöglichen sollte: Der jährliche Zehntanspruch sollte in seinem Geldwert erfaßt werden und dem Grundherrn durch eine einmalige Ablösung (Abfindung) in Höhe des 18fachen des Jahresbetrages abgegolten werden. Dieser Betrag sollte den Bauern von der Regierung zunächst ausgeliehen werden.

Der hessische Staat ging mit gutem Beispiel voran. Auch der Großherzog selber hatte Zehnten und Mühlgerechtsame und andere derartige Leistungen in Birkenau inne. Mit Urkunde vom 1. Juli 1838 wurde der Anfang der Ablösung in Birkenau gemacht, und Wambolt folgte für seine Bauern nach, bis 1860 für den letzten (Kallstädter) Bauern die Zentpflichten erloschen – die Rückzahlung des Kredits zog sich bis 1904 hin. Zur Abwicklung dieser großen Transaktion war die Mitwirkung der Staatsschulden-Tilgungskasse in Darmstadt vorgesehen. Die Darmstädter Kasse lieh den Zehntpflichtigen den gesamten Ablösungsbetrag und zahlte diesen sofort an den Berechtigten aus. Empfänger der Ablösungssummen war in Birkenau fast ausschließlich die freiherrliche Kellerei, die natürlich dafür ihre Zehntansprüche verlor. Einige Investitionen dieser Zeit stehen wohl im Zusammenhang mit diesem Schub an liquiden Mitteln, etwa der Bau der Remise im Schloßpark oder der Bau des katholischen Pfarrhauses.

Die pflichtigen Bauern mußten den vorgestreckten Ablösungsbetrag mit einer Tilgungsrate von 4% (3% Zinsen, 1% Tilgung) zurückzahlen. Der Rückzahlmodus sah für 44 Jahre eine gleichbleibende Rate vor. Durch die anfallenden Zinsen erbrachte der Bauer das 1,75-fache des Ablösungsbetrages.

Ein Beispiel aus Kallstadt möge den Vorgang illustrieren.

In Hessen galt: 1 Simmer = 1/4 Malter = 4 Kumpf = 16 Gescheid = 64 Mäßchen (= 32 l).

Die Grundrenten dieses Bauern bestanden also in Zehntfrüchten, und zwar Spelz, Hafer und Korn, die bereits in eine ständige Grundrente in Geld umgewandelt waren; außerdem zahlte er Grundgefälle (ein Bodenzins) in Form von Naturalien, und zwar in Form von Früchten (Korn und Hafer), Federvieh (12 Hühner, 7 Hähne), andere Naturalien, wie 30 Eier und einen Geldzins. Die Vielfalt und das Durcheinander von Geld- und Naturalleistungen war durchaus typisch für die alte Grundherrschaft. Alle Leistungen dieses Hofes in Geldwert ausgedrückt ergaben 178 Gulden und $32\frac{5}{8}$ Kreuzer jährlich. Durch Zahlung von jährlich 128 Gulden und 33 1/4 Kreuzern von 1844 bis 1888 wurde dieser Hof frei.

Die Bedeutung der Agrarreform in Hessen mag man daran ermessen, daß die Forderung nach Ablösung der Grundrenten eine große Rolle während der Revolution von 1848/49 spielte. Im nichthessischen Odenwald, in der Grafschaft Erbach, forderten die Bauern ungestüm, daß die adeligen Herren des Hauses Erbach auf ihre Vorrechte verzichten sollten. „Graf Albert zu Erbach-Fürstenau sollte eine Urkunde ausstellen, wonach er bei Auflösung der Grundrenten mit dem 6fachen Betrage des Werthes derselben zufrieden sei. Der Graf verweigerte dieses Ansinnen und erklärte, daß er lieber gar nichts dafür nehmen wolle." Insoweit war man in Hessen bereits im sogenannten Vormärz, der Zeit vor der 48er Revolution, fortschrittlich. Immerhin war das Land auch seit 1828 Mitglied im preußischen Zollverein. Fortschrittlich war auch, daß sich der Staat selber um die praktische Durchführung der Ablösung kümmerte und die Staatskasse als Kreditgeber einschaltete.

Mit der Ablösung der Zehnten vollzog sich ein großer Schritt in die moderne Zeit. Die letzten an eine Person gebundenen Formen der Herrschaft verschwanden damit. War der Ortsherr einst Zentherr (hohe Gerichtsbarkeit), Vogteiherr (niedere Gerichtsbarkeit), Leibherr (Genehmigung des Fortzuges u. dergl.), Grundherr (s.o.) und Patronatsherr (über Pfarrei und Schule), so trat nun endgültig an dessen Stelle der Staat, bzw. die Landeskirchen. Noch heute ist dem Freiherrn irgendwie der Titel des Kirchenpatrons geblieben. Ist es eine dekorative Reminiszenz? Jedenfalls, als der evangelische Pfarrer Wendorff 1991 sein Amt antrat, bedurfte es der Zustimmung des Kirchenpatrons.

Trotz des Verlustes hoheitlicher Funktionen blieb die freiherrliche Familie natürlich ein gewichtiger Faktor im Gemeindeleben, allein der Umfang des freiherrlichen Besitzes begründete Einflußmöglichkeiten. Als 1891 die Diskussion über den Verlauf der Bahnstrecke und die Plazierung des Bahnhofes in Birkenau geführt wurde, hatte der Gemeinderat die Alternative zu entscheiden: Trasse und Bahnhof im Ort oder außerhalb des Ortes. Die Trassenführung durch den Ort hätte wohl eine Linie der heutigen B 38 bedeutet. Sie wäre unterhalb von Lehnwald und Böhl parallel zur Straße verlaufen, vorbei an der Stief'schen Ziegelei, und hätte dann den Wambolt'schen Garten (vor dem Schloß, heute öffentlich) durchschnitten, für den Baron die Zerstörung seines „mit vielen und sehr großen Opfern gegründeten Besitzes". Wambolt suchte mit Schreiben an den Bürgermeister die Unterstützung der Gemeinde für die Trasse um den Ort herum zu gewinnen (also die heutige Trassenführung). Er drohte, daß er andernfalls sein Interesse an Birkenau verlieren werde, seinen Wohnsitz verlegen werde und die Mädchenschule (Obergasse 14) schließen werde⁵. Der freiherrliche Wunsch traf wohl auf eine Kreisbehörde, die die südöstliche Linie ohnehin bevorzugte, da sie die technisch einfachere Lösung darstellte.

Der Eisenbahnbau, begonnen mit der Rheintalbahn 1846, bewirkte in unserer Region, wie in anderen Teilen Deutschlands, den größten Modernisierungsschub. Der Zuwachs an technischen Kenntnissen und Fertigkeiten, die praktische Erschließung größerer Märkte, dann die neuen Kenntnisse in der Chemie, der Elektrizität, aber auch neue Formen des Kreditwesens, die Gründung von Sparkassen, das sind einige der Kennzeichen des neuen expandierenden Zeitalters der 2. Jahrhunderthälfte. In der Rheinebene, in Weinheim, in Mannheim, in Ludwigshafen traten die ersten Unternehmer auf, die sich auf technisches Neuland wagten, die aus dem traditionellen Handwerksbetrieb ein größeres Produktionssystem, die Fabrik, entwickelten. 1849 wurde die Gerberei Heintze & Freudenberg gegründet, 1868 die Roßledergerberei des Siegmund Hirsch, die Maschinenfabrik Badenia hatte sich bereits seit 1843 aus einer Mechanikerwerkstatt im Müll entwickelt, die 'Erste Badische Teigwarenfabrik' datiert von 1884. Die BASF in Ludwigshafen wurde 1865 gegründet, Lanz baute seine ersten Dampfkessel (Dampfmaschinen) in den 70er Jahren und die ersten landwirtschaftlichen Maschinen kamen zur gleichen Zeit.

Die Rückwirkungen des beginnenden Industriezeitalters waren im Odenwald zu spüren. Das Elend der ersten Jahrhunderthälfte, von dem bereits die Rede war, hatte seinen Ursprung vor allem im raschen Bevölkerungsanstieg dieses Zeitraums. Der Bevölkerungszuwachs in Hessen-Darmstadt betrug mehr als 10‰ im Jahr während des ganzen Jahrhunderts. Verelendungserscheinungen auf dem Dorf waren das Anwachsen der „Dorfarmut", der Menschen, die als Bettler, Hausierer und Tolerierte von einem Dorf zum anderen geschoben wurden. Auch die hohe Zahl der Leinweber in Birkenau in der 1. Hälfte des Jahrhunderts ist ein Zeichen dieser Zeit. Nahrung und Arbeit wurde auf die größere Zahl der Menschen aufgeteilt, so daß alle empfanden, daß die Zeiten schlechter geworden waren.

Bis zur Jahrhundertmitte hatte es so gut wie kein Ventil für den Bevölkerungsdruck gegeben. Die Auswanderung in die Vereinigten Staaten setzte in großem Umfang erst ein, als durch Eisenbahn und Dampfschiff der Abgang aus der alten und der Zugang in die neue Heimat leichter möglich war. Wie in den anderen Odenwaldgemeinden⁶ begann eine massive Auswanderung erst nach der Jahrhundertmitte. Johannes und Elisabeth Klein, die bereits 1830 auswanderten⁷, waren die Ausnahme.

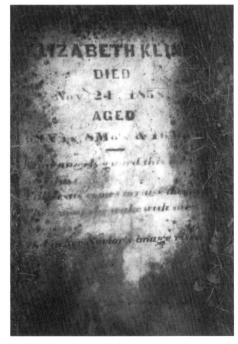

Grabstein von Elisabeth Kline

74

Johannes Klein wurde nach Ausweis der Ortsbürgerliste im Jahre 1796 in Birkenau geboren. Er war lutherischer Konfession, wurde Schneider und wurde 1821 mit 25 Jahren als Gemeindebürger eingetragen. Er heiratete, übernahm 1823 von seinem älteren Bruder Jakob das Anwesen (heute) Hauptstraße 81 (Ecke Hauptstraße/ Brückenstraße), „ein zweistöckig Haus mit Scheuer und Schweineställ." Bereits 1830 verkaufte er das Haus und wanderte mit dem Erlös in die Vereinigten Staaten aus.

In seinem Brief vom Oktober 1831 an die Daheimgebliebenen beschreibt er sehr genau, wo er seine neue Heimat gefunden hat, und wie es ihm dort geht.[8] Klein verdiente weiterhin sein Geld als Schneider und hielt auch eine Kuh und 8 Schweine. Seine Frau Elisabeth schreibt im gleichen Brief, daß sie jetzt Gott dankt, während sie sich vorher wehrte, das Vaterland zu verlassen. Sklaverei und Not habe man zurückgelassen.

Die genauen Ortsangaben des Johannes Klein ließen beim Verfasser dieses Kapitels den Plan entstehen, anläßlich einer Amerikareise den Spuren der Kleins zu folgen. Den Ort Greenvillage, nicht weit von Chambersburg an der Grenze zwischen Maryland und Pennsylvania, gibt es auch heute noch. Die Landstraße führt inzwischen am Ort vorbei. Wie die sanftgewellte und wohlbestellte Flur rings herum zeigt, war hier landwirtschaftliche Nutzfläche zu erwerben, die einem Odenwälder sicher sehr vorteilhaft erschien. Der Ort selbst besteht nur aus einer Straße, heute gesäumt von weitauseinanderliegenden Wohnhäusern ohne Landwirtschaft, dazwischen zwei alte Friedhöfe.

Wir halten vor einer kleinen Holzkirche, St. John's Lutheran Church. Der Tag ist so heiß, daß wir uns kaum entschließen können, das gekühlte Auto zu verlassen. Aber dann siegt die Neugier. Hinter der Kirche liegt einer der alten Friedhöfe, viele der Grabsteine sind inzwischen in den Rasen eingelassen. Deutsche Namen, viele aus dem letzten Jahrhundert. Gibt es einen Johannes Klein darunter? Wir finden den Namen Klein tatsächlich, in neuer, amerikanischer Schreibweise. Es ist Elisabeth, die Frau des Johannes, dazu einen Grabstein, der zur folgenden Generation gehören muß. Elisabeths Grabstein ist dicht im Rasen eingewachsen und an den Rändern stark mit Moos bedeckt. Die Inschrift ist erst zu entziffern, nachdem ein freundlicher Nachbar Wasser und Bürste zur Verfügung stellt. Sie lautet:

E L I Z A B E T H   K L I N E
DIED
Nov. 24, 1858
AGED
68 Y'rs, 8 Mo's & 16 Da's

> Kind angels guard this modest shrine
> Till Jesus comes to raise the Thine,
> Then may she wake with sweeter prize
> And in her Savior's image rise.
>
> Freundliche Engel mögen diesen bescheidenen Schrein bewachen,
> Bis Jesus kommt, um die Seinen aufzuwecken.
> Dann möge sie mit süßerem Lohn erwachen
> Und im Angesicht ihres Erlösers auferstehen.

Eine gewisse Mobilität hatte es bereits unter rein ländlichen Bedingungen gegeben. So zog es Erntehelfer aus dem Odenwald in die Rheinebene. In einer Lebenserinnerung hören wir im Jahre 1815: „Der Großvater erzählt, daß schon zu Urgroßvaters Zeiten die Odenwälder Schnitter und Schnitterinnen ins Unterland in die Bezirke Mannheim, Heidelberg, Schwetzingen, Weinheim, Wiesloch, auf Wanderschaft auszogen. Gerade in früheren Jahren bedeutete diese auswärtige Arbeitsgelegenheit für die Odenwälder eine Wohltat".[9] Zur Hopfen-, Getreide- und Heuernte wanderten Tagelöhner und auch Kleinbauern für 3 bis 4 Wochen in die Fremde, wo der Tagesverdienst bis zu einem Gulden betragen konnte.

Ab der Jahrhundertmitte begann nun das Fabrikwesen in der Rheinebene Menschen aus dem Odenwald abzuziehen. Sicher wechselten die Erntearbeiter nicht einfach den Arbeitgeber. Aber, wenn die Väter weiterhin die Sense schulterten, um ins Unterland zu gehen, erkannten die Söhne die Chance, die die Gerbereien in Weinheim boten. Je nach den Bedingungen, die zu Hause herrschten, ob etwa eine kleine Landwirtschaft zu versorgen war, wanderten die Birkenauer täglich nach Weinheim, oder sie verließen den Ort ganz. Ab 1895 erhöhte die Eisenbahn die Mobilität beträchtlich. Aus dem Überangebot an ländlicher Arbeitskraft wurde bereits um 1900 ein Mangel. Allein die Kunstmühle in Weinheim (wie man die mit Dampf betriebene Hildebrand'sche Mühle nannte) beschäftigte um die Jahrhundertwende 130 Personen.

Das anbrechende Zeitalter der Industrie spielte sich selbstverständlich nicht nur in der Ferne ab. Vor allem die Kraftmaschine des neuen Zeitalters, die Dampfmaschine, kam ins Dorf. Sie ersetzte den herkömmlichen Antrieb durch Wasser oder Tier. Die „Maschinenfabrik, Eisengiesserei und Kesselschmiede von Heinrich Lanz in Mannheim" lieferte 'Lokomobile' in stationärer oder mobiler Form, also feststehende oder bewegliche Dampfmaschinen als Antriebsgerät. Lanz und später auch die Badenia in Weinheim waren die wichtigsten Lieferanten für den Odenwald, die wichtigsten Abnehmer waren die Mühlen.

Die Mühlen waren ja die frühen Plätze des technischen Verstandes, in denen die Wasserkraft durch sinnreiche Vorrichtungen umgewandelt und nutzbar gemacht wurde. Wie an anderem Ort in diesem Buch dargestellt, häuften sich die Mühlen in und um Birkenau. Nachdem in den letzten Jahrzehnten des 19. Jahrhunderts die Getreidezufuhr aus Nordamerika und Rußland (!) immer umfangreicher wurde, entstanden große Mühlen an den Umschlagplätzen des Getreides, zum Beispiel im Mannheimer Hafen, und von den traditionsreichen Mühlen des Weschnitztales überlebten nur einige wenige. In vielen Fällen dienten die Mühlen und ihre Antriebseinrichtungen dann neuartigen Fabrikationsstätten. Die Brenner'sche Mühle (das heutige Rathaus) wurde umgewandelt in einen Betrieb der 'Vereinigten Farbenfabrik Weinheim' unter der Leitung des Birkenauers Gilmer.

Die Fabrik stellte durch Zermahlen von Ruß schwarze Farbe her. Die Farbenfabrik ersetzte dann den Wasserantrieb durch eine Dampfmaschine (1895), die über dem Mühlgraben postiert wurde (Sitzungssaal des Rathauses), genau an der Stelle, wo früher das Mühlrad gelaufen war. Der Mühlgraben wurde jetzt zum Speisewasserbassin für den Dampfkessel umgestaltet. Der Graben bestand bis etwa 1920. Im gleichen Jahr 1895 erhielt die Stief'sche Ziegelei eine Dampfmaschine und führte von

Die Schwarzfabrik um 1900

nun an den Titel 'Dampfziegelei'. Zwischen der Ziegelei und der dazugehörigen Lehmgrube im Böhl (die noch heute vorhanden ist) wurde eine weitere technische Neuerung eingeführt, eine Bahn und Schienen zum Transport des Rohmaterials. Die Ziegelei bestand bis zum Ende der 40er Jahre, die letzten Gebäude und ihr mächtiger Schornstein wurden in den 70er Jahren abgerissen. Eine weitere ehemalige Mühle, die Kinscherf'sche Mühle, nunmehr die Kammfabrik des Oskar Schmitt (heute Fa. Frank), erhielt 1908 eine Dampfmaschine als Antrieb.

Die technischen Großanlagen sind natürlich als Verwaltungsvorgang erhalten, denn für die Sicherheit der Installation und des Betriebes wurde durch Genehmigung und Auflagen seitens des großherzoglichen Kreisamtes Heppenheim gesorgt. Viele kleine Neuerungen, die in ihrer Gesamtheit nicht minder stark das Leben und Arbeiten der Menschen veränderten, haben keinen Niederschlag in den Archiven gefunden. Wie bedeutungsvoll etwa muß die Erfindung des Elektromotors gewesen sein, der bereits in den letzten Jahrzehnten des Jahrhunderts als Kraftmaschine des kleinen Mannes für die Handwerkerwerkstatt hervorragende Eignung entfaltete: Er war relativ billig in der Anschaffung, war unkompliziert zu bedienen und jederzeit abstellbar.

Allerdings darf man in einer ländlichen Gemeinde wie Birkenau nicht das Beharrungsvermögen einer konservativen Gesinnung gegenüber den Errungenschaften des technischen Zeitalters unterschätzen. Im Februar 1879 erhielt die großherzogliche Bürgermeisterei eine Aufforderung des Kreisamtes Heppenheim, die Anlegung einer

Straßenbeleuchtung ins Auge zu fassen. Mit Plan und Kostenvoranschlag wurden 6 Standorte befürwortet: am Ortseingang (Ecke Neugasse/Ortsstraße), jeweils an den drei Brücken, gegenüber dem Wambolt'schen Garten am Weg nach Nieder-Liebersbach und an der katholischen Schule (Obergasse 14). Bürgermeister Oelschläger wehrte sich gegen die bedeutenden Opfer, die der Gemeinde für „eine solche überflüssige Anstalt" zugemutet würden. Fuhrwerke verkehrten nur bei Tag in Birkenau und für den geringen Verkehr bei Nachtzeiten genüge das Licht aus den „umstehenden Häusern". Heppenheim akzeptierte den Birkenauer Widerspruch, stellte aber die Auflage, an den Weschnitzbrücken Schutzgeländer anzubringen. Straßenbeleuchtung und Elektrizität kamen erst im ersten Jahrzehnt dieses Jahrhunderts nach Birkenau, geliefert von der Firma Müller in Reisen. Ab 1910 brannten dann die Straßenanlagen regelmäßig, die sonntags „erst nach Eintreffen des letzten Bürgers auszuschalten" waren.

Von der patriarchalisch geprägten Lebensordnung des 19. Jahrhunderts war bereits die Rede. Der Staat empfand sich als Obrigkeit, die dem Bürger in allen Lebensbereichen vorschrieb, was er zu tun und was er zu lassen hatte. Ob Hochzeit, Taufe oder Begräbnis, der Staat schrieb vor, wer geladen werden durfte und was verzehrt werden durfte, ob und wie lange man tanzen durfte und wie teuer der Sarg sein durfte. Der Völkerfrühling der Revolution von 1848/49 hatte erstmals den selbstbestimmten Bürger hervorgebracht, vor dem Staat durch Grundrechte geschützt und am Staat mitwirkend durch das allgemeine Wahlrecht. Das Scheitern der Revolution ließ den alten Obrigkeitsstaat mit seiner Bevormundung zurückkehren, zugleich wurden die Grenzen zwischen den deutschen Kleinstaaten wieder bedeutsam. Zwei Vorgänge aus den 50er Jahren mögen illustrieren, wie autoritär der Staat mit seinen Bürgern umsprang: Unverletzlichkeit der Person, Freizügigkeit, Unverletzlichkeit der Wohnung waren noch keine Rechtsgüter. Besonders wer sich in moralischen Dingen nicht an die herrschende Norm hielt, war so gut wie rechtlos.

Lindenfels, den 28ten März 1853

Betreffend: Wilde Ehe, nunmehr die Ausübung der Polizeigerichtsbarkeit durch die Gerichte.

Das Großherzogliche Hessische Kreisamt Lindenfels
an
Gr. Bürgermeister zu Birkenau

Sie haben die Elisabetha Honnef von Oberlaudenbach, Zuhälterin des Anton Kinscherf zu Birkenau, von da weg in ihre Heimat zu verweisen, dieselbe, im Fall sie nicht alsbald Folge leisten sollte, mit Sicherheitswache hierher zu bringen, deren Aufnahme und Beherbergung zu Birkenau bei 5 fl. Strafe zu untersagen und jede Contravention, welche Sie durch öfters anzustellende Nachforschungen in Erfahrung bringen werden, sofort zur Anzeige zu bringen.

Unterschrift (nicht lesbar)

obigen Betreff den Rubricaten bekanntgemacht
Birkenau 31ten März 1853
Müller Gemeindediener

> *Bericht des Birkenauer Bürgermeisters Denger an das Kreisamt in Lindenfels:*
>
> Die Barbara Reinhard aus Waldmichelbach wurde wegen unehelichen Zusammenlebens mit Jakob Klein von hier am 24. v.M. (August 1858) und zwar in hochschwangeren Umständen arretiert und sollte durch Sicherheitswache von Ort zu Ort mit anliegendem Schreiben, adressiert an Groß. Bürgermeister von Waldmichelbach ... über Kallstadt, Löhrbach pp. in (ihre) Heimat gebracht werden. Lt. einer uns zugekommenen Bescheinigung ist dieselbe an Groß. Beigeordneten zu Kallstadt von hier aus richtig abgeliefert worden. Am 19ten September d.J. erschien Jakob Klein, zeigte uns an, Barbara Reinhard sei diese Nacht auf der Straße zwischen Weinheim und Birkenau niedergekommen, und befinde sich bei Leonhard Jakob, Maurer, von hier in Pflege. Dieselbe ist bis jetzt noch Wöchnerin und kann nicht weiter transportiert werden.
> Nach dem Empfang der hohen Verfügung begaben wir uns heute in die Wohnung des Leonhard Jakob, befragten die Wöchnerin, wie es kam, daß sie bei dem am 24ten v.M. stattgehabten Transport nicht in ihre Heimat gekommen sei?
> Dieselbe gab an, sie sei damals durch den Groß. Beigeordneten zu Kallstadt durch eine Sicherheitswache richtig an Groß. Bürgermeister in Löhrbach abgeliefert worden. Der Gr. Bürgermeister von Löhrbach wollte sie selbst nach Oberabtsteinach bringen, sie sei mit ihm gegangen bis auf die Oberabtsteinacher Höhe, dann sei sie von ihm zurückgeblieben, und habe sich wieder retur nach Weinheim im Großherzogthum Baden begeben.
>
> *Denger*

Der Begriff der 'Heimat', der in beiden Vorgängen auftaucht und dessen Gebrauch uns fremd erscheint, hängt zusammen mit der rechtlichen Einrichtung der Ortsbürgerschaft. Bürger war man in einem Ort, nicht im größeren Gemeinwesen, dem Großherzogtum Hessen. Der Ort, das Dorf, die Stadt, begründete vor allem den Rechtsrahmen, in dem man lebte. Das galt – mindestens theoretisch – noch in einer Zeit, in der inzwischen die meisten Regelungen aus Darmstadt kamen. Der Ort war auch, wenn auch begrenzt in seinen Mitteln, eine Solidargemeinschaft. Das kommt in diesen beiden Vorgängen zum Ausdruck. Der Bürgermeister erhält einen Deliquenten in seine Obhut zugeschickt, oder er kümmert sich persönlich um den Aufenthalt oder das Benehmen seiner Schutzbefohlenen. Selbst wenn man nicht als Ortsbürger registriert war und als Tolerierter in einem Dorf Unterschlupf gefunden hatte, stand einem ein gewisser Solidaritätsschutz zu. Die Gemeinde unterhielt ein Armenhaus, ab 1911 das 'neue' Armenhaus in der Kirchgasse 37.

Wir hören im Kapitel über die Revolution 1848/49, daß sich der Birkenauer Lehrer Grimm an den liberalen Aktionen des Jakob Klein beteiligte. Er verlor deshalb sein offizielles Amt als Lehrer, blieb aber in Birkenau als 'Vicar' der Schule (vermutlich eine Stelle als Aushilfslehrer), bis er 1850 ganz aus dem Dienst entlassen wurde. Grimm wollte jetzt in Birkenau bleiben. In dieser Situation gab Bürgermeister Reinig folgenden Beschluß des Gemeinderats an die Regierung in Heppenheim weiter. (Die bürgermeisterliche Orthographie ist auf neuzeitlichen Stand gebracht.)

> *Geschehen Birkenau 31ten August 1850*
>
> *betreff: Vorstellung des Lehrers Grimm dermahlen in Birkenau
> bezüglich seiner Heimatverhältnisse.*
>
> *Nach vorheriger gesetzlicher Vorladung des Gemeinderats, mit dem angeführten
> Betreff bekannt gemacht, wurde beraten und beschlossen.*
>
> *Der Lehrer Grimm kann nach unserer Ansicht auf Heimatrecht hier keine
> Ansprüche machen. Er ist früher verheiratet gewesen und ist als Witwer hierher
> gekomen. Man glaubte vielmehr, daß er Heimatrecht da machen könnte,
> wo er zum Militär angezogen worden ist oder wo er zuerst geheiratet hat.
> Die hiesige Gemeinde ist an sich mit armen Leuten beschäftigt genug und man
> bittet Großh. Regierungs Commission, das Gesuch auf Birkenau abzuweisen.*
>
> *Der Bürgermeister*   *Der Gemeinderat*
> *Reinig*   *Heinrich Fries*
>   *Georg M. Schab*
>   *Johann Christ*
>   *Adam Jakob*
>   *Jakob Treiber*
>   *Georg Franz Sturm*
>   *Anton Bernhard*

Hier wird die Verbindung von Heimatrecht und Fürsorgeanspruch ganz deutlich. Die vorgesetzte Behörde in Heppenheim stellte klar, daß „Staatsdiener, Geistliche, Schullehrer usw. an dem Orte ihrer definitiven Anstellung" Heimatrecht besitzen. Grimm blieb also und mußte von der Gemeinde unterhalten werden. Im April des gleichen Jahres hatten übrigens Philipp und Franz von Wambolt das Gesuch gestellt, in Birkenau als heimatberechtigt zu gelten. Sie hatten vermutlich in Umstadt gelebt. Binnen 5 Tagen erklärte der Gemeinderat, es „steht dem Heimatrecht (der beiden) in Birkenau durchaus nichts entgegen".

Der Aufnahme als Ortsbürger entsprach umgekehrt die Entlassung in ein anderes Land des Deutschen Bundes oder als Auswanderer nach Amerika. Wie im übrigen Deutschland stellten auch in Birkenau die 80er Jahre den Höhepunkt in der Auswanderung nach Amerika dar. 1882 war das absolute Spitzenjahr deutscher Auswanderung nach USA, 251.000 Personen in einem Jahr. 18 Familienväter sind in diesem Jahrzehnt in Birkenau als Auswanderer in die USA registriert, zusammen mit den Familien wissen wir also von ca. 90 Personen. Es sind aber sicher noch weitere gewesen.

Die Auswanderung zusammen mit der zunehmenden Binnenwanderung, die wachsende Mobilität der Menschen, machte die alte Ortsbürgerordnung bald zur Absurdität. Birkenau nahm in den Jahren 1892 bis 1896 349 Personen auf: 1892 5, 1893 120, 1894 125, 1895 68 und 1896 31. Natürlich waren die meisten dieser Gäste Zuwanderer auf Zeit, unter ihnen ca. 200 Italiener, die der Eisenbahnbau beschäftigte. Doch wird deutlich, daß die alte patriarchalisch geschlossene Lebensordnung des Dorfes neuen Formen der Existenzsicherung weichen mußte. Bismarck hatte seit 1883 im Deutschen Reich eine Sozialgesetzgebung eingeleitet, die die arbeitenden Menschen zwang, sich in einer neuen Solidargemeinschaft gegen die Fährnisse des Lebens und des Berufs zu schützen, Kranken-, Invaliditäts- und Altersversicherung. Diese Versicherungen waren völlig anonym. Daran wird deutlich, daß der Ort, das Dorf, seine Funktionen verliert, die einmal Wärme und 'Heimat' bedeutet haben, so grobschlächtig diese 'Heimat' auch gewesen sein mag. Das Dorf hörte auf, schicksalhafte Lebensgemeinschaft zu sein und begann, zu einem Wohnplatz zu werden, den man sich je nach seinen Bedürfnissen aussucht. Was früher das Dorf an berührender Nähe darstellte, wurde nun im Verein gefunden. In Birkenau sind die ersten der Männergesangverein 'Eintracht 1852', und der Turnverein 1886. Den Vereinen ist ein eigenes Kapitel gewidmet.

Um die Zeit zwischen 1850 und 1920 angemessen verstehen zu können, wird man nicht die großen Ereignisse der Weltpolitik außer acht lassen dürfen, Krieg und Politik, und versuchen müssen, soweit als möglich, ihre Rückwirkungen auf das Dorf und seine Bewohner zu erfassen. Kriege gab es drei: 1866, 1870/71 und 1914 bis 1918.

Im Krieg 1866 zwischen Preußen und Österreich stand Hessen-Darmstadt auf österreichischer Seite, obwohl das Land seit 1828 Mitglied im preußischen Zollverein war. Die Einstellung Preußen gegenüber war in Süddeutschland zwiespältig. Es gab viele Vaterlandsfreunde, die eine Gründung des deutschen Reiches durch Preußen willkommen heißen würden. Andererseits hatte Bismarck als preußischer Ministerpräsident seit 1862 massiv gezeigt, daß er Demokratie und Parlamentarismus bekämpfte, so daß ein preußisches Deutschland auch eine Unterwerfung unter das preußische Joch bedeuten würde. Im antipreußischen Sentiment spielte natürlich auch die alte Identität der Hessen, Badenser, Württemberger oder Bayern eine große Rolle. Die militärische Entscheidung zugunsten Preußens fiel in der Schlacht bei Königgrätz am 3. Juli 1866, und die Truppenteile der vier süddeutschen Verbündeten Österreichs manövrierten danach hier im Westen ziemlich planlos weiter. Bei Tauberbischofsheim trafen dann am 24. Juli die nach Süden vordringenden preußischen Truppen auf die hessischen, württembergischen und badischen Kontingente. Im Gefecht an der Tauberbrücke mußten die Süddeutschen die militärische Überlegenheit der Preußen erleben, besser gesagt ersterben. Seit 1841 hatten die Preußen das Zündnadelgewehr eingeführt (den ersten Hinterlader), ihre Gegner benützten noch immer Vorderlader. „Die Preußen konnten in der Minute 5 bis 6 Schüsse abgeben; uns gelang in derselben Zeit, wenn alles gut ging einer", so urteilt ein Augenzeuge. Birkenauer waren in diesem Krieg nicht zu beklagen.

Der preußische Sieg, Bismarcks Sieg, verschob die Gewichte in Deutschland. Alle Gegner Preußens nördlich der Mainlinie wurden in den preußischen Staat inkorporiert, aus dem vergrößerten Preußen und den preußenfreundlichen Staaten wurde als Vorform des gesamtdeutschen Staates der Norddeutsche Bund gebildet. Hessen-Darmstadt blieb erhalten, mußte sich aber mit seinem Landesteil nördlich des Mains, Oberhessen, dem Norddeutschen Bund anschließen. Das ganze Hessen, Oberhessen und die Provinzen Starkenburg und Rheinhessen, wurden Mitglieder in der deutschen Zollunion, dem erneuerten Zollverein. Mit einem Zollparlament und einer Exekutive, dem Bundesrat, war die Zollunion „eine nicht zu unterschätzende Vorstufe der anzustrebenden politischen Einigung."[10]

1867 wurde nach der Entscheidung der Waffen die der Bevölkerung eingeholt, in Wahlen zum Reichstag des Norddeutschen Bundes und zum Zollparlament. Hessen entsandte 9 Abgeordnete zum Zollparlament (Oberhessen außerdem 3 Abgeordnete in den Reichstag). Die Provinz Starkenburg wurde in 3 1/2 Wahlkreise eingeteilt, eine Wahlkreiseinteilung, die erst wieder zur Bundestagswahl 1949 verändert wurde, die also für alle Wahlen zwischen 1867 und 1932 gültig war. Unser Wahlkreis, der Wahlkreis Odenwald, bestand aus den Kreisen Lindenfels (wozu Birkenau gehörte), Neustadt, Bensheim und Erbach. Heppenheim bildete mit Worms einen eigenen Wahlkreis. Die Wahlkreiseinteilung mag heute etwas verwirren, zumal die politische Kreiseinteilung nicht damit übereinstimmte. Seit 1852 war der Kreis Lindenfels wiederhergestellt worden (wie zwischen 1821 und 1832) und bestand als Verwaltungseinheit bis 1874. Als Teil des Wahlkreises Odenwald blieb der Kreis Lindenfels ein Wahlbezirk, auch als 1874 der Kreis Heppenheim gebildet wurde, der auch das Weschnitztal umfaßte. Der frühere Kreis war also jetzt nur noch ein Stimmenzählbezirk.

Südhessische Reichtags-Wahlkreise seit 1867 [11]

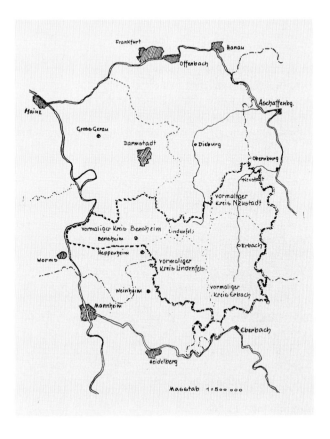

Bei der Wahl 1867 ging es auch um die Frage, wie man zu der sich anbahnenden deutschen Einigung unter preußischer Führung stand. Der Wahlkreis Odenwald wählte mit dem Abgeordneten Fink einen Gegner des Anschlusses an Preußen. Allerdings war die Stimmung im Odenwald fast genau geteilt. Ähnlich war sie auch im benachbarten Baden.

Der Krieg gegen Frankreich ab dem 19. Juli 1870 ließ dann eine nationale Euphorie entstehen, die zu einer breiten Zustimmung zur Kaiserproklamation am 18. 1. 1871 in Versailles und zur Gründung des Deutschen Reiches führte. Was mit Blut erworben war, besaß eine höhere Legitimität als eine Mehrheitsentscheidung. Die 37 Birkenauer auf dem Denkmal an der Emich'schen Brücke dienten in diesem Krieg im 9. Korps der II. Armee, der hessischen Division. Sie standen im Zentrum der Kampfanordnung auf den westlichen Höhen vor Metz, bei dem Orte Vernéville, als am 18. August 1870 der 3. Tag der Schlacht von Mars La Tour und Gravelotte anbrach. Am Abend des Tages lagen 32 000 tote Soldaten auf dem hügeligen Gelände zwischen Mosel und Orne. Von den 20 000 Deutschen waren 1 800 Hessen, unter ihnen mit großer Wahrscheinlichkeit die 18 Birkenauer, deren Namen ein Kreuz trägt. Sie wurden in einem der Massengräber auf dem Schlachtfeld begraben.

Die Zahl der Toten war auf deutscher Seite wesentlich höher als die der Franzosen. War das ein Zeichen der Bereitschaft, dem neuen Vaterland auch mit dem eigenen Leben zu dienen? Der Sieg von 1870 wurde so interpretiert und bildete die Grundlage für die patriotische Hochstimmung überall in Deutschland. 1872 bereits wurde in Birkenau der Kriegerverein Hassia gegründet. Auf dessen Initiative wurde 1896 das Kriegerdenkmal für die Toten des 70/71er Krieges mit dem Reichsadler errichtet, „den kommenden Geschlechtern zur Mahnung, in Nöthen des Vaterlandes es ihnen gleich zu thun," wie es am 22. Juni im Anzeigenblatt hieß.

Kriegerdenkmal von 1896

Die politische Stimmung der Jahre 1871 und 1914 läßt sich aus den Reichstagswahlen dieser Zeit ablesen. Alle Männer ab dem 25. Lebensjahr hatten aktives und passives Wahlrecht im Deutschen Reich. Bis 1919 galt das Mehrheitswahlrecht. Das Mehrheitswahlrecht begünstigt die Profilierung der Einzelpersönlichkeit im politischen Wettkampf. Andererseits waren in Deutschland im Zuge der grundsätzlichen Auseinandersetzung um die Reichsgründung die politischen Parteien entstanden, so daß die Wahlkämpfe der Kaiserzeit immer auch als scharfe ideologische Kontroverse geführt wurden.

Die großen Konflikte der Zeit begannen mit dem Kulturkampf, der um die Stellung und den Einfluß der katholischen Kirche im Staat geführt wurde. Die ideologischen Lager waren die Nationalliberalen einerseits, die Bismarck und den Anspruch des Staates unterstützten, und das Zentrum andererseits, das sich für den christlichen Einfluß der Kirche auf Schule und Gesellschaft aussprach. Wie verletzend man miteinander umging, mag folgendes Gedicht aus nationalliberaler Feder verdeutlichen, das im Wahlkampf 1874 im Odenwald verbreitet wurde.[12]

> *Wem gilt unser Krieg? O, ihr wißt es gut,*
> *er gilt jener pfäffisch verlogenen Brut,*
> *die von Rom ihre Losung bekommen.*
> *Er gilt nicht der Kirche und nicht dem Altar,*
> *er gilt jener heuchlerisch frömmelnden Schar,*
> *doch nimmer dem Glauben der Frommen.*

Der politische Kampf war noch neu, die Spielregeln noch grob. Die konfessionellen Mehrheitsverhältnisse im Wahlkreis, etwa 3 zu 1 zugunsten der Evangelischen, gaben wohl den Ausschlag zugunsten des nationalliberalen Kandidaten Martin. Geometer Georg Martin aus Darmstadt vertrat den Wahlkreis 10 Jahre lang in Berlin. Überhaupt waren die Nationalliberalen hier beständig erfolgreich. Von den 13 Wahlen der Kaiserzeit gewannen sie 11. Nach Martin war lange Jahre der Gutsbesitzer Ferdinand Scipio aus Mannheim der nationalliberale Abgeordnete des Odenwaldes. Er hatte übrigens von 1845 bis 1852 das Bender'sche Institut in Weinheim (heute Heisenberg-Gymnasium) besucht und studierte dann in Paris und Heidelberg.

Der Wahlkreis Odenwald, die nationalliberale Hochburg, ging zweimal an andere Parteien verloren. 1893 erreichte der Vertreter der Antisemiten, Otto Hirschel, eine Mehrheit. In einem Heimatbuch des Odenwaldes um 1900 heißt es: „Seit reichlich einem Jahrzehnt gewinnt der Antisemitismus stark an Einfluß und Ausbreitung."[13] Die Juden wurden des Wuchers beschuldigt. In der Tat waren die Juden vor der Gründung der Sparkassen und Genossenschaftsbanken die einzigen Geldinstitute. Als Händler erreichten sie eine gewisse Akkumulation von Kapital. Noch war die betriebswirtschaftliche Einsicht nicht genügend vorhanden, daß Kredite Geld kosten. Juden, die ihren Jahreszins einforderten, rückte man in die Nähe von Gaunern. Besonders die bäuerliche Bevölkerung des Odenwaldes war antisemitischen Parolen zugänglich.

1912 fiel der Wahlkreis an einen Sozialdemokraten, Ludwig Hasenzahl, Elfenbeinschnitzer aus Erbach. Schon 1890 hatten Sozialdemokraten erste Erfolge in Hessen gehabt, sie hatten die Wahlkreise Mainz-Oppenheim und Offenbach-Dieburg gewonnen. In Birkenau gab es ab 1898 eine sozialdemokratische Mehrheit. Mit Hasenzahl (Jahrgang 1876) wurde 1912 ein Odenwälder gewählt, der, aus kleinen Verhältnissen stammend, ähnlich wie Friedrich Ebert, sich in einem Handwerk nach oben arbeitete und früh politisch aktiv wurde. Die Einstellung der Sozialdemokraten gegenüber Staat und Gesellschaft besaß noch einen kräftigen revolutionären Anstrich, in seinem Wahlaufruf trat der Kandidat Hasenzahl ein „für die endgültige Befreiung des arbeitenden Volkes von junkerlichem Druck und kapitalistischer Ausbeutung." Er war dann Reichstagsabgeordneter, als der 1. Weltkrieg ausbrach.

Zusammen mit der großen Mehrheit seiner sozialdemokratischen Kollegen bewilligte er am 4. August 1914 die von der kaiserlichen Regierung geforderten Kriegskredite. „Wir lassen in der Stunde der Gefahr das eigene Vaterland nicht im Stich", erklärte der Fraktionsprecher Haase, auch wenn die Sozialdemokraten sich in der Kaiserzeit immer wieder als „Vaterlandslose Gesellen" bezeichnet fanden.

Über den 1. Weltkrieg haben wir zwei zeitgenössische Nachrichten in Birkenau. Die eine stammt von Bürgermeister Jakob, der am 28. April 1928 eine Dokumentation schrieb, diese in zwei Flaschen versiegelte und im Grundstein des Kriegerdenkmals für die Gefallenen einmauern ließ. Das Kriegerdenkmal im Schloßpark (gegenüber dem Schloß) wurde am 18. Juni 1922 enthüllt und seiner Bestimmung als Mahnmal übergeben. 1966 wurde das Denkmal an dieser Stelle abgebrochen. Die Namen der Toten waren schon 1963 auf die neue Denkmalsanlage an der Hornbacherstraße übertragen worden. Die andere Nachricht stammt von einem Kriegsteilnehmer, Franz Sachs, Ehemann der Birkenauer Hebamme Sachs, der seine Kriegserlebnisse als Soldat kurz nach Kriegsende aufschrieb.

Wenn wir uns heute bemühen, diese Erinnerungen wiederzugeben, dann geschieht dies nicht mehr mit der naiven Selbstverständlichkeit, wie sie in dem oben erwähnten Zeitungsbericht von 1896 zum Ausdruck kommt: „die Namen von 27 Theilnehmern (tatsächlich 37) aus der Gemeinde sind darauf eingemeißelt, den kommenden Geschlechtern zur Mahnung, in Nöthen des Vaterlandes es ihnen gleich zu thun". Wir sind uns nicht mehr sicher, ob uns das Gemeinwesen, in dem wir leben, den Einsatz unseres Lebens abverlangen darf. Wir sind uns nicht mehr sicher, ob wir dem Vaterland glauben können, wenn es denn sagen sollte, es sei in Nöten. Zu dieser Desillusionierung haben die beiden großen Kriege unseres Jahrhunderts geführt.

Bürgermeister Jakob erhielt am Samstag, den 1. August 1914, um 17.30 Uhr ein Telegramm ins Haus, das ihn aufforderte, die Mobilmachung sofort für den kommenden Tag, den Sonntag, ausrufen zu lassen. Mit Trommelwirbel, statt der üblichen Glocke, zog der Gemeindediener durch die Gassen des Dorfes. Die Mobilmachung bedeutete, daß die Reservisten sofort zu ihren Kommandostellen fahren mußten, Worms, Darmstadt oder Mainz. Die älteren Reservejahrgänge und der junge nachwachsende Jahrgang (wie Franz Sachs) wurden 1915 einberufen, „so daß sich zuletzt männliche Personen zwischen dem 18. und 49. Jahre nur noch wenige zu Haus befanden. ...Alle anderen befanden sich im Feld, teils in Frankreich, Belgien, Rußland, Serbien, Rumänien, Griechenland, Italien usw."[13]

Franz Sachs hat ab dem 11. Oktober 1915 bis zum Tag des Waffenstillstandes am 11. November 1918 den Krieg erlebt, erlitten und überlebt. Kurze fünf Monate lang bildete man den Infanteristen in Worms aus, der danach sicher ähnlich wie sein Alterskamerad Carl Zuckmayer mit großem Idealismus den Weg an die Front antrat, im Glauben, „das alles, was die Führung gegen den Kriegsfeind unternehme, ein Akt der Notwehr sei. ...Alle kämpften sie für den Schutz der Heimat."[14] Die Wirklichkeit dieses Krieges lernte Sachs ab Anfang April 1916 kennen, im vordersten Graben, vom Feind nicht viel mehr als einen Handgranatenwurf entfernt, in der Nähe des Dörfchens Cernay, östlich von Reims, einen Krieg, der im zähen Kalkschlamm der Champagne ausgetragen wurde, in schmierigen Gräben, feuchten Unterständen und Granatlöchern voll Wasser. „So geschah es vom 16. bis 19. April

Eine Formation der Landwehr. Noch ist der Ernst des Krieges nicht gegenwärtig

1916, daß die Franzosen wieder Trommelfeuer auf unseren 1. und 2. Graben legten. Am ersten Tag hatten wir schwere Verluste." Nach dreitägigem Trommelfeuer auf die deutschen Gräben sprangen die Franzosen aus ihren Stellungen auf und liefen durch das MG-Feuer der Deutschen, durch die explodierenden Handgranaten, durch den Stacheldraht auf den deutschen Graben zu, um ihn im Nahkampf zu nehmen. Das war ein 'normaler' Angriff. „Bei diesem Angriff trafen wir noch einige Franzosen in unserem Graben. Mein Truppenführer stach zwei mit dem aufgepflanzten Seitengewehr zusammen. Einen nahm ich noch gefangen, es war ein Korporal. Dieser war stechkanonenvoll betrunken und war noch im Besitz von 2 Feldflaschen voll Wein."

Der Alkohol spielte immer wieder eine große Rolle, auf beiden Seiten. Zuckmayer berichtet: „Es war schlesische Infanterie... Sie hatten auf dem Anmarsch, gegen die Nachtkälte und die Ruhr, die überall hauste, Schnaps gefaßt, und auf nüchternen Magen getrunken. ... Da erscholl ein Kommando, und sie begannen zu rennen, auf die Feinde zu. Manche heiser vor sich hinschreiend, andere mit zusammengebissenen Zähnen, ein paar mit dem Bajonet fuchtelnd und johlend, vor Angst und Alkohol. ... Von drüben begann, erst zögernd und wie erstaunt, dann in immer heftigerem Unisono, das Bellen der Maschinengewehre."[15]

Von der Champagne wurde Sachs nach Verdun verlegt, dort überlebte er eine weitere 'normale' Todesart dieses Krieges. „In meiner Nähe erblickte ich einen Stollen, an dessen Eingang ich 5 Mann sitzen sah. Ich fragte sie nach der 12. Kompanie 87[16], bekam aber keine Antwort. Hierauf nahm ich einen Erdschollen und warf diesen einem Infanteristen ins Gesicht, aber nichts rührte sich. Nun ging ich auf sie zu, packte einen an der Schulter und merkte jetzt erst, daß alle 5 tot waren, allem Anschein nach waren sie an Gasvergiftung gestorben. Als wir nun in die Nähe des

Laufgrabens kamen, lagen da viele Tote. Man durfte noch so vorsichtig sein, man konnte es nicht vermeiden, auf die toten Kameraden zu treten." Im gleichen Atemzug erzählt Sachs, welches Risiko er an einem der nächsten Tage auf sich nahm und 7 Kilometer durch Sperrfeuer hin und zurücklief, um eine Korbflasche Schnaps für sich und seine Kameraden zu holen.

Nach Verdun folgte Nancy, dann zurück in die Champagne, an den Chemin des Dames, wo heute die grauen Kreuze der Deutschen und die gelben Kreuze der Franzosen so geordnet und gepflegt auf der Höhe stehen, über ein weites Land schauen, mit grünen und hellbraunen Feldern, Wegrainen und kleinen Wäldern (in denen man immer noch die Gräben findet) und einem strahlenden Himmel. „Einige Minuten später hieß es 'Sprung auf, marsch, marsch!' Und die Höhe wurde gestürmt. Als wir im Besitz der Höhe waren, merkte ich, daß mein Strumpf am rechten Fuß ganz naß war. Ich zog meinen Stiefel aus und stellte fest, daß es Blut war." Nach dem Chemin des Dames folgte die Somme, im Frühjahr 1918, ein Graben in der Nähe von Bapaume in Belgien, wo er den anderen Hessen, Zuckmayer, hätte treffen können, dann Bouillon in den Ardennen, Artillerie, Handgranaten, Splitter, Gas, Leuchtkugeln, Sperrfeuer, Gräben, Drahtverhau, Minenwerfer, Laufgräben, Volltreffer, Tote, Tote, Tote, das Eiserne Kreuz I. Klasse. Wenige Tage nach dem Waffenstillstand war Sachs zurück in Birkenau.

Haben diese Erinnerungen etwas in einem Heimatbuch zu suchen? Sie stehen für die Erfahrungen der Birkenauer Männer „zwischen dem 18. und 49. Jahre", von denen 92 aus diesem Krieg nicht nach Birkenau zurückkehrten.

„Die Heimat hatte sehr unter dem Krieg zu leiden. Die Unterstützung, welche von staatswegen an die Familien der zum Kriegsdienst eingezogenen Mannschaften zu zahlen war, war nicht hinlänglich. ...Die Nahrungsmittel wurden mit der Zeit infolge der englischen Blockade sehr knapp. ...Die Landwirtschaft mußte von Frauen, alten Leuten und Kindern betrieben werden. Trotzdem wurden Brot und Kartoffeln immer knapper." [17]

Der Krieg, der so schreckliche Opfer gefordert hatte, endete mit der Niederlage, dem Sturz der Monarchien, der Revolution in Deutschland und dem Aufflammen des Bürgerkrieges. Wenn auch der Schrecken des Todes nicht mehr über dem Leben stand, es dauerte noch Jahre, bis das Leben wieder normal wurde. In Berlin zog Wilhelm II. die unvermeidliche Konsequenz aus Niederlage und zerstörtem Größenwahn und verzichtete auf seinen Thron. In Darmstadt blieb für den beliebten Ernst Ludwig auch keine andere Wahl, in Birkenau stellten sich Bgm. Jakob und sein Gemeinderat den Problemen des Winters 1918/19.

Die Ernährung der Bevölkerung blieb die Hauptsorge. Die im Krieg eingeführte Zwangswirtschaft blieb bestehen, mit Ablieferungsverpflichtungen für die Erzeuger, mit festgesetzten Preisen und Lebensmittelkarten. Die Truppen des Westheeres, die per Eisenbahn und zu Fuß in ihre Heimat zurückkehrten, verschärften die Versorgungslage.

Die staatliche Ordnung befand sich in einem ungeklärten Zustand. Die politische Verantwortung in der neuen Republik wurde von den Sozialdemokraten im Rat der Volksbeauftragten wahrgenommen, die der obersten Heeresleitung unter Hindenburg jedoch ihre Befehlsgewalt ließen. In den Truppenteilen und in den Kasernen hatten örtliche Arbeiter- und Soldatenräte die Befehlsgewalt übernommen, so daß revolutionäre und bisherige militärische Autorität in Konflikte gerieten. In dieser Situation entschied die Bürgermeisterversammlung des Kreises Heppenheim am 20. November, in den Gemeinden Sicherheitswachen zu bilden. Der Gemeinderat Birkenau beschloß am 22. November, eine Schutzwache aus 6 Mann einzurichten, die von abends 10 Uhr bis morgens 6 Uhr zu patrouillieren hatte. Für den Wachdienst gab es eine Vergütung von 7 Mk pro Nacht. Die Wache bestand bis zum 25. Dezember 1918. Wenn man die in diesen Tagen wiederholten Androhungen im Kreisblatt Heppenheim liest, daß Verkauf von Heeresgut, vor allem Kraftwagen und Pferde nur von autorisierten Stellen erfolgen dürfe, daß den zurückflutenden Soldaten Unterkunft zu gewähren sei, daß die Kriegsgefangenen (die in der Landwirtschaft Dienst taten) nicht einfach auf die Straße zu setzen seien, spürt man die Gefährdung der öffentlichen Sicherheit.

Die zurückkehrenden Soldaten mußten natürlich auch wieder in den Wirtschaftsprozeß eingegliedert werden. Die Kreisbehörde in Heppenheim appellierte an die früheren Arbeitgeber, die Kriegsheimkehrer wieder einzustellen, sie auch mit Reparaturen zu beschäftigen, wenn sonst keine Arbeit vorhanden wäre. Die provisorische Regierung in Berlin verordnete bereits am 13. 11. 1918 die Einrichtung einer Erwerbslosenfürsorge. Mit der Durchführung wurden die Gemeinden beauftragt. Sie sollten den Kreis der bedürftigen Personen feststellen und − an den ortsüblichen Löhnen orientiert − die Unterstützungsbeträge festlegen. Das Reich übernahm 6/12 der Kosten, das Bundesland 4/12, und 2/12 sollte die Gemeinde tragen.

Am 10. Januar 1919 stand dieses Problem auf der Tagesordnung der Gemeinderatssitzung in Birkenau. Wie es die Verordnung vorsah, bildete man einen örtlichen Fürsorgeausschuß aus zwei Arbeitgebern (Fr. Grösche, Kammfabrikant und Max Kellner, Landwirt) sowie zwei Vertretern der Arbeiter (Georg Gerbig, Fabrik-Arbeiter und Johann Strauß, Farmer (!)). Man legte folgende Unterstützung für jeden arbeitslosen Wochentag fest:

        über 21 Jahren ml./wbl.:   4,30 Mk / 3,20 Mk
        über 16 Jahren ml./wbl.:   4,00 Mk / 2,80 Mk
        über 14 Jahren ml./wbl.:   2,50 Mk / 1,80 Mk.

Damit erreichte die monatliche Unterstützung für einen Familienvater etwa 100 RM, womit man nicht leben und nicht sterben konnte. Nach den festgesetzten Preisen zahlte man pro Pfund:

        für Teigwaren   90 Pfg
        für Zwieback   1,60 Mk
        für Mehl   62 Pfg
        für Speck   4,00 Mk

Selbst diese armselige soziale Absicherung konnte sich das Deutsche Reich nicht leisten. Der Reichshaushalt wurde durch die Erwerbslosenfürsorge nur mit 0,5 % seiner Gesamtausgaben belastet, aber Witwenrenten, Reparationen und mangelnde Steuereinnahmen, dazu die Staatsanleihen während des Krieges brachten das Reich bald in hohe Schulden. Der Ausweg aus den Staatsschulden war der Staatsbankrott des Jahres 1923, die Staatsgläubiger, die Bürger, zahlten die Schuld mit ihren Ersparnissen.

Mehr als alles andere hat der Krieg das Bewußtsein der Menschen verändert, hat den Blick von den örtlichen Verhältnissen gelöst und die Erfahrung vervielfältigt, wie stark das eigene Leben abhängig war von Geschehnissen und Veränderungen, die allen Deutschen gemeinsam waren. Insgesamt darf man wohl die Erweiterung des eigenen Erfahrungsbereiches als ein wesentliches Merkmal für die 70 Jahre Geschichte der Gemeinde von 1870 bis 1920 bezeichnen. Von den örtlichen Verhältnissen hatte man sich auch sonst vielfältig gelöst. Der Radius der Erwerbsmöglichkeiten war erheblich über den Rahmen des Dorfes hinausgewachsen, die sozialen Sicherungen beruhten inzwischen auf nationalen Einrichtungen, die politischen Parteien hatten das Bewußtsein für die Gleichartigkeit der Lebensverhältnisse geschärft, die Mobilität der Menschen war wesentlich größer geworden. Äußerlich war der Ort weitgehend der gleiche wie 1870, die Menschen, die in ihm wohnten, hatten sich verändert.

Werner Helmke

Inflation und 2. Weltkrieg

Birkenau von 1918–1948

Das Jahr 1918 war gekennzeichnet durch einen erheblichen Mangel an Brennstoffen. Angesichts dieser Notsituation beschloß die Gemeinde am 22. 2. 1918: „Die hiesigen selbständigen Familien sollen ohne Rücksicht auf Einkommen zum Taxpreis erhalten: 1 Raummeter Scheit- und 1 Raummeter Knüppelholz, soweit dieses ausreicht. Reicht das Scheit- und Knüppelholz nicht aus, so kann statt 1 Raummeter Holz 50 buchene Wellen genommen werden. Die Bäcker Eberle, Hirsch, Jäger und Bauer erhalten 8 Raummeter Kiefernholz, um die Versorgung der Bevölkerung mit Brot sicherzustellen." Die zahlreichen Einberufungen hatten dazu geführt, daß nicht genügend Männer zum Fällen der Bäume vorhanden waren. Um vor dem nächsten Winter diesem Mangel einigermaßen abzuhelfen, wurde folgender Beschluß gefaßt: „Ein Kommando von 20 Kriegsgefangenen ist hierfür vorzusehen." Daß dieses Vorhaben auch tatsächlich realisiert wurde, beweisen Ausgaben für einen 60%igen Kostenanteil der Gemeinde an Unterkunft und für Verpflegung. Auch für das Lagerstroh, die Versorgung durch die Gefangenenküche und für Gefangenenwäsche wurden Ausgaben getätigt.

Die Gemeinde Birkenau mußte 1918 die 8. und 9. Kriegsanleihe zeichnen, letztere mit einem Betrag von 10.000,— Mark. Diese kriegsbedingten Ausgaben hatten eine allgemeine Teuerung zur Folge, ständig wurden Teuerungszulagen für Gemeindebedienstete, für Feuervisitatoren, Forstwarte usw. gewährt. Am 18. Oktober hatte der Gemeinderat als Weihnachtsgabe für die Truppen einen Betrag von 300,— Mark für 50 Mann bewilligt. Doch dazu sollte es nicht mehr kommen. Bereits am 20. Oktober hatte die Hochseeflotte den Befehl, zum Kampf auszulaufen, verweigert und damit revoltiert. Ende Oktober brach das Habsburgerreich auseinander: Am 28. Oktober wurde die „Tschechoslowakei", am 29. Oktober „Jugoslawien", am 30. Oktober Deutschösterreich, am 1. November Ungarn selbständig. Am 10. November ging Kaiser Wilhelm der II. ins Exil nach Holland. Einen Tag später wurde ein Waffenstillstand zwischen Deutschland und der Entente geschlossen.

Ob dieser unruhigen Zeitläufe wurde vom 24. November bis 24. Dezember auch in Birkenau eine sogenannte Sicherheitswache, bestehend aus 16 Mann, gebildet. Vom Kreis wurden hierzu Gewehre zur Verfügung gestellt. Untergebracht war die Sicherheitswache in der Schule. Nachts waren sechs Mann zwischen 22.00 Uhr und morgens 6.00 Uhr als Patrouillen unterwegs, tagsüber drei Mann. Das Kommando hatte der Bürgermeister. Der einzige bekannte Erfolg war die Entdeckung von zwei Dieben am 19. Dezember, einem gelang die Flucht, der andere, ein Mannheimer, konnte dingfest gemacht werden. Am frühen Morgen um 4.30 Uhr wurden beide mit einem Handkarren erwischt. Aus Reisen hatten die Langfinger 2 Ziegen, 8 Gänse, 7 Hühner und ein Kaninchen im ausgeschlachteten Zustand abtransportiert. Eine Tat, bei der der herrschende Mangel an Lebensmittel sicherlich Pate gestanden hatte. Bereits im Oktober hatte die Gendarmerie einen Dieb, der nächtlicherweise Äpfel, Nüsse und Korn gestohlen hatte, gestellt.

Anfang Januar 1919 wurde ein örtlicher Fürsorgeausschuß unter Vorsitz von Bürgermeister Jakob gebildet. Als Vertreter der Arbeitgeber fungierte der Kammfabrikant Grösche und Landwirt Max Kellner, als Vertreter der Arbeitnehmer waren Georg Gerbig und Johann Strauß berufen worden. Erwerbslosenfürsorge sollte allen Personen gewährt werden, die über 14 Jahre alt und nicht in der Lage waren, für sich und ihre Angehörigen den lebensnotwendigen Unterhalt zu bestreiten. Ins einzeln gehende Grundsätze wurden bezüglich des Wohnsitzes, der Dauer der Arbeitslosigkeit und in Bezug auf Kriegsteilnahme gefaßt. Die Erwerbslosenunterstützung betrug je arbeitslosen Wochentag:

Personen über 21 Jahre, männlich	4,30 Mark
Personen über 21 Jahre, weiblich	3,20 Mark
Personen über 16 Jahre, männlich	4,00 Mark
Personen über 16 Jahre, weiblich	2,80 Mark
Personen unter 16 Jahre, männlich	2,50 Mark
Personen unter 16 Jahre, weiblich	1,80 Mark

Ein anderes Problem, das der Einwohnerschaft unter den Nägeln brannte, war die Wohnungsnot. So sollte der dritte Stock des Armenhauses ausgebaut werden. Im Mai 1919 war die Wirtschaft „Zum Birkenauertal" noch an die Weinheimer Bürgerbrauerei verpachtet gewesen. Wegen der Wohnungsnot war der Pachtvertrag gekündigt worden. Der Eigentümer, die Familie Wambolt, stellte das Gebäude der Gemeinde unentgeltlich zur Einrichtung von 5 bis 7 Kleinstwohnungen zur Verfügung. Die Kosten des erforderlichen Umbaues trug die Gemeinde. Gleichzeitig wurde ein Zuzugsverbot „von Auswärts" ausgesprochen, demnach konnte fremden Familien der Zuzug nur in dringenden Fällen gestattet werden. Die Geldentwertung machte es auch 1919 notwendig, die Löhne und Gehälter zu erhöhen. Der Birkenauer Stromlieferant, Heinrich Müller aus Reisen, verlangte im Mai eine 30%ige Erhöhung des Lichtstrompreises je Kilowattstunde auf 60 Pfennige, für Kraftstrom auf 30 Pfennige und eine Erhöhung der Zählermiete. Dieses Ersuchen lehnte der Gemeinderat ab, da „das Elektrizitätswerk mit Wasserkraft betrieben würde und die nach § 1 der Verordnung vom 1. Februar 1919 verlangten erheblichen Mehrkosten nicht erwachsen und vor kurzem eine nur 10%ige Erhöhung verlangt wurde". Trotzdem wurde auf einen neuen Antrag im Juli der Strompreis je Kilowattstunde auf 65 Pfennige für das Licht und 30 Pfennige für Kraftstrom „für die Dauer der Teuerung" angehoben. Ende Mai wurde bestimmt, daß zur Birkenauer Pflichtfeuerwehr die Jahrgänge 1887 – 98 bestellt wurden, ausgenommen waren hiervon die Kriegsbeschädigten.

Am 29. Juni 1919 fand direkt durch die Wahlberechtigten die Bürgermeisterwahl statt. Einziger Kandidat war Adam Jakob, auf ihn entfielen 885 Stimmen. Um 10.00 Uhr abends fand unter Trommelschlag ein Umzug der Birkenauer statt, der vor der

Wohnung des gewählten Bürgermeisters endete. Ein Mitglied der Wahlkommission, Georg Schmidt, hielt eine Rede, und Gärtner Sachs überreichte ein Rosenkörbchen. Im „Deutschen Kaiser" wurde anschließend zünftig gefeiert, dabei wurden auch „humoristische Wahlzettel" verlesen. Am 4. Juli wurde der neue Gemeinderat verpflichtet und eingeführt. Aber selbst in so angespannten Zeiten fanden in Birkenau kulturelle Veranstaltungen statt. In der Wirtschaft des Franz Brantel gab das Schauspiel „Hessentreue" ein Stück „Die Mühle im Edelgrund" oder „Das Buschliesel". Für die Jugend hatte es bereits am Nachmittag das Stück „Die Heulemänner vom Unterberg" oder „Das gute Liesel und die bitterböse Grete" gegeben.

Bei der evangelischen Pfarrgemeinde gingen die Wellen hoch. Pfarrer Kraft aus Bischofsheim sollte, nachdem er die Pfarrstelle zwei Jahre zur Zufriedenheit verwaltet hatte, versetzt werden. Er hatte einen Jünglings- und Jungfrauenverein sowie einen Kirchenchor gegründet. Die Ankündigung, daß dem Pfarrer Arthur Müller die ev. Pfarrstelle übertragen werden sollte, stieß auf Widerspruch. Schreinermeister Jakob lud zu einer Protestveranstaltung „gegen die gewaltsame Versetzung des Herrn Kraft" ein. „Von Verleumdungen und Wühlarbeit" war die Rede, die Schlüssel zum Pfarrhaus und zur Kirche wären gut verwahrt und ungebetene Gäste erhielten keinen Zutritt. So wurden auch noch einige „vermeintliche Drahtzieher" genannt und 335 Unterschriften gegen die Versetzung des Pfarrers gesammelt. Nachfolger wurde jedoch, wie vorgesehen, Arthur Müller. Der umworbene Pfarrer Kraft war offenbar schwer krank gewesen, nach einem Erholungsurlaub verstarb er noch im August 1919.

Noch im Mai war für die Kriegsgefangenen eine Haussammlung durchgeführt worden, die 425 Mark erbrachte. Im September beschloß der Gemeinderat, jedem heimkehrenden Kriegsgefangenen eine Beihilfe von 50 Mark zu gewähren.

Zur Bekämpfung der Wohnungsnot sollten am Falltorweg zwei zweistöckige Doppelhäuser auf einem gemeindeeigenen Grundstück gebaut werden. Die Häuser sollten eine Grundfläche von 9 x 17 Meter haben. Jedes Haus sollte ein kleines Nebengebäude erhalten für jeweils vier Ziegen und drei Schweine sowie eine Holzremise und einen Abort. Dieses Vorhaben wurde jedoch zurückgestellt.

Die Geldentwertung schritt mit immer größeren Schritten voran. Selbst den Schullehrern wurde eine Erhöhung der Nutzungsentschädigung für den Gebrauch der im Privatbesitz befindlichen Geigen von 20 Mark zugestanden.

Mitte Januar 1920 waren die Birkenauer Waldungen von einem Sturm arg mitgenommen worden. Für viele Familien, denen es an Brennmaterial mangelte, bedeutete das Leseholz eine notwendige zusätzliche Holzgabe. Am 29. Januar fand eine Versammlung der deutschen demokratischen Partei statt, für die sich auch Bürgermeister Jakob stark machte. Im Februar wurden sog. Schleichhändler, sprich Menschen, die sich durch Diebereien Lebensmittel beschafften, von der Gendarmerie gestellt. Im März zog eine Grippeepedemie durch das Land und forderte auch in Birkenau 160 Opfer. Für die ev. Kirchengemeinde kündigten sich große Dinge an, der Kirchbau jährte sich zum 100. Male. Anläßlich dieses Jubeltages sollte dem kriegsbedingten Verlust der Kirchenglocken Abhilfe geschaffen werden. Eine Haussammlung fleißiger Helfer hatte 17.000 Mark erbracht. Am 13. Juni wurden vormittags zwei Festgottesdienste abgehalten. Der Tag wurde nachmittags um 5.00 Uhr durch ein Kirchenkonzert unter Mitwirkung einer Wormser Sängerin, eines Heidelberger Künstlerquartetts und des Kirchengesangvereins beschlossen. Die neuen Kirchenglocken wurden am 30. November 1920 in Frankenthal abgeholt. Ab der Fuchs'schen Mühle wurde der Transport der Glocken von der Schuljugend mit Fahnen zur Kirche begleitet. Das erste Mal läuteten die Glocken am darauffolgenden Sonntag.

Am 24. April blieb eine Dampflokomotive in Höhe der Kammfabrik Grösche (heute Fa. Frank) stehen, weil sie nicht ausreichend unter Dampf stand. Vielleicht handelte es sich sogar um einen der Sonderzüge, der die Teilnehmer anläßlich der Birkenauer Dirigenten- und Sängertage am 25. April nach Birkenau brachte.

Am 2. Mai hatte die Birkenauer Ortsgruppe des Reichsbundes für Kriegsbeschädigte, Kriegsteilnehmer und Kriegshinterbliebene ihr Stiftungsfest im Schulhof abgehalten. Ende Mai 1920 kehrte Jakob Jochim nach 5jähriger Kriegsgefangenschaft als letzter Kriegsteilnehmer in seine Heimat zurück.

Die Gemeindeverwaltung erhielt im Juni endlich einen Telefonanschluß. Im gleichen Monat war eine TBC-Beratungstelle, die Dr. Stöhr leitete, eingerichtet worden.

Der Wohnungsmarkt unterlag der Zwangsbewirtschaftung und war durch zahlreiche Verordnungen reglementiert und dementsprechend desolat. Monatlich wurde wegen der Inflation die sog. Friedensmiete festgelegt. Eine gute Zustandsbeschreibung aus dieser Zeit lautet auszugsweise: „In hiesiger Gemeinde (Birkenau) ist die Wohnungsnot zur wirklichen Kalamität geworden und betrifft Vermieter wie Mieter gleich hart. Trotzdem die Gemeinde schon einige Wohnungen mit erheblichen Geldaufwendungen herrichten ließ, reichen diese bei weitem nicht aus, um die Bedürfnisse auch nur einigermaßen zu befriedigen. Auch wirkt sich die Wohnungsnot hemmend und lähmend auf den Immobilienverkehr, denn in den meisten Fällen wird es dem Käufer ungemein schwer gemacht, sein teuer erworbenes Eigentum selbst bewohnen zu dürfen. Es ist wohl nicht zu bestreiten, daß noch mancher Hausbesitzer in der Lage wäre, eine kleine Wohnung abzugeben, wenn ihn der Mietpreis hierzu anreizen oder entschädigen würde, denn der Aufschlag von 20 - 25 Prozent hat sich längst überholt. Bei alten Häusern mag ja der Aufschlag annähernd genügen, was natürlich bei Neubauten oder bei einem Kauf vollständig ausgeschlossen ist." Die Gemeinde bemühte sich, Bauherren tatkräftig zu unterstützen und sagte unentgeltlich Lieferungen von Baumaterialien wie Holz, Steinen und Sand zu. Fuhrwerksbesitzer sollten ebenfalls möglichst konstenneutral die Baustoffe herankarren. Zur Herstellung von Feldbrandbacksteinen wurde eine gemeindliche Ziegelei (später Ziegelei Mölter) eingerichtet, die die Abgabe der Backsteine zum Selbstkostenpreis an Bauwillige ermöglichte.

Im August 1920 wurde eine Kommission zur Preisüberwachung und des Preisabbaues ins Leben gerufen. Ihr gehörten aus dem Kreis der Verbraucher Michael Bauer, Johannes Klein und Nikolaus Brehm an, für die Landwirte wurde Peter Scheuermann II. bestimmt. Gleichzeitig hieß es: „Da zur Zeit die Erzeugung von Nahrungsmitteln wichtiger ist als die Neuanpflanzung von Wald, ist die sog. Reitingerhecke auf 3 Jahre zum Feldbau zu gebrauchen." Im September gab die Gemeinde Bohnen und Erbsen, das Pfund zu 2,20 Mark ab. Für den Zentner Eichenschälrinde, die zur Lederherstellung benötigt wurde, bezahlte M. Sauer aus Unter-Schönmatten-

Birkenauer Hauptstraße von 1920

wag 65 Mark. Fast hätte im Jahr 1920 eine jahrhundertelange Tradition ihr Ende gefunden. Der Antrag, das Ausschellen von Bekanntmachungen einzustellen, wurde abgelehnt. Dafür sollten Bekanntmachungen zusätzlich in einem Aushangkasten veröffentlicht werden. Die gemeindliche Ziegelei wurde im November an Leonhard Ehrenfried verpachtet. Kurz zuvor hatte die Gemeinde den Beschluß gefaßt, Baugelände am Tannenbuckel zu 20 Pfennige pro Quadratmeter abzugeben.

Anfang 1921 lehnte der Gemeinderat dem Stromlieferanten Heinrich Müller ein Ersuchen auf Erhöhung des Strompreises ab, er solle „vorher dafür sorgen, daß das Licht besser wird, dann soll dem Antrag des Müller auf Erhöhung des Strompreises nähergetreten werden". Es muß dann recht schnell eine Besserung der Beleuchtung eingetreten sein, da 14 Tage später einer Erhöhung für Lichtstrom auf 2 Mark und für Kraftstrom auf 1 Mark per Kilowattstunde zugestimmt wurde. Der Milchpreis wurde im März auf 2,30 Mark je Liter festgesetzt. Ebenfalls im März sah die Gemeinde keine Veranlassung, die Kochmehlausgabe zu steuern, es sollte gefälligst gemäß der Zuckerkundenliste verfahren werden.
Im April herrschte in Birkenau ein akuter Wassermangel, so daß das Schulbad geschlossen werden mußte. Die allgemeine Notsituation führte zu vermehrten Einbruchdiebstählen. Am 21. April wurde gemeldet, daß das Warenlager des Emanuel Löb um Waren im Wert von 6000 Mark erleichtert worden war.
Im Mai stellte der sozialdemokratische Verein den Antrag auf Umwandlung der Konfessionsschule in eine Simultanschule. Diesem Antrag wurde nicht entsprochen. Zu dieser Zeit war auch die Rede von der Einrichtung einer Apotheke in Birkenau, die Gemeinde sah sich aber nicht in der Lage, einen Zuschuß zu erbringen.

Im Juni wurde der Antrag von Barbara Huber, die das Ansinnen des Zuzuges ihres frischgebackenen Ehemannes nach Birkenau geäußert hatte, abgelehnt, „da männliche Personen von auswärts nicht hierher übersiedeln dürfen, da dadurch die Wohnungsnot immer noch größer wird". Zwischenzeitlich war die Gemeinde dazu übergegangen, Wohnungen zu beschlagnahmen, so die Wohnung des Jakob Tritsch für die Familie Philipp Klein und die Wohnung des Nikolaus Lieberknecht für Familie Wittmershaus.

Gegen Ende Oktober kostete ein Pfund Rindfleisch 14 Mark, 1 Pfund Schweinefleisch 20 Mark, ein fettes Schwein von 200 Pfund wurde auf sage und schreibe 4000 Mark taxiert. Ein eklatanter Kartoffelmangel machte sich bemerkbar. Sogar die Wirte erhöhten den Preis für den Schoppen Apfelwein von 2 Mark auf 2,50 Mark. Die Gemeinde brachte daraufhin einen Anschlag an die Bekanntmachungstafel, daß diese Wirtschaften gemieden werden sollten. Die Holzhauer streikten, sie forderten anstatt der von der Gemeinde angebotenen 35 Mark per Raummeter Scheit- und Knüppelholz 50 Mark und für hundert Wellen gar 100 Mark. Ein Haus, das vor drei Jahren für 6000 Mark erworben worden war, wechselte für 46 000 Mark den Besitzer.

Am 10. November 1921 wurde die 10 köpfige Familie des Fabrikarbeiters Schuster am Bahnhof wegen Auswanderung nach Argentinien verabschiedet. Wegen der nunmehr galoppierenden Inflation hieß es: „Angesichts des niedrigen Standes der Mark und des Unvermögens der meisten Auswanderungswilligen, die Kosten der Überfahrt und der sonstigen mit der Auswanderung verbundenen Ausgaben zu tragen, entspricht die tatsächliche Auswanderung nicht annähernd der vorhandenen Auswanderungsneigung."

Im Februar 1922 wurde ein Grundsatzbeschluß gefaßt, daß alle jungen Leute, die heiraten und unter 25 Jahre alt wären, keinen Anspruch auf eine Wohnung hätten. Im April bestanden durch Zunahme der eingeschulten Kinder sechs evangelische und vier katholische Schulklassen. Kränkliche Kinder konnten eine Schulspeisung erhalten, hierfür stellte die Gemeinde 2000 Mark zur Verfügung. Die Gemeindeziegelei sollte nach dem einhelligen Wunsch weiter durch Nikolaus Ehrenfried betrieben werden. Halbwegs günstige Ziegel konnten somit für ein Doppelhaus an der Hornbacher Straße mit sechs Wohnungen zur Verfügung gestellt werden. Kurze Zeit später wurde nochmals ein Antrag auf Neubau eines Hauses mit sechs Wohnungen gestellt. Die Schafstegbrücke war mit einem Kostenaufwand von 4912 Mark instandgesetzt worden. In diesem Jahr bewegt auch die Verlegung des „Juxplatzes" die Gemüter, die heutige Bundesstraße 38 konnte nicht mehr länger als Kerweplatz herhalten. Der ständig zunehmende Straßenverkehr forderte seinen Tribut. Deshalb wurde die Kerwe kurzerhand auf den Schulhof verlegt. Einige Jahre später wurde der Kerweplatz von der Hauptstraße bzw. Schulhof/Tuchbleiche endgültig auf den Platz gegenüber der Wirtschaft „Zum Deutschen Kaiser" verlegt. Dem TV Birkenau wurde ein 10 Meter breiter Streifen Gelände auf dem Tannenbuckel zur Erweiterung des Turnplatzes überlassen. Zur Jahresmitte 1922 war als praktizierender Arzt Dr. Oskar Joos nach Birkenau gekommen. Auch er verpflichtete sich, wie schon vorher Dr. Stöhr, arme Personen unentgeltlich zu behandeln, er bekam dafür 1010 Mark pro Jahr von der Gemeinde. Endlich erhielt auch die katholische Kirche wieder Glocken. Sie kamen am 20. Mai in Birkenau an und wurden unterhalb des Ortes durch Schulkinder und einer großen Anzahl Erwachsener empfangen. Pfarrer Lambert hielt eine Ansprache. Die größere Glocke hatte folgende Inschrift: „Friedensglocke, Von Krieg und Graus kam ich nach Haus. Den Frieden will ich künden, oh Friedenskönig Jesus Christ". Die kleine Glocke trug die Inschrift „Ave Maria".

Am 19. Juni war wieder ein Festtag in Birkenau. Ein Festzug mit drei Musikkapellen bewegte sich durch den Ort auf den Schloßpark zu, wo ein Ehrenmal für die Gefallenen des 1. Weltkrieges errichtet worden war. Es zeigte einen Löwen und darüber in goldenen Lettern die Namen der 91 Gefallenen. Gleichzeitig beging der Kriegerverein sein 50jähriges Bestehen. Dabei kam zum Ausdruck: „Die Kriegervereine für die heutige Zeit als überflüssig zu erklären oder ihnen Hurra-Patriotismus vorzuwerfen, kann nur aus Kurzsichtigkeit oder in böser Absicht geschehen."

Denkmal für die Gefallenen, Juni 1922

Im Juni 1922 war Bürgermeister Adam Jakob nach 11jähriger Amtszeit zurückgetreten, wie es heißt, wegen der schwierigen sozialen Verhältnisse in Birkenau. Die notwendig gewordene Bürgermeisterwahl fand am 6. August statt. Bei der Direktwahl fand keiner der vier Kandidaten die notwendige Mehrheit. Im zweiten Wahlgang am 20. 8. setzte sich dann Peter Brehm mit 609 Stimmen gegen Johann Tritsch mit 522 Stimmen durch. Im November fanden dann Gemeinderatswahlen statt. Es wurden gewählt: 4 Demokraten, 3 Zentrumsleute, 4 Sozialdemokraten und 1 Kommunist. Im November hatte ein Haus ein Höchstgebot von 500 000 Mark erzielt. Auf die sog. Friedensmiete wurde mittlerweile ein Zuschlag von 1400 Prozent erhoben. Ein Liter Milch war noch im Juni für 6 Mark, im Oktober für 9 Mark zu haben. Ein Zweipfundbrot kostete 21,50 Mark. Der Sackpfand für Mehlsäcke wurde von der Reichsgetreidestelle am 21. November auf 1300 Mark festgesetzt. Eine Anmerkung in der Gemeinderechnung lautet: „Infolge der stetig fortschreitenden Geldentwertung konnten die Kosten der Erweiterung der Wasserleitung aus den laufenden Einnahmen gedeckt werden."

Das Jahr 1923 stand ganz im Zeichen der Inflation. Wer in der Schule nicht genau aufgepaßt hatte, bekam Schwierigkeiten mit den Zahlen. Es gab Tendenzen, Naturalien gegen Naturalien zu tauschen. So verlangte der praktische Arzt Dr. Joos anstelle eines Honorars für die Behandlung der Ortsarmen vier Kubikmeter Holz, der Antrag wurde allerdings mit 7 gegen 5 Stimmen abgelehnt. Dem Gemeinderechner dagegen gestand man als Bezahlung fünf Meter Holz als Ersatz für seine Rechnungsstellung zu. Erstmals wurde ein Müllplatz am Brückenacker eingerichtet.

Anträge der Sozialdemokraten auf Abgabe von Holz an mittellose Personen, Einführung der Simultanschule und der Kommunalisierung des Beerdigungswesens wurden allesamt abschlägig beschieden. Im April wurde das Birkenauer Tal für den Kraftfahrzeugverkehr an Sonn- und Feiertagen voll gesperrt. Das Birkenauer „Volksbad" in der Schule öffnete, nachdem es zwei Jahre wegen Wassermangel geschlossen war, wieder seine Pforten. Die Preise für ein Wannenbad kletterten von 200 auf 2000 Mark, ein Brausebad kostete 1500 Mark (vorher 100 Mark). Wegen Kohlemangel wurde das Bad zwei Monate später wieder geschlossen. In Birkenau wurde angeblich so schlechtes Brot gebacken, daß viele Birkenauer sich an die Mörlenbacher Bäcker wandten. 1923 waren die Preise für 1 kg Kristallzucker von Januar bis März von 225 Mark auf 1380 Mark gestiegen. Zu der latenten Kartoffelnot gesellte sich eine Fleisch- und Fettnot. Im August wurde gemeldet, daß Fleisch seit einer Woche überhaupt nicht mehr erhältlich war, „Fleisch wird bald nur noch für Wucherer, Schieber, Börsenspekulanten und Selbsterzeuger existieren", hieß es in diesem Zusammenhang. Die Inflation trieb täglich neue Blüten. Die Gemeinde Birkenau erwarb von der Gemeinde Mörlenbach einen Ziegenbock für 30 Billionen Mark. Der gemeindliche Haushalt war aus allen Fugen geraten. Friedrich Metzger, der die Straßenlampen ein- und ausschaltete, erhielt monatlich eine Vergütung von drei Kilowattstunden. Kohlen waren Anfang November in Birkenau nicht mehr zu haben. Der Gemeindewald konnte den Ausfall dieses Energieträgers nicht ersetzen, zumal in den vorangegangenen Jahren ein großer Holzhieb durchgeführt worden war. Das Ende der Inflation kam dann am 15. November 1923, die Rentenmark wurde eingeführt. Eine Rentenmark war gleich eine Billion Reichsmark. Mangels ausreichender Goldreserven belegte der Staat den Grundbesitz mit einer Grundschuld, die in Rentenbriefen gezeichnet werden konnte. Diese Umstellung nahm natürlich eine gewisse Zeit in Anspruch. Anfang Dezember wurde wieder geklagt, daß viele junge Leute nach Amerika und Argentinien auswanderten, dort könnten die wirtschaftlichen Verhältnisse auch nicht schlechter sein als in ihrer Heimat. Die „Herren Spitzbuben" gingen vor Weihnachten eifrig zu Werke und stahlen Fleisch und andere Naturalien, „trotzdem daß die Birkenauer Gendarmerie eine rührige Tätigkeit entfaltete, ist es bis jetzt noch nicht gelungen, auch nur einen der Diebe zu fassen", hieß es. Die durch Inflation zum Erliegen gekommene Produktion wurde Mitte Januar in bescheidenem Umfang in der Kammfabrik Grösche wieder aufgenommen. Rindfleisch wurde von privater Seite in Reisen für 40 Pfennige pro Pfund angeboten, was einen großen Andrang aus den Nachbarorten verursachte. Gesuche auf den Erlaß der Vergnügungssteuer des Gesangvereins und des Geflügelzuchtvereins wurde stattgegeben. Auch in Zukunft sollte von der Erhebung einer Vergnügungssteuer abgesehen werden, falls man keine Tanzmusik durchführte. Die gemeindliche Ziegelei sollte nicht mehr in eigener Regie der Gemeinde laufen, sondern sollte ab sofort auf eigene Rechnung dem Nikolaus Ehrenfried gegen eine jährliche Pacht von 400 Mark überlassen werden. Am 26. Mai wurde der sog. Hagelfeiertag mit einer Flurprozession nach Nieder-Liebersbach begangen. Seit 1816, der Einführung des Birkenauer Pfingstmarktes, wurde des Hagelfeiertages gedacht. In diesem Jahr wurde allgemein über den schlechten Besuch des Marktes geklagt, dafür wurde in erster Linie die Geldknappheit verantwortlich gemacht. Ende Mai stimmte der Gemeinderat einem Entwurf des Birkenauer Wappens zu, das vom Darmstädter Regierungsbaurat Münckler überarbeitet worden war. Anlaß war das Anbringen des Wappens im Kreisamtsgebäude in Heppenheim. Der Freien Turnerschaft wurde Anfang Juli die Erlaubnis zur Führung eines Wirtschaftsbetriebes auf ihrem Turnplatz (Spenglerswald) gegeben, da es sich nach Ansicht des Gemeinderates nur um einen Saisonbetrieb handelte. Außerdem wurde der Kerweplatz an der Tuchbleiche („Am Gänseacker") verlegt. Die Wohnungsbeschlagnahmungen waren noch immer an der Tagesordnung, indes hatte an der Hornbacher Straße eine rege Bautätigkeit eingesetzt, die Anträge auf den Bau von Häusern wurden zügig erledigt, Wasserleitungen verlegt. Im September wurde ein Bebauungsplan östlich der Hornbacher Straße (Flur IX) und westlich der Hauptstraße (Flur XIII) neben der Oberförsterei beschlossen. Es sollten Gebäude mit höchstens zwei Stockwerken errichtet werden. Es handelte sich dabei um reine Wohngebiete, die keine Industrieansiedlung zuließen. Im Oktober konnten bereits fünf vorher in Angriff genommene Doppelhäuser in der Hornbacher Straße bezogen werden.

Im Oktober wurde bekannt, daß sich eine Mannheimer Firma, die Hydrorydol-Gesellschaft, in einem Nebengebäude der Kammfabrik Grösche eine chemische Fabrik für Lacke und Farben einrichten wollte, davon versprach man sich einige zusätzliche Arbeitsplätze.

Am 27. Oktober 1924 wurde Dr. Johannes Stöhr zu Grabe getragen. Er hatte 1882 als 25jähriger Arzt seine Tätigkeit in Birkenau aufgenommen und sich durch seine Zuwendung, besonders an die armen Bevölkerungskreise, die er oft unentgeltlich behandelte, Achtung und Anerkennung der Birkenauer Einwohner erworben. Im Dezember vergab die Gemeinde Holzhauerarbeiten, zu der sich wegen der hohen Arbeitslosigkeit viele junge Menschen meldeten. Gegen Ende des Jahres wurde die baufällig gewordene Schafstegbrücke für Fuhrwerke gesperrt. Der Gemeinderat stimmte dem Erwerb von Gelände für die Zufahrt zur neuen Brücke zu.

Das Jahr 1925 war für Birkenau ein Jahr vielfacher Aktivitäten. Hier taten sich besonders die ortsansässigen Vereine hervor. Der unter Vorsitz des Altbürgermeisters aufstrebende Turnverein 1886 beschloß, ein Schwimmbad mit den Ausmaßen 60 x 14 Meter bei einer Tiefe von 2,25 Meter zu bauen. Das benötigte Gelände wurde auf 10 Jahre von Freiherrn von Heyl gepachtet. Daneben war der Turnplatz am Tannenbuckel in rückliegender Zeit erweitert und verschönert worden. Das Schwimmbad konnte bereits am 15. Juni in Betrieb genommen werden. Zahlreiche Badelustige und Zuschauer hatten sich zu dieser Gelegenheit eingefunden. Das Bad wurde durch Weschnitzwasser gespeist. Die Wasserführung der Weschnitz war nicht ausreichend, so daß zusätzlich eine Pumpe, die durch ein Wasserrad angetrieben wurde, installiert werden mußte. Das Wasserbecken, so verkündete man stolz, faßte 11.000 Hektoliter.

Die frühere Stief'sche Ziegelei, die schon mehrere Jahre den Betrieb eingestellt hatte, fand einen neuen Eigentümer. Es war Karl Scheible, der damit Hoffnungen auf 20 - 25 Arbeitsplätze weckte.

In Birkenau waren es mittlerweile zwei praktische Ärzte, die sich um die Patienten bemühen konnten. Die Gemeinde sah vor, daß 2/3 der Ortsarmen von Dr. Joos und 1/3 von Dr. Hans Simmet behandelt werden sollte. Diese Handhabung war jedoch unpraktikabel, man kam schließlich überein, daß jeder der beiden Ärzte die anfallenden Rechnungen bei der Gemeinde einreichen sollte.

Die freiwillige Sanitätskolonne in Weinheim beantragte für die Anschaffung eines Sanitätsfahrzeuges einen Zuschuß, da dieses Fahrzeug auch in Birkenau zum Einsatz kommen sollte. Die Gemeinde bewilligte nach erfolgter Überprüfung 200 Mark.

Die Kriegsbeschädigten beantragten, Baugelände am Lehenwald zugeteilt zu bekommen, was befürwortet wurde, falls die Kreisbauverwaltung dieses Ansinnen unterstützen würde.

Die freie Turnerschaft trug sich schon lange mit dem Gedanken, bei ihren Zusammenkünften nicht mehr auf Räumlichkeiten in verschiedenen Gastwirtschaften angewiesen zu sein. Für den Bau eines eigenen Vereinsheims fehlte das Geld. So kam man auf eine besondere Art der Finanzierung, die Herausgabe von Goldmarkanteilscheinen im Nennwert von 10 Goldmark. Am 23. August 1925 schlossen sich mehrere Vereine unter der Bezeichnung „Freie Sport- und Sängervereinigung" zusammen. Von dem Weinheimer Metzgermeister Scheuermann konnte endlich ein geeignetes Gelände erworben werden, danach war ein unermüdlicher Arbeitseinsatz an der Tagesordnung. Die Fertigstellung des Birkenauer Vereinshauses war dann 1926. Die Wohnungsnot war immer noch ein Hauptthema. Deshalb faßte der Gemeinderat im September den Beschluß, daß in die Mietwohnungen in Häusern, die mit Hilfe der Gemeinde gebaut worden waren, vorrangig Wohnungslose eingewiesen werden sollten. Die Eigentümer mußten entsprechende Einwilligungserklärungen unterzeichnen. Immerhin waren es 15 Häuser, bei denen dies zutraf. Das von den Kriegsbeschädigten beantragte Baugebiet machte scheinbar weitere Fortschritte, da Planungen für die Verlegung von Wasserleitungen anliefen. Die gemeindeeigene Ziegelhütte war stillgelegt und abgebrochen worden. Sogar Begrünungsmaßnahmen wurden durchgeführt. Im November fanden Gemeinderatswahlen statt, 6 Sitze bekamen die bürgerlichen Parteien, über 5 Sitze verfügten die dem linken politischen Spektrum zugerechneten Gruppierungen.

Das historische Birkenauer Rathaus war mit einem beachtlichen Kostenaufwand renoviert worden, das altertümliche Fachwerk erstrahlte in neuem Glanz, wie es heißt war das Rathaus ein „wahres Schmuckstück" des Dorfes geworden. Wegen des zunehmenden Straßenverkehrs stellte Karl Schmitt, Inhaber der Birkendrogerie, einen Antrag auf Errichtung einer Benzinabfüllstelle, sprich einer Tanksäule. Die Rhenania Ossag Mineralölwerke AG (Shell) stand hinter diesem Vorhaben und schrieb: „Wir möchten nochmals darauf hinweisen, daß die Erstellung einer Tankstelle heute keine Seltenheit mehr ist und daß bereits an jedem bedeutenden Platze eine solche errichtet ist." Gedacht war an einen Tank von 2000 Liter. Dem Antrag wurde zugestimmt, bereits 1928 wurde ein zweiter Tank mit nochmals 2000 Liter Fassungsvermögen installiert. Die erste Birkenauer Tankstelle war an der Ecke Brückenstraße/Hauptstraße. Bald folgten zusätzliche Anträge, so etwa von Adam Oehlschläger im Februar 1926 (Hauptstraße 146), Jakob Krause richtete 1929 ebenso wie die Gebrüder Klinger 1931 eine Tankstelle ein. Dem Sebastian Heckmann wurde der Kallstadter Steinbruch auf ein Jahr pachtweise überlassen. Der Tanzsaal im Gasthaus „Zum Birkenauertal" wurde erheblich vergrößert, wunderte sich der Chronist: „Das deutsche Volk infolge des Krieges verarmt, allenthalben herrscht Geldnot und Geldknappheit, Wohnungsnot und in letzter Zeit die ganze unheimliche Arbeitslosigkeit, und die Tanzsäle werden in allen größeren Orten zu klein und müssen vergrößert werden. Das verstehe wer kann!"

Im Januar 1926 beschloß der Gemeinderat einstimmig, daß die Schafstegbrücke im Rahmen von Notstandsarbeiten ausgebaut werden sollte. Die Maßnahme sollte, wenn irgend möglich, eiligst durchgeführt werden. Die Zahl der Arbeitslosen in Birkenau war erstmals auf über 100 Personen angestiegen. Bedürftige Kinder erhielten in der Schule ein warmes Frühstück. Die Firma Badenia in Weinheim, wo auch viele Birkenauer ihr Brot verdienten, war angeschlagen. Versuche, den Betrieb zu sanieren, wurden unternommen. Ende April wurde bekannt, daß die Firma Freudenberg 250 Arbeitskräfte, darunter 15 Birkenauer, entlassen wollte.

September 1926
Schafstegbrücke vor dem Abbruch

Zur Birkenauer Kerwe wurde das Vereinshaus der Freien Sport- und Sängervereinigung eingeweiht. Ein großer Fackelzug, der von der Kapelle Heß angeführt wurde, zog vom bisherigen Vereinslokal zum Vereinshaus.

Das Bauvorhaben der Kriegsbeschädigten am Lehenwald ließ sich wegen der hohen Erschließungskosten nicht realisieren. Das inzwischen erworbene Gelände sollten

Ausgraben der Fundamente zur neuen Weschnitzbrücke

die Betroffenen ohne Hast verkaufen. Als Ersatz wurde ein Gelände zwischen der Hornbacher Straße und der Bahnlinie angeboten. Der Verbindungsweg zwischen Hornbacher Straße und der Bahnlinie mußte, da das Baugelände rasch verkauft worden war, in Angriff genommen werden. Hierzu erwarb die Gemeinde das erforderliche Gelände von Johannes Kadel für 1,20 Mark je Quadratmeter. Zur Jahresmitte stand fest, daß der Kreis für den Bau der Schafstegbrücke keine Mittel bereitstellen würde, deshalb trug man sich mit dem Gedanken, die Brücke zu reparieren. Dann trat jedoch ein Gesinnungswandel ein. Am 31. August wurde die Aufnahme eines Darlehens von 40.000 Mark beschlossen. Außer dem Bau der Brücke sollte die Weschnitz reguliert werden. Als Aufsichtsperson für die letztgenannten Arbeiten wurde der Maurermeister Gölz bestellt. Am 21. September wurden die Arbeiten an der Schafstegbrücke an die Weinheimer Firma Hopp vergeben, da dort auch 18 Birkenauer beschäftigt waren. Die Notbrücke sollte an die Sackgasse verlegt werden. Im Spätherbst bemühte sich Bürgermeister Brehm, die Stadt Weinheim dazu zu bewegen, sich an den Kosten für die Beleuchtung des Birkenauer Tales zu beteiligen. Es war vorgekommen, daß „wiederholt Personen an dieser Straßenstrecke nachts angerempelt wurden und man tatsächlich in dunklen Nächten oft nicht auf drei Meter einen Gegenstand erkennen kann". Die Stadt Weinheim war der Ansicht, daß die Gemeinden Lützelsachsen und Sulzbach mit gleichen Anträgen kommen könnten, übrigens sei die Dunkelheit nicht so groß, wie von Bürgermeister Brehm geschildert. Selbst das Angebot von Birkenauer Seite, den Strom zur Beleuchtung kostenlos zu liefern, vermochte die Weinheimer nicht zu erweichen. Am 15. November teilte der Bürgermeister mit, daß der Speicher im Rathaus links vom Aktenraum der Übernachtung von Wohnsitzlosen dienen sollte. Die Arbeiten zur Weschnitzregulierung gingen dem Ende entgegen. Die dabei eingesetzten Arbeitslosen sollten bei der Holzmacherei teilweise eine Anstellung finden. Die Gemeinde Birkenau verausgabte 1926 für Notstandsarbeiten fast 86.000 Mark. Auf vielseitigen Wunsch führte der Lichtspielverein Weschnitztal/Überwald im Gasthaus „Birkenauertal" den Film „Fridericus Rex" vor. Eben in dieser Wirtschaft fand zum Jahreswechsel eine Tanzveranstaltung statt.

Bau der Schillerstraße im Sommer 1927

Im Januar 1927 wurde die Eröffnung eines sog. Bauquartiers, d.h. die Erschließung von Baugelände am großen und kleinen Falltor ins Auge gefaßt. Als weitere Notstandsarbeiten wurden der Verlängerung der Wilhelm- und Ringstraße zugestimmt. Dies schloß die Verlegung der Kanalisation mit ein. Heinrich Müller, der Birkenauer Stromlieferant, erhielt die Erlaubnis, an der Schafstegbrücke ein Transformatorenhaus zu errichten. Im April wurde bekannt, daß 15 Arbeiterwohnungen erstellt werden sollten, die Hälfte davon durch zinslose Baukostenzuschüsse. Dem Birkenauer Schwimmbad wurde ein Kinderbad angegliedert. Der MGV Eintracht feierte vom 18. - 20. Juni sein 75jähriges Bestehen. Ein Herz für Biertrinker hatte der Gemeinderat, der einstimmig die Einführung einer Steuer auf den Bierverbrauch in öffentlichen Wirtschaften ablehnte. Bereits im Juni hatte sich, wie fast jedes Jahr, Wassermangel eingestellt, der das gesamte Sommerhalbjahr anhalten sollte. Wasser konnte der Wasserleitung nur in der Zeit von 5 - 8 und 18 - 21 Uhr entnommen werden. Die übrige Zeit war die Wasserleitung geschlossen. Die Birkenauer Ortsdurchfahrt, die großteils noch nicht einmal gepflastert war, wurde durch drei Dampfwalzen nivelliert und damit zumindest einigermaßen befahrbar gemacht. Die Eisenbahnverwaltung teilte mit, daß die Haltestelle am Eingang zum Spenglerswald und eine zweite innerhalb des Ortes durch Verlegung der Feldwege aufgegeben wurden. Überhaupt wurde ein enorm gestiegener Bahnverkehr festgestellt. Am Birkenauer Bahnhof wurden zusätzlich Gleise verlegt, die Arbeiten hierzu waren im Oktober beendet. Güterwagen wurden anfangs noch an die Personenzüge angehängt. Jetzt war es keine Seltenheit mehr, daß Güterzüge mit 20 - 30 Wagen unterwegs waren.

Rektor Pfeifer, der die evangelische Schule leitete, hatte 25jähriges Dienstjubiläum und erhielt von der Gemeinde ein Teeservice geschenkt. Die evangelische Schule

Bau der Ringstraße im Sommer 1927

besuchten 239 Schuler, die katholische Schule 117 Schüler. Ein „Schweineglück" hatte ein Landwirt aus Birkenau, der von zwei Muttersauen 26 Junge hatte.

Die Birkenauer Friedhofsfrage gärte schon seit Jahren in der Bevölkerung. Einmal hatten die sog. Freidenker einen kommunalen Friedhof gefordert, Bestattungen sollten nur noch in einheitlichen Särgen stattfinden. Dieses Ansinnen war abgelehnt worden. Verschiedene Vorschläge für einen Standort waren gemacht worden. Der 1818 eingerichtete konfessionelle Friedhof drohte aus allen Nähten zu platzen. 1927 erwarb die Gemeinde von den Hornbachern Johann Metzger und Heinrich Kadel für 11961 Mark eine neuen Begräbnisplatz am Mehlbuckel. Der alte Friedhof war durch Beschluß des Gemeinderates vom 2. 12. 1927 geschlossen worden. Der evangelische Pfarrer Müller schrieb im ev. Sonntagsblatt einen geharnischten Artikel und fragte: „Wo wollt Ihr Eure Toten begraben? Wollt Ihr Euch das gefallen lassen? Wir Evangelische lehnen das zweifelhafte Weihnachtsgeschenk eines neuen Friedhofes aus Mangel an Bedürfnis ab." Andere Personen sammelten Unterschriften und protestierten gegen den Kauf des Friedhofsgeländes. So wurde schließlich der heutige alte Friedhof gegen den Widerstand der Anwohner erweitert. Die Friedhofsfrage entwickelte sich unabhängig davon zu einem richtigen „Dauerbrenner".

Am Sonntag, den 22. April 1928 fand nachmittags um 14.00 Uhr in Reisen eine Fahnenweihe der NSDAP statt. Diesem Akt schloß sich einen „Notkundgebung" an, abends spielte eine Kapelle zum Tanz auf. Anfang Mai hatte das Hochbauamt ein

Gutachten vorgelegt, wonach die Mieter aus dem „Birkenauertal" herausgenommen (8 Parteien) werden sollten, da gravierende Baumängel festgestellt worden waren. Die Gemeinde sah sich hierzu wegen fehlender Ersatzwohnungen jedoch nicht in der Lage. Der ständig steigende Kfz.-Verkehr belästigte die Anwohner der Hauptstraße durch Staubentwicklung arg. Es wurde eine Herabsetzung des Tempos durch den Ort beantragt. Das Aufstellen von Schildern mit Tempo 15 km sollte Abhilfe schaffen. Zu weitergehenden Maßnahmen, etwa einen Teerbelag, sah sich die Gemeinde nicht in der Lage. Der von der Straßenbauverwaltung im Falle einer Teerung verlangte Kostenzuschuß von 5000 Mark überstieg die Finanzierungsmöglichkeiten. Am 1. Juli 1928 fanden turnusmäßig Bürgermeisterwahlen statt. Gewählt wurde Adam Jakob mit 797 Stimmen. Der bisherige Amtsinhaber Peter Brehm erhielt 562 Stimmen. Die Übergabe der Amtsgeschäfte fand am 3. September statt. Im Juli erhielt die ev. Kirche ein elektrisches Geläut. Der ev. Pfarrer Arthur Müller wurde am 23. August von der Kirchengemeinde verabschiedet. Sein Nachfolger Adolf Storck traf erst Anfang Dezember in Birkenau ein. Am 20. 8. fand ein Gauturnfest des Odenwald-Jahngaues statt. Ein Festkommers, ein Festgottesdienst in beiden Kirchen und ein Festzug gehörten ebenso dazu wie die turnerischen Darbietungen. Außerdem hieß es: „Auch das Frauenturnen findet auf dem Lande, wenn auch langsam, einen Anfang...." Der TV 1886 Birkenau konnte jedenfalls mit dem Gauturnfest, das auf dem Tannenbuckel abgehalten wurde, voll zufrieden sein. Die allgemeine Bautätigkeit, so wurde beklagt, hatte nachgelassen, obwohl Baugelände am Binsenberg abgegeben wurde. Im Oktober endlich entschloß sich die Gemeinde, das ehemalige Stief'sche Anwesen für 21.000 Mark zu erwerben. Zunächst fanden vier Mietparteien eine Unterkunft. Nach erfolgtem Umbau konnten weitere 10 Mietparteien einziehen (Kostenpunkt 46.000 Mark). Das „Birkenauertal", das seither eine Bleibe von acht Mietern gewesen war, konnte so geräumt und abgerissen werden. Dieses Haus hatte eine lange Tradition, es hatte dem TV 1886 als Vereinslokal gedient, auch dem MGV Eintracht von 1887 bis 1914. Mancher Turner- und Sängerwettstreit war dort abgehalten worden. Für den Ausbau des Lettenweges und Blessenwaldweges wurden über 10.000 Mark zur Verfügung gestellt. Wegen der immer noch völlig unzureichenden Wasserversorgung begann man, im Kallstädter Tal ein Pumpwerk zu bauen. Eine heiße Debatte hatte es wegen der Benennung von neuen Straßen gegeben. Linksstehende Parteien, wie es heißt, plädierten für „Bebelstraße" und „Liebknechtstraße". Mehrheitlich entschied sich der Gemeinderat für „Schillerstraße", „Ringstraße" und „Siedlungsstraße" und am „Großen Falltor". Der Vorschlag „Dr. Johannes-Stöhr-Straße" fand noch keine Zustimmung. Nach und nach wurden auch elektrische Straßenlampen in den Neubaugebieten angebracht.

Der Arbeitsmarkt war 1923 noch desolater als im Vorjahr. Bis Mitte April waren üblicherweise 50 Arbeitslose registriert worden, dieses Jahr waren es noch über 100. Auf eine Anzeige, mit der die Gemeinde einen Feldschützen suchte, waren 18 Bewerbungen eingegangen. Die Staubplage auf der Hauptstraße entwickelte sich mit Beginn der warmen Jahreszeit zu einem Ärgernis. Hunderte von Menschen mußten täglich Mengen von Krankheitserregern einatmen. An einem Sonntag waren in einer Mittagsstunde 98 Autos und 135 Motorräder gezählt worden. Als Notbehelf war man dazu übergegangen, die Straße mit Wasser zu benetzen, was bei dem chronischen Birkenauer Wassermangel auch nicht den ungeteilten Beifall fand. Im Mai erklärte sich die Gemeinde einverstanden, der Provinzial-Straßendirektion für die Teerung der Hauptstraße 1.500 Mark zur Verfügung zu stellen, notfalls wollte man auch auf 2.200 Mark heraufgehen. Weniger aufgeschlossen zeigte sich der Gemeinderat gegenüber dem Ansinnen der „Lehr- und Kauf-Filmgesellschaft Wiesbaden", die einen Film über Birkenau drehen wollte. Brüsk wurde hierzu die Erlaubnis versagt, da eine „willkommene Reklame für den Ort Birkenau nicht erwartet werden darf". Die Umbauarbeiten beim Stief'schen Anwesen hatten im Mai begonnen und sollten sich bis zum Oktober hinziehen. Umgebaut wurde auch das Bahnhofsgebäude. Im August wurde dann endlich mit der Teerung der Ortsdurchfahrt begonnen. Der angeschwollene Straßenverkehr machte es notwendig, zunehmend Verkehrsschilder aufzustellen. Der Wochenendverkehr wurde als „katastrophal" eingeschätzt, was nicht zuletzt mit der gestiegenen Einwohnerzahl zusammenhing. Hatte Birkenau 1905 noch 2004 Einwohner, so waren es 1929 bereits 2580. Die öffentlichen Bekanntmachungen sollten gegen einen Monatsbetrag von 12 Mark ab sofort auch im Weschnitzboten, einer Zeitung, die in Birkenau gedruckt wurde, veröffentlicht werden. Leider haben sich nur wenige Exemplare dieser Zeitung erhalten, die sicher authentisch über das damalige Tagesgeschehen berichtet hat. Am 26. 8. fand in Birkenau der „Delegiertentag der freiwilligen Sanitätskolonnen vom Roten Kreuz in Hessen" statt. Die Veranstaltung ging über zwei Tage. Höhepunkt war eine gemeinsame Übung der Sanitätskolonnen von Birkenau und Rimbach. Man ging davon aus, daß starker Regen den Bahndamm unterspült hätte. Ein von Birkenau kommender Zug sei deshalb umgestürzt, so daß die Lokomotive gerade an der Unterführung des Brückenackerweges zu liegen kam. Mit Bravour wurden 15 „Verletzte den Bahndamm hinunter durch die Weschnitz zum Verletztensammelplatz in die Schule getragen". Nach der Übung fand ein Festzug durch das reich ge-

Aufnahme vom Sommer 1929, v. links nach rechts Gehilfe Heinrich Wilhelm, Bgm. Jakob, Karl Ritzert und Gg. Peter Fändrich III

Ortseingang Hauptstraße im Mai 1929

schmückte Birkenau statt. Im Oktober erhielt die Freie Sport- und Sängervereinigung ein Waldgrundstück zur Erweiterung des Sportplatzes. Die Wohnungen im Stief'schen Anwesen waren fertiggestellt und konnten bezogen werden. In den 1920er Jahren war die Kirchgasse noch mit Linden bestückt, der Gemeinderat faßte einen Beschluß, wonach fachkundige Personen die Bäume „köpfen" sollten, da durch herabfallende Äste Gefahr drohte.

Am 15. Januar 1930 wurde der neu gewählte Gemeinderat per Handschlag durch Bürgermeister Jakob verpflichtet. Die ständig steigende Arbeitslosigkeit und der immer noch bestehende Wohnungsmangel waren keine guten Aussichten für eine reibungslose Arbeit des gemeindlichen Gremiums. Ende Januar gab es in Birkenau 198 Arbeitslose, selbst das Frühjahr brachte keine Besserung der Situation. Im Juni waren es 40 „Ausgesteuerte", d.h. Arbeitslose ohne Anspruch auf Leistungen beim Arbeitsamt, die die Gemeindekasse belasteten. Von einer verheerenden Finanzlage der Gemeinde war die Rede. Die Arbeiten zur Herstellung der Kirchgasse vom Friedhof bis zur Wilhelmstraße waren für die Arbeitslosen nur ein Tropfen auf den berühmten heißen Stein. Ein bestimmendes Thema war wieder der Wassermangel; deshalb wurde ein Grundsatzbeschluß gefaßt, der die Errichtung eines zweiten Pumpwerkes vorsah. Erste Bohrungen stießen auf der Au in 23 Meter Tiefe auf Granit, wurden abgebrochen, um anschließend 50 Meter rechts der heutigen Bundesstraße nach Reisen fortgesetzt zu werden. Arbeitsvergabe für ein weiteres Pumpwerk im Kallstädter Tal war im Juni. Die Bohrungen wurden jedoch kurze Zeit später eingestellt. Anschließend wurde am Wachenberg gebohrt. Wasserleitungen wurden in der Ringstraße verlegt. Im Juli 1930 hielt die NSDAP, Ortsgruppe Birkenau, im „Birkenauertal" eine öffentliche Versammlung ab, die aber angeblich wegen der anhaltenden Schwüle nicht sonderlich gut besucht war. Bei diesem Wetter gingen die Menschen lieber ins Schwimmbad, allein am Fronleichnamstag waren 900 Besucher gezählt worden. Am 9. Oktober hatte das Schwimmbad infolge von Hochwasser erhebliche Beschädigung erlitten. Bei den Wiederherstellungsarbeiten wurde das Bad kurzerhand um vier Meter verbreitert, dabei waren für einige Wochen 12 - 16 arbeitslose Vereinsmitglieder beschäftigt worden. Im Frühjahr 1931 fand nochmals eine Verbreiterung des Beckens auf jetzt 1200 Quadratmeter statt. Die gemeindliche Müllabfuhr wurde an den Unternehmer Hühn vergeben. Ab Herbst 1930 sollte die Abfuhr alle vier Wochen erfolgen. Die Polizei hatte auch einige Einsätze: Am 13. März war ein Mann zwischen Birkenau und Reisen überfallen worden, am 26. 8 wurde ein Handwagen, auf dem ein Kind saß, von einem Auto erfaßt, dabei wurde das Kind und eine Frau zu Boden geschleudert, nach einem Streit im Gemeindehaus erlag Fritz Jost kurz vor Weihnachten seinen Verletzungen. Wegen der allgemeinen Notlage beschloß der TV 1886, keinen Neujahrsball und keinen Maskenball abzuhalten, eine bescheidene, verspätete Weihnachtsfeier am 30. Dezember war dafür ein Ausgleich.

Die kommunistische Gemeinderatsfraktion stellte im Januar 1931 einen Antrag, die Gehälter der Gemeindebediensteten drastisch zu kürzen, was mit knapper Mehrheit abgelehnt wurde. 14 Tage später war es dann soweit, dem Bürgermeister und dem Polizeidiener wurden 20 %, dem Schuldiener 10 %, dem Sekretär Wilhelm ebenfalls 10 % ihres Gehalts abgezogen. Der Gehilfe Ritzert erhielt nur noch 30 Mark die Woche. Auf der gleichen Sitzung wurden die Anstellungsbedingungen für den Gemeinderechner festgelegt: 3000 Mark jährlich und das Büro im Rathaus. Die Kammfabrik Grösche suchte noch einige gelernte Arbeitskräfte. Die Kanalisation in der Hauptstraße und in der Obergasse wurden in Angriff genommen. Das Pumpwerk erhielt einen Elektroanschluß für 245 Mark. Für die Verbesserung des Straßenbelages der Hauptstraße wurden der Provinzialstraßenverwaltung 1246 Mark zugesagt. Die Freie Sport- und Sängervereinigung hatte den Fußgängersteg über die Weschnitz fertiggestellt, um einen besseren Zugang zu ihrem Sportplatz zu haben. Das jüdische Badehäuschen in der Obergasse wurde abgerissen, damit verschwand ein Wahrzeichen der jüdischen Gemeinde. Der Arbeitsmarkt war hoffnungslos, noch im Mai gab es 200 Arbeitslose. Birkenau war eher landwirtschaftlich strukturiert,

Steg, erbaut von der Freien Sport- und Sängervereinigung im Jahre 1931

wenn auch eine Statistik bei einer Einwohnerzahl von 2700 genau 171 Gewerbebetriebe nennt. Davon waren 17 Wirtschaften, 8 Metzgereien, 9 Bäckereien, 16 Kolonialwarengeschäfte, 7 Manufaktur- und Kurzwarengeschäfte, 10 Schreinereien, 4 Schuhmachereien, 4 Schneidereien, 4 Friseurgeschäfte, 4 Sattlereien, 5 Spengler- und Installationsgeschäfte, 6 Baugeschäfte, 5 Tankstellen, 4 Taxameter, 3 Speditionsbetriebe, 3 Schmieden und Schlossereien. An größeren Betrieben gab es eine Ziegelei und zwei Kammfabriken. 59 sonstige Gewerbebetriebe waren Einmannunternehmen. Im Juli wurde publik, daß Birkenau neben Viernheim, bezogen auf die Einwohnerzahl, die größten Sozialasten des Kreises zu tragen hatte. Wieder wurde geklagt, daß die Diebereien auf den Feldern zunahmen. Die sog. Ehrenfeldschützen, die aus dem Dienst bereits entlassen waren, wurden wieder aktiviert. Hatte man sich Mitte des letzten Jahres noch gegen die Einführung einer Bier- und Bürgersteuer gewehrt, so kam es angesichts der Finanznot jetzt doch dazu, daß diese Steuern per Bescheid angefordert wurden. Die Anstellung eines neuen Gemeinderechners hatte sich über das ganze Jahr hingezogen. Im Oktober war Peter Tritsch durch Beschluß angestellt worden. Dieser Beschluß wurde jedoch vom Kreisamt in Heppenheim beanstandet. Im Rahmen der alljährlichen Winternothilfe bat der Bürgermeister die Einwohner um Spenden. Anfang November wurde von der Gemeinde ein Waggon Kartoffeln mit 300 Zentnern für je 2,88 Mark aus Heppenheim bestellt. Die Winterhilfe schloß auch die verbilligte Abgabe von Kohlen an „Ausgesteuerte" mit ein. Die NSDAP war 1930 recht rührig gewesen: am 21. 1. eine Versammlung der NSDAP Ortsgruppe im Birkenauertal, einen Abend der SA am 24. 2. Am 20. Oktober wurde gemeldet, daß die NSDAP einen regen Wahlkampf führte. Bei solchen Versammlungen muß es auch zu Handgreiflichkeiten gekommen sein, so bei einer im September abgehaltenen Wahlkampfveranstaltung der Ortsgruppe der NSDAP, zu der 12 Ortschaften gehörten. Ein Zitat lautet: „Störungen der KPD hatten keinen Erfolg, da die größeren Versammlungen durch die SA gesichert werden." Am 21. Dezember hielt die Frauengruppe der NSDAP für die Birkenauer Kinder eine Weihnachtsbescherung ab.

Der Streit um die Besetzung der Stelle des Gemeinderechners zog sich auch 1932 hin. Zwischenzeitlich hatte als Rechner Georg Adam Geiß fungiert. Er bat jedoch im Februar um Enthebung von seinem Dienst, was der Gemeinderat ablehnte. Am 15. März wurde ein Urteil des Provinzialausschusses bekannt, gegen das sich die Gemeinde schärfstens verwahrte, da sie bei der Besetzung der Gemeinderechnerstelle nicht gehört werden sollte. In der Folgezeit wurde schließlich Adam Weber zum Rechner bestellt. Die Arbeitslosigkeit hatte indes weiter zugenommen. Im Februar wurden 300 Arbeitslose gemeldet, im März wurde festgestellt, daß jeder 9. Birkenauer Einwohner arbeitslos sei. Im Mai hieß es, die Arbeitslosigkeit sei leicht zurückgegangen, Leistungen vom Arbeitsamt bezogen 120 Personen, von der Gemeinde erhielten 110 Personen Unterstützung. Die Ausgaben der Gemeinde für Fürsorgeunterstützung waren geradezu explodiert: 1928: 13.062 Mark, 1930: 39.450 Mark, 1931: 55.827 Mark, 1932: 76.946 Mark. Noch im Mai stellten die Erwerbslosen einen Antrag auf Kartoffelbeschaffung. Dies geschah so: Die Erwerbslosen bezogen die Kartoffeln von der Gemeinde und konnten die Rechnung ratenweise abstottern. Die Gemeinde sah sich außerstande, für Notstandsarbeiten den Tariflohn zu zahlen. Am 20. Dezember kam es zu einem einmaligen Vorgang. Die Erwerbslosen protestierten vor dem Rathaus gegen die ihrer Meinung nach mangelhafte Winterhilfe, inwieweit diese Veranstaltung politisch motiviert war, ist heute nicht mehr bekannt. Im Dezember wurden wieder 280 Erwerbslose gemeldet. Ein Phänomen, das heute recht selten vorkommt, war der Zuschauerzuspruch bei Gemeinderatssitzungen. Man machte sich ernsthaft Gedanken, wegen Überfüllung vor jeder Sitzung Platzkarten auszugeben. Am 20. Mai konnte in Birkenau das neue Depot des Roten Kreuzes eingeweiht werden. Überhaupt kam es wieder zu einer angeregten Bautätigkeit. Am Jahresende sprach man von der Fertigstellung von 17 neuen Wohnheimen. Am 30. April wurde ein 6jähriger Junge von einem Auto überrollt. Im Mai hatte ein Gattenmord in Nieder-Liebersbach großes Aufsehen erregt; eine Frau hatte ihren Mann aufgehängt. Im Juli war es zu einem Einbruch in das Rathaus gekommen. Bei Erdarbeiten war in Birkenau ein Stoßzahn und ein uralter Schädel gefunden worden. Im Sommer war die Ernte bei großer Hitze eingebracht worden, Wassernot wurde nicht mehr registriert. Offenbar hatten die vorbeugenden Maßnahmen eine Änderung herbeigeführt. Die Erweiterungsarbeiten des TV 1886 am Tannenbuckelsportplatz machten gute Fortschritte. Im September war der neue evangelische Gemeindesaal im oberen Teil der zum Pfarrhaus gehörigen Scheuer eingeweiht worden. Diese Räumlichkeiten waren für die evangelische Jungmannschaft und den Mädchenbund gedacht. Im September war bei der Gemeinde eine Beschwerde eingegangen, die sich mit dem unerlaubten Baden in der Weschnitz beschäftigte. Der Badeplatz befand sich an dem von der freien Sport- und Sängervereinigung gepachteten Grundstück und war der Allgemeinheit zur Verfügung gestellt worden. Der Gemeinderat stellte fest, daß schon seit Generationen in der Weschnitz gebadet worden sei und ein allgemeines Badeverbot nicht ausgesprochen werden könne.

Birkenau im Jahre 1933, der Beginn eines neuen zeitgeschichtlichen Abschnittes. Adolf Hitler war am 30. Januar zum Reichskanzler ernannt worden. Bereits vor diesem Zeitpunkt war die NSDAP-Ortsgruppe Birkenau aktiv. So fand etwa am 16. Januar 1933 ein „Deutscher Abend" im Birkenauertal statt, der sehr gut besucht war. Es wurde ein Theaterstück gegeben mit dem Titel „Braune Helden". Der Badische Gauleiter Walter Köhler aus Weinheim hielt eine Rede zur gegenwärtigen politischen Lage. Eine Ortsgruppe Birkenau gab es seit dem Jahre 1929. Anfangs waren es 100 Nationalsozialisten, die sich 300 Kommunisten, 230 Sozialdemokraten und 200 Zentrumsanhängern gegenübersahen. Anläßlich der Reichstagswahlen am 5. März 1933 hatte die NSDAP mit fast 700 Stimmen nach eigenem Bekunden einen „überwältigenden Erfolg" erzielt. Die Ortsgruppe Birkenau sah sich als Keimzelle vieler Ortsgruppen in der Nachbarschaft, da außer in Reisen und Bonsweiher 1929 keine solche Gruppierungen bestanden. Mit diesen Erfolgen ging eine Unterdrückung des politischen Gegners einher. So fand am 25. März 1933 um acht Uhr morgens die Schließung des Vereinshauses statt, nachdem die Gendarmerie, verstärkt durch acht Mann, eine Durchsuchung abgehalten hatte. Der Trägerverein, die Freie Sport- und Sängervereinigung, wurde dem linken politischen Spektrum zugeordnet. Nach der Schließung des Vereinshauses, „die ganze Aktion wurde ohne Störung durchgeführt", wurde dort die Wache der Hilfspolizei installiert und die Hakenkreuzfahne gehißt. Das Vermögen der Freien Sport- und Sängervereinigung wurde beschlagnahmt. So erging es auch der Freien Turnerschaft 1910, die ebenfalls gemäß Bekanntmachung des Staatskommissars für das Polizeiwesen in Hessen vom

6. Juni 1933 „aufgelöst" wurde. Alle anderen Vereinigungen, Vereine und Interessenverbände wurden gleichgeschaltet, d.h. strukturelle Veränderungen vorgenommen, mit der herrschenden politischen Linie in Einklang gebracht. Zu diesem Zweck fand am 26. Mai eine Mitgliederversammlung des Turnvereins 1886 statt, aus dem seitherigen 1. Vorsitzenden Bürgermeister Adam Jakob wurde der „Führer" des Vereins. Der Vereinsführer setzte darauf den „parlamentarischen Grundsatz außer Kraft" und ernannte neue Mitarbeiter, allesamt Mitglieder des bisherigen Turnerrates. Auch die bestehende parteilose Gruppe im Gemeindeparlament wurde kurzerhand „ausgeschaltet", an deren Stelle traten zwei Vertreter der NSDAP. Die erste Sitzung des neu formierten Gemeinderates fand am 8. Mai statt. Am 12. Mai fand eine Versammlung des Kampfbundes des gewerblichen Mittelstandes in Birkenau statt, Veränderungen auf sämtlichen Gesellschaftsebenen vollzogen sich.

Am 1. 4. zogen in Birkenau vor den jüdischen Geschäften SA-Posten auf. Die Kriegerwitwe Fanny Libmann holte die Uniform und Ehrenzeichen ihres gefallenen Mannes und stellt sie aus. Mit diesen offensichtlich judenfeindlichen Aktionen sollte dieser Bevölkerungsgruppe die Existenz entzogen werden.

Zum 1. Mai 1933 waren drei Birken geschlagen worden, die am Tag der „nationalen Arbeit" Verwendung fanden. Auf dem Schulhof wurde an diesem Tag die Übertragung einer Ansprache mittels zwei 4-Watt-Lautsprechern organisiert. Solche Veranstaltungen fanden nunmehr öfters statt: am 26. Mai die Übertragung der „Schlageter-Gedenkfeier", am 1. Oktober die Übertragung einer Veranstaltung vom Bauerntag, am 10. November eine Übertragung im Vereinshaus anläßlich der Volksabstimmung zum Austritt aus dem Völkerbund. Hitlers Regierung hatte diesen Schritt am 14. 10. 1933 unternommen und sich dies nachträglich durch eine Volksbefragung bestätigen lassen.

Auch sonst gab sich die NSDAP auf örtlicher Ebene recht rührig. Anfang Februar war eine Haussammlung durchgeführt worden zur Denkmalsunterhaltung in Birkenau, es fanden Schulungsveranstaltungen einschließlich wehr- und geländesportlicher Übungen statt. Fackelumzüge wurden durchgeführt, so etwa am 9. Mai, die Hitlerjugend (HJ) und der Bund deutscher Mädchen (BdM) marschierten am 21. November durch Birkenaus Straßen und zeigten stolz ihren neu geweihten Wimpel.

Der politische Gegner, besonders die Kommunisten, wurden bekämpft. Angeblich wegen Vergehens gegen das Sprengstoffgesetz fanden am 22. August Verhaftungen statt. Auch in anderen Orten des Weschnitztales, so insbesondere in Fürth und Mörlenbach, waren „erhebliche Waffenfunde" gemacht worden. Von den Verhafteten wurden nachmittags einige wieder auf freien Fuß gesetzt, sechs Personen wurden länger „in Schutzhaft" genommen, die Gemeinde mußte dabei die Verpflegungskosten übernehmen. Im September 1933 trug man sich mit dem Gedanken der Errichtung eines Arbeitsdienstlagers. Das Vereinshaus schien ungeeignet, dann erkor man für diesen Zweck die ehemalige Stief'sche Ziegelei, die dann auch nicht ausreichend war für die Unterbringung von 216 Mann.

Am 13. Dezember 1933 hatte die Ortsgruppenleitung der NSDAP alle Vereinsführer und die beiden Ortspfarrer eingeladen, das Veranstaltungsprogramm für das folgende Jahr abzusprechen. Man beschloß bei dieser Gelegenheit, eine Veranstaltung zu Gunsten des Winterhilfswerkes abzuhalten. Eine Haussammlung am 27. 12.

brachte ein gutes Ergebnis, Kleider, Schuhe und Lebensmittel waren gesammelt worden.

Was geschah sonst noch in Birkenau 1933?
Im Januar konnte eine Einbruchserie, die ab Herbst 1932 die Bevölkerung beunruhigt hatte, aufgeklärt werden. Die Gemeinde Birkenau hatte seit 1931 die Fremdenverkehrswerbung intensiviert, was sich günstig bemerkbar machte. Der Odenwaldklub trug durch die Schaffung von Aussichts- und Ruheplätzen dazu bei.
Am 22. Januar hatte der Gauturntag in Reisen stattgefunden, der von zahlreichen Veranstaltungen und Wettkämpfen begleitet war. Um die Neubesetzung der Stelle des Gendarmeriewachtmeisters hatte es einigen Wirbel gegeben. Der Kreisausschuß beschloß schließlich, diese Stelle einem Einheimischen zu übertragen. Am 27. März fand eine Kontrolle der Arbeitslosen auf dem Birkenauer Rathaus statt, im Oktober 1933 wurde gemeldet, daß ihre Zahl erstmals unter 100 gefallen sei. Zur Herstellung des Sandbuckelweges wurden vom 14. - 19. August 30 Mann zur Pflichtarbeit angehalten, eine ähnliche Aktion hatte im Mai/Juni stattgefunden. Die Wasserleitung an der Tuchbleiche und in der Dr. Johannes-Stöhr-Straße wurde erweitert. Am 24. Juni hatte ein Jugendfest stattgefunden, zu dem 480 Brezeln geliefert worden waren. Das Ortsgefängnis im Rathaus erhielt ein neues Gitter, nachdem einige Ausbrüche erfolgt waren.
Am 2. November 1933 war im Anwesen des Landwirtes Jakob Kadel ein Feuer ausgebrochen, das Scheuer und Stallungen in Schutt und Asche legte. Brandursache war die Explosion eines verschlossenen, ausgeschwefelten Fasses, dessen Stöpsel 15 Meter weiter unter das Stroh flog.

Zur Weltanschauung der Nationalsozialisten gehörte es, daß eine deutsche Familie möglichst viele Kinder haben sollte, so konnten Jungverheiratete ein zinsloses Darlehen bis zu 1000 Reichsmark beanspruchen. Kinderreiche Familien erhielten Geld aus der Staatskasse zur Beschaffung von Möbel, Geräten, Kleidung und Nahrung. Adolf Hitler sah dies so: „Jedes Kind, das sie (die Ehefrau) zur Welt bringt, ist eine Schlacht, die sie besteht für das Sein oder Nichtsein ihres Volkes." Da war natürlich kein Platz für geistig oder körperlich behinderte Personen. Eine Rechenaufgabe im Lehrbuch „Mathematik im Dienste der nationalen Erziehung" lautet: „Ein Geisteskranker kostet täglich etwa 4 RM, ein Krüppel 5,50 RM, ein Verbrecher 3,50 RM. Nach vorsichtigen Schätzungen sind in Deutschland 300 000 Personen in Anstaltspflege. Wieviel Ehestandsdarlehen zu 1000 RM könnten von diesem Geld jährlich ausgegeben werden?" Ein Gesetz vom 14. Juli 1933 mit dem bezugreichen Titel „Gesetz zur Verhütung erkrankten Nachwuchses" sollte garantieren, daß nur „erbtüchtige Kinder" zur Welt kamen. Zu diesem Zweck wurde beim Amtsgericht Darmstadt das „Erbgesundheitsamt" eingerichtet. Der Kreisarzt in Heppenheim konnte Anträge stellen, daß Personen aus „erbkranken Familien" unfruchtbar gemacht, also sterilisiert wurden. Solche unmenschlichen Eingriffe kamen ab 1934 auch in Birkenau vor. Den Opfern wurden auf Wunsch noch die Fahrtkosten nach Darmstadt und Lohnausfall erstattet. Was galt schon die körperliche Unversehrtheit einer Person im Hinblick auf die große Aufgabe eines reinen arischen Nachwuchses!
Ein Problem, das der NSDAP mit zu ihren Wahlerfolgen verholfen hatte, war die große Arbeitslosigkeit. Nach den gegebenen Wahlversprechen wurde erwartet, daß

hier schnellstmöglich eine Besserung eintreten würde. Zu diesem Zweck wurden Arbeitsbeschaffungsmaßnahmen im großen Stil angegangen. Kam eine Gemeinde den Wünschen der Kreisleitung in Heppenheim nicht nach, wurde durchgegriffen. Ein Schreiben an alle kreisangehörigen Städte und Gemeinden läßt dies erahnen: „Nachdem es den energischen Maßnahmen der Regierung zur Ankurbelung der Wirtschaft und zur Arbeitsbeschaffung gelungen ist, die Zahl der Arbeitslosen dieses Jahr (1933) um ca. 2 1/2 Millionen Köpfe zu senken, muß die vordringliche Aufgabe der nächsten Monate darin bestehen, zu verhüten, daß – wie es im letzten Jahr der Fall war – die Arbeitslosenziffer in den Wintermonaten wieder anzusteigen beginnt. Es ist bedauerlich, feststellen zu müssen, daß die meisten Bürgermeistereien dieser Aufforderung (Projekt zur Arbeitsbeschaffung anzugehen) bis jetzt noch nicht nachgekommen sind und es anscheinend an dem erforderlichen Verantwortungsgefühl fehlen lassen. ...[Deshalb] fordere ich hiermit die Bürgermeister des Kreises auf, bis Dienstag, den 7. November 1933 auf dem Kreisamt eingehend, die erforderlichen Unterlagen einzureichen. Sollte infolge der Kürze der Zeit ein Gemeinderatsbeschluß nicht mehr erbracht werden können, so ist derselbe nachzuliefern, was an und für sich nicht so bedeutungsvoll ist, da ich nicht annehmen kann, daß ein nationalsozialistischer Gemeinderat seine Zustimmung zu diesem im Interesse unseres Volkes liegenden Maßnahmen verweigert." In der Folgezeit wurden in Birkenau verschiedene Maßnahmen durchgeführt: Erschließung eines Baugebietes am Binsenberg, Erschließung von Baugelände für eine Kleinsiedlung. Herstellung einer Straße am Ortsausgang gegen Reisen. Kanalisation in der Obergasse, Umbau einer Rohrleitung von der Quellkammer am Nächstenbacher Kopf zum Hasselhof. Auch 1934 war ein Jahr, in dem sich das System weiter festigte, und durch gemeinnützige Aktionen versuchte man, Zauderer auf die gewünschte Linie zu bringen. Anfang März sammelte das Jungvolk in Birkenau zugunsten der Arbeitslosen in Darmstadt, wobei sich einige Tage später eine Sammlung von Eintopfgerichten anschloß. Zum 1. April 1934 wurden die konfessionellen Schulen abgeschafft, es gab nur noch eine sog. Simultanschule. Die örtlichen Parteigliederungen NSV (nationalsozialistische Volkswohlfahrt), die DAF (Deutsche Arbeitsfront) und die NSG (Nationalsozialistische Gemeinschaft) hielten allmonatlich bunte Abende, Schulungsveranstaltungen, Werbe- und Mitgliederversammlungen ab. Im Frühjahr begannen sog. Notstandsarbeiten zur Regulierung der Weschnitz von Mörlenbach bis Birkenau. Im Mai wurde ein weiterer Rückgang der Arbeitslosenzahlen gemeldet. Diese positive Entwicklung setzte sich im Jahresverlauf weiter fort. In Birkenau fanden auch einige Veranstaltungen von überregionaler Bedeutung statt, am 15. Mai fand eine öffentliche Versammlung der NSV im Gasthaus „Zum Birkenauertal" statt, zu der „auch die Herren Bürgermeister, Geistlichen und Lehrer" eingeladen wurden. Ebenfalls „Zum Birkenauertal" traf sich am 23. Juni „die alte Garde des Kreises Heppenheim", die alten Kämpfer mit den Mitgliedsnummern 1-300 000. Über diese Männer der ersten Stunde hieß es: „Sie standen dem Führer treu zur Seite, ihre Treue soll allen späteren Geschlechtern ein Vorbild sein."

Bei der alljährlichen Sonnwendfeier am 21.6. legten die geeinigten Jungens und Mädels „... erneut einen Schwur der Liebe und Treue zum Führer und Volk ab." Zu diesem Zweck wurde im Steinbruch im Kallstadter Tal eine Feierstunde mit einem großen Lagerfeuer abgehalten.

Doch auch das alltägliche Leben nahm seinen Fortgang. Wie jedes Jahr fand die Versteigerung der gemeindlichen Wiesenstücke und Obstbaumgrundstücke mit Kirsch-, Zwetschgen-, Äpfel- und Birnbäumen, statt. So erbrachte etwa die Versteigerung der Frühkirschen an der Tuchbleiche am 25. Mai 1934 bei 12 Losen 31,30 RM zugunsten der Gemeindekasse. Die Gemeinde kaufte eine Motorspritze Modell „Rekord" für 2.351,25 RM. Das gemeindliche Inventar wurde um eine gebrauchte Schreibmaschine und einen Vervielfältigungsapparat „Fanfare" bereichert. Für Lautsprecherübertragungen wurde ein Großlautsprecher „Maximus II" für 285 Mark angeschafft, für Aufmärsche besorgte man sich in Weinheim 220 Wachsfackeln.

An Ortsarme und „Wolu-Empfänger" (Wohlfahrtsunterstützung) wurden wegen schlechter wirtschaftlicher Verhältnisse unentgeltlich Kartoffeln verteilt. An Wohlfahrtsunterstützung zahlte die Gemeindekasse an 198 Personen über 45.000 RM aus. Die in Birkenau zum Verkauf angebotenen 240 Olympia-Werbehefte fanden keinen rechten Absatz, der größte Teil wurde unentgeltlich in den Schulen verteilt. Auf sportlichem Gebiet tat sich einiges. Anfang April fand ein Bühnenschauturnen des TV 1886 statt, am 1. Juni war ein Vergleichskampf zwischen den Turnern von Viernheim, Weinheim und Birkenau, bei dem die Birkenauer als Sieger hervorgingen. Große Erfolge hatten die Turner auch beim Turnfest in Arheiligen zu verzeichnen. Alle Besucher des Birkenauer Schwimmbades hatten im Juni während der Reichsschwimmwoche freien Eintritt.

Anfang August fand eine Volksabstimmung statt. Reichspräsident Hindenburg war verstorben, „die Größe des Dahingeschiedenen verlieh diesem Amt einmalige Bedeutung", es wurde deshalb abgeschafft und mit dem des Reichskanzlers vereinigt. Adolf Hitler übernahm diese Ämter in Personalunion. „Stimmst Du, 'deutscher Mann' und Du, 'deutsche Frau' der in diesem Gesetz getroffenen Regelung zu?", wurde gefragt. Diese Volksabstimmung brachte keine Überraschung, Adolf Hitler war nunmehr Deutschlands unbestrittener Führer. „Höchste Begeisterung" herrschte bei dem Anfang September stattgefundenen Gebietsaufmarsch in Frankfurt, an dem auch die Hitlerjugend aus Birkenau teilnahm. Am 30. April beschloß der Gemeinderat, gemeindliche Arbeiten nur noch an Mitglieder der Deutschen Arbeitsfront zu vergeben. Am 11. Juli fand die Einweihung des Horst-Wessel-Bades im Birkenauer Tal, der Bau war eine Arbeitsbeschaffungsmaßnahme (auf Weinheimer Gemarkung), statt.

1935 war die Hessische Gemeindeordnung außer Kraft gesetzt worden. Auch hier setzte sich das Führerprinzip durch. Die Bürgermeister wurden nicht mehr gewählt, sondern kurzerhand ernannt. Dies bedeutete das Ende jeglicher Selbstverwaltung. Dementsprechend wurden am 17. Oktober die neuen Beigeordneten im Ortsgruppenbereich verpflichtet, für Birkenau waren dies Georg Hönig und Hermann Henkel. Am 9. September sprach der Gauredner Eisentraud über Staatsfeinde und Dunkelmänner: „Es waren immer dieselben Kräfte, die aus dem volks- und vaterlandsverräterischen Marxismus und dem christlichen Zentrum kamen. Und dazu gesellte sich noch eine dritte Gruppe – die Reaktion. Heute versuchen diese Mächte wieder, jede auf ihre Art, mit den gemeinsten Mitteln den Aufbau der Nation zu hemmen. Das große Ziel des Nationalsozialismus, die Einheit des Volkes, ist ihnen ein Dorn im Auge. Aber der Nationalsozialismus wird seinen Weg gehen unbeirrt geradeaus und unter dem Marschtritt der Kolonnen, wird all das volks- und vaterlandsverrräterische Gewürm, wie es sich auch tarnen möge, zertreten. Auch dann, wenn die Herrschaften unter dem Deckmantel der Religion und christlicher Nächstenliebe ihr dunkles Werk treiben; sie werden gefaßt und erhalten ihre Strafe." Die Ausführungen des Redners fanden lebhaften Beifall. Ein Treueschwur für den Führer war das dreifache Sieg-Heil, mit dem der Redner schloß. Die SA-Kapelle hatte die Kundgebung mit einigen schneidigen Märschen eingeleitet.

Am 15. September 1935 wurde das sog. „Blutschutzgesetz" erlassen, mit dem Ehen und Geschlechtsverkehr zwischen Juden und Deutschen verboten wurden. 1936, vor den Olympischen Spielen, wurden die Verfolgungen von Juden auf Einspruch der USA vorübergehend eingestellt.

Die Gemeinde Birkenau hatte aus dem beschlagnahmten Vermögen der früheren „Freien Sport- und Sängervereinigung" das Vereinshaus und den Turnplatz übernommen. 1936 wurde im Vereinshaus das BDM-Heim eingerichtet. Wohl für das Vereinshaus wurde ein Schild beschafft mit dem Text „Unser Gruß ist Heil Hitler", ebenso eine Hakenkreuzfahne. Neben ersten Luftschutzübungen fanden auch nächtliche Orientierungsfahrten statt. Unterdessen warb die Gemeinde Birkenau weiter für den Fremdenverkehr: „Birkenau, das Wanderziel für Ostern, von Weinheim in einer halben Stunde zu erreichen" oder: „Birkenau im Odenwald, beliebter Ausflugsort an der Nebenbahnstrecke Weinheim-Fürth-Wald-Michelbach. In herrlichem Spaziergang durch die schönen Waldungen des romantischen Birkenauer Tals in 1/2-stündigem Fußmarsch von Weinheim aus zu erreichen. Turn- und Sportplätze, schön gelegenes Schwimmbad". Entsprechende Anzeigen erschienen im

Ortsansicht 1935

„Hakenkreuzbanner" und der „Neuen Hessischen Tageszeitung", die in Darmstadt herausgegeben wurde.

Der Turnverein Birkenau 1886 beging am 25. Juli 1936 sein 50jähriges Bestehen. Nach einer Gefallenenehrung fand am Abend ein Kameradschaftsabend statt, den die SA-Kapelle und der Männergesangverein mit Darbietungen umrahmte. Am darauffolgenden Sonntag fand eine Morgenfeier statt, bei der Lehrer Glaßer über „Jahn, deutsches Turnen und Drittes Reich" sprach. Die Wettkämpfe begannen um 7 Uhr und gingen den ganzen Tag. Der Turnverein zeigte in diesem Jahr viele Aktivitäten. Der Turnplatz auf dem Tannenbuckel, so wurde mit Stolz verkündet, „ist im Laufe der Jahre nun zu einem der bestausgebauten des Odenwaldes geworden". Ursprünglich war der Platz Gemeindeeigentum [1911 vom TV 1886 erworben] und in drei Bauabschnitten auf 5000 Quadratmeter vergrößert worden. Auch sonst herrschte rege Bautätigkeit in Birkenau. Seit 1919 waren 109 Neubauten errichtet worden, was mit dazu beigetragen hatte, daß Birkenau nunmehr 2800 Einwohner hatte. Ein neues Siedlungsgebiet war am Kallstädter Bach „im Süden des Ortes, in besonders schöner Lage" entstanden. Das erforderliche Gelände war vom Freiherr Wambolt von Umstadt abgekauft worden.

Am 29. März 1936 waren Reichstagswahlen gewesen. Auf Kreisebene hatten „für den Führer 98,63 % gestimmt", nur 1,37 % hatten gegen die Liste gestimmt. Bei den Landtagswahlen und Wahlen zum Reichstag einschließlich der Wahl vom 5. 3. 1933 hatte zwar die NSDAP zwischen 41 und 44 % der abgegebenen Stimmen erreicht, aber erst die Wahlen vom 12. November, bei der andere Parteien nicht zugelassen waren, brachten die gewünschten Ergebnisse mit über 90 % Zustimmung.

Die Entwicklung der Wahlergebnisse vom 15. 11. 1931 bis zu den Wahlen des Jahres 1938:

Birkenauer Wahlergebnisse 1931–38
(einschl. Kallstadt und Rohrbach)

Partei	Landtag 15.11.31*	Reichstag 31.7.1932	Reichstag 6.11.1932	Reichstag 5.3.1933
NSDAP	41,62 %	44,08 %	42,91 %	43,84 %
Komm. Partei	27,58 %	23,77 %	27,46 %	26,52 %
Zentrum	15,03 %	17,41 %	15,71 %	15,73 %
Sozialdemokraten	10,90 %	12,40 %	11,55 %	12,11 %
Sonstige	4,87 %	2,34 %	2,37 %	1,80 %
	100 %	100 %	100 %	100 %

* Landtagswahl vom 19. 6. 1932 war nicht greifbar

Wahlen vom 12. November 1933

NSDAP 1417 Stimmen, die Zahl der Gegenstimmen und ungültigen Stimmen wurde nicht veröffentlicht

Volksabstimmung 12. 11. 1933

„Volksbefragung" zum Austritt aus dem Völkerbund. Dieser Schritt wurde am 14. 10. 1933 vollzogen und nachträglich „bestätigt". Zahlen sind für Birkenau nicht greifbar. Deutsches Reich: 93,50 % Jastimmen, Neinstimmen 4,5 %, ungültige Stimmen 1,8 %.

Landtagswahlen vom 29. 3. 1936

Wiederum sind keine örtlichen Ergebnisse greifbar. Auf Kreisebene wurden für den „Führer" 51286 Stimmen abgegeben (98,63 %), gegen die Liste stimmten 711 Personen (1,37 %).

Wahlen vom 10. April 1938
(einschl. Kallstadt und Rohrbach)

Einheitsliste NSDAP. Abgegebene Stimmen 1785, Ja 1747 (97, 87 %), Nein 38 (2,13 %), ungültige Stimmen keine.

Große Beachtung fand im Juni 1936 die Einweihung der „Hornbacher Sunn", die heute als kommunaler Kindergarten von Hornbach dient. Der Hornbacher Schullehrer Wilhelm Becker hatte den Bau initiiert. Das Haus war als Ferienheim für auslandsdeutsche Jugendliche gedacht und entsprach damit den damaligen politischen Gegebenheiten. Ganzseitige Zeitungsartikel mit Überschriften wie „Einmal möchte ich nach Deutschland, auslandsdeutsche Sehnsucht nach dem Reich findet ihre Erfüllung", die „Hornbacher Sunn, ein heimatlicher Kraftquell für auslandsdeutsche Kinder" entsprachen ganz diesen Vorstellungen.
Gleich nach den Olympischen Spielen waren auch die Birkenauer Juden wieder Zielscheibe nationalsozialistischer Aktionen. Eine Nazi-Sturmabteilung hielt während des Gottesdienstes neben der Synagoge eine Zusammenkunft ab und sang das „Horst-Wessel-Lied", aber auch „Wenn das Judenblut vom Messer spritzt...". Die jüdischen Gemeindeglieder sahen ihr Leben dadurch unmittelbar bedroht. 1937 wurden jüdische Schüler der Schule verwiesen. Wegen dieser Repressalien versuchten sich auch immer mehr Birkenauer Juden dem Zugriff des Systems durch Auswanderung zu entziehen.
Mit erheblichem Kostenaufwand war 1937 im Vereinshaus ein NSV-Kindergarten eingerichtet worden, der am 19. Mai eröffnet wurde. Zur Eröffnung hatten sich der Ortsgruppenleiter Bräumer und der Kreisleiter Ruppert eingefunden. Ruppert betonte: „In den NS-Kindergärten werden erbbiologisch einwandfreie Kinder aufgenommen und zur wahren Volksgemeinschaft erzogen". Nahe des Bahnhofs, an der Stelle des Anwesens Bahnhofstraße 23, war am Jahresanfang das Heim für die Hitlerjugend eingerichtet worden. Dieses Gebäude war vorher Lager der Spar- und Darlehnskasse Birkenau. Von auswärts trafen in Birkenau Hitlerjugendgruppen zu Zeltlagern und anderen Veranstaltungen ein. Im Juli war die Hitlerjugend aus Pommern, im August die aus Hessen-Nassau (Mainz und Worms) zu Gast in Birkenau. Auch KdF (Kraft durch Freude)-Urlauber verbrachten ihren Urlaub in Birkenau. Solche Urlaubsaufenthalte konnten hauptsächlich Personen, die Verdienste erworben hatten, in Anspruch nehmen. Dem Birkenauer Schuldiener Johannes Jakob X., der 30 Jahre treu seinen Dienst versehen hatte, schenkte man als Belohnung

ebenfalls einen KdF-Aufenthalt. Aus der jährlich veröffentlichten Statistik war zu sehen, daß Birkenau nunmehr 2900 Einwohner hatte, von 820 Industriearbeitern fanden lediglich 120 in Birkenau Beschäftigung, 700 waren Pendler, die hauptsächlich in Weinheim ihr Brot verdienten. Die freiwillige Feuerwehr Birkenau klagte über eine dauernd zurückgehende Mitgliedschaft. Der RAD (Reichsarbeitsdienst) und die Wehrmacht waren eine zu starke Konkurrenz. Wegen der fehlenden Mannschaftsstärke wurden die Jahrgänge 1900 - 1911 zur Pflichtfeuerwehr herangezogen. Die Gemeinde finanzierte die Einrichtung eines Brandhauses und eines Brandspeichers zu Luftschutzübungen, auch ein Luftschutzkeller wurde eingerichtet. Zu diesem Zweck wurde auch eine Handsirene beschafft. Das Luftschutzlokal wurde im Vereinshaus eingerichtet. Ortsstraßen wurden umbenannt: Die Hauptstraße wurde zur Adolf-Hitler-Straße, die Ringstraße zur Ferdinand-Werner-Straße, die heutige Goethestraße war die Horst-Wessel-Straße, die Brückenstraße zur Straße der SA erklärt. In der Horst-Wessel-Straße wurde Siedlungsgelände erschlossen, für Kanal- und Wasserleitungsarbeiten verausgabte die Gemeinde über 16.000 RM.

Wer hart arbeitete, durfte wie jedes Jahr am 1. Mai und am Erntedankfest feiern. Der Arbeitsdienst leerte 41 Glas Wein, auch die dazugehörige Marsch- und Tanzmusik wurde aus der Gemeindekasse bezahlt.
Auch 1938 wurde der Zivilschutz weiter intensiviert, es fanden in Birkenau sechs Luftschutzkurse statt, weitere Arbeiten wurden am Übungshaus und dem Luftschutzkeller verrichtet. Es wurde auch eine Handantriebssirene und eine Luftschutzapotheke beschafft. Die Birkenauer Feuerwehr erhielt einen Schlauchwagen mit Vollgummireifen und hatte Gelegenheit, ihr Können bei einem Brand in Reisen (Anwesen Jakob Geiß) unter Beweis zu stellen. Im Kallstädter Steinbruch herrschte reges Treiben. Vier Mann waren dort zeitweise beschäftigt, um z. B. für die Gemeinde Reisen 180 Kubikmeter Steine zu brechen. Die Schädlingsbekämpfung wurde damals groß geschrieben. Der Gemeindebedienstete Heß war einen Monat allein damit beschäftigt, Klebegürtel und Leimringe an Obstbäumen anzubringen. Der Kartoffelkäfer sollte dezimiert werden, hierzu wurden große Mengen eines Benzin-Wassergemisches auf die Felder gefahren und dort versprüht, Kartoffelkäferschilder warnten vor dem Betreten der Grundstücke. In diesem Jahr fand in Birkenau erstmals eine sogenannte Automusterung statt, da im Ernstfall auch auf private KfZ zurückgegriffen werden sollte. Körperliche Ertüchtigung wurde großgeschrieben, die Schule erhielt ein Reck, einen Barren mit dazugehörigen Sprungkasten und zwei Turnmatten. Die Hitlerjugend Birkenau (Gefolgschaft 11/248) unternahm eine Hessen-Nassau-Fahrt, sieben „Jungens" aus bedürftigen Familien erhielten einen Zuschuß. Auch der örtliche BDM und das Jungvolk-Fähnlein wurden mit finanziellen Zuwendungen bedacht. Birkenau war dafür Gastgeber für auswärtige Jugendliche. Ortsansässige Bäcker und Metzger lieferten Brot, Hackfleisch, Rindfleisch und andere Lebensmittel, um diese Gruppen zu verköstigen.
Im Oktober fand die Gründungsversammlung der Birkenauer NS-Kulturgemeinschaft statt. Verschiedene Redner versuchten, die Mitgliedschaft gegen einen Monatsbeitrag von 50 Pfennigen schmackhaft zu machen: „Der Beitrag steht in keinem Verhältnis zu dem Gebotenen", hieß es. So wurde u.a. das Rhein-Mainische Landestheater und Vorträge weltbekannter Forscher angekündigt. Ein Vortrag im „Deutschen Kaiser" über den Aberglauben, den Rudolf Polster aus Offenbach hielt,

Birkenauer Hitlerjugend (Jahrgang 1923/24) bei einem Ausflug an den Main im Jahre 1938

machte den Anfang. Am 7. November fand eine Arbeitstagung des DAF (Deutsche Arbeiterfront) des Kreises Bergstraße in Birkenau mit 700 Beteiligten statt. Vorträge im „Birkenauer Tal" des Parteigenossen Kehl über die allgemeinen Aufgaben der DAF und des Parteigenossen Boß über Feierabendgestaltung standen auf dem Programm. Im „Engel" sprachen Gauhandwerksmeister Krause und Kreishandwerksverwalter Gerbig. Als Mittagessen wurde Eintopf gereicht. Um 14 Uhr wurde der Veranstaltungsreigen mit schneidigen Märschen der Weinheimer SA-Kapelle fortgesetzt. Der Gauschulungsleiter sprach vom Endsieg und beschwor eine glückliche Zukunft. Mit dem Ruf „Unsere Stärke ist die Volksgemeinschaft und eine unzerstörbare Schicksalsgemeinschaft, die den Wunsch des Führers nach einem ewigen nationalistischen Deutschland in Erfüllung gehen lassen wird" endeten die Vorträge. Mit Sieg-Heil-Rufen und gemeinsamen Liedern ging man zum gemütlichen Teil über. Am 10. November um 5 Uhr morgens wurde die Birkenauer Synagoge, die 1859 unter erheblichen Opfern der hier wohnenden Judenschaft erbaut worden war, von SA-Männern heimgesucht. Zunächst wurde das Innere der Synagoge, durch Aufbrechen einer Tür, gewaltsam betreten, die Bänke zertrümmert, mit Benzin übergossen und angezündet. Die Thorarollen wurden auf den brennenden Haufen geworfen. Die ganze Aktion wurde in großer Eile durchgeführt, da jeden Augenblick Arbeiter auf dem Weg zum Bahnhof vorbeikommen konnten. Solche Pogrome fanden überall in Deutschland statt, angeblich als Reaktion auf das Attentat Herschel Grünspans auf den deutschen Gesandtschaftsrat vom Rath in Paris, tatsächlich jedoch ein willkommener Anlaß zur systematischen Verfolgung der Judenschaft. Am nächsten Tag kamen SS-Trupps nach Birkenau, mißhandelten Juden und nahmen Geld und sonstige Wertgegenstände mit. Bereits im September hatte die Gemeinde versucht, die Synagoge von der jüdischen Gemeinde abzukaufen, ein entsprechender Grundbucheintrag erfolgte noch am 10. 11. 1938. Vom 14. bis 23. 12. war ein Arbeiter damit beschäftigt, die Spuren der sinnlosen Zerstörungswut in der Synagoge zu beseitigen. Die Gemeinde Birkenau trug sich mit dem Gedanken, die Synagoge zukünftig als Spritzenhaus zu nutzen, auf Drängen der Reichsbahnverwaltung wurde das Gebäude 1940 abgerissen. Am 10. November wurden die meisten jüdischen Männer verhaftet und in das Konzentrationslager Buchenwald oder Sachsenhausen/ Oranienburg bei Berlin gebracht. Am 12. 11. wurden Verordnungen erlassen, die

die Teilnahme der Juden am wirtschaftlichen und kulturellen Leben unmöglich machten. So mußten die letzten Birkenauer jüdischen Geschäfte bis Jahresende 1938 schließen.

Birkenau trug sich zum Jahresanfang mit großen Plänen. Es sollte ein Baugebiet, begrenzt von der Bahnhofstraße, dem Sandbuckelweg und dem Langenberg, mit etwa 110 Bauplätzen erschlossen werden. Doch die kommenden Ereignisse machten einen Strich durch diese Rechnung. Am 15. März war die Tschechoslowakei durch deutsche Truppen besetzt und in ein deutsches Protektorat umgewandelt worden. In Birkenau trafen sich aus diesem Anlaß, wie es heißt, die Volksgenossen zu einer spontanen Zusammenkunft im „Deutschen Kaiser" ein. Am 25. März fand wegen dieses Ereignisses eine Großkundgebung des NSDAP, Ortsgruppe Birkenau, im

Blick auf Birkenau vom Tannenbuckel, Sommer 1938

überfüllten Saal im „Birkenauer Tal" statt. Scheinbar unberührt von diesen Ereignissen lief das Alltagsleben weiter. Der Birkenauer Pfingstmarkt am 23. Mai war überaus gut besucht. Anläßlich einer Veranstaltung der NS-Frauenschaft wurden Ehrenkreuze an Mütter verliehen. Für Mütter mit vier und mehr Kindern gab es das Ehrenkreuz in Bronze, in Silber für mehr als sechs Kinder und in Gold für über acht Kinder. Der Sommer 1939 war gekennzeichnet durch eine lange Hitzeperiode, es herrschte Wassernot, Gärten durften nicht mehr bewässert werden. Das Schwimmbad verzeichnete Rekordbesuch. Am 18. Juni wurden KdF-Urlauber aus dem Raum Köln/Aachen verabschiedet, ebenso wie über 100 Hitlerjungen, die hier eine Freizeit verbracht hatten.

Der Birkenauer Bahnhof erhielt einen neuen Anstrich, zur Verschönerung des Ortsbildes sollte Blumenschmuck und die Freilegung von Fachwerk beitragen. Am 25./26. August trafen dann etwa 120 Einberufungsbefehle ein. Einen Tag später mußten 17 Pferde und 10 Kastenwagen nach Heppenheim gebracht werden. Auf dem Rathaus wurde ein Notdienst eingerichtet, der Tag und Nacht bereit sein mußte, eintreffende Befehle und Weisungen sofort weiterzuleiten. Am 28. August gab es erste

Einquartierungen in Birkenau, eine Infanterieeinheit mit über 30 Fahrzeugen galt es unterzubringen. Mit ganzseitigen Zeitungsartikeln wurde die Bevölkerung mit dem Umgang von Lebensmittelkarten vertraut gemacht. Es gab örtliche Lebensmittelkarten, Reichslebensmittelkarten, Fettkarten, Karten für Zucker und Marmelade, Brotkarten, Karten für Seife, Hausbrand, Kohlen und für sämtliche Bekleidung sowie Schuhe. Am 27. August wurden die Lebensmittelkarten mit einem LKW von Heppenheim nach Birkenau gebracht und mußten noch am gleichen Tag bis 18 Uhr an die Bevölkerung ausgegeben werden.

Am 1. September eröffnete um 4 Uhr 45 das Heer auf Befehl von Adolf Hitler den Krieg gegen Polen. England und Frankreich erklärten Deutschland am 3. September den Krieg. Infolge dieser Ereignisse kamen auch Birkenauer zu Arbeitseinsätzen an den sog. Westwall, einem Bunkersystem. Am 11. September rückte die Infanterieeinheit aus Birkenau wieder ab. Alle Fenster mußten nachts mit Pappe oder ähnlichem Material verdunkelt werden. Einen ersten Alarm gab es dann am 7. September. Wie es sich im Nachhinein herausstellte, handelte es sich um einen Probealarm. Anfang Oktober kamen die ersten Birkenauer aus dem Polenfeldzug zurück. Es fand für die Soldaten eine Büchersammlung statt. Angesichts des Kriegszustandes herrschte trügerische Ruhe. Am 21. November brannte es in der Ziegelei Mölter.

Untergasse mit Milchmann Adam Dörsam im Jahre 1940

Am 9. Februar 1940 wurden alle Hausbesitzer und Mieter aufgefordert, die Schneemassen auf den Gehwegen wegzuräumen. Die Filmvorführung am 28. Februar, „Der U-Bootkrieg 1914/18 und heute", sollte die Überlegenheit der deutschen Marine verdeutlichen.
Am 2. April befahl Hitler den Beginn der „Weserübung", d.h. Dänemark und Norwegen wurden besetzt. Am 10. Mai wurde die Offensive gegen Frankreich und Holland eröffnet. Als Geburtstagsgabe für den Führer wurde eine Sammlung Anfang April in Birkenau durchgeführt. Auf dem „Gabentisch" im Birkenauer Rathaus stapelten sich Zinn- und Kupfergeschirr, Bronzeplastiken und Messinggerätschaften. Die Helfer der NSDAP führten ab Juli Erntehilfeaktionen durch. Trotz des Krieges

„Sieben Mist" und ev. Kirche, 1918-48

Partie an der ev. Kirche, 1940

Birkenau, Sandbuckelgäßchen, 1940

Ecke zwischen Stutz und Hönig, 1940

hatte Birkenau beachtliche Übernachtungszahlen aufzuweisen. Die NS-Frauenschaft fertigte Kissen für verwundete Soldaten an. 1940 war der erste Birkenauer Soldat, Georg Roth, gefallen, der Anfang unsagbaren menschlichen Leids für die Hinterbliebenen. Doch war die Stimmung wegen der militärischen Erfolge eher positiv.
In diesem Jahr erwarb die Gemeinde Birkenau das Schwimmbad vom TV 1896 Birkenau, das dieser Verein im Juli 1926 fertiggestellt hatte, für 7000 Reichsmark.
Am 6. September 1940 wurde die örtliche Verdunkelung von 21.45 - 23.00 Uhr überprüft. Es gab 18 Beanstandungen, u.a. heißt es über die Wirtschaft zum „Deutschen Kaiser": „Hof durch Wirtschaft schlecht verdunkelt, Pissoir hell erleuchtet."
In der Nacht zum 16. Dezember kam es zu einem Fliegerangriff auf Mannheim. Von 20.30 bis morgens um 7.00 Uhr war fast ununterbrochen Flak zu hören. Das Geschehen war von Birkenau aus am nächtlichen Himmel zu beobachten.
Während des strengen und harten Winters 1940/41, Anfang Februar, wurden zwei Kompanien Soldaten des Infanterie-Regiments 352 einquartiert, die Ende März Birkenau wieder verließen. Während dieses Jahres kam es zu verstärkten Luftangriffen

Einquartierung - Ausmarsch 1941

auf Mannheim, was mit zum Anlaß genommen wurde, auch in Birkenau Erdbunker zu bauen. Solche Anlagen befanden sich „Am Lehenwald", „Am Tannenbuckel", auf der Liebersbacher Seite und an der Hauptstraße hinter dem Anwesen Böhm, „Am Binsenberg", „Am Scheeresberg", am Buckelsklammer Weg und dem Kaiserberg. Außerdem stand noch das Tunnel im Schloßpark zur Verfügung. Beim Bau des Erdbunkers „Am Lehenwald" kam bei einer Sprengung ein Mann ums Leben, zwei wurden schwer verletzt. Fliegerbomben wurden in Birkenau in der Nacht vom 22./23. Juli 1941 abgeworfen und gingen auf dem Waldgrundstück Hohenhecke nie-

der und explodierten. In Weinheim wurde auch die Firma Freudenberg getroffen, bei der Brandbekämpfung kam auch die Birkenauer Feuerwehr zum Einsatz. Durch die häufigeren Luftangriffe mußte die Bevölkerung nachts immer öfter in die relativ sicheren Schutzkeller. Dabei kam es vor, daß in einer Nacht der Schlaf mehrfach unterbrochen wurde. In der Landwirtschaft machte sich durch die vermehrten Einberufungen ein Arbeitskräftemangel breit, der durch französiche Kriegsgefangene gemildert werden sollte. Die französischen Arbeitskräfte waren in der Reisener Gastwirtschaft „Zum Weschnitztal" untergebracht. Vereinzelt kamen auch Polen zum Arbeitseinsatz, die aber direkt bei den Bauern nächtigten. In der Nacht zum 23. August war wiederum ein Luftangriff auf den Raum Mannheim, hierbei wurde auch die Birkenauertalstraße in Mitleidenschaft gezogen. Opfer wurde dabei die Frau des ehemaligen Friseurs Schmitt in der Obergasse 6, gegenüber dem Rathaus.
Am 2. November wurde eine Revision der in den Kellern eingelagerten vorrätigen Lebensmittel durchgeführt. In erster Linie ging es um die Kartoffelbestände. Ein erneut sehr strenger Winter 1941/42 mit Minustemperaturen bis 28 Grad sollte die Richtigkeit der Maßnahme bestätigen.

Die Birkenauer Judenschaft, die in den 1680er Jahren von der Ortsherrschaft von Bohn aus fiskalischen Gründen in Birkenau angesiedelt wurde, erlebte ihre bitterste Zeit und existierte ab Mai 1942 nicht mehr. Die letzte jüdische Beerdigung war am 10. Oktober 1941, es war die Frau des Emanuel Löb. Kurz nach Kriegsbeginn mußten die Birkenauer Juden zwangsweise in die Untergasse ziehen, sie waren bei der Ausgabe von Lebensmittelkarten und sonstigen Bezugsscheinen benachteiligt.
Einigen Mitgliedern der jüdischen Gemeinde gelang es auszuwandern, die Verbliebenen wurden in den ersten Apriltagen 1942 deportiert. Etwa drei Wochen später wurden die letzten sieben Birkenauer Juden mit einem Bus abgeholt und in das Konzentrationslager nach Theresienstadt gebracht. Es handelte sich ausschließlich um ältere Menschen, darunter befanden sich: Benjamin Löb, Sara Löb geb. Neumark, Emanuel Löb, Aron Löb und Berta Löb geb. Löb. Ein außergewöhnliches Schicksal durchlebte Berthold Löb, der seit 1932 mit seiner „arischen" Frau verheiratet war. Gewarnt, konnte er seinen Häschern im Februar 1943 entkommen. Unter Angabe, er sei der ausgebombte Rüstungsarbeiter Karl Müller, gelang es ihm, bis zum Kriegsende zu überleben. Seine Odysee ging über den Schwarzwald in den hinteren Odenwald (Amorbach, Boxbrunn, Obernburg, Walldürn).
Ohne die Mithilfe verschiedener katholischer Pfarrer und einiger Eingeweihter wäre der steckbrieflich gesuchte Berthold Löb wohl auch ums Leben gekommen.
Der Krieg hatte mittlerweile spürbare Folgen für die Bevölkerung. Dies kann man auch an den amtlichen Veröffentlichungen in Tageszeitungen nachvollziehen. Einige Beispiele des Jahres 1941: 9. 1. Gestellungsaufruf, 15. 3. Verteilung von Fischvollkonserven, 20. 3. Erfassung der Jahrgänge 1930 und 1931 in die HJ, 27. 3. Ausgabe von Zusatzseifenkarten, 31. 5. Fragebogen über Feststellung der Räder. Die Lebensmittelkarten der 27. Versorgungsperiode gelangen am Montag, dem 18. August (1941), und am Mittwoch, dem 20. August, in nachstehender Reihenfolge zu den beigesetzten Zeiten im Warteraum der Gemeindekasse zur Ausgabe. „Alle Ausweis-Nr. 1 - 250 Montagvormittag 7.30 - 11.30, alle Ausweis-Nr. 251 - 450 Montagnachmittag von 2.30 - 5.30, alle Ausweis-Nr. 451 - 650 Mittwochvormittag von 8.30 - 11.30, alle Ausweis-Nr. 651 - 846 Mittwochnachmittag von 2.30 - 5.30." Mit diesen

Lebensmittelkarten gelangen gleichzeitig neue Personalausweise zur Ausgabe. Die künftigen Ausgaben erfolgen dann jeweils nach den neuen Nummern, die besonders zu beachten und bei allen Anliegen, sowohl solchen bei der Ernährungsstelle wie auch bei der Wirtschaftsstelle, anzugeben sind. Bei Beantragung von Bezugsscheinen ist diese Nummer stets in der oberen rechten Ecke einzutragen. Die Zusatzlebensmittelbescheinigungen für Kranke und werdende Mütter gelangen am Donnerstag, dem 21. August, vormittags von 9 - 11 Uhr zur Ausgabe."

Im Frühjahr 1942 wurde Kupfer zur Herstellung von Führungsringen für Granaten benötigt. Kupferne Leitungen wurden von den Dächern genommen und durch herkömmliche Leitungen ersetzt. Wie fast in jedem Krieg, wurden die Glocken aus den Kirchen geholt und eingeschmolzen. Die Konfirmation 1942 fand deshalb ohne Glockengeläute statt. Die Schüler wurden verpflichtet, Kräuter zu sammeln, morgens mußte der Ertrag des Vortages in der Schule abgegeben werden. Die Blätter wurden auf dem Schulspeicher getrocknet und später abgeholt. In der Schule wurde auch eine Seidenraupenzucht eingerichtet, die als Futter dafür unentbehrlichen Maulbeerblätter wurden von Bäumen auf dem Scheeresberg geholt. Unter diesen dauernden Sonderaktionen litt der Schulunterricht. Das Schulbad, das der Bevölkerung zur Verfügung gestanden hatte, wurde wegen Kohlemangels geschlossen.

Anfang 1942 hatte sich als bedeutender Arbeitgeber die Firma Frank auf dem Gelände der ehemaligen Carlebachmühle etabliert. Karl Frank hatte die Absicht, „unter kriegsbedingten Schwierigkeiten schnell und sicher in einer restlos landwirtschaftlich orientierten Gegend eine moderne Fertigungsstätte (meßtechnischer Geräte) zu schaffen". Die Einberufung zum Kriegsdienst hatte einen eklatanten Arbeitskräftemangel zur Folge. Sieben Kriegsgefangene waren im Auftrag der Gemeinde mit allerhand unaufschiebbaren Arbeiten im Wald usw. beschäftigt, allein im Mai absolvierten die Männer 152 Arbeitstage. Im März war eine weitere Kürzung der Lebensmittelzuteilungen vorgenommen worden. Es gab weniger Brot, Fleisch und Fett, dafür hatte es erhöhte Käserationen und eine Sonderzuteilung Kondensmilch gegeben. Doch war man überhaupt froh, die stark reduzierten Zuteilungen zu erhalten. Die spärlichen, kaum mehr verwertbaren Küchenabfälle sollten dem Ernährungs-Hilfswerk (EHW) zur Verfügung gestellt werden. Mit diesen Abfällen wurden Schweine gemästet. Im November wurde verkündet, daß auch Frauen Branntwein erhalten sollten, luftgefährdete Gebiete und die in der Rüstungswirtschaft Beschäftigten erhielten eine Sonderration.

Strumpfhalter, Hosenträger usw. mußten genormt werden, und es gab sie nur noch in Eisen, glanz-oder messingverzinkt. In der Nacht vom 12. auf 13. Mai wurde ein Gehöft in Balzenbach von Bomben getroffen und brannte ab. Außer dieser todbringenden Fracht warfen die Alliierten Flugblätter ab, die schnellstmöglich eingesammelt und verbrannt wurden. Der Reichsluftschutzbund (RLB) teilte mit, daß Volksgasmasken eingetroffen seien, die an die eingeteilten Schutzkräfte verteilt würden. Die Fundunterschlagung einer Brotkarte hatte eine drastische Geldstrafe von 300 RM zur Folge.

1943 waren die unmittelbaren Folgen des Krieges durch verstärkte Luftangriffe für die Bevölkerung vermehrt spürbar. Deswegen wurde der Besuch der Luftschutzkurse forciert. Julius Hübner mußte 12 RM wegen Nichterscheinen bezahlen, wegen mangelhafter Verdunkelung mußte Elise Müller 50 RM Strafe zahlen, Else Meister mußte gar wegen Fernbleibens von den HJ-Diensten 80 RM berappen. Luftschutzbetten wurden von Heppenheim nach Birkenau gebracht, Merkblätter über den Umgang mit Blindgängern verteilt. Malermeister Georg Schäfer mußte vorsorglich Schilder mit der Aufschrift „Plünderer werden erschossen" anfertigen. In den Abendstunden des 9. Septembers 1943 fielen in der Hohe-Hecke fünf Luftminen. Der Angriff galt dem aus Richtung Fürth kommenden 20-Uhr-Zug, die Bomben verfehlten ihr Ziel, weil die Bahnlinie im Bereich des Dornweges nach rechts abbiegt. Peter Müller und Peter Speicher mußten im November 65 Stunden abgeworfene Blindgänger bewachen. Am 20. November wurde die Birkenauer Feuerwehr zur Brandbekämpfung nach einem Fliegerangriff nach Ober-Laudenbach beordert. Am gleichen Tag waren in der Birkenauer Schule durch eine Druckwelle sieben Scheiben zu Bruch gegangen. Am 31. Dezember 1943 kam es zu einem Flugzeugabsturz. Peter Spilger, ein Zeitzeuge, schildert dies so: „Gegen 11 Uhr setzte sehr starkes Flakfeuer ein. Es war ein besonders trüber Tag, Nebelwolken lagen über dem Birkenauer Tal. Das Flakfeuer war so stark, daß es Fenster und Türen erschütterte. Kurz nach 11.00 Uhr hörte man plötzlich Flugzeuggeräusche. Bürgermeister Jakob stand im hinteren Zimmer des Rathauses und schaute durch das Fenster in Richtung Spenglerswald. Plötzlich rief er: „Da stürzt ein Flugzeug ab". Das Flugzeug war dann ‚Am Schönherrnberg' hinter der Wohnbaracke von Adam Florig zu Boden gegangen. Man konnte noch zwei Fallschirme am Himmel erkennen. Der eine schwebte in Richtung Kallstädter Tal und der andere in Richtung Lehenwald. Bei dem Flugzeug handelte es sich nur um den Rumpf mit Leitwerk eines viermotorigen amerikanischen Bombers mit 10 Mann Besatzung. Der vordere Teil des Flugzeuges war durch Flaktreffer abgerissen und ist in Weinheim auf dem Bahnkörper in der Nähe der Firma Freudenberg abgestürzt. In dem Rumpf befand sich ein toter Amerikaner, und ein weiteres Besatzungsmitglied lag schwerverletzt neben dem Rumpf der Maschine. Die mit dem Fallschirm abgesprungenen Flieger wurden von der Polizei gefangengenommen und auf das Rathaus zum Verhör gebracht. Der Tote wurde auf dem hiesigen Friedhof beerdigt und nach dem Krieg von den Amerikanern in seine Heimat nach Manhattan im Staate Kansas überführt."

Am 25. März 1943 hatte in der Turnhalle eine Gedenkfeier für die Opfer des Krieges stattgefunden. Solche Feiern fanden regelmäßig statt. Am 29. Mai fand auf dem Tannenbuckel ein Sportfest des Jungvolkes und des Jungmädelbundes statt. Am 26. August war der Mannheimer Zirkus Bolisch zu Gast in Birkenau.
Großstädte wie Frankfurt wurden durch den stärker werdenden Luftkrieg besonders stark in Mitleidenschaft gezogen. Am 22. März 1944 wurden deshalb Hitlerjungen, aber auch ältere Männer zu Aufräumungsarbeiten und anderen Hilfsdiensten dorthin beordert. Die Arbeit wurde dabei öfters durch Flugalarm unterbrochen. Am 24. März war wieder Einsatz in Frankfurt. Auf dem Weg zum Einsatzort fuhren einige LKW vor den Birkenauer Männern eine Gruppe aus Reisen, wieder gab es Fliegeralarm. Die Gruppe aus Reisen suchte Schutz in einem Luftschutzkeller, der verschüttet wurde. Vier Tote aus Reisen, Heinrich Eschwey, Johannes Getrost, Adam Jakob und Adam Schab waren zu beklagen.
Am 22. April schlug ein Blindgänger durch das Dach des Anwesens Birkenau, Hauptstraße 98 ein. Die hochschwangere Katharina Döring, geb. Mastelotto, fand dabei den Tod, das Kind konnte gerettet werden. Auf dem Rathaus war rund um die Uhr ein Notdienst eingerichtet. Aufgrund der Radiodurchsagen konnte man den

Anflug auf unser Gebiet, das Planquadrat SS „Siegfried-Siegfried", genau verfolgen. Die Birkenauer Feuerwehr hatte auch Einsätze in den Nachbarorten, am 25. April in Fürth, wo 18 Häuser in Brand gerieten und in Groß-Breitenbach. Im Buchklinger Wald explodierten Brandbomben. Entlang der Straße nach Nieder-Liebersbach, und zwar am Ortsausgang, damals Anwesen Mader/Florig, und zwischen dem Hasselhof explodierten Sprengbomben. Zunehmend wurden Flugblätter abgeworfen, die ausländische Arbeitskräfte zur Sabotage aufforderten. Dies blieb nicht ohne Wirkung. So verging kaum ein Tag, an dem nicht Leute aus diesem Personenkreis auf dem Rathaus arrestiert wurden. Verschiedene Male gelang die Flucht aus der Zelle. Einmal entwich dem Gemeindediener ein Gefangener, der unbeaufsichtigt zur Toilette gehen sollte. Die Zelle wurde verriegelt, ohne daß der Gefangene wieder einsaß. Erst als die Polizei die Zelle öffnete, stellte sich heraus, daß der Gefangene mit einem geschulterten Besen das Weite gesucht hatte.
Vier Russen, darunter eine Frau, entwichen nachts durch ein kleines Fenster und seilten sich ab, nachdem unter großem Kraftaufwand eiserne Staketen entfernt worden waren.

Am 11./12. war ein schwerer Luftangriff auf Darmstadt, wieder mußten Jugendliche aus Birkenau Aufräumungsarbeiten leisten. Mehrfach wurde auch die Bahnlinie Weinheim-Fürth angegriffen, dabei gab es auch Tote und Schwerverletzte. Am 15. Dezember gab es um 17.40 Uhr Luftalarm, der vollbesetzte 18.00 Uhr-Zug aus Richtung Weinheim blieb auf offener Strecke stehen. Unter den Fahrgästen brach Panik aus, Hunderte Personen suchten Schutz im Stollen an der Buckelsklamm. Viele von ihnen rutschten die Bahnböschung hinunter und verletzten sich dabei. In der Turnhalle und in der Schule waren Luftschutzbetten aufgestellt worden. Schilder wiesen den Weg zu den Luftschutzstollen. Seit dem 20. November 1944 war in Birkenau die Luftwaffeneinheit L 14960 mit 40 Fahrzeugen stationiert. Die Fahrzeuge waren im wamboltischen Park und dem Schloßgelände untergestellt. Angst ging in der Bevölkerung um, daß diese Einheit angegriffen und damit der Ortskern zerstört werden könnte. Drei Mann dieser Einheit wurden am 2. Februar 1945 bei einem Einsatz in Mannheim getötet und unter großer Anteilnahme in Birkenau beigesetzt. Am 22. März 1945 wurde eine Frau aus Birkenau im Zug, auf dem Weg zu ihrem Mann in Lindenfels, der dort im Lazarett lag, mit ihren beiden Kindern vor Mörlenbach Opfer eines Fliegerangriffs. Ein weiteres Todesopfer war am 22. März um die Mittagszeit zu beklagen. An der Mauer des Korneliusheimes, jetzt Birkenauer Rathaus, wurde durch einen Jabo-Angriff ein Soldat getötet. Ein anderer Birkenauer wurde am 23. März 1945 durch Jagdbomberbeschuß in Weinheim im Bereich des Bahnhofes getötet.
Die Front im Westen rückte immer näher, in der Nacht zum 25. März war deutlich Artilleriefeuer zu hören. Immer mehr Flüchtlinge kamen aus den Städten in den Odenwald, ihnen folgten die völlig erschöpften Truppen. Müde und am Ende ihrer Kräfte wurden die Soldaten in Privatquartieren untergebracht, auch im Rathaus auf den Fußböden und auf der Treppe schliefen sich diese Männer aus. Beim Abmarsch wurden Panzerfäuste und Munition zurückgelassen.

Am frühen Morgen des 29. März 1945, gegen 5.00 Uhr vernahm man Motorgeräusche, es waren amerikanische Panzerspähwagen, die in der Kreuzgasse Richtung

Obergasse standen. Die abziehenden deutschen Truppen hatten am Bahnübergang einen Waggon mit Holz beladen, die Räder abgesprengt und als Panzersperre zurückgelassen. Amerikanische Soldaten wollten schon an diesem Waggon Sprengladungen anbringen, um den Weg freizumachen. Couragierte Anwohner baten die Soldaten, von ihrem Tun Abstand zu nehmen, was dann geschah. Wäre die Sprengung durchgeführt worden, gäbe es heute vermutlich kein historisches Birkenauer Rathaus mehr. In aller Eile wurde versucht, den Waggon zu entladen, als dies halb geschehen war, kam eine andere amerikanische Einheit, schüttete Benzin auf das Holz und zündete es an. Gott sei Dank kam es hierbei zu keinen weiteren Schäden. Nachdem das Feuer gelöscht war, wurde mit Hilfe eines Flaschenzuges der Waggon vom Bahnübergang weggezogen. Ab sofort übernahm die Militärregierung die Verwaltung, was augenscheinlich durch eine Bekanntmachung im Aushangkasten der Bevölkerung mitgeteilt wurde: „Auf Anordnung der amerik. Militär-Kommandantur Weinheim wurde heute der seitherige Bürgermeister Jakob und weitere Bedienstete mit sofortiger Wirkung des Amtes enthoben. Zum Bürgermeister der Gemeinde Birkenau wurde Germann Guby ernannt."
Ohne Passierschein konnte man fortan nicht einmal in die Nachbargemeinden gelangen. Germann Guby fungierte nur kurze Zeit als Bürgermeister. Nachfolger wurde Georg Hirt, der ein schweres Amt antrat. Wiederum einige Tage später wurden Männer namhaft gemacht, die dann sozusagen als Gemeinderat tätig wurden.

Der unselige Krieg war vorüber. Neben persönlichen Entbehrungen und Enttäuschungen hatte er für eine Vielzahl von Familien Opfer und Leid gefordert, die mit Worten auch nicht annähernd zu schildern sind. Männer waren in den Krieg gezogen, der Sohn, Ehemann und Vater war von den Seinigen getrennt.
535 Männer kehrten nach durchstandener Kriegsgefangenschaft bis Ende 1946 zurück, nach dem 1. Januar 1947 folgten nochmals 117 Männer, im damaligen Sprachgebrauch als „Spätheimkehrer" bezeichnet. Mancher Kriegsteilnehmer hatte schwerste Verletzungen davongetragen und stand als Ernährer seiner Familie nicht mehr zur Verfügung. Mehrere Jahre Trennung von der Familie bedeuteten Anpassungsschwierigkeiten, der vor dem Krieg vorhandene Arbeitsplatz stand meist nicht mehr zur Verfügung.
Während des Krieges war es Aufgabe des Ortsgruppenleiters der NSDAP, Glaßer, den Angehörigen die schreckliche Nachricht vom Tod ihrer Männer, die an der Front gefallen waren, zu überbringen. Lief der Ortsgruppenleiter abends durch die Birkenauer Straßen, so war man froh, wenn er vorüberging, bedeutete dies doch vermeintlich, daß der zum Kriegsdienst eingezogene Angehörige noch am Leben war.
266 Personen, überwiegend Männer, aber auch einige Frauen als zivile Opfer, waren im Krieg umgekommen oder galten als vermißt. Ihre Namen sind am Kriegerdenkmal (am Juliusbrunnen) für die Nachwelt festgehalten.

Kriegerdenkmal für die Gefallenen des I. und II. Weltkriegs

Tafel 1:

    Ackermann, Franz Xaver * 8.3.1924, † 1945
    Ackermann, Karl * 4.7.1913, † 1944
    Amend, Johannes * 3.6.1910, † 1944
    Amend, Karl * 5.8.1918, verm. 1943
    Andes, Heinz * 1.4.1923, † 1943
    Arnold, Georg *27.7.1913, † 1946
    Arnold, Joseph * 10.7.1904, verm. 1943
    Artmeier, Peter * 23.6.1914, † 1944
    Ballmann, Etzel * 6.10.1925, verm. 1945
    Bartsch, Ernst * 8.12.1901, † Schlesien 1948
    Bechtold, Philipp * 29.6.1906, † 1942
    Bechtold, Walter * 14.4.1920, † 1943
    Becker, Abraham * 1.9.1907, † 1943
    Becker, Peter * 15.8.1892, † 1945
    Beitel, Artur * 7.9.1897, † 1945
    Bernauer, Ernst * 10.6.1914, † 1944
    Berthold, Georg * 8.8.1910, † 1944
    Böhm, Adam * 20.11.1909, verm. 1944
    Böhm, Alois * 5.11.1924, † 1943
    Böhm, Hans * 24.2.1917, † 1943
    Böhm, Karl * 14.4.1912, † 1941
    Bormuth, Karl * 19.3.1914, verm. 1945
    Bräumer, Karl * 13.1.1904, † 1945
    Brauch, Otto * 7.5.1911, † 1942
    Brehm, Adam * 10.9.1913, † 1944
    Brehm, Georg * 19.6.190 ?, † 1942
    Brehm, Hans * 7.1.1915, † 1946
    Brehm, Johann Georg * 14.3.1898, † 1945

Brehm, Paul * 13.7.1915, † 1945
Brehm, Philipp * 17. 7. 1914, † 1944
Breit, Rudolf Emil * 8.7 1911, † 1944
Büchler, Karl Heinrich * 4.9.1911, † 1944
Bundschuh, Georg * 2.5.1909, verm. 1943
Christ, Hubert * 20.1.1908, Sudeten, verm. 1944
Denger, Hans * 6.5.1886, † 1945
Dörsam, Adam * 2.11.1918, † 1942
Eck, Hans * 22.5.1921, † 1942
Eberle, Adam * 27.8.1909, † 1944
Effenberger, Heinrich Ernst * 12.1.1903, Mähr. Rothwasser † 1944
Ehrenfried, Hermann * 22.7.1923, verm. 1943
Ehret, Adam * 3.12.1912, † 1942
Ehret, Hans * 7.2.1908, verm. 1944
Ehret, Karl * 3.12.1910, † 1943
Eitenmüller, Johannes * 11.12.1911, verm. 1944
Eitenmüller, Philipp * 2.7.1908, † 1943
Emich, Ernst * 27.8.1926, verm. 1945
Erdmann, Philipp * 17.12.1894, verm. 1945
Erhard, Ernst * 22.4.1914, † 1942

Tafel 2:

Erhard, Johann Peter * 6.6.1910, † 1945
Ernst, Willibald * 29.11.1920 Schlesien, verm. 1944
Eschwey, Nikolaus * 7.8.1903, verm. 1945
Ewald, Karl * 22.3.1908, † 1944
Exner, Hugo * 14.6.1922, Sudetenl., † 1944
Fändrich, Georg * 30.9.1906, † 1944
Farnkopf, Wilhelm * 29.11.1915, † 1943
Fath, Adam * 18.8.1909, † 1945
Fischer, Ernst * 24.5.1916, † 1942
Fischer, Friedrich * 2.3.1902, † 1943
Fischer, Hans * 27.11.1927, verm. 1945
Fischer, Harry * 20.8.1917, † 1944
Fischer, Josef * 15.8.1920 Sudetenl., † 1942
Fischer, Wilhelm * 5.8.1885 Polen, † 1939
Florig, Peter Andreas * 29.11.1908, † 1945
Frei, Adolf * 4.12.1918, † 1945
Füssel, Josef * 29.10.1912 Schlesien, verm. 1942
Fuhr, Wilhelm * 10.12.1919, † 1944
Fuhrmann, Othmar * 8.10.1928 Sudetenl., † 1945
Funk, Bruno * 22.4.1914 Ostpr., † 1943
Funk, Josef * 11.3.1910 Ostpr., † 1945
Funk, Paul * 30.1.1920, † 1941
Gampe, Walter * 27.12.1923 Gablonz, † 1944
Gaulrapp, Theodor * 14.5.1921, † 1943

Gebhard, Karl * 6.11.1898, † 1943
Geiss, Hans * 24.3.1906, † 1941
Geiss, Hans * 3.2.1921, † verm. 1942
Geiss, Nikolaus * 9.3.1902, † 1945
Gerbig, Georg * 20.9.1919, † 1941
Gerbig, Wilhelm * 23.9.1918, verm. 1944
Gerstenmeier, Rudolf * 30.9.1914, † 1944
Gölz, Adam * 10.9.1916, † 1943
Gölz, Werner * 8.10.1923, † 1945
Gräber, Karl Wilhelm * 8.8.1913, † 1943
Groh, Peter * 3.2.1916, † 1945
Guldner, Adam * 7.1.1911, verm. 1944
Guldner, Paul, * 28.1.1910, † 1943
Haas, Wilhelm * 7.7.1918, † 1944
Hahn, Karl * 8.6.1920 Lauterbach, Kr. Elbogen, † 1941
Hammer, Josef * 7.5.1914 CSR, † 1944
Hausch, Daniel * 24.6.1912 Rumänien, † 1945
Heckmann, Heinz * 22.7.1920, † 1941
Heiligenthal, Franz * 9.7.1908, † 1945
Henkel, Hermann * 30.7.1908, † 1943
Hess, Ernst * 2.12.1924 CSR, † 1944
Hofmann, Heinz * 7.7.1924, verm. 1944
Heinzelbecker, Georg * 20.12.1901, † 24.1.1945

Tafel 3:

Hofmann, Peter * 24.3.1918, † 1945
Hofmann, Willi * 17.7.1920, † 1942
Horneff, Philipp * 6.4.1910, † 1944
Horneff, Walter Adam * 25.1.1924, † 1944
Horneff, Wilhelm * 5.12.1901. † 1943
Horneff, Wilhelm Fr. * 30.12.1922, verm. 1942
Hübner, Ernst * 1.8.1921, † 1945
Hübner, Julius * 28.11.1925, † 1944
Hühn, Hans * 19.6.1910, † 1943
Hufnagel, Kurt * 3.8.1924, † 1944
Iselin, Ernst * 19.10.1905, † 1945
Jäger, Albert * 6.12.1911, † 1942
Jakob, Karl * 2.9.1919, verm. 1942
Jakob, Leonhard * 15.5.1919, † 1943
Jakob, Peter * 1.6.1906, verm. 1944
Jakob, Walter * 4.11.1914, verm. † 1943
Jakob, Willi * 7.9.1917, † 1942
Jantzen v. d. Mühlen, August * 5.10.1896, verm. 1944
Jeck, Adam * 29.8.1913, †1940
Jeck, Michael Karl * 3.11.1905, † 1947
Jonack, Siegfried * 22.12.1914 Pommern, verm. 1942

Jost, Johannes * 25.3.1907, † 1943
Jost, Karl * 18.12.1914, verm. 1945
Jost, Philipp * 19.8.1909, verm. 1944
Jüllich, Georg I * 15.10.1903, verm. 1945
Kadel, Adam 6. * 20.9.1906, † 1943
Kadel, Karl * 23.1.1910, † 1944
Kain, Franz * 21.9.1921, verm. 1942
Kain, Otto * 9.5.1920, † 1940
Keck, Friedrich * 29.9.1920, † 1944
Kilian, Peter * 30.3.1919, † 1942
Kinscherf, Adolf * 17.8.1919, verm. 1943
Kinscherf, Franz * 24.9.1915, verm. 1944
Kinscherf, Hermann * 7.5.1918, † 1941
Klein, Jakob * 21.1.1912, † 1945
Klein, Johannes * 21.11.1906, † 1943
Klein, Peter * 30.3.1908, † 1943
Klinger, Egon * 12.9.1925, † verm. 1944
Klingmann, Kurt * 3.8.1922, † 1943
Knapp, Georg Leonhard * 6.8.1926, † 1944
Knapp, Heinz * 22.6.1928, † 1944
Knaup, Karl * 23.10.1909, † 1944
Kohl, Adam * 23.8.1910, verm. 1944
Kometter, Karl * 29.4.1914, † 1942
Korgitta, Arthur * 1.7.1912, † 1944
Krämer, Peter * 31.5.1910, † 1946
Krauss, Georg * 3.11.1906, † 1944
Krauss, Hermann * 16.10.1909, † 1944

Tafel 4:

Krausse, Heinrich * 21.8.1924, verm. 1945
Kromer, Friedrich * 22.5.1905 Sudetenland, verm. 1945
Krutzke, Richard * 13.6.1899 Österreich, verm. 1945
Lenz, Heinrich Wilhelm * 27.4.1904, † 1944
Lieberknecht, Karl * 17.9.1910. † 1942
Lust, Walter * 10.5.1922, † 1943
Maier, Hans * 12.5.1913. † verm. 1942
Maier, Heinrich * 31.1.1921, † verm. 1942
Maletzky, Richard * 7.8.1902 Schlesien, † 1946
Mangold, Karl Philipp * 7.9.1894, † 1945
Mecking, Julius * 14.11.1914, † 1944
Melbert, Georg Karl * 9.8.1921, † verm. 1944
Melbert, Hans Bernhard * 24.10.1923, † 1943
Metz, Erich * 11.12.1926, † 1944
Metzger, Adam * 8.4.1922, verm. 1943
Metzger, Georg Friedrich * 1.5.1918, † 1944
Metzger, Heinrich * 16.11.1919, † 1941

Muchau, Philipp * 3.4.1914, † 1944
Müller, Friedrich * 8.10. 1925, † 1944
Müller, Fritz * 30.7.1921, † 1943
Müller, Hans * 5.1.1924, † 1945
Müller, Karl * 8.11.1928, †1945
Müller, Michael * 26.8.1909, † 1943
Müller, Otto * 20.4.1926, verm. 1945
Müller, Reinhold * 11.4.1927, verm. 1945
Müller-Glaser, Georg *12.12.1921, † 1941
Nikolai, Peter * 3.4.1907, verm. 1945
Oehlenschläger, Waltraud * 29.7.1924, † 1945
Ölschläger, Heinz * 26.1.1924, † 1943
Peller, Alois * 8.2.1917 Sudetenland, * 1944
Peller, Franz * 25.2.1915 Sudetenland, * 1942
Poth, Friedrich * 9.3.1914, † 1944
Quenzer, Franz * 20.9.1914. † 1944
Reinhard, Hermann * 6.4.1910, † 1944
Reinhard, Johannes * 9.3.1909, † 1944
Reinhard, Karl Julius * 16.9.1905, verm. 1945
Reinig, Erich * 10.8.1923, † 1943
Richter, Ernst * (unbekannt), Mähr.-Schönberg, verm. 1945
Roth, Georg * 24.7.1910, * 1940
Roth, Hans * 15.11.1913, * 1944
Sachs, Karl * 13.7.1916, † 1942
Sachs, Leonhard * 30.10.1913, † 1945
Sachs, Valentin * 15.8.1904, † unbekannt

Tafel 5:

Sachs, Wilhelm * 15.3.1919, * 1945
Sander, Karl-Peter Ernst * 8.6.1900, † 1945
Sattler, Adam, *16.4.1916, † 1941
Sattler, Jakob * 8.3.1914, † 1944
Sauer, Leonhard * 30.7.1908, † 1941
Schaab, Adam, * 2.10.1905, † 1948
Schaab, Adam * 21.9.1920, verm. 1945
Schabel, Georg * 9.3.1923, † 1942
Schäfer, Adam * 3.1.1920, † 1958
Schäfer, Karl * 20.4.1922, verm. 1944
Scharmann, Ferdinand * 11.9.1915 CSR, * 1943
Scheidel, Wilhelm Alois * 16.3.1918, † 1941
Scheller, Hans * 3.12.1908, verm. 1943
Scheller, Karl * 13.2.1904, † 1947
Scheller, Peter * 1.11.1927, † 1945
Scheuermann, Hans * 23.7.1924, † 1944
Scheuermann, Helmut * 9.7.1923, † 1943
Scheuermann, Karl * 22.8.1915, † 1943

Schickle, Willi * 6.11.1923, † 1944
Schindler, Emil * 5.12.1917 CSR, † 1944
Schindler, Karl * 5.4.1923, verm. 1942
Schmid, Rudolf * 26.6.1908 Sudetenl., verm. 1945
Schmidt, Erwin * 12.8. 1907 Dt.-Liebau, † 1944
Schmidt, Karl * 11.8.1920, † 1944
Schmitt, August * 19.1.1913, † 1944
Schmitt, Friedrich * 30.10.1913, verm. 1944
Schmitt, Fritz * 13.3.1923, verm. 1945
Schmitt, Georg * 4.3.1914, † 1945
Schmitt Heinrich * 23.1.1922, † 1943
Schmitt, Ludwig * 24.5.1911, † 1943
Schnürer, Josef * 6.1.1919 Slowakei, † 1945
Schönleben, Wilhelm * 18.10.1901, † 1945
Schrödelsecker, Wilhelm * 22.2.1913, † 1945
Schuch, Gerd * 18.9.1925, verm. 1944
Schuch, Jakob * 9.12.1916, † 1941
Schütz, Hans * 15.8.1908, † 1943
Schütz, Wilhelm Georg * 26.11.1905, † 1944
Schunk, Julius * 22.9.1914 Sudetenland, † 1944
Schunk, Rudolf * 23.4.1910 Sudetenland, † 1942

Tafel 6:

Schuster, Johann * 6.7.1911 Sudetenland, † 1945
Schwabenland, Johannes * 7.8.1918, † 1941
Schwöbel, Oskar * 16.6.1901, verm. 1945
Schwöbel, Walter * 24.12.1920, † 1942
Seip, Karl * 19.10.1919, † 1942
Seip, Wilhelm * 13.7.1910, † 1944
Staab, Franz * 7.9.1911, † 1942
Stanek, Hans * 11.11.1897 Sudetenland. † 19 4 ?
Stein, Erich * 11.2.1920, † 1945
Stein, Hans * 2.8.1921, † 1944
Stephan, Gustav * 1.12.1902 Olbersd./Friedl., verm. 1943
Stief, Hans *13.8.1909, verm. 1944
Strauss, Georg * 12.2.1920, † 1943
Strauss, Walter * 26.10.1924, verm. 1943
Stutz, Ernst * 13.8.1920, † 1943
Szelag, Anton * 21.3.1927, † 1944
Thoma, Anton * 22.12.1878 Ungarn, † 1944
Treiber, Hugo * 29.1.1916, † 1947
Tritsch, Jakob * 19.8.1909, † 1945
Unholzer, Albinus * 5.8.1906, verm. 1944
Unrath, Peter * 3.2.1923, † 1944
Vetter, Adam * 24.6.1909, verm. 1943
Vogel, Ludwig * 8.2.1919, verm. 1943

Wagner, Erwin * 29.2.1908 Sudetenland, † 1945
von Wambolt, Karl Philipp * 23.1.1924, verm. 1944
Weber, Georg Adam * 19.1.1927, † 1945
Weber, Hans * 21.2.1919, † 1944
Weber, Kurt * 30.5.1927, verm. 1944
Wecht, Hans * 16.2.1924, verm. 1944
Wedel, Friedrich Wilhelm * 30.4.1915, verm. 1945
Weigold, Heinrich * 31.3.1903, † 1952
Wiegand, Hugo Franz * 9.2.1907, † 1944
Zotz, August Otto * 24.1.1914, † 1945
Zopf, Friedrich * 23.2.1908, † 1945
Zopf, Johannes * 28.2.1918, † 1941
Zopf, Michael * 16.4.1908, † 1945
Kistner, Franz * 7.10.1895, † 1946
Götz, Ernst * 23.9.1910, † 1945
Fendrich, Heinrich * 3.3.1910, † 1943
Döring, Käthe, geb. Mastelotto * 23.4.1914, † 1944

Im April/Mai 1945 fand eine Wohnraumaufnahme statt, die Grundlage für die Einweisung von Obdachlosen und Flüchtlingen war. Damit war man allein drei Wochen beschäftigt, eine erneute Wohnraumaufnahme war im November. Überhaupt wurden alle lebensnotwendigen Gebrauchsgüter und Lebensmittel aufgenommen: Geflügel und sonstiges Vieh, Saatkartoffeln, Kohlevorräte, Schafwolle usw.

Am 2. Mai 1945 war das Anzeige- und Verordnungsblatt für den Kreis Heppenheim wieder zugelassen worden. Die Bekanntmachungen und sonstige Veröffentlichungen beschäftigten sich fast allesamt mit der Verwaltung des Mangels. Das Vermögen von ehemaligen Mitgliedern der NSDAP, das diese seit 1933 erworben hatten, war meldepflichtig. Es bestand von abends 20.00 Uhr bis morgens 6.00 Uhr ein striktes Ausgangsverbot. Amerikanische Militärpersonen hatten den Befehl, bei Zuwiderhandlungen zu schießen.

Wie schon während des Krieges gab es Lebensmittel aller Art nur gegen Bezugsscheine. Die gesamte Preisgestaltung sollte überwacht werden, wobei das Höchstmaß der Strafe „unbeschränkt" war. Geldhamstern war nach einer Bekanntmachung vom 18. Juli 1945 verboten, ebenso der sog. Schwarzhandel, der trotz allem blühte. Erzeuger hatten sämtliche Produkte abzuliefern. Öfen, Möbel, Fahrräder usw. gab es nur gegen Bezugsscheine. In diesem ganzen Chaos waren Familien bemüht, die in den Kriegswirren vermißten Angehörigen mit Hilfe des Roten Kreuzes ausfindig zu machen. Was auf Bürgermeister Georg Hirt einstürzte, kann man heute nicht mal erahnen. Reibereien zwischen zwangseingewiesenen Personen und Hauseigentümern waren fast an der Tagesordnung. Wohnraum war ein äußerst kostbares Gut, dabei hatte ein Flüchtlingsstrom eingesetzt, wie ihn Deutschland bislang noch nicht gekannt hatte. Es galt, trotz des chronischen Lebensmittelmangels noch mehr Münder zu stopfen als vorher.

Kurze Zeit nach Ankunft der Amerikaner kam der Birkenauer Jude Berthold Löb mit dem Fahrrad nach Birkenau zu seiner Familie zurück. Obwohl auch in seiner Verwandtschaft Opfer des Nazi-Regimes zu beklagen waren, setzte er sich vorbehaltlos

für die Bevölkerung ein. Er organisierte aus dem Bauland verschiedene Fuhren mit Kartoffeln, ein anderes Mal eine Kuh. Der Kreis Bergstraße beschlagnahmte jedoch ab der vierten Fuhre die Kartoffeln. Dringend wurden Lebensmittel benötigt.
Im April 1945 kamen 77 Sack Bohnen mit ca. 117 Zentnern aus Reisen nach Birkenau. Die wamboltische Gutsverwaltung Klein-Rohrheim veranlaßte den Transport von Saat-Mais, Saat-Gerste und Saatkartoffeln. Die Gemeinde erhielt am 22. Mai 1945 über 5.500 kg Kartoffeln, am 22. Juni wurden 6.000 kg Kartoffeln aus Tauberbischofsheim herangekarrt.
Von den Amerikanern war das Schloß requiriert worden, etwa 25 Offiziere und Mannschaften waren darin untergebracht. Nachdem die Familie Wambolt ihr Eigentum zurückerhalten hatte, mußten im Schloß, Komtessenhaus, Rentamt und anderen Baulichkeiten Evakuierte und Flüchtlinge untergebracht werden. Die Gemeinde war verpflichtet, den Neuankömmlingen ein Dach über dem Kopf zu bieten. Flüchtlingskommissar Lindner schrieb am 10. November 1945 an das wamboltische Rentamt: „Wir möchten Ihnen freundlich anheimstellen, daß alle Räume in Ihrem Schloß von Ihnen noch einmal einer gründlichen Durchsicht unterzogen werden müssen. Wir bekommen in den nächsten Tagen 400 Ostflüchtlinge zugewiesen und benötigen Platz. Durch Aushang an den Bekanntmachungstafeln wird noch besonders darauf hingewiesen."
Jede eingesessene Birkenauer Familie mußte zusammenrücken, damit die Neuankömmlinge Platz fanden, so auch der wamboltische Diener Wenzel, der eine Dachkammer für die dreiköpfige Familie Funk in der Hauptstraße 88 räumen mußte. Sogar die Waschküche im Schloß sollte zu Wohnzwecken umgebaut werden, was jedoch nicht realisiert wurde. In den wamboltischen Anwesen waren ständig ca. 60 Personen untergebracht. Räumliche Enge und verschiedene Temperamente brachten es mit sich, daß es zu ständigen Reibereien zwischen Hauseigentümern und eingewiesenen Personen kam. Andererseits gab es durchaus auch positive Beispiele. Im Dezember 1945 wurde ein Gemeindewahlgesetz erlassen, das die Grundlage für einen kommunalpolitischen Anfang bildete. Im April wurde Bürgermeister Georg Hirt in seinem Amt bestätigt. Bis August 1946 hatte der Kreis Bergstraße 10.000 Flüchtlinge aufgenommen, hinzu kamen schätzungsweise 12.000 bis 15.000 Personen, die durch Luftangriffe ihr Dach über dem Kopf verloren hatten. Dabei war noch nicht einmal die Hälfte der Aufnahmequote des Kreises erfüllt. Als eine Schutzmaßnahme wurde die nächtliche Ausgangssperre wieder eingeführt, da Diebereien auf erntereifen Feldern überhand genommen hatten. Außerdem gab es eine Wildschweinplage, da alle Waffen abgegeben worden waren. Die Förster sollten deshalb wieder Gewehre erhalten.
1946 waren auch sog. Spruchstellen entstanden, die Nazi-Verbrechen aufdecken sollten. Jeder Deutsche über 18 Jahre mußte Fragebogen ausfüllen. Es wurde danach gefragt, ob man einer Organisation der NSDAP angehört, welche Aktivitäten man von 1933 - 1945 entwickelt hatte usw. Je nach Sachverhalt wurde eine Klassifizierung vorgenommen, u.U. waren Geldstrafen, Gefängnisstrafen und Berufsverbote fällig. Per Postkarte erhielten unbelastete Zeitgenossen die Nachricht, daß sie nicht betroffen seien. Diese ganze Aktion ging unter dem Begriff „Entnazifizierung" in die Geschichte ein.
Die angespannte Versorgungs- und Ernährungslage ging natürlich auch nicht an Birkenau spurlos vorüber. Es wurden wieder verschiedene Erhebungen durchgeführt:

Wohnraumzählung, Vieh- und Schweinezählung, Feststellung des Hühnerbestandes, Schafszählung, Obstbaumzählung, Zählung von Landmaschinen, Gemüseerhebung und die Feststellung der Anbauflächen überhaupt.

Aus Rohrbach und Löhrbach wurden Kartoffeln herbeigeschafft. Die KPD führte am 8. September eine Tanzveranstaltung durch, der Erlös von 677, 70 RM kam 124 Waisenkindern zugute. Das Vereinshaus wurde an die rechtmäßigen Eigentümer zurückgegeben, ein Vermerk hierzu lautet: „Die Turnhalle, die ihrem ursprünglichen Zweck wieder zugeführt wurde, wird von der Betriebsgemeinschaft Vereinshaus Birkenau verwaltet, die auch alle Lasten trägt. Eine generelle Verfügung der von der NSDAP an sich genommenen, gestohlenen Gebäude und Sachwerte an die rechtmäßigen Eigentümer ist in Bälde zu erwarten."

Die Feuerwehr wurde neu organisiert, wegen Nichterscheinen am Feuerwehrdienst am 19. Mai 1946 wurden 132 Geldstrafen von je 5 RM ausgesprochen.

Der Winter 1946/47 brachte für die durch den Flüchtlingsstrom angewachsene Bevölkerung ernsthafte Versorgungsschwierigkeiten. Die Stromversorgung wurde kontingentiert. An die Bauern wurde ein Aufruf gerichtet: „Bauer, halte Dir einmal vor Augen, wie einer Mutter zumute ist, wenn ihr Kind sie bittet: ‚Ich habe Hunger' – weil sie diese Bitte nicht erfüllen kann, weil sie einfach kein Brot hat! Hast Du das Gefühl, Dein Möglichstes auch getan zu haben, durch weitestgehende Ablieferung, den Hunger der vielen Stadtkinder, die genau wie die Deinen wachsen, stark und gesund sein sollen, zu lindern?"

Zwei Wochen später wurde ein noch dringenderer Aufruf veröffentlicht: „Ist Dir bekannt, daß im Landkreis Bergstraße Tausende, darunter Greise, Frauen und Kinder, gänzlich ohne Kartoffeln sind? .. Landwirt! Kartoffelerzeuger! Weißt Du, daß der Hunger alle Schranken der Gesetzesmäßigkeit und Einsicht überrennt? ... Rette die Hungernden, Hilf! ... Zeigt alle, daß Ihr noch ein Herz habt! Gebt Kartoffeln, soviel Ihr könnt!"

Zum Jahresanfang 1947 wurde eine Amnestie für diejenigen verkündet, die noch nicht ihre Waffen abgegeben hatten und dies bis 10. Februar straffrei nachholen konnten. Die Polizeiberichte aus dieser Zeit spiegeln einige typische Sachverhalte wider, so z.B. zunehmend Einbrüche, bei denen hauptsächlich Lebensmittel abhanden kamen. Typisch war auch, daß durch falsche eidesstattliche Erklärungen vermehrt Doppelehen geschlossen wurden.

Am 6. Februar kam es in Birkenau am unbeschrankten Bahnübergang Richtung Weinheim zu einem folgenschweren Unfall. Der Zug hatte einen PkW erfaßt, es gab drei Schwerverletzte, die in das Krankenhaus eingeliefert werden mußten.

Am 11. Mai wurde die Sommerzeit eingeführt, die Uhren wurden bis 4. Oktober um eine Stunde vorgestellt. In diesem Jahr gab es in Birkenau wieder den Pfingstmarkt und die Kirchweih, zudem war ein Zirkus zu Gast. Außerdem fanden 18 vergnügungssteuerpflichtige Veranstaltungen statt. Es wurden 200 Dauerkarten und fast 6.000 Tageskarten für das Schwimmbad verkauft. Ab Mai 1947 wurden regelmäßig Schulspeisungen durchgeführt, die Firma Gebhard in Lorsch lieferte regelmäßig den Bedarf hierfür: Magermilch, Haferflocken, Cornedbeef, Eipulver, Kekse, Kakao, Margarine, Trockenkartoffeln, Apfelmus, Erbsensuppenmehl. An diesen Schulspeisungen nahmen jeweils etwa 500 Kinder teil. Hierfür bezahlte die Gemeinde über 21.000 RM. Die Straßenbeleuchtung wurde wieder in Ordnung gebracht, die

Gemeinde beschaffte sich ein neues Dienstrad und das Rathausdach wurde neu gedeckt. Aber immer noch wurde Wohnraum aufgenommen und andere Erhebungen durchgeführt. Anzeichen einer langsam beginnenden Normalisierung waren festzustellen.

Das tiefste und eingreifendste Geschehnis der deutschen Geschichte nach dem zweiten Weltkrieg, abgesehen von der Wiedervereinigung, war die Währungsreform am 20. Juni 1948.

Die Währungsreform wurde in zwei Schritten in den Westzonen durchgeführt. Diese Maßnahme war dringend notwendig geworden, da es ohne Währung, in die die Bevölkerung Vertrauen setzte, keinen geregelten Warenverkehr mehr gab. Jeder Einwohner erhielt 40 Reichsmark in 40 Deutsche Mark umgetauscht. Im August wurden nochmals 20 RM 1:1 umgetauscht. Guthaben und Ersparnisse wurden lediglich 10:1 umgetauscht. Das Geld der Institutionen, so auch das der Kommunen, wurde nicht ersetzt. Entsprechend lautet ein Eintrag in der Gemeinderechnung: „... der Rechnungsrest mit RM 213.324,22 ist laut Währungsumstellungsgesetz verfallen..." Allerdings ging diese Umstellung auch mit einer Entschuldung (mit Ausnahme der Hypothekenschulden) 10:1 einher. Bürgermeister Georg Hirt ließ am Vorabend der Währungsreform am 19. Juli 1948 sieben Schilder mit dem Hinweis „Währungsreform" anbringen. Die Gemeinde hatte von der Kreiskasse als Erstausstattung 25.405,00 DM Betriebsmittelzuteilung erhalten. Personen, die bei der Währungsreform das erforderliche Kopfgeld nicht besaßen, erhielten das Geld von der Gemeindekasse, insgesamt 9.155,00 DM. Die Währungsreform war ein Wagnis, das davon abhing, ob die Menschen dieser Währung vertrauten und das neue Geld annehmen würden. Mit Einführung der DM gab es plötzlich ein wesentlich verbessertes Warenangebot. Bislang zurückgehaltene Waren lagen wieder auf dem Warentisch, Bezugsscheine, selbst für rare Artikel, gehörten der Vergangenheit an. Praktisch war die Grundlage zum nachfolgenden „Wirtschaftswunder" gelegt worden.

Günter Körner

Vom Leben und Leiden der Birkenauer Juden

Geschichtlicher Hintergrund

Unter den zugänglichen Dokumenten finden wir keinen Nachweis, daß vor oder im 30jährigen Krieg Juden in Birkenau leben. Die Einwohner der Gemeinde leiden stark unter den Kriegsfolgen. So können z.B. 1650 in der gesamten Gemarkung (777 ha) nur 30 Morgen bebaut werden, der Rest ist „wüst und öd", „mit Dornen bewachsen" und muß erst wieder nach und nach gerodet werden. An Vieh besitzt man in der Gemeinde gerade 2 Pferde, 6 Ochsen und 21 Kühe. So sind die damaligen Ortsherren, die Freiherren v. Bohn, dankbar für Siedlungswillige, die sich aus dem gesamten deutschsprachigen Gebiet nach und nach hier ansiedeln. Darunter befindet sich seit 1653 auch eine jüdische Familie, die in diesem Jahr ein besonderes „Juden-Schutzgeld" zu zahlen hat.

Die Bevölkerung kommt nicht zur Ruhe. Im Holländer-Krieg (1672 - 78), dem Pfälzer Erbfolgekrieg (1688 - 97) und im Spanischen Erbfolgekrieg (1707) müssen die Birkenauer wie die übrigen Bewohner des Weschnitztales unter den Kriegswirren leiden. All das, was man nach dem 30jährigen Krieg mühevoll aufgebaut hat, vernichten diese Kriege, und das Dorf ist so verarmt wie am Ende des Glaubenskrieges. Die Grundherren, die durch die Kontribution der Kriegswirren einen hohen Einnahmeausfall verzeichnen, versuchen mit allen Mitteln, Geld aufzutreiben. Eine Einnahmequelle ist der „Judenschutz", der es den Wanderjuden ermöglicht, sich an einem festen Ort gegen hohe Steuern niederzulassen. Daher sind auch die Reichsfreiherren von Bohn bei der Vergabe des „Juden-Schutzbriefes" bzw. eines „Toleranzpatentes" (Wohnrecht für eine bestimmte Zeit) großzügig.

So ist erklärlich, daß 1721 beim Ableben des Obristen, des letzten seines Geschlechtes, insgesamt 28 jüdische Familien in Birkenau wohnen und somit ein Drittel der Bevölkerung stellen. Sie müssen, wie die 66 evangelischen Haushaltsvorstände, dem neuen katholischen Ortsherren Freiherr v. Wambolt zu Umstadt „Handtreu" geloben und sind daher in einer Liste aus dem gleichen Jahre aufgeführt. Die Wambolts verzichten in Zukunft zum Teil auf diese Einnahmequelle, denn innerhalb von vier Jahren gehen die jüdischen Haushaltungen von 28 auf 12 zurück, so daß wir die jüdische Gemeinde dann auf 60 Personen schätzen können (1 Haushalt = 5 Personen).

Die jüdischen Familien

Im Jahre 1653 wird erstmals ein Birkenauer Jude erwähnt, der damals fünf Gulden für den „Judenschutz" zu zahlen hat. In einer Begütertenliste aus dem Jahre 1686 erscheint „Jud Hirsch" mit Namen. In den „Schatzungs- und Baumeister-Rechnungen" der Jahre 1697 bis 1699 sind weitere Namen zu finden. „Männel, Jud" und „Abraham, Jud" haben hiernach Haus- und Grundbesitz. In den „Gemeinderechnungen" der gleichen Jahre finden wir noch die Schutzjuden Feistel und Löb. Diese Familien können wir als die „Stammfamilien" der Birkenauer Judenschaft ansehen. Einen Gesamtüberblick der Birkenauer Judengemeinde in der Zeit ihrer größten Ausdehnung (1721) gibt eine Aufstellung „... der Judenschaft so gesessen sind mit den Wittweibern" des Judenschultheiß Moses Levi, in der jährlichen Steuern aufgeführt sind, die die Judenschaft zu entrichten hat. 28 Familien sind festgehalten.

Mit der Verordnung aus dem Jahre 1808 werden die Juden verpflichtet, „bleibende Familiennamen und den unveränderten Gebrauch derselben bei allen öffentlichen und Privat-Akten" zu tragen.

So erhalten:

Alte Namen:	**Neue Namen:**
1. Laser Mendel	"Laser Oberndörfer
2. Laser Samuel	"Laser Oppenheimer
3. Afron Löser	"Abraham Bensheim
4. Benjamin Löw	"Benjamin Löw
5. Kusel Hirsch	"Kusel Hirsch
6. Lemele Moyses	"Lemle Blum
7. Zacharias Samuel	"Zacharias Darmstädter
8. Anschel Samuel, des vorigen Bruders	"Anschel Darmstädter
9. Jonas Marx	"Jonas Birkenauer
10. Jakob Nathan	"Jakob Mannheimer
11. Jakob Löser	"Jakob Mayer
12. Kallmann Moyses	"Kallmann Stern, abwesend
13. Marum Liebmann	"Marum Liebmann
14. Israel Nathan	"Israle Buchbinder, ledig
15. Der hiesige Rabbe (Rabbiner, hier: Vorsteher der israelit. Gemeinde) Jakob Sedel	"Jakob Sedel
16. Anschel Mendel	"Anschel Wolf, ledig

Während die Familiennamen Oberndörfer, Bensheimer, Blum, Birkenauer, Mayer, Stern, Buchbinder, Sedel und Wolf zum Teil keine männlichen Nachkommen haben und aussterben oder schon bald wegziehen, leben die Familien Darmstädter, Gutmann, Heumann, Hirsch, Mannheimer, Marx und Oppenheimer noch über einige Generationen am Ort und übersiedeln erst um die Jahrhundertwende in die nahen Industriestädte, so daß ihre Namen heute nur wenigen bekannt sind.

Der Name Liebmann erscheint 1807 durch Einheirat neu und ist bereits in der o.g. Urkunde mit aufgeführt, während die Familien Bär erst zu Beginn des 20. Jahrhunderts gegründet werden.

Schutzjude

In sogenannten „Judenordnungen" sind die Bedingungen angeführt, die ein „Schutzjude" zu erfüllen hat. Die wichtigste Bestimmung eines Schutzbriefes besteht darin, daß der Landesherr jederzeit den Schutz wieder entziehen kann, wie dies der Freiherr von Wambolt 1721 bei der Übernahme der Herrschaft getan hat, denn in den darauf folgenden Jahren müssen von den 28 jüdischen Familien 16 Birkenau verlassen. Es mag sein, daß diese nur einen „Toleranz-Schein" (Aufenthaltsgenehmigung) besessen haben.

Um einen Schutzbrief zu erhalten, muß der Antragsteller ein gewisses Vermögen nachweisen (Marum Liebmann 1807: 400 Gulden) und im guten Leumund stehen.

Von den Söhnen kann nur einer den Schutz erhalten. Diese Bestimmung wird oft großzügig gehandhabt.
An Steuern hat 1721 jeder Jude an die Herrschaft zu zahlen:

Schutzgeld 6 fl,   Martinsganß 1 fl   und für das   Neue Jahr 1 fl

Darüber hinaus haben 1721 ein „Frondt Geldt auf Martini" in Höhe von 2 fl Mosche Levi, Jud Herz, Jud Hirsch und Jud Salmon aufzubringen, die Witwen der Juden Samuel und Feiß dagegen jeweils 1 fl.
Für den jüdischen Friedhof hat die Judenschaft jährlich außerdem 4 fl 15 xr. an die Herrschaft zu entrichten. Neben diesen Sondersteuern wird jeder jüdische Haushaltsvorstand auch noch für eine besondere Gemeinde-Judensteuer herangezogen.

Handel und Berufe

Judenordnungen

Bis zur Mitte des 19. Jahrhunderts sind die Juden zum größten Teil gezwungen, hauptsächlich durch Handel und Geldverleih ihren Lebensunterhalt zu bestreiten. Die strengen Zunftordnungen in allen Ländern erlauben es ihnen nicht, ein Handwerk zu erlernen. Verboten ist auch der Erwerb landwirtschaftlichen Grundbesitzes, damit sie sich nicht als Bauern ansiedeln können. Die Juden sind daher meistens Wanderjuden, die sich als Hausierer mit kleinen Schachergeschäften durchs Leben schlagen. Diese „Kleinhandelsgeschäfte" müssen soviel abwerfen, bis eines Tages das zum „Schutz" benötigte Vermögen nachweisbar ist.
Besondere „Judenordnungen" setzen feste Grenzen, innerhalb deren sich der Judenhandel abzuwickeln hat. Dadurch bleibt den Juden für ihre Handelsgeschäfte nur ein enger Spielraum.

Berufe

In der bereits erwähnten Aufstellung der Birkenauer Judenschaft aus dem Jahre 1721 können wir die Berufe entnehmen, denen die Juden damals nachgehen dürfen, wobei bei einigen Personen mehrere Berufsbezeichnungen angegeben sind. Insgesamt finden wir:

11 Viehhändler	7 Schlachter	6 Musikanten (Spielwerk)
3 Krämer	2 Pferdehändler	1 Spitzenkrämer
1 Vorsänger	1 Botengänger	

Die „Schatzung und Baumeisterrechnungen" ab 1693 geben uns die Gegenstände an, die die politische Gemeinde bei den einheimischen jüdischen Händlern erwirbt. Neben Farren und Böcken liefern sie Baumöl, Eisen, Nägel, Schrauben, Öfen, Geräte und Papier, aber auch Heu und Fleisch. Da sie bei den verschiedenen Geschäften für die Gemeinde vermitteln, wird auch ein sog. „Schmusgeld" (Vermittlungsgebühr) öfters ausgezahlt.
Mit der Abwanderung des größten Teils der Birkenauer Judenschaft nach der Übernahme des Ortes durch die Reichsfreiherren Wambolt von Umstadt scheinen sich

auch die beruflichen Möglichkeiten gewandelt zu haben. Nur der Metzgerberuf bleibt noch lange Zeit, neben dem Vieh- und Pferdehandel, die wichtigste Erwerbsquelle der ansässigen Schutzjuden.

Vom jüdischen Hausiererhandel zum Handel „en gros"

Schutzjuden, aber auch tolerierte Juden, können nur auf Antrag ein „Hausiererpatent" für den Kleinhandel mit bestimmten Waren erhalten. Um den Schacher auszuschließen, legt man beim Erteilen des Erlaubnisscheines strenge Maßstäbe an. Neben dem Hausiererhandel mit vielerlei Waren entstehen vor allem in der 2. Hälfte des 19. Jahrhunderts Firmen, die im Firmenregister des Großherzoglichen Landgerichts bzw. Amtsgerichts Fürth eingetragen sind:

Samuel Darmstädter, Makler mit Getreide, Hülsenfrüchte	1847
Zacharias Darmstädter, Agent der Starkenburger Viehversicherung	1857
derselbe, Herren- und Knabenkleidung	1859
Benjamin und Anschel Löb, Rindviehhandel	1858
Benjamin Löb, Mehl- und Geschirrhandlung	1858
Joseph Heumann, Specerei- und Ellenwaren	1870
Moses Löb, Kleider und Kurzwaren	1872
Nathan Mannheimer, Specerei und Kurzwaren	1879
Michael Libmann, Specerei, Kurz- und Ellenwaren	1882

Im „Gewerbetagebuch" der Gemeinde Birkenau sind aufgenommen:

Ord.-Nr.	Zu- u. Vornamen	*Bezeichnung der Gewerbe*	*seit:*
2	Libmann, Rudolf	Ellen- Kurz u. Baumwollgarne	01.05.1908
		neu: Möbel u. Matratzen	02.05.1920
51	Löb, Emanuel	Manufaktur- u. Kurzwaren	01.12.1913
52	Löb, Ferdinand II.	Handel mit Öl- u. Fettwaren,	
		kleiner Handel mit Säcken	01.01.1914
55	Löb, Benjamin	Sattler ohne Gehilfe	26.06.1914
56	Löb, Salomon	Photograph i. Kl. ohne Atelier	01.04.1917
76	Libmann, Adolf	Manufaktur- u. Kurzwaren,	
		Händler mit Vieh i. Kl.	31.03.1922
84	Löb, Leopold	Viehhändler i. Kl. Makler	
		v. vierfüßigem Vieh,	
		Handel mit Fetten und Häuten	07.03.1924
(240)		Handel mit Manufakturwaren	28.09.1932
298	Löb, Berthold	Manufaktur- u. Weißwaren	15.11.1933

Birkenauer Judenhäuser

Wohnhäuser vor 1808

In Birkenau ist „Jud Hirsch" der erste Hausbesitzer gewesen. Er wird in der Begütertenliste der Gemeinde aus dem Jahre 1686 angeführt. Zwei weitere Hausbesitzer, „Mändel"-Levi, der Vater des Judenschultheiß Moses Levi, und „Abraham" erscheinen 1695 als Eigentümer in den erwähnten Schatzungs- und Baumeisterrechnungen. Darüber hinaus haben Hertz, der Alte, Salomon Spielmann, sowie die Witwen Feist und Samel ihr „Eygen Hauß". Wir können annehmen, daß die übrigen Birkenauer jüdischen Familien (1721 = 28 Familien) die Häuser bewohnen, die der Reichsfreiherr von Bohn 1716 bauen läßt. Wo diese Häuser stehen, läßt sich nicht mehr genau bestimmen. Wir können davon ausgehen, daß sie alle zur Untergasse (Judengasse) gehören.

„Judengasse" im Mai 1925

Wohnhäuser nach 1808

Eine genaue Ortsbestimmung ist erst 1808 möglich. Im Brandkataster dieses Jahres sind vier Häuser vermerkt, die sich in jüdischem Besitz befinden und zwar in der Untergasse

Nr. 11	Jud Zacharias	= Zacharias Darmstädter
Nr. 22	Jud Kalmann Moises	= Kalmann Stern
Nr. 24	Jud Isaak Löw	= Benjamin Löw
	und in der Obergasse	
Nr. 19	Jud Laser Samuel	= Laser Oppenheimer.

In den folgenden Jahrzehnten nimmt der Hausbesitz zu, da 1812 das „Abtriebsrecht" aufgehoben wird, und der Kauf eines Hauses bzw. eines Bauplatzes für alle Einwohner möglich wird.
Für die weitere Entwicklung des Hausbesitzes geben uns die Brandkataster des 19. und 20. Jahrhunderts sowie das Grundbuch und verschiedene „Supplement"-Bücher der Gemeinde Auskunft.
Die Häuser liegen zumeist an der alten Durchgangsstraße Weinheim-Fürth (Untergasse, Kreuzgasse, Kirchgasse), während die Judenschule abseits etwas erhöht in der

Obergasse zu finden ist. Nach dem Bau der neuen Landstraße (Hauptstraße) siedeln sich auch einige jüdische Einwohner im neuen Baugebiet an.
Insgesamt sind in Birkenau seit 1808 für kurze oder längere Zeit 28 Häuser in jüdischem Besitz gewesen.

Die „Israelische Religionsgemeinde"
Der Judenvorstand

Aus den Anfangsjahren der jüdischen Gemeinde sind uns über die Zusammensetzung eines Vorstandes keine Unterlagen erhalten, nur in der bereits erwähnten „Specification" der Judenschaft aus dem Jahre 1721 wird Moses Levi als „Juden Schultheiß" bezeichnet.

Am 19. November 1830 bzw. 2. November 1841 erläßt die Großherzogliche Regierung Verordnungen über die „Bildung der Vorstände der israelitischen Religionsgemeinden", die für ganz Hessen dann einheitliche Richtlinien einführen.

Der Vorstand ist der gesetzliche Vertreter der Religionsgemeinde in allen Angelegenheiten der Verwaltung. In Birkenau setzt sich dieses Gremium aus drei Personen zusammen. Diese werden von den Gemeindegliedern in einer indirekten (später auch direkten) Wahl bestimmt. Der Vorsteher wird dann vom Kreisamt ernannt. Seine Stellung im Vorstand entspricht etwa der Stellung eines Bürgermeisters auf kommunaler Ebene. Das Amt ist ein Ehrenamt. Vorgesetzte Dienstbehörde ist das Kreisamt. Zu den Aufgaben des Vorstandes gehört u.a. die jährliche Aufstellung eines Kostenvoranschlages mit Einnahmen und Ausgaben. Dieser liegt dann acht Tage für die Gemeindeglieder zur Einsicht offen. Danach wird er zur Genehmigung bei den zuständigen staatlichen Behörden eingereicht. Diese berechnen die Umlage nach dem Normalsteuerkapital der Mitglieder und erstellen das Heberegister, das auch in der Presse veröffentlicht wird.

In den zur Verfügung stehenden Unterlagen werden folgende Vorstände angeführt. Die erstgenannten Personen sind nicht immer die Vorsteher (Präsidenten) der Gemeinde:

1829 Samuel Darmstädter
1833 Nathan Mannheimer, Samuel Darmstädter, Isaak Löw
1842 Anschel Darmstädter, Abraham Libmann, Isaias Heumann
1847 Samuel Darmstädter, Abraham Mannheimer, Abraham Libmann
1857 Zacharias Darmstädter, Elias Mannheimer, Julius Oppenheimer
1861 Julius Oppenheimer, Benjamin Löb, Raphael Hirsch
1872 Nathan Mannheimer, David Hirsch, Anschel Löb
1873 Anschel Löb, Nathan Mannheimer, Elias Mannheimer
1875 Anschel Löb, Nathan Mannheimer, Zacharias Darmstädter
1882 Raphael Hirsch
1886 Nathan Mannheimer, Michael Libmann, Raphael Hirsch
1894 Bernhard Löb
1897 Bernhard Löb, Joseph Heumann, Libmann Libmann
1901 Bernhard Löb, Joseph Heumann, Leopold Löb
1905 Gustav Hirsch, Herz Löb, Joseph Heumann

1908 Gustav Hirsch, Joseph Heumann, Moses Löb (stirbt in diesem Jahr)
1912 Gustav Hirsch, Ferdinand Löb I., Rudolf Libmann
1919 Ferdinand Löb I., Ferdinand Löb II., Adolf Libmann
1927 Ferdinand Löb II., Emanuel Löb, Adolf Libmann
1930 Ferdinand Löb II., Emanuel Löb, Adolf Libmann (ausgewandert 1938)
1938 10.11.38 Kaufvertrag mit der Gemeinde Ferdinand Löb II., Emanuel Löb

Die „Schul"

Die religiöse Erziehung hat im Judentum eine besondere Bedeutung. Bereits in jungen Jahren werden die Kinder mit Glauben und Lehre im Religionsunterricht unterwiesen. Mit dem Schreiben, Lesen und Übersetzen der hebräischen Schrift und Sprache beginnt der Unterricht. Die Geschichte der Juden nach dem Alten Testament, die jüdische Religionslehre, die Mosaischen Gesetze und Zeremonialvorschriften sind weitere Unterrichtsfächer. Eine „Judenschule" befindet sich meistens in den Gemeinden, wo jüdische Gottesdienste abgehalten werden, da der Lehrer auch als Chasan (Vorsänger) und in vielen Fällen noch als Schächter angestellt ist. Wir können annehmen, daß bereits vor 1720 in Birkenau eine Religionsschule besteht. In Urkunden wird ein Religionslehrer mit Namen aber erst zu Beginn des 19. Jahrhunderts erwähnt.

Seit 1806 gehört Birkenau zum Großherzogtum Hessen. Die Schulordnungen des Großherzogtums sehen 1815 vor, daß „Bekenner der mosaischen Religion" ihre Kinder in öffentliche Schulen schicken können. Aus diesem „Dürfen" wird 1823 ein „Sollen" und 1827 ein „Müssen". Eine Teilnahme am christlichen Religionsunterricht wird natürlich nicht verlangt.

Eine Reihe Lehrer sind uns bekannt: 1816 Mendel David, 1820 Joseph, 1824 Nathan Levi, 1828 Marx Bodenwieser, 1830 Jakob Wolf Reinmund, 1834 Benjamin Hellmann (Mühlhausen), 1835 Abraham Wolfmuhr (Lehrberg/Ansbach), 1836 Emanuel David (Kumpenheim), 1839 Simon Herz (Landau), 1841 Isidor Stern (Hergertshausen), 1844 Daniel Sinsheimer (Neckarsteinach), 1847 Gabriel Brückner (Fürth/Bayern), 1849 Moses Springer (Thiernbach), Strauß (Weinheim) und Mayer Katzenstein, 1852 Neuburger (Bayern), 1855 Jeremias, 1861 Raphael Rosenheim, 1869 Jakob Keller (Ehrstadt/Baden), 1876 Zacharias Darmstädter (Birkenau), 1878 Gustav Darmstädter (Birkenau), 1884 Gustav Darmstädter (Birkenau), 1897 Levin (Rimbach), 1904 Jakob Levin (Lorsch), 1905 Kahn (Rimbach), 1909 Salomon Bravmann (Rimbach), 1912 Max Meier (Wallertheim), 1913 Ludwig Heymann (Rimbach), 1920 Nathan Friedmann (Heppenheim), 1923 Michael Tuch (Rimbach), um 1930 Löb ?, 1933 Salomon Biegeleisen (Bensheim).

Die Synagoge

Das Gebäude

Sobald an einem Ort sich Juden in ausreichender Zahl niederlassen können (10 männliche Personen über 13 Jahre = Minjam), errichten sie aus religiösem Pflichtbewußtsein und aus eigener Verantwortung ihre „Schul" bzw. ihre Synagoge. Sie ist Mittelpunkt des religiösen, kulturellen, sozialen und erzieherischen Lebens der

Gemeinde und hat zur Erhaltung des Judentums über Jahrtausende wesentlich beigetragen. Ein Minjam ist in Birkenau bereits zu Beginn des 19. Jahrhunderts gegeben. Wir können davon ausgehen, daß es seit dieser Zeit auch eine „Schul" gibt, in der die Woche über religiöser Unterricht gehalten wird und am Sabbat der Gottesdienst stattfindet.

Für Unterricht und Gottesdienst verwendet man in Birkenau im 18. Jahrhundert meist gemietete Räume.

Zu Beginn des 19. Jahrhunderts können wir urkundlich nachweisen, daß die „gemeine Judenschaft" inzwischen ein einstöckiges Haus, eine Judenschule und ein Badehäuschen besaß.

Am 10. April 1853 wird durch einen Brand die Synagoge stark beschädigt. Der israelische Vorstand meldet daraufhin dem Kreisamt Lindenfels, daß die Synagoge durch einen Brand zerstört worden ist, nicht mehr repariert werden und auch der Gottesdienst nicht mehr gehalten werden kann. Die jüdische Gemeinde müsse eine neue Synagoge bauen.

Bereits im Dezember 1857 legt das Erbacher Bauamt die Pläne für die neue Synagoge vor mit einem Kostenvoranschlag von 3149 fl. Schon am 26. Februar 1858 erscheint im „Intelligenzblatt für den Kreis Lindenfels" eine Anzeige zur Ausschreibung der Bauarbeiten.

Die neue Synagoge ist ein bescheidener, rechteckiger Steinbau von ca. 11,2 m Länge und ca. 7 m Breite. Nur der Sockel wird aus Sandstein-Mauerwerk errichtet, während man für das übrige Bauwerk die preisgünstigeren Syenit-Bruchsteine wählt. Wandpfeiler, Gesimsausschnitte und die Abtragungsbogen über den Fenstern mauert man aus abgeschliffenen Backsteinen, die in den Fugen verkittet werden.

Neue Synagoge von 1859

Zur Auflockerung des Gesamtbildes dienen bei den Fenstern und Türeingängen die „Hufeisenbogenform". Rosettenfenster an den Giebelseiten sorgen für zusätzliches Licht, vor allem im „Frauenstuhl". Zur Frauengalerie selbst führt eine Außentreppe. Von drei aufsteigenden Sitzreihen können bis zu 30 Frauen gut den Thoraschrein einsehen und den Gottesdienst verfolgen. Zwischen den Mauerständen, die bis zu 40 Personen Platz bieten, muß soviel Raum bleiben, daß sie bei Gebeten die vorgeschriebenen drei Schritte vor und rückwärts gehen können. Der Thoraschrank hat gegenüber der Eingangstür auf einer Estrade an der Ostseite der Synagoge seinen Platz. Davor steht das Lese- und Betpult. Von hier aus leitet der Vorsänger (Chasan) den Gottesdienst. Alle Bänke sind auf den Gesetzesschrank ausgerichtet.

Am 18. Oktober 1859 wird die neue Synagoge unter Beteiligung der gesamten Bevölkerung feierlich eingeweiht.
Der Bau der Synagoge ist für die kleine jüdische Gemeinde ein Herzensanliegen und mit vielen persönlichen Opfern verbunden gewesen. Um 1871 erreicht die Gemeinde mit 95 Personen ihren Höhepunkt im 19. Jahrhundert. In den nächsten Jahrzehnten nimmt sie durch Wegzug um 50 % ab, so daß auch die Unterhaltung des Gotteshauses für die am Ort verbleibenden Glieder immer schwieriger wird. Es ist den verantwortlichen Vorständen zu verdanken, daß sie stets Mittel und Wege finden, den Bestand der Synagoge zu sichern.

Familien Ferdinand Löb und August Bär am Sedertisch beim Pessachfest

1938 ist es dem Vorstand durch die politischen Verhältnisse nicht mehr möglich, die Synagoge zu erhalten. Nur noch wenige Juden wohnen in Birkenau. Die politische Gemeinde bekundet ihr Interesse am Kauf der Synagoge, so daß am 6. November 1938 der letzte Gottesdienst gehalten wird. Aus nah und fern kommen noch einmal alle zusammen, um Abschied zu nehmen. Keiner weiß damals, daß einige Tage später in den Morgenstunden des 10. Novembers SA-Männer auf höheren Befehl in das Gotteshaus eindringen werden, um es anzuzünden. Am gleichen Tag findet der Verkauf der Synagoge an die Gemeinde statt. Diese will dort ihre Feuerwehrgeräte unterbringen, kann aber ihr Vorhaben durch Einspruch der Reichsbahn nicht verwirklichen. Ein Geländetausch mit finanziellem Ausgleich und Abbruch der Synagoge wird vereinbart. In der Gemeinderatssitzung vom 3. 3. 1940 wird dieser Abbruch beschlossen. Das Material wird nach noch verwertbaren Steinen sortiert und von der Gemeinde genutzt.

Jüdische Reinheitsvorschriften
Kultische Reinigung

Die jüdische Gemeinde in Birkenau besitzt früh ein Frauenbad bei der alten Judenschule. Das Brandkataster von 1808 führt ein „Baadhäuschen" an. Dieses hat bis zum Brand der Synagoge im Jahre 1851 den jüdischen Frauen zur kultischen Reinigung gedient. Der Synagogenneubau beansprucht das gesamte vorhandene Gelände, so daß man gezwungen ist, ein geeignetes Grundstück für ein neues Frauenbad anzukaufen. Dieses Badhaus wird 1868 an der Ecke Untergasse/Kallstädter Bach erstellt und erfüllt bis 1930 mit Unterbrechungen seinen vorgesehenen Zweck.

Dem Gebäude ist von Anfang an ein Unterrichtsraum angeschlossen. Dieses Schulhaus war in Wirklichkeit nur ein primitiver Raum, nur Platz für einen langen Tisch, längs zwei Bänke für die zahlreichen Knaben und Mädchen, die soviel oder so wenig an einfachem jüdischem „Wissen" gelehrt wurden, als die jeweiligen Lehrer es vermochten und Zeit hatten, es zu tun.

Beerdigungsvereine

Nach der Veröffentlichung des Bureaus für Statistik der Juden, Heft 6 (Berlin 1909) „Die Juden des Großherzogtums Hessen" bestehen in Birkenau um die Jahrhundertwende zwei jüdische Vereine: ein Männerverein mit 9 Mitgliedern und ein Frauenverein mit 10 Mitgliedern. Darunter sind die „Beerdigungsvereine" (Chewra-Kadischa) zu verstehen, die auch oft die Krankenpflege ausüben.

Das alte Badehaus mit Unterrichtsraum im Jahre 1919

Der jüdische Friedhof

Die ersten Birkenauer Juden werden ihre Toten auf dem jüdischen Friedhof in Hemsbach beigesetzt haben, denn dieser besteht bereits seit 1674 und dient auch den

Der jüdische Friedhof

umliegenden jüdischen Gemeinden als Begräbnisstätte. Da der weite Fußweg und die Teilnahme von 10 Männern bei einer Beerdigung Pflicht ist, ist es verständlich, daß man sich in Birkenau nach einem eigenen Friedhofsgrundstück umsieht. Mit Genehmigung des Ortsherren Freiherrn v. Bohn verkaufen am 16. 12. 1717 der Centschultheiß Peter Mayer und sein Schwiegersohn Johannes Jöst ihren Grasgarten am Kurzenberg an den Judenvorsteher Moyses Levi zu einem Begräbnisplatz für die gesamte Judenschaft zu einem Preis von 30 fl. Weil dieses Grundstück „ohne Beschwerdt" überlassen wird, ist die jüdische Gemeinde verpflichtet, der gnädigsten Herrschaft auf Martini eine Sondersteuer von 4 fl. 15 xr. zu zahlen.

Im Laufe des 18. Jahrhunderts entsteht auch in Rimbach eine jüdische Gemeinde. Die Birkenauer Judenschaft gestattet dieser die Mitbenutzung des Friedhofes. Unkosten werden aus einem gemeinsamen „Leichenbestattungsfonds" bestritten.

1845 errichtet die Rimbacher Religionsgemeinde einen eigenen Friedhof.
Die Juden nennen den Friedhof „Beth Olam" (ewiges Haus) oder auch „Beth Hachahim" (Haus des Lebens) und bringen damit den Gedanken an ein ewiges Leben zum Ausdruck. Das Grab ist nach jüdischem Recht auf ewig Eigentum des Toten; daher kann es niemals eingeebnet oder aufgehoben werden.
Wie andere jüdische Friedhöfe wird auch der Birkenauer während des 3. Reiches geschändet. In einem Schreiben vom 2. Juni 1936 macht der jüdische Vorstand die Ortspolizeibehörde darauf aufmerksam, daß auf dem jüdischen Friedhof acht Grabsteine gewaltsam umgeworfen und zerbrochen worden sind.
Ob der Friedhof in späteren Jahren nochmals geschändet worden ist, läßt sich nicht mehr genau nachweisen. Daß man ihn aber einmal geschändet hat, ergibt sich aus

einem Schreiben der Gemeinde Birkenau an das Landratsamt vom 25. Juni 1946, wo es u.a. heißt: „Der israel. Friedhof wurde von Angehörigen der HJ demoliert und ist bereits wieder instandgesetzt..."

Die Bürgerliche Gleichstellung

Das Gesetz über die religiöse Freiheit vom 2. August 1848 bringt im Großherzogtum Hessen-Darmstadt den Juden des Landes die lang ersehnte, bürgerliche Gleichstellung. Im Artikel 2 heißt es da:
„... Die Verschiedenheit der Religionsbekenntnisse hat keine Verschiedenheit in den politischen oder bürgerlichen Rechten zur Folge." Diese Gleichberechtigung vollzieht sich im Alltagsleben nur nach und nach. Der Umstellungsprozeß wird aber von vielen gefördert und auch öffentlich bekundet, wie es der Kreisrat des Kreises Lindenfels, Dr. Westernacher, 1859 in seiner Rede zur Einweihung der neuen Synagoge in Birkenau tut. Dieses wird von vielen begrüßt, von anderen aber auch heftig kritisiert, vor allem durch den Reichelsheimer Pfarrer Dr. Reich. Die Kontroverse wirbelt viel Staub auf, so daß sich die „Berliner Protestantische Kirchenzeitung" zu einer kritischen Stellungnahme zugunsten des Kreisrates veranlaßt sieht.
Während der fortschreitenden wirtschaftlichen Expansion zwischen 1850 - 1870 gibt es keine Judenfrage. Sie taucht erst wieder in der Gründerzeit nach dem deutsch-französischen Krieg auf. Die Milliarden der französischen Kriegsentschädigungen sind Anlaß zu enormen Spekulationen, die zum Zusammenbruch zahlreicher neuer Aktiengesellschaften führen. An dieser Misere gibt man vor allem den Juden die Schuld.
Bedenkenlose Agitatoren haben leichtes Spiel, neuen Judenhaß zu schüren. Ein solcher ist Dr. Otto Böckel, der 1887 auch in den Reichstag gewählt wird. Seine Anhänger erwarten von ihm als dem „zweiten Luther" ein hartes Vorgehen gegen die Juden, um ihre wirtschaftliche Notlage zu verbessern. Auch im hinteren Odenwald faßt sein „Mitteldeutscher Bauernverein" Fuß. Von dort wird im Weschnitztal für die Böckelbewegung geworben. Böckel selbst spricht am 10. April 1892 in Birkenau. In den Gemeinden des vorderen Odenwaldes gewinnt diese antisemitische Partei nur wenige Anhänger. Um die Jahrhundertwende geht ihr politischer Einfluß ganz zurück.
Seit der bürgerlichen Gleichstellung ändert sich das Verhalten der Juden zu ihrer Umwelt. Sie passen sich immer mehr den örtlichen Sitten an. Man fühlt sich als Birkenauer, Hesse und Deutscher. Als gleichberechtigter Ortsbürger und als Mitglied örtlicher Vereine feiert man gemeinsam mit der übrigen Bevölkerung die Orts- und Vereinsfeste. Es herrscht eine Verbundenheit, die alle Dorfbewohner einschließt.

Der 1. Weltkrieg

Bereits am Kriege 1870/71 nimmt Heinrich Gutmann (1846) teil, sein Name ist auf dem Kriegerdenkmal an der Brückenstraße festgehalten. Im 1. Weltkrieg leisten die Birkenauer jüdischen Männer, wie alle anderen Ortsbürger, ihren Kriegsdienst für Kaiser und Vaterland.
Zu den Gefallenen, die die Gemeinde Birkenau beklagt, gehören die jüdischen Mitbürger:

Julius Heumann   *Adolf Libmann*   *Rudolf Libmann*

Zu deren Erinnerung wird nach dem Kriege an der Ostwand der Synagoge in Anwesenheit des Birkenauer Bürgermeisters eine Gedenktafel angebracht. Die Gedenkrede hält Prof. Darmstädter. An den Kriegsfolgen sterben in späteren Jahren noch *August Bär* (1872 - 1923) und *Bernhard Bär* (1876 - 1931).

August Bär (1876-1923) beim Ausbruch des 1. Weltkrieges

Der Birkenauer Kriegerverein unter Leitung seines Präsidenten Tritsch regt in den ersten Nachkriegsjahren die Errichtung eines Ehrendenkmals zur Erinnerung an die gefallenen Kriegskameraden an, auf dem alle Gefallene namentlich festgehalten werden sollen. Die finanziellen Mittel hierzu bringen eine Ortssammlung von 4000 Mk., ein Zuschuß der politischen Gemeinde von 6000 Mk. und Stiftungen ehemaliger Birkenauer aus der Fremde auf. So spenden Gg. Bernhard (Amerika) - 2000 Mk., J. Hönig (Wiesbaden) - 2000 Mk., Joh. Jakob (Völklingen) - 500 Mk., Rich. Jochim (Chikago) - 2000 Mk., **A. Libmann** (Darmstadt) - 1000 Mk., **Simon Oppenheimer** (New York) - 6000 Mk. Nach der Machtübernahme läßt die Parteiführung der NSDAP zu, daß die Namen der jüdischen Gefallenen herausgemeißelt werden.

1966 wird das Denkmal abgebrochen, sämtliche Namen der im 1. Weltkrieg Gefallenen (einschließlich der jüdischen Gefallenen) werden nochmals gegossen und in die neue Denkmalsanlage an der Hornbacher Straße, die 1963 errichtet wurde, eingefügt.

Bekannte Persönlichkeiten

Einiger Personen soll noch besonders gedacht werden. Da ist vor allem Professor **Karl D. (David) Darmstädter** (1892 - 1984) zu erwähnen. Man kann ihn als den „berühmten Sohn" der jüdischen Gemeinde Birkenau ansehen. Seine Vorfahren sind nachweislich seit (1707 ?) 1783 in Birkenau beheimatet und stets aktiv in den Vorständen der Religionsgemeinde tätig. Die ersten fünf Lebensjahre verbringt er in Birkenau, bis seine Eltern 1897 nach Ladenburg a.N. verziehen. Nach dem Besuch der dortigen Realschule wechselt er zum Realgymnasium nach Mannheim über und studiert anschließend an der Universität Heidelberg. Als Kriegsteilnehmer des 1. Weltkrieges erhält er noch am 17. 11 1934 (!) das Frontkämpfer-Ehrenkreuz.

Am Mannheimer Mädchengymnasium unterrichtet er bis 1935. Nach dem Novemberpogrom 1938 bringen die Nationalsozialisten ihn für einige Wochen in das KZ Dachau. 1939 emigiert er über Holland in die USA (Washington). An der Howard-Universität lehrt er dann noch von 1945 - 1965.
Wenn es ihm möglich ist, besucht er von Ladenburg aus seine Großeltern und Verwandte, später seine Freunde und Bekannte. Bei wichtigen Ereignissen ist er es vor allem, der die jüdische Gemeinde berät und bei besonderen Anlässen die Ansprachen hält.
Salomon Löb (1877 - 1931), Untergasse 14, ist einer der ersten Fotografen des Weschnitztales. Viele seiner Aufnahmen sind heute noch in den Jahreskalendern der Gemeinde Birkenau zu sehen. Sie sind meistens unter dem Namen der Bildbesitzer verzeichnet. Seine Arbeit wird nach seinem Tode im „Weschnitzboten", Januar 1931, gewürdigt:

> „Seine einzige Beschäftigung war das Photographieren, wobei er einen respektablen Kunst- und Schönheitssinn zeigte. Als Idealist hielt er alle bemerkenswerten Vorkommnisse sowie Naturbilder in unserer Gemeinde im Bilde fest, so daß er eine wertvolle Sammlung Platten und Bilder sein Eigen nannte, welche für das Gemeindearchiv sicher manch wertvolles Bild enthält, das der Nachwelt erhalten bleiben sollte."

Weiter soll hier eines Personenkreises gedacht werden, auf dem besonders in der schweren wirtschaftlichen Nachkriegszeit eine große Verantwortung lastet: Es sind dies die zahlreichen jüdischen **Witwen**, die nach dem Tod ihrer Männer aus eigener Kraft unter harten Bedingungen ihre Kinder erziehen und ihre Geschäfte aufrecht erhalten müssen. Prof. Darmstädter weist in seinen Erinnerungen immer wieder auf diese Tatsache hin. So schreibt er z.B.: „Nach Rudolf Libmanns Tod (für sein Vaterland) führt die junge Witwe, in schweren Zeiten, das „Ellenwaren"-Geschäft weiter. Ich sehe sie vor mir, wie sie mit schweren Packen in die Odenwalddörfer geht, um sich und ihre Kinder zu ernähren."
Besonders die Wirtschaftskrise zu Beginn der dreißiger Jahre verlangt ihren vollen Einsatz, mutiges Auftreten und Selbstbewußtsein.

Vertreibung und Vernichtung unter Hitler

Zu Beginn des „Tausendjährigen Reiches" fühlen sich die Birkenauer Juden ebenso mit der Heimat verbunden wie der christliche Teil der Bevölkerung.
Nur wenige ahnen in jenen Tagen die nahende Tragödie, die mit der Vertreibung und Ausrottung der Juden endet. Die wenigsten kennen Hitlers „Mein Kampf", obwohl dieses Buch millionenfach verbreitet ist. Der Antisemitismus Hitlers wird in den kommenden Jahren die Grundlage der nationalsozialistischen Staatserneuerung.
Bereits wenige Wochen nach der Machtübernahme wird am 1. April 1933 die erste staatliche Judenverfolgung organisiert und durchgeführt. Die Anordnung zu diesem Boykott geht von der Parteileitung der NSDAP am 28. März allen Ortsgruppen und Gliederungen der Partei zu.
Diese werden auch in Birkenau pünktlich und präzise durchgeführt. SA-Posten ziehen vor den jüdischen Geschäften auf und verhindern, daß dort eingekauft wird. Als die Kriegswitwe Fanny Libmann diese Männer vor ihren Schaufenstern wahr-

nimmt, holt sie kurz entschlossen die Orden und Ehrenzeichen ihres gefallenen Mannes und stellt sie im Schaufenster ihres Geschäftes aus. Der damalige Bürgermeister Jakob, ein Freund des gefallenen Ehemannes, sucht an diesem Tage die Familie auf, um ihr mit Rat und Tat beizustehen.

Auswanderungen

Während die Birkenauer Juden, wie viele Menschen unserer Heimat, hoffen, daß Hitler und seine Anhänger nicht lange am Ruder bleiben, erahnen auf der anderen Seite viele Juden in Deutschland die kommende Katastrophe und versuchen auszuwandern. Um die Verbreitung und Durchführung der Auswanderung und die damit verbundene Berufsumschichtung zu organisieren, konstituiert sich die „Reichsvertretung der deutschen Juden". Sie will den Start in einer neuen Heimat erleichtern und legt großen Wert auf eine handwerkliche, landwirtschaftliche und sprachliche Ausbildung dieser Auswanderungswilligen. Aus diesen Gründen organisiert in Birkenau der Judenvorsteher Ferdinand Löb mit Unterstützung des Mannheimer Rabbiners Grünewald Umschulungskurse. So absolvieren in der 1. Hälfte des Jahres 1934 16 junge Frauen und Männer aus dem gesamten Reichsgebiet in Birkenau und Reisen als landwirtschaftliche Helfer und Handwerker (Schmied, Bäcker) Lehrgänge, die ihnen den Nachweis einer entsprechenden Ausbildung geben sollen.

„Der Stürmer" und seine Folgen

Seit Jahren verbreitet der Gauleiter Julius Streicher, Nürnberg, mit seiner Wochenzeitschrift „Der Stürmer" eine antijüdische Hetze, wie sie schmutziger und perfider nicht zu denken ist. Die Juden sind diesen Angriffen, die von Woche zu Woche ihr Leben erschweren, schutzlos ausgeliefert. Denunzianten haben hier die Möglichkeit, ihrem Judenhaß freien Lauf zu lassen. In den Aushängekästen des Stürmers wird wöchentlich dieses antijüdische Gift verbreitet. Wenn auch ein großer Teil der Bevölkerung dieses Schmierblatt nicht ernst nimmt, so bewirken diese ständigen antisemitischen Anschuldigungen, vor allem bei der Jugend, eine immer größer werdende Entfremdung zwischen Juden und Nichtjuden.

Auf dem Nürnberger Reichsparteitag 1935 hält Hitler die Zeit für gekommen, ein „Reichsbürgergesetz" und „ein Gesetz zum Schutze des deutschen Blutes und der deutschen Ehre" am 15. September durch den Reichstag einstimmig verabschieden und verkünden zu lassen.
Von nun ab bestimmt die nationalsozialistische Rassenlehre zunehmend die deutsche Gesetzgebung. Der Grundsatz der Rechtsgleichheit jedes Staatsbürgers vor dem Gesetz ist aufgehoben. Die Juden sind nun juristisch Menschen zweiter Klasse.
Bei Vergehen gegen das Gesetz werden Gefängnis- und Zuchthausstrafen ausgesprochen. In späteren Jahren wird „Rassenschande" mit dem Tode bestraft.
Bereits 1933 werden die Juden auch aus den deutschen Sportverbänden ausgeschlossen. Als 1936 die Austragung der Olympischen Spiele in Garmisch-Partenkirchen und Berlin der Judenverfolgung wegen durch den Einspruch der USA und des olympischen Komitees bedroht sind, werden alle antijüdischen Maßnahmen abgesetzt. Nach einer Pause, die Göbbels der Parteipresse abverlangt, geht dann die Hetze

unvermindert weiter. Max Bär schreibt hierzu: „Die erste große Gefahr für die Birkenauer Juden hat 1936 nach den Olympischen Spielen begonnen. In diesem Jahr marschierte eine Nazi-Sturmabteilung (SA-Leute, auch SS-Leute) vor die Synagoge neben dem Rathaus. Die Nazis hielten während des Gottesdienstes an der Frontseite der Synagoge an und sangen das Horst-Wessel-Lied. Das zweite Lied war: Wenn das Judenblut vom Messer spritzt, dann geht es noch einmal so gut! Wir dachten an diesem Abend, es war ein jüdischer Feiertag gewesen, jetzt kommen sie rein und ermorden alle Juden in der Synagoge. Wir alle wußten nun, daß wir nicht mehr in Birkenau bleiben können."

Man sieht also nun auch in Birkenau die Gefahr, die drohend auf die Juden zukommt und denkt an Auswanderung. Fremde Staaten nehmen aber nur dann Emigranten auf, wenn eigene Staatsangehörige für die Einwanderer bürgen. Deutsche Juden verkaufen Hab und Gut und verlassen ihre Heimat, wo seit Generationen ihre Vorfahren gelebt haben und gehen teilweise im fortgeschrittenen Alter das Risiko ein, in einem fremden Land eine neue Existenz zu gründen.

Besonders schwer leiden die jüdischen Kinder und Jugendlichen unter der immer stärker werdenden Hetze und der dadurch entstehenden Isolierung und Entfremdung von ihrer Umwelt. Im Schulunterricht hören sie immer wieder, daß sie „rassisch minderwertig" und „Artfremde" seien. Viele „arische" Freunde ziehen sich von ihnen zurück. Die zunehmende Verhetzung führt von ständigen Hänseleien bis zur Verhöhnung. Hilflos sind sie den Beleidigungen ausgeliefert. Besonders gepflegt wird der Judenhaß auch in den NS-Jugendorganisationen HJ (Hitlerjugend) und BDM (Bund Deutscher Mädchen).

Ilse Stern, geb. Libmann, erinnert sich an jene Zeit: „in der Schule mußte ich folgendes Lied mit anhören: 'Wenn das Judenblut vom Messer spritzt...' Dies zu hören, hat mich als Kind in totale Verwirrung gestürzt." 1937 wird sie von der

Ilse Liebmann: 1929   *... und 1936 kurz vor der Emigration*

Schule verwiesen: „...Zwei SS-Leute, die ich nicht kannte, schlugen und jagten mich aus der Schule. Ich konnte die Schule nicht mehr bis zum Ende besuchen und bekam in Birkenau daher auch kein Abschlußzeugnis."

Trotz aller Mißachtung und Verfolgung weiß sie aber auch von Hilfe und Unterstützung durch Birkenauer Mitbürger zu berichten: „Während der Dunkelheit fanden wir manchmal etwas zum Essen an der Hintertür unseres Hauses. Wer es uns brachte, erfuhren wir erst 1984, als Otto Stern Birkenau besuchte. Eine Tochter von Bäcker Emig erzählte, daß ihre Eltern diese Lebensmittel hingestellt hatten."

Die Pogromnacht

Die nächste Phase der Judenverfolgungen wird mit der Pogromnacht am 9./10. November 1938, der sog. „Reichskristallnacht", eingeleitet. Als Vergeltungsmaßnahme gegen das Attentat an dem deutschen Diplomaten vom Rath werden unter größter Geheimhaltung im ganzen Reichsgebiet Verfolgungen gegen die Juden angeordnet. Durch den blinden Gehorsam ihrer Anhänger erhält die NS-Führung bei dieser „spontanen Erhebung des Volkes" die Gewißheit, daß viele Deutsche bereit sind, auch dem unmenschlichsten Befehl zu folgen, mindestens aber zu schweigen. Die Kreisleitung der NSDAP macht bereits am Vormittag des 9. November 1938 die örtliche Parteiführung auf die geplanten Vergeltungsaktionen aufmerksam, die von der SA durchzuführen seien. Der amtliche Befehl zu diesem Pogrom geht dem Führer der Standarte 145 Bensheim erst in den frühen Morgenstunden des 10. November durch die SA-Gruppe Kurpfalz, Mannheim, zu. Danach sind sämtliche Synagogen zu zerstören mit der Auflage, besondere Vorsicht gegenüber Nachbarhäusern arischer Anwohner walten zu lassen. Die Aktion soll in Zivil durchgeführt werden. Da es dem Standartenführer nicht möglich ist, den zuständigen SA-Führer in Birkenau zu erreichen, erteilt er einem auswärtigen SA-Mann den Befehl, nach Birkenau zu fahren, um dort die Synagoge anzuzünden. Zu seiner Unterstützung soll er sich weitere SA-Männer aus Birkenau verpflichten. Gegen 5 Uhr morgens marschiert dann ein kleiner Trupp zur Synagoge. Durch eine beschädigte Türfüllung gelangen die Brandstifter in den Innenraum, zertrümmern dort die Bänke und schichten diese auf. Danach überschütten sie das Holz mit mitgebrachtem Benzin und stecken es an. Aus dem Thoraschrein holen sie die Thorarollen und werfen diese auf den brennenden Scheiterhaufen. Die Zerstörer sind in großer Eile, da sie befürchten, daß in jedem Augenblick Arbeiter auf dem Weg zum Bahnhof vorbeikommen können, von denen sie aber nicht gesehen werden wollen. Umgehend wird dem Standartenführer fernmündlich die Ausführung des Befehls mitgeteilt. Kora Kaufmann, geb. Libmann, die in diesen Tagen mit ihrem 2jährigen Sohn ihre Mutter in Birkenau besucht, denkt mit Schrecken an diese Nacht zurück: „... eine Freundin meiner Mutter kam um 7.30 Uhr morgens und rief, daß in der Synagoge ein Feuer sei. Meine Mutter und ich sind mit meinem Sohn zur Synagoge gerannt, um die Thorarollen zu retten. Doch wir sahen, daß alle Thorarollen auf dem Scheiterhaufen lagen. Alle brannten im Feuer. Wir konnten nicht mehr hineingehen und sind wieder nach Hause gegangen." Trotz oder wegen dieser Vorkommnisse wird an diesen Tagen bei der Gemeinde der Kaufvertrag über die inzwischen ausgebrannte Synagoge vor dem Notar W. Müller, Fürth, unterschrieben. Rechnet der Bürgermeister in seinem Schreiben vom 12. September 1938 noch mit einer Kaufsumme von 2000-2500 RM, so wird hier beurkundet „Ein Kaufpreis wird nicht bezahlt".

Im Laufe des Tages kommen auswärtige SS-(SA?) Männer (wahrscheinlich aus Weinheim), dringen in die jüdischen Wohnungen ein, mißhandeln zum Teil die Bewohner und durchstöbern Schränke und Truhen nach Wertsachen. So nehmen sie dem letzten Vorsteher der jüdischen Gemeinde, Ferdinand Löb, Bargeld ab.

Aus anderen Wohnungen wirft man Geschirr und sonstige Haushaltsgegenstände, sowie bei Benjamin Löb Bohnen und Sauerkraut auf die Straße.

Die meisten jüdischen Männer werden verhaftet und in die KZ Buchenwald bei Weimar und Sachsenhausen/Oranienburg bei Berlin gebracht. Ferdinand Löb dagegen wird in das KZ Dachau bei München eingeliefert, wo er mit seinem Sohne Walter zusammentrifft.

Diese Verordnungen und Gesetze sowie die schrecklichen Ereignisse der Pogromnacht machen es den Birkenauer Juden fast unmöglich, ihr Leben zu fristen. So werden die noch bestehenden jüdischen Birkenauer Geschäfte gezwungen, ihre Betriebe zum 31. 12. 1938 aufzugeben.

Ein hartes Los trifft die Witwe Tirza Bär. Ihr Mann, im 1. Weltkrieg schwer verwundet, stirbt 1931. 1921 hat man ein Haus erworben, das finanziell stark belastet ist. Sie hat in den schweren Nachkriegsjahren die harte Last des Broterwerbs für ihre drei Kinder, einen Pflegesohn und den kranken Mann zu tragen. Die antijüdischen, nationalsozialistischen Maßnahmen machen ihr dies nach der Judenpogromnacht fast unmöglich. Es ist anzunehmen, daß auch sie für ihre Kinder und sich Auswanderungsanträge stellt, denn ihrer Tochter Julia gelingt 1939 die Emigration nach England. Auch vom Sohne Heinz sind Unterlagen vorhanden, die zeigen, daß er Deutschland verlassen will. Da das belastete Haus unter dem Einheitswert verkauft wird, bleibt für die Ausreise kein Geld übrig.

Das Ende

Mit Beginn der letzten Phase der Judenverfolgung, der „Endlösung der Judenfrage", wohnen noch 9 jüdische Mitbürger in engen räumlichen Verhältnissen in Birkenau. Der Bevölkerung ist es untersagt, Kontakt mit ihnen zu halten.

Am 31. Juli 1941 erhält der Chef der Sicherheitspolizei und des Sicherheitsdienstes, Reinhard Heydrich von Göring, den Auftrag, alle europäischen Juden zu „evakuieren". Mit der Aktion „Reinhard" beginnen die Deportationen nach dem Osten. Aus den ehemaligen Provinzen Rheinhessen und Starkenburg des Volksstaates Hessen werden ca. 1000 Juden in Darmstadt zusammengeholt.

So ist auch am 18. 3. 1942 *Tirza Bär, geb. Mayer (1881), ihren Söhnen Kurt (1921), Heinz (1922) und dem Pflegesohn Mayer, Julius (1917)*, der Abschiebungsbefehl der Gestapo Darmstadt zugegangen. In aller Eile müssen sie sich zum Abtransport im Rathaus einfinden. Hier werden sie in der ehemaligen Gemeindekasse eingeschlossen und von da aus mit einem Bus nach Darmstadt in die Liebig-Oberschule am Bahnhof gebracht. Um Panikreaktionen zu vermeiden, hat man die Parole ausgegeben, daß es sich um eine Umsiedlung zu einem besonderen Arbeitseinsatz handelt. Damit dies glaubwürdig erscheint, werden dem Transportzug zwei Waggons mit Nähmaschinen angehängt. Diese Nähmaschinen sollen den Frauen am Exilort zum Nähen von Uniformen und Pelzen dienen.

Der Transport führt von Darmstadt aus in das KZ Piaski-Lublin (Polen). Mit der Grenzüberschreitung fällt das jüdische Vermögen an das deutsche Reich.

Unter stärkster Geheimhaltung geht der nächste Großtransport Ende September 1942 nach Theresienstadt. Diesmal werden 1288, zumeist ältere Juden aus dem Gebiet Starkenburg und Rheinhessen nach Darmstadt gebracht und nach dem Osten deportiert. Zu ihnen gehören alle noch in Birkenau wohnenden jüdischen Mitbürger: *Benjamin Löb (1868), Sara Löb, geb. Neumark (1877), Emanuel Löb (1873), Aron Löb (1868), Berta Löb, geb. Löb (1879).*

In ihren Volkskarteikarten steht der Vermerk:

„IX. 42. abgewandert"

Es muß angenommen werden, daß mit diesem Transport oder dem Transport am 10. 2. 1943 auch *Fanny Bär, geb. Löb (1872)* und *(Karo-)Lina Löb (1876)* deportiert worden sind. Beide sind am 10. 2. 1941 in das jüdische Altersheim nach Mainz verzogen und 1943 in Theresienstadt umgekommen.

Berthold Löb

Ein besonderes Schicksal durchsteht Berthold Löb. Er ist seit 1932 mit einer „arischen" Frau verheiratet. Das Ehepaar hat vier Kinder, deren Religionszugehörigkeit von der Gemeinde Birkenau in der Familienkartei als „isr." (israelitisch) eingetragen wird. Obwohl bis Ende 1942 alle noch in Birkenau lebenden jüdischen Familien deportiert werden, bleibt Berthold Löb vorerst seiner Familie wegen von einer solchen „Abwanderung" verschont. Als er im Februar 1943 von der Ortspolizei der Darmstädter Gestapo vorgeführt werden soll, bekommt er von dieser Vorladung am Abend vorher Nachricht. Seine Erfahrung, die er nach der Reichspogromnacht im KZ Buchenwald/Oranienburg durch das brutale Verhalten der SS gesammelt hat, läßt ihn zu dem Entschluß kommen, Birkenau in derselben Nacht noch zu verlassen und irgendwo unterzutauchen. Seine Odyssee führt ihn über den Schwarzwald in das Gebiet des hinteren Odenwaldes (Amorbach, Boxbrunn, Obernburg, Walldürn). Hier hilft er bis zum Kriegsende als „ausgebombter Rüstungsarbeiter Karl Müller, auf Urlaub", verschiedenen Einzelhof-Bauern jeweils für zwei bis drei Wochen bei der Landarbeit. Im Laufe der zwei Jahre kommt er so mehrmals zu diesen Höfen zurück. Unterstützung erhält er durch drei katholische Geistliche aus Amorbach und Schneeberg (Pfarrer Karl Rohner,

Berthold Löb 1906-1976

Kaplan Gottfried Stromel und Dr. Stephan Amon), denen er seine Herkunft anvertraut. Während dieser Zeit wird er steckbrieflich gesucht. Es gelingt ihm immer wieder, sich mit Hilfe der Geistlichen und einiger Eingeweihter einer Festnahme zu entziehen. Nach dem Einzug der amerikanischen Truppen kehrt er am 15. 4. 1945 zu seiner Frau und den Kindern, die ihren Vater für tot gehalten haben, nach Birkenau zurück.

Obwohl seine Mutter und viele Verwandte in den Vernichtungslagern umgekommen sind, setzt er sich nach dem Kriege für seine Birkenauer Mitbürger ein und organisiert in den schweren Nachkriegsmonaten Kartoffeln und Schlachtvieh, die als Sonderrationen an die Birkenauer Bevölkerung verteilt werden.

Schicksal der jüdischen Bürger Birkenaus nach 1932
(Geburtsjahr, heutige Straßennamen und Hausnummern)

1. **Bär, Fanny, geb. Löb (1872), Hauptstraße 51, verzogen 10. 2. 1941 nach Mainz, deportiert, umgekommen 3. 3. 1943 KZ Theresienstadt**
2. Bär, Erich (1905 - 1939), Hauptstraße 51, ausgewandert 1937, USA
3. Bär, Max (1909), Hauptstraße 51, ausgewandert 12. 5. 1937, Schweden, USA
4. Bär, Resi, geb. Löb (1910), Untergasse 24, ausgewandert 20. 1. 1940, USA
5. Bär (Löb), Ellen Irma (1939), Untergasse 24, ausgewandert 20. 1. 1940, USA
6. **Bär, Tirza, geb. Mayer (1881), Hauptstr. 100, deportiert, 20. 3. 1942 umgekommen KZ**
7. Bär, Gretel Julie (1919), Hauptstraße 100, ausgewandert 29. 6. 1939, England
8. **Bär, Kurt (1921), Hauptstraße 100, deportiert 20. 3. 1942, umgekommen 28. 10. 1942, KZ Piasky (Lublin)**
9. **Bär, Heinz (1922), Hauptstr. 100, deportiert 20. 3. 1942, umgekommen 14. 11. 1942, KZ Maydanek**
10. Libmann, Adolf (1885), Obergasse 5, ausgewandert 19. 7. 1938, USA
11. Libmann, Frieda, geb. Mayer (1892), Obergasse 5, ausgewandert 19. 7. 1938, USA
12. Libmann Ilse (1922), Obergasse 5, ausgewandert 19. 7. 1938, USA
13. Libmann, Gerdi (1924), Obergasse 5, ausgewandert 19. 7. 1938, USA
14. Libmann, Fanny, geb. Dreifuß (1884), Kreuzgasse 8, ausgewandert 6. 12. 1939, USA
15. Libmann, Irma (1910), Kreuzgasse 8, ausgewandert 3. 10. 1936, USA
16. Libmann, Kora (1911), Kreuzgasse 8, verzogen 1. 9. 1933 nach Sprendlingen als Ehefrau Kaufmann, ausgewandert, USA
17. Libmann, Albert Michael (1913), Kreuzgasse 8, ausgewandert 20. 7. 1936, Brasilien
18. **Löb, Benjamin (1868), Untergasse 26, deportiert September 1942, umgekommen KZ Theresienstadt**
19. **Löb, Sara, geb. Neumark (1877), Untergasse 26, deportiert September 1942, umgekommen KZ Theresienstadt**
20. **Löb, Erna (1911), verzogen 1933 nach Frankfurt/Main, deportiert**
21. Löb, Albert (1913), Untergasse, ausgewandert Januar 1937 nach Schweden/Palästina

22. Löb, Hermann (1919), 1932 nach Köln verzogen, ausgewandert Ende 1938, Palästina
23. **Löb, Emanuel (1873), Untergasse 10, deportiert 1942, umgekommen 2. 4. 1943 KZ Theresienstadt**
24. Löb, Frieda (1880), Untergasse 10, verstorben 10. 10. 1941 Mannheim (Theresienkrankenhaus)
25. Löb, Manfred (1911), Untergasse 10, ausgewandert 1937, Palästina
26. **Löb, Melitta Martha (1913), Untergasse 10, ausgewandert 12. 9. 1933 nach Amsterdam, deportiert, umgekommen 9. 8. 1942 KZ Auschwitz**
27. Löb, Ferdinand II. (1879), Untergasse 14, ausgewandert 26. 6. 1940, Argentinien
28. Löb, Rosalie, geb. Katzenstein (1881), Untergasse 14, ausgewandert 26. 6. 1940, Argentinien
29. Löb, Bernhard (1910), Untergasse 14, ausgewandert 5. 10. 1936, Argentinien
30. Löb, Walter (1916), Untergasse 14, ausgewandert 15. 3. 1940, USA
31. **Löb, Lina (1876), Untergasse 14, verzogen 10. 2. 1941 nach Mainz (Jüd. Altersheim), deportiert, umgekommen 5. 4. 1943 KZ Theresienstadt**
32. **Löb, Aron (1868), Untergasse 8, deportiert September 1942, umgekommen KZ Theresienstadt**
33. Löb, Leopold (1846), Untergasse 8, verstorben 11. 9. 1933 in Birkenau
34. **Löb, Berta, geb. Löb (1879), Untergasse 8, deportiert September 1942, umgekommen 24. 4. 1944, KZ Theresienstadt**
35. Löb, Elsa (1912), Untergasse 8, ausgewandert 27. 11. 1938, Uruguay
36. Löb, Sally Hugo (1909, Untergasse 8, ausgewandert 28. 5. 1938, USA
37. Löb, Berta, geb. Herbst (1912), Untergasse 8, ausgewandert 28. 5. 1938, USA
38. Löb, Berthold (1906 - 1976), Untergasse 8, überlebt in Deutschland
39. Löb, Ida, geb. Remi (1912 - 1989), Untergasse 8
40. Löb, Benno (1932), Untergasse 8
41. Löb, Ruth (1933), Untergasse 8
42. Löb, Inge (1936), Untergasse 8
43. Löb, Edith (1937), Untergasse 8
44. **Meyer, Julius (1917), Hauptstraße 100 (bei Bär, Tirza), deportiert 18. 3. 1942, umgekommen im KZ**

Zum Abschluß soll ein Wort von Professor **Darmstädter** stehen, der in seinen Erinnerungen schreibt:
„**Es sind wohl noch Alte, Ältere da, die sich nicht gefürchtet haben, geheim, den paar Hilflosen Gutes zu tun, ehe für diese „Gefangenen" das traurige Ende kam, wo immer das war. Solche Helfer, wenn sie noch am Leben sind, seien gesegnet – auch wenn es dafür keinen irdischen Lohn gibt."**

Wolfgang Gebhard

(Zitate: Siehe Anmerkungen in „Geschichte der Birkenauer Juden" S. 125 ff, Birkenau 1993)

Nachkriegsjahre und Gegenwart

Fern der Heimat – Flüchtlingsschicksal

Die Geschichte der Gemeinde Birkenau hört 1945 ebensowenig auf wie die der übrigen Welt. Auf einen engeren Kreis bezogen heißt das, daß nach dem unseligen II. Weltkrieg die Entwicklung hier, wie im größten Teil Europas, in völlig neue Bahnen gelenkt wurde. Das Gesicht der Gemeinde Birkenau begann sich plötzlich zu wandeln.
Hunderte von Heimatvertriebenen kamen hierher, nicht aus eigenem Antrieb, sondern weil sie aus ihrer angestammten Heimat ausgewiesen wurden, von einem menschenverachtenden Regime, das die „Rache" der Sieger besorgte. Die Rache dafür, daß eine ebenso rücksichtslose und sich überschätzende deutsche Führungsspitze diesen unseligen Krieg vom Zaune gebrochen und Millionen Menschen fremder Nation in Not und Unglück gestürzt hatte. Die Vertriebenen waren die Hauptleidtragenden dieser sich nun anbahnenden Entwicklung in Europa, eine Entwicklung, die zur größten unfreiwilligen Völkerwanderung der Neuzeit führte.
Unfreiwillig, weil die Sieger dieses größten Völkerringens der Neuzeit, die in ihren Herrschaftsräumen ansässige deutsche Bevölkerung auf unmenschliche Weise vertrieben, ihr neben Hab und Gut auch die Heimat nahmen.
Und nun mußte das Deutschland, das übriggeblieben war und selbst unter dem Krieg mit seinen Gefallenen, den Bomben und all den anderen Verwüstungen gelitten hatte, Menschen aufnehmen, die nicht mehr besaßen, als das, was sie am Leibe hatten.
Birkenau mußte, wie alle anderen deutschen Gemeinden, mit der Situation der hereinströmenden Flüchtlinge, Vertriebenen oder wie sie sonst genannt wurden, fertig werden. Die Einweisung der Ankömmlinge erfolgte auf Behördenwege, und es waren nicht wenige, die hier untergebracht werden mußten. Die genaue Zahl kann heute nicht mehr festgestellt werden. Es waren an die 500 Menschen, die im Laufe der Jahre 1945 und 1946 ankamen. Der Hauptstrom der 24.000 Heimatvertriebenen, die dem Kreis Bergstraße zugewiesen worden waren, kam ab Februar 1946 hier an, sie wurden auf die Gemeinden verteilt, die dann mit ihren Problemen fertig werden mußten. Vor allem die Unterbringung – durch Beschlagnahme von Wohnraum – mußte gelöst werden – und es erscheint bei der heutigen Rückbetrachtung als ein Wunder, daß man damit, auch von Amtswegen, doch fertig wurde. Zumal durch die Aufnahme von „Ausgebombten" die Unterbringungsmöglichkeiten nicht gerade dazu angetan waren, weitere Menschen aufzunehmen. Deshalb kann man es nicht verdenken, wenn die Aufnahme dieser „Flüchtlinge" nicht überall und bei allen eitel Freude auslöste.

Aber im Laufe der Zeit fand man Verständnis für einander. Es entwickelte sich ein Zusammenleben, das für beide Teile, Einheimische und Vertriebene, zu einem fruchtbaren Miteinander wurde.

Birkenau hatte 1945 2800 Einwohner und wuchs schnell auf 3600 an. Und diese Zahl steigerte sich weiter, obwohl nicht alle hierblieben, weil sie anderswo Arbeit und Unterkunft gefunden hatten. Die neuen „Mitbürger" aber suchten und fanden doch schnell Anschluß in der neuen Umgebung. Zuerst galt es jedoch, ein Dach über dem Kopf zu bekommen, Arbeit zu finden und gemeinsam am Aufbau eines neuen Staatswesens mitzuarbeiten. Sie kamen nicht – obwohl nur mit geringer Habe – als Bettler, sondern trugen dazu bei, daß im Laufe der Zeit eben durch dieses Zusammenwirken Vorurteile abgebaut und an der gemeinsamen Zukunft gezimmert wurde. Woher kamen diese deutschen Vertriebenen? Aus den deutschen Reichsgebieten im Osten und aus dem Sudetenland. Egerländer und Erzgebirgler kamen ebenso wie Donauschwaben, Ostpreußen, Banater, Schlesier und Rußlanddeutsche. Das Ziel der damaligen Machthaber, vor allem Stalins, war es, durch den Flüchtlingsstrom Deutschland endgültig in seiner Ordnung zu zerstören, weil er hoffte, daß die Vertriebenen hier zu einem Störfaktor werden würden. Daß dies nicht eingetreten ist, ist das große Verdienst der Heimatvertriebenen, ohne die der Wiederaufbau und Neubau eines neuen Deutschland nicht möglich gewesen wäre.

Die Wege der Ankömmlinge führten über verschiedene Lager, Sandbach im Odenwald, Dieburg, Auerbach, bis die Verteilung auf die Bergsträßer Gemeinden erfolgen konnte. Am 26. 11. 1945 mußte die Gemeinde eine Erfassungsliste der Flüchtlingsbetriebe an den Landrat schicken. Ausweise für „Flüchtlinge" mußten ausgestellt werden. Neue Namen tauchten in Birkenau auf, die heute noch, wenn auch nicht mehr alle, vorhanden oder auf Grabsteinen zu finden sind: Matzke, Ziernstein, Hörl, Stauch, Neuschl, Laßlop, Sangl, Prießnitz usw. Vom 5. 11. 1949 stammt eine weitere Verfügung des Landrats an die Gemeinden, Vertriebene aus den damals übervölkerten Ländern Schleswig-Holstein und Niedersachsen aufzunehmen.

Im Jahre 1950 kam es zur Wahl eines Sprechers der Vertriebenen, eines sogenannten Flüchtlings-Vertrauensmannes in der Person des Josef Prießnitz aus dem Altvatergebiet. Gustav Schroll, ebenfalls Sudetendeutscher, wurde sein Stellvertreter. Der Letztgenannte war es auch, durch dessen Initiative es schon 1948 zur Gründung einer Baugenossenschaft in Birkenau kam, um die Wohnungsnot zu lindern, um auch Vertriebenen zu einer neuen, familiengerechten Wohnung zu verhelfen. Die Gemeinde und vor allem Freiherr Wambolt von Umstadt trugen durch Bereitstellung von Baugelände dazu bei, daß die Baugenossenschaft eine segensreiche Arbeit entfalten konnte. Diese Baugenossenschaft besteht noch heute und hat in den fast 50 Jahren durch den Bau von Mietwohnungen und Eigenheimen eine erfolgreiche Tätigkeit entwickelt. Auch die Währungsreform 1948 hatte dazu beigetragen, daß der wirtschaftliche Wiederaufbau zügig vorankam. Der 1952 geschaffene „Lastenausgleich" sollte darüberhinaus den Heimatvertriebenen eine Startmöglichkeit geben, hier festen Fuß zu fassen, Geschäfte und Betriebe zu gründen. So gründete hier der Sudetendeutsche Apotheker Ferdinand Schösser die erste Apotheke, nicht nur für Birkenau, sondern für das ganze Weschnitztal. Drogerie, Friseurgeschäft, Fotohandlung – um nur einige zu nennen – wurden von Heimatvertriebenen gegründet.

Der Zusammenschluß Gleichgesinnter erfolgte im Verband der Heimatvertriebenen, der bis heute als „Bund der Vertriebenen" weiterbesteht. Dieser Verband hat für seine Mitglieder große Arbeit und Hilfe geleistet, stand ihnen mit Rat und Tat zur Seite und trug wesentlich zur Eingliederung der Heimatvertriebenen bei. Sie wurden im Laufe der Zeit zu einem mitbestimmenden Glied und Partner in ihrer neuen Heimatgemeinde: Sie wurden Gemeindevertreter, Beigeordnete, Mitglieder in verschiedenen Vereinen und Institutionen, und überall gaben sie neue Impulse und brachten eine gegenseitige Bereicherung im gesamten politischen und kulturellen Leben.
So trug der Zusammenschluß in einem Ortsverband der Vertriebenen in den Jahren nach 1946 für alle seine Früchte. Er wurde zum Mittler zwischen Einheimischen und Vertriebenen und auf wirtschaftlichem Gebiet und bei der Eingliederung Helfer und Ansprechpartner in vielen Fragen und Anliegen. Er besteht heute noch und hat seine Existenzberechtigung vielfach bewiesen und nicht verloren. Er führte und führt auch heute noch eigene Veranstaltungen durch und pflegt das Zusammengehörigkeitsgefühl.
Die größten Veranstaltungen solcher Art auf Kreisebene war das alljährliche Tromm-Treffen, das über Jahrzehnte durchgeführt wurde und zu Bekenntnissen zur alten Heimat wurde.
Zu diesem Bekenntnis trägt auch das Mahnmal auf dem alten Friedhof in Birkenau bei, das für die Toten der Heimat 1953 errichtet wurde, und zwar mit tatkräftiger Unterstützung der Gemeinde, der Kirchengemeinden und der Birkenauer Bürger. Im Sockel des Kreuzes ist eine Urkunde eingemauert, die in ihrem Text folgende Aussage macht: „Die Deutschen aus dem Osten jenseits der sogenannten Oder-Neiße-Linie, dem sudetendeutschen und südostdeutschen Raum, die wegen ihres Bekenntnisses zum deutschen Volke in den Jahren 1945-46 und später aus ihrer seit

Einweihung des Mahnmals auf dem alten Friedhof Birkenau am 22.11.1953

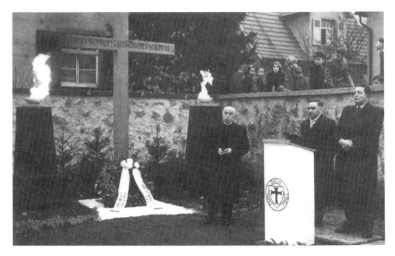

Vor dem Mahnmal der kath. Ortspfarrer Kaltheyer, der Vorsitzende der Vertriebenen Alex Glaser und der Kreisvorsitzende Dr. Lügsch

Jahrhunderten angestammten Heimat auf unmenschliche Weise vertrieben wurden und hier eine freundliche Aufnahme fanden, danken dabei allen für die Unterstützung, die so den schweren Verlust der Heimat leichter ertragen ließ."

Das Gedenken an die Toten der Heimat vor diesem Kreuz gehört bis heute zur ständigen Einrichtung des Bundes der Vertriebenen, deren Mitglieder jeweils am Totensonntag sich hier zu einer kurzen Andacht und Gedenkfeier zusammenfinden. Das gute Zusammenleben brachte es im Laufe der Jahre mit sich, daß Birkenauer Bürger zu Ehrenmitgliedern des Ortsverbandes des Bundes der Vertriebenen ernannt wurden und andere wiederum selbst Mitglied des Verbandes wurden, was dankbar anerkannt werden muß.

Die Narben der Vertreibung sind wohl geblieben. Auch nach völliger Eingliederung sind die Vertriebenen stolz, sich als Sudetendeutsche, Schlesier, Ostpreußen, Zipser, Donauschwaben, Banater usw. zu bekennen, die in ihrer alten Heimat nicht nur als Deutsche lebten, sondern dem Staatsvolk viele Impulse und wirtschaftlichen Wohlstand gaben und deren steinerne Bauten und Denkmäler unleugbare Zeugen ihrer deutschen Geschichte geblieben sind.

Daß man den östlichen Machthabern nicht mit gleicher Münze zurückzahlen wollte, wurde in der „Charta der Vertriebenen" bereits im Jahre 1950 festgeschrieben, in der man auf Rache und Gewalt verzichtete. Diese Charta und ihr Inhalt hat bis zum heutigen Tag für die Vertriebenen ihre Gültigkeit.

Die Entwicklungen in den Jahren 1989 und 1990 in den östlichen europäischen Ländern und die Vereinigung der von 1949 bis 1990 bestandenen zwei deutschen Staaten zu einem einigen „Deutschland" geben weiter Hoffnung auf eine friedvolle Zukunft aller Völker im europäischen Raum, Hoffnung auch dadurch, daß die neuen Staatsführungen das Unrecht der Vertreibung bekennen und um Verständnis für die neue Entwicklung in ihren Ländern werben.

Alex Glaser

Birkenau von 1945 bis heute

Die kommunalpolitische Nachkriegsgeschichte beginnt mit der Anordnung der amerikanischen Militärregierung Weinheims vom 7. April 1945, daß der Bürgermeister Adam Jakob VI. des Amtes enthoben wird. Adam Jakob hatte durch beide Weltkriege die Geschicke Birkenaus geleitet. Von der amerikanischen Kommandantur wurde zuerst German Guby, wenig später Georg Hirt als Bürgermeister Birkenaus eingesetzt.

Unter dessen Leitung fand am 20. August 1945 die erste Gemeindevertretersitzung nach Kriegsende statt. Neben dem Beigeordneten Georg Gerbig erschienen die Gemeinderäte Lindner, Guldner, Fabian, Lust, Klinger, Fändrich, Scheuermann und Söhnlein. Die Schwerpunkte der ersten Nachkriegssitzung waren von den Zeitumständen bestimmt: „Wohnungsfragen, Holzhauerei, Ernährungsausschuß, Holz als Kompensationsware, Wasserversorgung" und ähnliches.

Am 24. Dezember 1945 erschien im Gesetz- und Verordnungsblatt für Groß-Hessen das Gemeindewahlgesetz, das die ersten allgemeinen, gleichen, unmittelbaren und geheimen Wahlen für die Gemeinden Hessens regelte. Danach wurde festgelegt, daß am 20. Januar 1946 und am 27. Januar 1946 für die Dauer von zwei Jahren Gemeindevertretungen gewählt werden sollen.

Nicht wahlberechtigt und wählbar waren:
- „wer der NSDAP vor dem 1. Mai 1937 beigetreten ist..."
- „in der SA, der HJ, dem BDM...gewesen ist"
- wer dafür bekannt ist, daß er mit den Nazis stark sympathisiert oder mit den Nationalsozialisten zusammengearbeitet hat..." (Gesetz- und Verordnungsblatt Hessen Nr. 2/45

Auf der Sitzung am 12. Februar 1946 verpflichtete der Bürgermeister die ersten frei gewählten Gemeindevertreter nach dem Krieg:

Adam Lindner, Johann Jakob, Johann Klein, Adam Scheuermann, Johann Kinscherf, Georg Fändrich und Karl Hoffmann.

Im Protokoll ist dazu vermerkt:

„Der Bürgermeister begrüßt die Herren Ratsmitglieder und weist auf die Bedeutung des ersten Gemeinderats, gewählt auf freier, geheimer Grundlage, nach zwölf Jahren Terror und Grauen hin und bittet um ihre Mitarbeit auf demokratischer, antifaschistischer Basis zum Wohle der Einwohner Birkenaus" – Protokollbuch 005/10, Seite 418.

Aufgrund des o.g. Wahlgesetzes endete mit Ablauf des 31. 3. 1946 die Amtszeit des Bürgermeisters und der Beigeordneten. Die Neuwahlen sollten bis zum 25. März 1946 durch die Gemeindevertretung stattgefunden haben.

Auf der Sitzung vom 15. März 1946 wurde die Amtsdauer beschlossen (sechs Jahre) und als Wahltermin der 25. März 1946 festgelegt. Auf dieser Sitzung wurde dann Georg Hirt zum Bürgermeister und Georg Gerbig zum Beigeordneten gewählt.

Wie ein roter Faden ziehen sich über Jahre hinweg einige Schwerpunkte durch die Tagesordnungen: Die dringendsten Probleme der materiellen Versorgung wie z.B.

das Brennholz oder die Zuweisung von Ackerland. Wichtig war vom ersten Tag an auch die Grundstücksvergabe sowie die Frage nach Baugelände, ein Thema, das sich bis zum heutigen Tag gehalten hat. Als interessant gilt auch festzuhalten, daß in der damaligen Zeit der Gemeinderat über die Kfz-Zulassung zu entscheiden hatte.

Am 11. Februar 1948 hat der Hessische Landtag ein neues Gemeindewahlgesetz beschlossen, wonach

a) die Gemeindevertretungen neu auf vier Jahre zu wählen sind (§ 2) und
b) die Wahlzeit der amtierenden Bürgermeister und Beigeordneten zwei Monate nach diesen Neuwahlen endet.

Nach den erfolgten Wahlen zum Gemeinderat am 25. April 1948 setzte das neugewählte Gremium sofort einen Ausschuß zur Bürgermeisterwahl ein, welche am 3. Juni 1948 dann stattfand. Adam Weber wurde für sechs Jahre gewählt und am 31. August 1948 in sein Amt eingeführt. Sein Stellvertreter wurde Jakob Jäger, Georg Hirt kam in den Gemeinderat.

Im Frühjahr 1952 trat das kommunale Verfassungsrecht Hessens, die neue Hessische Gemeindeordnung (HGO), in Kraft. Dieses trennte nunmehr zwischen dem legislativen Organ Gemeindevertretung mit ihrem Vorsitzenden an der Spitze und dem exekutiven Organ Gemeindevorstand mit dem Bürgermeister als Verwaltungschef. Diese grundlegenden Änderungen wurden zum ersten Mal bei den Kommunalwahlen vom 4. 5. 1952 berücksichtigt. Damals errang die CDU 6 Sitze, die SPD 4, die KPD 3 und die FDP 2. Auf der konstituierenden Sitzung am 26. Mai wurde Herbert Wagner zum Vorsitzenden der Gemeindevertretung gewählt, zu seinen Stellvertretern Karl Stief und Georg Hirt.

Bei der 1954 anstehenden Bürgermeisterwahl gab es nur einen Bewerber, den Amtsinhaber Adam Weber, er wurde am 9. Februar 1954 auf nun zwölf Jahre als hauptamtlicher Bürgermeister wiedergewählt.

Im Jahre 1956 erreichten die beiden großen Parteien CDU und SPD in Birkenau jeweils sechs Sitze, einen die FDP und zwei die Freien Wähler. Aufgrund dieser Konstellation wurde Jakob Jäger, CDU, neuer Gemeindevertretervorsitzender und Herbert Wagner, SPD, 1. Beigeordneter. Vier Jahre später überflügelte die SPD mit acht Sitzen die CDU (fünf Sitze). Die FDP und BHE erhielten je einen Sitz. Im Oktober 1960 wurde dann Willi Flemming einstimmig zum neuen Gemeindevertretervorsitzenden gewählt, wiedergewählt wurde Herbert Wagner als 1. Beigeordneter.

Am 17. Dezember 1962 erlitt die Gemeinde Birkenau einen herben Verlust. Völlig unerwartet und mitten in der Arbeit verstarb im Alter von 62 Jahren Bürgermeister Adam Weber. Seine 14jährige Tätigkeit als Bürgermeister war geprägt durch die Probleme der Nachkriegszeit: Wasserversorgung, Wohnungs- und Straßenbau sowie Kanalisation. Zu erwähnen ist auch der Schulhausneubau und der Bau des Schwimmbades. In der Odenwälder Zeitung war am 20. Dezember 1962 zu lesen: „Mit Bürgermeister Weber verliert die Gemeinde eine markante Persönlichkeit. Er war eim äußerst gewissenhafter und korrekter Beamter, der nur das Wohl seiner Gemeinde kannte. In der Methode der Erreichung der Ziele für die Entwicklung der Gemeinde waren Meinungsverschiedenheiten nicht zu vermeiden. Seine Achtung und Wertschätzung konnte man diesem Manne jedoch nicht versagen. So wird sein plötzlicher Tod in der ganzen Gemeinde bedauert."

Der Tod von Bürgermeister Weber machte eine Neuwahl notwendig, die am 29. Januar 1963 im Saal der neuen Schule stattfand. Zwei Bewerber stellten sich zur Wahl: Der Gemeinderechner Willi Flemming von der SPD und der parteilose Karl Stief, der von der CDU und der FDP unterstützt wurde. Da die SPD über die absolute Mehrheit verfügte, war es eine große Überraschung, daß Karl Stief mit acht Stimmen, gegenüber sieben Stimmen für Willi Flemming, die Wahl gewann und somit die Nachfolge von Bürgermeister Weber antrat.

Birkenau im Jahre 1964

1964 schlossen sich dann CDU, FDP und Freie Wähler zur „Liste Stief" zusammen, die dann bei der Kommunalwahl auch die meisten Sitze – nämlich neun – erreichten, die SPD errang sechs. Dementsprechend wurde Hans Kinscherf neuer Gemeindevertreter-Vorsitzender und Erich Helm neuer 1. Beigeordneter.

Doch Bürgermeister Stief war es nicht vergönnt, allzu lange im Amt zu bleiben. In seinem 52. Lebensjahr verstarb er nach nur fünf Amtsjahren am 27. Dezember 1967. Seine herausragenden Persönlichkeitsmerkmale waren sein freundliches Wesen, seine Aufgeschlossenheit sowie sein ausgeprägter Sinn für Gemeinschaft.

„Sein größter Verdienst scheint es zu sein, daß es ihm gelang, für die Notwendigkeiten des Alltags, teils auch für die harten und nach außen hin unpopulären Beschlüsse, Gemeinsamkeit in der Gemeindevertretung erreicht zu haben", schrieb damals die Odenwälder Zeitung.

Drei Monate nach dem Ableben von Bürgermeister Stief fand die notwendige Neuwahl statt. Von der Fraktion Stief war der Bensheimer Stadtamtmann Ludwig Marquardt nominiert worden, die SPD favorisierte ihren Fraktionsvorsitzenden, den Birkenauer Kassenverwalter, Oberinspektor Willi Flemming. Obwohl die SPD nur über sechs Sitze verfügte, wurde trotzdem ihr Kandidat Willi Flemming mit acht Stimmen zum neuen Bürgermeister der Gemeinde Birkenau gewählt. Damit begann eine 24jährige Amtszeit, die bis zur Verabschiedung in den Ruhestand im Jahr 1992 dauerte.

Bei der Kommunalwahl 1968 mußten 19 Gemeindevertreter gewählt werden, da die Gemeinde Birkenau inzwischen mehr als 5000 Einwohner hatte. War unter Bürgermeister Stief ein Bonus für die Liste Stief festzustellen, so änderte sich dies mit Willi Flemming, SPD, denn diese errang von 19 Sitzen 11, die CDU 6, FDP 1 und NPD 1. Adam Hach wurde neuer Gemeindevertretervorsitzender und Hermann Gareis neuer 1. Beigeordneter. Von Birkenau zogen in den Kreistag ein: Bürgermeister Willi Flemming für die SPD und Ella Silchmüller für die CDU.

Die Verwaltungsreform

Zum Beginn des Jahres 1970 wurden erste Planungen zur Durchführung der Gemeindegebietsreform erstellt. Kallstadt, bis zu dieser Zeit ein mitverwalteter selbständiger Weiler, stimmte in einer Bürgerversammlung für die Eingemeindung in die Gemeinde Birkenau zum 1. Juli 1970 und verzichtete auf die Einführung eines Ortsbeirats.

Im gleichen Jahr verstarb Herr Paul Birkle, der langjährige Bürgermeister der Gemeinden Reisen, Hornbach, Ober-Mumbach, Vöckelsbach, Geisenbach und Rohrbach. In Erwartung des Beschlusses über die Durchführung der Gemeindegebietsreform wurde dort kein neuer Bürgermeister mehr gewählt. Der damalige 1. Beigeordnete, Herr Franz Maca, hat in selbstloser Tätigkeit die Geschäfte des verstorbenen Bürgermeisters Paul Birkle weitergeführt.

Nach erfolgten Aussprachen in öffentlichen Bürgerversammlungen haben die Gemeinden Reisen und Hornbach beschlossen, einer Eingemeindung nach Birkenau zum 1. Juli 1971 zuzustimmen. Die Gemeinden Ober-Mumbach, Vöckelsbach, Rohrbach und Geisenbach schlossen sich der Gemeinde Mörlenbach an.

Erstmals wurden dann für neu hinzugekommene Ortsteile im Haushaltsplan 1971 Ausgaben geplant.

Die Gemeinde Birkenau hatte an die Deutsche Bundesbahn für die Herstellung und Renovierung des Bahnübergangs in der Römerstraße in Reisen einen Kostenanteil von 40.000,— DM zu leisten. Außerdem wurde der Neubau des Feuerwehrgerätehauses in Angriff genommen. Von besonderer Bedeutung war, daß unverzüglich der bereits begonnene Bau eines Kindergartens fertiggestellt werden konnte. 1971 wurde er unter großer Anteilnahme der Bevölkerung der Öffentlichkeit übergeben. Damit waren die sehr unzulänglichen Zustände des Kindergartens im ehemaligen Rathaus beseitigt.

Für die Erschließung des Baugebietes „Eichenbüschel" in Hornbach wurden im Straßenbau, in der Kanalisation und in der Wasserversorgung entsprechende Gelder bereitgestellt.

Am 1. Januar 1972 trat die Eingemeindung von Nieder-Liebersbach, Löhrbach und Buchklingen in Kraft. Es folgte am 1. Juli 1972 der Ort Schnorrenbach. Damit waren

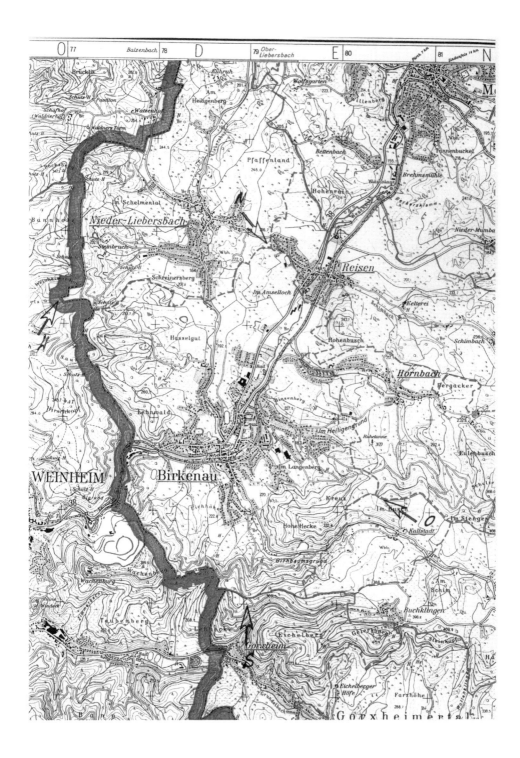

alle, die seither gemeinsam den Abwasserverband „Unteres Weschnitztal" gebildet hatten, bei der Gemeinde Birkenau. Im Klartext hat dies bedeutet, da man mit der eigenen Gemeinde keinen Verband bestehen lassen kann, daß der Verband aufgelöst werden mußte.

Für den Haushaltsplan hatte dies zur Folge, daß plötzlich die Pro-Kopf-Verschuldung enorm gestiegen ist. Alle Schulden, die in irgendeiner Form mit der Durchführung der Generalentwässerung in Verbindung standen, waren zu dieser Zeit im Haushaltsplan des Abwasserverbandes enthalten. Sie mußten dann, im Gegensatz zu Nachbargemeinden, die noch Abwasserverbänden angehören, in den Haushalt der Gemeinde übernommen werden.

Sozialer Wohnungsbau

Nach dem Krieg herrschte auch in Birkenau große Wohnungsnot, wobei die Gründe dafür dieselben waren wie überall in Deutschland: Menschen, die ihre Heimat verlassen mußten, suchten eine neue Unterkunft. Ende 1951 waren 380 Evakuierte und über 500 Heimatvertriebene und Flüchtlinge in Birkenau gemeldet.

Eine vom Gemeinderat eingesetzte Wohnungskommission und das Wohnungsamt versuchten in den Jahren 1946 bis 1954 unter großen Anstrengungen, Wohnungen zu beschlagnahmen und dann zu verteilen. Allein 1951 mußten z.B. mehr als 40 Familien untergebracht werden.

1948 gründete sich die Gemeinnützige Baugenossenschaft mit dem Ziel, für ihre Mitglieder Wohnungseigentum zu schaffen. Schon drei Jahre später waren durch Eigenhilfe fünf Häuser mit Wohnraum für zehn Mitglieder gebaut worden.

Durch private Initiativen entstanden im gleichen Zeitraum viele Häuser in der Leuschnerstraße, und man bezeichnete diese oft als eigenen Ortsteil. Noch viele weitere Baugebiete waren in den 50er Jahren bereits im Gespräch, und wenn sie auch jeweils umstritten waren: heute sind sie alle verwirklicht. Die Gemeinde selbst war kaum in der Lage, im Wohnungsbau tätig zu werden.

Fast alle zur Verfügung stehenden finanziellen Mittel wurden zum Ausbau der Wasserversorgung und der Kanalisation benötigt. Die ersten Maßnahmen im heutigen Schwanklingen waren auch eine Voraussetzung für Baulanderschließung.

Trotzdem entschloß man sich, in der Bahnhofstraße ein Sechsfamilienwohnheim zu bauen. Daneben wollte man zunächst acht Wohnungen nach dem sogenannten Hessenplan für Binnenumsiedler bauen, letztlich wurden es aber nur sechs. Die Finanzierung wurde noch weiter erschwert, da die Erwerbstätigen meist im Badischen beschäftigt waren. Doch dann stiftete die Fa. Freudenberg anläßlich ihres 100jährigen Betriebsjubiläums 32.000,— DM für dieses Projekt.

Das Jahr 1953 war für den Wohnungsbau ein herausragendes Datum: Zunächst wurden im Bahnhofsbereich weitere 40 Plätze baureif — ein neuer „Ortsteil" entstand. Geplant wurde auch die Errichtung einer sogenannten Nebenerwerbssiedlung „Herrenwiese" für Feierabendbauern. Doch Schwierigkeiten mit der Finanzierung und mit der Wasserversorgung (Hornbach sah sich nicht in der Lage, die Versorgung dieses Gebietes zu übernehmen) ließen das Vorhaben scheitern.

Da nach wie vor in der Gemeinde 162 Wohnungssuchende gemeldet waren, kam das Gebiet „Auf der Aue" in die Diskussion, und nach stürmischen Debatten beschloß der Gemeinderat die Zwangsumlegung.

Im Generalbebauungsplan ging es zusätzlich auch um das Gebiet „Im Schwanklingen".

Bis 1955 entstanden durch die Baugenossenschaft 12 neue Wohnungen im Ziegeleiweg, und der Bebauungsplan „Auf der Aue" wurde verabschiedet.

Die 60er Jahre standen ganz im Zeichen der Baugebiete „Herrenwiese" und „Im Rod". Ursprünglich ging es um die Alternative Herrenwiese oder Rod; so wurde zunächst das Rod zur Großbaustelle. Doch bereits 1963 wurde auch der Bebauungsplan Herrenwiese verabschiedet. Die Notwendigkeit bestätigte die Entwicklung Birkenaus, das 1964 bereits 5.000 Einwohner zählte.

Nach der Erschließung im Jahr 1968 konnte in diesem 15.000 qm großen Gebiet ein großer Teil des in der Gemeinde vorhandenen Bedarfs an Wohnraum, insbesondere auch für sozial Schwache, gedeckt werden.

Im März 1972 gab es auf der Herrenwiese ein großes Richtfest der Baugenossenschaft: 12 Mietwohnungen und 19 Erwerbshäuser waren gebaut, weitere 12 wurden noch im gleichen Jahr fertiggestellt.

1973 beschloß die Gemeindevertretung, im Sozialen Wohnungsbau künftig gemeinsam mit der Baugenossenschaft zu handeln. Deshalb bezuschußt die Gemeinde die Wohnungen im Rahmen des Sozialen Wohnungsbaus mit damals 35,— DM/qm.

Im Oktober feierte dann die Baugenossenschaft ihr 25jähriges Bestehen und konnte mit Stolz auf ihre Tätigkeit zurückblicken. Die Maßnahmen auf der Herrenwiese, im Ziegeleiweg und in der Nächstenbacher Straße sprechen für sich.

Versorgung und Entsorgung

Wie bereits erwähnt, waren es nach dem Krieg die alltäglichen Dinge wie Brennholz u.ä., was die meisten Sorgen bereitete. Je weiter sich aber Birkenau auch baulich entwickelte, desto dringlicher standen die Versorgungs- und Entsorgungsprobleme im Vordergrund. So war die nicht gewährleistete Wasserversorgung mit ein Grund, warum sich die Bebauung der Herrenwiese verzögert hatte.

Da aber trotzdem die Bebauung — wie im letzen Kapitel dargestellt — immer mehr voranschritt, wurde die Wasserversorgung Birkenaus größtes Sorgenkind. Am 14. Mai 1959 meldete die Heimatzeitung: „Ganze Ortsteile trocken", und im Juni 1963 gab es gar den Trinkwassernotstand.

Zur Abhilfe wurden auf der Aue vier neue Brunnen gebohrt (weitere Versuchsbohrungen wurden im Kallstädter Tal und im Heiligengrund vorgenommen). Im Oktober 1964 ging die Pumpstation auf der Aue in Betrieb, und die Lage entspannte sich. 1968 gab die Gemeinde zur endgültigen Sicherung der Wasserversorgung einen Gesamtplan in Auftrag.

Die gleiche Bedeutung wie die Versorgung hatte aber auch die Entsorgung. Bereits im Jahr 1963 wurden 2 Mill. DM für Kanalbaumaßnahmen beschlossen, Maßnahmen, die im Rahmen des Umweltschutzes noch Jahrzehnte immense Summen in Anspruch nehmen sollten. Eine weitsichtige Entscheidung von damals war der Anschluß des Abwasserverbandes „Unteres Weschnitztal" (Birkenau und seine heutigen Ortsteile) an den Abwasserverband Bergstraße und damit an die Kläranlage Weinheim.

Der heutige Ortsteil Buchklingen gründete mit dem Gorxheimer Tal den Abwasserverband „Grundelbachtal". Dieser schloß sich ebenfalls an die Kläranlage Weinheim an. Eine nostalgische Zahl am Rande: 1964 wurde die Kanalgebühr auf 14 Pf. pro cbm Frischwasser festgesetzt.

Erwähnenswert ist auch die Stromversorgung, vor allem der Konzessionsvertrag zwischen der Gemeinde Birkenau und der HEAG vom 17. März 1955. Er führte dazu, daß Birkenau eine der wenigen Gemeinden war, die damals bereits eine Konzessionsabgabe erhielten. (1955: 13.000,— DM).

Selbstverständlich waren auch die Straßenbaumaßnahmen für die Weiterentwicklung Birkenaus notwendig. Neben den schon damals in der Diskussion stehenden Umgehungsstraßen war vor allem der innerörtliche Ausbau der Ortsdurchfahrt dringend erforderlich. Zwar wurde die Hauptstraße 1961 zur Bundesstraße, doch die Verbreiterung verzögerte sich immer wieder. Nicht ohne Grund nannte sich der 1973 gegründete Birkenauer Carnevalsverein „Die Schlaglöcher".

Die Birkenauer Hauptstraße

Im Vorfeld des Ausbaus dieser wichtigen Straße B 38 kam es nach vielen Verhandlungen mit der Straßenbauverwaltung 1968 zu der Übereinkunft, daß gleichzeitig mit dem Straßenbau die Gemeinde einen Kanal als Hauptsammler und eine Wasserleitung verlegen konnte. Damit der Verkehr möglichst wenig beeinträchtigt wurde, trieb man den Kanal über weite Strecken, oft sogar mit Sprengungen, unterirdisch voran. In zwei Bauabschnitten unterteilt dauerte allein diese Maßnahme mehr als zwei Jahre.

Ein weiteres sehr wichtiges Kapitel dieser Zeit war der Kanalbau im Bereich der Obergasse. Hier war durch die enge Straße und die notwendige Tiefe des Kanals eine sehr mühsame Arbeit vorgegeben, die zusätzlich eine erhebliche Belastung der Anwohner mit sich brachte. Dabei muß festgehalten werden, daß die Anwohner in der Obergasse und im Kallstädter Tal doch sehr froh über diese Maßnahme waren und sich nie beschwert haben. Im Gegenteil, die Bauarbeiter haben sich wiederholt gegenüber dem Bürgermeister sehr dankbar geäußert, daß an jedem Haus für sie Getränke bereitgestellt waren. Eine Sache, die heute nicht unbedingt mehr als selbstverständlich angesehen werden kann.

Kanalarbeit in der Obergasse

Die Verlegung des Kanals und einer Wasserleitung im Lettenweg, Am Scheeresberg und der darauffolgende Ausbau dieser Straßen, der Johannisstraße und des Ziegeleiwegs waren weitere herausragende kommunale Arbeiten des Jahres 1969.

Zur gleichen Zeit wurde am Ortsausgang von Birkenau in Richtung Hornbach nach Planung von Architekt Rehn in Höhe des Schwimmbads ein Steg über die Weschnitz errichtet. Gerade für die Fußgänger wurde so eine bessere Verbindung zwischen dem Ortskern und dem Schwimmbad erreicht.

1970 wurde es notwendig, die Brücke in der Untergasse völlig neu zu errichten. Der ursprüngliche Sandsteinbelag war im Laufe der Zeit durch Abrieb immer dünner geworden. Um ein Durchbrechen zu vermeiden, hatte man die Brücke dann mit einer Betondecke überzogen. Allerdings war dafür der Unterbau, eine Stahlkonstruktion, zu schwach, und die Brücke neigte sich nach außen.

In den sechziger Jahren zeichnete sich ab, daß der alte Friedhof nicht auf Dauer ausreichen würde. Eine Erweiterungsmöglichkeit bestand nicht mehr. Die Gemeinde erwarb deshalb von der evangelischen Kirche das Gelände am Pfarrwald.

Am Totensonntag 1968 konnte dann der neue Friedhof eingeweiht werden. Gleichzeitig wurde der alte Friedhof an der Kirchgasse, mitten im Ort, offiziell geschlossen. Dort werden nur noch Beerdigungen in Gräber durchgeführt, die zu dieser Zeit bereits an Privatleute verkauft waren, bzw. in denen schon Angehörige einer Familie beerdigt sind.

Dies bedeutet, daß mit Sicherheit auch in den nächsten Jahrzehnten der alte Friedhof noch nicht endgültig geschlossen wird. Hier ist besonders anzumerken, daß im Frühjahr 1992 durch Bürgermeister Flemming mit der evangelischen und der katholischen Kirche ein Übergabevertrag abgeschlossen werden konnte, nach dem der Friedhof an die bürgerliche Gemeinde überging. Die Gemeinde hat sich dabei verpflichtet, den Friedhof immer als eine Erholungsanlage der Öffentlichkeit zu erhalten. Eine entsprechende Gestaltungsplanung wurde gleichzeitig in Auftrag gegeben.

Schulen

Bereits 1952 wurde von dem Schulträger, der Gemeinde Birkenau, angekündigt, daß 1954 der Neubau der Volksschule begonnen werden könnte. Doch die Kostensteigerung verzögerte den Baubeginn um ein volles Jahr.

Bald nach der Einweihung wurden die Verhältnisse schon wieder beengt, zumal die Schülerzahl ständig anwuchs und die Einführung des neunten Schuljahres in Planung war. Die Erweiterung des Bildungsangebotes brachte es mit sich, daß eine Mittelpunktschule (5. bis 9. Schuljahr) für Birkenau und Umgebung gebaut werden sollte.

Der TSV, der 1964 Süddeutscher Feldhandballmeister wurde, drängte immer mehr auf einen Hallenneubau für seinen Spielbetrieb. Im Gemeinderat wurde man sich zwar einig, daß der Schul- und Hallenneubau als eine gemeinsame Maßnahme zu verwirklichen sei, doch die Frage des Standorts blieb offen. Im Gespräch war das Gelände oberhalb des Schwimmbades, das allerdings nicht in Gemeindeeigentum war, und auch das Gelände am Brückenacker. Dagegen sprach aber die zu geringe Höhe und Breite der Bahnunterführung, die geplante Kläranlage und die schon damals geplante Umgehungsstraße. So einigte man sich auf das Gelände am Langenberg.

Zwischenzeitlich wurde die Schulraumnot in der Volksschule immer größer, aber eine Auslagerung verschiedener Schuljahre nach Hornbach und Ober-Mumbach wurde nicht befürwortet. So entstanden die beiden Pavillons an der Tuchbleiche, die heute dem Volkschor und dem Männergesangverein als Domizil dienen.

Der 1966 gegründete Schulverband „Mittelpunktschule Birkenau", dem neben der Gemeinde Birkenau die Gemeinden Nieder-Liebersbach, Reisen, Hornbach, Ober-Mumbach und Kallstadt angehörten, brachte die Finanzierung des Neubaus nach Verhandlungen mit dem Landessportbund sowie dem Deutschen Handballbund um einiges weiter. Auf einer Verbandsversammlung stimmten die Mitglieder dem Bau einer Großraumsporthalle zu.

1968 befürwortete dann der Kreis und das Regierungspräsidium die gesamte Neubaumaßnahme, und mit dem Bau wurde 1969 begonnen.

1973 konnten dann die künftigen Schülerinnen und Schüler der Langenbergschule aufatmen: Der erste Bauabschnitt war fertiggestellt. Mit einem Tag der offenen Tür wurde sie der Öffentlichkeit vorgestellt. Die beengten Verhältnisse waren zumindest vorübergehend behoben.

Für die Langenberg-Sporthalle war es 1975 endlich soweit: Bei einer feierlichen Einweihung überreichte der Architekt, Herr Ulrich Rehn, symbolisch den Schlüssel an den Schuldezernenten, Herrn Dr. Bergmann.

Die Langenbergschule

Bereits im Januar 1977 fand in der neuen Sporthalle das erste Hallenhandball-Länderspiel in Birkenau statt: Die deutschen Junioren gewannen gegen Israel 26 : 10.

Rathaus

In den 70er Jahren ging es nicht nur bei den Schülern, den Sportlern oder den Feuerwehrleuten beengt zu. Auch die Gemeindeverwaltung, untergebracht im alten Rathaus und einigen Nebengebäuden, platzte aus allen Nähten. Deshalb beschloß die Gemeindevertretung am 17. 12. 1974 den Ankauf des „Corneliusheims" von der Fa. Freudenberg. Mit diesem Erwerb war ein teurer Neubau überflüssig geworden.

Ursprünglich sollte das neue Rathaus im „Herrengarten" errichtet werden. Das Gelände hatte die Gemeinde im Tausch von dem Freiherrlich Wambolt'schen Rentamt erhalten. Auf diesem Grundstück befindet sich heute das Gasthaus „Zum Engel".

Nach Renovierungsarbeiten konnten im Corneliusheim die einzelnen Abteilungen unter einem Dach zusammengefaßt werden. Da in dem angekauften Gebäude auch ein Sitzungssaal eingerichtet werden konnte, tagte die Gemeindevertretung am 12. Juni 1975 zum letzten Mal im Mehrzwecksaal der Grundschule. Einige Tage später

Das ehemalige Corneliusheim - heute Sitz der Gemeindeverwaltung

wurde das neue Birkenauer Rathaus seiner Bestimmung übergeben. In dem unter Denkmalschutz stehenden alten Rathaus wurde noch im gleichen Jahr die Gemeindebücherei untergebracht.

Partnerschaft Birkenau – La Rochefoucauld

Ein besonderes Kapitel für die Gemeinde wird 1976 aufgeschlagen. Eine Schülergruppe der Langenbergschule fuhr zum ersten Mal nach La Rochefoucauld. Bereits zwei Monate später weilten französische Schüler in Birkenau, und selbstverständlich stellte sich schon damals die Frage nach einer Partnerschaft. Weitere gegenseitige Besuche im folgenden Jahr führten zu einer Vertiefung der Beziehungen, und in Birkenau wurde ein Komitee gegründet, das die Verschwisterung mit La Rochefoucauld vorbereiten sollte. Im September 1977 weilte eine Gemeindedelegation mit Bürgermeister Flemming in der zukünftigen Partnergemeinde. Die Gespräche brachten eine weitere Annäherung.

1978 war es dann so weit: Birkenau und La Rochefoucauld verschwisterten sich offiziell. Am 15. Juli 1978 war die Vertragsunterzeichnung in der Mehrzweckhalle in Hornbach und wurde mit einem großen bunten Abend gefeiert. Am 14. Oktober erfolgte die Ratifizierung in La Rochefoucauld.

Die Unterschriften der Bürgermeister Flemming und Linard besiegelten zwar den offiziellen Start, mit Leben erfüllt wurde die Partnerschaft jedoch durch die vielen Kontakte zwischen den Menschen aus La Rochefoucauld und Birkenau. Auch die beiden Gemeindevertretungen pflegen diese Partnerschaft durch regelmäßige gegenseitige Besuche.

Zur Unterstützung und Organisation des gegenseitigen Austauschs gründete sich am 17. Mai 1980 der Partnerschaftsverein. Erster Vorsitzender wurde Rektor Rainer Stephan, Geschäftsführer Günter Gross.

Infrastruktur

Ein großer Tag für die Gemeinde war der 7. November 1979: Landrat Dr. Bergmann verlieh der Gemeinde Birkenau das Prädikat „Staatlich anerkannter Luftkurort" Er überreichte Bürgermeister Willi Flemming die Urkunde des Hessischen Sozialministeriums und würdigte das Bemühen Birkenaus, den Fremdenverkehr noch weiter auszubauen.

Voraussetzung für diese Auszeichnung als Luftkurort war neben den klimatischen Bedingungen auch eine entsprechende Infrastruktur im Freizeitangebot. Hierzu zählte z.B. das gemeindeeigene Schwimmbad.

Birkenau mit dem neu errichteten Freibad

Bis Mitte der 50er Jahre schwamm man in einem Bad, das 1926 von dem TV erbaut und später von der Gemeinde übernommen worden war. Das Becken wurde immer über das Brenners Wehr mit Wasser aus der Weschnitz gefüllt.

1957 war dann die erste Badesaison im neuen Schwimmbad. Mit seinen Einrichtungen galt es damals als das modernste im weiten Umkreis. Im Rahmen des Neubaus wurden unterhalb des Sprungturms Brunnen gebohrt, und seitdem wird das Becken mit Brunnenwasser gefüllt.

Mitte der 60er Jahre, als auch die Fremdenverkehrsförderung Gestalt annahm, erlebte Birkenau eine weitere Bereicherung in seiner Entwicklung.

Herr Otto Seile, ein begeisterter Sonnenuhrenfreund, hatte die Idee geboren, aus Birkenau das „Dorf der Sonnenuhren" zu machen.

Mehr und mehr Mitbürger konnte er für diesen Gedanken begeistern und viele ließen sich von ihm Sonnenuhrenentwürfe machen. Er stieg dann auch bis ins hohe Alter selbst auf die Leiter, um Wände auszumessen, Schattenstäbe zu installieren und „Zifferblätter" zu gestalten.

Ende der 60er Jahre waren es schon 25 Uhren, Anfang der 70er Jahre 40, und bei seinem Tod im Jahre 1978 hatte er selbst nahezu 60 Sonnenuhren gebaut.

Auch danach blieb die Entwicklung nicht stehen, und heute hat Birkenau mehr als 80 Sonnenuhren aufzuweisen und führt deshalb sicherlich zu Recht den Beinamen „Dorf der Sonnenuhren", der gerade in der Fremdenverkehrswerbung eine wichtige Rolle spielt.

Eine weitere Verbesserung der Infrastruktur wurde mit der Fertigstellung der Sportanlage im Spenglerswald erreicht. Im Zusammenwirken zwischen der Gemeinde und dem VfL Birkenau war ein Sportplatz sowie ein vereinseigenes Clubhaus entstanden, so daß auch dort ein vernünftiges Sport- und Vereinsleben wachsen konnte.

In diesem Zusammenhang kann erwähnt werden, daß in den folgenden zwei Jahren weitere Freizeiteinrichtungen gebaut wurden. Am Waldrand nahe der Langenbergschule wurde eine Kneippanlage fertiggestellt, ein Waldsportpfad eingerichtet, und am Scheeresberg entstand eine Grillhütte, die vor allem in den Sommermonaten ständig genutzt wird.

Seit Juli 1980 hat Birkenau eine neue Brücke, denn nach neunmonatiger Bauzeit wurde die Schafstegbrücke wieder dem Verkehr übergeben. Der Neubau war notwendig geworden, weil eine Überprüfung ergeben hatte, daß die alte den Anforderungen des modernen Straßenverkehrs nicht mehr genügte.

Doch nicht nur die Zahl der Autos stieg immer mehr, sondern auch die Zahl der Einwohner. Durch die Gebietsreform und die Eingemeindungen wuchs Birkenau auf 9964 im Jahr 1980. Nach der Erschließung der größeren Neubaugebiete im Herrengarten und in der Rhein-Neckar-Straße stiegen die Einwohnerzahlen stetig weiter. Der am 9. Januar 1981 geborene Daniel Kadel konnte als 10.000ster Einwohner als „Jubiläums-Erdenbürger" in Birkenau begrüßt werden.

Die Kommunalwahl von 1981 brachte personelle Veränderungen in den gemeindlichen Gremien. Die CDU errang 15 Sitze, die SPD 14 und die FDP 2. Neuer Gemeindevertretervorsitzender wurde Reinhold Unrath (CDU) und 1. Beigeordneter Helmut Brehm (ebenfalls CDU).

Eine der Hauptaufgaben dieser Gemeindevertretung war sicherlich die Beratung über den neuen Flächennutzungsplan mit integriertem Landschaftsplan. Er wurde dann im April 1983 verabschiedet.

Ein anderes wichtiges Kapitel begann am 26. August 1982 mit einer Bürgerversammlung, auf der über die geplante Dorferneuerung informiert wurde. Nach Abschluß der Planung konnten sich die Birkenauer in einer Ausstellung im Sitzungssaal von den geplanten Maßnahmen ein Bild machen, wobei neben der Gestaltung der Fachwerkhäuser in der Kreuzgasse auch der Neugestaltung des Festplatzes großes Gewicht zugemessen wurde.

Seit dem 25. September 1982 heißt der neue evangelische Kindergarten „Zum guten Hirten". Da die evangelische Kirche einen Neubau nicht finanzieren konnte, entstand die Idee, den alten in der Ludwigstraße zu verkaufen und im Gemeindezentrum unter der Trägerschaft der Kommune einen neuen zu bauen. Die Gemeindevertretung beschloß, für die Errichtung des Neubaus alle Kosten zu tragen, die nicht durch den Verkaufserlös des alten Kindergartens, der Gewährung der Landesbeihilfe sowie des Kreiszuschusses gedeckt waren. Bürgermeister Flemming konnte bei der Einweihung den Schlüssel an die Kindergartenleiterin, Tante Hedi, übergeben.

Weitere Projekte der Gemeinde in diesem Jahr waren die Kanalisationsarbeiten Birkenau-Reisen. Außerdem wurde der Parkplatz am Neuen Friedhof ausgebaut, und Ende 1983 war Richtfest beim Neubau des Feuerwehrgerätehauses in Birkenau, das am 1. September seiner Bestimmung übergeben werden konnte. Mit 670 qm Nutzfläche, davon 181 qm Gerätehalle und 181 qm Saal, hat die Freiwillige Feuerwehr Birkenau nunmehr die Voraussetzungen für einen guten Brandschutz erhalten.

Anfang 1984 wurde Siegmund Kessler zum neuen Gemeindevertretervorsitzenden gewählt. Die Wahl war notwendig geworden, da der bisherige Vorsitzende von diesem Amt zurückgetreten war.

Im April konnte Bürgermeister Flemming sein 40jähriges Dienstjubiläum feiern. Landrat Franz Hartnagel bezeichnete den Jubilar als einen Kommunalpolitiker, der sein Geschäft von der Pike auf gelernt habe. Neben vielen anderen Gratulanten hob Bürgermeister Linard aus La Rochefoucauld Flemmings Verdienst um die gemeinsame Partnerschaft hervor.

„Kleines Jahrhundertbauwerk" wurde die Baumaßnahme Kanal und Wasser im Bereich Kreuzgasse und unterer Teil der Obergasse. Nach Inbetriebnahme der neuen Kanalbaumaßnahmen konnten ca. 90 % der Abwässer in die Kläranlage nach Weinheim verfrachtet werden. Das ist − so wurde immer wieder betont − ein wichtiges Stück praktizierter Umweltschutz. Gleichzeitig mit diesen Maßnahmen wurde in der Kreuzgasse die Oberfläche mit rotem Verbundpflaster belegt und die Verkehrsführung in eine Einbahnregelung umgestaltet.

Zur Kommunalwahl 1985 gründete sich in Birkenau eine neue Gruppierung, die Freie Wählervereinigung Birkenau, mit den ehemaligen Gemeindevertretern Helmut Brehm, Reinhold Unrath und Arthur Babist an der Spitze. Ebenfalls zum ersten Mal kandidierten in Birkenau die Grünen.

Die Wahlen im März 1985 brachten folgendes Ergebnis:

Die SPD errang 18 Sitze, die CDU 12, die FWV 5 und die Grünen 2 Sitze. Der bisherige Gemeindevertretervorsitzende Siegmund Kessler wurde in seinem Amt bestätigt, Helmut Brehm wurde neuer 1. Beigeordneter.

Anfang Mai wurde der erste Bauabschnitt am Festplatz fertiggestellt. Der Platz erhielt ein kreisförmiges Mosaik mit einem Brunnen in der Mitte. Dieser wurde mit einem großen und sechs kleinen Findlingen gestaltet. Er soll die Gemeinde Birkenau (Kerngemeinde und Ortsteile) symbolisieren.

Ein Höhepunkt war dann im September 1985 die Namensgebung des Platzes. In Anwesenheit von Conseiller Gèneral, M. Gascon, Bürgermeister A. Linard und dem Präsidenten des Comitè de Jumelage, F. Laurent, aus La Rochefoucauld wurde dem Festplatz der Name „Platz La Rochefoucauld" gegeben.

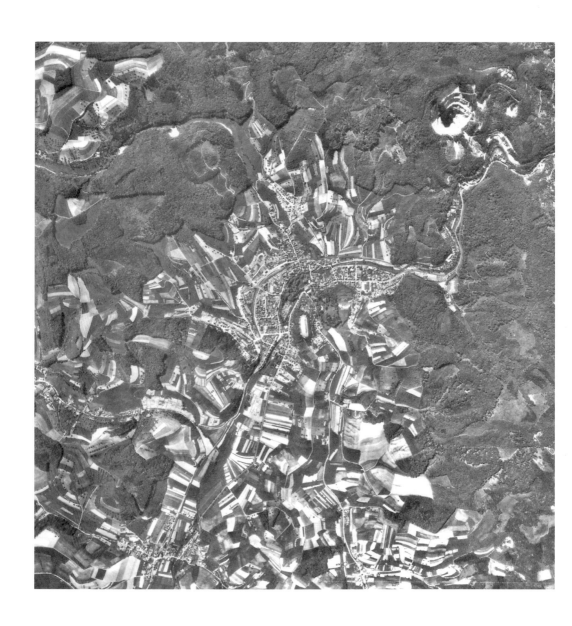

Birkenau im Jahre 1953 aus der Vogelperspektive

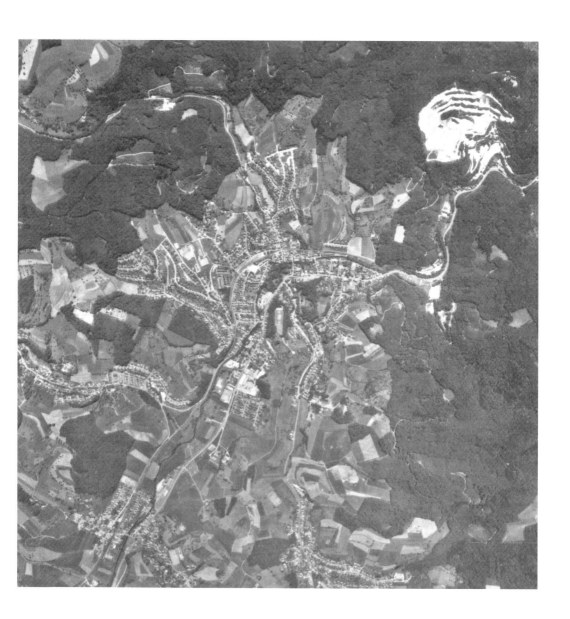

... *und im Jahr 1985* (mit Genehmigung des Hessischen Landesvermessungsamtes - Vervielfältigungsnummer 3/94

Platz La Rochefoucauld mit Feuerwehrgerätehaus

Als Gastgeschenk überbrachten sie einen gußeisernen Brunnen mit dem Wappen von La Rochefoucauld. Er erhielt seinen Platz neben dem Feuerwehrgerätehaus. Bei dieser Gelegenheit überbrachte Monsieur Linard die Urkunden über die Ernennungen von Bürgermeister Flemming, Gemeindevertretervorsitzenden Kessler und Rektor Stephan zu Ehrenbürgern von La Rochefoucauld und überreichte jedem eine Medaille.

Auf dem neugestalteten Platz wurde Ende 1985 der erste Weihnachtsmarkt abgehalten. Gewerbetreibenden und Birkenauer Vereinen stand eine Verkaufsfront von über 120 m zur Verfügung. Gesangsgruppen und Musikvereine umrahmten den weihnachtlichen Markt musikalisch. Schon beim ersten Mal übertraf der Erfolg alle Erwartungen, so daß er seitdem jedes Jahr am dritten Adventswochenende durchgeführt wird.

Am 3. Dezember 1985 wurde Bürgermeister Willi Flemming von der Gemeindevertretung für weitere sechs Jahre im Amt bestätigt. Der 1. Beigeordnete Helmut Brehm überreichte ihm die Ernennungsurkunde.

Im Jahr 1986 fielen mehrere grundsätzliche Entscheidungen zu baulichen Maßnahmen. Die wohl wichtigste war, für die Ortsteile Kallstadt/Löhrbach sowie Schimbach, keine separaten Klärwerke zu bauen, sondern über Anschlußkanäle an das Abwassersystem anzubinden. Diese Beschlüsse nahmen wegen ihres finanziellen und baulichen Umfangs einige Jahre in Anspruch und belasteten den Gemeindehaushalt auf längere Zeit.

Damit auch größere Feste wetterunabhängig gefeiert werden können, wurde die Grillhütte am Scheeresberg mit einem überdachten Anbau erweitert. Fast zu gleicher Zeit war das Richtfest für die Grundschulturnhalle an der Tuchbleiche.

Das wohl wichtigste Thema der jüngeren Vergangenheit sowie der Gegenwart brachte eine Vielzahl von Bürgerinnen und Bürgern am 4. Dezember 1986 in die Südhessenhalle nach Reisen: die B 38a. Bei dieser Großveranstaltung erklärte der

Vertreter der Landesregierung, daß man uneingeschränkt hinter dieser Straßenbaumaßnahme steht. Die Befürworter aus dem Weschnitztal forderten gleichzeitig mit dem Planfeststellungsbeschluß den Sofortvollzug anzuordnen.

Drei Monate später – Ende Februar 1987 – unterschrieb Hessens Wirtschaftsminister Steger in Heppenheim den 127 Seiten umfassenden Planfeststellungsbeschluß. Damit wurden die 30jährigen Bemühungen zu einem – vorläufigen – Ende gebracht. Vorläufig deswegen, weil bereits zwei Monate später eine Klagegemeinschaft gegen die B 38a gegründet wurde.

Im November ordnete der neue Verkehrsminister den Sofortvollzug an und versprach den Baubeginn für das Frühjahr 1988.

Im Februar 1987 beschloß die Gemeindevertretung den Ausbau des Hauses Obergasse 6 in eine Arztpraxis und bewilligte die dafür notwendigen Mittel. Im November wurde die Grundschulturnhalle offiziell eingeweiht, und der Schuldezernent, Herr 1. Kreisbeigeordneter Fraas, übergab den Schlüssel an Frau Rektorin Fink-Werner.

Am 6. Mai 1988 konnte Bürgermeister Willi Flemming sein 20jähriges Bürgermeisterjubiläum feiern. Für die Gemeinde gratulierte ihm der Gemeindevertretervorsitzende Kessler sowie der 1. Beigeordnete Brehm.

Wichtige Entscheidungen der Gemeindevertretung waren die Beschlüsse bezüglich von sieben Bebauungsplänen: Burgacker, Schwanklingen, Mühlbusch, Altfeld, Am Altenacker, Abtsteinacher Straße und Sauwasen. Außerdem stimmte sie dem Neubau eines Kindergartens in Nieder-Liebersbach zu. Er soll in Trägerschaft der Katholischen Kirche errichtet werden.

Die Baumaßnahmen B 38a nahmen in Form der ersten Brücke konkrete Gestalt an, doch die Umweltverbände stellten an das Verwaltungsgericht Darmstadt Eilantrag, um den Weiterbau zu verhindern.

1988 stand ganz im Zeichen der 10jährigen Partnerschaft Birkenau – La Rochefoucauld: Im Mai kamen über 300 Franzosen nach Birkenau. Im Rahmen einer feierlichen Gemeindevertretersitzung in der Mehrzweckhalle Hornbach wurde erstmals die Ehrenplakette der Gemeinde verliehen. Diese erhielten in Silber Bürgermeister Linard, Bürgermeister Flemming, Madame Beauregard und Rektor Stephan für ihre Verdienste um die partnerschaftlichen Beziehungen. Einen Tag später war die Südhessenhalle in Reisen Schauplatz eines großen bunten Abends mit deutsch-französischem Programm.

Anfang November waren (ebenfalls über 300) Birkenauer zu Gast in La Rochefoucauld wo der „Parc Birkenau" eingeweiht wurde. In dessen Mitte pflanzten Bürgermeister Flemming und Gemeindevertretervorsitzender Kessler eine Birke.

Im März 1989 fanden wieder Kommunalwahlen statt. Die Wahl brachte für die Gemeindevertretung folgende neue Sitzverteilung:

SPD 19 Sitze, CDU 13 Sitze und FWV 5 Sitze. Siegmund Kessler wurde als Gemeindevertretervorsitzender einstimmig wiedergewählt, Albert Kanz neuer 1. Beigeordneter.

Frau Ella Silchmüller, die nicht mehr für ein öffentliches Amt kandidiert hatte, wurde im Oktober 1989 für ihr ehrenamtliches kommunales Engagement mit dem Bundesverdienstkreuz ausgezeichnet.

Am 3. Dezember 1989, dem Barbaratag, konnte mit großer Teilnahme der Bevölkerung das Ereignis des Jahres 1989 gefeiert werden: der Tunnelanstich. Frau Ingeburg Flemming gab als Patin für den Saukopftunnel mit einer ersten Sprengung den Startschuß für den Bau des längsten Straßentunnels nördlich der Alpen. Die Baukosten wurden mit rd. 95 Mio. DM veranschlagt und die Bauzeit mit ca. vier Jahren. Bis zum Durchbruch müssen allein über 300.000 cbm Gestein aus dem Berg geholt werden. Bei dem zünftigen Fest, zu dem die gesamte Bevölkerung eingeladen war, flossen über 1100 l Bier.

In 1990 wurden die Kanalarbeiten nach Löhrbach weitergeführt. Zusätzlich zum Abwasserkanal galt es, ab Kallstadt eine Wasserleitung mitzuverlegen, um zu einem späteren Zeitpunkt (nach der Leitungsverlegung Hochbehälter-Kallstadt) den Ortsteil Löhrbach auch von Birkenau aus mit Wasser versorgen zu können.

Daneben wurde mit dem Ausbau des Hallenbades und dem Umbau des Vereinshauses begonnen.

Abgeschlossen wurden die Renovierungsarbeiten im Alten Rathaus, die im Rahmen des Dorferneuerungsplanes durchgeführt wurden. Das alte Rathaus aus dem Jahr 1552 hat nunmehr im Erdgeschoß einen Raum für Versammlungen und Ausstellungen, in den oberen Räumen ist die Gemeindebücherei untergebracht. Im Mai 1990 wurde der Saal der Öffentlichkeit vorgestellt, im Dezember die Bücherei.

Am 18. Dezember wurde das neue Hallenbad mit einem Tag der offenen Tür der Öffentlichkeit vorgestellt, und über die Weihnachtsfeiertage konnte mit dem Badebetrieb begonnen werden.

Der Vorsitzende der Birkenauer Gemeindevertretung, Herr Siegmund Kessler, leitete die Dezembersitzung 1990 zum letzten Mal. Auf dieser gab er seinen krankheitsbedingten Rücktritt bekannt.

Für seine jahrelangen Verdienste ist er im Sommer 1991 mit dem Bundesverdienstkreuz ausgezeichnet worden. Ein Jahr später ist er viel zu früh verstorben.

Als sein Nachfolger wurde am 12. März 1991 Herr Dr. Helmut Riegger von der Gemeindevertretung einstimmig gewählt.

Ebenfalls für vielfältige Aktivitäten steht in der Kerngemeinde seit November 1991 das Vereinshaus wieder im Dienste der Vereine und anderen Veranstaltern. Die meisten Besucher waren und sind begeistert von den ausgebauten und renovierten Räumlichkeiten.

Wenig positiv aufgenommen von der Birkenauer Bevölkerung wurden die Entscheidungen des Verwaltungsgerichts Darmstadt und des VGH in Kassel in Sachen B 38 a. Hier wurde nämlich ein Baustop gerichtlich angeordnet, der die Einstellung der Bauarbeiten zur Folge hatte und hat. Bei Drucklegung dieses Buches liegt zwar ein zwischen den klagenden Verbänden und dem Land Hessen abgeschlossener Vergleich vor, die im Vergleich verhandelten Punkte sind jedoch zunächst noch plane-

Das Vereinshaus nach der Renovierung

risch umzusetzen, bevor mit den Anschlußarbeiten zwischen dem fertiggestellten Tunnel und der Anschlußstelle hinter Reisen begonnen werden kann.

Ende 1991 stand für die Gemeinde Birkenau auch eine wichtige Personalentscheidung an. Nachdem Bürgermeister Willi Flemming erklärt hatte, nach 24 Jahren im Bürgermeisteramt in den Ruhestand zu gehen, war eine Neuwahl notwendig geworden.

Am 19. November 1991 wählte das Gemeindeparlament den bisherigen 1. Beigeordneten Albert Kanz zum neuen Bürgermeister der Gemeinde Birkenau. Dieser trat am 6. Mai 1992 offiziell sein Amt an. Sein Vorgänger Willi Flemming wurde Anfang April mit einem großartigen Abend in den Ruhestand verabschiedet.

Eine große Zahl von Ehrengästen aus nah und fern, die gemeindlichen Gremien, die Kirchen und alle Vereine dankten dem scheidenden Bürgermeister für sein vielfältiges Engagement. Auch sehr hohe Auszeichnungen wurden ihm zuteil: nach einem Beschluß der Gemeindevertretung überreichte dessen Vorsitzender, Herr Dr. Riegger, dem neuen Ruheständler die Ehrenbürgerurkunde. Als Höhepunkt erhielt Bürgermeister Flemming an diesem Abend des Abschieds das Bundesverdienstkreuz verliehen.

Am 7. März 1993 fanden wieder Kommunalwahlen statt, die das Bild in der Gemeindevertretung etwas veränderten:

Die SPD stellt nunmehr 16 Sitze, die CDU 13 und die FWV 8.

Herr Dr. Helmut Riegger wurde als Gemeindevertretervorsitzender wiedergewählt, neuer 1. Beigeordneter wurde Herr Alfred Kaufmann.

Von den ausgeschiedenen Mitgliedern der gemeindlichen Gremien wurden Herr Emil Metz und Herr Helmut Brehm zu Ehrenbeigeordneten und Herr Georg Steinbinder zum Ehrengemeindevertreter ernannt. Sie waren 20 und mehr Jahre ehrenamtlich in den gemeindlichen Gremien tätig gewesen.

Albert Kanz und Willi Flemming

Birkenauer Heimatkunde

Die Freiherrliche Familie Wambolt von Umstadt

Schon 1390 wird in Lehensbriefen des Abtes zu Fulda die Freiherrliche Familie Wambolt von Umstadt erwähnt. Sie war ursprünglich ansässig auf dem alten Besitz in Hetschbach (Ruine Wambolt'sches Schlößchen), später in Groß-Umstadt.

Im Jahre 1457 erwarb die Familie Besitzungen in Birkenau, Weinheim und Umgebung und trat in den Dienst der Kurfürsten von der Pfalz.

Nach der Niederlage des Kurfürsten am Anfang des 30jährigen Krieges waren die Freiherren von Wambolt bis zum Ende des Reiches in kurmainzischen Diensten. Der Kurfürst und Kanzler des Heiligen Römischen Reiches, Anselm Kasimir Wambolt von Umstadt (Bild im Treppenhaus im Schloß), bereitete den Vertrag des westfälischen Friedens vor, dessen Abschluß er nicht mehr erlebte.

Das alte Schloß

Der alte Wambolt'sche Besitz ging zwischenzeitlich an die Familie von Bohn. Als Johann Philipp von Bohn starb, ging das Erbe an seine beiden Schwestern. Diese zogen nach Weinheim und verkauften es im Jahre 1723 an den Freiherrn Franz Philipp Caspar Wambolt von Umstadt für 3.150 Gulden.

Das Anwesen bestand aus einer Wasserburg, gelegen an der linken Seite des Liebersbach, begrenzt von der Weschnitz und der Odenwälder Landstraße, also wohl im heutigen Schloßpark an der Stelle des Stallgebäudes. Die Burg umfaßte 2 Stockwerke, die durch eine Wendeltreppe verbunden waren. Im unteren Stockwerk war eine große Schreibstube untergebracht, die Küche und die Wohnung des Amtmannes. Im oberen Stockwerk gab es zwei größere Stuben und mehrere Kammern.

In den dazugehörigen Stallgebäuden gab es unter anderem eine Schafzucht. Aus Bestandsbriefen ist zu ersehen, daß der jeweilige Schäfer die Herde zwei- bis dreimal in der Woche nach Rohrbach und Kallstadt treiben mußte, um einer Überweidung in Birkenau vorzubeugen. Von seiner Unterkunft im alten Schloß überquerte er dann die Schafstegbrücke, die wohl in dieser Zeit ihren Namen erhalten hat.

Philipp Franz Wambolt, Erbauer des Schlosses und Birkenauer Ortsherr um 1770

Philipp Franz Freiherr Wambolt von Umstadt (1732 - 1806) Bauherr des Birkenauer Schlosses

Philipp Franz besuchte den Unterricht in der Würzburger Domschule, studierte später in Mainz und Leipzig.

Im Jahre 1752 trat er die damals übliche große Reise an, die man zur weiteren Ausbildung der jungen Herren für notwendig erachtete. Er besuchte die Niederlande, Frankreich, Italien und die deutschen Territorien, vor allem Sachsen. 1754 traf er wieder in der Heimat ein, trat in den Dienst des Kurfürstentums Mainz und machte Karriere. Am 3. 9. 1755 heiratete er Maria Charlotte Freiin von Hutten zu Stolzenberg.

Im selben Jahr ernannte Johann Friedrich, Erzbischof von Mainz, Philipp Franz zu seinem Hofrat, später wurde er kurfürstlicher Geheimrat, dann Amtmann, Obristkämmerer, und schließlich ernannte ihn Franz II., Kaiser des Heiligen Römischen Reiches, zum Kämmerer. Die Rangerhöhung geschah zu einer Zeit, in der sich das Heilige Römische Reich seinem Ende näherte. Die Französische Revolution war ausgebrochen, und vergebens versuchte der Kaiser, sie zurückzudämmen. Die unaufhörlichen Kämpfe verwüsteten die Länder am Rhein. Philipp Franz mußte das Mainzer Haus verlassen und verbrachte seine letzten Lebensjahre in Heidelberg und Birkenau.

Der Schloßbau zu Birkenau

Die Verdienste, die Freiherr Philipp Franz sich um die Verwaltung des Kurfürstentums Mainz erworben hatte, sind schon lange vergessen. Aber er hat ein Werk geschaffen, das die Erinnerung an ihn wachhalten wird. Er hat in Birkenau das Schloß erbauen lassen, das seine Nachkommen erhalten und bewohnen.

Nach Abwägung mehrerer Entwürfe für den Schloßbau, u.a. auch von Obrist Schwartz, entschied sich Philipp Franz für den Baumeister Johann Leonhard Stahl (1729 - 1774), der den stattlichen Barockbau mit Mansardendach entwarf. Stahl war ein Schüler Balthasar Neumanns und wirkte maßgeblich bei dem Bau der Abtei der Kirche Neresheim mit. Später arbeitete er als fürstbischöflicher Werkmeister und Architekt an der Ausgestaltung der Bruchsaler Residenz. Das Bruchsaler Treppenhaus zählte zu den großen Sehenswürdigkeiten der Barockarchitektur, bis es im 2. Weltkrieg durch Bomben zerstört wurde.

Mit dem Schloßbau in Birkenau wurde im Frühjahr 1767 begonnen. Die Grundsteine wurden im Kallstädter Tal gebrochen, der rote Sandstein kam aus dem Neckartal. Das Holz wurde zum Teil im Birkenauer Gemeindewald geschlagen. Die großen Stämme kamen aus dem Schwarzwald, sie sind bis Lampertheim geflößt worden. Nur das Eichenholz wurde aus den eigenen Wäldern geholt.

Die Steinhauerarbeiten an Fenstern, Türen, Kaminen etc. wurden laut Vertrag mit Architekt Stahl von Andreas Lieb und Thomas Tausch aus Waldmichelbach ausgeführt. Ein Lieferungsvertrag über 40.000 Ziegel schloß Stahl mit Nikolaus Stief aus Birkenau. 70.000 Ziegel kamen von der Ziegelei Lay aus Rimbach.

Birkenauer Schloß - Ansicht

Birkenauer Schloß Treppenaufgang

Birkenauer Schloß Intarsienfußboden

Umbauten

Schloß Birkenau wurde damals nur in den Sommermonaten bewohnt. Im Winter lebte die Familie im Wambolter Hof in Mainz, später in Aschaffenburg und Heidelberg.

Zeitweise war das Haus auch vermietet und war nun auch schon 90 Jahre alt, sehr verwohnt, so daß eine vollständige Renovierung notwendig war. Diese wurde in den Jahren 1857 bis 1861 durchgeführt. Sämtliche Fenster und Fußböden wurden erneuert, Parkett verlegt (siehe Foto: Intarsienparkett aus dem Schloß Birkenau). Alle Rahmen wurden neu vergoldet, die Räume frisch tapeziert, und man schaffte viele neue Möbel an.

Der letzte große Umbau fand in den Jahren 1902 bis 1904 statt. Er wurde von dem Architekten Heinrich Theodor Schmidt aus Frankfurt ausgeführt. Geändert wurde die Einteilung der Räume durch Zusammenlegung kleinerer Zimmer, besonders im Erdgeschoß. Ganz umgestaltet, d.h. vergrößert wurde das Treppenhaus, und der Eingang wurde, wohl wegen der Straße, auf die Nordseite verlegt. Schloß Birkenau war nun fester Wohnsitz der Freiherrlichen Familie geworden.

Während des 2. Weltkrieges waren Flüchtlinge in Teilen des Schlosses untergebracht. Im Mai 1945 wurde es von den amerikanischen Offizieren beschlagnahmt und die Freiherrliche Familie ausquartiert. Im Frühjahr 1946 ging die Familie nach Schweden und kehrte dann im Sommer 1950 wieder nach Birkenau zurück.

Leider gibt es keine Pläne oder Zeichnungen von den ursprünglichen Innenräumen. Aus Rechnungen ist zu ersehen, daß es ein rotes, ein grünes und ein gelbes Zimmer gab, das Zimmer des gnädigen Herren, den Saal und das Kleine Kabinett.

Wohl befand sich auch die noch heute erhaltene Schloßküche in den Kellergewölben.

Birkenauer Schloß - Küche

Der Schloßpark

Der neugestaltete Schloßpark wurde seit seiner Fertigstellung Ende des 18. Jahrhunderts als Sehenswürdigkeit geschätzt und viel besucht. Der alte Park, im französischen Stil angelegt, hatte einen Lustgarten und einen schönen Baumbestand. Manche Bäume des jetzigen Parkes stammen mit Sicherheit noch aus dieser Zeit.

Es gibt einen Planentwurf von Martin Alram, im Jahre 1767 gezeichnet, einen weiteren aus dem Jahre 1771 von Johann Nicolaus Schwartz aus Bruchsal. Beide Pläne, im französischen Gartenbaustil gehalten, mit geraden Wegen und beschnittenen Hecken, kamen nicht zur Ausführung.

Freiherr Philipp Franz beauftragte den schon damals bekannten Gartenbauarchitekten Friedrich Ludwig von Skell mit der Umgestaltung des Parkes. Skell hatte nach vierjährigem Aufenthalt in England den Schwetzinger Schloßpark umgestaltet, später den Park von Schloß Nymphenburg. Im Wambolt'schen Archiv gibt es mehrere Briefe von Skell an den Baron, in denen er seine Gedanken über die neue Gartengestaltung mitteilt. In einem schreibt er:

"Hier erhalten Freiherrliche Gnaden meine geringe Ideen für Birkenau, ich bin, soviel immer möglich wäre, dem einfachen und minder kostspieligen Geschmacke gefolgt. Die Vorzüge dieses Gartens liegen in einer wohlverstandenen Pflanzung, in der Abwechslung von Ansichten und des Bodens. Da man niemals das Ganze zugleich sieht, sondern durch Abteilungen getäuscht, den Garten beim Eingang weit kleiner, am Ende aber viel größer vermutet, als er wirklich ist."

Obschon diese Anlage einfach ist, und die Ausführungen einem Menschen leicht vorkommen könnte, so muß ich doch im Gegenteil versichern, daß eben das Einfache in allen Künsten schwerer, als das Vervielfältigste zu erfinden und auszuführen. Rate also, den alten regulären Garten nicht eher einzureißen, als bis die Fähigkeiten des dermaligen Gärtners zu Birkenau oder eines anderen erprobt und hinreichend befunden werden, den natürlichen Garten anzulegen. Inwieweit diese geringen Vorschläge Beifall erhalten werden, erwartet in möglichster Hochachtung."

Skell

Schwetzingen, den 14. 4. 1787

In einem anderen Brief vom 6. 11. 1789 schreibt er:

"Die Rolle mit 132 Gulden habe ich gestern richtig erhalten, und dafür sage ich Euer Excellenz den allerverbindlichsten Dank.

Vorzüglich aber freue ich mich des Beifalls, den Sie meinem kleinen Entwurf für Birkenau haben schenken wollen, und daß Sie ihn bald der Ausführung zu würdigen gedenken. Recht von Herzen wünsche ich auch, daß dieser neue Garten Euer Excellenz so viele Vergnügen bringen möchte, als ich empfand, als ich mir die Bilder illusorisch vorstellte und wie Sie in einigen Jahren könnten realisiert werden, wenn eine geschmackvolle Hand sie ausbildet."

und etwas weiter:

"Einige Anmerkungen über die neuen Gärten zu Birkenau nebst Erklärung für seine Excellenz den Baron von Wambolt. Es ist zwar eine bekannte Sache, daß sich die neueren Gärten ganz treu nach der Natur bilden sollen, daß sie nun alle ihre Reize und Annehmlichkeiten von ihr allein und nicht mehr von der steifen Regelmäßigkeit französischer Gärten entlehnen."

Es folgt dann eine Erklärung seines Gartens.

Ein Orangeriehaus war auch 1775 errichtet worden, es wurde 1782 umgebaut, von seinem weiteren Schicksal ist nichts bekannt.

Familiengruft und Kapelle

Bis zur Mitte des 16. Jahrhunderts hatten die Mitglieder der Familie Wambolt ihre letzte Ruhestätte in der Kirche zu Umstadt gefunden. Später wurde in der Kirche zu Bensheim eine Familiengruft und darüber eine Wambolt'sche Kapelle gebaut.
Im Jahre 1826 wurde die alte Bensheimer Kirche abgerissen, und Kapelle und Gruft mußten beseitigt werden, da der Boden der neuen Kirche tiefer liegen sollte. Ein Wiederaufbau der Kapelle wurde nicht gestattet, und so beschloß Baron Philipp, in seinem Park die Familienbegräbnisstätte zu errichten. Die Genehmigung wurde von dem Kreisamt erteilt, unter der Voraussetzung, daß die Gruft nach außen abgeschlossen ist und die Verstorbenen in verlöteten Metallsärgen beigesetzt werden. Die lateinische Bischöfliche Genehmigung ist vom 15. 10. 1891 datiert. Im selben Jahr wurde der Grundstein gelegt.
Die Pläne stammen von dem Architekten Ludwig Becker aus Mainz, der auch die Bauleitung hatte. Die Kapelle ist im Schloßpark im Hang eingebettet. Der untere Teil der Gruft ist aus Granit gemauert, der Eingang mit Sandstein umfaßt. Die darüber liegende Kapelle ist ganz aus Sandstein gebaut. In den spätgotischen farbigen Kirchenfenstern sind Familienwappen eingelassen. Die innere Ausstattung der Kapelle zog sich bis zum Jahre 1897 hin. Seit der Fertigstellung der Gruft werden alle Verstorbenen der Familie dort beigesetzt.

Das kleine Schloß

Das sogenannte „Kleine Schloß", auch „Comtessenhaus" genannt, erwarb Freiherr Philipp 1905 von der Familie Gilmer. Das Haus wurde in demselben Jahr umgebaut und an die Schwägerin des Barons, Comtesse Marianne zu Eltz, vermietet. Nach dem Tode ihres Mannes siedelte auch Baronin Antoinette Wambolt geb. Gräfin zu Eltz in das Comtessenhaus über. Während des Krieges wohnten die beiden Damen bei der Tochter der Baronin Wambolt, Gräfin Lidwine Arco, in Schloß Schönburg in Bayern, so daß das „Kleine Schloß" leer stand.
Infolge Zustroms von Ausgebombten und Flüchtlingen entstand in Birkenau eine große Wohnungsnot, so daß auch in allen Wambolt'schen Gebäuden Vertriebene untergebracht wurden. So wurde auch das „Kleine Schloß" im Laufe der Kriegsjahre und danach von vielen Flüchtlingsfamilien bewohnt. Im Jahre 1959 hat Baron Karl Wambolt von Umstadt das „Kleine Schloß" der katholischen Kirche kostenlos als Wohnung für den Pfarrer zur Verfügung gestellt, mit der Auflage, das Gebäude zu erhalten.

Der Tunnel

Nach dem 1. Weltkrieg ließ Freiherr Wambolt von Umstadt vom Schloßpark zum alten Rentamt einen Tunnel durch den Berg graben. Dies tat er, einerseits um etwas gegen die Arbeitslosigkeit im Ort zu tun, andererseits um seine Ablehnung gegenüber dem Ausbau der Ortsdurchfahrt zu demonstrieren. Im 2. Weltkrieg stellte die Familie den Tunnel als Luftschutzkeller zur Verfügung. Auch in der heutigen Zeit ist der Tunnel begehbar und wird genutzt.

Sibylle Freifrau Wambolt von Umstadt

Das alte Rathaus von 1552

Meisterfrage

Im Jahre 1552 meißelte ein Steinmetz die Jahreszahl in den Scheitel des Sandsteingewändes, damit sollte nicht nur das Baujahr des Rathauses dokumentiert werden, vielmehr sollte die Jahreszahl zugleich als Schmuckelement zur Betonung des Hauptzuganges zum Erdgeschoß des Gebäudes dienen. Weniger betont, in der Abschrägung des linken Bogengewändes angebracht, ist noch das Meisterzeichen des Steinmetzen zu erkennen.

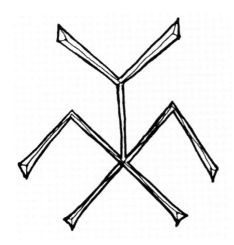

Steinmetzzeichen

Der in Birkenau tätig gewesene Steinmetz ist namentlich nicht bekannt. Die Gleichsetzung mit Hans Stainmiller aus Wertheim ist fraglich. Dieser führte zwar das gleiche Steinmetzzeichen, doch sind Doppelführungen bei einfachen oder symmetrischen Zeichen häufig. Da Hans von Wertheim bereits in den achtziger Jahren des 15. Jh. genannt wird, wäre er für den Birkenauer Rathausbau schon sehr alt gewesen. Vermutlich hat ein anderer Meister das gleiche Zeichen geführt, der in der zweiten Hälfte des 16. Jh. an der Bergstraße tätig war.

Dieser Meister dürfte maßgeblich an Bauten in Weinheim, Zwingenberg und eben auch in Birkenau mitgewirkt haben, da in diesen Orten das gleiche Steinmetzzeichen vorkommt.

Zusammen mit dem Steinmetzen, den man als den Baumeister des Rathauses ansehen kann, war ein Zimmermeister an der Gesamtplanung des Gebäudes tätig, der ebenfalls unbekannt ist.

Gebäudetyp

Am Ende des Mittelalters hatte sich als wichtigster kommunaler Mehrzweckbau das Rathaus zu einer besonderen Gebäudeform entwickelt. Zwar hat sich die Bezeichnung „Rathaus" bis heute erhalten, doch verstehen wir in unserer Zeit darunter den Verwaltungssitz einer Gemeinde oder Stadt. Früher war ein Rathaus jedoch nur das Haus des Rates, der Gesetze erlassen und Recht sprechen konnte. Wichtige Aufgaben der Verwaltung, wie z.B. die Führung der Rechnungsbücher der Gemeinde, wurden von den Beauftragten in privaten Häusern durchgeführt.

Für das öffentliche Leben wurden aber noch weitere Gebäude benötigt, wie z.B. Gerichtshallen, Zehntscheunen, Markthallen und Fest- oder Hochzeitshäuser. Nur reiche Städte mit höherer Einwohnerzahl konnten sich so viele Einzelbauten leisten, zumal in der Regel der Kirchenbau als besondere finanzielle Belastung zusätzlich vorhanden war.

Für kleine Gemeinden, oder wie in Birkenau für die „Cent", wurden Gebäude errichtet, die nicht nur für den Rat, sondern auch für die anderen Aufgaben genutzt werden konnten. Meist haben diese Mehrzweckbauten im Erdgeschoß eine offene Markthalle, im Obergeschoß die Räume für den Rat und Lagerflächen als Zehntspeicher im Dachgeschoß.

Die Markthalle im Erdgeschoß erforderte einen großen Raum, der von außen leicht zugängig war und der ausreichend be- und entlüftet werden konnte. Sollte eine solche Markthalle auch dem Markt- oder Niedergericht dienen, so war eine Mittelsäule üblich, die nach alter Tradition den Stamm der Gerichtslinde ersetzte, unter der im Freien die Gerichtsverhandlungen stattgefunden hatten. Zum Vollzug leichter Urteile war meist in der Nähe dieser Halle ein Pranger errichtet worden. Am Birkenauer Rathaus befindet sich dieser rechts neben der anfangs erwähnten Hauptzugangstür zur Markthalle in Form einer Sandsteinkonsole mit Hals- bzw. Fußketten.

Zwei weitere wichtige Utensilien gehörten zur Markthalle. Zum einen der Brunnen, zum anderen das Ortsmaß. In Birkenau befindet sich der Marktbrunnen vor dem nach Norden ausgerichteten Hauptgiebel. Die örtlich geltende Elle ist heute als Eisenmaß an der hölzernen Eingangstür befestigt. Da die meisten Maße in den einzelnen Herrschaften, wenn zum Teil auch nur geringfügig, von einander abwichen, war eine solche für jedermann nachprüfbare Maßangabe am Verkaufsort wichtig.

Die Räume für den Rat befanden sich im Obergeschoß. Der Zugang dazu führte meist über eine Außentreppe. In Birkenau ist die Lage der ehemaligen Treppe noch in den Katasterplänen erkennbar und an der Tür in der Ostfassade im Obergeschoßfachwerk ablesbar. Der Grund für die Anlage einer Außentreppe ist einmal in der Erfordernis einer erhöhten Plattform zur Verkündung von Entscheidungen zu suchen, zum anderen an der Trennung von Rathaus und Markthalle. Dem Rat sollte damit ein Durchgang durch die wohl nicht immer saubere untere Halle erspart werden.

Im Ratssaal wurde praktisch immer eine Säule in der Mitte angeordnet, auch wenn diese statisch nicht unbedingt erforderlich war. Die Gründe sind ähnlich wie für die Säule im Erdgeschoß. Die Tür vom Flur zum Ratssaal war wieder formal hervorgehoben. Die zur Schreibstube war dagegen sehr viel einfacher. Neben dem Ratssaal gab es noch einen kleineren Raum, der in der Regel beheizbar war und in der kalten Jahreszeit auch von Rat benutzt werden konnte. Die Dachräume, über eine steile Stiege vom Obergeschoß aus erreichbar, dienten zur Lagerung der Naturalabgaben. Ungewöhnlich ist die Ausbildung von zwei Kammern im Dachraum des Birkenauer Rathauses. Diese Kammern deuten auf einen wohnlichen Ausbau hin, denkbar wären auch eine Archivnutzung. Der Lagerraum im Dachgeschoß wurde durch den Ausbau stark eingeschränkt, was auf das Vorhandensein eines zusätzlichen „Centhauses" hinweisen könnte.

Fassaden

Die Fassaden des Rathauses zeigen unterschiedliche Qualitäten. Als Hauptansichten wurden die Ostseite mit dem Eingang und der Nordgiebel besonders reich gestaltet. Dies ist verständlich, lag doch der Eingang unmittelbar an der „Gasse", also an der

Hauptverkehrsader, und vor dem Nordgiebel war ein zum Abhalten von Markttagen erweiterter Platz gelegen.

An die beiden anderen Seiten des Rathauses schlossen sich mit nicht so großem Abstand weitere Gebäude an, so daß eine Ausbildung als Schaufassaden nicht sinnvoll war.

Das Erdgeschoß des Rathauses ist massiv mit Bruchsteinen errichtet. An der Ostansicht sind die Gebäudeecken durch Sandsteinquader verstärkt worden. Das Hauptportal ist aus der Mitte nach Norden verrückt worden um Platz für die heute fehlende Außentreppe zum Obergeschoß zu lassen. Das Portal selbst ist aus Sandstein gearbeitet, als Schmuck zeigt es neben der bereits genannten Jahreszahl und dem Meisterzeichen eine einfache Fase, also eine Abschrägung der inneren Kante. Aufwendiger profiliert ist das ebenfalls rundbogige Fenstergewände daneben.

Der Nordgiebel zeigt im Erdgeschoß die gleichen Öffnungselemente, ein Portal wird seitlich jedoch von zwei Fensteröffnungen begleitet. Die leichte Verschiebung dieser Öffnungsgruppe nach Westen, um Platz für den Brunnen zu schaffen, zeigt, daß spätgotische Gestaltungsvorstellungen immer noch wirkten und die Symmetrie nicht vorrangig war.

In der westlichen Längsseite hatte der Steinmetzmeister nur zwei kleine Fensteröffnungen vorgesehen, die Südseite blieb im Erdgeschoß fensterlos.

Fachwerk

Über das Fachwerk des Birkenauer Rathauses sind sehr unterschiedliche Meinungen veröffentlicht worden, was das Alter der Konstruktion betrifft. Heinrich Winter hatte 1959 (Birkenau, seine Baudenkmäler und ihre Geschichte) das Fachwerk als weitgehend unversehrt aus der Bauzeit, also aus der Mitte des 16. Jahrhunderts, bezeichnet und die Einordnung in die allgemeine Fachwerkentwicklung dargestellt. Früher, 1932, vermutete Johannes Pfeifer, daß durch die Brandschatzungen im 30jährigen Krieg auch der in Holz errichtete obere Teil des Rathauses ein Opfer der Flammen wurde, aber bald danach wieder aufgebaut worden sei. Und auch Magnus Backes (Dehio-Hessen, 1982) ordnete das „Obergeschoß mit lebhaftem Fachwerk um 1700" ein.

Das Rathaus in Birkenau ist 1908 gründlich saniert und dabei auch das bis dahin verputzte Fachwerk wieder freigelegt worden. Änderungen und Ergänzungen, vor allem aber die farbigen Fassungen der damaligen Zeit, prägen noch das heutige Bild. So macht das Fachwerk auf den ersten Blick einen wenig altertümlichen Eindruck. Tatsächlich jedoch handelt es sich bei dem hölzernen Aufbau und dem Dachstuhl um Bauteile aus dem Jahre 1552. Eine dendrochronologische Untersuchung, also eine Auswertung der Jahresringe von Hölzern des Dachstuhles, brachte als Ergebnis das Falldatum Herbst 1551 oder Winter 1551/52. Da früher die gefällten Hölzer saftfrisch weiterverarbeitet wurden und Dachstuhl und Fachwerkgeschoß eine konstruktive Einheit bilden, ist die Einordnung des Fachwerkes in die Mitte des 16. Jahrhunderts richtig.

Das Fachwerkgefüge zu dieser Zeit wurde so geordnet, daß nur die wichtigsten Ständer, dies sind die senkrechten Hölzer, durch schräge Streben abgestützt wurden. Meist finden sich deshalb, wie auch in Birkenau, Streben nur noch an den Eckstän-

RATHAUS BIRKENAU

Rekonstruktion der ursprünglichen Eingangsseite von Dr. Falk Krebs

RATHAUS BIRKENAU

Ansicht des Giebels von der Kreuzgasse aus

dern und an den Bundständern, dies sind Ständer, in die eine Innenwand eingebunden ist. Das äußere Fachwerkbild spiegelt also zugleich die innere Raumeinteilung des Obergeschosses wider.

Noch in alter Bauart sind die Streben geschoßhoch an Süd- und Westseite eingesetzt und die Überschneidungen mit den waagrechten Riegeln durch Kreuzblätter ausgeführt worden, wo jeweils die sich überkreuzenden Hölzer bis zum halben Querschnitt ausgesägt werden mußten. Eine neue Bauweise ist an den als Schauseiten gestalteten Ost- und Nordseiten erkennbar. Die Streben enden unter dem oberen Riegel, und der Brüstungsriegel ist mit Zapfen in den Streben verankert. Durch das Zapfenloch in der Strebe ist eine größere Festigkeit erreicht. Wichtiger jedoch ist die formale Entwicklung. Zum Verstrebungsbild des „Wilden Mannes" fehlen in Birkenau noch die oberen Kopfknaggen, die bereits zwei Jahre später in Reichelsheim Verwendung fanden, doch wird in Birkenau vielleicht erstmals in dieser Gegend die Voraussetzung für das Mannbild durch die kürzeren Streben verwirklicht.

Als weitere Zierelemente wurden 1552 sogenannte Feuerböcke, durch Nasen verzierte kurze diagonale Streben, zur Unterstützung des Brustriegels verwendet und zusätzliche Andreaskreuze auf diese Riegel aufgesetzt.

Bei der Betrachtung der Ostseite ist im Fachwerkbild links die ehemalige Außentür zu sehen, die heute zu einem Fenster umgebaut worden ist. Der hölzerne Türsturz hat noch einen spätgotischen Eselsrücken. Der abgestrebte Bundständer deutet die Wand zwischen Flur und Ratssaal an. Dieser Saal wird betont durch die Fenster des Erkers.

Das Obergeschoßfachwerk des Nordgiebels wird durch zwei Fenstergruppen, bestehend aus sechs und zwei Fenstern, beherrscht. Zwischen diesen befindet sich wieder ein Bundständer mit Streben, die dahinter liegende Wand trennt den Ratssaal vom kleineren beheizbaren Amtsraum. Das Giebeldreieck kommt weitgehend ohne Verstrebungen aus, da die Giebelsparren, die im unteren Dachgeschoß verdoppelt sind, für Stabilität sorgen. Die Größe der Fensteröffnungen signalisiert nach außen die Bedeutung der Räume.

Erker

Die Erker, die heute das Rathaus zieren, wurden von Bildhauer Pitro im Jahre 1908 nach Vorbildern am Rathaus Seeheim geschaffen. Da dieses Rathaus erst 1599 entstanden ist, verändern die stilgeschichtlich jüngeren Erker das Erscheinungsbild des Birkenauer Rathauses erheblich. Die falschen Vermutungen über das Alter des Fachwerkes dürften auch auf diese Erker zurückzuführen sein.

Beim Aufbringen eines Außenputzes wurden die vorstehenden Holzteile, insbesondere also die ehemaligen Fenstererker, weitgehend entfernt. Vorhanden sind noch die Ansätze von Konsolen. Diese deuten auf einfache Fenstererker hin, wie sie am Zenthaus in Reichelsheim aus dem Jahre 1554, aber auch an einem Fachwerkhaus in Birkenau noch zu sehen sind. Die Ständer der Erker am Rathaus dürften ursprünglich nur geringfügig stärker als die anderen gewesen und mit einfachen Profilen versehen worden sein. Die Gesamtansicht des Rathauses war dadurch wesentlich schlichter als heute.

Das Rathaus in Birkenau aus dem Jahre 1552 stellt einen gut erhaltenen Idealtyp eines kommunalen Mehrzweckgebäudes dar und kann als einer der interessantesten Bauten in der Reihe der frühneuzeitlichen Rathausbauten der Bergstraße gelten.

Falk Krebs

Literaturhinweis:

Krebs, Falk + Körner, Günter
Zur Geschichte des historischen Birkenauer Rathauses
Birkenauer Schriften: Heft 1
Birkenau 1990

Denkmäler in Wald und Flur

Birkenau und die Ortsteile verfügen über eine erstaunliche Anzahl von Flurdenkmälern. Hierzu zählen markante Bäume und Steinformationen, aber auch von Menschenhand geschaffene Stein- und Holzkreuze ebenso wie Grenzsteine. Es ist nicht Absicht, alle in der Gemarkung vorhandene Flurdenkmäler zu behandeln. Dies wäre eine Aufgabe, die jahrelange intensive Vorarbeit voraussetzt. Abgesehen davon würde der hier zur Verfügung stehende Platz nicht ausreichen. Der besseren Übersichtlichkeit halber wurden die einzelnen Arten der Flurdenkmäler in Gruppen zusammengefaßt.

Götzenstein in Löhrbach. Mit diesem sagenumwobenen Ort hat sich der Nestor der Birkenauer Heimatgeschichtsforschung, Johannes Pfeifer, befaßt. Auch heute ist der Kernaussage Pfeifers nichts hinzuzufügen: „Der mit Bäumen bestandene Gipfel des

Götzenstein in Löhrbach

Götzensteins zeigt eine wesentlich andere Beschaffenheit als die meisten Berge. Er besteht nicht in einer Spitze oder einem Kamm, sondern zeigt oben eine fast ebene Fläche von etwa 90 bis 95 Schritten Länge und 60 Schritten Breite. Bei ihrer näheren Betrachtung können wir uns des Eindrucks nicht erwehren, daß sie nicht von Natur aus entstanden sein könne, sondern von Menschenhänden geschaffen worden sein müsse. In dieser Vermutung werden wir bestärkt durch den Aufbau des Nordhangs, der deutlich zwei sich an die Ebene anschließende Terrassen erkennen läßt, die ebenfalls nicht als natürliche Bildungen angesehen werden können. Diese auf menschliche Tätigkeit zurückzuführende Umgestaltung des Berggipfels....bildete die Veranlassung, die Stelle als Kultstätte unserer heidnischen Vorfahren anzusehen...." Dieser am 29. Mai 1941 in den Weinheimer Nachrichten erschienene Artikel muß reges Interesse geweckt haben, da kurz darauf ein Artikel (Ein Gang auf den Götzenstein), der den Weg vom Birkenauer Bahnhof zum Götzenstein beschreibt, erschienen ist. In einer von ihm erfundenen Erzählung läßt Pfeifer eine fränkische Sippe, die sich gegen die Annahme des Christentums wehrt, unter Führung eines Dietwart auf dem Götzenstein „Altvater Wotan" verehren und Opfer bringen. Ein in der Gegend tätiger Missionar rettet schließlich aus dem brennenden Haus des Dietwart unter Einsatz seines Lebens dessen Kind. Diese Tat bewegt die Sippe, zum christlichen Glauben überzutreten. Pfeifer resümiert: „So bleibt das Rätsel um den Götzenstein weiterhin ungelöst, bis vielleicht ein glücklicher Zufall Licht in dieses Dunkel zu bringen vermag." Diese Hoffnung wird sich wahrscheinlich nie erfüllen. Daß der Götzenstein eine hervorragende Rolle bei unseren Vorfahren spielte, sieht man auch daran, daß die Gemarkungsgrenze von Löhrbach und Vöckelsbach genau bei dieser Kultstätte verläuft.

Riesenstein in Löhrbach. Beim Riesenstein handelt es sich um eine Felsformation am südöstlichen Zipfel des Gemarkungsgebietes. Dieser Stein soll ehemals ein Opferstein gewesen sein. Ritzzeichnungen, die jetzt (1993) wegen des Moosbewuchses nicht sichtbar sind, scheinen dies zu bestätigen. Auch der Riesenstein wird mangels anderer Deutungen als keltische Kultstätte gedeutet. Bei diesem Stein soll, als es noch Riesen gab, ein gutmütiger Riese gewohnt haben. Da Riesen bekanntlich größere Strecken mühelos überwinden können, verwundert es nicht, daß unser Riese mit ein paar Schritten vom Götzenstein über den Riesenstein mit einem weiteren Schritt über das Flockenbacher Tal kam, um schließlich nach einem weiteren Riesensatz bei der Ladenburger Neckarbrücke zu landen. Diese Leistung wurde von anderen Riesen bezweifelt, was unseren ansonsten gutmütigen Riesen sehr erzürnte. So ergriff er einen Riesenstein und warf diesen an die Stelle, wo er heute noch zu bewundern ist.

Das Hornbacher Steinhäusel. Hier liegt der seltene Fall vor, daß eine interessante Felsformation erst in diesem Jahrhundert einen hohen Bekanntheitsgrad erlangte. Der Lehrer Wilhelm Becker hat 1918 den Brauch eingeführt, am Nikolaustag Kinder zum Steinhäusel einzuladen. Wieder aufgegriffen wurde diese liebgewonnene Tradition von Sigurd Becker im Jahre 1954. Im Steinhäusel wohnt der „Belzenickel" mit seinen Zwergen. Wochen vorher üben viele Hornbacher Kinder Flötenstücke und

Das Hornbacher Steinhäusel

lernen Gedichte, um zum Gelingen beizutragen. Das Steinhäusel wird am Nikolaustag von freiwilligen Helfern mit Christbäumen und Laternen geschmückt. Trotz des teilweise mühevollen Weges, der bei Regen und Schnee recht rutschig ist, erfreut sich diese Veranstaltung zunehmender Beliebtheit.

Der Hinkelstein in Balzenbach. Auf der Gemarkungsgrenze zwischen Balzenbach und Nieder-Liebersbach war einst ein Hinkelstein zu sehen, über dessen Bedeutung Rektor Pfeifer sich ebenfalls Gedanken gemacht hat. Dieses bedeutende Flurdenkmal ist leider verschwunden. Eine Bensheimer Firma hat den Hinkelstein in den 1950er Jahren zu zwei Grabsteinen verarbeitet, die vielleicht heute noch auf dem Hemsbacher Friedhof zu sehen sind. Der Überlieferung nach sollen unter Hinkelsteinen goldene Eier versteckt gewesen sein. Nach anderen Erzählungen sollen solche Steine von Riesen geschleudert worden sein, anderen Erklärversuchen nach dienten Hinkelsteine als Grab, Grenzmale, Kult- und Versammlungsstätten.

Die Hornbacher Lärmlöcher. Hornbach ist der einzige heutige Birkenauer Ortsteil, dessen Höfe nach dem 30jährigen Krieg fast alle noch bewohnt waren. Eine Erklärung hierfür könnten die sogenannten Hornbacher Lärmlöcher sein. Der im ersten Moment seltsam anmutende Begriff mag von „Kriegslärm" herrühren, d.h. bei Kriegslärm suchte die Hornbacher Bevölkerung in diesen Erdhöhlen Zuflucht. Diese beiden Höhlen wurden vor dem 1. Weltkrieg untersucht. Das eine Lärmloch befand sich oberhalb der „Hornbacher Sunn" in der Ortelsklamm, das andere Lärmloch am Ortsende in der Reinigsklamm. Das Lärmloch in der Ortelsklamm wird 1914 wie folgt beschrieben: „Das unterirdische Gelaß besaß einen 80 cm breiten Zugang, der richtiger als Schlupfloch bezeichnet wird; Einzelheiten konnten aber nicht mehr festgestellt werden, da die Stelle durch Einsturz und frühere Nachgrabungen zerstört war. Das Innere zeigt zwei Kammern mit senkrechten Wänden und gewölbten Decken; der Vorderraum ist etwas größer als der hintere; jener hat 3 - 3,5 m, dieser 2,5 m Seitenlänge, bei etwas über 2 m Höhe. In beiden Kammern war der Boden mit Feldsteinen belegt. Im vorderen Raum waren die Überreste einer Feuerstelle unmittelbar am Eingang kenntlich. In der Nebenkammer war durch zwei Abzugskanäle von 40 cm Durchmesser für Lüftung gesorgt. Wichtig ist, daß auf dem Boden außer Tierknochen nur spätmittelalterliche Scherben gefunden wurden. Eine zweite, bisher unbekannte Höhle liegt etwa 1/4 Stunde weiter südlich an der Reinigsklamm, nahe dem obersten schönen Bauernhof von Reinig. Die Bodengestaltung ist ganz ähnlich wie oben beschrieben; die Höhle liegt in schwer zugänglicher, von Wald und Gestrüpp umwucherter enger Schlucht. Bei dieser Höhle ist der Eingang gut erhalten; er ist 1,40 m hoch, an der Schwelle 1 m, oben 45 cm breit. Auch hier schließen sich zwei Räume aneinander, der Zugang zum hinteren Gelaß ist nur 95 cm hoch und muß durchkrochen werden. Die Ausmessungen sind bei beiden Höhlen fast gleich." Das Lärmloch in der Ortelsklamm wurde in den 1930/40er Jahren mit Holz verschalt und „ausgebaut". Durch Grabungen, wohl vorwiegend durch Kinder und Jugendliche, wurde diese Erdhöhle völlig zerstört. Der Eingang des Lärmlochs in der Reinigsklamm wurde aus Sicherheitsgründen wieder mit Erdreich verschlossen. Die ursprüngliche Substanz soll nahezu unverändert sein.

Das Birkenauer Franzosenkreuz. Das Franzosenkreuz auf Birkenauer Gemarkung steht auf der Höhe an einem Verbindungsweg zwischen Birkenau und Kallstadt in unmittelbarer Nähe des Reisackers. Um seine Entstehungsgeschichte ranken sich verschiedene Sagen. Eine Sage berichtet, daß ein französischer Offizier, der vom Reisacker von Soldaten Korn abfahren ließ, von einem Kallstädter Bauern an der Stelle des Kreuzes erschlagen wurde. Ganz ähnliche Erklärungsversuche sind für

Birkenauer Franzosenkreuz

andere Steinkreuze im Odenwald überliefert. Einer anderen Sage nach wurden bei Franzoseneinfällen, dafür kommen die 1673/74, 1789/90 und 1799 in Frage, bei schweren Kämpfen französische Soldaten erschlagen und in einem Massengrab verscharrt. Zum ewigen Gedächtnis daran sei dann eben das Franzosenkreuz errichtet worden. In früheren Jahrhunderten haben „Schatzgräber" den kleinen Erdhügel, auf dem das Kreuz ursprünglich stand, mehrfach ohne Erfolg durchwühlt. Wie Rektor Pfeifer schreibt, wurden der Degen mit dem goldenen Griff oder andere Wertgegenstände nicht gefunden. Vor einigen Jahren wurde das Sandsteinkreuz im Rahmen von Wegearbeiten um einige Meter versetzt. Ein anderes Sagenmotiv wird seltener erwähnt. Vor vielen Jahrhunderten soll eine große Hungersnot geherrscht haben. Zwei Brüder, die eine Maus gefangen hatten, stritten sich heftig um diese. Dabei kam es zu einem Streit, wobei der eine den anderen erschlug. Zur Sühne mußte der Brudermörder ein Kreuz setzen lassen. Vielleicht nimmt die Bezeichnung Franzosenkreuz auf einen Vorfall bezug, der sich Ende November 1799 abgespielt hat. Angehörige der Wörther Zentkompanie, die die Einheimischen bei der Abwehr der Franzosen unterstützt hatten, begaben sich von Birkenau nach Ober-Abtsteinach. Dabei wurde aus Sicherheitsgründen der Weg über die Höhe gewählt. In einer Schilderung heißt es: „Unterwegs fanden wir im Wald einen Tambour von Bürstadt tot liegen. Er war durch die Schulter geschossen und war ihm der Kopf halber abgeschlagen, das Hirn lag neben ihm. Wir ließen ihn nach Ober-Abtsteinach fahren, in Stroh binden und dort begraben." Diese Greueltat wurde nach Lage der Dinge von Franzosen begangen, oder aber unternahmen die Franzosen vom Reisacker einen Einfall nach Birkenau und lieferten das namensgebende Ereignis. Dafür spricht der in der Nähe befindliche Franzosengraben. Sicher ist aber, daß das Kreuz eher im 15. Jahrhundert gesetzt wurde, also lange vor den Franzoseneinfällen, die ganzen Erklärversuche können also nicht zutreffen. Nach herrschender Meinung handelte es sich bei dieser Art von Steinkreuzen um Sühnekreuze, die wegen eines vorgekommenen Mordes auf Kosten des Täters gesetzt wurden. Die Setzung des Kreuzes wurde oftmals durch einen Sühnevertrag geregelt, der auch noch die Wiedergutmachung durch Geldzahlungen an Hinterbliebene, Kirchenbußen oder weltliche Bußen vorsah. In einer Ortsbeschreibung von 1803 wird dieses Flurdenkmal schlicht als „Kreuz" bezeichnet. Auch frühere Gemarkungsbeschreibungen um 1680 gebrauchen die Bezeichnungen „am Kreuz", „beim Kreuz" usw. Recht interessant ist eine Tatsache, die dem aufmerksamen Betrachter nicht entgeht. Auf der Schauseite ist eine Inschrift „IHS" für Jesus. Über dem H befindet sich die Darstellung eines Herzens, auf dem wiederum ein Kreuz steht.

Sandsteinkreuz in Reisen. Beim Anwesen Potsch findet sich ein Steinkreuz ohne Inschrift, das wohl bei Einführung der Reformation in mehrere Teile zerbrochen wurde. Dieses Kreuz ist anläßlich einer Güterbeschreibung des Jahres 1603 erwähnt „beim steinernen Kreuz, so an der Straße gestanden". Auch späterhin wird mehrfach ein Acker „im steinigten Kreuz" genannt. Das Kreuz selbst war längere Zeit mit Erdreich bedeckt und kam beim Bau eines Anwesens wieder zum Vorschein. Am 21. März 1834 abends um 1/2 9 Uhr wurde der praktische Arzt Philipp Ludwig Henrici aus Rimbach in einem Hohlweg vor Reisen tot aufgefunden. Mit einiger Wahrscheinlichkeit wurde das Kreuz von Hinterbliebenen des Verstorbenen an seine jetzige Stelle gebracht und zum Gedenken an den Verstorbenen wieder aufgestellt.

Das Löhrbacher Kreuz. Gegenüber der Straßeneinmündung, wo der Weg nach Buchklingen abzweigt, steht am Rain ein Sandsteinkreuz. Im Kopfbalken des Kreuzes ist leicht eingeritzt ein weiteres Kreuz zu sehen. Das Steinkreuz ist stark beschädigt, der abgebrochene Arm wurde mit einer Eisenklammer wieder angefügt. Nach der Erinnerung von Einheimischen soll das Kreuz früher im Tal neben der alten Straße gestanden haben. Nach einer Erzählung älterer Leute in den 1930er Jahren wird das Kreuz, wie das Birkenauer Sandsteinkreuz, auch Franzosenkreuz genannt. Bei den Franzoseneinfällen Ende des 18. Jahrhunderts herrschte eine große Hungersnot. Ein französischer Offizier fand an der Stelle, wo das Kreuz steht, eine Maus, die er braten wollte. Ein Untergebener kam auf die gleiche Idee und geriet mit dem Offizier deshalb in einen heftigen Streit, dabei wurde der eine Franzose erschlagen. In seiner Gier verschlang der Überlebende die Maus und erstickte daran. Zum Gedenken soll dann dieses Kreuz gesetzt worden sein. Das Löhrbacher Kreuz ist jedoch ebenso wie das Birkenauer bzw. Reisener wesentlich älter als die Zeit der Franzoseneinfälle.

Das Löhrbacher Schützenkreuz. Das Löhrbacher Schützenkreuz, ein zweibalkiges Holzkreuz hat schon zu den unterschiedlichsten Überlieferungen Anlaß gegeben. Das Kreuz steht auf der Höhe zwischen Löhrbach und Buchklingen in unmittelbarer Nähe eines Parkplatzes. Ein Vorgängerkreuz, das 1935 noch stand, beschreibt Dr. Heinrich Winter: „Es waren ebenfalls die Wundmale, jedoch flach in das Holz eingeschnitten. Das Herz war rot, Hände und Füße, als parallel laufende Sohlen dargestellt, war ein Sechsstern ins Holz eingearbeitet." Das Kreuz, an das sich der Name der Löhrbacher Familie Schütz geheftet hat, soll nach einer Version gesetzt worden sein, als ein zweispänniges Fuhrwerk umkippte und dabei zwei Insassen und die zwei Pferde umkamen. Deshalb habe das Kreuz auch zwei Querbalken. Doch weder im Gemeindearchiv noch im Kreisarchiv sind Akten über einen solchen tragischen Unfall aufzufinden. Am 2. September 1928 kam in Löhrbach der Tagelöhner Josef Kohl beim Umgang mit einem Pferdefuhrwerk ums Leben, also geschah dieser Unfall sehr viel später. Nach allgemeiner Auffassung wurden hölzerne Kreuze zum Schutz von Feld und Flur aufgestellt, um gegen böse Kräfte über wirkungsvolle Abwehrkräfte zu verfügen. Von anderen Gegenden ist überliefert, daß Holzkreuze zur Abwehr gegen die Pest gesetzt wurden. Die Form des Doppelkreuzes ist nach spärlichen Zeug-

Löhrbacher Schützenkreuz

nissen wohl die älteste Form der Holzkreuze überhaupt. Ein Holzkreuz mußte witterungsbedingt etwa alle 60 bis 70 Jahre durch ein neues Holzkreuz ersetzt werden. Die Zent Abtsteinach, zu der Löhrbach früher gehörte, wurde 1653 wieder katholisch, so daß dieses Kreuz sicherlich auch als eine Art Demonstration gegen die evangelische Zent Birkenau verstanden wurde. An das Schützenkreuz heftet sich eine etwas abstruse Überlieferung.
Danach sollen um das Schützenkreuz zur Geisterstunde Hexen getanzt haben. Drei junge Burschen, die eine alte Frau in Verdacht hatten, nachts auch um das Schützenkreuz zu tanzen, lauerten dieser auf. Tatsächlich ging diese Frau um zwölf Uhr nachts in ihre Küche und träufelte auf eine Haselgerte etwas Wachs und murmelte: „Schmier den Stecken mit Hexenfett, flieg über Hecken und Stauden weg." Mit Getöse flog die Hexe durch den Schornstein. Einer der drei Burschen, der dies gesehen hatte, ergriff einen Stecken, sprach einen falschen Zauberspruch, flog durch den Schornstein zum Schützenkreuz, jedoch in so geringer Höhe, daß ihm die Hecken ins Gesicht schlugen und Dornen sein Gesicht zerkratzten. Dort tanzten die Hexen bereits um das Kreuz. Die von ihm beobachtete ältere Frau flößte dem Neugierigen einen braunen Trank ein, so daß er bis zum nächsten Morgen wie erstarrt beim Kreuz liegen blieb, wo ihn ein Bauer fand.

Linde in Reisen. Diese Linde wurde zum 150. Geburtstag von Schiller 1909 gepflanzt und wird deshalb auch als Schillerlinde bezeichnet. Initiator war der Lehrer Egidius Braun, der von 1897 - 1911 in Reisen war. Bei diesem bedeutenden Ereignis wirkte auch der ortsansässige Kriegerverein mit. Die frisch gesetzte Linde wurde durch „Bösewichter" so beschädigt, daß eine Nachpflanzung nötig war. Heute regelt die Linde den Verkehr zum Reisener Ortskern und prägt sich somit jedem Autofahrer ein.

Linde in Birkenau. Diese Linde, die in der Obergasse steht, wird als Friedenslinde bezeichnet. 1871 nach dem Frankreichfeldzug wurde zur Erinnerung an den Friedenschluß eine Linde gepflanzt.

Linde in Hornbach. Diese Linde steht nördlich der Waldstraße und wurde sicherlich auch anläßlich eines besonderen Ereignisses gepflanzt, das jedoch nicht überliefert ist.

Bäume im Birkenauer Schloßpark. Im öffentlichen Teil des Birkenauer Schloßparkes stehen mehrere stattliche Bäume. Vier Platanen, darunter befindet sich ein Baum mit einem Brusthöhenumfang von 5,87 m. Zu erwähnen sind ebenfalls sechs alte Eichen, ein amerikanischer Tulpenbaum und eine Pyramideneiche.

Rüsterstumpen in Nieder-Liebersbach. Eigentlich steht der Rüsterstumpen, eine Ulme, ganz knapp auf Weinheimer Gemarkung. Die nahe Nieder-Liebersbach/Weinheimer Gemarkungsgrenze legt den Schluß nahe, daß es sich beim Rüsterstumpen um einen ehemaligen Grenzbaum handelt. Dieser über 300jährige Baum ist wegen seiner Aushöhlung in die sich bequem eine erwachsene Person stellen kann, besonders markant.

Schillerlinde in Reisen

Linde in Birkenau

Edelkastanie in Schnorrenbach

Eiche in der Postgasse (Hornbach)

Hexenbuche. Die Hexenbuche steht in unmittelbarer Nähe der Gemarkungsgrenze Birkenau/Nieder-Liebersbach. Die Bezeichnung Hexenbuche deutet darauf hin, daß an Stelle dieses etwa 180jährigen Baumes eine andere Buche gestanden hat, mit der unsere Vorfahren eine besondere Bedeutung verbanden.

Edelkastanie in Schnorrenbach. Das Alter dieser stattlichen Edelkastanie wird auf über 300 Jahre geschätzt. Der Brusthöhenumfang beträgt 5,90 Meter. Es handelt sich um einen der eindrucksvollsten Bäume der Großgemeinde Birkenau.

Eichen. In Birkenau und den Ortsteilen findet sich eine Anzahl von beachtenswerten Eichen. Eine Eiche südlich von Schimbach Am Hasenrain, mit einen Brusthöhenumfang von 5,10 m. Die Bildeiche in Buchklingen, namensgebend ist ein dabei befindlicher Bildstock, der etwa 1948 von Pater Quito? (Landschulheim) aufgestellt wurde. Mehrere stattliche Eichen findet man in Hornbach: Oberhalb des Eichenbüschels, links des Fußweges (Grenzeiche), eine Eiche nördlich des Anwesens Adam Kadel und eine Eiche in der Postgasse.

Grenzsteine. In mehreren Birkenauer Grenzbeschreibungen der Jahre 1709, 1803 und 1842 sind alle damals vorhandenen Birkenauer Grenzsteine minutiös beschrieben. Leider ist es gerade bei diesen Flurdenkmälern so, daß in den letzten Jahrzehnten ein großer Schwund zu verzeichnen ist. Spürt man der Geschichte der Gemeindegrenzen nach, so stellt man mit Erstaunen fest, daß die Grenzen über Jahrhunderte unverändert blieben. Dies hängt damit zusammen daß unsere Vorfahren, Friedenszeiten vorausgesetzt, jährlich einen Grenzumgang hielten. Auf die Versetzung oder gar Entfernung eines Grenzsteines standen drakonische Strafen. Auf Birkenauer Grenzsteinen findet man als Ortszeichen den „Maueranker". Für Nieder-Liebersbach stand bei der Gestaltung des Ortswappens die „Weberhaspel" Pate. Beide Ortszeichen haben den gleichen Ursprung, abweichend ist nur die senkrechte bzw. waagrechte Abbildung.
Einer der interessantesten Grenzsteine steht an dem Grenzpunkt Birkenau/Nieder-Liebersbach/Weinheim. Darauf sind die bereits erwähnten beiden Birkenauer und Nieder-Liebersbacher Ortszeichen zu erkennen. Auf der Weinheimer Seite ist Weinleiter und die Nr. 114 zu sehen.
Ein weiterer Dreimärker, der recht anschaulich die ehemaligen Herrschaftsverhältnisse widerspiegelt, steht am Grenzpunkt Löhrbach/Rohrbach/Birkenau. Zu sehen sind auf dem Stein das Birkenauer Ortswappen, das Mainzer Rad für Löhrbach und das wamboltische Wappen für Rohrbach (mit dem Wappenbild nicht übereinstimmend).
Im Birkenauer Gemeindearchiv wird ein Güterstein des Klosters Lorsch aufbewahrt, auf dem das Klosterkreuz, die Jahreszahl 1596 und die Buchstaben C L (Closter Lorsch) zu erkennen sind. In Birkenau gab es bis Anfang des 17. Jahrhunderts die sog. Lorscher Klosterhube, die mit Gütersteinen dieser Art abgegrenzt war. Diese Hube mußte Abgaben an die Schaffnerei Lorsch, das Kloster war 1232 bereits aufgelöst worden, leisten.

Günter Körner

Brauchbuch

1905 hat eine Frau aus Sonderbach (Jahrgang 1866) folgende Geschichte erzählt: „Einem Mädchen war ein Knöchelchen im Hals stecken geblieben und verursachte ihm große Beschwerden. Da ging das Mädchen zum Braucher. Der machte seltsame Bewegungen und murmelte Sprüche. Doch das Mädchen hatte feine Ohren und verstand das Gemurmel: 'Batt's nix, do schadt's nix' (hilft's nicht, dann schadet's nicht's)".[1]

Brauchen oder auch besprechen war in einer Zeit, da die ärztliche Versorgung der Bevölkerung noch im argen lag, weit verbreitet. Wohl in jedem Dorf gab es mindestens eine Person, die mit Segensprechen, Handauflegen, Berühren oder Anblasen vermeintliche Heilkräfte auf erkrankte Menschen oder Haustiere zu übertragen suchte. Darüberhinaus gab es Braucher, die aus der weiten Umgebung Zulauf hatten, weil sie durch ihre Erfolge berühmt geworden waren, so etwa Jakob Pflästerer in Weinheim, der Hexenmüller aus Güttersbach, der Altpettern aus Breitenwiesen oder Philipp Graf aus Lorsch, der sogar vom landgräflichen Hof in Darmstadt konsultiert wurde. Die Braucher gehörten meist der gleichen Volksschicht an wie ihre Patienten und genossen deren Vertrauen. Dies war besonders wichtig, weil nur der geheilt werden konnte, der an den Braucher und seine Methode glaubte. Von Bedeutung war auch, daß viele Braucher neben dem Segensprechen altbewährte Heilmittel kannten und an ihre Patienten weitergaben.

Die Segenssprüche sind sogenannten Brauchbüchern entnommen, die weit verbreitet waren. Aus dem Raum um Birkenau sind eine ganze Anzahl dieser Bücher bekannt und schon früher von dem Weinheimer Heimatforscher Karl Zinkgräf veröffentlicht worden.[2] Meist sind diese Brauchbücher handschriftliche Abschriften von Büchern der sogenannten magischen Hausväterliteratur, deren Druckerzeugnisse im 18. und 19. Jahrhundert weit verbreitet wurden.[3] Oft haben die Abschreiber die Vorlagen nicht wörtlich kopiert sondern die einzelnen Sprüche nach dem Bedarf des Bestellers aus mehreren Vorlagen zusammengestellt. Bei den Abschriften sind viele Sprüche bis zur Unkenntlichkeit entstellt worden, dies gilt besonders für Zahlen- und Buchstabenformeln, die dann nicht mehr aufgeklärt werden können.

Aus Birkenau-Hornbach ist ein solches Brauchbuch überliefert.[4] Das aus mehreren losen unfoliierten Blättern bestehende Brauchbuch enthält insgesamt dreiunddreißig Segen, von denen sich zwei wiederholen. Acht Sprüche dienen ausschließlich der Behandlung von Viehkrankheiten, der Segen Nr. 2 betrifft Mensch und Tier. Drei Segen (Nr. 24,25,30) sollen Diebe bannen und gestohlenes Gut zurückbringen. Einzelne Vorschriften sind Rezepturen aus alten Kräuterbüchern und Anweisungen aus der bäuerlichen Hausväterliteratur, etwa „Kälber entwöhnen". Betrachtet man die einzelnen Sprüche genauer, dann können die meisten von ihnen wörtlich oder wenigstens in ähnlicher Form in anderen Zauberbüchern nachgewiesen werden. So finden sich die Sprüche Nr. 2,6,9,24,25,29,30 im „Sechsten und Siebenten Buch Mosis", dem hierzulande am weitesten verbreiteten gedruckten Zauberbuch[5], Nr. 11 in den „Ägyptischen Geheimnissen des Albertus Magnus"[6], andere Sprüche entsprechen dem Inhalt anderer Odenwälder und Bergsträßer Brauchbücher (Nr. 1,3,5,7,10, 12,13,14,16,19,21,22)[7]. Wir können deshalb davon ausgehen, daß das Birkenauer

Brauchbuch eine Kompilation verschiedener Vorlagen ist, zugeschnitten auf den Bedarf der ländlichen Bevölkerung, wie die verhältnismäßig hohe Zahl der Viehsegen ausweist. Die Übereinstimmung zeigt aber auch die weite Verbreitung der einzelnen Sprüche. Erstaunlicherweise fehlen jedoch in dem Birkenauer Buch so weit verbreitete Typen wie etwa der Transplantationssegen, bei dem eine Krankheit auf einen anderen Menschen oder einen Gegenstand übertragen wird, obwohl das Birkenauer Gerichtsbuch 1707 einen Fall ausweist, in dem eine Frau ihre Gliederschmerzen mit dem Spruch: „Aschen Fraugen, da hastu Wachs und Stein, mit den Flachs, iß das Bisgen Salz und Brodt und laß mich in meinen Gliedern ohne Noth"[8], in einem Aschenhaufen vergraben hatte und auf einen Nachbarn übertragen wollte. Sie wurde mit 20 Gulden Strafe belegt. Auch Zahlen- und Buchstabenformeln, die sonst in den Bergsträßer Brauchbüchern sehr häufig sind, fehlen vollständig.

Der Volkskundler Prof. Spamer hatte seit 1908 Segensprüche aus dem deutschsprachigen Raum gesammelt. Sein Archiv befindet sich heute in Berlin und enthält rund 28.000 Sprüche, die in 388 verschiedene Typen eingeordnet werden können. Die Auswertung des Archives ergibt, daß religiöse und magische Elemente in den Segen so verflochten sind, daß in den meisten Fällen eine Zuordnung zur Religion oder Magie nicht möglich ist.[9] Einzelne Segentypen sind sehr alt, der älteste deutsche Zauberspruch beginnt mit den heidnischen Namen „Phol und Wodan".[10] Nach der Form lassen sich die Segensprüche wie folgt gliedern:

1. Sprüche in Befehlsform. Zum Verständnis ist wichtig, daß man in der Krankheit das Wirken von Dämonen sah, die man mit magischem Zwang hinwegbefehlen könne
2. Sprüche in der Form einer Erzählung (Analogiezauber): Es wird von einem Fall berichtet, der ähnlich verlaufen ist und geheilt wurde. Hierher gehören auch die sogenannten Begegnungssegen (Begegnung eines Heiligen mit dem Krankheitsdämon). Durch die Aufzählung der analogen Handlung soll der Krankheitsdämon beschworen werden.[11]

Inhaltlich differenzieren die Sprüche nach Krankheiten. Da aber der Volksglaube nur die sichtbaren Symptome der Krankheit kennt, sind die volkstümlichen Krankheitsnamen oft Sammelbezeichnungen, wie etwa Brand für alle brennenden Krankheiten, Geschwulst für Schwellungen aller Art, Feuer für alle Entzündungen, Gicht für Krämpfe und Lähmungen, Fluß für Rheuma usw. So sind die Krankheiten in den Segensprüchen oft schwer zu identifizieren.
Aus dem Birkenauer Brauchbuch sollen in der Folge einzelne Beispiele dargestellt werden[12]:

(1) „*Für den Fluß*

Wildes Feuer Kalter (Brand) wo willst / Du hin,
willst Du dem Johannes / die Haut so gar versengen und / verbrennen,
nein das sollst Du / nicht, das zahl ich Dir zur wahren / Buß +++"

Wir haben hier einen weit verbreiteten Segen in der Befehlsform, der sich wörtlich in mehreren Bergsträßer Brauchbüchern findet, wobei natürlich der Name des Patienten jeweils verändert ist. Unter Wildfeuer versteht man Krankheiten, die durch Farbe oder Schmerz in sympathetischer Beziehung zum Feuer stehen, wie etwa

Gesichtsrose und Rotlauf; kalter Brand ist eine volkstümliche Krankheitsbezeichnung für Krebs und Knochenfraß. „Das zahl ich Dir zur Buß" ist der häufige Schluß von Krankheitssegen, er bedeutet: „Das gebe ich Dir zur Besserung". Dem ersten Segen des Brauchbuchs ist eine Anmerkung beigegeben, die sich auf die Brauchmethode bezieht:

„**Anmerkung: jedes sympathetische Stück muß 3 mal gesprochen werden, und die +++ bedeuten die 3 höchsten Namen Gottes, die immer am Beschluß beigefügt werden müssen. Auch muß der Taufname demjenigen, dem geholfen werden soll, genannt werden**".

(2) „*Für das wilde Feuer bei Menschen und Vieh*

Wildes Feuer, wilder Brand, Flug und / Schmerz und geronnen Blut und / kalter Brand, es umfahre dich Gott / der Herr bewahre Dich. Gott ist / der allerhöchste Mann der Dich / wildes Feuer, wilder Brand / Flug und Schmerz und geronnen / Blut und kalten Brand und allen / schaden wieder von Dir vertrei / ben kann, das dreimal gesprochen, und / bei jedem der 3 höchsten Namen / darüber weggeblasen".

Auch dieser Segen gehört zu den weit verbreiteten Typen, wörtlich ist er im „Romanusbüchlein", das seit 1788 im Druck nachzuweisen ist, enthalten.

(3) „*Ein anderes*

*Ich sehe wild Feuer brennen, ich / sehe in einen grünen Wald, ich sehe / wild Feuer brennen.
Wild Feuer / laß das Brennen sein, Du sollst in / 3 Tagen todt und gedecket sein. /
Der heilge Laurenzius liegt auf / einem Rost, er bat die Mutter / Gottes um einen Trost, er bitt / sie um ihre schneeweiße Hand /, sie wollt legen aller Geschlecht / und Brand in Fleisch und in Blut / +++*"

Der erste Teil dieses Segens ist sehr selten, jedoch in einzelnen Brauchbüchern nachzuweisen.[13] Der Wald ist hier als Sitz des Krankheitdämons genannt. Der zweite Teil, der Laurentiussegen, ist dagegen weit verbreitet und in vielen Brauchbüchern enthalten. Er bezieht sich auf den Märtyrer St. Laurentius, der auf einem glühenden Rost geröstet worden sein soll.

(6) „*Für das Fieber*

Man nimmt von dem, der das Fieber / hat seinen Urin, etwas Mehl macht / daraus ein Teigle, etwas Brot, und / macht 77 Küchlein, Linzen groß, geht / vor dem Sonnenaufgang zu einem / Klimmerhaufen, thut ihn etwas aus / einander, und wirft die Küchlein / hinein, sowie die Küchlein von / den Klimmern verzehrt sind, so / verliert er das Fieber probatum /"

Dieser Fiebersegen gehört zum Analogiezauber. So wie die Küchlein verschwinden, so soll das Fieber vergehen. Man nimmt 77 Küchlein, weil die Volksmedizin 77 verschiedene Arten von Fieber kennt und alle hinweggezaubert werden sollen. Klimmerhaufen ist wohl ein Ameisenhaufen, so im 6. und 7. Buch Mosis.

(8) „**Für die Schußblader**

Deckel deck Dich, Schublade / setz Dich, das zähl ich Dir zur Buß /"

Unter Blattern versteht die Volksmedizin alle Arten von Augenleiden, Schußblattern bedeuten entzündliche Prozesse der Augen, wie etwa beim Gerstenkorn. In dieser Form ist der Krankheitssegen ungewöhnlich und ohne weitere Belege.

(10) „**Für die Geschwulst**

Geschwulst, Geschwulst, Geschwulst / ich gebe Dir im Namen Jesu Christi, /
daß Du den NN sowenig schadest /
als unserem Herrn Jesu Christ / die 3 Nägel geschadet,
die ihm / die Juden durch Hände und Füße / geschlagen +++ 3 mal"

Der Dreinägelsegen bezieht sich auf frühe Kreuzigungsdarstellungen, bei denen Christus mit übereinandergeschlagenen Füßen dargestellt ist, die nur mit einem Nagel durchbohrt sind. Der Segen ist im Odenwald verbreitet und findet sich in gleicher Form z.B. im „Schreibbuch des Adam Vogel, Ober-Kainsbach, 1811"[14]

(12) „**Für den Rothlauf oder Flug**

Ich ging durch einen rothen Wald / u. in dem rothen Wald,
da war eine / rothe Kirch, u. in der rothen Kirch /,
da war ein rother Altar, da lag / ein rothes Brod,
und bei dem rothen / Brod, da lag ein rothes Messer, /
nimm das rothe Messer und schneide / rothes Brod +++"

In diesem Hauptsegen gegen Rotlauf (Hautausschlag, Masern) begegnen wir dem Grundsatz der Volksmedizin „...similia similibus curantur" (gleiches mit gleichem heilen), der hier in der Form einer Analogie auftritt. Durch die Aufzählung der roten Dinge soll der Rotlauf geheilt werden.

(14) „**Eine Salbe für die Mundfäule**

Nimm abgezogenes weißes Vitriol / Oel vor 3.K in ein halb Maas / Wasser,
den Mund mit einem / Lümplein leicht ausgewaschen /"

Mundfäule bedeutet Angina oder Diphterie. Weißes Vitrioloel ist Bittersalz ($MgSO_4$)

(16) „**Das Blut zu stillen**

Auf Christi Grab wachsen 3 Ilgen / (Lilien),
die erste hieß Jugend, die andere / hieß Tugend,
die dritte hieß Subul Blut stand +++"

Der bekannte Dreililiensegen ist hier verstümmelt wiedergegeben. Aus Mugend (Vermögen) ist an der Spitze der drei Eigenschaften Gottes Jugend geworden und für Gottes Wille steht hier „subul", entstanden aus einer Verstümmelung von „Sybille", das in den Segen für Gottes Wille steht. Der Schluß müßte heißen: „Blut steh still".

(18) „**Kälber entwöhnen**

Am 3. Tag vor dem Vollschein soll man / die Kälber entwöhnen,
so gibt es / schön u. großes Vieh".

Dies ist eine Anweisung für die Bauern, die wohl aus einem Bauernkalender entnommen ist.

(21) „*Wenn sich eine Kuh nach dem Kalben nicht reinigen will*

Nimm Haselwurz sammt dem / Kraut,
schneide es klein gib es der / Kuh in Wein oder Wasser ein,
oder / gib der Kuh eine Handvoll Winter / grün zu eßen,
oder gib ihr 3 Blätter / Hauswurzeln ein, so geht es bald von / statten"

Haselwurz (ascarum europaeum) ist ein altes Hausmittel, das ebenso wie Wintergrün (Efeu) in der Volksmedizin eine große Rolle spielt.

(22) „*Einer Kuh zu geben, daß sie trächtig wird*

Nimm von erlenen Bäumen im Frühling / 9 Knöpfe
mache sie zu Pulver gib es / der Kuh auf neugebackenem Brot ein."

Die Erle spielt im Fruchtbarkeitskult eine besondere Rolle, weil ihre Kätzchen ganz besonders früh aufblühen. Wie leicht aber derartige Anweisungen verfälscht werden, zeigt der Neudruck eines „Hausmittelbuches der Familie Fritz aus Zwieselberg vom Jahre 1822". Hier ist aus dem Erlenkopf ein Eulenkopf geworden.[15] Ebenfalls dem Fruchtbarkeitskult zuzuordnen ist die Anweisung, neugebackenes (daher jungfräuliches) Brot zu verwenden.

(24) „*Diebe zu zwingen, gestohlenes Gut wieder zu bringen*

Nimm einen neuen Hafen u. einen / Deckel darauf,
schöpfe 3 mal aus dem fließenden Wasser in den 3 Höchsten / Namen
unterwärts den 3 Theil / des Hafens voll,
nehme ihn mit heim / stelle ihn aufs Feuer, nimm ein Stück / chen Brod
von der unteren Rinde ste / cke 3 Nadeln in das Brod,
Thue es / in dem Hafen sieden, auch ein wenig / Thaueßeln darein,
Dieb oder / Diebin, bring mir meine gestohlene Sachen herbei,
die seist / Knab oder Mädchen, Dieb Du / seist Weib oder Mann,
ich / zwinge Dich im Namen +++."

Dieser Diebsegen ist in mehreren gedruckten Vorlagen enthalten, so im „6./7. Buch Mosis" und in den „Ägyptischen Geheimnissen", er findet sich auch im gleichen Wortlaut in einem der von Karl Zinkgräf veröffentlichten Brauchbüchern aus Weinheim.[2] Da in allen Vorlagen „Thauneßel" für Taubnessel steht, scheint die gegenseitige Abhängigkeit belegt. Ob Taubnessel die heute unter diesem Namen bekannte Pflanze (Lamium album) meint, ist unklar, da in älteren Quellen Andorn als Taubnessel bezeichnet wird.

(26) „*Wenn sich einer haut oder schneidet, so sprich:*

Heilsam ist die Wunde, heilsam / ist die Stunde,
daß nicht geschwärt / und nicht gebühret,
bis die Mutter / Gottes ihren ersten Sohn wieder / gebieret +++".

Dieser Segen gehört zum Typ der Analogiesegen, so wenig die Mutter Gottes ihren ersten Sohn noch einmal gebären kann, so wenig soll die Wunde eitern.

(27) „**Vor die Darmgicht bei Kindern**

*Hast Du Herzgespann und Darmgicht so weiche Du von dieser / Rippe NN.
Wie Jesus Christus / von seiner Krippe +++ 3 mal gesprochen"*

Herzgespann ist in der Volkssprache eine Magenerkrankung, Darmgicht bedeuten Darmkrämpfe.

(28) „**Die Schmerzen zu nehmen**

*Unser lieber Herr Jesus Christus / hat viele Beulen und Wunden ge / habt
und doch keine verbunden / sie gähren nicht, sie geschwären / nicht,
es gibt auch kein Eiter nicht /
Tobias war blind, da sprach ich das / himmlische Kind:
so wahr die Heiligen / Wunden sind geschlagen, sie gerinnen / nicht,
sie geschwären nicht, daraus / nehme ich Wasser und Blut,
das ist / dem NN vor alle Wunden und / Schaden gut.
Heilig ist der Mann / der alle Schaden und Wunden / heilen kann +++"*

Wörtlich findet sich der Spruch im 6./7. Buch Mosis, dort allerdings als Blutsegen, wie er wohl seinem Inhalt nach verstanden werden muß. Der Vater des Hl. Tobias erblindete, als ihm Schwalbenkot ins Auge kam. Der Heilige hat seinen Vater mit Fischgalle geheilt, wie ihm der Erzengel Raphael geraten hatte. Im 6./7. Buch Mosis ist jedoch anstelle des Hl. Tobias der Prophet Jonas genannt.

(30) „**Ein besonderes Stück, gestohlene Sachen wieder herbeizubringen.**

*Beobachte es wohl, wo der Dieb / heraus ist, zur Thür oder sonst / wo,
da schneide 3 Splitter in den / 3 höchsten Namen ab,
alsdann gehe / mit den 3 Splittern, unbeschrien / zu einem Wagen,
hebe ein Rad ab / thue die 3 Splitter in die Rad / nabe hinein
in den 3 höchsten / Namen, alsdann treibe das Rad / hinter sich
und sprich: Dieb /, Dieb, Dieb, kehre wieder um /
mit der gestohlenen Sache, Du wirst / gezwungen durch die Allmacht /
Gottes des Vaters, des Sohnes / und des Heiligen Geistes,
Gott / der Vater ruft Dir zurück / Gott der Sohn wende Dich um, /
daß Du mußt zurückgehen, Gott / der Heilige Geist führe Dich zu / rück,
bis Du am Ort bist, wo Du / gestohlen hast, durch die Allmacht /
Gottes mußt Du kommen, durch die Weisheit Gottes des Sohnes /
habest Du weder Rast noch Ruhe / bis Du Deine gestohlenen Sachen /
wieder an den vorigen Ort ge / bracht hast, durch die Gnade Gottes /
des Heiligen Geistes mußt Du rennen / und springen, kannst weder rasten /
noch ruhen, bis Du an den Ort kommst /
wo Du gestohlen hast Gott der / Vater binde Dich,
Gott der Sohn / zwinge Dich, Gott der heilige / Geist wende Dich zurück.
Treibe / das Rad nicht gar zu stark,
sonst / muß sich der Dieb zu todt laufen /
Du mußt kommen in Namen / Gottes des Vaters,
des Sohnes und des heiligen Geistes,
Dieb Du mußt / kommen +++ Dieb Du mußt / kommen +++
Wenn Du mächtiger / bist, Dieb, Dieb, Dieb,
als Gott und / die Heilige Dreifaltigkeit, so bleib / wo Du bist,*

*die zehn Gebote / zwingen Dich Du sollst / nicht stehlen,
deswegen mußt Du kommen +++ Amen"*

Dieser weit verbreitete Diebssegen findet sich wörtlich im 6./7. Buch Mosis. Um den Dieb durch magischen Zwang zur Rückkehr zu bewegen, dreht man ein Rad, dabei kann man mit der Drehungsgeschwindigkeit den Dieb zu schnellem oder langsamen Lauf zwingen. Ja sogar die Richtung, in der man dreht, wirkt analog auf die Richtung, in der der Dieb gehen muß, ein, sodaß ein Rechtsherumdrehen den Dieb zwingt, am Hause des Bestohlenen vorbeizugehen und ein Linksherum, den gleichen Weg wieder zurückzukommen. Allerdings muß man in die Radnabe einen dem Dieb gehörenden Gegestand einlegen, etwa ein zurückgelassenes Kleidungsstück oder dergleichen, denn es muß eine Analogie zwischen dem Dieb und dem Raddrehen hergestellt werden. Wenn der Dieb nichts zurückgelassen hat, dann nimmt man drei Späne der Tür, durch die der Dieb das Haus verlassen hat, denn die Tür hat den Dieb entweichen sehen.[16]

Bei manchen der vorgenannten Besprechungsformeln spürt man, wie sehr die Worte herbeigezogen wurden, um einen gereimten Spruch zustande zu bringen. Nicht der Inhalt des Segens war wichtig, die magische Kraft lag im gesprochenen, gemurmelten oder „gepischpertem" Wort und in der Kraft des Brauchers. Zwar mag die Betrachtung einzelner Segen heute Kopfschütteln hervorrufen, in der Vergangenheit hat man jedoch an ihre Heilwirkung geglaubt und das sicherlich deshalb, weil sichtbare Erfolge beobachtet und überliefert wurden. Glaube versetzt Berge und jeder moderne Arzt wird bestätigen, daß der Glaube des Patienten an eine Genesung im Heilprozeß eine wichtige Rolle spielt. So gesehen sind die Brauchformeln, die Brauchbücher und die Braucher ein wichtiger Teil unserer Kulturgeschichte.

Anmerkungen:

1 Bräuer, Elisabeth-Wilhelm Metzendorf, Sagen, Erzählungen und Spukgeschichten aus Heppenheim und Umgebung, Heppenheim 1976, Seite 167
2 Zinkgräf, Karl, Volksglaube und Volksaberglaube aus der Weinheimer Gegend. In: Weinheimer Geschichtsblatt Nr. 3/4 (Jahr 1912/13), und ders. In: Weinheimer Geschichtsblatt Nr. 11/12 (Jahr 1921/22), sowie Ph. Pflästerer, Aus einem Weinheimer Brauchbüchlein. In: Weinheimer Geschichtsblatt Nr. 17 (Jahr 1927)
3 Jacoby, Adolf, Die Zauberbücher vom Mittelalter bis zur Neuzeit, ihre Sammlung und Bearbeitung. In: Mitteilungen der Schlesischen Gesellschaft für Volkskunde Nr. 31/32 (Jg. 1931), Seite 208 ff
4 Heute im Besitz von Herrn Helmke, Birkenau-Hornbach
5 Erstdruck bei Scheible, Stuttgart, 1843 (hier nach der Ausgabe des Gutenberg-Buchversandes 1930)
6 Seit etwa 1830 im Druck nachweisbar. Viele der gedruckten Zauberbücher berufen sich auf historische Persönlichkeiten wie Moses, Salomon, die Päpste Leo und Honorius, Bischof Romanus, die Heiligen Gertrud und Coloman sowie den evangelischen Pfarrer Dr. Habermann
7 Schopp, Joseph, Zauber- und Segenssprüche aus dem Odenwald. In: Sammlung zur Volkskunde in Hessen, Heft 3 (1975)
8 Archiv der Freiherren von Wambolt, Bestand 12/9
9 Jaenecke-Nickel, Johanna, Religiöse und magische Elemente in den deutschen Segen- und Beschwörungsformeln. In: Deutsches Jahrbuch für Volkskunde, 11. Bd. (Jg. 1965), Seite 83 – 91
10 Ohrt, Felix, Merseburger Zaubersprüche, Handwörterbuch des deutschen Aberglaubens, Band 6
11 Hamp, Irmgard, Beschwörung, Segen und Gebet, Stuttgart 1961
12 Die Numerierung der Sprüche erfolgte durch den Verfasser

13 Telle, Joachim, Ein handschriftliches Kunst- und Viehbüchlein des Wasenmeisters Busch. In: Ländliche Kulturformen im deutschen Südwesten. Hrsg. Peter Assion, Stuttgart 1971
14 Bormuth, Heinz, Das Ober-Kainsbacher Brauchbuch. In: Odenwälder Quartalsblätter, Heft 2/1987
15 Riedl, Paul, 461 Haus- und Sympathiemittel, Rosenheim, o.Jg., Nr. 393
16 Schopp, Joseph, Verzauberte Welt, Gießen 1967, Seite 49

Zu danken ist der Familie Helmke für die Erlaubnis zur Veröffentlichung des Brauchbuchs und den Herren Körner und Reinhard für die Überlassung einer Kopie und maschinenschriftlichen Übertragung.

Heinz Bormuth

Der Birkenauer Feuersegen

Die Handschrift des Birkenauer Feuersegens wurde im evangelischen Kirchenarchiv der Gemeinde Birkenau zwischen den Blättern eines Schuldiariums, enthaltend die Jahrgänge 1818 - 1883, gefunden. Der Fundort gibt leider keinen Aufschluß über die einstige Verwendung des Blattes, jedoch kann man aus der mehrfachen Faltung — in Streifen von 6 - 8 cm — mit ziemlicher Sicherheit schließen, daß es einst zum Schutze eines Hauses in einem Balkenloch verpflockt war.[1] Die wichtigsten Balken des Hauses nämlich — First-, Eck- und Grundbalken sowie Türpfosten und die Schwellen — wurden und werden auch heute noch mit gläubiger Scheu behandelt. Vielfach werden kirchliche Zeichen wie Kreuze, die Anfangsbuchstaben der Dreikönigsnamen C + M + B + aber auch Palmbuschen dort zum Schutze des Hauses angebracht. Früher hat man die Balken angebohrt und in die Bohrlöcher Amulette gesteckt, um das Haus, das wertvollste Vermögensstück, vor Feuer- und Blitzkatastrophen zu bewahren. Wilhelm Lautenschläger, der Hexenmüller aus Güttersbach im Odenwald, hatte 1628, als er sich wegen Zauberei vor Gericht verantworten mußte, auf die Fragen der Richter wie folgt geantwortet: „Um ein Haus vor Hexen zu schützen (die man ja für alle Schäden verantwortlich machte), müsse man die vier Schwellen anbohren, die Löcher mit geweihtem Salz, Rautenköpfen[2], geröstetem und zerstoßenem Brot und einem Stückchen von einem Stein, auf dem einer hingerichtet worden sei, ausfüllen. Die Löcher müsse man dann wieder zuspanen und ein Kreuz müsse in die Schwelle geschnitten werden. Bete man dann morgens noch ein Vater Unser, das Antlitz gegen die Sonne gerichtet, dann kann sich keine Hexe im Haus halten".[3]

Anstelle von gegenständlichen Amuletten wurden auch öfters beschriebene Zettel in die Bohrlöcher gesteckt und diese dann wieder verschlossen. Auch hierfür gibt es aus dem Odenwald zahlreiche Belege. So fand man beispielsweise vor Jahren in Webern drei gleichlautende Zettel, die ganz offensichtlich vom gleichen Verfasser stammen und auf dieselbe Vorlage zurückzuführen sind. Zwar waren die Texte durch mehrfaches falsches Abschreiben nicht mehr aufzulösen, der Hinweis auf die „Drei Männer im Feuerofen"[4] weist sie jedoch als Haussegen gegen Feuergefahr aus. Ähnliche Schutzblattamulette sind auch in anderen Häusern gefunden worden. Diese Funde zeigen die weite Verbreitung der Schutzbriefe und die Art ihrer Verwendung.[5]

Die Birkenauer Handschrift ist schon auf den ersten Blick als Feuersegen zu erkennen, durch die dreifache Wiederholung des Gottesnamens AGLA, kombiniert mit den aus der Satorformel entnommenen Buchstabenfolgen SATOR AREPO TENET OPERA ROTAS. Beide Zauberformeln spielen im Volksglauben bei der Feuerbekämpfung sowohl zur Vorsorge als auch zum Löschen eines bereits ausgebrochenen Feuers eine große Rolle. AGLA ist ein Notarikon aus dem hebräischen Gebet A̱TTA G̱IBBOR ḺOLAM A̱DONAI (Du bist gewaltig Herr). Aus den (hier unterstrichenen) Anfangsbuchstaben wurde einer der zweiundsiebzig Gottesnamen, der in fast allen Feuerbeschwörungen eine Rolle spielt. 1742 hatte Herzog Ernst August von Sachsen angeordnet, daß: „Wir in Gnaden befehlen, daß in einer jeden Stadt und Dorf verschiedene hölzerne Teller, worauf schon gegeßen gewesen, und mit der Figur und Buchstaben, wie der beigefügte Abriß besaget, des Freytags bey abnehmendem Monde Mittags zwischen 11 und 12 Uhr mit frischer Dinte und neuen Federn beschrieben vorrätig seyn, sodann aber wann eine Feuers-Brunst, wovor doch der große Gott hiesige Lande in Gnaden bewahren wolle, entstehen sollte, ein solcher nur bemeldermaßen beschriebener Teller mit den Worten: 'Im Namen Gottes' ins Feuer geworfen..., dadurch dann die Glut ohnfehlbar gedämpfet wird".[6] Der beigefügte „Abriß" zeigte einen Pfeil, der zwei Herzen mit dem Gottesnamen AGLA durchbohrt, sowie das Bibelzitat „Consumatum est" (es ist vollbracht). Ähnliche Bedeutung hat auch die berühmte Satorformel. Auch von ihr ist bekannt und überliefert, daß sie auf Holz- oder Keramiktellern geschrieben, zur Feuerbekämpfung verwendet wurde. Eine entsprechende Anweisung findet sich zum Beispiel im „Schreibbuch des Adam Vogel von 1811 aus Ober Kainsbach" unter der Überschrift: „Feuer zu löschen, ohne Wasser". Über die Satorformel ist viel geschrieben worden, doch kann man sich des Eindrucks nicht erwehren, daß viele Bearbeiter sehr viel mehr in die Formel hineingeheimsen, als ursprünglich eingebracht wurde. Quadratisch zusammengestellt, ergeben die Buchstaben ein Palindrom, in dem die Buchstabenreihen SATOR AREPO TENET OPERA ROTAS jeweils vier mal erscheinen:

```
S A T O R
A R E P O
T E N E T
O P E R A
R O T A S
```

Ob diese Buchstabenreihen sinnvolle Worte ergeben, oder ob man, wie die Verfasser anzunehmen geneigt sind, in der erstaunlichen Wiederholung die magische Wirkung sah, ist recht umstritten. Hier soll auf die Problematik nicht eingegangen vielmehr auf die umfangreiche Literatur verwiesen werden.[7] Bedeutsam erscheint jedoch ein Hinweis auf das Alter der Zauberformel. Sie wurde schon im heidnischen Pompeji und im christlichen Dura Europos als Hausschutz gefunden.

Der übrige Inhalt des Birkenauer Schutzblattes besteht aus mehreren Feuerbeschwörungen, die zu einem Sammelsegen vereinigt sind. Feuersegen sind überraschenderweise erst seit dem 15. Jh. nachzuweisen, wohingegen andere Segenssprüche, die wir aus unseren Brauchbüchern kennen, schon aus früherer Zeit bekannt sind. Möglicherweise hängt dies damit zusammen, daß im 15. Jh. durch die Verdichtung der Bebauung, besonders in den Städten, die Feuergefahr erhöht wurde. Einzelne Bestandteile des Birkenauer Segens sind jedoch älteren Vorlagen entnommen, zum Beispiel: „So wahr als still stundt Christus am Jordan" dem alten Jordan-Blutsegen, der schon um 900 n. Chr. auf einer Randnotiz einer vatikanischen Urkunde zu finden ist. Allerdings ist in dem Sammelsegen die seit dem 6. Jh. überlieferte Vorstellung, der Jordan habe bei der Taufe Christi stille gestanden, umgekehrt worden, nun steht Christus still im Jordan.[8] Ebenso ist die Analogie zur Jungfernschaft der Mutter Gottes „so wahr als die heilige Maria ihre Jungfernschaft behalten vor allen Mannen" älteren Segensformeln entnommen.

Derartige Feuersammelsegen sind seit dem Ende des 17. Jahrhunderts bekannt. Ab dem 18. Jahrhundert tauchen sie in mehreren Varianten und gedruckten Exemplaren auf. Der Birkenauer Haussegen ist am ehesten einem angeblich 1715 bei Alexander Baumann in Königsberg gedruckten Segen verwandt, allerdings läßt sich weder der Verleger noch der Erstdruck nachweisen. Die gedruckten Exemplare des Königsberger Typs haben folgende Einleitung: „Anno 1714, den 10. Juni, wurden in dem Königreich Preußen sechs Zigeuner mit dem Strang gerichtet, der siebente aber, ein Mann von achtzig Jahren, sollte den 16. darauf mit dem Schwerte gerichtet werden. Weil aber ihm zu Glück eine unversehene Feuersbrunst entstanden, so wurde der alte Zigeuner losgelassen, zu dem Feuer geführt, allda seine Kunst zu probieren, welches er auch mit großer Verwunderung der Anwesenden getan, die Feuersbrunst in einer halben Viertelstunde versprochen, daß solche ganz und gar ausgelöscht und aufgehört hat, worauf ihm dann nach abgelegter Probe weil er auch solches an Tag gegeben (offenbart) hat das Leben geschenkt und auf freien Fuß gestellt wurde. Solches ist auch von einer königlich preußischen Regierung und von dem Generalsuperintendanten zu Königsberg für gut erkannt und in öffentlichen Druck gegeben worden. Erstlich gedruckt in Königsberg bei Alexander Baumann anno 1715". Der Feuersammelsegen des Königsberger Typs wird also auf einen Zigeuner zurückgeführt, denn diese galten weit und breit als besonders geschickte Feuerbanner, die sogar ein Feuer in einer Scheune entzünden konnten, ohne daß es zu einem Brand kam.

In den handschriftlichen Abschriften (so auch in Birkenau) fehlt der Prolog. Im 7. Buch Mosis, einem der populärsten Zauberbücher der magischen Hausväterliteratur, ist eine Variante des Königsberger Segens zu finden, sie enthält im Schlußsatz folgende Anweisung: „Man schreibt die Briefe und tuts in drei Ecken des Hauses mit den drei höchsten Namen".[9] Der Birkenauer Feuersegen weicht nur geringfügig von den gedruckten Feuersegen des Königsberger Typs ab, jedoch sind die beiden Schlußabsätze mit den verschiedenen Namen des Feuers und der Zusammenfassung der Beschwörung im Königsberger Segen nicht enthalten.[10]

Die einzelnen Beschwörungen des Sammelsegens enden mit dem Anruf der drei höchsten Namen. Trotzdem muß das Schutzblatt im Sinne der Kirche als Aberglaube verstanden werden, denn nicht Hilfe wird von Gott erbeten, sondern in seinem Namen wird das Feuer beschworen und gebannt. Eine Ausnahme hiervon ist die flehentliche Bitte: „Mein Gott und mein inbrünstiger Richter, ich bitte Dich erhöre meine Segen..." Offenbar wollte man den Beschwörungen doch nicht ausschließlich vertrauen und hat deshalb ein Gebet hinzugefügt.

Der Birkenauer Segen dürfte im 18. Jahrhundert von einem Exemplar des sogenannten Königsberger Feuersegens kopiert worden sein, wobei die Vorlage nicht mehr festgestellt werden kann. Die noch heute gut lesbare Schrift weist auf einen geübten Schreiber hin, der den Text recht genau abgeschrieben hat.

Der Feuersegen lautet[11]:

> *Bist mir will komm du feuers Gast*
> *greif nit weiter dan du hast gefaßt*
> *daß gebiete ich die Feuer*
> *im Namen des Vaters der und erschaffen hat +*
> *im Namen des Sohnes der uns erlöset hat +*
> *im Namen des heiligen Geistes der und geheiligt hat +*
>
> *Feuer ich gebiete dir bei Gottes Kraft*
> *du wollest stille stehn*
> *so wahr als still stand (stundt) Christus am Jordan*
> *da ihn taufet Johannes der heilige Mann*
> *daß gebiete ich dir Feuer im Namen des Vaters +*
> *des Sohnes + des heiligen Geistes +*
>
> *Feuer ich gebiete dir bei Gottes Kraft*
> *daß du wollst legen deine Flamme*
> *so wahr als die heilige Maria ihre Jungfrauschaft behalten*
> *vor allen Mannen*
> *das gebiete ich dir Feuer im Namen des Vaters +*
> *des Sohnes + und des heiligen Geistes +*
>
> *Ich gebiete dir Feuer bei den Flammen deiner Glut*
> *bei Jesu Christi Namen*
> *das gebiete ich dir Feuer im Namen des Vaters +*
> *des Sohnes + des heiligen Geistes + Amen*
>
> *Mein Gott und mein inbrünstiger Richter*
> *ich bitte dich erhöre diesen meinen Seegen*
> *um das bittere Leiden und Sterben deines lieben Sohnes*
> *Jesu Christi willen Amen*
>
> *Ich beschwöre verspreche (bespreche) hiermit alle Feuer wie die nur*
> *Namen haben mögen*
> *vor (für?) gelegte Feuer*
> *vor geworfene Feuer*
> *vor geschworene Feuer*   (Nachtrag:
> *vor über schente Feuer*   „Soldatenfeuer")
> *vor gewünschte Feuer wie sie nur namen haben mögen*
> *daß sie nicht weiter kommen*
> *als wie geworffen geleget gewünscht hat*
> *oder übersandt übersehent sind worden.*
>
> *Ich beschwöre hiermit alle vorbenannten Feuer und Flammen*
> *bei Sonn und Mond und den heiligen (vier) Aposteln*
> *daß ihr haltet eure Flammen beisammen und nicht weiter kommt*
> *als ihr habt umbsprange*
> *alß (?) Maria die Mutter Gottes behielt ihre jungfräuliche*
> *Keuschheit vor allen Mannen so wahr ist*

so wahr soll kein Feuer in diesem Haus und Scheuer Stallung würkhe(n)
sondern soll Feuer Feuer und Flammen vor ihrem Bau ausgehen
Im Namen Gottes des Vaters des Sohnes + Gottes Sohnes +
Gottes des heiligen Geistes + Amen

Sator arepotenet opera rotas

```
A | G
─────
L | A
```

Anmerkungen und Nachweise:

1 Frdl. Mitteilung von Herrn Körner, Birkenau, der eine Kopie des Blattes zur Verfügung stellte
2 Blüten der Weinraute, die wegen ihrer kreuzförmigen Anordnung als Apotropaion galten
3 Friedrich Höreth, Wilhelm Lautenschläger, ein Zauberer und Hexenmeister zu Güttersbach im Odenwald. In: Die Heimat (Erbach) Nr. 6, Jg. 1930
4 Altes Testament, Prophetenbuch Daniel, 3. Kapitel
5 Heinz Bormuth, „Bewahre dieses Haus vor Brand..." Ein Beitrag zur religiösen Volkskunde. In: Jahrbuch 1979 des Vereins für Heimatgeschichte e.V. Ober-Ramstadt, Ober Ramstadt 1981, S. 33–47
6 Hier zitiert nach Herbert Freudenthal, Das Feuer im deutschen Glauben und Brauch, Berlin-Leipzig 1931, Seite 378
7 Heinz Bormuth, Die Satorformel, ein magisches Buchstabenquadrat. In: Odenwald-Heimat, Monatliche Beilage der Odenwälder Heimatzeitung, Nr. 1, 1982 (57. Jg.)
8 Hans Bächthold-Stäubli, Eduard Hoffmann-Krayer, Handwörterbuch des deutschen Aberglaubens, Berlin 1927-1942, Band 4 (Stichwort Jordansegen, Bearbeiter: Felix Ohrt)
9 Hier nach „Das sechste und siebte Buch Mosis, magisch sympathetischer Hausschatz", in der Ausgabe des Buchversands Gutenberg, Dresden 1930
10 Auf eine handschriftliche Kopie des Königsberger Segens aus Bobstadt weist Gerd Grein hin: Zeugnisse der Volksfrömmigkeit. In: Sammlung zur Volkskunde in Hessen, Band 12, Otzberg 1978, S. 44
11 Nach einer Übertragung von Herrn Rektor Reinhard, Birkenau. Im Original ist der Segen nicht in Versform geschrieben. Links und rechts oben, sowie rechts unten steht das Notarikon AGLA, links unten SATOR AREPOTENET OPERA darunter ROTAS

Heinz Bormuth

Birkenauer Märkte

In früheren Jahrhunderten achteten die Birkenauer Ortsherrn nach der vorhandenen Überlieferung peinlich darauf, daß das Jahr über ein sittenstrenges Leben geführt wurde. Nur zur Kerwe und anderen Märkten war „zu Zeiten einer ehrbaren Gesellschaft eine ziemliche Ergötzlichkeit gestattet". Die Formulierung der „ziemlichen" oder „ehrbaren Ergötzlichkeit" findet man sowohl in der Bohn'schen Polizeiordnung von 1668 als auch in der Polizeiordnung des Jahres 1771. Es stellt sich hier die Frage, mit welchen Vorkehrungen außerhalb der Zeit der Birkenauer Märkte auf die Einwohnerschaft eingewirkt werden sollte, damit es zu keinen alkoholbedingten Exzessen kam. Hierbei muß bemerkt werden, daß natürlich Wunsch und Wirklichkeit auseinanderklafften.

In den Birkenauer Gastwirtschaften sollte nach der Polizeiordnung des Jahres 1668, die wohl ihren Ursprung in der Mitte des 16. Jahrhunderts hat, das Zechen im Winter um 8 Uhr, im Sommer um 9 Uhr aufhören. Am Samstagabend sollte der Wirt keine längere Zeche dulden. Wer einen andern zum übermäßigen Trinken nötigte und dadurch Zank und Streit verursachte, sollte zwei Pfund Heller Strafe zahlen. Es versteht sich von selbst, daß bei Kindstaufen oder Hochzeiten die Anzahl der Gäste beschränkt war und ungebetene Gäste, die „zu einer Zeche oder Hochzeit eindringen und den Gästen beschwerlich fallen", mit einer namhaften Strafe zu rechnen hatten. Detaillierter über diese Problematik läßt sich die Polizeiordnung von 1771 aus. Darin ist u.a. festgelegt, daß Haussöhne, Knechte und andere junge Burschen, je nach Jahreszeit, sogar um 6 Uhr bzw. 7 Uhr abends die Wirtschaften verlassen sollten. Es fehlte nicht der Hinweis, daß sonst die Hausarbeit oder das ihnen anvertraute Vieh vernachlässigt würde. Gespräche über religiöse Angelegenheiten oder andere Dinge, die Anlaß zu einem „Wortstreit" sein könnten, waren ebenfalls verboten. Generell hieß es, „im Wein-, Bier- oder Branntweintrinken soll niemand einen Exzeß begehen, daß er davon berauscht wird. Er soll sonst diese Ausschweifung mit einem Gulden Strafe oder 24 Stunden Gefängnisstrafe büßen". Jungen Burschen sollte ohne sofortige Bezahlung kein Getränk gereicht werden, einem Verheirateten sollte höchstens ein Viertel Wein geborgt werden. Überwacht werden sollten diese Vorgaben durch den Schultheißen, dem Ortsgericht oder sog. Auswähler, die durch die Birkenauer Wirtschaften patroullierten und sämtliche Überschreitungen unverzüglich dem Ortsherrn oder dem herrschaftlichen Amtmann zu melden hatten. Dies setzte natürlich voraus, daß diese verheirateten Personen gegen den Alkoholkonsum absolut gefeit waren.

1802 war es notwendig geworden, eine spezielle Verordnung gegen „das Saufen" zu erlassen. Mit eindringlichen Worten wird vor den schädlichen Folgen des Saufens gewarnt: „Die vielfältigsten Beispiele haben die traurige Erfahrung bestätigt, welch eine schädliche Leidenschaft das Saufen ist. Es gibt kein Übel von so schädlichen Folgen, das nach und nach so tief einwurzelt, wie dieses. Die unglücklichen Menschen, die sich nach und nach an das Trinken gewöhnen, werden unempfindlich, stumpf gegen jedes Gefühl. Der Wohlstand ganzer Familien wird dadurch zerrüttet, viele Väter haben wegen des vielen Saufens schon sehr oft ärmste Kinder hinterlassen, die betteln mußten und deshalb diese schändliche Neigung ihrer Eltern verfluchten, anstatt ihr Andenken zu segnen.

Ein Säufer vergißt die Erfüllung jeder heiligen Pflicht, die ihm als Christ, als Bürger oder Vater obliegt. Ein Berauschter ist zu den abscheulichsten Verbrechen fähig, an die er als ein unverdorbener, nüchterner Mensch nie gedacht haben würde. Das schlechte Beispiel, welches ein Besoffener seinen Mitmenschen und seinen eigenen Kindern gibt, ist das größte Gift für die Sitten. Wie beißend müssen in nüchternen Augenblicken die Gewissensempfindungen bei einem Mann sein, der durch seinen liederlichen Lebenswandel sein Vermögen und seine Gesundheit dahinschwinden sieht.

Bei diesen Betrachtungen ist es äußerst schmerzlich, die häßliche Leidenschaft täglich bei mehreren Familien zunehmen zu sehen, bei denen die daraus entstehenden unglücklichen Folgen wegen dem jetzigen hohen Preis dieser Getränke desto schneller eintreten müssen. Es ergeht demnach hiermit die Weisung, mit allen Kräften gegen dieses Übel vorzugehen. Zu diesem Zweck ist es auch den Wirten verboten, ihren Gästen mehr Wein als einer vertragen oder bezahlen kann, auszuschenken. Klagen und Schuldforderungen, die aus dem geborgten Wein entstehen, können bei Amt nicht vorgebracht werden, im Gegenteil, solche Schulden sollen als nicht gemacht angesehen werden. Diese Verordnung ist der versammelten Gemeinde bekanntzumachen."

Vorstehende Ausführungen lassen erahnen, daß die Birkenauer Bevölkerung die Gelegenheit gern beim Schopfe ergriff, sich an Kerwe einmal ziemlich ergötzen zu können. Bei dieser Betrachtungsweise sollte man jedoch nicht außer acht lassen, daß sich unsere Vorfahren anläßlich der Kerwe nicht nur bei Wein und Essen gütlich taten, sondern ein reichhaltiges Warenangebot einheimischer und auswärtiger Händler für sie zur Verfügung stand.

Kirchweih

Geweiht wurde die heutige evangelische Kirche am 11. Juni 1820, die katholische Kirche am 23. Mai 1819. Also muß es sich bei dem Kirchweihdatum, das mit dem Weihedatum der beiden Kirchen nicht übereinstimmt, um einen Hinweis auf den Vorgängerbau der heutigen ev. Kirche handeln. Dieser Bau wurde wegen Einsturzgefahr 1811 geschlossen, und einige Jahre später abgerissen zu werden. Die Kirchweih wurde bis Anfang des 19. Jahrhunderts am Sonntag nach Jakobus (25. Juli), nach 1816 am zweiten Sonntag im Juli gefeiert.

Man geht wohl nicht fehl in der Annahme, daß die Kirchweih bereits im 14./15. Jahrhundert gefeiert wurde, da die älteste Nachricht über die Birkenauer Kirche aus dem Jahre 1365 stammt. In diesem Jahr bestätigte der Bischof Theoderich von Worms den Brüdern Wipert, Ganod und Konrad Swende eine von ihnen gestiftete Frühmesse. Weiter findet die Kirchweih beispielsweise im Birkenauer Zentgerichtsprotokoll vom 3. Mai 1564 Erwähnung. In Birkenau wurde an Kirchweih den Wirten sog. Bannwein, d.h. Herrschaftswein eingelegt, ein Zubrot für den Ortsherrn, der den aus Weinheimer Weinbergen stammenden Wein zu einem Garantiepreis verkaufen konnte. Dabei sollte nicht vorenthalten werden, daß in Birkenau auch Weinbau betrieben wurde. Ein Vermerk, der etwa aus dem Jahre 1625 stammt, lautet: „Bittet die Gemeind, weilen Ihro Gestrengen (Ortsherren Landschad/Wambolt) pflegen jedes Jahr umb Jakobi auf unserer Kirchweih Bannwein hero zu legen, sie wollen es halten wie von altersund sonderlich von Junker Hans Wambolt (1555-97) Gedächtnis geschehen, welcher allzeit die große Maß (2 Liter) hat geben und in einem wohlfeilem Wert, als die Wirt ihren Wein geben haben." Ergänzend wird 1611 erwähnt: „...aber 14 Tage vor der Kirchweih und 14 Tag hernach müssen sie (die Wirte) Herrschaftswein verzapfen, haben von der Maß 2 Heller, können aber mit der Herrschaft handeln, wird ihnen kein Wein eingelegt." Mit anderen Worten: Die Wirte konnten sich gegen Zahlung einer Abstandssumme von der Verpflichtung, Herrschaftswein einlegen zu müssen, befreien. Ein mit Risiko behaftetes Unternehmen: Spielte das Wetter mit, winkte den Wirten ein guter Gewinn, andernfalls blieben sie auf dem Wein sitzen und mußten obendrein an die Herrschaft zahlen.

Eine weitere Frage ist die nach dem Kerweplatz. Eine Antwort gibt der Nestor der Birkenauer Heimatgeschichtsforschung, Johannes Pfeifer: „Die Lage unseres Dorfplatzes ist nicht bekannt, doch darf mit Bestimmtheit angenommen werden, daß er sich von der Stelle des Rathauses und des Schäfer'schen Anwesens ausdehnte und die dort stehende Linde unsere Dorflinde war." Nach Fertigstellung der Provinzialstraße (heutige Bundesstraße 38) im Jahre 1842 verlegte sich das Jahrmarkttreiben dorthin. Man erwartete offenbar vom Durchgangsverkehr einen größeren Umsatz. Ein Marktverzeichnis, das um 1850 entstand, drückt dies so aus: „Beim Schloß, von da bis gegen die Brücke und bei der Brücke bis an die Gartenmauer." Zeitweise mußte der Zugang zur katholischen Kirche beeinträchtigt gewesen sein, da sich der Pfarrer 1848 beschwerte, „da schon einige Male der Fall gewesen, daß Häfner mit Krügen und Geschirr eigenmächtig vom Vorplatz der katholischen Kirche Besitz genommen". Durch die zahlreichen Marktstände war in der Mitte der Straße nur noch eine schmale Gasse, die den Durchgang gestattete. Außerdem verfügte die Gemeinde über keinen eigenen Platz für größere Fahrgeschäfte. Dies verdeutlicht ein Vorgang aus dem Jahr 1894:

Johannes Wagner aus Herrnsheim, der in diesem Jahr einen Karussellplatz ersteigern wollte, beschwerte sich beim Landrat über die Handlungsweise des Bürgermeisters Brehm: „Er ließ durch seine Tochter daher vorbringen, am 1. April 1894 seien in Birkenau u.a. die Aufstellung eines Karussells für die Kirchweih und den Markt auf 4 Tage versteigert worden. Er habe 100 Mark geboten, der Zuschlag für ihn erteilt worden und habe um die Anweisung eines geeigneten Platzes gebeten. Der großherzogliche Bürgermeister erklärte ihm, daß nicht ein Platz, sondern nur die Erlaubnis zur Aufstellung versteigert worden sei und es lediglich Sache der Interessenten sei, sich einen geeigneten Standplatz zu suchen. Zugleich habe ihm der Bürgermeister gedroht, wenn er mit seinem Karussell nicht käme, müsse er dennoch zahlen...."

Bürgermeister Brehm entgegnete: „Die Angaben sind nicht richtig, wir haben dem Steigerer Johannes Wagner einen geeigneten Platz vor der Versteigerung bestimmt, derselbe wollte nun gerade sein Karussell mitten im Ort aufstellen, wo weder das Gemeindeeigentum noch der Hof des Peter Löw ausreichte."

Durch den steigenden Straßenverkehr wurde die Abhaltung der Kirchweih auf der Hauptstraße in den 1920er Jahren immer schwieriger. Deshalb wurde die Kirchweih 1924/25 gegenüber dem „Deutschen Kaiser" abgehalten, was dem Zuspruch offensichtlich abträglich war. Der Gemeinderat beschloß am 9. Juni 1925, „daß nunmehr wieder der Marktplatz an seinen alten Platz (Hauptstraße) verlegt wird. Für die zwei Kirchweihtage wird zur Regelung des Verkehrs eine Hilfskraft eingestellt. Die Absperrmaßnahmen sind rechtzeitig zu treffen. Mit Ausnahme der Lastkraftwagen

Lange Zeit fand die Birkenauer Kerwe, wie hier 1950, beim „Deutschen Kaiser" statt.

ist der übrige Verkehr umzuleiten durch die Neugasse, Kreuz- und Brückengasse."

1928 kam dann das endgültige Aus: „Der Gemeinderat hat von Schreiben (der Kreisverwaltung) Kenntnis genommen und bedauert, daß der Markt, wie er früher bestanden hat, nicht mehr auf die Hauptstraße verlegt werden kann, da nach Übergang der Kreisstraße an die Provinz von Letzterer eine Erlaubnis zur Aufstellung von Jahrmarktsbuden in der jetzt stark von Autos benutzten Provinzialstraße nicht erteilt wird." Trotz eines Vorstoßes der Birkenauer Geschäftsleute, die den Vorschlag machten, Buden nur auf einer Straßenseite aufzustellen, blieb es bei dem Verbot.

So war der Platz gegenüber dem „Deutschen Kaiser" von 1928 - 1959 Kerwe- und Marktplatz. 1960 heißt es in einem Zeitungsbericht: „Birkenauer Pfingstmarkt erstmals auf dem neuen Festplatz. In diesem Jahr wird der Pfingstmarkt noch mehr Wert und Interesse gewinnen, weil zum ersten Mal wiederum ein ausreichend geschlossener Festplatz zur Verfügung steht. Nachdem die Anlage vor dem Deutschen Kaiser schon seit langem keine ausreichende Unterbringungsmöglichkeit bot, hat die Gemeinde nach mehreren Jahren Bauzeit hinter der Kirchgasse mit einem beachtlichen Kostenaufwand einen neuen Festplatz geschaffen...." Dabei blieb es bis zum heutigen Tag. Auch dieser Standort findet nicht den ungeteilten Beifall. Hat doch die Feuerwehr im Einsatzfalle ihren Weg über den Festplatz zu nehmen.

„Radiofreunde" beim Kerweumzug 1926

Birkenauer Kerweumzug 1926

Wie muß man sich einen Kerwetag etwa im letzten Jahrhundert vorstellen, eine Art Brauchtumsveranstaltung, die sich allenthalben zunehmender Beliebtheit erfreut? Ein Marktverzeichnis aus der Mitte des letzten Jahrhunderts gibt hierauf eine Antwort; folgende Händler waren anwesend: „4 Knopf-, Baumwoll- und Barchenthändler aus Bensheim, 3 Kurzwarenhändler aus Bensheim und Birkenau, 1 Kleiderhändler aus Bensheim, 16 Ellenwarenhändler aus Rimbach, Birkenau und Bensheim, 17 Kurzwarenhändler aus Bensheim, Heppenheim, Nieder-Liebersbach, Lindenfels, Finkenbach, Fürth, Zell bei Bensheim und Siedelsbrunn, 1 Ellenwarenhändler, der auch Setztücher verkaufte, 4 Blechwarenhändler aus Weinheim, Bensheim, Kreuzsteinach, Erbach, Mörlenbach, Rimbach, Nieder-Liebersbach, Michelstadt, Birkenau und Mumbach, 4 Kammacher aus Bensheim und Weinheim, 4 Zucker- und Lebkuchenbäcker aus Walldürn, Wald-Michelbach und Pfaffenbeerfurth, 5 Kappen- und Hutmacher aus Heppenheim, Birkenau, Wald-Michelbach und Bensheim, 2 Schirmhändler aus Rimbach und Heppenheim, 1 Drechsler aus Bensheim, 4 Strumpfmacher aus Bensheim, 2 Sattler aus Bensheim und Michelstadt, 1 Seiler aus Weinheim, 3 Lederhändler aus Mörlenbach, Rimbach und Heppenheim und diverse Schuhmacher, die einzeln nicht aufgeführt sind. So mögen gut und gerne um einhundert Buden und Händler das Markttreiben belebt haben. Beachtlich angesichts der 1300 Birkenauer Einwohner!

Anfang des 19. Jahrhunderts hatte die Marktbeschickung noch ein anderes Bild. Die Höhe des Standgeldes, das damals von den einzelnen Händlern verlangt wurde, läßt Rückschlüsse auf den zu erwartenden Ertrag zu. 1813 notierte der wamboltische Verwalter Gutfleisch folgende Gewerbe: Jeder Schuhmacher 4 Kreuzer, jeder Strumpfweber 8 Kreuzer, jeder Kattunkrämer 8 Kreuzer, jeder Seiler 8 Kreuzer, jeder Händler mit hölzernem Spielzeug 4 Kreuzer, jeder Kübler 8 Kreuzer, jeder Häfner mit Wagen 24 Kreuzer, jeder Häfner mit einem Karren voll Geschirr 12 Kreuzer, jeder Tuchknapp 6 Kreuzer, jeder Kürschner 6 Kreuzer, jeder Sattler 6 Kreuzer, jeder Bändeljud 2 bis 3 Kreuzer, jeder Honigkuchenbecker 2 Kreuzer, jeder Messerschmied 8 Kreuzer, jeder Nagelschmied 4 Kreuzer, jeder Hutmacher 8 Kreuzer, von jedem Obstkorbe 1 Kreuzer, die Spieler (Musikanten) erhielten vom Amte zu ihrem Spiel einen Erlaubnisschein, wofür sie 25 Kreuzer zahlten.

Eine Blütezeit für Märkte schien die 1. Hälfte des 19. Jahrhunderts gewesen zu sein. Der bereits erwähnte Verwalter Gutfleisch berichtete, daß die Birkenauer Kirchweih zu den am besten frequentierten der ganzen Umgebung zählte. Beschwerden verschiedener Händler über angebliche Benachteiligungen bei der Platzvergabe sind überliefert. Dabei fühlten sich die auswärtigen Händler (Weinheim war Ausland) gegenüber den einheimischen Gewerbetreibenden benachteiligt und umgekehrt. 1810 verlangten die Birkenauer Bäcker ein Monopol für den Verkauf ihrer Produkte, wie das in Reichenbach und Mörlenbach der Fall sei. Dies nahm der Birkenauer Gerichtsschreiber Johann Leonhard Schneider zum Anlaß, sich über die zu leichten Birkenauer Brötchen zu beschweren, die Heppenheimer Bäckerzunft verlangte gar die Aufnahme der Birkenauer Bäcker in ihre Zunft. Die Beschwerde der Birkenauer Bäcker hatte also eher negative Folgen gezeigt.

1836 beschwerten sich der Rimbacher Jude Salomon Oppenheimer mit fünf anderen jüdischen Händlern: „Wir wollen unsere Plätze, welche wir seit Jahren bestellen, haben." Salomon Oppenheimer kam bereits seit 1816 auf die Birkenauer Märkte und monierte, daß ein Blechhändler seinen angestammten Stellplatz zugeteilt erhalten

hatte. Über den Ausgang der Angelegenheit geben die Akten keine weitere Auskunft.
Im Jahre 1844 waren es die Schuhmacher aus Fränkisch-Crumbach, die sich gegenüber den Birkenauer Schuhmachern benachteiligt fühlten. Die beiden Zunftmeister Philipp Rausch und Adam Wolf wurden beim Landrat von Dieburg vorstellig, der sich an den zuständigen Lindenfelser Landrat wandte. Dieser wiederum verwies auf eine Verordnung aus dem Jahre 1824. Danach war folgende Vorgehensweise maßgebend:
1. Schuhmacher des Ortes,
2. die Schuhmacher des Zunftbezirkes nach Losen,
3. die übrigen Schuhmacher des Landratsbezirkes nach Losen,
4. alsdann die übrigen ausländischen Schuster, die einer Zunft angehörten, nach Losen,
5. die ausländischen Schuster, die keiner Zunft angehörten, nach Losen.
Schließlich und endlich wurde die Verordnung von 1824 aufgehoben, es wurden nur noch Unterscheidungen zwischen einheimischen und auswärtigen Händlern gemacht. Zahlreiche Marktstände bedeuteten hohe Einnahmen an Standgeld. Das Standgeld kam bis 1806 grundsätzlich dem Ortsherrn zu, der dies als ein Recht betrachtete, das ihm aus seiner Polizeigewalt zustand. Meist war es so, daß das Standgeld als ein Bestandteil des Einkommens des herrschaftlichen Amtmannes und des Schultheißen verliehen war. 1757 hatte der Amtmann das Standgeld von der Kirchweih, der Schultheiß das des Batholomäimarktes. 1762 war es umgekehrt. Nach dem Übergang an das Großherzogtum Hessen 1806 kam es zu Streitereien zwischen der wamboltischen Verwaltung und der Gemeinde, die der Meinung war, das Standgeld stünde ihr zu. Wiederholt (1816, 1822 und 1827) wurde das Thema aufgegriffen. Zwei Stimmungsberichte über die Birkenauer Kirchweih aus den Jahren 1893/94 mögen die Betrachtung über die Birkenauer Kirchweih abschließen:
„Birkenau, den 12. Juli 1893. Gelegentlich des am letzten Sonntag und Montag dahier abgehaltenen Kirchweihfestes produzierte sich auch ein Ringkämpfer, der noch nie besiegt worden sein will. Derselbe versprach demjenigen 500 Mark, dem er unterliege. Sehr bald mußte er finden, daß er seine Rechnung diesmal ohne den Wirt gemacht hatte. Ein dem Weinheimer Athletenclub angehöriges Mitglied namens Gräber nahm es mit ihm auf und blieb bei dreimaligem Ringkampf Sieger."
„Birkenau, den 9. Juli 1894. Unter großartigem Fremdenandrange wurde gestern der 1. Kirchweihtag in Birkenau gefeiert. Passanten war es fast unmöglich, in der Hauptstraße durch die Menschenmenge zu kommen. Mehrere Schießbuden, Karussells, Panoramas und dergleichen Anstalten waren aufgebaut und erfreuten sich dieselben lebhaften Geschäftsganges. Alle Gasthäuser waren bis auf den letzten Platz besetzt, so daß den Besitzern ein flottes Geschäft in Aussicht stand. Auch der heutige Tag dürfte in ähnlicher Weise verlaufen und damit das diesjährigen Kirchweihfest seinen Abschluß finden."

Pfingstmarkt

Der Birkenauer Pfingstmarkt, der 1816 ins Leben gerufen wurde, hätte 1991 sein 175jähriges Bestehen feiern können, doch nahm hiervon kaum jemand Notiz. Dabei haben wir diesen Markt 16 geschäftstüchtigen Birkenauern zu verdanken, die bereits

1811 ein Gesuch an das Großherzogliche Patrimonialamt stellten: „Gehorsamste Bitte der Unterzeichneten um auch noch allhier zwei Jahrmärkte zu errichten. Den ersten 14 Tage vor Pfingsten auf Sonntag, den zweiten (Markt) den Sonntag nach Gallus. Worauf hochlöbliches Amt ersuchet wird, dieselben Märkte aufzurichten, wogegen sich Unterzeichnete verbindlich machen, die Kosten zu zahlen, die sich andurch ergeben." Selbstredend befanden sich unter den Antragstellern alle Birkenauer Gastwirte. Trotz mehrerer Anfragen gab es in der Angelegenheit keinen rechten Fortschritt. Vielleicht lag dies an dem wamboltischen Amtmann Ignaz Bouthelier, der Lustbarkeiten allgemein nicht gerade aufgeschlossen gegenüberstand. Sein Nachfolger namens Gutfleisch befand: „Birkenau hat zwei Krämermärkte, nämlich den gewöhnlichen Jahrmarkt und einen Kirchweihmarkt. Sie gehören unter die besten in der Gegend und werden hauptsächlich von den benachbarten Großherzoglich badischen Untertanen stark besucht. Zuviele Märkte verlieren an Güte, noch zwei neue Märkte mögten daher zuviel sein". Noch ein Markt 14 Tage vor Pfingsten mögte den übrigen Märkten unschädlich sein und sehr gut werden, also zu gestatten sein". So kam es dann auch, Großherzog Ludwig stellte am 24. April 1816 folgendes Privileg aus: „Ludwig von Gottes Gnaden, Großherzog von Hessen, Herzog zu Westphalen usw. Nachdem wir der Gemeinde Birkenau auf ihr unterthänigstes Nachsuchen, auf berichteten und befundenen Umständen nach die Erlaubnis zur Haltung eines neuen Jahr-, Kram-Marktes neben ihren bisherigen beiden Märkten kraft dieses dergestalt gnädigst erteilt haben, daß von diesen nunmehrigen drei Märkten der erste 14 Tage vor Pfingsten, der zweite wie bisher, Sonntag nach Jakobi und der dritte auf Sonntag nach Gallus jedes Jahr gehalten werden soll, und auf solchen sowohl Christen als Juden, sowohl Inländer als Ausländer freien ungestörten Handel und Wandel, jedoch ohne Betrug und Gefährdung, unter der erforderlichen Polizeiaufsicht betreiben können. Als haben wir ersagter Gemeinde hierüber gegenwärtiges Privileg nun erteilt und behändigen lassen, wonach sich untertänigst zu achten ist. Urkundlich unserer eigenen Unterschrift und hierauf gedrückten Staatssiegel. Darmstadt, den 24. April 1816. Ludwig, Großherzog." Ergänzend wurde mitgeteilt, daß die Jahrmarktsbuden erst nach geendigtem Gottesdienst aufgeschlagen werden durften und hinsichtlich des Tanzes die allerhöchsten Verordnungen der Jahre 1808/09 zu beachten seien.

Über den Verlauf des Pfingstmarktes 1816 ist leider nichts bekannt. 1817 war der Markt verregnet, so daß kaum Stände aufgebaut worden waren. Der Pfingstmarkt wurde bis auf wenige Ausnahmen jährlich abgehalten. Lediglich von 1904-18, mit Ausnahme der Jahre 1905 und 1907, fiel der Markt aus. Während des Zweiten Weltkrieges ruhte der Markt ebenfalls. Eine Ausnahme waren die Jahre 1941/42, während denen ein Miniprogramm durchgeführt wurde. Ab 1946 wird der Pfingstmarkt ununterbrochen gefeiert. Zum Pfingstmarkt 1900 wurden zwei Gendarmen abgestellt, da es „in letzter Zeit hier öfters zwischen jungen Leuten zu Exzessen gekommen ist und von verschiedenen Seiten Angaben gemacht worden sind, daß auch an diesem Tag Streitigkeiten geplant seien, außerdem werden an diesem Tage viele Arbeiter aus dem benachbarten Weinheim erwartet." Dank der getroffenen Vorkehrungen blieb es ruhig. Ein Vermerk lautet: „...mit dem Anfügen gehorsamst (an das Kreisamt) zurückgereicht, daß beide Gendarmen von 2 Uhr nachmittags bis 1 Uhr nachts in Birkenau waren und Streitigkeiten nicht vorgekommen sind. Fußgendarm und Stationsführer."

Ebenso wie die Kerwe, findet der Pfingstmarkt heute auf dem Platz La Roche Foucauld statt

Bis in die 1960er Jahre wurde am Pfingstmarktsonntag der sogenannte Hagelfeiertag begangen, an dem ein Bittgottesdienst gefeiert wurde. Dieser Sachverhalt wird 1851 erstmals erwähnt. 1949 gab es Bestrebungen, den Pfingstmarktmontag zu beschneiden. Die Gemeinde argumentierte: „Es war immer üblich, daß dieser Markttag am Montag, dem Hauptmarkttag gehalten wurde und die Schulen schulfrei hatten, wie ja auch bei der Gemeindeverwaltung an diesem Tag die Büros geschlossen blieben. Der Pfingstmarkt der Gemeinde Birkenau, der in früheren Jahren eine große, weit über die nähere Umgebung hinausreichende Bedeutung hatte, ist wohl in den Jahren nach dem Weltkrieg sehr zurückgegangen, und heute kann ja von einem Markt nicht mehr gesprochen werden. Da diese Märkte aber eine althergebrachte Einrichtung sind, mit denen früher ein bestimmtes Brauchtum verbunden war, gehen Bestrebungen dahin, den Markt wieder zu beleben und das Brauchtum aufleben zu lassen. Das kann nur dadurch geschehen, daß an diesem Tag der Gottesdienst in der seither üblichen Form weiterhin abgehalten wird und vor allem die Kinder schulfrei haben. Ein ursächlicher Zusammenhang zwischen dem Pfingstmarkt und dem Hagelfeiertag scheint 1816 nicht beabsichtigt gewesen zu sein, wobei es natürlich für den Zuspruch des Pfingstmarktes vorteilhaft war, gleichzeitig einen Feiertag begehen zu können. Nachrichten über Hagelschäden finden sich wiederholt in einem Birkenauer Kirchenbuch für die Jahre 1738/39, wo es einmal heißt: „Im Monat Juni strafte uns Gott hier abermals mit einem starken Hagelwetter, dadurch die Fenster eingeschlagen, die Dächer verderbt und gar großer Schaden an den Früchten verursacht wurde." Solche Ereignisse blieben im Gedächtnis der Bevölkerung, so daß der Hagelfeiertag seine Berechtigung hatte. Die Tradition des Hagelfeiertages ist keine ortsspezifische Angelegenheit, sondern beruht auf kirchlicher Übung.

Bartholomäimarkt/Aegidimarkt

1809 wurden einige ältere Birkenauer Männer über den damals noch gehaltenen Bartholomäimarkt befragt, die übereinstimmende Antwort lautete: „So soll solcher anno 1754 oder 1755 erst aufgerichtet worden sein. Und habe damals gnädige Herrschaft auch einen Viehmarkt errichten wollen, der aber bis jetzt, man weiß nicht warum, noch nicht zu Stand kam." Das Erinnerungsvermögen der älteren Herrschaften trug nur um 11 Jahre. Anscheinend mit einem großen Werbeaufwand wurde der Bartholomäimarkt (24. August) ins Leben gerufen. Man hatte von Birkenau aus nach Ladenburg geschickt, den neuen Markt „auszutrommeln", was 30 Kreuzer kostete. Auch in Bensheim findet sich ein Eintrag: „Actum Bensheim in Curia veneris, den 24. August 1743. Dahiesiger Bürgerschaft ist zu publizieren, daß ihre Hochfreiherrliche Exzellenz, Herr General Wambolt, dem Ort Birkenau einen Jahrmarkt auf Bartholomäi gestattet, welcher dann morgen und übermorgen, als samstags und sonntags seinen Anfang nehmen solle, mit dem Anhang, daß die Krämer und Handwerksleut alle ihre Ware ungehindert feilhalten dürfen und für dieses Jahr von allen sonst gewöhnlichen Kosten frei bleiben sollen."
Von der Gemeinde Birkenau wurde damals ein Tanzwettbewerb durchgeführt. Wie sonst wäre der Rechnungseintrag „für einen neuen Hut 42 Kreuzer und für ein Paar neue Strümpfe 40 Kreuzer auf dem Markt kauft und dem jungen Volk herauszutanzen gegeben worden" erklärbar. Auch wurde kostenloser Wein ausgeschenkt: „Für die jungen Burschen am Markt ist gegeben worden 1 Gulden 40 Kreuzer für Wein." Offenbar hatten die jungen Burschen einen guten Durst, ein Nachtrag lautet: „Dem Peter Florig für 3 Maß Wein, welche die jungen Burschen noch am ersten Markttag bekommen und im Vorjahr (in der Gemeinderechnung) vergessen worden, laut Schein 36 Kreuzer." Im 19. Jahrhundert wurde statt des Bartholomäimarktes ein Aegidimarkt (1. September) abgehalten. Diese Änderung des Termins mag mit der Gründung einer eigenen katholischen Birkenauer Pfarrei zusammenhängen. Das katholische Birkenau wurde bis 1802 von Mörlenbach aus betreut, das bekanntlich einen Bartholomäimarkt begeht. Der Aegidimarkt führte um 1850 eher ein kümmerliches Dasein. Das gesamte Standgeld betrug zwischen 1 und 2 Gulden, was auf 10 bis 20 Marktstände schließen läßt. 1874 heißt es im Belegband der Gemeinde: „Es wird hiermit bescheinigt, daß beim 1. und 4. (Aegidimarkt) diesjährige Jahrmarkt wegen Mangel an auswärtigen Verkäufern kein Standgeld erhoben wurde. Birkenau, den 30. April 1875. Denger, Bürgermeister." Nach über 300 Jahren hatte der Batholomäi/Aegidimarkt ein abruptes Ende gefunden.

Catharinenmarkt

Am 16. Januar 1839 beantragen Birkenauer Gewerbetreibende zwei weitere Märkte, nämlich:
1. auf Fastnachtsdienstag
2. und gleichzeitig auf den Montag vor Catharinentag.

Der Catharinentag fällt auf den 25. November, also fast schon eine Art Weihnachtsmarkt. Die Argumente, die für die Einführung dieser gewünschten Märkte vorgebracht wurden, gleichen denen bei ähnlichen Anträgen: Verweis auf die Nähe Badens, Birkenau ist landwirtschaftlich strukturiert, es soll eine Verbesserung des Nahrungsstandes erreicht werden. Ein Grund, der genannt wurde, ist neu: „Der Eintrag dürfte sowohl für uns, als für die Großherzogliche Hauptstaatskasse nicht unbedeutend sein, da an Abgaben von den Getränken sich in den Quartalen, wo die Märkte abgehalten werden, über 360 bis 380 Gulden berechnen, während dieselben in den Quartalen, wo keine Märkte vorkommen nur 250 bis 260 Gulden betragen." Es folgen 24 Unterschriften. Der Gemeinderat differenzierte: „Der letzte gewünschte Markt, als den Dienstag vor Catharinentag sei zu wünschen und im Falle sich dieser Markt gut bewährt, so solle für den gewünschten Fastnachtsmarkt weiter angesucht werden." Landrat Steppes unterstützte diese realistische Einschätzung. So gestattete das Großherzogliche Ministerium des Innern und der Justiz am 3. Juni 1839 den Catharinenmarkt, jedoch verbunden mit der Auflage, daß dieser Markt zunächst für zwei Jahre auf Probe abgehalten werden sollte. Danach war ein Bericht zu fertigen, der über die Rentabilität Aufschluß geben sollte. Der Catharinenmarkt nahm einen guten Anfang. Dafür spricht das eingenommene Standgeld von 5 Gulden 33 Kreuzer. Es mögen um die 40 Stände gewesen sein, die beim ersten Catharinenmarkt aufgestellt waren. In den Folgejahren liegt das Standgeld zwischen 2 und 3 Gulden, um dann ab 1858 unter einen Gulden abzusinken. Wetterbedingte Umstände waren sicherlich nur teilweise für diese Entwicklung verantwortlich. Letztmals wurde der Catharinenmarkt am 23. November 1863 abgehalten. Ein Vorgänger unseres jetzigen Birkenauer Weihnachtsmarktes!

Birkenauer Viehmärkte

Einen Viehmarkt hat es in Birkenau nach den vorhandenen Archivalien nie gegeben. Wohl aber drei Versuche, einen Viehmarkt einzuführen, wenn auch unter verschiedenen Vorzeichen.
1762 machte sich der wamboltische Amtmann Leonhard Krauß Gedanken über die Einführung eines Viehmarktes. Er wollte damit hauptsächlich die Einnahmen der Herrschaft verbessern, was sich für ihn auch in barer Münze ausgezahlt hätte. Der Viehmarkt sollte acht Tage vor Ostern stattfinden. Das Marktgeld (auch Stand- oder Abtriebsgeld genannt) sollte für einen Ochsen 8 Kreuzer, für eine Kuh 4 Kreuzer und für ein Pferd 6 Kreuzer ausmachen. Ein solcher Viehmarkt könne um so „florisanter" gemacht werden, wenn für die ersten drei Jahre eine Abgabefreiheit versprochen würde, meinte der Amtmann. Grundlage für den Vorschlag des Amtmannes war ein Bericht, den er über den Ablauf des Viehmarktes in Beerfelden angefordert hatte: „Zu vorigen Zeiten, da es noch Krieg war, warf der Viehmarkt bis zu 400 Gulden ab." Doch blieb es bei einem Versuch.
1892 verlangte der Mitteldeutsche Bauernverband, einen Viehmarkt in Birkenau einzuführen. Nach einem Zeitungsartikel vom 20. Februar handelte es sich dabei um eine Gruppierung, die antisemitische Ziele verfolgte: „Der Apostel Böckels, Herr Reuter, hielt am Samstagabend seinen Einzug in unser stilles Tälchen, um die hiesigen Bewohner aus ihrer bedauernswerten Unwissenheit heraus in die höheren Regionen der antisemitischen Wissenschaft zu führen.... Die Liebersbacher Antisemiten werden also in Zukunft ohne Vermittlung der Juden ihre Erzeugnisse absetzen und

ihre Einkäufe machen. Die Judenschaft Birkenaus und mit ihnen die des Weschnitztales aber wird bald unter dem Jubel der Freunde Böckels abziehen müssen. Oh sancta Simplicitas!" Unterschriftensammlungen aus Reisen, Mumbach, Hornbach und Geißenbach (108 Unterschriften), Zotzenbach, Mengelbach (23 Unterschriften), Bonsweiher, Albersbach und Juhöhe (31 Unterschriften), und Birkenau (148 Unterschriften) und des Birkenauer Gemeinderates mit 9 Unterschriften sollten das Anliegen – die Einführung eines Viehmarktes – untermauern. Der Viehmarkt sollte in Birkenau jeweils am ersten Samstag im April, Juli und Oktober abgehalten werden. Auch das Veterinäramt in Rimbach sah die Notwendigkeit eines solchen Viehmarktes. Der Birkenauer Johannes Scheuermann suchte händeringend nur noch einen geeigneten Platz, den er nicht fand. So verlief die Angelegenheit im Sande.

Einen erneuten Versuch, einen Viehmarkt in Birkenau einzuführen, unternahm die Gemeinde Löhrbach zusammen mit Buchklingen 1908. Mit 108 Unterschriften wurde beim Kreisamt angefragt, ob in Birkenau ein Schweinemarkt eingeführt werden könne. Dieser Schweinemarkt sollte nur Landwirten zugänglich sein und „in den Zwischenwochen des Rimbacher Schweinemarktes" abgehalten werden. Auch dieser Viehmarkt scheiterte an nicht näher bekannten Unzulänglichkeiten.

Weihnachtsmarkt

In den letzten Jahren erfreuen sich Weihnachtsmärkte einer immer größeren Beliebtheit. Erste Ansätze zu einem Weihnachtsmarkt gab es im Jahr 1985. Damals wurden im Rahmen des Dorferneuerungsprogramms die Straßen im Ortskern neu gestaltet. Dies nahmen die Gewerbetreibenden rund um das historische Rathaus zum Anlaß, in der Vorweihnachtszeit Verkaufsbuden aufzustellen. Angeregt durch diese Aktion organisierte ein Jahr darauf die Gemeinde Birkenau in Zusammenarbeit mit den ortsansässigen Vereinen, Privatpersonen und den Gewerbetreibenden einen Weihnachtsmarkt, der ausgehend vom Festplatz sich bis in den Bereich Kreuzgasse/Obergasse erstreckt. Der Weihnachtsmarkt hat einen sehr guten Zuspruch. Gesangsdarbietungen, Marionettentheater, Verlosungen und Aktionen der Gewerbetreibenden, wie etwa der Verkauf eines Riesenstollens, sorgen für zusätzliche Attraktivität. Auf dem Festplatz und in Birkenaus alten Gassen herrscht reges Treiben, man tauscht Gedanken aus. Vielleicht ist es gerade das Gespräch, das in unserer Zeit zu kurz kommt und dem Weihnachtsmarkt zu seinem Erfolg verholfen hat. So ist das dritte Adventswochenende ein fester Bestandteil im Birkenauer Veranstaltungsprogramm. Den beiden ältesten Birkenauer Märkten, der Kerwe und dem Pfingstmarkt, wäre es zu wünschen, daß ihnen in Zukunft ein ähnlicher Erfolg beschieden wäre.

Straßenfastnacht

Am Fastnachtssonntag hält der Birkenauer Carnevalsverein auf dem Festplatz seine Straßenfastnacht ab. Dies geschah erstmals 1980. In seinem Heft zur ersten Straßenfastnacht schreibt der BCV: „Schweren Herzens müssen wir in diesem Jahr auf unseren Umzug am Fastnachtssonntag verzichten, da durch den Abbruch der Hammelsbrücke ein Verkehrsengpaß im Ort entstanden ist und dadurch keine Genehmigung der Verkehrsbehörde erteilt wird. Das heißt jedoch nicht, daß wir uns zur Ruhe setzen werden. Mit freundlicher Genehmigung durch Herrn Bürgermeister W. Flemming werden wir rund um den Festplatz eine Straßenfastnacht inszenieren. Dazu sollen möglichst viele Stände aufgebaut werden, die z.B. Wurst, Brötchen, warme Rippchen mit Kraut oder Kaffee mit Kräppel oder Glühwein anbieten. Adam Silber wird bei schönem Wetter ein Kinderkarussell am Festplatz aufstellen. Masken und Kostüme, die zur Straßenfastnacht kommen, werden prämiert." Dabei ist es bis heute geblieben.

Günter Körner

Birkenauer Bürgerhäuser

Vom Amtshaus zum Kindergarten

Dem wamboltischen Amtmann Ignaz Bouthelier, der von 1783 - 1812 im Amt war, ist es zu verdanken, daß der ehemalige katholische Kindergarten bis 1962 im Anwesen Obergasse 14 untergebracht war. Einige erhaltene Schriftstücke, die bisher noch nicht ausgewertet wurden, geben Auskunft über die Vergangenheit des Gebäudes, das 1962 abgerissen wurde.

Amtmann Bouthelier wurde als Nachfolger von Leonhard Krauss nach Birkenau beordert. Nach seiner Ankunft am 25. Oktober 1782 bezog er zunächst eine Kammer im Dachgeschoß des ehemaligen Eisenhauer'schen Anwesens in Birkenau, Hauptstraße 88. Dieses schöne Fachwerkhaus, neben dem Birkenauer Schloß gelegen, wurde 1765 von Johannes Eisenhauer erbaut. Am 23. November 1783 heiratete Ignaz Bouthelier Maria Weber, eine Tochter des Heppenheimer Oberamtskellers (Rechnungsbeamter) Joseph Weber. Kurz nach der Eheschließung mietete sich der wamboltische Amtmann bei Johann Adam Krall, einem Gastwirt und Schreiner, heute Hauptstraße 81, ein. Der sich einstellende Nachwuchs ließ diese Wohnung bald zu eng werden. Bouthelier machte sich auf Quartiersuche, war bald fündig geworden und hatte es sich in den Kopf gesetzt, in das stattliche Haus des katholischen Schullehrers Michael Wittemayer zu ziehen. Die Tatsache, daß der Wittemayer sein Haus bewohnte, störte den gestrengen Amtmann scheinbar überhaupt nicht. Eine erste Anfrage, die an die Ehefrau des Wittemayer gerichtet wurde, verlief negativ. Als Michael Wittemayer selbst angegangen wurde, entschuldigte sich dieser für die Ungeschicklichkeit seiner Ehefrau und bot an, sein Anwesen gegen einen jährlichen Pachtzins zur Verfügung zu stellen. Mit diesem Einverständnis wurde Ignaz Bouthelier beim Freiherrn Wambolt vorstellig und gab dabei eine ausführliche Beschreibung der Baulichkeit: „Diese Wohnung besteht aus zwei geräumigen Stuben, bei einer jeden Stube eine Stubenkammer nebst einer ordentlichen Küch und Küchenkammer. Ferner Stallung für vier Stück Rindvieh und einen s.v. (= mit Verlaub) Schweinestall zu vier Schweinen, eine Scheuer und gewölbten Keller zu acht Fuder Wein. Es befindet sich alles, freilich des Wittemayer seine Wohnstube ausgeschlossen, in ziemlich üblen und verdorbenen Umständen, weil seithero gar keine Reparationen darin vorgegangen sind, z.B. in der gewesenen Schulstube müssen drei und in jede Kammer zwei neue Fenster gemacht werden, weil in der Schulstube 18 bis 20 Malter Korn liegen. Die Fenster, die kaum zusammen 30 bis 40 Scheiben mehr zählen und dermalen mit hölzernen Läden zugeschlagen sind, müssen instandgesetzt werden."

Michael Wittemayer, der ab 1761 katholischer Schullehrer war, hatte in seinem Haus also auch Schulunterricht erteilt. Nach den Vorstellungen des Amtmannes sollte der Wittemayer mit seiner Frau einfach in seine bisherige Wohnung bei Johann Adam Krall ziehen. Folgerichtig wurde am 28. März 1787 ein Pachtvertrag abgeschlossen, der vorsah, daß Wittemayer dem Amtmann sein Haus für 12 Jahre gegen eine jährliche Pacht von 40 Gulden überließ. Bei des Wittemayers Auszug wurde festgestellt, daß dessen Mobiliar nicht in die kleinere Wohnung bei dem Adam Krall hineinpaßte. Kurzerhand wurden die überzähligen Möbel in einen Keller des Birkenauer Schlosses gebracht. Da der Wittemayer nicht selbst Eigentümer des vermieteten Hauses war, sondern seine Ehefrau, wurde dem Ortsherrn für den Fall des Ablebens der Eigentümerin ein Vorkaufsrecht eingeräumt. Beinahe wäre der Wohnungstausch noch im allerletzten Augenblick gescheitert. Adam Krall, der bisherige Wohnungsgeber des Amtmannes, besann sich kurzfristig, daß er Eigenbedarf geltend machen könne, damit wäre die Familie Wittemayer ein Obdachlosenfall gewesen. Gegen ein zinsloses Darlehen von 80 Gulden erklärte sich der Krall bereit, die Wohnung nun doch an das Lehrerehepaar für zunächst vier Jahre zu vermieten. So konnte der Amtmann Bouthelier, wenn auch unter Schwierigkeiten, seine Wohnung in der Obergasse 14 beziehen. Eine völlig neue Situation trat ein, als am 9. Juni 1795 die Wittemayerin, die Hauseigentümerin, „unter den heftigsten Marterkrämpfen" verstarb. Umgehend fanden sich die Erben ein, die das Anwesen an den Meistbietenden versteigern wollten. Vorher aber mußte das Haus vereinbarungsgemäß dem Ortsherrn angeboten werden. Die Erben verlangten 2000 Gulden. Nach kurzen Verhandlungen einigte man sich auf einen Betrag von 1800 Gulden. Die Hälfte des Kaufpreises wurde sofort bezahlt, der Rest in jährlichen Raten. Der Kaufvertrag enthält den Passus: „Das (katholische) Schulhaus muß durchaus frei bleiben", was nichts anderes bedeutete, daß hier wieder Schule gehalten wurde. Amtmann Bouthelier wohnte bis zu seinem Ableben am 27. April 1812 in diesem Haus. Die Witwe des Amtmannes nutzte noch bis 1814 dieses Anwesen, das bis Anfang der 1860er Jahre die örtliche Verwaltung der Familie Wambolt beherbergte. Dank einer Initiative der Freifrau Adolphine von Wambolt konnte erstmals in Birkenau 1862 ein katholischer Kindergarten eingerichtet werden, der hier sein Domizil fand. Der katholische Kindergarten, der von den Schwestern von der göttlichen Vorsehung geführt wurde, war dann bis 1962 in diesem Anwesen untergebracht. Zwar trug man sich damals noch mit dem Gedanken, Modernisierungsmaßnahmen durchzuführen, insbesondere war an den Bau einer Klosettanlage gedacht, dies war aber letztlich nicht durchführbar. Der neue katholische Kindergarten am Festplatz wurde am 20. Mai 1962 eingeweiht. Damit hatte der alte Kindergarten in der Obergasse 14 ausgedient.

Zur Geschichte des Gasthauses „Zur Krone" in Birkenau

„Die Krone" in Birkenau, mit der Straßenbezeichnung Obergasse 10, unweit des historischen Birkenauer Rathauses, kann schon fast auf eine 200jährige Tradition als Gastwirtschaft zurückblicken. Der erste mit Sicherheit nachweisbare Eigentümer war der Wagner Johann Michael Schab, der um das Jahr 1762 genannt wird, aber noch keine Wirtschaft betrieb. Anfang des 19. Jahrhunderts ging das Anwesen von Michael Schabs Witwe dann auf den ehemaligen katholischen Schullehrer Michael Wittemayer über, der mehrere Häuser besaß. Nach dem Übergang Birkenaus zum Großherzogtum Hessen im Jahre 1806 wurden Wirtschaftskonzessionen nicht mehr ganz so restriktiv vergeben wie zuvor durch die Freiherrn Wambolt. Vor 1806 gab es in Birkenau gerade vier Wirtschaften. Nach dem genannten Jahr schossen Gaststätten wie Pilze aus dem Boden, um 1810 waren es bereits 10 an der Zahl. Um diese Zeit dürfte die Geburtsstunde der Wirtschaft „Zur Krone" anzusiedeln sein. Michael Wittemayer, der erste Gastwirt, muß etwa um 1810 verstorben sein, da seine Ehefrau ein Jahr danach als Witwe bezeichnet wird. 1811 sucht der Mörlenbacher Nikolaus Bergold um Annahme als Bürger in Birkenau nach. Er schreibt, daß er beabsichtige, die Wittemayer'sche Witwe zu ehelichen, seinen erlernten Beruf als Chirurg auszuüben und auch die Gastwirtschaft weiter zu betreiben. Der andere am Ort wohnhafte Gastwirt und Chirurg, Jakob Eisenhauer (Hauptstraße 88), wehrte sich gegen diese Absicht mit Händen und Füßen. Er behauptete einfach, der Bergold sei ein Windbeutel, Schwätzer und Lügner, der weder ein Gewinn für die Wittemayer'sche Witwe sei, noch viel weniger für Birkenau. Seinen erlernten Beruf beherrsche er gar nicht oder nur wenig. Trotzdem wurde Bergold als Bürger angenommen, nicht zuletzt weil er katholischen Glaubens war. Bergold dürfte die Wirtschaft, er war 1811 gerade 36 Jahre alt, bis Ende der 1820er Jahre betrieben haben. Dann wird als Eigentümer der Konrad Schütz genannt, dessen Witwe am Montag, den 26. Februar 1838, das Haus mit Scheuer, Stallung und Backofen zum Verkauf anbietet. Sie vergißt nicht darauf hinzuweisen, daß bisher eine „frequente Wirtschaft" darin geführt worden ist. Diese Verkaufsofferte von Maria Anna Schütz wird im Juni 1839 wiederholt, dieses Mal wird das Haus als „ehemalige Bergoldische Wirtschaft" bezeichnet. Interessant ist auch zu wissen, daß das Gasthaus „Zur Krone" im 19. Jahrhundert noch kein Eckhaus war. Erst 1893/94 wurde das danebenliegende Gebäude, damals Nicolaus Kadel gehörend, durch den Bahnbau bedingt abgerissen. 1847 kam die Wirtschaft dann an Heinrich Fries, der am 17. Juli 1861 mit noch anderen fünf Gastwirten anläßlich der am 28./29. Juli stattfindenden Kirchweih herzlich einlädt und auf die an beiden Tagen gut besetzte Tanzkapelle hinweist. 1876 hat Heinrich Fries, dem Zug der Zeit gehorchend, eine Kegelbahn gebaut, die sich auf dem gegenüberliegenden Grundstück in der Obergasse befand. 1881 bietet die Witwe des Heinrich Fries 15 Weinfässer, 1/2 Ohm bis 7 Ohm enthaltend, an. Feilgeboten wurde auch die gesamte Ladeneinrichtung mit einer Waage und sämtliche Brauereigeräte. 1884 übernahm dann Georg Fries die Gastwirtschaft. Er war es auch, der einige grundlegende Um- und Anbauten vornahm. 1884 wurde das erste Stockwerk unterfangen und ein Stallgebäude in eine Küche umgebaut. 1895, vielleicht spielte die Eröffnung der Bahnstrecke Weinheim-Fürth eine gewisse Rolle, wurde das Haus aufgestockt. Ein Schlafzimmer wurde vom Erdgeschoß in das Obergeschoß verlegt, der Gastraum neu gestaltet und erweitert. Der bekannte Bergsträßer Architekt Heinrich Metzendorf bestätigt mit Vermerk vom 2. Juli 1895, daß das „Gebäude vollständig nach den gesetzlichen Bestimmungen ausgeführt wurde", Planfertiger war übrigens der Birkenauer Zimmermeister Peter Treiber. Eine Zeitungsnotiz vom 31. Mai 1902 besagt, daß die Wirtschaft „Zur Krone" für 2300 Mark jährlich an die Heidelberger Brauerei verpachtet wurde. 1928 übernahm Adam

Fries das Anwesen, nachdem er die anderen Erben ausgezahlt und Katharina und Elise Fries Einsitzrecht für die Zeit des ledigen Standes und der Witwe Maria Fries lebenslanges Einsitzrecht gewährt hatte. 1930 beabsichtigte Adam Fries, die bereits erwähnte Kegelbahn umzugestalten, was auf den Widerstand der angrenzenden Nachbarn stieß. Vor allem Johannes Scheuermann argumentierte, „daß die bisherige Kegelbahn schon so weit vorsteht, daß es mir schwerfällt, mit einem Fuhrwerk in den Hof einbiegen zu können. Schon öfters blieb ich mit dem Fuhrwerk an dem Bau hängen." Durch diese verkehrsrechtlichen Bedenken kam der Bau der neuen Kegelbahn nicht in Frage. 1938 findet sich eine kurze Meldung über den Abbruch der Kegelbahn und das Anlegen eines Gartens stattdessen. Adam Fries führte die Wirtschaft bis zum Jahre 1961 fort. In den Folgejahren war dann der Schwiegersohn Fritz Klein bis 1967 tätig, ihm folgten bis Mitte der 1970er Jahre Adam Berg und Siegbert Abele nach.

Bis heute wird die Gastwirtschaft „Zur Krone" fortgeführt und ist damit ein fester Bestandteil des Birkenauer Gemeindelebens.

Gasthaus „Zur Krone"

Das Jung'sche Haus

Recht selten läßt sich die Geschichte eines Birkenauer Hauses so lückenlos verfolgen, wie dies beim Anwesen Hauptstraße 88 der Fall ist. Gemeint ist der schmucke Fachwerkbau neben dem Birkenauer Schloß an der Straßeneinmündung Liebersbacherstraße/Hauptstraße, kurz das Jung'sche Haus genannt. Mit Kaufvertrag vom 8. Oktober 1765 erwarb Johannes Eisenhauer von dem Birkenauer Schultheißen Nikolai Jöst einen Bauplatz, der die Maße 10 auf 30 Schuh hatte. In den Folgejahren erbaute er darauf das heute noch fast unveränderte Fachwerkhaus.

Im Erdgeschoß richtete Eisenhauer eine Gastwirtschaft ein, die, so hält sich hartnäckig die Überlieferung, auch vom Schinderhannes besucht worden sein soll. Aber auf wieviele ältere Wirtschaften soll dies noch zutreffen. Der arme Schinderhannes hätte vermutlich über 100 Jahre alt werden müssen, um all diese Gasthäuser zu besuchen, was ihm ja bekanntlich wegen seines räuberischen Lebenswandels nicht vergönnt war. Er wurde am 21. November 1803, gerade zwischen 22 und 24 Jahre alt, in Mainz enthauptet.

Aber auch Johannes Eisenhauer war ein windiger Zeitgenosse, der im Jahre 1788 zu Ostern aus Eigennutz dem Freiherrn Wambolt anonym schrieb, in zwei Birkenauer Wirtschaften, bei dem Krämer und dem Wittemayer, würde öffentlich Prostitution betrieben. Tatsächlich wurden diese beiden Wirtschaften für kurze Zeit geschlossen, bis dann der Amtmann Bouthelier dem Eisenhauer auf die Schliche kam und die ganze Angelegenheit als ein Märchen entlarvte.

Von dem kurzfristig stärkeren Zulauf dürfte Eisenhauer nicht sehr profitiert haben, da ihm als Strafe seine Wirtschaft für längere Zeit geschlossen wurde. Johann Eisenhauer war gleichzeitig Dorfchirurgus und dürfte unter allgemeinem Gejohle dem einen oder anderen Gemeindsmann eine ausgerenkte Schulter gerichtet oder auch Blutegel angesetzt haben. Ganz nebenbei war Eisenhauer Amtsschreiber, also ein echtes Naturtalent. Trotz seiner drei Berufe war Eisenhauer verschuldet, er war selbst sein bester Gast und mehr betrunken als nüchtern.

Diese liederliche Lebensart wäre seinem Sohn, ebenfalls Chirurgus, fast zum Verhängnis geworden. Jakob Eisenhauer mußte im Frühjahr 1796 wiederholt beim Ortsherrn ansuchen und bedurfte mehrerer Fürsprecher, bis er den Zapfhahn bedienen und gebrochene Knochen schienen konnte. Die Gastwirtschaft trug den schönen Namen „Zur Rose" und diente zeitweise auch als Unterkunft für den Amtmann Leonhard Krauß und dessen Nachfolger Ignatz Bouthelier.

1827 wird als neuer Eigentümer Johannes Jochum genannt, den Voreigentümern wurde lebenslanges Einsitzrecht gewährt. 1841 ist Adam Schab, als Zwischenerwerber 1854 Josef Heckler, seines Zeichen Oberfinanzeinnehmer, verzeichnet.

Das Jung'sche Haus (Hauptstraße 88) wurde um 1765 erbaut

Die ganze Zeit schien die Gastwirtschaft nur mit mäßigem Erfolg betrieben worden zu sein. Im Oktober 1850 erschien eine Verkaufsanzeige: Das Anwesen, bestehend aus 6 Zimmern, Vieh- und Schweineställen, samt Bäckereieinrichtung wurde aus freier Hand billig zum Verkauf angeboten. Jakob Eisenhauer war 1845 verstorben, seine Witwe hatte weiter ihren Sitz, ein Faktor, der auch noch 1854, als das Haus für 1000 Gulden verkauft wurde, einer ertragreicheren Nutzung entgegenstand.

Ruhigere Zeitläufe traten erst 1855 ein mit der Übernahme des Anwesens durch die Familie Jung aus Bensheim-Auerbach. Peter Jung war Sattler von Beruf und richtete folgerichtig eine Sattlerwerkstatt ein. Der Gastwirtschaftsbetrieb und die damit teilweise unangenehmen Begleiterscheinungen hatten ein Ende gefunden. Auch das Äußere des Hauses erfuhr eine einschneidende Veränderung. Dem Zeitgeschmack entsprechend wurde das Fachwerk verputzt und machte nach heutigen Vorstellungen einen eher tristen Eindruck. Peter Jung übergab 1877 seinem Sohn Georg, der sich als Sattler und Tapezierer bezeichnete, den Betrieb. Er war es auch, der in den Jahren 1889-93 einige An- und Umbauten vornahm. Im rückwärtigen Teil wurde eine Küche, rechts vom Haus eine Holzhalle mit einer Küche auf einem alten Stall erbaut. Die letztgenannte Baulichkeit wurde um 1960, als das Gebäude der Bezirkssparkasse errichtet wurde, abgerissen.

1893 wurde gegen die Liebersbacher Straße hin ein einstöckiges Ladengeschäft mit Flachdach an das bestehende Gebäude angebaut. Stolz verkündete eine Anzeige zur Geschäftseröffnung im August 1893, daß Handkoffer, Reisetaschen, Damen- und Herrengürtel feilgeboten wurden. Außerdem wurden Nähartikel angepriesen: Knöpfe, Garn, aber auch mehrere Arten von Wolle, das Loth von 4 bis 10 Pfennig, Halsbinden und Krawatten, das Stück ab 15 Pfennig.

Vor dem Ersten Weltkrieg übergab Georg Jung das Haus seinem Sohn Karl, der die Sattlerei somit schon in der dritten Generation fortführte. Um 1931, aus verschiedenen Gründen lief das Geschäft nicht mehr recht, machte das Wort vom Konkurs die Runde. 1938 schließlich übernahm die Familie Wambolt das Anwesen und veränderte das Haus durch Freilegung des Fachwerks und den Abriß des Ladengeschäfts vorteilhaft, so daß es wieder zu einer Zierde des Ortes wurde, wie es heißt. Seitdem dient das Haus ausschließlich zu Wohnzwecken. Der frühere Eigentümer, Karl Jung, mietete sich ein und betrieb die Sattlerei noch bis etwa Anfang der 1950er Jahre in dem Nebenbau. Daran erinnern sich noch heute alteingesessene Birkenauer, die unzählige Pferde- und Ochsengeschirre zur Reparatur brachten.

Günter Körner

Von Mühlen und Müllern

In Birkenau gab es bis Ende des 18. Jahrhunderts lediglich vier Mühlen, einmal abgesehen von der Schleifmühle, die jedoch nur kurzen Bestand hatte. Den Birkenauer Ortsherren, seit der Aufhebung des Klosters Lorsch im Jahre 1232 verschiedene Adelsgeschlechter, konnte wenig daran gelegen sein, daß die damals offenbar fischreichen Bäche durch den Betrieb von Mühlen beeinträchtigt wurden. Massive Proteste der Birkenauer Ortsherren, den Landschaden von Steinach und den Wambolt von Umstadt, um 1561 gegen den Bau einer Mühle von Anton Jäger (heute Fuchs'sche Mühle) bestätigen dies. Erst ein Vertrag aus dem Jahr 1563, der den weitgehenden Schutz der Fischerei und entsprechende Abgaben vorsah, ermöglichte den Betrieb dieser Mühle. Zum anderen konnten die vier Birkenauer Mühlen den Bedarf der damaligen Bevölkerung durchaus decken. Ja, es war sogar möglich, dies ist für die Carlebachmühle Anfang des 18. Jahrhunderts überliefert, für Kunden aus dem „Ausland", gemeint ist Viernheim, tätig zu sein. Damals kam es zu Meinungsverschiedenheiten zwischen Birkenau und Weinheim, weil das kurpfälzische Weinheim einen erhöhten Zoll verlangte. Letztendlich wären weitere Mühlen, dies zeigte die Entwicklung im 19. Jahrhundert deutlich, den Steuereinnahmen für die Ortsherren abträglich gewesen.

Eine Birkenauer Mühlengeschichte wurde bis jetzt noch nicht geschrieben. Der verstorbene Rektor Pfeifer hat in den 1940er Jahren Aufsätze über die Carlebachmühle verfaßt. Diese Ausführungen konnten ergänzt werden. Auch das Mühleninventar des Kreises Bergstraße (Verfasser Heinz Reitz, Reinheim), das zur Zeit (November 1993) in Vorbereitung ist, kann nur in Kurzform auf die Birkenauer Mühlen eingehen. Das vorliegende Birkenauer Heimatbuch will aus Platzgründen auch nur in geraffter Form die wesentlichen Eckdaten erfassen. Eine ausführliche „Birkenauer Mühlengeschichte", hierzu bietet das Kreisarchiv in Heppenheim gute Ansätze, sollte zu einem späteren Zeitpunkt erscheinen.

Zunächst wird auf die ältesten Birkenauer Mühlen eingegangen, die Mühlenneubauten des 19. Jahrhunderts schließen sich dann an.

Carlebachmühle

Bei der Carlebachmühle (heute Firma Frank) handelte es sich um die bedeutendste Birkenauer Mühle, die ihren Namen von einem Rinnsal, dem Karlsbächlein, das den teilweisen Verlauf der hessisch/badischen Grenze markiert, herleitet. Die Mühle wurde auch Galgenmühle nach dem ursprünglichen Standort des Birkenauer Galgens (weggespült durch das sog. Michaelishochwasser in der Nacht vom 29. auf 30. September 1732) benannt. Bezeichnungen nach späteren Eigentümern „Kinscherf'sche-" bzw. „Spenglersmühle" sind bei alteingesessenen Birkenauer Einwohnern heute noch gebräuchlich.

Erstmals wurde die Carlebachmühle 1461 als „hangende Mühle" erwähnt, da die Mühle ursprünglich am unteren Abhang des Berges stand. Nach ihrer Zerstörung im 30jährigen Krieg wurde sie später durch Generalmajor Rabenhaupt näher an die Landstraße nach Weinheim wieder aufgebaut. Um 1550 erwarb Wolf Wambolt von verschiedenen Eigentümern vermutlich zwei Mühlen mit dazugehörigen Acker-,

Wiesen- und Waldflächen und vereinigte diese zu einem Komplex. Im Jahre 1604 fertigte Kunigunde Magdalena Wambolt einen 13jährigen Bestandsbrief für Hans Becker aus. Die Carlebachmühle hatte demnach drei Mahlwerke. Der Mühlenbeständer mußte „jährlich 52 Malter Frucht erlegen", Fron- und Atzgeld zahlen, jährlich ein Rauchhuhn, zwei Erntehahnen und einen Kapaun abliefern und außerdem für die Herrschaft ein Schwein mästen. 1631, der 30jährige Krieg hatte schon deutliche Spuren der Zerstörung hinterlassen, ging die Mühle auf die Brüder Johann Georg und Georg Friedrich von Hersbach über. Diese beiden (hälftigen) Ortsherren ruinierten in den Folgejahren die Carlebachmühle, was ein Zitat der späteren Ortsherrschaft von Bohn bestätigt: „Von der Carlebachmühl, welches ein sehr vornehmes Stück in Birkenauer Gemarkung, unfern vom Gericht (= Galgen) gelegen, haben die Bertram erst die Ziegel abgehoben, hernach den Bau abgebrochen und verbrannt, die zusammengefallene Rudera (= Reste) ...verkauft..". 1634 erwarb Generalmajor Rabenhaupt den Mühlenplatz und erbaute erst 1658 die Mühle mit einem besseren Zugang zur Landstraße. Überliefert ist für diese Zeit der Betrieb einer Mahl-, Schneid-, Walk- und Ölmühle. Seine Witwe heiratete noch dreimal, so daß jeweils eine „Oer'sche", „Meerfeld'sche" und „Gemming'sche" Mühle Erwähnung finden. Mit Kaufvertrag vom 5. April 1703 veräußerte Dorothea von Gemmingen die Mühle an einen nahen Verwandten, Heinrich Freiherrn von Pleß. Vor 1705 ist dann die Carlebachmühle an den Birkenauer Ortsherrn Johann Philipp von Bohn übergegangen. 1708 versuchte das kurpfälzische Weinheim durch eine Erhöhung des Zolls die Viernheimer Mahlkunden dazu zu bringen, sich kurpfälzischer, also Weinheimer Mühlen zu bedienen. Über den Ausgang dieser Angelegenheit haben sich jedoch keine Informationen erhalten. Nach dem Tod von Johann Philipp von Bohn verkauften seine beiden Schwestern die Mühle 1728 an den holsteinischen Rittmei-

„Carlebachmühle" um 1880

In den 1920er Jahren wurde die „Carlebachmühle" in die Kammfabrik Grösche umgebaut

ster Georg Andreas Hartwig, mit dem die Ortsherrschaft Wambolt manchen Strauß u.a. wegen Abgaben und Frondiensten ausfocht. Aus dem Eigentum dieser Familie ging die Mühle im Dezember 1742 an David Scharer für 6000 Gulden über. Das Areal wurde damals so beschrieben: „Erstlich die Mahlmühl, besteht in einem Schäl-, Hirsegang und drei Mahlgängen, einer Walk-, Schneid-, Schleif- und Ölmühle, auch übrigen Gebäuden, als Scheuer und Stallung für die Mahlgäst". 1756 übergab die Witwe Anna Scharer die Carlebachmühle an ihren Schwiegersohn Georg Kinscherf. Die Familie Kinscherf hatte die Mühle bis etwa 1880 mit gutem wirtschaftlichen Erfolg geführt. Im Jahre 1841 ermöglichte Valentin Kinscherf den Bau der unterhalb gegen Weinheim zu gelegenen, heute noch im Betrieb befindlichen „Stadlersmühle", die er seinem Sohn Josef übergab. 1881 erwarb Valentin Spengler, der letzte Müller, das Anwesen für 80.000 Mark. 1908 ließ der nächste Eigentümer, Oskar Schmidt, die Mühleneinrichtung entfernen und richtete eine Kammfabrik ein. 1914 werden Friedrich Grösche, 1938 Martha und Fritz Hermann Grösche als Eigentümer erwähnt. 1941 ließ Karl Frank mit großem Aufwand eine Fabrik für meßtechnische Geräte erstellen, die bis heute tätig ist. Außer den noch vorhandenen Mühlgräben erinnert heute kaum mehr etwas an die Carlebachmühle.

Römsmühle

Die Römsmühle (heute Anwesen Geiß, Obergasse) hat aller Wahrscheinlichkeit nach ihren Ursprung im 15. oder 16. Jahrhundert. Bei der Römsmühle handelt es sich um eine ehemals Landschadische, d.h. eine der ehemaligen Birkenauer Ortsherrschaft gehörende Mühle. Als landschadischer Müller wird 1636 Georg Stein, etwas später Hans Stein, erwähnt. Die späteren Birkenauer Ortsherrn, die von Bohn, wurden

1653 mit dem landschadischen Teil von Birkenau belehnt, damit ging vermutlich diese Mühle an die von Bohn über. Ein Indiz hierfür könnte ein Güterstein sein, der in der Außenwand eines Wirtschaftsgebäudes des Anwesens Geiß eingelassen ist. Auf diesem Stein ist die Buchstabenkombination NB und die Jahreszahl 1658 zu sehen. Um 1658 gab es keinen Haushaltsvorstand und damit auch keinen Hausbesitzer mit den Anfangsbuchstaben NB. Im Birkenauer Gültregister des Jahres 1666 wird als Mühlenbesitzer auch Abraham Wolfgang von Bohn aufgeführt. Fügt man nun beim ersten Buchstaben einen Querstrich ein, so liest man AB, die Initialen Abraham von Bohn.

Am 25. 11. 1704 verkauft Georg Rentrup, ein Weinheimer Rotgerber, die Hälfte der Mühle an Paul Spitz, ebenfalls ein Rotgerber. Paul Spitz verpflichtete sich, „diese abgemelte Mühle wiederum zu einer Lohmühle" auf seine Kosten herrichten zu lassen. Zwischen 1704 und 1708 ergaben sich weitere Änderungen der Eigentumsverhältnisse: 1/2 Anteil Paul Spitz, 1/4 Anteil Johann Leonhard Schepfer (oder Scheppler), 1/4 Anteil Georg Rentrupp. Diese Mühle leistete 1 Gulden 18 Kreuzer Zins an die Schaffnerei in Weinheim, was auf ehemalige Rechte der Karmeliter hinweist. Weitere Abgaben, die zu leisten waren: 2 Malter Korn, Birkenauer Maß, 10 Kreuzer Atzgeld und auf Bartholomäi- und Georgitag, 1 Gulden 20 Kreuzer Frongeld. 1708 verkaufte Georg Rentrupp seinen 1/4-Anteil an Leonhard Schepfer, so daß Paul Spitz und Schepfer jeweils hälftige Eigentümer der Lohmühle waren. 1711 schließlich veräußerte Paul Spitz seine Hälfte der Lohmühle an Johann Friedrich Hock. Der Letztgenannte hatte gleichzeitig mit dem Kauf der Mühle die Gerberei des Spitz in Weinheim für 900 Gulden mit übernommen. Noch 1723 sind Spitz und Hock als Weinheimer Rotgerber erwähnt. Es ist also denkbar, daß beide die Lohmühle bis etwa 1720 gemeinsam weiter betrieben. Nach 1720 kam die Mühle in Eigentum der Familie Schab. Erster nachgewiesener Müller ist Johann Friedrich Schab (1732-1771), der die Mühle wahrscheinlich von seinem Vater übernommen hat. Seine zweite Ehefrau, die Witwe Anna Marg. Schab, heiratete noch 1771 Johann Adam Schab. Mit dem Übergang an die Familie Schab muß auch eine Nutzungsänderung von einer Loh- zu einer Getreidemühle vollzogen worden sein. Mit der Mühle muß es ständig aufwärts gegangen sein, da 1787 das Vermögen auf 2.400 Gulden geschätzt wurde. Anfang 1788 schließt Eva Elisabeth Schab (eine Tochter aus 1. Ehe des Johann Friedrich Schab) die Ehe mit Johann Jakob Kadel. Durch diese Verbindung kam die Mühle an die Familie Kadel.

Weitere Besitzerfolge:
— Johann Nikolaus Kadel, ehelicht Anfang 1813 Anna Maria Steffan. Er wird als Müllermeister bezeichnet und dürfte um 1840 die Mühle an seinen Sohn Johann Jakob Kadel übergeben haben.
— Johann Jakob Kadel, heiratet in zweiter Ehe Christina Kadel geb. Jochim.
— Die Witwe ehelicht im August 1846 Johannes Römer. Ab diesem Zeitpunkt dürfte die noch heute gebräuchliche Bezeichnung „Römsmühle" verwendet worden sein.
— Die Tochter Elisabeth Römer heiratet im Juli 1884 Leonhard Kadel II., der vor 1896 verstorben sein muß.
— 1896 heiratet die Witwe Peter Weber und wandert mit ihm in die USA aus.

In dieses Jahr fällt auch die Aufgabe des Mühlenbetriebes.

Im Jahr 1808 wird die Mühle folgendermaßen beschrieben: ein einstöckiges Wohnhaus mit Mühle 1500 Gulden, ein Nebenbau rechter Hand 1500 Gulden, eine Scheuer mit Stallung 250 Gulden, ein Backhaus und Schweinestall 100 Gulden. 1855 muß die Römsmühle umgebaut worden sein, weil zusätzlich eine Scheuer mit Schweineställen aufgeführt wird. Als weitere Eigentümer werden genannt: 1902 Michael Römer, 1909 Ludwig Florig, 1919 Nikolaus Geiß. Ein Kuriosum am Rande: Auf dem Grundstück des Anwesens Geiß dient ein Kapitel des Birkenauer Galgens, der 1823 abgerissen wurde, als Untersatz für einen Blumenkübel.

Donels- oder Nikolais-Mühle

Bei der Donels- oder Nikolais-Mühle handelt es sich um die zweite alte Mühle im Oberdorf, heute das Anwesen Lindenstraße 3. Der Ursprung des bei älteren Birkenauern gebräuchlichen Ausdrucks „Donelsmühle", vielleicht vom Namen „Daniel" abgeleitet, läßt sich nicht mehr feststellen.
Eine der frühesten Nachrichten über Birkenauer Mühlen findet sich auf einer Urkunde vom 23. 6. 1537. Henche Müller, Bürger zu Auerbach, verkauft seine Mühle für 130 Gulden an Hans Menk und dessen Ehefrau Otilia. Dem Karmeliterkloster in Weinheim waren jährlich 2 Pfund Heller und 5 Schilling Zins zu zahlen, was darauf schließen läßt, daß die Mühle ihren Ursprung im 15. Jahrhundert haben könnte. Bereits 1554 veräußert Hans Menk die Mühle ohne Wohngebäude für 60 Gulden an Hamann Zerninger, Bürger zu Weinheim. 1566 schließlich erwirbt Wolf Wambolt von Jeremias Ludeley, es war also zwischenzeitlich noch ein Eigentumswechsel erfolgt, „die Mühle mit allen desselben Begriffs und der Wiesen, daran anstoßend zwei Wiesenlepplin jenseits des Hags." Wiederum waren die bereits erwähnten Abgaben an das Weinheimer Karmeliterkloster zu leisten. Interessant ist auch der Passus: „Man hat auch im Falle hoher Notdurft (Feuer), auch an sonsten im Jahr einmal oder zweimal zur Fegung der Gassen, das Wasser aus dem Mühlgraben in das Dorf Birkenau laufen zu lassen." Noch 1803 beschreibt der Gerichtsschreiber Leonhard Schneider unter „Wasserleitung bei Feuersgefahr": „Eine solche ist beschrieben und hat die Gemeinde das Recht, daß von der obern Mühle vom Mühlenbesitzer, aus dessen Mühlgraben oder seinem Hof herunter an den gemeinen Wege, einen Graben zu halten, um bei Feuersgefahr (wovor uns Gott behüten wolle) das Wasser herunter ins Dorf leiten zu können."
1618 verleiht Johann Casimir Wambolt dem „ehrsamen Jost Wetzel" seine „Mahlmühl oben im Dorf, item 3 kleine Stück Wiesen, item ein Acker, der Burgacker genannt, auf fünf Jahre um 60 Gulden jährliche Pacht". Wiederum war, „wenn es die Notdurft erfordert, der Carlebachmühle auszuhelfen". Ferner hatte der Pächter zur Erntezeit „die Frucht hinter dem alten Hause in meine (Wambolts) Scheuer zu führen, wie auch die Stoppeln nach der Ernte auf demselben Acker herumzustürzen … auch mehrberührte Mühl in Gang, Bau und Besserung (ausgenommen Grund- und Hauptbau) zu halten". 1627 verkauft Johann Casimir Wambolt die Mühle für 500 Gulden an Georg Kraft, Müller zu Birkenau. Im Jahre 1644 dürfte die letzte Rate von 50 Gulden fällig gewesen sein. Dann klafft eine Informationslücke bis etwa zum

Jahre 1700. Ein Kaufvertrag von 1705 besagt: „Demnach vor grauen Jahren eine Mahlmühl in allhiesigen Dorf auf der Kallstädter Bach gestanden, aber von denen Besitzern nicht gehandhabt. Solche von den Spitzerischen Erben (siehe auch Römersmühle) ganz öde gelassen und ganz in Abgang gebracht worden." Johannes Römer, ein Rotgerber, erwarb den Mühlplatz und versprach, bis zum Frühjahr 1706 eine Lohmühle zu erbauen. Nach dreijähriger Abgabefreiheit sollten 1 1/2 Malter Korn an die Ortsherrschaft von Bohn gezahlt werden. Bis etwa 1740 blieb die Mühle in Hand der Familie Römer. Danach muß eine Teilung vorgenommen worden sein. 1762 werden Anton Hartwig und Hans Michael Nikolai als Eigentümer erwähnt. Erst Friedrich Nikolai, ein Sohn des Voreigentümers, konnte die Mühle mit allem Zubehör 1778 erwerben. Der bereits erwähnte Gerichtsschreiber Schneider vermerkt dabei: „Diese Mühle, welche vorher eine Lohmühle gewesen, ist wieder zu einer Hofraithe mit Bauernhofraithe vereinigt worden." Der Wert des Anwesens wurde auf 280 Gulden festgelegt.

Durch Eheschließung ging die Mühle 1791 an die Familie Kadel:
– 1791 ist Johann Kadel Eigentümer, er verstirbt 1818.
– der Sohn Peter Kadel I. heiratet 1819 Maria Katharina Kadel.

Die weiteren Eigentümer sind dem Brandkataster entnommen: Etwa 1835 Peter Kadel II., 1848 Peter Kadel III., 1852 Peter Josef Siebert aus Mannheim, 1856 Philipp Nikolai, 1865 Peter Nikolai, 1902 Peter Nikolai, 1942 Peter Nikolai.
Der Baubestand weist 1808 ein zweistöckiges Haus mit Mühle aus, 1827 kamen ein Nebenbau und Schweineställe hinzu. 1837 eine Scheuer mit Stallung und ein Backofen. Anläßlich der Veräußerung 1851 wird das Anwesen in einer Anzeige so beschrieben: „Zweistöckiges Wohnhaus mit Mahlmühle, eine geräumige Scheuer, doppelte Stallung und sechs Schweineställe, dazu 6152 8/10 Klafter Ackerland, 1347 Klafter Wiesen. 63 Klafter Grasgarten, 33 1/10 Klafter Grabgarten und 37 Klafter Hofraithe."
Der Mühlenbetrieb wurde 1948 aufgegeben, es steht lediglich noch das Wohnhaus.

Die Dengersmühle

Die Dengersmühle (Untergasse 3) wurde, als Anhaltspunkt dient ein Türgewänd, das sich heute auf einem Anwesen in Hornbach befindet, 1606 erbaut. Der jetzige Eigentümer des Grundstücks, Herr Eschwey bestätigte außerdem eine Jahreszahl im Gebälk mit 1607. Der Erbauer dürfte aus der Familie Schab stammen. Im Gültregister wird 1664 vermerkt: „Veltin Schab Erben, ein Haus darin sie wohnen, gegenüber eine Mahlmühle." Diese Mühle lieferte an die Ortsherrschaft jährlich 3 Gulden Wasserfallzins. Das Wasserrad der Dengersmühle wurde durch Wasser aus dem Kallstädter Bach, das durch einen gesonderten Mühlgraben oberhalb des Anwesens abgeleitet wurde, angetrieben. Die Mühle hatte 1735 einen Mahl- und Schälgang, dazugehörige Äcker lagen im Weipert, Im Gründel, Hornbusch und Auf der alten Bach. Wiesen im Birnbaumsgrund, In der Brückenwiese, am Kallstädter Weg, Im Schwabsklingen, Im Hungerberg, Jungholz, Binsenberg, Birkelsgrund und Amschelloch.

Eigentümer der Dengersmühle:
- Veltin Schab (aus Gültregister 1664)
- Wendel Schab (1647 - 1693)
- Johann Paul Schab (1682 - 1737). Vermutlich führte zunächst ein Beständer die Mühle weiter.
- Johann Leonhard Schab (1712 - 1762)
- Johann Schab (*1747)

Ein Verbindungsglied zu dem nächsten Eigentümer im Brandkataster hat sich nicht finden lassen: 1808 Nikol Zopf, etwa 1820 Johannes Mayer Witwe, 1828 Nikolaus Geiß, 1847 Johannes Denger, 1874 Johannes Schäfer III., 1904 Adam Eberle, 1910 Nikolaus Denger.

Betrieben wurde die Mühle bis 1944/45. Nikolaus Denger hatte neben der Mühle auch noch eine Landwirtschaft zu führen. In den 1940er Jahren wurde eine der größten Eichen Birkenaus in unmittelbarer Nähe des Tanzplatzes, die sog. Hindenburgeiche, gefällt und daraus ein neuer Wellbaum gefertigt. Die Mühle wurde zuletzt mit drei Gängen, einem Schrotgang und zwei Mahlgängen betrieben. Außerdem war eine Bandsäge vorhanden, die bei geringem Wasserstand durch einen Motor in Gang gehalten werden konnte. Die Mühle wurde 1958/59 abgebrochen. An ihrer Stelle steht heute ein Wohnhaus.

Der Bau bestand 1808 aus einem einstöckigen Haus und Mühle, einer Scheuer und Schweineställen (ab 1827); 1908 und 37 waren ein Wohnhaus 2 Stock mit Mühle, eine Holzschneidehalle, ein Anbau an die Scheuer, noch ein Anbau, eine Scheuer, ein Keller 1 1/2 Stock und eine Halle mit Schweineställen vorhanden.

Die Schleifmühle

Zunächst sollte der Begriff der (Eisen-) Schleifmühle erklärt werden. Nach Heinz Reitz war eine Schleifmühle „ein kleines Haus mit einfacher technischer Einrichtung und selten bewohnt. Die geringe Kraft, die zum Betrieb der Schleifsteine nötig war, übertrug der Wellbaum direkt vom Wasserrad auf den Stein. Hier betrieben in einigen Fällen sogar einige Schmiede gemeinsam eine Schleifmühle."

Ein Hinweis auf eine Schleifmühle findet sich im Gültregister von 1664. Nach diesem Steuerverzeichnis besaßen Barthel Neubauer und Hans Georg Weber gemeinsam oder im Einzelbesitz Grundstücke bei der Schleifmühle. Die Gewannbezeichnung lautete „Mühlwiese bei der Schleifmühle". Einiges deutet darauf hin, daß sich diese Schleifmühle noch oberhalb der Römsmühle im Oberdorf befand, obwohl es auch einen Schleifacker, ein langgezogenes Handtuchgrundstück rechts am Anfang des Dornweges gibt, was auf einen Mühlenstandort an der Weschnitz hindeuten könnte. Die zahlreichen Hochwasser der Weschnitz und der geringe Kraftaufwand zum Betreiben der Mühle sprechen jedoch eher für den Mühlenplatz im Oberdorf. Die bereits erwähnten Barthel Neubauer und Hans Georg Weber waren Hufschmiede. Ab Anfang des 18. Jahrhunderts finden sich keinerlei Hinweise auf diese Schleifmühle.

Die Brennersmühle

Die Geschichte der Brennersmühle ist gleichzeitig die Geschichte des heutigen Birkenauer Rathauses. Bereits im Oktober 1828 suchte Johann Florig beim Landrat in Lindenfels um den Bau einer Mühle mit einem Mahl- und Schälgang nach. Das erforderliche Wasser wollte er einem 200 Schritt langen Bewässerungsgraben entnehmen, den er 1823 widerrechtlich angelegt hatte.
Bürgermeister Georg Peter Schäfer wehrte sich entschieden gegen dieses Ersuchen, da bereits ein Prozeß wegen des unerlaubten Baues des Wehrs lief und bedeutende Schäden durch das angestaute Wasser auf fremden Wiesen und Äckern entstanden waren. Ungeachtet des Protestes aller ortsansässigen Müller begann Johann Florig 1829 mit dem Bau des Mühlgrabens. Nach unerquicklichem Gerangel erteilte das Großherzogliche Ministerium des Innern und der Justiz 1833 die Erlaubnis zum Betrieb der Mühle, wenn auch mit Auflagen: Maßnahmen gegen Überschwemmungen, Wahrung von Zufahrtsrechten und Setzen eines Eichpfahls, der garantieren sollte, daß das Wasser nicht zu hoch gestaut würde. Bereits 1836 hatte Johann Florig seine Mühle an seinen Sohn Leonhard übergeben. Ungeachtet dessen hielten Streitereien, selbst innerhalb der Familie, an. Der Vater beschwerte sich über seinen Sohn, daß er das zur Bewässerung seiner Wiese nötige Wasser nicht erhalte. Mit einer Strafandrohung von 5 Gulden schaffte die Gemeinde Abhilfe. Im Jahre 1836 wurde das unterschlächtige Mühlrad gegen ein oberschlächtiges ausgetauscht, was wieder Proteste hervorrief. Sebastian Schäfer aus Hornbach beanstandete, daß er mit seinem Fuhrwerk jetzt nicht mehr durch die Weschnitz auf seine Äcker gelangen könne, da das Wasser jetzt zwei Fuß höher gestaut würde.
1839 hatte Nikolaus Nikolai die Mühle übernommen. Von Nikolai wiederum ging die Mühle dann an Leonhard Florig II. über, der 1850 ein Gesuch zum Bau einer neuen Mahlmühle stellte. Im gleichen Jahr wurde die Mühle an Georg Brenner aus Darmstadt-Eberstadt veräußert, der sofort damit begann, den Neubau in die Tat umzusetzen. Georg Brenner hatte das Risiko beim Betrieb der Mühle langfristig offenbar unterschätzt. 1870 schreibt er an den Landrat in Lindenfels, daß das Wasser oberhalb des Wehres bereits viermal seinen Mühlgraben überflutet und „zerrissen" habe, was Kosten von 1500 Gulden verursacht hätte. Er bat um Unterstützung, da er und seine 10 Kinder sonst brotlos und bei 8000 Gulden Schulden gänzlich ruiniert wären. Die Gemeinde lehnte einen Kostenbeitrag und eine Ausräumung der Weschnitz von Schutt und Geröll kategorisch ab. Falls Brenner eine hölzerne Brücke über seinen Mühlgraben baue, wurde ein „Kostenbeitrag in Aussicht" gestellt. Die Einführung der Dampfmaschinen tat ein übriges zum Niedergang der Mühle. 1881 beteiligte Georg Brenner seinen Bruder Karl Brenner an der Mühle, aber auch so war der Niedergang nicht mehr aufzuhalten. 1887 werden neue Eigentümer, Peter Kadel VI. und J.A. Krauße aus Oftersheim und Buchheimer aus Mainz genannt, die das Anwesen laut „Steigbrief", d.h. durch Versteigerung erworben hatten. Diese Eigentümergemeinschaft veräußerte bereits im September 1887 die Mühle an Rudolf Rücker aus Weinheim, der zunächst eine Seidenfabrik, dann eine Farbenfabrik einrichten wollte. Es wurden neue Eichpfähle gesetzt und eine neue „Ionovalische Turbine" installiert. Das Wasser der Weschnitz diente nur noch zu Kühlzwecken und als Energiereserve. Der Zweck der Turbine wird so beschrieben: „In dem Triebwerk (der Mühle) werden fünf Gänge eingerichtet. Die Mühlgänge werden zur Her-

stellung schwerer Farben wie Ocker usw. verwendet. Die schwarze Farbe soll durch Vermahlen von Braunkoks in gut verschlossenen Zylindern auf trockenem Wege gewonnen werden. Das Produkt enthält keine schädliche Substanzen."

Zwei Jahre später wurde die Farbenfabrik an eine Aktiengesellschaft in Ludwigshafen verkauft, dahinter verbargen sich die späteren „Farbenwerke Birkenau, Dr. Stutzmann". Am 30. Mai 1895 wurde diese Firma aus dem Register des Amtsgerichts Fürth gelöscht. Dr. Stutzmann hatte von 1892-94 eine karnevalistische Gesellschaft, einen Vorgängerverein des BCV, initiiert.

Ab Jahresmitte 1895 waren Betreiber die Farbenwerke Weinheim. Es wurde ein neuer Dampfkessel der Fa. Lanz, Mannheim, installiert, der besonderen Sicherheitsstandards entsprach, da er bis 12 Atmosphären Druck aushalten mußte. 1898 übernahmen die Vereinigten Farbenwerke GmbH mit Sitz in Dürkheim den Betrieb. Zum 15. Juni 1899 wurde auch diese Firma versteigert. An den Meistbietenden wurden u.a. 21.500 Kilo Farben, 6.500 Kilo Holzkohlen und 500 Kilo Steinkohlen versteigert. Für einen Teilzeitraum des Jahres 1900 trat wiederum Rudolf Rücker als Eigentümer in Erscheinung.

Am 15. Oktober 1900 wurde bekannt, daß die Firma Cornelius Heyl in Worms eine Kunstlederfabrik einrichten wollte. Diesem Unternehmen war eine längere Lebensdauer bis 1933 beschieden. Aus den Gründerjahren hat sich eine Arbeitsordnung vom 30. 4. 1901 erhalten. Die Arbeitszeit betrug täglich 10 Stunden, an Samstagen und gesetzlichen Feiertagen wurde nur bis 17.30 Uhr gearbeitet, für verdorbene Arbeit war Schadensersatz zu leisten. 1908 wird berichtet, daß im Gegensatz zu früheren Zeiten ein Überangebot an jugendlichen Arbeitern bestehe. 1933 richtete Cornelius Heyl ein Kindererholungsheim für Werksangehörige seiner Firma ein. Etwa 1937 wurde ein Altenheim eingerichtet. Ein Zitat des Birkenauer Heimatforschers Pfeifer von 1952 lautet: „Seit einiger Zeit bietet es (das Altenheim) alten Männern und Frauen einen angenehmen Aufenthalt. Eine an das Haus direkt angebaute, an der Weschnitz gelegene Liegehalle, sowie zahlreiche gut gepflegte Wege mit Ruhebänken in einem umfangreichen, parkähnlichen sonnigen Garten tragen den Bedürf-

In der Brennersmühle, dem heutigen Rathaus, wurde 1933 das „Corneliusheim" eingeweiht

nissen besonders Rechnung." 1960 wurde das Areal an Otto Theodor Ziegler verkauft, das Altenheim wurde noch bis Mitte 1963 weiterbetrieben. 1960 trug sich die Gemeinde Birkenau mit dem Gedanken, das Gebäude zu erwerben, da das alte Rathaus aus allen Nähten platzte. Der Antrag wurde jedoch mehrheitlich von der Gemeindevertretung abgelehnt. Ab Mitte 1963 wurde ein Wohnheim für Gastarbeiter eingerichtet. Im Dezember 1965 erwarb die Firma Freudenberg das Anwesen und nutzte es als Fremdenwohnheim. Im Dezember 1974 kaufte die Gemeinde für eine Million Mark das sog. Corneliusheim, der Umzug der Gemeindeverwaltung erfolgte einige Zeit später.

Die Emichs-Mühle

Eine weitere Weschnitzmühle (Brückenstraße 7) wurde recht spät, im Jahre 1835 durch Peter Treiber angelegt.
Als Eigentümer werden nach dem Brandkataster genannt: 1856 Karl Ludwig Gilmer, 1857 Peter Farrenkopf, 1860 Adam Schütz V., 1864 Friedrich Senkel aus Ober-Ramstadt, ab 1866 ist das Anwesen im Besitz der Familie Emig.
1835 war der Baubestand: ein zweistöckiges Wohnhaus, Schweineställe mit Backhaus, eine Mahlmühle, Stallung mit Schuppen. Weitere Umbauten erfolgten 1891, 1895 und 1938. Danach wird angeführt: Wohnhaus, 2 Stock mit Keller, Backofen an der Straße, Mahlmühle, Stallung, Schweineställe, Spreukammer, Stallbau mit Wagenhalle und Backofen, Schweinestall mit Abtritt, Autohalle. Heute sind von der eigentlichen Mühle äußerlich erkennbar der Wasserbau und das Gewölbe für den Oberwasserkanal.

Hasselhofmühle

Im Jahre 1833 sprach der Hasselhofbauer Georg Schab in Heppenheim vor und beantragte die Erneuerung seines baufälligen Hauses und bei dieser Gelegenheit die Einrichtung einer Mahlmühle. Zunächst hatte die Gemeinde Birkenau keine Bedenken, doch schon kurz darauf formierte sich Widerstand. Dabei wurde auch der spätere Tannenmüller, Nikolaus Kadel, aktiv, der Wasserknappheit des Liebersbaches durch den Betrieb der Mühle befürchtete und bei Hochwasser die Überschwemmung seiner Wiese. So folgte eine Eingabe auf die andere. Kreisbaumeister Koeniger und der Geometer Ducahse räumten die Bedenken jedoch kurzfristig aus. Die Erlaubnis zum Bau der Mühle wurde am 18. 6. 1834 vom Ministerium des Innern und der Justiz mit verschiedenen Auflagen gegeben. Trotz der Setzung eines Eichpfahles am 27. Februar 1835 kam es immer wieder zu Reibereien. Georg Schab ließ sogar durch den Advokaten August Emmerling Klage gegen Nikolaus Kadel einreichen. Kadel bat den Kreisrat Mitte 1839, „der Schab solle seine ungerechte Klage beenden". Über den Ausgang der Angelegenheit haben sich keine Akten erhalten. Bereits 1892 wurde der Mühlenbau in ein Wohnhaus umgebaut. 1908 wurde der gesamte Hasselhof durch einen Großbrand in Mitleidenschaft gezogen und damit die letzten Spuren der Mühleneinrichtung zerstört. Die Eigentümerfolge des Hasselhofes laut Brandkataster: 1827 Georg Schab, 1853 Hugo Gilmer, 1911 Hugo Gilmer (Hirschhorn),

Im Hasselhof wurde bis 1910 eine Mühle betrieben

1916 Max Kellner. 1892 wird der Baubestand so geschildert: Wohnhaus 2 Stock, Mühle außer Betrieb, Waschhaus und Backhaus, Schuppen, Scheuer, Schweineställe, Stallungen, Gartenhaus.

Nach dem Großbrand 1910 wurden am Hasselhof Um- und Anbauten vorgenommen. 1931 kamen weitere Baulichkeiten dazu. Der Hasselhof dürfte auf eine der Lorscher Klosterhuben zurückgehen und verdient deshalb an anderer Stelle eine ausführliche Darstellung. Hier sei nur angemerkt, daß der Hof seinen Namen von Wolf Hassel trägt, der Anfang des 17. Jahrhunderts erwähnt wird.

Tannenmühle

Im März 1834 stellte der Müllermeister Johann Nikolaus Kadel, bereits Eigentümer der Römsmühle in der Obergasse, einen Antrag, eine Mahlmühle (heute: Am Schloßpark 14) „auf meiner untersten Ochsenwiese in der Gegend der gemeinen Alimentgärten hinter dem Wambolt'schen Garten an der Liebersbach (zu) errichten". Der wohlhabende Müller gedachte, die Mühle für seinen Sohn Johannes Kadel V., der zum Zeitpunkt des Antrages gerade 19 Jahre alt war, zu erbauen. Der Plan des Jahres 1811, an dieser Stelle eine Schneidemühle zu erbauen, war nicht zur Ausführung gekommen. Das Gutachten des Geometers Ducahse vom 10. Juni 1834 fiel positiv aus. Doch ergaben sich in der Folge Bedenken von Angrenzern. Der Nachbar Franz Sturm befürchtete durch das angestaute Wasser die Überschwemmung seines Kellers, der Hasselhofbauer, der um diese Zeit selbst einen Mühlenbau zu realisieren suchte, nahm an, daß seine angrenzenden Wiesen nicht ausreichend bewässert würden. Das Großherzogliche Ministerium des Innern und der Justiz erteilte am 26. 7. 1834 schließlich die Baugenehmigung unter Auflagen, u.a. die Setzung eines Eichpfahles zur Kontrolle des Wasserstandes. Die Mahlmühle mit einem zweistöckigen Haus wurde bereits 1835 fertiggestellt. 1837 kamen eine Scheuer und ein Backofen hinzu. Im Juni des Jahres 1836 erhielt Nikolaus Kadel ein „Gewerbepatent für Inlän-

Wohn- bzw. Mühlengebäude der Tannenmühle   *Mühlrad der Tannenmühle*

der", wo es heißt: „Der Inhaber dieses Patents ist berechtigt, die nebenstehenden Gewerbe (Mahlmüller) im ganzen Umfange des Großherzogtums umgehend zu betreiben, insofern er seinen Wohnsitz oder seine Gewerbsanlagen an keinen anderen Ort verlegt, wo das Gewerbe zünftig ist, und insofern keine ausschließende Gewerbsprivilegien oder Polizeiverordnungen im Wege stehen."
Noch bis in jüngster Zeit waren das Mühlrad und das Getriebe der Mühle funktionsbereit. Die Eigentümerfolge ließ sich wie folgt ermitteln: 1835 Nikolaus Kadel, 1836 Johannes Kadel V., 1850 Johannes Kadel V. Witwe, 1862 Johannes Kadel IX., 1910 Johannes Kadel der XV. Ab 1950 ist die Mühle im Besitz der Familie Bräumer. Johannes Bräumer ließ sich noch 1984 das Recht, eine Wasserkraftanlage betreiben zu dürfen, bestätigen.

Stadlers Mühle

Die Stadlers Mühle (Weinheimer Straße 14) ist die einzige in Birkenau noch betriebene Mühle. Sie erfuhr bis 1992 eine umfassende Renovierung der Wasserkraftanlage. Heinz Reitz, Reinheim, hat für das Mühleninventar des Kreises Bergstraße einen Text erarbeitet, der mit seinem Einverständnis nachfolgend wiedergegeben wird. Hierfür sei an dieser Stelle gedankt.
Der aus Bruchsteinen errichtete, zweiteilige Hauptbau besteht in seinem vorderen Teil aus dem Wohnhaus und seinem hinteren, größeren Teil aus der Getreidemühle, wie dies bereits bei der Gründung war. Im Laufe der Entwicklung wurden noch mehrere Ergänzungsbauten erstellt. Als jüngster Betrieb in Birkenau wurde diese Getreidemühle 1841 von Valentin Kinscherf (Inhaber der Carlebachmühle) zur Erweiterung seiner dortigen Mahlkapazität errichtet. Der Müllermeister kannte das Gelände sehr genau, dann errichtete er das Bruchsandsteingebäude so, daß es an der tiefsten Stelle der Gemarkung Birkenau das gesamte Weschnitzwasser in Kraft umsetzen konnte. Zu diesem Zweck rückte er seine Mühle in unmittelbare Nachbar-

Eine Aufnahme von 1880 zeigt, daß sich der Baubestand der Stadlersmühle bis heute fast unverändert erhalten hat

schaft der Gemarkungs- und Landesgrenze. Dazu nahm er in Kauf, daß er die Wasserräder und damit auch den gesamten Wasserbau in die Gebäudekonstruktion einbeziehen mußte. Das große Tonnengewölbe, durch welches heute noch das Unterwasser der Mühle abfließt und das die gesamte Länge des Gebäudes einnimmt, zeugt von dem Gestaltungswillen des Müllermeisters Kinscherf. 1858 errichtete Joseph Kinscherf noch eine neue Brücke über die Weschnitz, wie der Gewölbeschlußstein es in Erinnerung hält und sicherte so den direkten Zugang von der Hauptstraße

Die Stadlersmühle ist die einzige Mühle in Birkenau, die heute noch betrieben wird

251

(Bundesstraße 38) aus. Es war nicht mehr feststellbar, wann die erste Francis-Turbine von der Geislinger Maschinenfabrik zu den Wasserrädern eingebaut wurde. Eine zweite, 1937 eingebaute Francis-Turbine (Fabrikat: Escher-Wyss), arbeitete bis zu ihrer Überholung und bis zur Erneuerung der Anlage im Jahre 1992.
1892 wurde die Kundenmühle teilweise auch mit Dampfkraft betrieben. Im gleichen Jahr kaufte die Firma Heintz & Warthorst sie für 62.000 Mark. Im Jahre 1905 bestand auf dem Gelände neben der Mühle (badische Seite) eine Feilenfabrik mit Dampfschleiferei. In der Mühle wohnte sowohl der Fabrikant Franz Warthorst als auch der Müller Johannes Maderer. Außerdem gab es noch einen kleinen Wohnteil für den Mühlenarbeiter Heinrich Stein. 1934 besitzt Alois Warthorst das Anwesen. Nach ihm bewirtschaftete Heinrich Stadler sen. die seit 1927 stillstehende Mühle. Zunächst hatte der Müller den Mühlenbetrieb gepachtet, den er dann 1934 kaufte und die Mühleneinrichtung auf den neuesten technischen Stand brachte.
Heute besitzt die Stadlers Mühle eine eigene Verladeanlage, einen Silo-LKW für den Transport der losen Ware und einen LKW für den Transport der Sackware. Das heute noch im Landkreis einzige als Mühle tätiges Unternehmen hat eine vollautomatische Roggen- und Weizenmahlanlage mit zwölf Walzenstühlen mit einem pneumatischen Förderbetrieb. Heinrich Stadler jun. erneuerte in den Jahren 1989 bis 1992 die Wasserkraftanlage grundlegend. Er ließ die alte Francis-Turbine als Reserveaggregat bestehen und überholen. Um die Wasserkraft optimal ausnutzen zu können, ließ er zusätzlich eine neue Durchströmturbine von der Firma Volk (Simonswald) einbauen. Durch die Firma SFL-Wasserkraftanlagen (Westerdorf) wurde eine vollautomatische Rechenreinigung sowie Stauklappe eingebaut, die den Wasserspiegel des Zulaufkanals immer auf gleichem Niveau hält. Außerdem wurden die beiden Turbinen mit je einem Generator versehen. Eine vollautomatische, elektronisch gesteuerte Schaltung reguliert die Turbine, nach der vorhandenen Wassermenge, d.h. bei zunehmender Wassermenge öffnet sie die Turbine, und bei abnehmender Wassermenge schließt sie die Turbine wieder. Der nicht benötigte Strom wird in das öffentliche Netz der HEAG eingespeist. Im Zuge der Erneuerungsarbeiten legte Heinrich Stadler jun. bei seinem Streichwehr eine Fischtreppe an, die es den Fischen ermöglicht, auch bei Niedrigwasser die Stauanlage der Mühle zu passieren.

Günter Körner

„Wer hat dich, du schöner Wald..."

Der Wald gehört zu unserer Landschaft, zu unserem Lebensraum. Er ist ein Stück unserer Kultur, die gesamte Entwicklungsgeschichte des Menschen war vom Wald sehr stark beeinflußt.

Birkenau, Ortsansicht 1929

Doch beginnen wir mit unserer kleinen waldgeschichtlichen Exkursion im Erdaltertum, genauer im Silur.
Aus dieser Zeit, vor etwa 440 Mill. Jahren, sind erste geschichtliche Spuren von Flechten, Moosen und sogar ersten Landpflanzen bekannt. Aus dem Devon (400 Mill. Jahre) kennen wir erste Schachtelhalme und Bärlappe.
Bereits im folgenden Karbon (350 Mill. Jahre) existierten riesige Wälder, die entstanden und vergingen. Die ersten Steinkohlevorkommen aus den Überresten der Wälder dieser Zeit sind heutige Zeugen.
Das Erdmittelalter (Trias, Jura, Kreide) beherrschten bekanntlich spektakuläre Großechsen, die auch die vorhandenen Waldvorkommen auf der Erde stark beeinflußten. Viele Saurierarten lebten als Pflanzenfresser von der Biomasse der Wälder, riesige Waldzonen wurden vielfach kahlgefressen, zerstört, vergingen und wuchsen wieder neu.
Es existierten in diesen gewaltigen Zeiträumen natürlich völlig andere Baumarten als heute. Zypressen und Sequoien, Hickory und Magnolien waren in dieser Zeit bei uns heimisch.
Ein bekanntes Beispiel dafür ist der Mammutbaum, etliche Braunkohlelager in den neuen Bundesländern (z.B. bei Halle) stammen aus Resten dieser Bäume (Tertiär, 70 Mill. Jahre).

Im folgenden Quartär wurden die Wälder, genau wie die ersten (Vor-)Menschen (Homo habilis vor 2 Mill. Jahren Homo erectus vor ca. 500.000 Jahren) nun sehr stark von Klimaschwankungen, den Eiszeiten, beeinflußt. Vor 600.000 Jahren, also vor Beginn der Günzeiszeit, herrschte bei uns in Süddeutschland ein subtropisches Klima. Am Bodensee wuchsen damals Feigen-, Amber-, Zimt- und Lorbeerbäume. Dann krochen die ersten Kältezeiten von Norden nach Süden. Mitteleuropa war weitgehend vergletschert, waldfrei. Die Wälder waren über die Alpen nach Italien „ausgewandert".

Mit einer einsetzenden Zwischenwärmezeit erfolgte die Rückeroberung, zunächst durch Tundrenflora, später durch erste Pionierbaumarten wie Birke und Aspe. Dieses Wechselspiel wiederholte sich in den Phasen der Mindel-, Riß- und Würmeiszeiten, letztere endete bekanntlich erst vor ca. 20.000 Jahren.

Viele, heute exotische Baumarten fielen diesen Glazialzeiten zum Opfer, wie man heute durch sogenannte „Pollenanalysen" feststellen kann.

Wenn man sich die verwüsteten Waldbilder im Mittelmeerraum und in der sog. „Dritten Welt" heute vor Augen führt, so ist es eigentlich keine Selbstverständlichkeit, daß wir bei uns heute Bäume ernten, die unsere Ururgroßeltern gepflanzt und gepflegt haben.

Unser Wald wurde in der Vergangenheit und wird in der Gegenwart in seiner Vielseitigkeit und seiner ökologischen Bedeutung von keiner anderen Vegetationsform erreicht. Er bietet Lebensraum für zahlreiche Tiere und Pflanzen, deren Vorkommen vielfach voneinander abhängig sind.

Die Bedeutung des Waldes steigt ständig durch seine „überwirtschaftlichen" Funktionen. Dazu gehören seine Bedeutung für die Erholung des Menschen, für unsere Trinkwasserversorgung und die Luftreinhaltung.

Es steigen aber auch die Ansprüche an den Wald.

Die Luftbelastung macht ihn mürbe und krank. Trotzdem bemüht er sich, weiterhin Schmutz aus der Luft zu filtern und unser Grundwasser gesund zu erhalten, auch wenn er langsam daran zugrunde geht.

Viele Gruppierungen sehen in dem Wald eine billige Erholungsstätte. Die Belastung durch Jogger, Reiter, Skilangläufer, Wanderer und Bike-Fahrer, die sich quer durch die Bestände bewegen, steigt ständig.

Durch die Unruhe verändern sich Stoffwechsel und Lebensgewohnheiten unseres Wildes. Die Rehe verbeißen verstärkt die Kulturen, auch dadurch steigt die Belastung des Waldes weiter an.

Nur-Naturschützer wollen den Wald am liebsten ganz ohne Nutzung. Sie vergessen dabei, daß Holz *der einzige Rohstoff der Welt ist*, der bei uns unter geregelten Verhältnissen *nachhaltig* nachwächst, was bedeutet, daß sein Gesamtbestand nicht abnimmt.

Sie vergessen auch, in welchem miserablen Zustand sich unser Wald ohne geregelte Forstwirtschaft im 17. und 18. Jahrhundert befunden hat. Sie vergessen auch, daß eine Rettung der Tropenwälder letztlich mittelfristig nur durch einheimische Holzlieferungen unterstützt, ja verhindert werden kann.

Planer, Städte- und Straßenbauer wissen den Vorteil zu schätzen, über den Waldbesitz großflächig verhandeln zu können, um ihre Ziele zu erreichen.

Es gibt viele überzogene Ansprüche an den Wald. Doch die Bäume schweigen und leiden weiter.

Als die Römer vor über 2000 Jahren nach Norden zogen, fanden sie ausgedehnte und fast lückenlose Wälder bei uns vor. So meldete PLINIUS, der jahrelang mit römischen Legionen in den Grenzkastellen am Rhein stand: „Das ganze Germanien ist von Wäldern bedeckt."
Der römische Schriftsteller TACITUS beschrieb unseren Odenwald vor 2000 Jahren als „unheimlichen und finstern Wald", der den Römern Respekt einflößte.
Tatsächlich war unser Raum in dieser Zeit wohl noch unbesiedelt und gänzlich von Wald bedeckt, während von der Bergstraße und der Ebene, beispielsweise von Heppenheim (Lee), geschichtliche Spuren menschlichen Daseins schon aus der Zeit davor bekannt sind.
Durch moderne Pollendiagramme ist es heute möglich, die Waldentwicklung bis in die Späteiszeit (etwa 18000 v. Chr.) zurückzuverfolgen.
Nach der arktischen Zeit der letzten Eiszeit folgte zunächst eine waldlose Tundren-Zeit. Mit zunehmender Erwärmung bis etwa 6500 v. Chr. konnten sich erste Birken und Kiefern als Pionierbaumarten bei uns ansiedeln.
In der sog. „frühen Wärmezeit" (Boreal), etwa 4000-5000 v. Chr., dominierten weiterhin die Birke, die Kiefer und der Hasel, etwa 4000 v. Chr. zeigen die Pollenanalysen erste Eichenmischwälder in unserem Raum auf.
Nach der „mittleren Wärmezeit" gesellten sich die ersten Buchen in den nunmehr dominierenden Eichen-Mischwald, etwa 500-800 v. Chr. erfolgte der Übergang der Eichen-Mischwaldzeit in die Buchenzeit, welche bis in die heutige Zeit Fortbestand hat.
Zur Birkenauer Frühgeschichte sind die nicht ganz unumstrittenen Ausführungen von Dr. Freudenberger (Heidelberg) bekannt, der die Auffassung vertrat, daß schon vor ca. 200 000 Jahren Spuren menschlicher Jagdtätigkeit im Birkenauer Tal nachvollziehbar seien.
Dr. Freudenberger gehört aber zweifellos das Verdienst wichtiger päaontologischer Entdeckungen in Birkenau.
Er entdeckte in der zum Birkenauer Ziegelwerk gehörenden Lehmgrube „im Löhl" (von: Loh = Wald) zahlreiche Knochen und Skelettreste voreiszeitlicher Tierarten.

Die Lehmgrube wurde von ihm als ehemalige Bucht der Weschnitz beschrieben, die offenbar zahlreichen Tieren des Diluviums als Raststätte und Tränke diente. Zahlreiche Skelettfunde von ihm bewiesen das Vorkommen des Urelefanten (E. antiquus), einem Vorfahren des Mammut, welcher große Ähnlichkeit mit dem heutigen afrikanischen Elefanten hatte.
So wurden von Dr. Freudenberger einige Backenzähne dieser Tierart im „Löhl" gefunden. Vom später lebenden Mammut fand man einen Beinknochen, zahlreiche Backenzähne und kleinere Knochenreste. Auch der frühere Birkenauer Rektor Johannes Pfeifer (†1951) fand während seiner zahlreichen heimatkundlichen Aktivitäten einige Backenzähne des großen Wildpferdes (E. germanicus) und eines kleineren, schlankeren Wildpferdes. Von letzterem ist der Fund eines guterhaltenen Schädels aus dem „Löhl" (es handelt sich um den Bereich des heutigen „Lettenweges") im Darmstädter Landesmuseum ausgestellt.

Um noch einmal kurz auf die Römer zurückzukommen: Als diese den großen Scharen der Völkerwanderungen weichen mußten, hatte der Wald wieder einige Jahre Zeit, durch Rodung verlorene Gebiete zurückzuerobern. Im Flächenbereich des heutigen Deutschland sollen damals etwa 600.000 Menschen gelebt haben.

Dr. Freudenberger schließt aufgrund des Fundes von Aschenresten, Holzkohle, Elfenbeinsplittern und möglichen Holzwerkzeugen aus dem Birkenauer „Löhl" auf den Aufenthalt von Jägern aus der Zeit der Neandertaler, die in dieser jagdträchtigen Weschnitzbucht zumindest zeitweise ihrem Nahrungserwerb nachgekommen sein könnten. (Vgl. „Der Volksgenosse", 1940, Nr. 5)

Als Karl der Große 773 dem Kloster Lorsch die Mark Heppenheim schenkte, war der Odenwald zumindest im südlichen Teil unbesiedelt. Es wurden zwar aus der Zeit davor bei Oberliebersbach fünf Steinbeile gefunden. Diese werden aber mit der schnurkeramischen Siedlung aus der „Lee" bei Heppenheim in Verbindung gebracht und deuten daher nicht auf eine Besiedelung unserer Heimat hin.

Die Benediktiner des Klosters Lorsch entwickelten bekanntlich eine rege Kolonisationstätigkeit. Im Weschnitztal setzte ihre Siedlertätigkeit im unteren Abschnitt ein.

Die „Cella Birkenowa" wird als kleine klösterliche Niederlassung erstmals urkundlich aus dem Jahre 795 erwähnt.

Die frühen Siedlungen der Mönche ergaben die ersten Hubendörfer. Dabei erfolgten die ersten Eingriffe in den bisher ungestörten (Ur-)Wald. Der Wald wurde dabei zumeist von einer Hangseite quer übers Tal zur Gegenhangseite gerodet und zwar durch Brandrodung und mit der Axt.

Birkenau breitete sich viele Jahrhunderte zunächst nur auf der linken Weschnitzseite aus, es umfaßte bis in das Mittelalter Bereiche der jetzigen Kirchgasse, Kreuzgasse, Obergasse und Untergasse.

In dieser Zeit empfanden die Menschen den Wald verständlicherweise als Kulturhindernis.

Zwischen 800 und 1300 erfolgte eine beachtliche Rodungsperiode, der Wald wurde in dieser Zeit bereits etwa auf seine heutige Ausdehnung zurückgedrängt. Die Bevölkerung in Deutschland war damals auf fast 15 Millionen Menschen angewachsen, die in über 170.000 Siedlungen wohnten.

Der Röder- oder Brandfeldbaubetrieb war auch im Birkenauer Tal lange Zeit die übliche Wirtschaftsform.

Der Wald diente weiterhin ohne Einschränkung als Holzlieferant, die Bucheckern und Eicheln dienten als Nahrung für das zahlreich gewordene Vieh, die Laubstreu für die Ställe, weil das Stroh nicht mehr ausreichte.

Zum Teil wurde das Laub auch auf die Äcker gebracht, um den Boden zu verbessern, denn mit dem aufkommenden Anbau von Futterpflanzen und Hopfen ging der Getreideanbau zurück. Es gab immer weniger Stroh. Auf diese Weise entzog man dem Nährstoffkreislauf der Wälder den wichtigsten Bestandteil zur Humusbildung.

Der 30jährige Krieg, die Pest, die Landflucht in die entvölkerten Städte, Hungersnöte (hervorgerufen auch durch eine Klimaabkühlung im 16. Jahrhundert) und die damit verbundene Abnahme der Landbevölkerung gaben dem Wald wieder Gelegenheit, sich durch natürliche Sukzession landwirtschaftliches Gelände zurückzueroberen.

Die Chronik Birkenaus zeigt auf, welche furchtbaren Spuren der 30jährige Krieg auch hier hinterlassen hat.

Besonders in den Jahren 1628 - 1631 wurde Birkenau immer wieder durch schwedische, bayerische und spanische Truppen verwüstet. Viele Bürger flüchteten nach Weinheim.
Hatte Birkenau vor dem 30jährigen Krieg nach einem aufgefundenen „Schatzungsregister" 73 begüterte Haushalte (etwa 400 Einwohner), so waren es im Jahre 1650 nur noch 15 Haushalte, nachdem Pest und Hungersnöte mit den Kriegen einhergegangen waren.

Der 30jährige Krieg verschaffte dem Wald nochmals eine Erholphase, aber die dezimierte Bevölkerung, ergänzt durch Einwanderer und durch eine hohe „Vermehrungsrate", nahm relativ rasch wieder zu. Um 1800 zählte man in Deutschland bereits 25 Millionen Menschen.

In einem „Güterverzeichnis" von 1686 werden nur noch 44 Birkenauer Bürger aufgeführt, eine „Bürger-Roll" von 1788 zählte wieder 106 Personen.

Aus dieser Zeit stammen die ersten Waldordnungen. Mit ihnen versuchten die Landesherren oder Markgenossenschaften unter Androhung teilweise drakonischer Strafen einer beginnenden Holznot zu beggenen, nachdem der Wald bisher „Selbstbedienungsladen" für jedermann war.
Unser Birkenauer Wald hatte im 16. und 17. Jahrhundert natürlich ein anderes Gesicht als heute. Die Buche war — wie überall in Hessen — dominierende Baumart (Bereiche des heutigen Hessens sind daher auch als „Buchonia" überliefert). Birken und Eichen waren weitaus häufiger als heute.
Das Durchschnittsalter der Bäume war in dieser Zeit sehr niedrig. Der Wald wurde überwiegend zu Brennzwecken genutzt. Selten wurden die Bestände um die Ortslage älter als 30 - 40 Jahre. Sogenannte „Laßreitel", das waren wenige durchgewachsene Bäume höheren Alters, wurden als Bauholz genutzt.

Im Jahre 1645 wird ein Wald am „Häuseracker" noch als „Tannenwald" beschrieben, welcher wenig später in Ackerland umgewandelt wurde. Überhaupt ist es eine Birkenauer Besonderheit, daß aus allen Überlieferungen die **Kiefer** als „Tanne" (sprachl.: Doanne) bezeichnet wird. Dieser Sprachgebrauch hat sich bis heute erhalten.

Auch der heutige „Tannenbuckel" dürfte in früherer Zeit nicht mit Tannen, sondern mit Kiefern bestockt gewesen sein, da die Weißtanne hier nicht ihr natürliches Verbreitungsgebiet vorfand.

1658 war auch der „Grohberg" noch vollkommen mit Wald bedeckt. 1686 besaß ein „Hans Schmid" einen Wald „auf der Aw" (= Aue). Hans Schab besaß „ein Stück Newrod im Langenberg". Es wurde in Ackerland umgewandelt.
1727 werden Waldungen „auf der Kuhruh", „im Hungerberg", „auf dem Hammerstock", „in der Schmidsgrüb" und im „Amselloch" genannt.

Bis zum Jahr 1804 besaß die Freifrau von Wallbrunn aus Weinheim 18 Morgen Wald im „Blässerwald" sowie 100 Morgen „auf der langen Bach". Sie hatte in jenem Jahr vor, die Waldstücke abzuholzen und in Ackerland umzuwandeln. Die damalige Gemeinde Birkenau hatte aber bereits das Recht, dagegen anzugehen. Sie machte von diesem Recht Gebrauch, da sie für die ortsansässigen Bürger die Waldweide- und Leseholzrechte beeinträchtigt sah. Es kam zum Vergleich, indem die Freifrau 110 fl. für den „Wald am langen Bach" und 20 fl. für den „Blässerwald" als Ablösung zahlte. Danach erhielt sie die Erlaubnis der Waldumwandlung.

Interessant ist in diesem Zusammenhang, daß die Gemeinde Birkenau in der Zeit vor dem Inkrafttreten dieser Waldordnungen die gemeindeeigenen Waldflächen zur „Nutzung" an interessierte Bürger verpachtete. Die Pächter in damaliger Zeit waren zunächst überwiegend Weinheimer Bürger, die wohl zahlungskräftiger als die Birkenauer waren. Der Pächter durfte den Wald „forstmäßig beholzen", doch „allein zu seiner häuslichen Notdurft", d.h. ein Weiterverkauf des Holzes war bei Strafe verboten.

Die Zahlungsmoral der Pächter war offenbar nicht die beste. Im Jahre 1713 waren noch 35 Pächter ihren Zins aus dem Vorjahr schuldig, 32 noch von früheren Jahren.

Die verpachteten Waldstücke wurden vielfach als „Hecken" bezeichnet, was darauf hindeutet, daß überwiegend Niederwald (Stockausschlag) und kein Hochwald verpachtet wurde.

In den Jahren 1706, 1737, 1755 und 1782 wurden von der damaligen Ortsherrschaft „von Bohn" und „von Wambolt" die ersten Waldordnungen erlassen, welche eine Nutzung der Wälder unter größtmöglicher Schonung regeln sollten. Diese Waldordnungen waren die Vorläufer unseres heutigen Forstrechtes und heutiger Waldgesetze, sie waren seinerzeit ein großer Fortschritt, nachdem ständige Übergriffe der Menschen (Holzdiebstähle) dem Wald sehr zugesetzt hatte. Die Armut der Menschen gab ihnen aus ihrer Sicht dafür die Legitimation.

In der Waldordnung aus 1706 wurden der Montag und Samstag zu „Holztägen" bestimmt, an denen der Wald mit Säge und Axt betreten werden durfte. Die Anweisung des Holzes oblag dem in dieser Zeit erstmals eingesetzten „Waldhüter". Der Einschlag von Bauholz war besonders reglementiert, man hatte allmählich den Wert von Hochstämmen gegenüber dem Brennholz-Kurzumtrieb erkannt.

Der Waldhüter (1782 wird erstmals ein Birkenauer Förster namens Pauli erwähnt) hatte die Befugnis, alles eingeschlagene Holz mit einer sogenannten „Waldaxt" zu kennzeichnen. Es durfte kein eingeschlagener Stamm den Wald verlassen, der nicht am Stammfuß mit der Waldaxt gekennzeichnet war. Das Kennzeichen war oftmals ein Wappen oder Symbol, unter der Verwendung von Wagenschmiere wurde dieses dauerhaft sichtbar gemacht.

Die Verwendung von Bauholz zu Brennzwecken war erstmals streng untersagt. Die Anweisung des Bauholzes erfolgte ab 1737 sogar durch eine Kommission, die aus dem Schultheißen, dem „Gemeinen Vorgänger" (Bürgermeister), einem Deputierten (Gerichtsmann) und dem Förster bestand.

Diese Vorgänge zeigen auf, daß der Raubbau und die Holznot im 18. Jahrhundert weiter fortgeschritten und der Wert des stärkeren Stammholzes gegenüber dem Brennholzwert weiter überproportional angestiegen war.

Selbst im Kleinprivatwald der Bauern unterlag der Holzeinschlag erstmals der Kontrolle des Försters. Auch hier durfte kein Stammholz ohne dessen Kennzeichnung mit der Waldaxt den Wald verlassen.

Die Waldaxt verlor übrigens erst in den 60er Jahren unseres Jahrhunderts völlig ihre Bedeutung, auch in den Nachkriegsjahren war sie noch ein Kontrollinstrument der Forstamtsleitung in den Revieren.

Im 18. Jahrhundert wurde nach wie vor viel Holz nach Weinheim verkauft, wo hohe Preise erzielt wurden. Dadurch war das Holz für die ärmeren Birkenauer Bürger knapp. 1782 wurde erstmals verfügt, daß Holz erst an „Ausländer" verkauft werden durfte, wenn die „Inländer" ihren eigenen Bedarf abgedeckt hatten.

Die Verpachtung von „Hecken" an Weinheimer Bürger war bereits mit der Waldordnung von 1706 verboten worden.

Wurde nach 1737 ein nicht einheimischer Waldfrevler im Birkenauer Wald erwischt, so führte ihn der Förster zunächst nach Birkenau. Dort wurden Schadensersatz und vier Gulden Strafe verlangt. Hatte der Festgenommene keine ausreichenden Barmittel bei sich, was wohl der Regelfall war, so sah die Waldordnung seine Inhaftierung im Rathaus vor. Werkzeuge, Zugvieh, Geschirr und Wagen wurden beschlagnahmt und an den Schultheißen abgeliefert. War die Strafe nach drei Tagen noch nicht bezahlt, so wurden die beschlagnahmten Gegenstände zur Abdeckung der Strafe zwangsversteigert.

Einheimische Frevler erhielten Geldstrafen je nach Schwere des Vergehens.

Der übergroße Holzbedarf im 18. Jahrhundert brachte auch die ersten Wiederaufforstungen und Forstverbesserungen im überstrapazierten Birkenauer Wald. Die Waldweide und die Streunutzung hatten die Waldböden in sehr schlechten Zustand gebracht, so daß die natürliche Verjüngung des Waldes ausblieb. Außerdem hatte man jetzt erkannt, daß die Nutzung des Waldes in Form der Niederwaldbewirtschaftung ständig zu Substanzverlusten führte.

Ab 1706 hatte jeder neu aufgenommene Bürger in Birkenau 6 Eichen (9 Schuh lang) zu pflanzen. Ab 1737 hatte jeder neu Zugezogene 8 Eichen zu pflanzen. Die Eichen waren gegen den Verbiß des „Wildes und der Geißen" mit Dornen zu umbinden. Die Aufforstungspflicht erstreckte sich 1737 auf sogenannte „bloße Platten", 1755 sprach man von „lichten Plätzen". Erstmals ist auch überliefert, daß Schonungen nicht betreten werden durften.

Nur noch mit herrschaftlicher Erlaubnis war möglich: das Schälen der Eichen zur Rindengewinnung für Gerbsäure (die Gerbsäure wurde in Weinheim in der Lederindustrie verwendet), die Beschaffung von Bohnenstangen, das Fackel- und Kienholzschneiden, das Wildbienenaushauen, das Laubschneiden und die Köhlerei.

Die Köhlerei hatte in unserer Heimat nie die Bedeutung erlangt wie im hinteren Odenwald oder in der Gegend um Heppenheim.

Der Schutz des Wildes war nicht in Waldordnungen, sondern in Polizeiverordnungen von 1732 und 1771 geregelt. Besonders geschützt waren damals Singvogelnester, Hasen, Feldhühner und Wachteln.

Aus alten Akten ist ersichtlich, daß es seit etwa 1700 in Birkenau bei der „Herrschaft von Bohn" einen „Jäger" gab, dem der Schutz des Birkenauer Waldes anempfohlen war.

Nachdem bis 1740 nur einheimische Jäger angestellt wurden, die wohl ihrer Aufgabe im eigenen Ort nicht sonderlich streng nachkamen (es wurde weiter gewildert und Holz gestohlen), wurde 1740 erstmals ein nicht einheimischer Jäger (Nikolaus Wentzel) angestellt, der zu großer Strenge angehalten wurde. 1759 wird ein Jäger namens Johann Georg Scharf erwähnt, 1760 ein Jäger Johannes Pauli, der möglicherweise mit dem Förster Pauli identisch ist, welcher ab 1782 erwähnt ist.

Die Arbeit der ersten Waldhüter, Jäger und Förster war verständlicherweise nicht ungefährlich. Es kam sehr oft zu gewalttätigen Auseinandersetzungen, besonders mit Holzdieben.

So erhielt 1834 ein Herr Erhard Andreas aus Birkenau wegen „thätlicher Mißhandlung des Waldschützen Helfrich im Dienste" eine Correctionsstrafe von drei Monaten. Der Waldschütz verstarb übrigens noch im gleichen Jahr.

1839 wurde der Forstschütz aus Birkenau Johannes Nieberlein wegen der „Tödtung im Amte des Arnold Strauch aus Heppenheim" zu 10 Jahren Zuchthaus verurteilt. Der Grund der Auseinandersetzung ist nicht bekannt.

Ein Glück für den Fortbestand unserer Wälder war die Erfindung der Dampfmaschine. Mit deren Hilfe konnte Steinkohle aus größeren Tiefen gefördert werden, die jetzt das Holz als Energieträger in vielen Bereichen ersetzte.

Auch der Anbau von erstem Futterklee und die Einführung der Kartoffel brachte dem Wald gegen Ende des 18. Jahrhunderts eine gewisse Erleichterung.

Der große „Durchbruch" für den Wald schlechthin war aber die Erfindung des Mineraldüngers durch Justus v. Liebig vor 150 Jahren. Das ermöglichte enorme

Birkenau - Ortsansicht 1926

Ertragssteigerungen in der Landwirtschaft. Das Vieh war weniger auf die Waldweide angewiesen, es wurde teilweise auf Stallfütterung umgestellt, die Ernährung der Menschen erfuhr eine enorme Verbesserung.
Die Waldflächen waren zu diesem Zeitpunkt jedoch vielfach ausgeräumt, verlichtet und weitgehend ohne gesicherte Verjüngung.

Im 19. Jahrhundert erfolgten die Waldnutzungen wesentlich geregelter als bisher. Die Waldordnungen wurden weiter verbessert. Die Verpachtung von Hecken und Waldteilen zur Brennholzgewinnung war mittlerweile verboten, die Gemeinde Birkenau ging mehr und mehr dazu über, ihre Walderzeugnisse zu versteigern, wie zahlreiche Dokumente belegen. Nicht nur der Rohstoff Holz, auch Waldlaub und Nadelholzzapfen kamen unter den Hammer.

Durch die bisherigen Wirtschaftsformen waren etwa 70 % des Waldes jünger als 60 Jahre, das Durchschnittsalter der Bestände lag bei nur etwa 40-50 Jahren.
Heute werden unsere Bestände im Durchschnitt 140-160 Jahre alt.

Ausgebildete Forstleute führten erste ertragskundliche Untersuchungen im Birkenauer Wald durch. Forstliche Pioniere (Gayer, Heyer, Hartig, Pfeil, Cotta) legten neue Bewirtschaftungsformen fest, die zum Teil heute noch Gültigkeit besitzen. Unsere heute vorhandenen, teilweise hervorragenden Buchenbestände entstammen aus dieser Zeit.
Im 19. Jahrhundert wurde auch die Fichte erstmals im Birkenauer Wald eingeführt. Das liebe Vieh hatte in den Laubholzaltbeständen die Naturverjüngungen aus Eiche und Buche zum Großteil vernichtet. Der Anbau der Fichte erfolgte auf diesen devastierten Böden und auf Freilagen. Dadurch gelangte sie leider auch auf Standorte (z.B. windempfindliche Kuppenlagen und Südhänge), wo sie nach dem heutigen Wissensstand nicht hingehört. Heutige Forstschutzprobleme (Borkenkäfer, Sturmanfälligkeit) sind die Folge davon. Man schätzte aber damals auch die schnelleren und höheren Erträge aus dem Fichtenanbau, im Vergleich zum Brennholzwald. Außerdem überstand die Fichte den Fraß des Viehs besser als das Laubholz.
Gegen Ende des 19. Jahrhunderts gingen die Waldnutzungen durch Vieheintrieb und Streunutzung weiter zurück, so daß sich auch der Laubwald wieder besser verjüngte. Dadurch erhielt die Fichte bei uns nie eine größere Bedeutung.
Während und nach dem ersten Weltkrieg, in Zeiten großer Armut und Not, stiegen die Ansprüche an den Wald wieder an. Genutzt wurde jedes dünne Reis, so daß die Erholung der Waldböden einen Rückschlag erlebte. Die verstärkte Nutzung von Trockenholz und Laub verschlechterte die natürliche Humusbildung, die Naturverjüngungen stockten. Die Fichte erfuhr ihre zweite Anbauphase, wobei die Bestandsbegründungen zumeist durch Saat erfolgten.
Während des zweiten Weltkrieges erfuhr unser Birkenauer Wald zunächst eine leichte Konsolidierung. Waldfrevel wurde unter dem unseligen Regime des 3. Reiches sehr streng geahndet. Aus zahlreichen Unterlagen ist erkennbar, daß die Zahl der Ordnungshüter im Birkenauer Wald nie größer war. Etliche Forstwarte und „Beischützen" sorgten für Ordnung im Wald. Besoldungsunterlagen der Birkenauer Gemeindekasse zeigen die Gehaltszahlungen an einen Forstwart (Name nicht bekannt) sowie an den Hilfsfeldschützen Peter Müller III., Beischütz Johann Eck, Beischütz Karl Hoffmann, Beischütz Karl Müller und Beischütz Franz Scheller kurz vor Kriegsausbruch.

1929: Eine Waldarbeitergeneration, lange vor unserer Zeit. Die Arbeit im Walde ist heute durch moderne Arbeitsverfahren und neue Geräte etwas leichter geworden, aber noch immer schwer genug.

Gegen Kriegsende und danach nahm der Druck auf den Wald nochmals zu, vor allem Brennholz war gefragt. Die Menschen sammelten Eicheln für das Vieh und Bucheckern zur Ölgewinnung. Glücklicherweise gab es Ende der 40er Jahre etliche Mastjahre, die Eichen und Buchen hingen übervoll. Das half der Bevölkerung genau so wie dem Wald selbst zu dessen Erneuerung.

Nach dem verlorenen Krieg mußte auch der Birkenauer Wald für sogenannte „Reparationszahlungen" herhalten. So wurden in den Nachkriegsjahren die Gemeindewaldabteilungen 6 - 12 mit fast 30 ha Grundfläche (Bereich Wachenberg), die sich überwiegend aus Starkholzbeständen zusammensetzten, durch die Besatzungsmächte abgeholzt. Glücklicherweise hingen in dieser Zeit die Baumkronen voller Eicheln und Bucheckern, so daß die nächste Waldgeneration dennoch gesichert werden konnte.

In den vergangenen Jahren wurde der Birkenauer Wald intensiv im Sinne einer geregelten Forstwirtschaft betreut. Auch der zahlreich vorhandene Kleinprivatwald kann heute auf die Beratung des staatlichen Forstpersonals zurückgreifen, so daß die „Qualitätsunterschiede" zwischen öffentlichem Wald und Kleinprivatwald, in dem auch in den letzten 40 Jahren noch die Brennholznutzung Priorität besaß, allmählich verschwinden.

In den Jahren 1979 - 1983 erfolgte mit Hilfe eines EG-Programmes der Ausbau des veralteten Waldwegenetzes, das bis dato noch zum Teil auf Pferdefuhrwerke ausgerichtet war. Der Ausbau verschlang im Bereich der Revierförsterei fast eine Million DM.

Noch nie in seiner Geschichte besaß der Birkenauer Wald höhere Holzvorräte als heute. Daran konnten auch die Jahrhunderttorkane des Winters 1990 nicht viel ändern. Immerhin fielen diesen Stürmen im Birkenauer Wald ca. 11.000 fm Holzmasse zum Opfer.

Nach heutiger Auffassung ist Forstwirtschaft planmäßige, nachhaltige, sachkundige und wirtschaftliche Pflege und Nutzung der Wälder mit dem Ziel, daß der Wald die an ihn gestellten Aufgaben erfüllen kann. Diese Aufgaben gehen weit über die reine „Rohstoffproduktion" hinaus. Im Gegenteil: Sogenannte „überwirtschaftliche Funktionen" werden noch weiter an Bedeutung gewinnen.

Es sind dies insbesondere:
- Erhaltung eines wertvollen Ökosystems als Lebensgrundlage für die Menschheit mit seiner vielfältig vernetzten Tier- und Pflanzenwelt.
- Erhaltung des Wasserspeichers Wald. Je Hektar Wald können in der durchwurzelten Bodenschicht allein bis 1 m Tiefe rd. 2 Mill. Liter Wasser gespeichert werden. Der Wald filtert das Wasser und verbessert die Wasserqualität.
- Erhaltung des Luftfilters Wald
- Erhaltung des Sauerstoffproduzenten Wald
- Erhaltung des Klimafaktors Wald. Wald mildert Klimaextreme.
- Erhaltung des Waldes als Schutz vor Bodenerosion durch Sonne und Wind. Wald bremst den Wind und den raschen Abfluß des Bodenoberflächenwassers.
- Erhaltung des Waldes als Erholungsfaktor, als Freizeitfaktor.
- Erhaltung des Waldes als CO_2-Verbraucher. Der Anstieg des CO_2 in der Luft fördert den Treibhauseffekt und die Erwärmung der Erdatmosphäre.

Die Langlebigkeit unserer Waldökosysteme und die Belastungen der Wälder durch die Zivilisation verlangt von uns heute auch ein Umdenken in der Form seiner Bewirtschaftung. Der Kahlschlagswaldbau mit Abholzen der hiebsreifen Bestände und anschließender Wiederaufforstung gehört der Vergangenheit an.

Heute versucht man mehr denn je die Wälder naturnah zu pflegen, das bedeutet: weitgehender Verzicht auf Pestizide, einzelstammweise Nutzung mit ständiger Förderung der Naturverjüngung im Altbestand, weitgehender Verzicht auf große Kahlhiebe, Übernahme auch sogenannter Nebenbaumarten wie Birke, Aspe, Vogelbeere usw.

Für den Birkenauer Wald bedeutet dies insbesonders: Ausnutzung des hervorragenden Standortpotentials durch verstärkte Hinwendung zu Edellaubhölzern (Kirsche, Esche, Ahorn) sowie Linde und Edelkastanie. Die Buche bleibt Hauptbaumart, gepflanzt wird nur dort, wo sich nach waldbaulichem Bemühen keine Naturverjüngung einstellt.

Schon lange hat der Computer auch im Wald Einzug gehalten. Die betriebliche Planung und der Betriebsvollzug laufen über EDV, jeder gepflanzte Baum ist statistisch erfaßt.

Der heutige Waldarbeiter ist eine qualifizierte Fachkraft, vielfältig ausgebildet, mit einem breiten Arbeitsspektrum, der weitgehend selbständig arbeitet.

Nach den Erfahrungen der 90er Winterorkane werden die beschränkten waldbaulichen Möglichkeiten, solchen Orkanen entgegenzuwirken, noch stärker als bisher genutzt (z.B. weitere Pflanzverbände, frühzeitige Läuterungen).

Wie sich die Waldschäden durch Imissionen weiterentwickeln werden, ist schwer vorauszusagen.

Prognosen von Fachleuten und deren Thesen unterstützen die ständigen Beobachtungen im Birkenauer Wald, deuten auf eine weitere Verschlechterung des Gesundheitszustandes unserer Wälder. Auch bei uns sind bereits viele Altbestände stark entlaubt und drohen kurzfristig abzusterben, z.B. die Altholzreste im Schwanklingen (Abt. 19).

Konkret besteht weiterhin die Befürchtung, daß im Laufe der nächsten Jahrzehnte alle (alle!) älteren Bestände mit einem Alter über 100 Jahre vorzeitig genutzt werden müssen, um wenigstens den monetären Holzwert noch zu retten.

Der Mensch hat durch seinen Einfluß auf unsere Umwelt in die natürliche Evolution eingegriffen, sie beschleunigt.
Unsere Waldbäume können sich diesen plötzlich veränderten Einflüssen aus Luft und Boden nicht schnell genug anpassen, ein einmaliger Vorgang in der Evolutionsgeschichte.
Die Waldgeschichte lehrt uns aber, in unseren Bemühungen um den Wald nicht aufzugeben.

Es bleibt die Hoffnung auf eine weniger belastete Luft in der Zukunft und auf das genetische Anpassungsvermögen der Kulturen und der Jungbestände für einen gesunden Wald in der Zukunft.

Siegfried Winkler

Recht und Ordnung im Dorf

Zur Bedeutung des Birkenauer Gemeindewappens

Birkenau führt ein H-förmiges Ortszeichen in seinem Wappen, dessen schlüssige Deutung noch immer aussteht. Beim Überblick über das bisher bekannte Material läßt sich, mit aller gebotenen Vorsicht, formulieren, daß Ortszeichen seit dem 17. Jahrhundert gebräuchlich sind, wie Heinz Reitz 1979 feststellte. Bernd Ph. Schröder entgegnete: „Bäuerliche Orts- und Besitzzeichen sind älter als Grenzsteine, Fachwerkhäuser, Brunnen und Gerätschaften, mit denen sie gewöhnlich auf uns gekommen sind. Diese Muster, nämlich Kielbogen, Haken- oder Gabelstab sowie ihre Verbindung zum Drehkreuz, bestimmen die bäuerliche Ornamentik bis in das 19. Jahrhundert, wie die ornamentalen Ausdrucksformen der romanischen Kunst, und reichen bis in die vorgeschichtliche Zeit des keltischen und germanischen Kulturraumes." Peter W. Sattler verkürzte die Frage nach der Bedeutung des Birkenauer Ortszeichens auf die Formel Maueranker oder Weberhaspel. – Soweit einige Äußerungen über das Alter und die Bedeutung des Birkenauer Ortszeichens.

Auf schriftliche und sonstige Zeugnisse, die am Ort greifbar sind, ist man bislang überhaupt noch nicht eingegangen. Gerade sie aber ergeben ein facettenreiches Bild, das von den bisherigen Vorstellungen teilweise abweicht. Als Quellenmaterial stehen zur Verfügung:

– komplette Birkenauer Grenzbeschreibungen aus den Jahren 1709, 1803 und 1842,
– Steinsetzungsprotokolle ab 1696,
– die noch an der Gemarkungsgrenze stehenden Grenzsteine,
– sonstige Unterlagen (Kaufverträge aus dem 16. und 17. Jahrhundert, Zentgerichtsprotokolle u.a.).

Um es vorwegzunehmen: Der erhoffte urkundliche Nachweis einer Bedeutung hat sich bei Durchsicht dieser Belege nicht finden lassen, doch immerhin einige Indizien, die Detailfragen einer Klärung näherbringen, aber auch neue Fragen aufwerfen. Die erwähnten Quellen gehen nicht auf die Bedeutung des hakenförmigen Gebildes ein, es ist durchweg von einem Ortszeichen, Ortswappen oder einfach von „unserem Zeichen" die Rede.

Vermutliche Entstehungszeit des Wappenbildes

Die frühesten greifbaren Hinweise finden sich in den Grenzbeschreibungen von 1709 und von 1803. Hier wird übereinstimmend ein Grenzstein mit Birkenauer Zeichen an der Birkenau-Hornbacher Gemarkungsgrenze beschrieben, der einmal die Jahreszahl 150__, ein andermal 151__ trägt, also ein Ortszeichen, das zwischen 1500 und 1519 entstanden ist. Die unterschiedlichen bruchstückhaften Jahreszahlen erklären sich durch den 1803 mangelhaft beschriebenen Erhaltungszustand. Einiges spricht dafür, daß die Entstehung des Wappenbildes (Birke und Ortszeichen) ursächlich mit dem Bau des historischen Birkenauer Rathauses in Zusammenhang zu bringen ist. Das jetzt aufgefundene Siegel aus dem Jahr 1558, das durch seine klare Linienführung und Einfachheit besticht, könnte aus der Notwendigkeit der Beurkundung von Kaufverträgen und anderen Dokumenten geschaffen worden sein.

In der Tat befinden sich im Wamboltischen Archiv zwei Aktenbestände mit nicht weniger als 22 Kaufverträgen, die in den Jahren 1537 - 1654 in Birkenau geschlossen wurden. Auffallend ist, daß nur ein Kaufvertrag vor 1552 (Bau des Rathauses), aber 21 nach diesem Zeitpunkt beurkundet sind, dabei in enger zeitlicher Folge zwei Verträge 1560, je ein Vertrag 1562, 1564, 1570, 1571 und 1572.

Mit anderen Worten: Das Ortssymbol (ohne Birke) mag vorher existiert, die Notwendigkeit einer Siegelführung und somit die Schaffung eines Wappenbildes sich aber erst mit dem Bau des Rathauses und den damit verbundenen Amtshandlungen ergeben haben.

War das Siegel von 1558 ein Zentsiegel?

Anders als beim Siegel von 1591 ergibt sich hier der Name des Siegeleigners nicht aus der Umschrift (Bei diesem Vergleich ist allerdings zu vermerken, daß auch beim 1591er Siegel die Umschrift keineswegs eindeutig ist, denn „S. Z. Z." läßt sich nicht ohne weiteres auflösen. Dazu stellte das Staatsarchiv Darmstadt schon 1931 fest: „S dürfte Siegel und das zweite Z wohl Zent bedeuten. Dagegen ist das erste Z schwer zu deuten; vielleicht liegt ein Irrtum des Siegelstechers zugrunde, der statt eines D [= der] ein Z eingesetzt hat").

Inzwischen hat sich eine Belegstelle gefunden, daß das 1558er Siegel ebenfalls ein Zentsiegel war. Beim Bau des Rathauses muß es 1550/51 zu erheblichen Unstimmigkeiten zwischen den einzelnen Orten der Zent wegen der damit verbundenen Fronden gekommen sein. Hornbach und Balzenbach verweigerten die verlangten Arbeitsleistungen und wurden deshalb mit je 10 Gulden Strafe belegt (diese Strafe wurde aber später mit landschadischer Rückenstärkung zurückgestellt. Der Hauptgrund für diese Arbeitsverweigerung lag mit Sicherheit darin, daß Hornbach und Balzenbach Kurpfälzer, Birkenau aber Kurmainzer Lehen waren. Es sind noch mehrere Fälle überliefert, bei denen die Einwohner von Hornbach und Balzenbach den Zentinteressen entgegenlaufende Befehle der Lehensinhaber, der Landschade von Neckarsteinach und der Handschuhsheimer, befolgen mußten). Noch 1803, in einer Beschreibung des Ortes Birkenau, heißt es über das Rathaus: „Wird solches unterhalten von der ganzen Zent, als den Orten Birkenau, Kallstadt, Rohrbach, Unterliebersbach [= Nieder-] und Balzenbach."

Birkenauer Siegel 1558

Birkenauer Siegel 1591

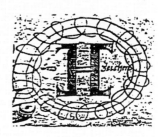
Ortszeichen 1803

Birkenauer Wappen 1926

Dienstsiegel der ehem. selbst. Gemeinde Nieder-Liebersbach

Grenzstein im Kisselbusch

Siegel des Jost Liebener 1575

Mittelalterliche Handhaspel

Beispiel einer Handhaspel

Danach wäre auch der gemeinsame Ursprung des jetzigen Birkenauer und Nieder-Liebersbacher Wappens einwandfrei nachzuweisen. Für diese Annahme spricht darüber hinaus eine ganze Serie von „Nieder-Liebersbacher Wappen" an der Birkenau-

Weinheimer Grenze und zumindest ein „Birkenauer Wappen" an der Grenze Nieder-Liebersbach/Weinheim. Das Nieder-Liebersbacher Ortszeichen war spätestens 1792 das Mainzer Rad, wie die entsprechenden Grenzsteine und eine Beschreibung aus der Feder des wamboltischen Justitiars Schmitt über den heutigen Ortsteil beweisen.

Davor mag zur besseren Unterscheidung das Birkenauer Ortszeichen für Nieder-Liebersbach kopfstehend verwendet worden sein (Dreimärker an der hessisch-badischen Landesgrenze sowie Grenzsteine aus dem Jahre 1606). Ein anderes Indiz für diese Behauptung findet sich in einem entlegenen Zentort. An der Rohrbach-Löhrbacher Grenze (Kisselbusch) weist der Grenzstein mit der Nr. 58 eine andere Variante des Zentzeichens aus. Für jeden Zentort ein etwas abgewandeltes Zeichen (kopfstehend/ohne Haken)? Dieser Nachweis ist kaum zu führen, da nur noch wenige Steine aus der Zeit vor 1740 aufzufinden sind. Bei den nach 1810 aufgestellten Grenzsteinen dürfte es sich sehr wahrscheinlich um das Kürzel H, also Hessen, handeln.

Hans Landschad – Pate des Birkenauer Ortszeichens?

Im Ortsinventar des Gerichtsschreibers J. Schneider (1803) findet sich die Beschreibung der „gemeinen kleinen Schwabsklinger Hecken", die auch durch einen Güterstein von 1594 mit den Initialen HL (Hans Landschad) und HW (Hans Wambolt) abgemarkt war. Die Ähnlichkeit verführt dazu, die Urheberschaft des Hans Landschad für das Birkenauer Ortszeichen anzunehmen. Doch die Zentsiegel von 1558 und 1591 und der beschriebene Güterstein gehen zeitlich damit nicht zusammen. Es wäre denkbar, daß der eingangs erwähnte Grenzstein, der um 1510 gesetzt wurde, nicht das Ortszeichen, sondern die Anfangsbuchstaben des ehemaligen Ortsherrn Hans Landschad III. (1465-1531) in ähnlicher Form gezeigt hat.

Der Vorname Hans kam im fraglichen Zeitraum bei diesem Adelsgeschlecht relativ häufig vor. Warum sollten die Birkenauer 1558 nicht ebenso gehandelt haben wie die Liebersbacher 1952, als sich diese einfach ein Grenzstein-Symbol zum Wappenbestandteil wählten?

Schneider beschreibt einen weiteren Güterstein unter der „gemeinen Kühruh":
„1 viereckiger Sandstein mit einem Wappen, das 2 Sternchen und das Zeichen ṁ, benebst die Buchstaben I L, auf der anderen Seite die Jahreszahl 1510." Die beiden Buchstaben verbunden mit einem Strich – und fertig ist das Birkenauer Ortszeichen. Doch passen die beiden Sternchen und das angegebene Zeichen nicht zur landschadischen Harfe. Ein Siegelfragment des Hans Landschad von 1515 hat über der Harfe die Initialen H L (beide Buchstaben getrennt).
Oder ist es das Siegel des Jost Liebener, eines Weinheimer Bürgers bzw. eines seiner Vorfahren, der ein I L in seinem Wappen führte? Ein Siegel von 1575 ließe wiederum die Vermutung zu, es würde eher der vorstehenden Beschreibung entsprechen.
Eine fast vergebliche Spurensuche nach über 475 Jahren, ebenso spekulativ wie die Deutung als Maueranker oder Weberhaspel. Aber ebensogut möglich.

Das Birkenauer Ortszeichen – ein Maueranker?

Allgemein herrscht Unklarheit darüber, wie im ausgehenden Mittelalter ein Maueranker ausgesehen haben könnte. Hier sind zu unterscheiden:
- Maueranker, die der Befestigung von Holzbalkendecken als Verbindung zwischen Balken und Mauerwerk dienten, und
- Maueranker als Steinverbindungen.

Dr.-Ing. Falk Krebs, Jugenheim-Seeheim, hat dem Verfasser verschiedene Quellen, die sich mit dieser Problematik befassen, dankenswerterweise mitgeteilt:
Die im „Handbuch für den Baufachmann" gezeigten Anker für die Befestigung von Holzbalkendecken haben nicht einmal entfernte Ähnlichkeit mit dem Birkenauer Ortssymbol.
Das Werk „Die Konstruktion in Stein" führt an (§ 23): „Die H-Klammer erhielt in der Folge bei den Griechen den Vorzug, während sich die Römer gewöhnlich mit der einfachen, an beiden Enden umgebogenen Klammer begnügten." Da dürfte man allerdings nicht fragen, wie Birkenau zu einem griechischen Maueranker gekommen sein soll.
Ebenfalls um Rat gebeten, schrieb Prof. Dr.-Ing. Phil. Günther Binding (Universität Köln), Verfasser zahlreicher Fachbücher über mittelalterliche Baugeschichte, kurz und bündig: „Leider kann ich Ihnen bei der Bestimmung des Wappenbildes nicht helfen. Sicher sind es keine Maueranker oder Bank-Eisen, d.h. zur Befestigung von Bauhölzern auf den Behaublöcken während der Arbeit des Zimmermanns. Eine überzeugende Deutung fällt mir nicht ein."
Dr. Nikitsch (Akademie der Wissenschaften und Literatur, Mainz) hält es übereinstimmend mit Dr. Antonow (Frankfurt) für durchaus möglich, daß es sich um einen Maueranker, nicht aber um einen Mauerhaken handle. Alexander Antonow präzisiert: Als Bezug für einen Maueranker ergäbe sich dann eine bedeutende Schmiede mit „Export" von Bau-Eisen. Im 14. Jahrhundert könnte in diesem Fall eine mittelalterliche Eisenindustrie den Kirchenbau beliefert haben. Ratlosigkeit bleibt. Diese haben die Gemeinderatsmitglieder 1924 - 1926 bei Einführung des neuen Gemeindesiegels elegant umgangen und über die Bedeutung des hakenförmigen Gebildes kein Wort verloren. Die Interpretation wurde offenbar dem Regierungsbaumeister Münckler überlassen, der das alte Dienstsiegel überarbeitete. Sollte etwa dieser Staatsbedienstete Kenntnisse besessen haben, die zweifelsfreie Rückschlüsse auf die heute strittige Frage erlaubten? Sehr wahrscheinlich nicht, wenn man die Stellungnahmen, wie angeführt, zugrunde legt. Es ging im wesentlichen bei der Genehmigung des Dienstsiegels um eine halbwegs plausible Erklärung des Wappenbildes. Herausgekommen ist eben der Maueranker.
Zumindest sei festgehalten, daß sich eher Argumente gegen als für diese Erklärung finden lassen.

Das Birkenauer Ortszeichen – eine Weberhaspel?

Die Form einer Weberhaspel ist nicht so umstritten wie die des Maurankers. Gerd J. Grein gibt in seiner Schrift „Der bäuerliche Alltag I", Seite 28, Flachsverarbeitung, ein sehr schönes Beispiel für das Aussehen einer Weberhaspel. Auch das Buch

„Altbewährtes neu entdeckt" zeigt auf Seite 287 einen Holzrahmen, der zum Aufwickeln von Garn dient und eine gewisse Ähnlichkeit mit dem Birkenauer Ortszeichen hat.
Hier sei jedoch der Einwurf gestattet: Welches Interesse sollte eine Ortsherrschaft haben, für ein Ortswappen ausgerechnet das Symbol eines Berufes zu wählen, der zwar stark vertreten, jedoch dem Steueraufkommen nach mehr als unbedeutend war. Ein Blick auf das Siegel von 1558/1591 zeigt ferner, daß widerhakenartige Ausformungen bzw. Vedickungen an den Enden vorhanden sind, die dem gedachten Gebrauchszweck eher entgegenstehen.
Vorbild für die Nieder-Liebersbacher Weberhaspel ist der Dreimärker an der hessisch-badischen Landesgrenze, gewiß eine sehr schöne Abbildung, doch muß die Wahl eher unter ästhestischen Gesichtspunkten getroffen worden sein und ist bei der Vielzahl der in der Gemarkung stehenden Grenzsteine (die Birkenauer müssen mitgerechnet werden!) mit sog. „Weberhaspeln" unterschiedlichster Art und Güte mehr als zufällig, nicht repräsentativ und damit wenig aussagekräftig. Hier sollten eher die auf uns gekommenen Siegel in Betracht gezogen werden. Der Verfasser vertritt deshalb die Auffassung, daß es sich wahrscheinlich nicht um eine Weberhaspel handeln kann.
Dr. Otto Wagner, Verfasser des Mörlenbacher Heimatbuches und ebenfalls befragt, bestätigte, daß die Deutung des Nieder-Liebersbacher Ortszeichens allein auf der Annahme fußt, der Weberberuf sei früher hier relativ häufig gewesen; so habe man sich 1952 eben zu dieser Erklärung entschlossen.

Weitere Theorien

Bei Nachfrage unter der alteingesessenen Birkenauer Bevölkerung bekommt man als Deutungsversuche zu hören, es handle sich um ein Symbol für die
- Zusammengehörigkeit Birkenaus, das durch die Weschnitz zweigeteilt ist, oder
- Zusammengehörigkeit der beiden Konfessionen, die nachgewiesenermaßen über Jahrhunderte zerstritten, wenn nicht gar verfeindet waren.

Der Altmeister der Birkenauer Heimatgeschichte, der verstorbene Rektor Johannes Pfeifer, schrieb zu der ersten Deutung: „Ebensowenig läßt sich die Vermutung rechtfertigen, daß es [= das Wappen] die beiden durch die Weschnitz getrennten, jedoch durch eine Brücke verbundenen Ortsteile von Birkenau darstelle, indem der Ort zur Zeit der Entstehung des Wappens noch nicht aus zwei Teilen bestand, sondern einseitig auf dem linken Weschnitzufer lag." Dem ist auch heute nichts hinzuzufügen. Die zweite Version dürfte ebenfalls an der zeitlichen Einordnung scheitern.
Das Argument der Zusammengehörigkeit taucht noch in anderen Deutungsversuchen auf: Man hat schon versucht, das Zeichen als zwei Klammern mit verbindendem Mittelstück zu deuten und somit eine figürliche Darstellung der Lage der Zentorte zu erblicken vermeint. Diese Auffassung könnte insofern einigen Anspruch auf Wahrscheinlichkeit erheben, da die Zent aus fünf Ortsteilen bestand, von denen Kallstadt und Rohrbach auf der einen, Nieder-Liebersbach und Balzenbach auf der anderen Seite lagen und Birkenau in der Mitte.
Halten wir fest: Das Argument der Zusammengehörigkeit wiederholt sich immer wieder und hat sich über Generationen gehalten. Sollte darin der Schlüssel liegen,

sollten alle „neuzeitlichen" Deutungen mit ihren Widersprüchlichkeiten am wahren Sachverhalt vorbeigehen?

Erinnern wir uns, beim Bau des Rathauses drifteten die zur Zent gehörenden Orte auseinander. Was lag 1558 näher, als einen Haken, der kein Berufssymbol darstellte, zum Bedeutungsträger für die Zusammengehörigkeit der ganzen Zent zu wählen? Dieser Gedanke läßt sich weiterspinnen. Birkenau war 1558 zwei Herren untertänig, den Familien Landschad und Wambolt, die Macht war sozusagen in zwei Adelshäusern verankert. Optisch wird die Birke (Symbold für Birkenau) in der Mitte zweigeteilt (heraldisch gesprochen: belegt), entsprechend den örtlichen Machtverhältnissen. Das hakenförmige Gebilde wäre also ein Symbol für die Zusammengehörigkeit der Zent Birkenau mit den dazugehörigen Orten Kallstadt, Rohrbach, Nieder-Liebersbach und Balzenbach und zugleich ein Hoheitszeichen? Fast zu perfekt, um wahr zu sein. Eine Hypothese, die nur durch Vermutungen und keine urkundlichen Nachweise gestützt wird.

Oder ist es einfach ein Zeichen, das ursprünglich ersonnen wurde, um die Arbeit der mit der Herstellung der Birkenauer Grenzsteine betrauten Steinhauer zu erleichtern? Das H in einfacher Ausführung ließ sich arbeitstechnisch mit wenig Aufwand in Stein hauen.

Die jüngsten Erklärungsversuche, beim Birkenauer Ortszeichen handle es sich um eine Klammer für die Birke oder ein H als Abkürzung für Mark Heppenheim, sind nicht schlüssig. Unter einer Klammer für eine Birke ist schwerlich ein sinnvoller Verwendungszweck denkbar. Mark Heppenheim dürfte eher mit HE, wie an anderen Orten, abgekürzt worden sein und gibt für das Liebersbacher Wappen, dessen gemeinsamer Ursprung mit dem Birkenauer Ortszeichen festzustehen scheint, keinen rechten Sinn.

Der Verfasser ist der Ansicht, daß die Bedeutung des Birkenauer Wappens ein ungelöstes Rätsel bleiben wird, vom Zeitgeist jeweils anders interpretiert.
Äußerte doch der um Rat gebetene Heraldiker Alfred A. Wolfert, Berlin, anläßlich einer Tagung 1985 scherzhaft: „Wenn Sie wollen, können Sie im Nieder-Liebersbacher Wappen einen symbolisierten Sonnenanbeter, wie bei den Naturvölkern üblich, sehen – je Standpunkt des Betrachters."

Günter Körner

Die Orts- und Zentherren

Das Kloster Lorsch hat nach dem Jahre 909 seinen großen Besitz in Weinheim und Umgebung wieder selbst verwaltet. In Weinheim hatte eine klösterliche Güterverwaltung ihren Sitz, vielleicht im dortigen Fronhof, der im süd-westlichen Teil des Dorfes Weinheim lag (Erbsenbuckel). Zwischen dem Fronhof und der Kirche am Grundelbach fand der Markt statt, für den Weinheim im Jahre 1000 das Marktrecht erhielt. Von hier aus, wo die Weschnitz aus dem Tale tritt, wurde auch das untere Weschnitztal mit Birkenau verwaltet.

Die Dienstmannen des Klosters sind uns nicht mit Namen bekannt. Wir wissen auch nicht, ob für Birkenau ein besonderer Untervogt des Klosters zuständig war.

Als das Kloster Lorsch 1232 an den Erzbischof von Mainz kam, änderte sich für Birkenau grundlegend nichts, nur kam es zu einem jahrzehntelangen Streit zwischen dem Pfalzgrafen und dem Erzbischof von Mainz um das Lorscher Erbe, der erst 1264 durch einen Schiedsspruch beigelegt wurde. Weinheim mit der Altstadt um den Fronhof und Birkenau blieben bei Mainz, dem Pfalzgrafen wurde die Neustadt mit der Windeck zugesprochen.

Um diese Zeit hatte das Rittergeschlecht der Swende schon mindestens seit einem Jahrhundert in Weinheim Fuß gefaßt und großen Einfluß gewonnen. Die verschiedenen Zweige der Familie dienten nun beiden Herren. Im 12. oder 13. Jahrhundert ist dieses Geschlecht vermutlich noch vom Lorscher Abt mit einem umfangreichen Mannlehen ausgestattet worden, das altes Klostergut und vor allem Birkenau mit Umgebung enthielt. Mindestens 300 Jahre lang hat dieses Geschlecht dieses Lehen besessen. Für den frühen Zeitpunkt der Belehnung spricht auch, daß die spätere Zent Birkenau niemals zum mainzischen Amt Starkenburg gehörte, in welchem Mainz seinen Klosterbesitz zusammenfaßte, sondern eine selbständige Einheit blieb, die bis zum Jahre 1806 an Adelsgeschlechter verliehen wurde. 600 Jahre lang war Birkenau in der Hand der Swende (bis 1478), Landschad (1478-1653), Wambolt (1478-1655), von Bohn (1655-1721) und zuletzt wieder Walmbolt (1721-1806). Die Ortsherren waren reichsunmittelbar und abgesehen von ihrem Lehensverhältnis nur dem Kaiser unterstellt.

a) Die Swende von Weinheim

Die Swende waren vom Hochmittelalter bis zu ihrem Aussterben (1479) das einflußreichste und tonangebende Adelsgeschlecht in Weinheim. Sie dienten sowohl dem Mainzer Erzbischof als auch dem Pfalzgrafen, dessen Burgmannen sie waren. Als Burgmannen gehörten sie auch dem Rittergericht an, das bis ins 15. Jahrhundert die Stadt Weinheim regierte, bevor die Zünfte an Einfluß gewannen und sie daraus verdrängten. Die Liegenschaften der Familie waren bedeutend, von Geldnöten oder Verpfändungen ist nichts überliefert. Sie besaßen bei ihrem Aussterben vier große Höfe in Weinheim, darunter jener nördlich des Obertors, der später an den Pfalzgrafen gelangte und von diesem zu einem Schloß ausgebaut wurde. Eine Burg besaßen sie nicht, ihren Wohnsitz in Weinheim gaben sie nie auf, hatten also auch kein festes Haus in Birkenau. Verschwägert waren sie mit allen bedeutenden Adelsfamilien jener Zeit in diesem Raum.

Als erster Ortsherr von Birkenau tritt uns vor 1257 in den Urkunden ein Bernhard von Birkenau entgegen. Nach den Umständen und dem Vornamen zu schließen, war er ein Mitglied der Familie Swende. Ihm gehörte auch ein Teil von Handschuhsheim, der nach seinem Tod im Erbgang an Berthold von Schauenburg fiel, der ihn 1257 an den Pfalzgrafen und Herzog Ludwig (1253 - 1294) verkaufte (Regest. Pfalzgrafen 1, 684).

Bernhard von Birkenau ist demnach der erste mit Birkenau belehnte Adlige, den wir kennen. Ob er das ganze Lehen besessen hat oder diesen Besitz mit anderen Familienmitgliedern teilen mußte, wie es später durchweg der Fall war, bleibt offen. Im Jahre 1300 sind Eberhard und Hennel Swende als Ortsherren bezeugt, zu denen 1315 Konrad Swende hinzutritt. Sie lassen 1315 die Ortsrechte niederschreiben („Gerechtigkeit der Dorfherren zu Birkenau"), worin zum erstenmal die Zent Birkenau bezeugt ist.

Die Swende waren auch Patronatsherren über die Kirche und hatten das Recht, den Pfarrer auszuwählen und einzusetzen. 1365 stifteten die damaligen Zentherren Wipert, Gernot und Konrad Swende — anscheinend nach einem furchtbaren Pestjahr — eine Frühmesse in Birkenau, die der zuständige Wormser Bischof Dietrich bestätigte. Seitdem gab es in Birkenau bis zur Reformation neben dem Pfarrer einen sog. Frühmesser.

Als nächster Dorfherr ist Eberhard Swende bezeugt, dessen Grabstein († 1392) in Weinheim noch vorhanden ist. Ihm folgte sein Sohn Ernfried († 1418). Diese beiden besaßen anscheinend nur etwa die Hälfte des Lehens Birkenau, die andere Linie mit Wiprecht Swende (1386 - 1395) und seinem Sohn Blicker (1398 - 1404 bezeugt) den anderen halben Teil.

Eigentlich war der Besitz zwischen den damals zwei Linien nicht genau gehälftet, wie uns die erst seit 1419 vorliegenden Lehensbriefe zeigen. Erzbischof Konrad von Mainz belehnte 1420 Bernhard Swende „mit seinem Teil am Dorf Birkenau und der Zent", aber in dem schon 1419 für seinen Vetter Eberhard Swende ausgestellten Brief heißt es etwas umständlich: „Einen Teil des Dorfes zu Birkenau, das ist mit Namen, so man das Dorf in zwei Teil geteilet, an dem einen halben Teil das halbe Teil, und an dem andern halben Teil das dritte Teil, es sei mit Gerichten, Zent, Frevel, Bußen, Bede, Steuer, Wasser und Weide ... und zwei Teil an dem großen und kleinen Zehnten". Als dem ältesten unter den Swenden wurde ihm wie bisher üblich auch die Pastorei und die Frühmesse übertragen. Er besaß demnach 5/12 der Zent, die übrigen 7/12 sein Vetter Bernhard (und nicht die Landschaden, wie Johannes Pfeifer meinte).

Bernhard Swende hat aus Altersgründen 1460 auf sein Lehen zugunsten seines Vetters Philipp verzichtet. Eberhard Swende starb 1470. Auch sein Lehenanteil fiel an seinen Neffen Philipp. Dieser vereinigte nun das gesamte Lehen in seiner Hand, bis er es 1477 ebenfalls aus Gesundheits- und Altersgründen aufsagte und die Übertragung an seine Verwandten Landschad, Forstmeister und Wambolt erwirkte.

Der Umfang des sog. Schwendischen Lehens betrug: Die hohe Obrigkeit in der Zent Birkenau, dazu die niedere Gerichtsbarkeit in Birkenau, Kallstadt, Rohrbach und Nieder-Liebersbach; Äcker und Wiesen in Mörlenbach; 36 Morgen Wald und 30 Mannsmat Wiesen in Weinheim, zwei Drittel am großen und kleinen Zehnten in Weinheim, dazu der dortige Zehnte in der Schelmbach; in Ober- und Unter-Abstei-

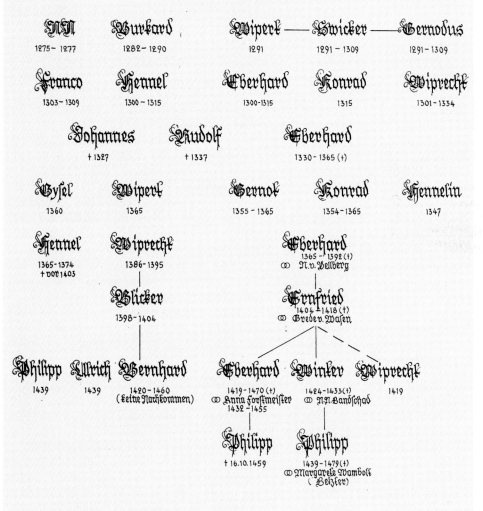

nach zwei Drittel am großen und kleinen Zehnten, der Heuzehnte, 24 Malter Hafer, 2 Malter Käse und 1 Pfund Heller, außerdem 24 Ellen leinen Halbtuch; sowohl in Wallstadt als auch in Wieblingen zwei Siebtel am großen und kleinen Zehnten. Etwa 1440 wurde dieses Lehen aufgestockt mit dem Zehnten in Laudenbach und teilweise in Sulzbach und gewissen Abgaben von der Frickershube in Fürth. Schließlich war mit diesem Lehen die Beleihung mit Pastorei und Frühmesse in Birkenau verbunden, was ihnen die Hälfte am großen und kleinen Zehnten zu Birkenau, Kallstadt, Hornbach und Rohrbach einbrachte.
Der letzte Lehensträger aus dieser berühmten Weinheimer Familie war Philipp Swende, Sohn des Winter Swende († 1433). Er könnte um 1420 geboren sein. Verheiratet war er mit Margaretha (nicht Katharina) Wambolt aus Umstadt, die ihn überlebt hat. Als er 1477 dem Erzbischof von Mainz sein Lehen aufsagte, muß er ein kranker Mann gewesen sein, der keine männlichen Nachkommen hatte und somit als letzter seines Stammes feierlich beigesetzt wurde, indem man über seinem Grab sein Schwert zerbrach und die Stücke zusammen mit dem Wappen ins Grab versenkte. Sein Grabstein hat sich leider nicht erhalten, weshalb wir seinen genauen Todestag nicht wissen. Ende Dezember 1478 lebte er noch, in einer Urkunde vom 9. Dez. 1479 wird er als verstorben bezeichnet. Nicht nur das swendische Lehen sondern auch der beträchtliche Haus- und Grundbesitz, vor allem in Weinheim, fiel an die nächsten Verwandten Landschad, Forstmeister und Wambolt von Umstadt.

b) Drei Lehensherren: Landschad, Forstmeister, Wambolt

Da bei der kinderlosen Ehe des Philipp Swende vorauszusehen war, daß das Mannlehen an den Erzbischof zurückfiel, traten schon recht früh Anwärter auf. 1469 wurde dem Contz Echter dieses Lehen vom Erzbischof und dem Domkapitel versprochen, weil er Geldforderungen an diese hatte und auf diese Weise abgefunden werden sollte. Als Philipp Swende, der von dieser Zusage wußte, trotzdem erreichte, daß das Lehen in seiner weiteren Verwandtschaft blieb, mußten die drei neuen Lehensträger zusagen, dem Echter 1500 Gulden Entschädigung zu zahlen, der dafür auf seine Ansprüche verzichten sollte (Dez. 1479); die Zahlung scheint stattgefunden zu haben. Die drei neuen Lehensträger und Ortsherren von Birkenau bekundeten 1479, daß sie das Lehen nicht aufteilen sondern gemeinsam verwalten und nutzen wollten. Doch schon 1515 war dieser Vertrag überholt, als Hans Forstmeister – auch er ohne Lehenserben – auf seinen Anteil an dem Lehen Birkenau zugunsten der beiden anderen Teilhaber verzichtete. Philipp Wambolt und Hans III. Landschad wurden daraufhin von Erzbischof Albrecht 1515 als alleinige Lehensherrn eingesetzt. Dieses Rechtsverhältnis blieb bis zum Aussterben der Landschaden im Jahre 1653 bestehen.

c) Forstmeister von Gelnhausen

Die Forstmeister von Gelnhausen, die in Birkenau nur ein kurzes Zwischenspiel gaben und deshalb auch in den örtlich noch vorhandenen Akten kaum erwähnt werden, weil sie schon 1515 ausstarben, treten urkundlich erstmals 1229 ins Licht der Geschichte, also noch in der Hohenstaufenzeit. Ihre Mitglieder waren ursprünglich als Forstmeister im Büdinger Wald, der zum Reichsgut gehörte, tätig. An diese Tätigkeit erinnert auch ihr redendes Wappen: Eine Wolfsangel an deren Ende ein Hühnerkopf gesteckt ist. Die ursprüngliche Amtsbezeichnung wurde demnach zum Familiennamen.

Ihre jüngere Linie trat in pfälzische Dienste. Gerhard Forstmeister war 1437 - 1444 Amtmann auf dem Otzberg; seine Frau Agnes war eine Tochter des Bernhard Creiz von Lindenfels. Seine Schwester Anna (1432 - 1461) war mit Eberhard Swende von Weinheim verehelicht. Da keine männlichen Erben vorhanden waren, ging das swendische Lehen Birkenau nach dem Tod Eberhards († 1470) an seinen Neffen Philipp Swende über, der bei seinem Lehensverzicht (1477) Philipp Forstmeister mit einem Drittel bedachte. Dieser Philipp Forstmeister, Sohn des Gerhard Forstmeister und Neffe der Anna Swende geb. Forstmeister, wohl immer in pfälzischen Diensten und 1486 - 1489 als Vogt zu Heidelberg nachgewiesen, war mit Lisa, Tochter des Philipp von Frankenstein, verheiratet († 30. 1. 1495) und starb am 25. 9. 1512. Die Grabsteine dieses Ehepaars befinden sich in der Laurentiuskirche zu Weinheim. Ihre Tochter Dorothee vermählte sich 1486 mit Ulrich Ulner von Dieburg und brachte ihren Besitz in Weinheim in diese Familie ein, so z.B. den ehemaligen Hof der Swende südlich vom Obertor, der somit an die Ulner überging und 1938 von der Stadt zur Erweiterung ihres Rathauses angekauft wurde.

1512 trat der Sohn Hans Forstmeister (1492 - 1515 genannt) ins Birkenauer Lehen ein. Er war mit Guta von Carben verheiratet, hatte aber keine Nachkommen, die Lehenserben werden konnten, weshalb auch er 1515 – also aus dem gleichen Grund wie Philipp Swende 1477 – auf sein Birkenauer Lehen zugunsten der beiden anderen Teilhaber (Landschad und Wambolt) verzichtete, doch mit dem Vorbehalt, wenn er auf wunderbare Weise gegen alle Erfahrung noch zu einem Lehenserben kommen sollte, sollte sein Verzicht rückgängig gemacht werden. Die Witwe Guta Forstmeister wohnte noch 1530 in Weinheim. Hans Forstmeister starb 1515. Grabsteine von ihm und seiner Frau sind in Weinheim nicht erhalten. Sein Lehensdrittel kam am 31. Mai 1515 an Hans Landschad und Philipp Wambolt.

Mit Hans Forstmeister starb die jüngere Linie Forstmeister aus. Auch seine mit Ulrich Ulner verheiratete Schwester Dorothea starb schon am 10. 8. 1517.

d) Die Landschaden von Steinach

Wie lange diese beiden Familien, Landschad und Wambolt, Birkenau weiterhin gemeinsam nutzten und verwalteten, ist nicht genau bekannt. Ihre Zusammenarbeit war gut, das sieht man schon daraus, daß sie vermutlich schon 1522 gemeinsam die Reformation einführten. Jeder Ortsherr hatte später seinen eigenen Keller für Birkenau, die jedoch in Neckarsteinach oder Weinheim residierten. Dem Zentgericht scheinen die Ortsherren abwechselnd vorgestanden zu haben. Wie sie die Einkünfte aufgeteilt haben, wissen wir nicht genau. Jedenfalls haben die Landschaden 1516 ein umfangreiches Lagerbuch anlegen lassen, das uns ihre Einnahmen aufzeigt und auch den Familienforschern eine vollständige Namensliste der Zinspflichtigen bringt. Birkenau hatte 1516 52 Häuser, Hornbach 9, Kallstadt 4, Rohrbach 2, Balzenbach 4 und Nieder-Liebersbach 11 Huben. Dieses Zinsbuch ließ Philipp Wambolt 1534 erneuern.

Die Ortsherren besaßen die hohe Obrigkeit und alles, was mit ihr zusammenhing. Sie hatten zu richten über Hals und Haupt, erhoben die Reichssteuern, ernannten den Zentgrafen (später Zentschultheißen) und konnten jederzeit die Zentmannschaft bei Landesnöten zusammenrufen lassen. Da sie gleichzeitig Vogteiherren waren, also ihnen auch die niedere Gerichtsbarkeit zustand, hatten sie auch Schultheißen und Schöffen ein- und abzusetzen. Sie konnten die gültigen Ortsrechte verkünden und niederschreiben lassen, was schon die Swende 1315 getan hatten. Sie hatten für Sicherheit und Ordnung zu sorgen und mußten sich darum kümmern, daß der gemeine Mann zu seinem Recht kam. Als Gegenleistung stand ihnen Frondienst und die Atzung zu; beides lösten sie mit festen Geldsummen ab. Die Huben gaben ihnen den sog. Hellerzins, die Mühlen ihren Mühlenzins. Für jedes bewohnte Haus war jährlich ein Fastnachtshuhn zu entrichten. Die Jagd und Fischerei war ihnen vorbehalten. Kurz und gut, in der Zent Birkenau galt die gleiche Ordnung wie sonst überall. Nur muß man sich davor hüten zu glauben, die beiden Adelsfamilien hätten von den Erträgnissen ihrer Ortsherrschaft in Birkenau ihr Leben bestreiten könne. Dafür war die Zent zu klein und die Einkommensmöglichkeiten zu gering. Für die Landschaden und die Wambolt, die sonst hohe Stellungen an fürstlichen Höfen innehatten, war dieses Lehen eine besondere Zugabe. Sie konnten sich als Landesherren fühlen, die nur dem Kaiser direkt unterstellt waren. Diese Sonderstellung galt ihnen mehr als Geld, sie hob ihr Ehrgefühl und ihre Achtung.

Die Landschaden von Steinach, ein berühmtes Adelsgeschlecht, an die die vier Burgen in Neckarsteinach erinnern, waren 175 Jahre lang (1478 - 1653) Ortsherren von Birkenau. Sie haben sich in vielerlei Hinsicht um Recht und Ordnung bemüht und die Zent Birkenau gut verwaltet. Ihre guten Beziehungen zum Pfalzgrafen in Heidelberg, der von 1461 - 1650 als Inhaber des Amtes Starkenburg ihr Nachbar war, wirkten sich vorteilhaft aus. Erster Lehensträger war **Dieter Blicker XIV.**, der 1499 starb; er war kurpfälzischer Hofmeister. Nachfolger wurde sein Sohn **Hans III.** der 1501, 1505, 1509 und 1515 belehnt wurde. Er war zuerst Burggraf in Alzey, zeichnete sich im bayerischen Erbfolgekrieg aus (oberster Feldhauptmann), war dann kurpfälzischer Gesandter bei König Maximilian, wurde 1509 zum Rat ernannt und später zum Hofmarschall. 1518 lernte er in Heidelberg Martin Luther kennen und trat schon 1522 zur Reformation über, „wider der Welt und des Papstes Geschrei". Er war zweimal verheiratet und starb 1531. Nach seinem Tode ging das Lehen Birkenau auf seine Söhne über, die 1532, 1547 und 1556 belehnt wurden. Bei einer Erbteilung im Jahre 1536 wurden die mainzischen Lehen **Christoph II.** (1507 - 1587) zugesprochen. Trotzdem wurde er noch 1583 gemeinsam mit den Söhnen seiner Brüder belehnt. (Auch bei den 1590, 1602, 1605, 1628 und 1631 erfolgten Belehnungen wurden stets alle lebenden Mitglieder der Hauptlinie als Lehensträger aufgeführt). Christoph II. war zuletzt Amtmann in Möckmühl, wo er 1587 starb. Ihm folgte sein Sohn **Hans VI.** (1537 - 1600) der auch zeitweise Burggraf auf der Starkenburg war. Nachfolger wurde sein Sohn **Bleickard XVII.** (1575 - 1633), der am Hofe zu Heidelberg eine bevorzugte Stellung innehatte (so war er Brautwerber für Kurfürst Friedrich V. am englischen Königshof). Im 30jährigen Krieg kämpfte er im pfälzischen Heer und mußte 1622 als Mitverteidiger von Heidelberg vor Tilly kapitulieren. Anschließend wurde er ein halbes Jahr auf dem Heidelberger Schloß eingesperrt, durfte sich dann aber auf seinen Stammsitz in Neckarsteinach zurückziehen, nachdem er versprochen hatte, sich nicht mehr gegen den Kaiser zu stellen. Er starb um 1633/34. Sein Sohn **Friedrich III.** (1601-1653) blieb der pfälzischen Sache treu, war bis 1650 Rittmeister im schwedischen Heer und wurde, nachdem die Kurpfalz an Kurfürst Karl I. (1649-1680) zurückgegeben worden war, von diesem 1650 als Amtmann in Lindenfels eingesetzt. Er starb jedoch schon am 1.11.1653. Verheiratet war er mit Margarete Elisabeth von Fulda, die ihn überlebte. Die beiden Söhne aus dieser Ehe, Heinrich Christian Georg, geb. 1631, und Casimir Konrad, geb. 1634, starben vor dem Vater; die drei hinterlassenen Töchter Ursula Christine, Susanne Regina und Maria Felicitas durften das Lehen nicht übernehmen. Die Witwe verkaufte den Familienbesitz in Birkenau. Ein festes Haus besaßen die Landschade hier nicht, aber beträchtlichen Grundbesitz, darunter auch die Carlebacher Mühle, die sie an den Generalmajor Rabenhaupt verkauften. Sie war ein halbes Jahrhundert zuvor vom Schwiegervater Bleickard Landschad von Hans Staiger für 1300 Gulden erworben worden. Die landschadische Lehenshälfte von Birkenau wurde 1655 vom Erzbischof in Mainz dem Reichshofrat Joh. Philipp von Bohn verliehen.

e) Die Wambolt von Umstadt

Die Wambolts stammen aus dem Niddagau, 1243 erstmals bezeugt. Conradus Waenbolt ist 1252 Burgmann zu Breuberg. Sie waren danach in Groß-Umstadt und Umgebung reich begütert, hatten dort einen Burgsitz und später ein Schloß. Nachdem 1390 die Kurpfalz hier Fuß faßte, sehen wir die Familie in den nächsten Jahrhunderten in kurpfälzischen Diensten. Mit anderen Adelsfamilien in Heidelberg und Weinheim kam sie so in engere Berührung und gehörte der fränkischen Reichsritterschaft Kanton Odenwald an.

Hans Wambolt („der Schwarze") ist seit 1424 bezeugt und 1466 als kurpfälzischer Großhofmeister gestorben, war auch Oberamtmann zu Otzberg (1452). Mit Barbara v. Heddersdorf (bezeugt 1451-1457) hinterließ er vier Kinder: Eberhard, Brigida, Philipp („der Brabanter") und Margret. Letztere war mit Philipp Swende zu Weinheim verheiratet, hatte aber mit diesem letzten Sproß des Geschlechts Swende keine lebensfähigen Nachkommen. Sie erreichte, daß ihr Bruder Philipp 1478 als Teilhaber in das Birkenauer Lehen aufgenommen wurde (siehe oben). Nach ihrem Tod wird Philipp Wambolt einen großen Teil des Swende-Besitzes geerbt haben, darunter den Hof an der Ecke Juden- und Münzgasse zu Weinheim, der 1652 auf den Generalwachtmeister Karl Rabenhaupt von Sucha (damals Herr zu Fränkisch-Crumbach) übergegangen ist.

Mit **Philipp Wambolt** beginnt die Familie sich als Ortsherr zu Birkenau einzuführen. In jungen Jahren stand er in burgundischen Kriegsdiensten in den Niederlanden und starb am 22.2.1482 zu Groß-Umstadt, wo er auch begraben liegt.
Ihm folgte sein Sohn **Philipp II.**, bezeugt 1482-1536. Er war mit Margarete v. Dürn († 1528) verheiratet, die er 1516 mit 700 Gulden auf das Birkenauer Gemeinschaftslehen bewittumte, ihr also eine Altersversicherung verschaffte, die jedoch wirkungslos blieb, da sie vor ihm starb. Zuerst war er Domherr in Mainz, resignierte aber nach dem Tod des Vaters und trat in den weltlichen Stand zurück, war dann Amtmann zu Otzberg (1520) und zuletzt kurpfälzischer Rat und Oberhofmeister. Mit seiner Familie trat er zum Luthertum über und befürwortete die Einführung der

Epitaph des Wolf Wambolt von Umstadt († 1578) in der Sakristei der Birkenauer evangelischen Kirche

Reformation in Birkenau (wohl schon 1522). Sein Grabstein in der Laurentiuskirche zu Weinheim liefert uns sein Sterbedatum (1. 11. 1536). Noch vor dem Jahre 1530 schloß er mit seinem Bruder Eberhard einen Erbteilungsvertrag, wobei diesem der Besitz in Umstadt zufiel. 1534 ließ er das Birkenauer Zinsbuch erneuern.

Sein Sohn **Wolf Wambolt** wird Lehensnachfolger (*Neustadt 26. 4. 1513, † Weinheim 3. 2. 1578, Grabmal). Auch er war kurpfälzischer Rat und Hofmeister, zeitweise Amtmann zu Meisenheim. Nach dem Tod seiner Vettern in Umstadt (Wilhelm † 1543, Eberhard † 1545, Hans † 1558) erwarb er von deren Schwestern im Jahre 1560 den größten Teil des dortigen Familienbesitzes (darunter den Burgsitz) für 800 Gulden. Anschließend kaufte er mehrere Häuser in der Nachbarschaft und schuf somit die Voraussetzung für die Erweiterung des Burgsitzes (Schloß). Am 10. 6. 1544 verheiratete er sich zu Oppenheim mit Anna v. Gemmingen, die schon am 4. 3. 1558 starb und ihr Grabmal in Weinheim erhielt. Er hat mit ihr 6 Söhne hinterlassen: Philipp III., Eberhard, Wolf, Schweikhard, Hans und Joh. Theodor (Dietrich), sowie drei Töchter.

1579 belehnte Erzbischof Daniel von Mainz den **Schweikhard Wambolt** mit dem Lehen Birkenau, im Lehenbrief sind seine 5 Brüder als mitbelehnt aufgeführt. In den Birkenauer Akten traten Hans (1596) und Schweikhard (1602) auf. **Hans Wambolt** (geb. 9. 8. 1555) stiftete vor seinem Tod († 31. 12. 1597) 50 Gulden in die Birkenauer Almosenkasse, ebenso Schweikhard (1602) 20 Gulden. Schweikhard war Landrichter in Amberg, hinterließ jedoch keine Kinder, während Hans Wambolt einen 1595 geborenen Sohn Hans Casimir zurückließ, der Lehensnachfolger wurde.

Nach dem Tode Schweikhards (1608) werden in der erneuerten Lehensurkunde an erster Stelle **Hans Casimir Wambolt** genannt, daneben sind seine Vettern Hans Wilhelm, Philipp Adam und Friedrich (siehe Stammtafel) als mitbelehnt aufgeführt. Hans Casimir scheint sich vorrangig um die Ortsbelange in Birkenau gekümmert zu haben, er wird in den Ortsakten 1614, 1624 und 1625 erwähnt. 1625 verpachtete er die Wirtschaft in Birkenau an Andreas Kiefer auf drei Jahre. Er hatte in Weinheim seinen Wohnsitz, war evangelischer Konfession und starb am 9. 7. 1629 in Weinheim, ohne Nachkommen zu hinterlassen.

Nach seinem Tod wurde 1630 die Lehenshälfte Birkenau an den Rittmeister **Friedrich Wambolt** von Kurfürst Anselm Casimir übertragen, wozu auch sein Vetter

Philipp Wambolt III., Birkenauer Ortsherr, aus dem Jahre 1587

Reinhard Casimir seine Einwilligung gab. Dieser Friedrich ist 1599 als Sohn des Philipp Wambolt und seiner vierten Ehefrau Anna Margaretha Knebel v. Katzenelnbogen geboren. Dieser war kurpfälzischer Burggraf auf Starkenburg, Geheimer Rat, Vizedom zu Neustadt, Statthalter in Amberg und Oberhofmeister und ist 1601 gestorben. Es war Ehrensache, daß der Sohn Friedrich zuerst im kurpfälzischen Heere diente, nach Zertrümmerung der Kurpfalz (1622) kursächsischer Offizier wurde und bis zum Jahre 1630 als kursächsischer Rittmeister nachweisbar ist. Später, vermutlich nach dem Tode Gustav Adolfs und nach der Ermordung Wallensteins, trat er in kaiserliche Dienste über, wurde Oberst und verpflichtete sich, ein Regiment auszustatten, was ihn viel Geld kostete und in eine hohe Schuldenlast stürzte. In Sachsen fand er seine erste Gemahlin Anna Jacobea Metsch von Brunn († 1635), die ihm den Sohn Friedrich Heinrich gebar, der die Familie Wambolt fortführen sollte. Seine zweite Ehe schloß er 1636 mit Anna Maria v. Hertinghausen († Eger 1639), die einer evangelischen hessischen Adelsfamilie entstammte, was den Schluß zuläßt, daß er bis zu seinem Tode (Eger 1640) dem anerzogenen evangelischen Glauben treu geblieben ist, wenn auch sein Vetter Anselm Casimir Kurfürst und Erzbischof von Mainz gewesen ist, was dem guten familiären Zusammenhalt keinen Abbruch getan hat. Es ist jedenfalls unwahrscheinlich, daß er noch an seinem Lebensende zum katholischen Glauben übergetreten ist. Auch sein Verwandter Neidhard v. Rodenstein, Burggraf auf Starkenburg, der 1640 die Vormundschaft für seinen noch unmündigen Sohn Friedrich Heinrich (geb. 1628) ausübte, ist Lutheraner geblieben, obwohl ihn der Erzbischof von Mainz zum Burggraf auf Starkenburg ernannt hat und sein naher Verwandter Bischof zu Worms war.

Obwohl von der Heimat weit entfernt und als Offizier ständig umhergetrieben, hat sich Friedrich Wambolt nach dem Tode seiner Mutter (1622) um die zerrütteten Vermögensverhältnisse seiner Familie gekümmert. Wie es dazu kam, hat zwei Ursachen. Obwohl die sechs Söhne des Wolf Wambolt den Besitzstand der Familie im Zeitraum 1580 - 1600 außerordentlich vermehrt haben, folgte ein erster Vermögenseinbruch durch die Tatsache, daß in wenigen Jahren fünf dieser sechs Brüder in bestem Mannesalter starben und ausnahmslos unmündige Kinder hinterließen, für die Vormundschaften eingesetzt werden mußten. Die Witwen waren nicht geschäftserfahren genug, um die auftretenden Probleme zu meistern. Die Töchter mußten mit hohem Heiratsgut ausgestattet werden, der beginnende 30jährige Krieg ließ die Einnahmen fast auf Null sinken, weil die Bauern keinen Zehnten und die Pächter keinen Pachtzins mehr liefern konnten. Erst der 1628 geborene Friedrich Heinrich († 1688) hat durch erstaunliche Tatkraft als einziger Überlebender den Familienbesitz wieder ins Gleichgewicht gebracht und die Voraussetzungen geschaffen, daß die Familie zu einem neuen und steilen Aufstieg ansetzen konnte. Bevor wir dazu kommen und weil die Zent Birkenau davon besonders betroffen war, müssen wir uns mit seinem Vater noch näher beschäftigen. Dieser war vor allem deshalb in eine hohe Schuldenlast gefallen, weil er für das ständig erhöhte Heiratsgut seiner drei Schwestern einzustehen hatte. Die älteste Schwester Luise Juliana Wambolt wurde am 25. April 1620 mit dem Obervogt zu Pforzheim Hans Georg Bertram zu Hersbach vermählt. 100 Gulden Heirats- und Abfindungsgeld wurden ihr zugesagt, diese Summe jedoch auf ihr und Bertrams Drängen nach und nach auf 4000 Gulden erhöht. 1630 lieh Friedrich von seinem Schwager Bertram 5000 Gulden und gab ihm dafür das Dorf Wollenberg zu Pfand. Einige Jahre später lieh Friedrich weitere 1500 Gulden. Bertram

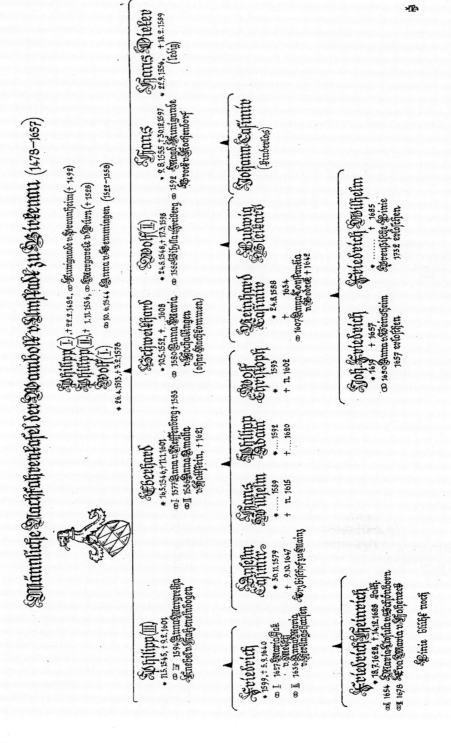

wartete seinen Tod ab (1640), bis er 1642 auf der Einlösung seiner Forderungen (6500 Gulden Kapital, 6800 Gulden Zinsen für 10 Jahre, 4000 Gulden Heiratsgut) bestand.

Um gegenüber der Vormundschaft ein Druckmittel in die Hand zu bekommen, besetzte er die wamboltischen Güter im Elsaß. 1643 kam es zu einem Vergleich: Auf 6 Jahre wurde ihm aller wamboltischer Besitz in Weinheim und Birkenau abgetreten. 1648 wurde dieser Vertrag erneuert, diesmal erhielt Bertram zusätzlich 1000 Gulden und das halbe Swendelehen (die andere Hälfte besaßen noch die Landschaden).

Da der inzwischen volljährig gewordene Friedrich Heinrich Wambolt mit dieser Lösung nicht ganz zufrieden war, kam es 1649 zu einer letzten Verhandlung, bei der der junge Wambolt durchsetzen konnte, daß er neben den Bertram (und später derer von Bohn) die Anwartschaft über dieses Lehen behielt (was dann 1721 den Rückfall erleichterte), auch daß ohne seine und des Kurfürsten von Mainz Genehmigung dieses Lehen nicht verpfändet oder versetzt werden durfte.

Friedrich Heinrich Wambolt (geb. 18. 7. 1628) ist, wenn auch mitbelehnt, kein eigentlicher Lehensherr mehr in Birkenau gewesen (erst sein Sohn konnte 1721 von Birkenau wiederum Besitz ergreifen), trotzdem darf er in dieser Aufzählung nicht fehlen. In seiner frühen Kindheit hat er die schlimmsten Jahre des 30jährigen Krieges erlebt und schon früh (1639, 1640) die Eltern verloren. Sein Vormund Neidhard v. Rodenstein hat sich sehr um ihn gekümmert, hat in dieser Eigenschaft auch 1642 und 1645 dem Zentgericht in Birkenau vorgestanden. Der Mainzer Kurfürst und Erzbischof Anselm Casimir Wambolt, der Vetter seines verstorbenen Vaters, hat vermutlich seine Erziehung bestimmt und ihn so beeinflußt, daß er sich dem Katholizismus zugewandt hat, was auch seine beiden Heiraten (1654 mit Maria Ursula v. Schönborn; 1678 mit Eva Maria v. Hoheneck) bezeugen. Am 3. Mai 1664 wurde er in den Reichsfreiherrnstand erhoben, war mainzischer Rat und Oberst, auch Oberamtmann zu Dieburg, wohnte noch (als letzter seiner Familie) im Schloß im reformierten Groß-Umstadt, zog aber dann nach Bensheim, wo er bedeutenden Besitz erworben hatte. Er hat es meisterhaft verstanden, die finanzielle Krise seiner Familie zu überwinden. Die heutigen Wambolt werden es ihm noch danken.

Wie er sich mit seinem ungestümen Verwandten Hans Georg Bertram von Hersbach arrangiert hat, haben wir oben beschrieben. Zu dessen beiden Söhnen (Georg Friedrich und Hans Georg), die Lehensnachfolger ihres Vaters wurden, in Birkenau ihren Wohnsitz nahmen und sich dort recht übel aufführten, hielt er den nötigen Abstand. Als dann dem Reichshofrat Johann Philipp Bohn die landschadische Hälfte des Lehens versprochen worden war (kurz nach 1653), zögerte er nicht, dessen Bemühen um seine an die Bertram verpfändete Hälfte beim Kurfürsten zu Mainz zu unterstützen und zwar unter der Bedingung, daß Bohn die Pfandschaft von den Gebrüdern Bertram baldmöglichst auslöse. Außerdem behielt er sich auch hier den Rückfall des Lehens vor, wenn die Familie Bohn im Mannesstamm aussterben sollte. In diesem Falle erbot sich Wambolt, den Bohnschen Allodialerben die Hälfte der Pfandsumme, nämlich 1500 Gulden, zurückzuerstatten. Im Falle jedoch, daß es Bohn gelingen würde, auch mit der landschadischen Hälfte belehnt zu werden, müßten die Bohn auf diese Rückzahlung verzichten. Bei den guten Beziehungen der Wambolt zum Hof in Mainz gelang es dann auch, daß Bohn am 3. Mai 1655 die Lehensurkunde über das gesamte Schwendische Lehen (Birkenau) in Mainz feierlich überreicht wurde, der

„darüber in Treuen gelobt und leiblich seinen Eid geschworen, Uns und Unserm Erzstift Mainz getreu, hold und gehorsam zu sein."

f) Gebrüder Bertram von Hersbach

Bevor wir uns den Gebrüdern Bertram von Hersbach zuwenden, bedarf es zum vollen Verständnis der Entwicklung eines Rückblickes auf die schwierigen Zeitverhältnisse. Bekanntlich hat im 30jährigen Krieg unsere engere und weitere Heimat unsäglich gelitten. Schon bald nach der unglücklichen Schlacht am Weißen Berg bei Prag (8. Nov. 1620) – auch schon kurz vorher im September 1620 – stießen die spanischen Truppen unter Spinolas, später unter Cordubas Führung linksrheinisch bis Frankenthal vor, besetzten 1621 das hessische Ried und die Bergstraße und plünderten alle nichtkatholischen Orte schonungslos aus. 1622 stieß Tilly mit seinem Heer der katholischen Partei, nachdem er den von Mannheim aus bis nach Darmstadt vorgedrungenen Mansfeld zurückgedrängt hatte, bis Heidelberg vor und eroberte es. Bei diesen verschiedenen Kriegshandlungen wurden auch Birkenau und das Weschnitztal (damals noch kurpfälzisch) erstmals im Herbst 1621 hart mitgenommen, als Generalwachtmeister Graf von Anholt im Auftrag Tillys das Weschnitztal und andere Teile des Odenwaldes heimsuchte. Birkenau muß damals geplündert worden sein, genauere Nachrichten fehlen.

Die schwersten Zeiten jedoch standen unserm Ort noch bevor. Als Retter der protestantischen Sache erschien der Schwedenkönig Gustav Adolf und trieb die Kaiserlichen vor sich her. Ende 1631 eroberte er die Kurpfalz zurück. Die ligistischen Truppen zogen sich ziemlich kampflos zurück, nicht ohne vorher noch die wichtigsten Orte verheert zu haben, Birkenau wurde von den Spaniern in Brand gesteckt, wobei die Gemeinde ihre wichtigsten Gerichtsakten verlor.

Für wenige Jahre war nun Ruhe, allein nach der unglücklichen Nördlinger Schlacht im Herbst 1634 fluteten die Schweden mit ihren Verbündeten bis zur Mainlinie zurück. Die Kaiserlichen folgten ihnen auf dem Fuß, unsere weitere Heimat wurde für längere Zeit Kriegsschauplatz. Die verübten Greueltaten hat Pfarrer Minck in Groß-Bieberau eindrucksvoll geschildert. Wo es möglich war, flohen die Landbewohner in die benachbarten festen Städte, so auch die Bewohner der Zent Birkenau nach Weinheim. Darunter waren etwa 300-400 Einwohner aus Birkenau. Dort hatten sie einen gewissen Schutz, trotzdem wurden die meisten von Hungersnot und Pest dahingerafft. Birkenau scheint fast ein Jahr lang unbewohnt gewesen zu sein, Ende 1635 kehrte der Schultheiß Marx Knosp mit dem Rest zurück, es waren „in allem 10 Mann" (= Familienväter). Diese 30-40 Personen legten beim Wiederaufbau kräftig Hand an. Schon 1636 hatten die Ortsherren wieder einen neuen Pfarrer berufen (Abraham Meigelius), der aus St. Peter in Österreich stammte und bis 1670 hier amtierte. 1642 trat das Zentgericht erstmals wieder zusammen. Unruhe kam wieder auf, als 1644 und 1647 die Franzosen hier hausten. Endlich kam es 1648 zum langersehnten Frieden.

Zahlreiche Güter lagen verlassen und herrenlos, waren mit Unkraut und Gebüsch verwachsen, so daß die Felder teilweise neu gerodet werden mußten. Das Elend war unbeschreiblich, die Ortsherrschaft nicht ortsansässig, weit entfernt und ziemlich machtlos, den Wiederaufbau rasch voranzubringen. Friedrich Landschad, Besitzer der einen Lehenshälfte war bis 1650 schwedischer Rittmeister, dann setzte ihn der Kurfürst von der Pfalz als Amtmann in Lindenfels ein. Seinem Bemühen um die Zent wurde schon 1653 durch seinen Tod ein Ende gesetzt. Die andere Hälfte war den Gebrüdern Bertram von Hersbach pfandweise überlassen worden. Sie waren wohl auch Offiziere im vergangenen Krieg gewesen. Über ihre Familien- und Vermögensverhältnisse ist wenig bekannt. Ihre Herkunft jedoch konnte aufgeklärt werden.

Das Geschlecht hat seinen Namen vom Dorf Herschbach im Westerwald und läßt sich seit 1258 in mehreren Zweigen nachweisen. (H. Gensicke: Nassauische Annalen 75, 1964, S. 223). Das Wappen der Bertram v. Hersbach zeigt einen Eichelzweig mit Eicheln. Wie wir oben gezeigt haben, kam Hans Georg Bertram v. Hersbach (Sohn d. Wilhelm Bertram v. Hersbach und der Elisabeth v. Herda), der um 1580 geboren sein dürfte, durch seine (zweite ?) Heirat mit Louysa Juliana Wambolt (Tochter d. Philipp Wambolt v. Umstadt und der Margreth Landschad) zugleich mit den beiden Lehensträgern zu Birkenau in verwandtschaftliche Beziehung. 1612 war er noch Hofmeister zu Dierdorf, 1619 in Buchsweiler tätig und wurde 1620 zum Obervogt zu Pforzheim ernannt. Daß er seinem Schwager Friedrich Wambolt Geld geliehen hat, haben wir oben dargestellt. Sein Sterbedatum ist nicht bekannt. Die vertraglichen Regelungen und die Besitzüberschreibungen in Weinheim und Birkenau 1643 und 1648 könnten noch von ihm und nicht von seinem gleichnamigen Sohn abgeschlossen worden sein. Jedoch spätestens 1651 treten seine beiden Söhne in Birkenau in Erscheinung. Georg Friedrich (1651 - 1668) und Hans Georg (1651 - 1685) nahmen hier ihren Wohnsitz. 1654 ließen sie sich huldigen. Allen durch die Kriegsläufte herrenlos gewordenen Besitz, der zu ihrer Hälfte gehörte, zogen sie ein, wenn kein rechtmäßiger Erbe seine Ansprüche geltend machen konnte. 1659 hielten sie mit dem Zentgrafen von Fürth das Zentgericht ab, ohne den anderen Zentherren Abraham Wolfgang v. Bohn zu benachrichtigen und ließen dabei niedere Fälle (Frevel, Diebstahl, Schlägerei, Scheltwort) abstrafen, obwohl 1655, als Philipp Bohn von der Zentmannschaft gehuldigt wurde, dieser vom Vertreter des Kurfürsten mitgeteilt wurde, daß sie von allen Pflichten, die sie früher den Bertrams getan, befreit seien. Damals (1655) hat Hans Georg Bertram v. Hersbach den Zentschultheißen und drei Zentschöffen zu sich befohlen und verlangt, daß sie ihn und seinen Bruder weiterhin als Zentherren anerkennen, sonst würde er sie mit Geld und Gefängnis strafen. Im Gegenzug wurden sie nochmals vom Reichshofrat Bohn verpflichtet, nur ihn allein als ihre Obrigkeit anzuerkennen „den beiden Bertram nicht zu parieren und wenn diese de facto wider alles Verhoffen in ihre Wohnung eindringen und den einen oder andern mit Degen oder Schlägen zu traktieren unterstehen sollten, sich derselben widersetzen, treulich zusammenhalten, einer den andern verteidigen, auch wenn es nötig wäre, die Glocken Alarm läuten zu lassen, die ganze Zent zusammenzurufen und Gewalt mit Gewalt zu vergelten". Auch sonst wurden die Untertanen und Schöffen angewiesen, alles zu tun, was zur Verteidigung der Rechte des Reichshofrats erforderlich wäre. Diesem Befehl nachzukommen, haben sich Schultheiß, Gericht und ganzer Umstand willfährig erklärt (1655). Ihre Gemeinsamkeit vier Jahre später mit dem mainzischen Zentgrafen zu Fürth zeigt, daß die Bertrams nicht gewillt waren, ihre Übergriffe einzustellen.

1655 wird über die beiden geklagt, sie hätten leerstehende, aber noch gute Häuser abbrechen und an andere Orte überführen lassen. Außerdem ließen sie Hausplätze zusammenziehen und verkauften sie als große Hofgüter, dadurch würden die Untertanen vertrieben und keine neuen Zuwanderer angelockt.

1662 wird berichtet, Georg Friedrich Bertram habe Reinhard Jungmann von Frankfurt tödlich verwundet. Er wurde deswegen in Arrest genommen; der Ausgang der Angelegenheit ist nicht überliefert.

Endlich kam es 1668 zu einem Vergleich und die Bertram entsagten gegen eine Summe Geldes allen weiteren Ansprüchen auf das Birkenauer Lehen. Hans Georg scheint damals schon in Kaiserlichem Kriegsdienst in Ungarn gewesen zu sein, bis er 1685 nach 23jährigem Dienst infolge einer Beinverwundung durch Pfeilschuß dienstunfähig geworden war. 1685 erhebt er gegenüber Kurtrier vergebliche Ansprüche auf angebliche Lehengüter in Herschbach. Danach schweigen die Akten.

Die Herren von Bohn

Die Familie ist bürgerlichen Ursprungs, mit der Adelsfamilie Bonn v. Wachenheim hat sie nichts zu tun. Stammvater ist **Markus Friedrich Bohn**, geb. um 1540. Er war verheiratet mit Sabine N.N. (vor 1573). Er ist ab 1557 als Bürger in Worms bezeugt und dort 1602 gestorben. Er könnte schon Beziehungen nach Weinheim gehabt haben. Sein Sohn **Hans Philipp Bohn**, anscheinend in Worms geboren, verheiratet mit Susanne Sonntag, erwirbt 1592 und 1598 Besitz in Weinheim und wird in der Kaufurkunde von 1598 als derzeitiger hunolsteinischer Keller zu Lorch/Rheingau bezeichnet. Dort wird ihm am 19. Februar 1597 der Sohn Johann Philipp geboren und evangelisch getauft. Danach zieht der Vater nach Weinheim und wird dort Keller der Ulner (1601 - 1614). Er besitzt in Weinheim den Steinbacher Hof, an dessen Stelle später das städtische Krankenhaus gebaut wurde. Bis 1619 ist er in Weinheim bezeugt.

Johann Philipp v. Bohn ist für die Geschichte Birkenaus von Bedeutung geworden. „Weil ein sonderbares herrliches Ingenium sich bald bey ihme blicken lassen, (wird er) zur Schulen und Studium angehalten", so heißt es in seiner Leichenpredigt. Seit 1608, also mit 11 Jahren, besucht er das Gymnasium in Worms, ab 1613 die Universität Gießen, 1614 Marburg, 1616 Heidelberg und schließt 1620 sein Jurastudium mit der Doktorprüfung ab. 1622 wird er Advokat, dann Prokurator am Reichskammergericht in Speyer, dort hat er 1621 eine Arzttochter geheiratet. 1633 wird er hohenlohischer Rat und Kanzler, 1638 Geheimrat in Braunschweig-Lüneburg, 1642 Geheimer Rat und Kanzler in Oldenburg, 1651 kaiserlicher Reichshofrat in Wien,

Gesandter für Braunschweig und Oldenburg beim Reichstag zu Regensburg. Am 25. 4. 1654 wird er in den Reichsadel aufgenommen. Durch die Belehnung mit dem Schwendenlehen zu Birkenau wird er Landesherr und Mitglied der Fränkischen Ritterschaft, Kanton Odenwald. Er starb am 18. Februar 1658 und wurde in der Kirche Birkenau beigesetzt.

In 1. Ehe war er verheiratet mit Anna Christina Henner, Tochter des ersten Arztes am Reichskammergericht, Peter Henner, und Hofmedikus in Trier. Sie ist geb. Worms 11. 5. 1602, gest. Oldenburg 30. 9. 1650. – Seine 2. Ehe schloß er in Regensburg (10. 9. 1654) mit Sara Beatrix Schilt, vermutlich katholisch (geb. 6. 10. 1605, gest. nach 1660).

Warum Kurfürst Joh. Philipp von Schönborn (1647 - 1673) den Reichshofrat mit Birkenau belehnt hat, ist in Einzelheiten nicht bekannt. Jedenfalls hat er jenem, der Reichserzkanzler war, gute Dienste geleistet, so 1654 im mainzischen Erfurt. Sehr lukrativ war dieses Lehen damals nicht mehr, die Zent Birkenau war auf 13 Untertanen geschrumpft, die jährlichen Einkünfte des Schwendelehens lagen bei gut 1000 Gulden. Hätte er die Schereien mit den Bertram von Hersbach vorausgesehen, hätte er sicherlich eine andere Wahl getroffen. Seinen Wohnsitz behielt er in Weinheim, wo er vom Vater her ziemlich begütert war.

Der Lehensbrief vom 3. Mai 1655 zeigt einige bemerkenswerte Änderungen. Kurmainz behielt sich für die Landschadische Hälfte die vier hohen Zentfälle vor (Mord, Brand, Ehebruch, schwerer Diebstahl). In solchen Fällen stand von nun an der mainzische Zentgraf zu Fürth dem Zentgericht vor. Die schweren Fälle innerhalb der Wamboltischen Hälfte verblieben den Pfandinhabern, also von 1655 - 1658 dem Reichshofrat Bohn, von da ab wieder den Bertram, ab 1668 endgültig den Bohn. Formell blieben die Wambolt Lehensträger. Dem Lehen Birkenau wurde ein Mannlehen über die Höfe in Steinbach bei Fürth und die beiden Mühlen zu Fürth (Vorder- und Hintermühle) hinzugefügt (ursprünglich Lehen der Landschaden). Außerdem wurden als Erblehen beigegeben 2 Mühlen zu Fürth und Lörzenbach.

Vorbehalten hat sich der Erzbischof „die Einführung und ungesperrte Übung der katholischen Religion und deren Ausübung, doch ohne Verhinderung der Augsburgischen Konfession". Damit hielt sich der Erzbischof streng an die Bestimmungen des Westfälischen Frieden (1648), garantierte das hergebrachte lutherische Bekenntnis, sagte aber etwa zuziehenden Katholiken Unterstützung zu, doch war Bohn nicht verpflichtet, diesen eine eigene Kirche zu bauen oder deren Priester zu besolden. Im Bedarfsfall hätte der Erzbischof einspringen müssen. Daß es bei stärkerem Zuzug von Katholiken zu Schwierigkeiten kommen würde, war abzusehen.

Am 20. Mai 1655 wurden die Untertanen zur Huldigung bestellt. Der Burggraf zu Starkenburg-Hoheneck stellte den 39 Untertanen der Zent Birkenau den neuen Ortsherren vor, entließ sie aus ihren Pflichten gegenüber den Gebrüdern Bertram und ließ sie dann den Huldigungseid schwören. „Traten also herzu und lobten dem Herrn Burggrafen erstlich, hernach Herrn Reichshofrat v. Bohn mit Handtreue an und leisteten gewöhnlichen Huldigungseid".

Der Huldigungseid lautete:

> *„Ihr wollet geloben und schwören, daß ihr dem wohledlen Reichshofrat*
> *Johann Philipp v. Bohn als eurer vorgesetzten ordentlichen Obrigkeit und*

*Zentherrn treu und hold sein, vor Schaden warnen, Gehorsam leisten,
sein Gebot und Verbot, in Abwesenheit seinem Diener, jederzeit
Respektion und in Summe alles dasjenige tun wollt, was einem treuen,
gehorsamen und schuldigen Untertan gegen seiner von Gott gesetzten
Obrigkeit gebührt, leisten und vollziehen.
Alles dasjenige, so mir allhier vorgelesen, hab ich recht und wohl
verstanden, will auch demselben getreulich nachkommen, so wahr mir
Gott helf und das heilige Evangelium".*

Zehn Tage nach der Huldigung ließ der neue Lehensherr von der Kanzel verkünden, daß am folgenden Mittwoch (23. Mai/2. Juni) das Zentgericht tage und die Zentmannschaft vollzählig zum Zenttag zu erscheinen habe. Nachdem die Vollzähligkeit der Zentleute überprüft war, ergriff Reichshofrat v. Bohn das Wort. Da allerhand Unordnung in der Zent eingerissen sei, hielte er es für notwendig, diesen Zent- und Gerichtstag anzusetzen. Er ließ die Schöffen wieder in Eid und Pflicht nehmen, bestätigte auch den bisherigen Zentschultheißen Marx Knosp in seinem Amt. Darauf hegte dieser das Gericht:

*„Dieweilen es nunmehr gottlob an dem, daß wir wieder mit einer ordentlichen Obrigkeit versehen, mir auch von dem hochedlen gestrengen Herrn
Johann Philipp v. Bohn, der römisch kaiserlichen Majestät Reichshofrat,
als unserm Zentherrn erlaubt, so heb ich an zu hegen das adeliche Zentgericht, wie solches von unseren Vorfahren uff uns bracht ist mit allen
seinen Rechten und Gerechtigkeiten und vermahne auch sämtliche
Zentschöffen und die ganze Gemein bei euren Eiden und Pflichten,
damit ihr hochgedachtem unserm lieben Herrn, dann auch diesem
löblichen Zentgericht zugetan seid, ich tue euch in Fried und Bann,
geb euch das Recht, verbiete alles Unrecht, ich gebiete euch Schöffen auf
den Stuhl, daß keiner aufstehe oder niedersitze, er tue es dann mit
Erlaubnis, es soll keiner reden ohne Erlaubnis, ich verbiete alle falschen
Klagen und Ausspruch und erlaube das Recht. Ihr sollet Klag hören,
Urteil und Ausspruch geben bei eurem Gewissen und bestem Verstand,
wie euch Gott der Allmächtige verliehen hat, daß die Frommen beschützet
und das Übel gestraft werde. Ihr sollet rügen und vorbringen alles,
was rüg- und klagbar und hierher zu diesem adelichen Gericht gehöret.
Auch anlangend Brand, Mord, Diebstahl und Ehebruch sollet ihr
anzeigen, damit sie wie recht gehöriger Orten verwiesen werden.
Es soll keiner was verschweigen noch verhehlen durch Freundschaft oder
Gab, mit Unwahrheit aus Neid oder Haß auch nichts angeben, sondern
was er gesehen und, daß es sich in der Tat also verhalten, gewiß weiß,
auch gegen Gott und die Obrigkeit zu verantworten getrauet".*

Nach dem frühen Tod des Joh. Philipp v. Bohn wird im Jahre 1659 der Lehensbrief für seine beiden hinterlassenen Söhne Abraham Wolfgang und Siegfried Christoph ausgestellt. **Abraham Wolfgang v. Bohn**, der ältere von beiden, geb. um 1627, tritt bis zu seinem Tode († Heidelberg 11. 1. 1674) als Ortsherr in Birkenau auf. Nach seinem Studium in Heidelberg (1652) war er zuerst in Göttingen tätig (1652), trat dann in kurpfälzische Dienste und wurde am 22. 2. 1655 zum Amtmann in Linden-

Stammtafel von Bohn
Weinheim/Bickenum

Marcus Friedrich Bohn
* um 1540, Keller in Weinheim
† vor 1573 Sabina N.N.

Hans Philipp Bohn
* Weinheim 1655, Keller zu Borsch
⚭ Susanna Sontag

Johann Philipp von Bohn Dr. jur. Reichshofrat
* 19.2.1597, † 8.2.1658
⚭ I 13.6.1625 Anna Christina Hennes, † 30.9.1650
⚭ II 10.9.1654 Clara Fredericx Schiff

Max Friedrich von Bohn
1655

Emrich Philipp
* 18.12.1626, † 22.9.1663

Siegfried Christoph
* 8.6.1653, † 29.10.1681
⚭ Anna Maria v. Spörken † 19.11.1680

Angelica Rosine
* 28.6.1654, † jung

Maria Sabine Elisabeth
* 19.9.1655, † 19.4.1664

Johann Philipp
* 2.8.1670, † 23.10.1721
Kurpfälzischer Oberst Kriegskommissar
ohne Nachkommen

Amalia Maria
† 1716
⚭ Oberst v. Wallhofen

Maria Benedicta
* Weinheim 6.12.1672
† Wiesbaden 22.7.1757

Anna Christiana
* um 1624, † 21.1.1656
⚭ 8.9.1646 Johann Bosch, Dr. jur.

Abraham Wolfgang
* um 1625, † 31.2.1674
1655—1670 Amtmann zu Lindenfels
⚭ 29.10.1661 Elisabeth Catharina v. Boscht ohne Nachkommen

Sophia Elisabeth Catharina
† 4.10.1729

Rudolf Wolfgang
† nach 1687
Hessen-hochheimischer Hauptmann

fels bestellt und 1670 zum Hofmeister in Heidelberg ernannt. Am 29. 10. 1661 hat er in Weinheim Elisabeth Katharina von Schott, Tochter des Joh. Christoph Schott von Hellingen und der Barbara Synger von Moßauw, geheiratet. Aus dieser Ehe sind keine Nachkommen bekannt. Seinen Wohnsitz hatte er in Weinheim, seinen Dienstsitz in Lindenfels. In Birkenau seßhaft geworden ist erst sein nachfolgender Bruder. 1668 hat er die Gebrüder Bertram mit einer Geldzahlung abgefunden. Schwierigkeiten bei der Verwaltung seines Besitzes machte ihm der kurmainzische Zentgraf zu Fürth, der leugnete, daß v. Bohn Vogteirechte in Liebersbach habe. Zivilverbrechen wurden als hohe Zent ausgegeben, die von Kurmainz zu ahnden seien. Zudem wurden die Eltern in Liebersbach scharf bedroht, sie sollten ihre Kinder katholisch erziehen lassen. Auch in Birkenau wurden die Katholiken auf Anstiften des Pfarrers zu Abtsteinach aktiv. Der Weihbischof zu Mainz schrieb dem lutherischen Pfarrer in Birkenau einen Brief, in dem er ihn aufforderte, dem zuständigen katholischen Geistlichen zu Abtsteinach einen Kirchenschlüssel zu liefern, auch solle er gestatten, daß die Katholiken einen eigenen Altar aufrichten, im Chor sollte er die Stühle wegbrechen lassen und den Chorraum verschlossen halten. Auf Bohns Beschwerde versicherte der Kurfürst, daß er in der Kirche und dem darin üblichen Gottesdienst der Augsburger Konfession nichts Veränderliches einführen lassen wolle. Die konfessionellen Streitigkeiten setzten sich später fort.

Schwierigkeiten machte auch der kurpfälzische Keller in Weinheim, wie 1671 festgehalten wird. Den Untertanen in Hornbach und Balzenbach, die nur mit der hohen Obrigkeit nach Birkenau gehörten, wurde befohlen, ihre Kinder nach Waldmichelbach oder Weinheim zur Taufe zu tragen, also reformiert zu werden. Den wirtschaftlichen Aufschwung der Zent hat v. Bohn gefördert, ließ 1664 ein neues Grundbuch anlegen und erließ 1668 eine sog. Polizeiordnung, die sich mit der Heiligung der Sonn- und Feiertage, dem regelmäßigen Kirchenbesuch, dem Fluchen, den bösen Wünschen, dem Segensprechen, der Wahrsagerei, dem Aberglauben und zuletzt mit der Ordnung bei Hochzeiten und Kindtaufen befaßte. Den von den Bertram erworbenen Wohnsitz hat er seinem Bruder überlassen. Er starb am 11. 2. 1674 zu Heidelberg und wurde neben seinem Vater in der Birkenauer Kirche beigesetzt. Nachkommen hat er keine hinterlassen.

Siegfried Christoph v. Bohn, geboren in Neuenstein am 8. 6. 1638, studierte in Helmstedt (1660), war dann Geheimer Rat und Reichstagsgesandter, kümmerte sich noch zu Lebzeiten seines Bruders um Birkenau, baute dort als erster Adliger ein neues Haus „uf der Bitzen" (mit Scheuer, Stall, Hof, Garten, Fischweiher und dabei gelegenen Wiesen und Äckern). Er starb am 29. 10. 1681 in Alsheim/Rheinhessen. Verheiratet war er mit Anna Maria v. Spönlen, die lutherisch war († 19. 11. 1680). Nach dem frühen Tod der Eltern wurde für die fünf noch unmündigen Kinder eine Vormundschaft eingesetzt und der Besitz in Birkenau inventarisiert.

Nachdem er volljährig geworden war, wurde **Johann Philipp v. Bohn** etwa ums Jahr 1688 mit Birkenau belehnt. Er wurde am 2. 9. 1670 vermutlich als zweiter Sohn des Siegfried Christoph v. Bohn in Birkenau geboren, war 1684 Fähnrich auf einem Feldzug in Ungarn, erscheint danach als Oberstleutnant in gothaischen Diensten und wird 1699 als kurpfälzischer Oberst bezeichnet. 1706 zog er nach Birkenau und starb dort, ohne Erben zu hinterlassen, am 23. 10. 1721 (s. Stammtafel). In seine Zeit fällt die Verwüstung der Pfalz durch die Franzosen. Schon im Orlean'schen Krieg muß-

Siegfried Christoph v. Bohn, Herr zu Birkenau, Rat des Fränkischen Grafenkollegiums und Gesandter beim Reichstag zu Regensburg, Kupferstich 1667, Zeichner und Stecher unbekannt (Museum der Stadt Regensburg, Inv. G 1956/53)

ten am 6. Juli 1674 die Birkenauer ihr Dorf fluchtartig verlassen und konnten erst nach drei Wochen wieder zurückkehren. In den Jahren 1689-1693 wurden sie öfters von feindlichen Truppen heimgesucht, die hohe Summen erpreßten. Dadurch kam auch Oberst v. Bohn in große Geldschwierigkeiten, so daß er 1699 9000 Gulden aufnehmen und dafür seinen Besitz in Birkenau verpfänden mußte.

Von 1706-1721 wohnte und regierte er tatkräftig in Birkenau, steigerte die Einwohnerzahl von 210 auf 440 Köpfe, darunter 28 Judenfamilien, denen er den Zuzug erlaubte, um seine Steuereinnahmen zu erhöhen. Für diese Juden ließ er Häuser bauen und konnte daher nicht sein Versprechen halten, die Kirche von Grund auf zu renovieren. Für die Kirche spendierte er eine neue Kanzel und eine Sanduhr, damit der Pfarrer nicht in langatmige Predigten verfiel. Die Polizeiordnung von 1668 ließ er erneuern. Der Schule gab er eine Ordnung und führte den Katechismus als Lehrbuch ein. 1711 ging er gegen die frühe Verbindung der jungen Leute vor ihrer Eheschließung vor. Als er sich 1711 gewisse Rechte (z.B. Schafweide) anmaßen wollte, leistete die Gemeinde mit Erfolg Widerstand.

Er war der letzte seines Geschlechts, weshalb bei seiner Beisetzung sein adliges Schild zerbrochen und sein Petschaft zerschlagen und in sein Grab geworfen wurden.

Joh. Philipp v. Bohn wurde in der Birkenauer Kirche beigesetzt. Er hinterließ zwei unverheiratete Schwestern Sophia und Benedikte, die nur mit dem Teillehen in Fürth und Lörzenbach belehnt wurden. Das Hauptlehen Birkenau kam zurück an die Familie Wambolt, die ihre Anwartschaft stets aufrecht erhalten hat.

h) Die Wambolt von Umstadt (1721-1806)

Der Rückfall des Lehens Birkenau an die Familie Wambolt vollzog sich rasch und reibungslos. Der mainzische Burggraf und Oberamtmann auf der Starkenburg meldete den Tod des letzten Lehensträgers umgehend dem Kurfürsten und Erzbischof von Mainz. Die lange vorbereitete Neubelehnung an den Freiherrn Franz Kaspar Wambolt, kaiserlicher und kurmainzischer Geheimrat, Generalfeldzeugmeister und Gouverneur von Mainz, erfolgte so kurzfristig, daß schon am 24. Nov. 1721 die Besitznahme in Birkenau erfolgen konnte. Das katholische Umfeld erwartete von den neuen Ortsherrn eine nachhaltige Bevorzugung der Katholiken und eine Unterdrückung der Lutheraner. Ein Glaubenskrieg wie in der benachbarten Kurpfalz schien sich anzubahnen.

Die Übergabe wurde mit einem katholischen Gottesdienst in der lutherischen Kirche zu Birkenau eingeleitet, wobei der katholische Pfarrer von Ober-Abtsteinach Jörg Konrad Spangenberger die Messe las. Neben dem neuen Lehensherrn Freiherr v. Wambolt nahmen folgende Gäste teil: Herr v. Groschlag, Domherr zu Mainz, Assessor Diel von Mainz, der Burggraf auf Starkenburg Schütz v. Holzhausen mit Kammerrat, Amtskeller und Amtsschreiber sowie ein Amtmann Lippert. Vor der Kirche überreichte der lutherische Pfarrer Hallenbauer die Schlüssel zur Kirche an die neue „vorgesetzte Obrigkeit und Episcopus locus", wobei er in geziemender Form die übliche Bitte vorbrachte, sie bei ihrer durch den Westfälischen Frieden (1648) garantierten Gewissensfreiheit zu lassen. „Oberst Wambolt den Kirchenschlüssel übernommen, sonst nicht geantwortet, die Kirchentür aufgeschlossen und sich bei läutenden Glocken in die Kirche verfügt".

Anschließend mußten die Zentuntertanen auf dem Rathaus ihrem neuen Herrn huldigen. Nicht eingeladen waren die Einwohner von Nieder-Liebersbach, weil sie angeblich mit der Vogtei nach Starkenburg gehörten. Die Einwohner von Hornbach und Balzenbach, die damals nur mit der Zent nach Birkenau gewiesen waren, brauchten keinen Huldigungseid zu leisten, sondern gaben nur Handgelöbnis. Auch die inzwischen auf 28 Familienväter angewachsene Judenschaft brauchte nur Handtreue zu leisten.

Im Lehensbrief wurde dem neuen Landesherrn wiederum die Ausübung der hohen Gerichtsbarkeit übertragen, was seinen Vorgängern seit 1655 versagt geblieben war.

Franz Philipp Kaspar Wambolt ist am 18. Aug. 1683 zu Bensheim geboren und am 13. Juni 1748 zu Mainz verstorben (begr. in Bensheim). Zuletzt, von 1739-1747, war er Oberamtmann auf Starkenburg. Verheiratet war er mit Maria Charlotte Freiin v. Kesselstein (Koblenz 26. Juni 1719), geb. 11. 6. 1693, gest. Mainz 3. 3. 1754 (begr. in Bensheim).

Der neue Landesherr behielt seinen Wohnsitz in Bensheim, erst sein Sohn und Nachfolger erbaute sich in Birkenau ein Schloß. Es war selbstverständlich, daß von nun an alle herrschaftlichen Beamten und Diener katholisch sein mußten.

Auch sonst unterstützte der neue Landesherr die katholische Minderheit nach Kräften. Die bisher lutherische Kirche verwandelte er in eine Simultankirche nach kurpfälzischen Muster. Darüber hinaus verfügte er, daß alle Kinder aus konfessionell gemischten Ehen nur katholisch erzogen werden durften. Doch damit ließ er es bewenden. Als es 1747 zu neuen heftigen Auseinandersetzungen zwischen beiden Konfessionen kam, griff er mäßigend ein und verhinderte einen Aufstand. Sein Sohn und Nachfolger **Philipp Franz Wambolt**, der 1749 mit Birkenau belehnt wurde, und dessen Vormundschaft beendeten durch einen Religionsvergleich die Streitigkeiten. Mischehen wurden von da ab untersagt.

Der neue Landesherr (geb. in Ehrenbreitstein 27. 7. 1732) stand in kaiserlichen und kurmainzischen Diensten und war Oberamtmann zu Miltenberg. Verheiratet (Würzburg 3. Sept. 1755) war er mit Marie Charlotte Magdalena Freiin von Hutten zum Stolzenberg (geb. Karlstadt a.M. 28. 3. 1739, gest. Heidelberg 10. 4. 1803). An seinem Lebensabend hatte er schwer an den Folgen der Französischen Revolution zu

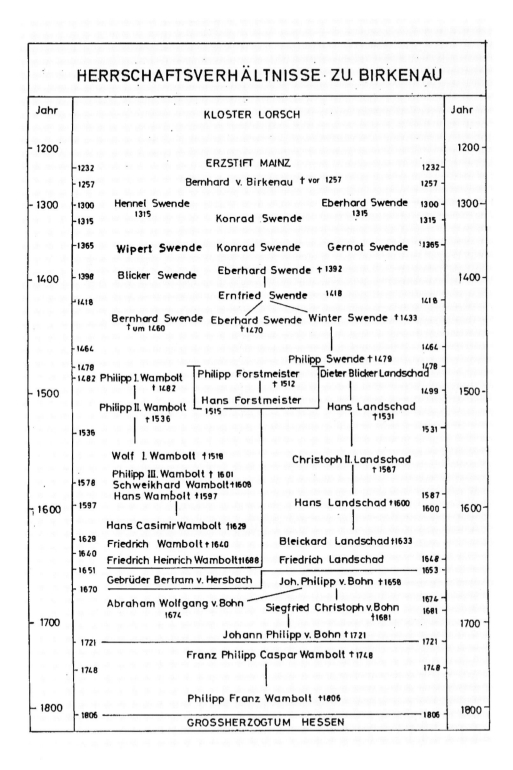

tragen. Er starb am 25. Mai 1806 in Heidelberg und mußte nicht mehr erleben, daß seine Herrschaft Birkenau noch im gleichen Jahr an den Großherzog von Hessen fiel. In glücklichen Jahren hat er sich in Birkenau ein prächtiges Schloß bauen und einen herrlichen Park anlegen lassen (1771), in dem seine Nachkommen heute noch ihren Wohnsitz haben.

Im gleichen Jahr ließ er die herrschaftliche Polizeiordnung von 1734 durch eine neue, umfangreichere ersetzen, eigentlich ein Bürgerliches Gesetzbuch, das von nun an bei allen bürgerlichen Angelegenheiten von den Beamten zu Rate zu ziehen war. 1793 schlichtete er einen neuen Kofessionskonflikt und versprach der katholischen Kirchengemeinde, auf seine eigenen Kosten eine neue Kirche für sie zu bauen. Die Zeitumstände verhinderten zu seinen Lebzeiten die Ausführung des Versprechens, das erst sein Sohn im Jahre 1818/19 einlösen konnte. Dessen glänzenden Vermögensverhältnisse erlaubten ihm diese einmalige Großzügigkeit.

Nach dem Tode des Vaters war **Philipp Hugo Wambolt** (geb. 29. 9. 1762 in Mainz) nur noch wenige Monate Landesherr in Birkenau. Er hatte im 1803 aufgelösten Kurstaat Mainz und seinem kurzlebigen nachfolgenden Fürstentum Aschaffenburg kein öffentliches Amt mehr und nannte sich schlicht nur noch Majoratsherr auf Birkenau. Am 16. August 1846 ist er zu Aschaffenburg gestorben. Verheiratet (Niederwalluf 16. Sept. 1790) war er mit Bernhardine Magdalena Rosine Gräfin von Stadion-Warthausen und Tannhausen (geb. Mainz 6. Juli 1764, gest. Aschaffenburg 31. Mai 1835).

Großherzog von Hessen-Darmstadt (ab 1806)

Als im Jahre 1803 der Reichsdeputations-Hauptschluß zu Regensburg der von Napoleon verfügten Aufhebung zahlreicher deutscher Kleinstaaten zustimmte und u.a. die mainzischen und wormsischen Gebiete auf dem rechten Rheinufer zur Entschädigung für linksrheinische Verluste an den Landgrafen von Hessen-Darmstadt fielen (darunter auch das Oberamt Starkenburg), und der Markgraf von Baden zum Kurfürsten erhoben wurde, blieb noch unentschieden, was mit der reichsritterschaftlichen Zent Birkenau geschehen und ob sie hessisch oder badisch werden sollte. Die Zent Birkenau war bekanntlich mainzisches Lehen, die Reichsritterschaft blieb vorläufig bestehen, von dem Mainzer Kurstaat war nur ein Fürstentum Aschaffenburg übriggeblieben, das weiterhin als Lehenshof zuständig war. Vorsorglich hatte Hessen-Darmstadt schon im Herbst 1802 seinen zu erwartenden Besitz in Heppenheim und Lindenfels (auch die Kurpfalz war aufgelöst worden) durch Truppenkontingente besetzt, doch in Birkenau zeigte sich vorerst kein hessischer Beauftragter, bis endlich am 10. Dezember 1803 der Hofrat Wolff aus Heppenheim sich bei Amtmann Bouthelier einfand, um ein Schreiben des Landgrafen zu überreichen, nachdem der Einladung zur Huldigung in Heppenheim am 24. August nicht Folge geleistet worden war. In diesem Schreiben teilte der Landgraf mit, daß er auch die Untertanen zu Birkenau (Birkenau, Kallstadt und Rohrbach) als seine wirklichen Landsassen ansehe und von nun an provisorisch die Landeshoheit mit allen Regalien und Rechten in vollem Maße auszuüben gedenke. Patent und Wappen wurden am Rathaus angebracht. Freiherr von Wambolt wurde aufgefordert, die bisherigen Steuern weiter wie bisher, aber als hessische Landessteuern zu erheben.

Im Laufe des Jahres 1804 bildete sich ein gewisser Widerstand. Die Reichsritterschaft gab dem Freiherrn Anlaß zur Hoffnung. Im März wurden heimlich von unbekannter Hand die hessischen Patente in Birkenau, Kallstadt und Rohrbach entfernt. Der Kurfürst Carl Friedrich von Baden entschied am 6. Dez. 1805, sein Amtmann Beithorn zu Weinheim solle vorsorglich ebenfalls von Birkenau Besitz nehmen. Am 9. Dez. 1805 wurde das badische Okkupationspatent am Rathaus in Birkenau angeheftet, das jedoch schon eine Woche später im Auftrag des hessen-darmstädtischen Vogteiamtes Fürth abgerissen wurde, ohne daß dafür ein hessisches angeheftet wurde. Baden ließ am 22. Dez. das Patent durch den Amtmann Beithorn ersetzen mit der öffentlichen Verwarnung, daß im Falle es von Untertanen entfernt würde, sogleich badische Truppen einrücken würden. Als nun am 30. Dez. 1805 der Zentschultheiß Rech von Mörlenbach das badische Patent wiederum abnahm, rückten 4 Tage später ein französischer Leutnant mit 46 Mann in Birkenau ein, die von nun an die Gemeinde zu verpflegen hatte.

Noch glaubte Freiherr von Wambolt, an seinem Besitz festhalten zu müssen. Er befahl seinem Amtmann, die Zivil-, Polizei-, Kriminal- und Zentsachen wie bisher auszuüben. Reichsritterschaft und Lehenhof ersuchte er erneut um Unterstützung. Allein die Würfel waren längst gefallen. Nach der Drei-Kaiserschlacht bei Austerlitz (2. Dez. 1805) war das Schicksal des Heiligen Römischen Reiches Deutscher Nation besiegelt. Die westdeutschen Fürsten schlossen mit Napoleon den Rheinbund (12. 7. 1806), der Landgraf von Hessen-Darmstadt wurde zum Großherzog erhoben. Ihm wurden südlich des Mains neben der Herrschaft Breuberg, der Grafschaft Erbach, der Herrschaft Fränkisch-Crumbach usw. auch das Amt Birkenau übereignet. Am 6. August 1806 dankte der Kaiser in Wien ab, am 30. Aug. wurde die Reichsritterschaft aufgelöst. Am 12. Sept. wurden das hessische Wappen und der Aufruf des Großherzogs am Rathaus angeschlagen. Nachdem man sich am 5. Okt. 1806 auch mit Baden in einem Vertrag geeinigt hatte, konnte der Amtsvogt Krauß zu Fürth zur Zivilbesitznahme schreiten, nachdem er am 21. Okt. die entsprechenden Instruktionen erhalten hatte. Die Erbhuldigung jedoch erfolgte erst am 11. Dez. 1808 im Rathaus zu Birkenau.

Aus den Besitzergreifungsakten ist ersichtlich, daß Birkenau damals 112 Häuser und 500 Einwohner hatte (Kallstadt 3/24, Rohrbach 4/32). Die jährlichen Einkünfte des Amtes betrugen 900 Gulden, Schulden waren keine vorhanden. Die Hauptnahrungszweige der Bevölkerung waren Ackerbau, Viehzucht und Leinenweberei. Der Kleebau war gerade in Gang gekommen. Nur wenige Einwohner waren stark begütert. Bei der Übernahme des Amtes Birkenau werden die anderen Zentorte Hornbach, Nieder-Liebersbach und Balzenbach nur nebenbei erwähnt. Nieder-Liebersbach war ohnehin schon 1803 an Hessen gekommen, weil es mit 2/3 der Niedergerichtsbarkeit zum Oberamt Starkenburg gehört hatte. Hornbach war kurpfälzisches Lehen und seit 1700 an die Freiherrn von Hundheim gegeben. 1803 war Hessen-Darmstadt in den Besitz der hohen Landesherrschaft gekommen, 1806 übernahm es die Vogteigerechtigkeit und 1809 im Tauschvertrag mit Hundheim dessen Rechte an Gefällen. Ab 1810 wurde Hornbach von Lindenfels aus verwaltet. Balzenbach war schon 1803 an Baden gefallen, wogegen Wambolt protestierte. Es kam 1804 endgültig an das Amt Weinheim und ist seitdem badisch.

Freiherr von Wambolt durfte weiterhin in Birkenau seinen Privatbesitz behalten und auch die Patrimonialgerichtsbarkeit ausüben, außerdem verblieben ihm die Herrschaftsrechte, die nicht wesentlich zur Souveränität gehörten. Neben seinem Amtmann wurde 1808 Johannes Kadel zum hessischen Amtsschultheißen ernannt.

Der evangelische Pfarrer dürfte den Herrschaftswechsel mit ziemlicher Begeisterung begrüßt haben. Der neue Landesherr war seiner Konfession angehörig, dazu als tolerant bekannt und ein Ende der üblen Konfessionsstreitigkeiten war abzusehen. Der katholische Pfarrer, der noch 1803 die Huldigung abgelehnt hatte, konnte nicht umhin, sie jetzt nachzuholen.

Rudolf Kunz

Zent und Zentgericht Birkenau

Im südwestdeutschen Raum, besonders in der Kurpfalz, waren die Zenten das wichtigste Zwischenglied zwischen den Dörfern und ihren Oberämtern bzw. der Regierung, wie es z.B. heute die Landkreise sind. In diesem Verband der Zent leisteten die Bauern und Bürger ihre Abgaben, erfüllten ihre Fronpflichten, stellten die wehrfähige Mannschaft (in Reiswagen gegliedert) bei militärischen Einsätzen, im Zentverband wurden jährlich die Musterungen durchgeführt, und die Zent hatten dem neuen Landesherrn zu huldigen. Neben diesen Verwaltungsaufgaben hatte die Zent das gesamte Gerichtswesen zu organisieren, später blieb ihr noch die Aufgabe, die schweren Fälle (Kriminalfälle) abzuhandeln und für die öffentliche Ordnung und Sicherheit zu sorgen. Dem Zentgericht stand der Zentgraf vor, im Gericht saßen die auf Lebenszeit ernannten Schöffen, ursprünglich nur Bauern, die nach dem Herkommen und mit ihrem gesunden Menschenverstand unabhängig und unbeeinflußt zu urteilen hatten.

Alter der Zent

Die Zent Birkenau kann auf ein beträchtliches Alter zurückblicken. Ihr Umfang ist identisch mit dem des Kirchspiels, muß demnach mindestens bis ins Hochmittelalter zurückreichen. Als die Swende von Weinheim spätestens etwa im 12. Jahrhundert diese Dörfer vom Kloster Lorsch als Mannlehen erhielten, wurden die Orte zu einer Zent zusammengefaßt. Dies blieb auch so, als das Kloster Lorsch 1232 an Kurmainz kam. Der Status konnte nie geändert werden, deshalb blieben alte Rechtsformen erhalten, die sonst anderswo und allgemein im 16. Jahrhundert bei der Erstarkung der Territorialmächte von diesen zugunsten zentralistischer Lösungen geopfert wurden. Hohe und niedere Gerichtsbarkeit wurden hier nie getrennt (genauso wie in der Zent Fränkisch-Crumbach), neben dem Zentgericht und dem Zentgrafen (später Zentschultheißen) gab es für die Orte Birkenau, Kallstadt und Rohrbach keine eigenen Untergerichte (Haingericht), jedoch für Hornbach, Nd.-Liebersbach und Balzenbach. Erst nach und nach haben die Amtskeller und zuletzt die Amtmänner der Wambolt fast alle Rechtshandlungen an sich gezogen und das Zentgericht fast zur Bedeutungslosigkeit verurteilt. Auch schon vorher haben die Ortsherren eigene sog.

Polizeiordnungen erlassen und nur wenig Rücksicht auf die überlieferten Ortsrechte, die in den sog. Weistümern niedergelegt waren, genommen.

Gerichtssitzung

Ursprünglich haben die Sitzungen des Zentgerichtes nur einmal im Jahr stattgefunden. Bei außergewöhnlichen Vorfällen, besonders bei Kriminalfällen, mußte es der Zentgraf unverzüglich und außer der Reihe einberufen, ebenso wenn der jeweilige Ortsherr es für unbedingt notwendig erachtete. Die Ladung geschah durch den Zentbüttel, der von Ort zu Ort und von Haus zu Haus zog und die Einladung vorbrachte. Man sagte damals, er „beschrie" das Gericht. Alle waffenfähigen Männer waren zum Erscheinen verpflichtet. Wer ohne triftigen Grund fernblieb, wurde bestraft.

Das Gericht tagte ursprünglich nur unter freiem Himmel, wie es auch von den Germanen überliefert ist, meist unter einer Linde und in der Regel an einem geheiligten Ort, also z.B. bei der Kirche. Am Ende des Mittelalters fanden die Sitzungen im oder unter dem Zenthaus statt, das beim an anderem Platz erfolgten Neubau 1552 den Namen Rathaus erhielt, der in diesem Falle etwas irreführend ist (das alte Zenthaus wurde 1651 an Hans Ziegler verkauft für 46 Gulden). Für die Schöffen war ein festes Gestühl vorhanden, denn nur ein sitzendes Gericht durfte Recht sprechen. Die Gerichtsstätte umstellten die mit ihren Waffen erschienenen Zentmänner, denn damals durfte und mußte in diesem Fall jeder freie Mann Waffen tragen. Den Frauen war der Zutritt verwehrt. Für geladene Gäste und Zeugen wurden Tische und Bänke aufgestellt. Ein Schreiber führte Protokoll. Die Sitzungen durften nur am Vormittag stattfinden, solange die Sonne am Himmel aufstieg. Wenn die Sonne um 12 Uhr ihren Abstieg begann, waren sie zu beenden. Jedenfalls durften dann keine Eide mehr abgenommen werden.

Gegen Ende des Läutens erschien der Zentgraf mit Harnisch und Schwert, ihm folgten in langen Mänteln und Spieße tragend die Zentschöffen. Auf ein Zeichen des Zentgrafen trat der Zentbüttel vor die Versammlung und gebot Ruhe und Frieden. Er überreichte dem Zentgrafen den Richterstab. In feierlicher Form, mit der sog. Hegung, eröffnete der Zentgraf die Gerichtssitzung, nachdem er den Zentherrn oder seinen Stellvertreter begrüßt und vorgestellt hatte, die Fragen stellen oder Erläuterungen geben, sich aber sonst nicht in den Verlauf der Gerichtstagung einschalten durften.

Hegung

Zuerst gebot der Zentgraf den Schöffen, auf dem Schöffenstuhl Platz zu nehmen. Dann fragte er den ältesten Schöffen, ob das Zentgericht richtig und vollständig besetzt sei. Wenn dieser mit „Ja" geantwortet hatte, fragte er ihn, ob das Gericht dem Herkommen nach richtig geboten, verkündet und beläutet sei. Wenn der Zentbüttel dies bestätigt hatte, wurden die neuen Schöffen in Eid und Pflicht genommen, und der Zentgraf konnte mit der Hegung beginnen. 1655 lautete die Hegung so:

> *„So heb ich an zu hegen das adelige Zentgericht wie solches von unseren Vorfahren uff uns bracht ist mit allen seinen Rechten und Gerechtigkeiten*

*und vermahne euch sämtliche Zentschöffen und die ganze Gemein
bei euren Eiden und Pflichten, damit ihr unserm lieben Herrn,
dann auch diesem Zentgericht zugetan seid.
Ich tue euch in Fried und Bann, gebe euch das Recht,
verbiete alles Unrecht.
Ich gebiete euch Schöffen auf den Stuhl, daß keiner aufstehe oder
niedersitze, er tue es dann mit Urlaub.
Es soll keiner reden ohne Erlaubnis.
Ich verbiete alle falsche Klagen und Ausspruch und erlaube das Recht.
Ihr sollet Klag hören, Urteil und Anspruch geben bei eurem Gewissen
und besten Verstand, wie euch Gott der Allmächtige verliehen hat,
daß die Frommen beschützet und das Übel gestraft werde.
Ihr sollet rügen und vorbringen alles, was rüg- und klagbar und hierher
zu diesem adeligen Gericht gehört.
Auch anlangend Brand, Mord, Diebstahl und Ehebruch sollet ihr anzeigen,
damit sie wie recht gehöriger Orten verwiesen werden.
Es soll keiner was verschweigen noch verhehlen durch Freundschaft oder
Gab, mit Unwahrheit aus Neid oder Haß, auch nichts angeben,
sondern, was er gesehen und daß es sich in der Tat also verhalte,
gewiß weiß, auch gegen Gott und der Obrigkeit zu verantworten getrauet."*

Wenn ein Zentweistum noch vorhanden war, wurde es alsdann verlesen.

Schöffen

Vermutlich war dieses Zentgericht mit 8 Schöffen besetzt (größere Gerichte hatten 12 oder 14), mehr waren bei dieser kleinen Zent, die vor dem 30jährigen Krieg maximal knapp 500 Einwohner hatte, nicht notwendig. Es waren unstudierte Leute, die vor Einführung der Schule allesamt nicht lesen und schreiben konnten, aber sie hatten das hergebrachte Recht im Kopf und kannten die Weisungen und Urteile ihrer Vorgänger. Deshalb waren sie auch auf Lebenszeit ernannt und konnten nicht abgesetzt werden. Ausgesucht und ernannt wurden nur ältere, erfahrene, unbescholtene und ehrbare Männer, mit guter Menschenkenntnis und lückenloser Ortskenntnis. In dieser kleinen Zent kannte jeder jeden genau, das reichte bis in die Intimsphäre.

Die 8 Schöffen waren in der Regel allen Orten je nach deren Größe entnommen: Birkenau 3, Hornbach 2, Nieder-Liebersbach, Kallstadt, Rohrbach je 1. Wenn die Schöffen wegen Altersschwäche ausscheiden mußten oder der Tod eine Lücke hinterließ, schlugen die restlichen Schöffen die doppelte Anzahl der benötigten als Anwärter vor, und aus diesen, und nur aus ihnen, konnte der Zentherr dann auswählen.

Die Schöffen waren durch ihren Eid verpflichtet, alle ihnen bekannt gewordenen Fehltritte, Vergehen bis hin zu den Verbrechen, die in ihren Dörfern vorgefallen waren, vor dem Gericht anzubringen (zu rügen) und konnten ihre Bekannten und Verwandten nicht verschonen, was ihnen in vielen Fällen Feindschaft und Haß eingebracht haben dürfte. Dies war auch der Grund, warum manche ehrenwerte Männer auf dieses Amt gern verzichtet hätten, doch durften sie die Wahl in keinem Falle

ablehnen. Zentschöffe oder gar Zentschultheiß zu sein, war das höchste Ehrenamt in der Zent.
Vergleichbar war es nur noch mit dem Amt des Kirchenältesten, doch waren diese auch oft gleichzeitig Zentschöffen.
Schwierig wurde es für sie, wenn sie über todeswürdige Verbrechen zu urteilen hatten, also über Mord, Totschlag, schweren Diebstahl, Notzucht, Ehebruch, Zauberei, Kindesmord, Abtreibung, Blutschande, Brandstiftung, Landesverrat, Meineid, Raubüberfall, Falschmünzerei. Dann mußten sie abwägen zwischen den Anschuldigungen des Anwalts und den Milderungsgründen des Verteidigers.
In schwierigen Fällen bei denen die Rechtslage nicht klar war, konnten sie öffentlich keine Diskussion führen, sie erbaten dann eine Unterbrechung der Sitzung, um sich zu einer ungestörten Beratung („kurzen Bedacht") zurückziehen zu können. Nach ihrer Rückkehr verkündete der älteste Schöffe ihre getroffene Entscheidung.
Ab dem Jahre 1570 trugen die Zentschöffen die Bezeichnung „Gerichtsmann". Aus diesem Jahr ist auch ein verstümmelter **Zentschöffeneid** überliefert, den wir durch einen von 1655 ersetzt haben: „Ihr Zentschöffen sollt geloben und schwören, daß ihr an diesem adeligen Zent- und Herrengericht nach den löblichen Satzungen und Ordnungen, auch den gemeinen kaiserlichen Rechten nach eurem Verstand manniglichen (= jedermann), (ob) hohen und niederen Standes, gleich urteilen und handeln und weder um Lieb- oder Freundschaft, Neid, Haß, Geschenk oder Gab (= Bestechung), noch keinerlei Sach dargegen bewegen lassen, sondern allerdings unparteiisch verfahren und eurer vorgesetzten Obrigkeit Recht und Gerechtigkeit so viel an euch handhaben, auch von Frevel und Bußen nichts verschweigen und alles anders tun und lassen sollet, was frommen und getreuen Gerichts- und Zentschöffen geziemet und gebühret".

Zentgraf und Zentschultheiß

Der Zentgraf, der seit 1570 in Zentschultheiß umbenannt wurde, war der höchste Würdenträger in der Zent. Er versah in dieser kleinen Zent sein Amt nebenamtlich. Anweisungen bekam er von den Lehensjunkern (z.B. Landschad und Wambolt) oder von deren Amtskellern in Neckarsteinach und Weinheim. Er war in der Regel ein wohlhabender Bauer, Wirt oder Handwerker. Er hatte zusätzlich die Aufgaben eines Vogteigerichtsschultheißen wahrzunehmen, weil in dieser Zent hohe und niedere Obrigkeit nicht getrennt waren. Die Zentmannschaft wurde von ihm befehligt, für alle Polizeisachen war er zuständig, kein Rechtsgeschäft konnte ohne ihn abgeschlossen, kein Testament niedergelegt werden. Verbrecher mußte er in Gewahrsam nehmen, Beweisstücke sicherstellen. Er war eigentlich für alles zuständig, alle hoheitlichen Aufgaben mußten von ihm gemeistert werden. In dieser kleinen Zent war dies kein Übermaß an Arbeit, die von ihm gefordert wurde.
Seinen großen Auftritt hatte er, wenn er ein Blutgericht einberufen mußte. Für die Vorbereitungen und den geordneten Verlauf der Gerichtssitzung war er verantwortlich. Aufregung und Neugierde waren groß. Das Urteil mußte er vollstrecken lassen. Bei der Achterklärung stieß er den Gerichtsstab in die Erde, wendete sich nach Osten, legte die Hände kreuzweise darauf und verkündete die Ächtung. Mußte er ein Todesurteil verkünden, brach er seinen Stab über dem Schuldigen.

Eigentlich wurde er stets auf Lebenszeit ernannt, wenn es aber einen Herrschaftswechsel gab, reichte er seinen Rücktritt ein, wurde aber in der Regel vom neuen Landesherrn erneut im Amt bestätigt.

Seine Vereidigung geschah nach folgender Formel (1570):

„Ein Zentgraf und Schultheiß zu Birkenau solle geloben und schwören dem Zentgrafen- und Schultheißenamt zu Birkenau, so ihm von wegen der edlen und ehrnfesten Christoffel Landschaden und Wolfen Wambolt's als Zent- und Dorfjunkern befohlen ist, mit getreuem Fleiß ob- und vorzustehen, ihnen getreu, hold und gehorsam zu sein, ihren Frommen, Ehren und Nutz zu fördern, (vor) Schaden warnen, allen Gerichtszwang und alle ihre Ober-, Herrlich- und Gerechtigkeiten in gemelter Zent, soviel ihm immer möglich, handhaben und davon nichts entziehen lassen.

Auch mit zugeordneten Zent- oder Gerichtsschöffen seinem besten Verstand nach gemeinlich dem Armen als dem Reichen gleich und recht richten und was zue Recht erkannt oder sich von seines Amts oder Gerichts wegen gebührt oder ihme von der Obrigkeit befohlen wird, nach seinem besten Vermögen zu vollziehen, Frieden und Recht handhaben und darin niemand verschonen (oder) nachzusehen, keinerlei Sach aus Freundschaft oder Feindschaft verschweigen, auch weder Miet noch Geschenk darumb nehmen, die geheime Ratschlag und Urteil niemands ohn Recht öffnen noch davor warnen, jedoch was sich der obgedachten Junkern jederzeit vorzubringen gebührt, ihnen keineswegs verschweigen.

Und in Summa alles das tun, das sich einem gerechten ordentlichen Richter gebührt.

Alles getreulich und ohne Gefährde."

Liste der Zentschultheißen:

1516	Christmann Buschmann
1564-1568	Adam Zeiß
1592	Hartmann Raupenstein. 1601 ist seine Witwe genannt.
1596-1618	Engelhard Wieder. 1618 gehört er zu den Höchstbesteuerten.
1625	Nikolaus Flößer
1631-1634	Adam Güntz
1642-1662	Marx Knosp. Nach dem Schatzungsregister von 1664 hatte er das meiste Vermögen im Dorf. Gestorben 1665, 10 Kinder.
1664-1694	Hans Ziegler, stammt aus Güttersbach, von Beruf Schneider, 1694 wegen hohen Alters entlassen.
1694-1731	Peter Mayer, geb. 1653, gest. 24. 1. 1733, Metzger und Wirt
1735-1753	Hans Georg Steffan, Bauer
1756-1769	Nikolaus Jöst, katholisch
1771-1787	Johannes Pauli
1787-1791	Christoph Jülich, Bauer, war 1809 verstorben
1792-1795	Johann Georg Jöst
1799-1814	Johannes Hoffmann

Der schwörende Schultheiß

Unter dem Zentherrn Joh. Philipp v. Bohn erscheint erstmals ab 1701 ein Amtmann in Birkenau. Er übernimmt die Aufgaben eines Zentgrafen, so daß der ihm unterstellte Zentschultheiß seine wichtigsten Funktionen verliert. Nachdem die Wambolt 1721 die Zent Birkenau zurück erhielten, setzten sie nur katholische Amtleute und Schultheißen ein.

Ablauf der Gerichtshandlung

Obwohl keine Spur mehr davon erhalten ist, besaß auch Birkenau ein Gerichtsbuch, in das das Weistum und die Formeln für die Eide des Zentschultheißen und der Zentschöffen eingetragen waren. 1621/22 muß es von den Truppen der katholischen Liga zerstört worden sein. Es enthielt außerdem die Protokolle aller Gerichtssitzungen. Für die Blutgerichte ist ein eigenes Gerichtsbuch geführt worden. Wenn auch nur noch kümmerliche Reste dieser Gerichtsbücher und zwar nur die bei den Tagungen gemachten Konzepte vorliegen, können wir doch an Hand dieser aufzeigen, wie die Gerichtshandlungen abgelaufen sind. Das Ablaufschema, wie wir es auch an anderen Orten finden (z.B. Fränkisch-Crumbach), wurde streng eingehalten, wobei wir daran erinnern müssen, daß dieses Zentgericht gleichzeitig Unter- und Dorfgericht war, an dem auch alle Akte der freiwilligen Gerichtsbarkeit (heute beim Amtsgericht) stattfanden.

Nach der Hegung des Gerichts wurden zuerst die neuen Zentmänner in die Gemeinschaft aufgenommen, sie leisteten den Untertaneneid und versprachen, die hier geltenden Gesetze zu achten und ihnen nachzukommen. Vor allem wenn das Zentgericht viele Jahre nicht getagt hatte (z.B. von 1616 bis 1628, 1631 bis 1642), waren einige Söhne ins mannbare Alter gekommen und hatten geheiratet und einen eigenen Hausstand gegründet, außerdem waren immer wieder von auswärts neue Ortsbürger zugegen.

Anschließend wurden vom Schultheißen die ihm bekannt gewordenen Streitfälle und leichten Vergehen („Rügen") vorgebracht und verhandelt: Schlägereien, Beschimpfungen, Ehrabschneidungen, Diebstähle, Feldfrevel, Hehlerei, Nachlässigkeit bei Feuers- und Landesnot, Unzucht, Versetzen von Grenzsteinen, Vergehen im Wald oder an den Bächen, an Straßen, Stegen und Brücken, unrecht Maß und Gewicht, Störung des Gottesdienstes, Wahrsagerei und anderes mehr. In der kleinen Zent Birkenau war es sogar üblich, jeden einzelnen Zentmann aufzurufen, ob er etwas Strafbares wisse und es anzuzeigen habe. Noch 1642 wird diese Praxis bei der Erneuerung des Zentgerichts bestätigt: „Ist allzeit bräuchlich gewesen, daß der Zentschultheiß die Untertanen öffentlich einen nach dem andern befragt, ob nit einer vom andern was Strafbares in guter Wissenschaft hätte, da soll dann derselbige solches bei Treuen und Glauben bester Form und Maßen anzeigen".

Es folgte nach den Rügen die Bekanntgabe aller Käufe und Verkäufe, damit jedermann davon Kenntnis („Wissenschaft") hatte und aus Verwandtschaftsgründen vielleicht ein Vorkaufsrecht („Abtrieb") geltend machen konnte. Erst wenn dies bei drei verschiedenen Sitzungen erfolgt war, war die Frist gewahrt und die Käufe konnten „gewahrt" werden, d.h. nun wurden sie ins Gerichtsbuch eingetragen und waren rechtsgültig. Üblich war es auch, bei diesen Sitzungen ein Führungszeugnis zu beantragen für alle diejenigen, die hinwegziehen wollten. Man nannte dies sein Mannrecht begehren. Man konnte auch, wenn es eilig war, sein Begehren zuerst an die Obrigkeit und dann an den Zentschultheißen und das Gericht richten. „Soll der Zentschultheiß die Gemeinsleut und Nachbarn nacheinander befragen, wer desselben Eltern gewesen, ob er sie gekannt hat und sie sich verhalten". Auch der Pfarrer wurde bei diesem Akt beigezogen, er mußte in den Kirchbüchern nachschlagen, ob der betreffende ehelich geboren war. Erst danach konnte ihm der sogenannte Geburtsbrief ausgestellt werden.

Da die Orte Hornbach, Balzenbach und Nieder-Liebersbach mit ihren Untergerichten selbständig waren und eigene Schultheißen hatten, wurden deren niedere Gerichtssachen beim Zentgericht in Birkenau nicht vorgebracht.

Nach der Gerichtshandlung hatte das Gericht eine ordentliche Zehrung verdient. Die Mittel dazu spendierte die Obrigkeit, indem sie einen Teil der eingegangenen Strafgelder an die Schöffen abgab. Aus dem Jahr 1548 z.B. ist überliefert, daß 2 Pfd. Heller auf der Zent verzehrt wurden.

Einige Gerichtsfälle

Damit sich der Leser ein Bild machen kann, was alles vor dem Zentgericht verhandelt wurde, haben wir einige interessante Fälle ausgesucht. Leider sind sie fast nur aus dem 16. Jahrhundert und nur teilweise überliefert (1548-1569). Wir bringen sie fast wortgetreu, aber in heutiger Schreibweise, Erklärungen schwieriger Wörter sind in Klammer beigefügt.

Scheltworte und Verleumdung

1550 Peter Kleins Frau hat Clesel Stahelsmanns Frau bezichtigt, sie habe mit ihrem Mann zu tun, auch sei ihr Fleisch entwendet worden, denkt, diese habe es ihr weggenommen. Sie hat ihr Fleisch in Clesels Haus gesucht aber nit funden und aus Ärger daraufhin ihren Hintern entblößt, unangesehen ihr zuvor durch den Schultheißen deshalb Gebot angelegt gewesen bei 10 Pfd. Heller Strafe

1561 Veiox Herget hat Hans Landolt, genannt Naß Hans, einen mörderischen Bösewicht und derselbe ihn hinwiederum einen Ketzer gescholten, dazu haben beide 'tausend Sakrament' geflucht

1562 Cuntz Hansen Sohn zu Nestenbach hat über Jörg Kern, Bender zu Weinheim, geklagt, wie er ihn an seiner Ehre verletzt, ihn einen Schelmen gescholten und daß all sein Geschlecht ins Feuer gehörten. Aber der Bender sich solcher Reden und Scheltens nit wissend, auch nicht geständig, sondern wenn er etwas geredet, sei es in „voller Weis" (= Trunkenheit) geschehen, wisse auch nichts dann Ehr und alles Gutes von ihme. Und da er etwas über ihn zu seinem Nachteil geredet, wäre es aus Zorn und unwissend geschehen.
Auf solches seind sie vertragen und die gefallenen Worte von Obrigkeit wegen hingelegt, daß sie keinem Teil verletzlich, auch ihr keiner des andern in Ungutem ferner gedenken wolle. Und der Bender den Klägern ihre Unkosten erstattet.

1562 Martin Schaub hat den Schultheißen zu Hornbach übergeben (= mit Schimpfworten überschüttet) wegen des bestandenen (= gepachteten) Zehnten halber. Strafe 10 Schillinge

1561 Konrad Blechschmidt sagt, Materns Frau hab seine Frau eine gelbe Hure gescholten und der Teufel soll ihr ins schlimme Maul fahren.

1565 Lenhart Germann sagt, Hans Landolt habe ihn einen Schelmen gescholten und desselben Frau eine wissentliche Zauberin (= Hexe) geheißen.
Hierüber sind etliche Zeugen verhört worden, und dieweil diese Dinge vor jüngst gehaltener Zent geschehen, aber bei den Rügen verschwiegen blieben und sie sich selbst durcheinander vertragen, wird eine Straf darauf gesetzt und das Verbrechen nur mit der Lieferung von 10 Malter Hafer gestraft. Dieser soll um Martini entrichtet werden. Daneben wird den beiden Männern und ihren Frauen geboten, von nun an gegeneinander mit Worten und Werken nicht Ungutes mehr vorzunehmen.

Diebstahl

1561 Claus Pfeiffer klagt, Ulrich Waldt zu Weinheim habe ihm Holz gestohlen, ist Besichtigung geschehen, aber nichts funden.

...hab sie eine gelbe Hure genannt, der Teufel soll ihr ins schlimme Maul fahren

1561   Von Lorenz Flori ist geklagt worden, wie er Gräfen Hansen etlich Fleisch gestohlen, so einsteils bei seiner Frau funden, als sie es in die Bach habe geschüttet.

1561   Jörg und Ulrich Oberlein haben von Lorenz Schmidts Frauen Katrin geklagt, wie sie uff Angab eines Wahrsagers sie bezichtigt, als sollten sie ihr Geld gestohlen haben.

1571   Velten Schneider sagt, wie der Bäcker ihm etlich Wellen Holz aus seinen Hecken (= Niederwald) geführt.

1671   Ein Lampertheimer hat in der Carlebach-Mühle einen Diebstahl begangen, ist geständig, 20 Gulden Strafe.

Schlägerei

1550   Bartel Scholl hat beim Spiel in des Schultheißen Haus mit einer Kanne geworfen und Michel Spede treffen wollen, ihn aber verfehlt und dafür den Schultheißen getroffen, der sie dann beide ins Bloch (= Gefängnis) legen ließ.

1550 Velten Weinbrenner aus Weinheim hat den Schwalb geschlagen, dafür 1 Pfd. Heller Strafe.

1552 Madern hat mit einem Beil nach Philipp Scherer geworfen.

1564 Ulrich Öberlin ist dem Hans Meuer nachgelaufen bis hinter die Kirche in sein Haus und hat ihn geropft und geschlagen. Da sei Hans Meuers Meidlein herfür gelaufen und geschrieen, Ulrich Öberlin werde seinen Vater erwürgen. Da sei er, der Schultheiß, zugelaufen, und als er in Meuers Haus kommen sei, habe Ulrich den Meuer geschlagen und ins Feuer gestoßen.

Ulrich Öberlin schlägt Hans Meuer und zieht ihn an den Haaren

1564 Des Pfarrers Knecht hat Philipp Scherers seine Magd geschlagen und sein Frauen eine Zauberin geheißen. Strafe 10 Schillinge.

1565 Martin Schneider hat geklagt, Martin Scheuermann zu Kallstadt habe ihn zwischen Hornbach und Kallstadt geschlagen und ihn da ihm Feld liegen lassen. Strafe: 2 Reichstaler (= 3 Gulden)

1569 Velten Sewermann hat geklagt, wie Niklas Rohrs Bub seinen Bub geschlagen, daß er geblutet.

1569	Jörg Oberlin von Ulrich Geidenheimer durch ein Hand gestochen worden.
1569	Marx Georg, Oberlins Stiefsohn, ist von Jakob Keßenauer geschlagen worden. Strafe: 2 Pfd. Heller
1562	Hans Schmitt von Liebersbach hat Jakob Scheffern von Ober-Liebersbach mit einer Kraußen (zinnerner Krug) geworfen. Strafe: 1/2 Gulden
1562	Jörg Oberlin hat seinen Bruder mit einem Messer gestochen, das Messer in ihm stecken lassen und davon gelaufen. Strafe: 11 Pfd. Heller
1562	Hans Mebus hat Keß Wendeln, den Bäcker von Michelbach, mit einem Richtschlegel zu Boden geschlagen. Strafe: 20 Albus
1562	Lorenz Metz, Wendel Reipolt, Hans Schaub, alle zu Mörlenbach, haben über das, daß ihnen Frieden geboten worden, sich mit etlichen von Weinheim geschlagen, verwundet, auch dem Wirt die Tür zerhauen. Strafe: Jeder 1 1/2 Pfd. Heller
1564	Des Stadtschreibers Bruder und des alten Schultheißen Sohn Philipp zu Weinheim haben im Wirtshaus ihre Wehr übereinander auszogen und einander wöllen schlagen.
1564	Philipp Faut hat angezeigt, wie Ulrich Öberlin den Kuhhirten geschlagen, daß der Kuhhirt hab Mordio geschrieen und gesagt: „Du diebischer Bösewicht, hättest du ein Messer bei dir gehabt, du hättest mich verwürgt". Hab er geantwortet: „Ja, wenn ich ein Messer bei mir hätte gehabt, so wollt ich dich verwürgt haben".

Aberglaube – Zauberei

1550	Peter Kleins Frau hat die Schmiedin eine Hure und eine Zauberin (= Hexe) gescholten.
1565	Hans Landolt von Balzenbach klagt, wie Lenhart Germann seine Frau beschuldigt, sie habe ihm sein Kind berufen, daß es krank worden, und sei ihm vors Haus gelaufen mit vielen Drohworten.
1565	Hans Krug hat Lenhart Germanns Frau angewiesen, sie sollte ein Stücklein Brot in ein Messer stecken und dem kranken Kind unterlegen, wenn dann das Messer rostig werde sei es eine Anzeig, daß ihr Kind verzaubert. Ist ihme mit Ernst untersagt, dergleichen törichten, auch verbotenen Künsten müßig zu gehen. Und soll ihme jedoch dieses hiemit nicht geschenkt sein, sondern zu nächster Zent gebührlicher Straf darum erwarten.

Gegen die Kirchenordnung

1564	Philipp Scherer geht durchs Jahr in keine Kirch.
1564	Gertrauden (eine Wirtin), hat sich des Wiedertaufs und anderer unnützer Reden halber zu rechtfertigen und daß sie das Branntweinausschenken uf die Sonntag unter der Predigt unterlasse. Sie ist auch gegen der Oberkeit und Gottes Gebot zum oftermalen ihres Tochtermanns halber den Wahrsagern nachgelaufen.
1569	Georg Oberlin hat während der Predigt Holz aus dem Weingarten getragen. Strafe: 1 1/2 Pfd. Heller

Unrecht Maß und Gewicht

1552   Ulrich Probst hat mit einem kleinen Maß gemessen, soll 3 Pfd. Heller zu Abtrag geben.

Wilddieberei

(Unter den bewaffneten Zentmännern durften nur wenige als Schützen mit einem Gewehr ausgerüstet sein, die meisten trugen Hellebarden und Federspieße.)

1562   Als Bastian Rutz von Hornbach in der verflossenen Woche vor Pfingsten mit einer Feuerbüchsen beim Hohenbusch nach Hasen zu schießen geschlichen, wie er dann damals vom landschadischen Keller angeschrieen und entloffen. Auch von ihm die Büchs genommen und furter keine Büchsen zu halten und zu gebrauchen, sondern sich mit einem Schweinespieß uff die Zent bewehren zu machen geboten worden.

1596   (Der Fall des Fisch- und Krebsdiebs Nikolaus Balsbach wird unten im Anhang dargestellt.)

Beschimpfung der Obrigkeit

1645   Das Gericht klagt, es habe der Schultheiß (Marx Knosp) dem Peter Schab durch den Centbüttel seinen Anteil am Frongeld fordern lassen, hätte er, Peter Schab, dem Büttel zur Antwort geben, solle zum Schultheißen sagen, er sollte ihm im Hintern lecken. Hierüber ist Peter Schab mit 2 Pfd. Heller abgestraft worden.

1642   Konrad Schmidts Hausfrau hat gesagt, der Donner und Hagel solle den Schultheißen samt seinen Ochsen erschlagen. So sie es aus Trunkenheit getan, ist sie deswegen nur mit 1 Gulden gestraft worden.

Dorf anzünden

1671   Johann Weimert zu Birkenau, zu Bertrams Zeiten hierher gekommen, äußerlich ein feiner Mann, hat eine und die andre Hütte ins Dorf gesetzt, hat die Obrigkeit beschimpft, seine Familie bedroht, auch sich berühmt, er wolle das Nest überm Kopf anzünden. Strafe: 25 fl.

Blut- und Halsgericht

Es war schon außergewöhnlich und äußerst selten, wenn das Zentgericht Schwerverbrecher abzuurteilen hatte. Für jedes todeswürdige Verbrechen gab es eine eigene Todesstrafe, z.B. die Diebe wurden gehängt, die Mörder enthauptet, die Kindesmörderinnen ertränkt, Hexen wurden verbrannt usw. Die Aufregung war groß, es gab kein anderes Ortsgespräch mehr, bis der Fall erledigt war. Zur öffentlichen Hinrichtung strömten die Massen (auch von auswärts kommend) zusammen, selbst Kinder waren angeblich der Abschreckung wegen bei diesem Schauspiel zugelassen. Auf den Schöffen lastete eine besondere Verantwortung. Die Hegung (in diesem Falle Verbannung genannt) des peinlichen Hals- und Blutgerichts war besonders feierlich:

> *"So verbann ich im Namen der ehrngedachten, unsern gebietenden Junkern dies Gericht bei höchster Obrigkeit, bei Gnad und Ungnad, Hals bei Hals, Aug bei Aug, Kopf bei Kopf, Hand bei Hand, Fuß bei Fuß und als ein Glied um das andere...".*

Die Anklage trug der von der Herrschaft beauftragte Anwalt (Fiscal) vor, der Angeklagte durfte sich einen Verteidiger auswählen. Das Urteil sprachen allein die Schöffen, nachdem sie sich gründlich beraten hatten.

Richtstätte und Galgen

Jede Zent besaß ihren Richtplatz, allgemein als „Gericht" bezeichnet, auf ihm wurden die Hinrichtungen vorgenommen, dort stand in der Regel auch der Galgen. Der Galgen war so postiert, daß die Gehenkten von den Durchreisenden mehrere Tage zu sehen waren, dies sollte auch zur Abschreckung dienen. Galgen und Hingerichtete spielten in der Volksphantasie eine große Rolle, Aberglaube und Zauberei waren mit ihnen eng verknüpft. Als glückbringend galten Strick und Späne vom Galgen, Leichenteile der Gehenkten (Diebesdaumen, Haare). Die Gerichteten durften nicht in geweihter Erde beigesetzt werden, sie wurden auf der Richtstätte verscharrt. Die Asche der Verbrannten zerstreute der Henker in alle Winde. Den Ort, wo der Galgen stand, mied man nicht nur bei Nacht. Wenn man ihn bei Tag passieren mußte, dann nicht ohne Begleitung und ohne ein Wort zu sprechen, denn dort gingen die Seelen der Hingerichteten um, die keine Ruhe finden konnten.
Der alte Galgen, der 1732 bei einem Hochwasser hinweggerissen wurde, lag am westlichen Dorfausgang links an der Straße nach Weinheim auf einem kleinen Hügel. Den neuen Galgen errichtete man ihm gegenüber im Jahre 1741 rechts der Weschnitz auf einem Ausläufer des Lehnwaldes. Die Kosten betrugen 129 Gulden, die gemeinsam und in gleicher Höhe von allen Zentmännern aufgebracht werden mußten.

Todesurteil 1609

Bei der spärlichen Überlieferung ist es ein Glücksfall, daß Günter Körner wenigstens einen einzigen Fall einer Hinrichtung in Birkenau aufspüren konnte. Es handelt sich um einen zweifachen Kindesmord, bei dem die Mutter Beihilfe geleistet hat.
Der Handwerker Konrad Erhard verheiratete sich 1584 mit Katharina N.N., von der er zwei Töchter hatte. Die älteste, 1591 geboren, hieß Agnes. Anscheinend war der Ehemann beruflich öfters abwesend, so daß seine Frau die Gelegenheit zum Ehebruch hatte. Auch die junge Tochter wurde in dieses Treiben hineingezogen. Schon mit 14 Jahren wurde sie schwanger. Dies blieb verborgen und kam erst beim hochnotpeinlichen Verhör unter der Folter im Jahre 1609 ans Tageslicht. Mit Wurmfarn und Mutterkorn versuchte die Mutter die Leibesfrucht der Tochter abzutreiben, was jedoch mißlang. Das Kind wurde im Elternhaus geboren, es war ein Mädchen, ohne daß Bekannte und Nachbarschaft Verdacht schöpften. Durch Zudrücken der Kehle wurde das Kind getötet und heimlich hinter dem Keller vergraben. Als sich Gerüchte verbreiteten, hielten Mutter und Tochter es für ratsam, den Leichnam auszugraben und ihn im Wald in der sog. Ritschklamm zu verscharren. 1609 wurden nach dem

Geständnis der beiden Frauen die Gebeine des Kindes zutage gefördert und waren beim Prozeß ein unwiderlegliches Beweisstück.

Drei Jahre später (1608) wurde die nun 17jährige Tochter erneut schwanger. Wiederum versuchte die Mutter durch Eingabe von Säften, auch von Kuhblut ist die Rede, das Kind abzutreiben. Auch dieser Versuch mißlang, die Sache wurde ruchbar und Agnes Erhard wurde ins Gefängnis im Birkenauer Rathaus gebracht. Der Schwängerer, der auch eingesperrt werden sollte und dessen Name in den Gerichtsakten nicht erscheint, konnte rechtzeitig flüchten. Kurz vor ihrer Verhaftung wurden Agnes sehr starke Getränke gereicht, auch wollte man durch Gewalt von außen unbedingt die Abtreibung erzwingen, aber erst im Gefängnis kam das Mädchen mit einer Frühgeburt, einem Knaben, nieder. Die Mutter tötete das Kind und warf es ihrer Mutter durch das Fenstergitter zu. Diese vergrub den Leichnam in Kalk, um schnell alle Spuren zu verwischen. Wenn auch niemand von dieser Tötung wußte, die Nachgeburt, die sie nicht rechtzeitig beseitigen konnte, brachte die Wahrheit ans Licht. Anfangs behaupteten die beiden Frauen, das Kind sei tot geboren worden. Allein erfahrene Hebammen aus Weinheim konnten bestätigen, daß das Kind im Mutterleib noch am Leben gewesen sei.

Jetzt wurde auch die Mutter Katharina Erhard verhaftet. Sie schützte zuerst völlige Unwissenheit vor. Allein bei der Folter gestand sie, von der „fleischlichen Vermischung" der Tochter gewußt und Beihilfe geleistet zu haben. Auch gab sie zu, dem Erwürgen des ersten Kindes nicht entgegen getreten zu sein.

Am 15. April 1609 fand die Gerichtsverhandlung statt. Als Schreiber amtierte der Stadtschreiber von Neckarsteinach. Der Ankläger beschuldigte die beiden Frauen der Hurerei und des doppelten Kindesmordes. Nach der Peinlichen Halsgerichtsordnung Kaiser Karls V. von 1532 konnte er nur auf Todesstrafe plädieren. Milderungsgründe fand er nicht. Die beiden Frauen seien mit dem Schwert zu richten, zuvor sollte jede von ihnen 10 Rutenstreiche erhalten. Der Verteidiger von Agnes machte mildernde Umstände geltend. Es sei nicht erwiesen, daß beide Kinder lebend zur Welt gekommen seien, das Mädchen sei „ein junges Blut", der Schwängerer sei mitschuldig, er habe ein unerfahrenes Mädchen verführt. Er plädierte für eine mildere Strafe, nach dem Absitzen einer Gefängnisstrafe könne man sie Urfehde schwören lassen und des Landes verweisen. Der Verteidiger der Mutter Katharina Erhard betonte, sie habe 15 Jahre in unbescholtener Ehe gelebt. Hauptschuldiger sei der entflohene Schwängerer, hier „Beiträger" genannt, der durch ein Eheversprechen die beiden Frauen hinters Licht geführt habe. Die Mutter sei etwas einfältig und gutgläubig von Natur aus. Er bat daher von einer Todesstrafe abzusehen. Auch der Birkenauer evangelische Pfarrer Hunneshagen bat das Gericht um Nachsicht für die beiden angeklagten Frauen.

Doch bei dieser Sachlage blieb dem Gericht anscheinend keine andere Möglichkeit, als über beide Frauen das Todesurteil zu verhängen. Die Zentschöffen und Richter entschieden, daß die beiden angeklagten Frauen wegen ihrer Verbrechen dem Nachrichter an die Hand gestellt und von demselben mit dem Schwert vom Leben zum Tode gerichtet werden sollten.

Das bei den beiden Ortsherren (Landschad und Wambolt) eingereichte Gnadengesuch blieb ohne Erfolg. Ob die Hinrichtung gleich nach dem Urteilsspruch oder einige Tage später erfolgt ist, ist unbekannt. Über diesen Vorgang ist nichts überliefert. Nur die abschließende Kostenrechnung für den gesamten Prozeß liefert uns noch einige bemerkenswerte Tatsachen. Die Gesamtkosten beliefen sich auf 289 Gulden. Der Scharfrichter empfing 57 Gulden, seine Zehrungen eingerechnet, der Lizentiat (Rechtsgelehrte) 26 Gulden, 40 Gulden fielen an Zehrungsgeldern an, die der Wirt Marx Schaub in Rechnung stellte. Schwer zu erklären sind die 28 Gulden Ausgaben, die „im Pfarrhof ufgangen". Daraus könnte man schließen, daß die Gerichtshandlung dort stattgefunden hat.

Das Zentgericht ab 1655

Als 1653 die Familie der Landschaden von Steinach im Mannesstamm ausstarb, fiel ihre Hälfte der Zent Birkenau an den Kurfürsten von Mainz zurück. 1655 wurde der Reichshofrat Joh. Philipp v. Bohn mit dieser ehemaligen landschadischen Hälfte belehnt, doch mit der Änderung, daß von nun an die hohen Zentfälle bei Mainz verblieben, d.h. in solchen Fällen hatte der kurmainzische Zentgraf zu Fürth das Zentgericht zu halten und diesem vorzustehen.

Die andere Hälfte der Zent Birkenau war 1649 von den Wambolt an die Gebrüder Bertram von Hersbach verpfändet worden. Auch diese Hälfte kam 1655 an den Reichshofrat Bohn, 1658 wieder an die Bertram und 1668 endgültig an die von Bohn. Die Kriminalfälle, die in dieser Hälfte anfielen, wurden weiterhin von den Bertram bzw. von den v. Bohn verhandelt. Dies blieb so bis zum Aussterben derer v. Bohn (1721). Anschließend wurden wiederum die Wambolt mit der ganzen Zent Birkenau belehnt, denen dann wie früher die gesamte hohe Gerichtsbarkeit übertragen wurde, bis sie ab 1806 an Hessen-Darmstadt fiel.

Leider sind uns aus diesem Zeitabschnitt keinerlei Gerichtsbücher oder nennenswerte Akten überliefert, so daß hiermit unser Bericht enden muß.

ANHANG

Der Fall des Fisch- und Krebsdiebs Nikolaus Balsbach

Da der Zentgerichtsfall des Nikolaus Balsbach ausnahmsweise vollständig erhalten geblieben ist, er aber wegen seines Umfangs das vorhergehende Kapitel gesprengt hätte, ist es angebracht, diesen außerordentlich interessanten und in dieser Form nirgendwo im weiten Umkreis überlieferten Fall in einer Zusammenfassung als Anhang zu bringen. Er ist ein kulturgeschichtliches Dokument ersten Ranges.

Nikolaus Balsbach stammt aus Gammelsbach (nicht Hammelbach), war daher erbachischer Untertan, aber ohne jeden festen Wohnsitz. Er ist um 1546 geboren, hat nach seinen Aussagen nie ein Handwerk gelernt und sich seit seiner Jugend (also ab 14 Jahren) 20 Jahre lang bei Bauern abwechselnd verdingt, dort im Taglohn gearbeitet und sich vornehmlich mit „Speltenhauen" beschäftigt, d.h. er hat Holzstämme in Scheiter und Lichtspäne zerkleinert. In Schönmattenwag hat er die aus Langen stammende und dort als Magd dienende Tochter des Michael Zöller geheiratet, mit der er fortan umherzog und Gelegenheitsarbeiten suchte. Er hatte von ihr mehrere Kinder, von denen 1596 noch zwei Töchter lebten. Sein Schwager Stefan Geyder zu Gammelsbach hat ihn in die Kunst des Fischfangs eingeführt. Bekanntlich war damals das Jagen und Fischen dem jeweiligen Vogteiherrn vorbehalten, und Wilderei wurde mit drastischen Strafen belegt. Die Landbevölkerung, sonst durchaus gesetzestreu, sah in diesem Punkt gern durch die Finger und so konnten sich manche zum Leidwesen der Förster und Bachknechte der Wilderei hingeben, ohne befürchten zu müssen, daß sie angezeigt würden, wenn sie zufällig bei ihrem Tun beobachtet wurden.

Seit etwa 1576 wurde das verbotene Krebs- und Forellenfangen zur Hauptbeschäftigung des Nikolaus Balsbach, die vornehmlich in der wärmeren Jahreszeit ausgeübt wurde. „Sei Michaelis (29. Sept.) vorüber, könne man in den Bächen nicht mehr viel ausrichten", sagte er einmal bei einem späteren Verhör. Sein einfaches Handwerkszeug hatte er immer bei sich, so auch 1596, als er in Kallstadt gefaßt wurde: Einen Fischhamen (= Angelrute mit Haken), 6 Krebsgärnlein, ein Säcklein mit jungen Fröschen, Feuersteine, Stahl und Zunder, dazu einen Sack, mit dem er die Beute transportieren konnte. Absatz seiner Ware fand er stets bei Wirten besserer Gasthäuser, die natürlich wußten, daß die Ware nicht rechtmäßig erworben war.

Im kleinsten Odenwaldbach wimmelte es von Fischen und Krebsen. So konnte Balsbach 1596 kurz vor seiner letzten Verhaftung in dem kleinen Liebersbach, der in Birkenau in die Weschnitz mündet, 50 Krebse fangen, die er an einen Wirt in Mannheim verkaufte. Es gab auch organisierte Fang- und Vertriebsgesellschaften, so in Auerbach und in Wald-Erlenbach bei Heppenheim.

Es konnte nicht ausbleiben, daß Balsbach in den 20 Jahren seiner Tätigkeit als Krebs- und Fischdieb mehrfach von der Obrigkeit gefaßt, eingesperrt und dann verurteilt wurde. In der kurpfälzischen Malefizordnung z.B. heißt es von den Fischdieben:

> *„Wer aus einem verschlossenen Behälter oder besetztem Weiher Fisch stiehlet, der ist als Dieb zu strafen nach der Größe und Vielfältigkeit seines Verbrechens.*
>
> *Wann aber solcher Diebstahl in verbotenen und verbannten fließenden Wässern und Bächen geschieht, soll der Täter an Gut, Ehr und am Leib mit dem Pranger, Verweisung des Landes oder mit Rutenaushauen gestraft werden.*
>
> *Unsere Richter sollen nicht meinen, daß sie erst beim dritten Diebstahl mit der Lebensstraf richten dürften. Wo der Diebstahl also groß und vorsätzlich, so mag man die Leibs- und Lebensstraf mit dem Strang, Abschneiden der Ohren, Aushauung mit Ruten, Verweisung des Landes und andern Strafen auf gehabten Rat der Rechtsgelehrten, da es vonnöten, also bald anlegen."*

Die Verhaftungen

Insgesamt hat Nikolaus Balsbach siebenmal nach Verhaftungen vor Gericht gestanden. Von seinem Verhör im Jahre 1596 sind noch alle Unterlagen vorhanden, die schon Peter Bräumer (1985) veröffentlicht hat. Er hat freimütig ohne Folter alle seine Verfehlungen und Haftstrafen gestanden. Im Jahre 1582 hatte er unsaubere Geschäftsbeziehungen mit dem Müller Philipp Lockmurer in Ziegelhausen (Backhansen Mühle), dem er Ware geliefert hatte, und wollte nun sein Geld abholen. Dieser saß aber gerade zu Heidelberg im Gefängnis, und seine Frau Margarethe war durchaus nicht bereit, Geld für gelieferte Krebse zu zahlen. Sie stellte ihm nach heftigem Wortwechsel eine Falle, schlug ihm vor, mit ihr nach Heidelberg zu gehen, dort könne sie sich Geld holen und ihn zufriedenstellen, hat ihn aber dort heimlich den Amtleuten angezeigt. Diese zogen ihn ein und sperrten ihn 3 Wochen in den Turm. Er hat Urfehde schwören müssen und wurde aus der Kurpfalz verwiesen. Doch diese gnädige Strafe hat er in den Wind geschlagen, hat weiter gefischt, auch die Kurpfalz zukünftig keineswegs gemieden.

1584 erwischte ihn der Forstknecht Hans zu Waldmichelbach bei Dörnelsbach (= Dürr-Ellenbach bei Wahlen). Er kam in Lindenfels 6 Wochen in den Turm, leistete erneut Urfehde und wurde nochmals aus der Pfalz verwiesen.

Danach kam er zu einem Bauern und Müller nach Eulsbach. Er bot dem Bauern Krebse an, die dieser nicht abschlug, ihn aber bat, für seine Frau noch einige Fische im Talbach zu fangen. Die Ausbeute betrug 20 Stck. Der Bauer war aber gesonnen, das Diebesgut zu Geld zu machen, ging am Bartholomäustag nach Mörlenbach auf den Markt und verkaufte sie. Nach einem guten Schluck machte er sich auf den Heimweg, traf unterwegs den Forstknecht Hans von Waldmichelbach und rühmte sich diesem gegenüber, er habe schon öfters Fische gegessen. Der Forstknecht stellte nun bohrende Fragen und in die Ecke getrieben, gab er Balsbach als seinen Lieferanten an, der daraufhin erneut von seinem Erzfeind ergriffen und ins Gefängnis nach Lindenfels gebracht wurde. Hier saß er wiederum 5 Wochen im Turm und mußte bei der Entlassung Urfehde schwören. Dies war zum drittenmal, und wenn er nochmals diesen Eid in der Kurpfalz brach, konnte es ihm schlecht ergehen.

Im Herbst 1587 half er im Spätherbst, als es nichts mehr zu fischen gab, einem Bauern in Sulzbach bei Weinheim beim Dreschen. Sein Aufenthalt wurde verraten, zwei Forstknechte ergriffen ihn und führten ihn nach Weinheim. Diesmal war er also nicht als Fischdieb entdeckt worden, sondern weil er der Landesverweisung nicht Folge geleistet hatte, kam er 5 Wochen in den Kerker, wurde an den Pranger gestellt, mit Ruten ausgepeitscht, aus der Stadt gewiesen und ihm verboten, nochmals die Kurpfalz zu betreten.

Balsbach hielt sich von nun an in benachbarten Herrschaften auf. Als er einmal eine kleine Pfanne Fisch bei sich hatte und sie einem Bürger in Hirschhorn bringen wollte, wurde er angehalten und gefragt, was er damit vorhabe (denn Hirschhorn hatte seinen Fischmarkt), und er sagte, er ernähre sich davon. Als er nach etlichen Tagen wiederum in Hirschhorn erschien, hielt ihn der Stadtknecht auf inzwischen ergangenen Befehl fest. Er kam ins Gefängnis, obwohl ihn niemand auf frischer Tat ertappt hatte. 5 Wochen war er in schwerer Haft, und er stieß beim Abschied gegen den dortigen Amtmann Drohungen aus.

Nun zog es ihn ins Lautertal bei Bensheim, das erbachisch war. Dort hatte er gute Abnehmer, denn im benachbarten Auerbach trieb eine Krebsdiebgesellschaft ihr Unwesen. Er stritt jede Verbindung mit ihr ab, er wisse, daß es über zwanzig Personen seien, „in (Wald-)Erlenbach bei Heppenheim könnt man sie wohl fangen, verkaufen gar viel Krebs."

Nach einiger Zeit war sein Treiben im Lautertal bekannt geworden, man fahndete nach ihm. Erwischt wurde er von dem Schultheißen und einigen Bauern aus Beedenkirchen, aber nicht in deren Gemarkung, sondern im angrenzenden erbachischen Amt Schönberg (vermutlich in Lautern oder Reichenbach), sonst hätten sie ihn in Seeheim abliefern müssen, denn Beedenkirchen gehörte damals zu dieser Zent. Sie brachten ihn aufs Schloß Schönberg zu dem Amtskeller Philipp Reusch (1586-1595) und der mußte ihn dem Zentgericht auf dem Landberg bei Heppenheim übergeben, denn das Lautertal gehörte zu dieser Zent. Das Amt Heppenheim war damals in kurpfälzischer Pfandschaft (1461-1648). Er kam vorerst ins Gefängnis und wurde streng gehalten, denn inzwischen war er der kurpfälzischen Justiz kein Unbekannter mehr. Obwohl ihn die Beedenkircher nicht auf frischer Tat ertappt hatten (er muß wohl veraten worden sein), nahm sich das Zentgericht seines Falles an, weil er mehrmals seine Urfehde und die dabei geleisteten Eide gebrochen hatte. Zur Strafe verurteilte man ihn zum Abhauen seiner zwei Schwurfinger der rechten Hand, ließ ihn erneut Urfehde schwören, peitschte ihn kräftig aus und trieb ihn über die Landesgrenze. Auch das Betreten der Städte und Bistümer Worms und Speyer wurde ihm zukünftig untersagt.

Nun mußte es Balsbach klar geworden sein, daß er bei einem neuen Rückfall dem Henker kaum noch entgehen konnte. Ab 1590 hielt er sich teilweise in der Umgebung von (Wald-) Amorbach auf, dann mit Vorliebe in der Grafschaft Erbach, konnte es aber nicht lassen, auch im Amt Lindenfels wiederum sein Handwerk zu treiben. Auch meinte er, es sei für ihn gefahrlos, sich in der Zent Birkenau aufzuhalten, denn deren beide Junker Landschad und Wambolt waren nicht an kurpfälzische Urteile gebunden. Doch in diesem Punkt sollte er sich verrechnen.

Schon 1593 war er längere Zeit in der Umgebung von Kallstadt und ließ sich auch in der Wirtschaft des Wolf Arnold in Kallstadt sehen, wo er zechte und eine kleine Schuld von 24 Albus hinterlassen mußte, die er aber zu begleichen versprach. Ende August 1596 fand er sich wieder ein, fischte verbotenerweise in der Weschnitz und ihren kleinen Nebenbächen. Seine Frau war bei ihm. Als er seine alte Schuld beglich, bat er Wolf Arnold, der übrigens die weitaus größte Hube in dem kleinen Dorf besaß (insgesamt 4 Höfe), ihn und seine Frau ein bis zwei Tage zu beherbergen, weil er ein „schlimmes Bein" hatte und kaum gehen konnte. Arnold und seine Frau hatten Mitleid, ließen ihn zuerst in der Scheune schlafen, stellten ihm aber dann den sog. Bau (= Gaden, Wohnung des Altbauern, wenn er auf dem Altenteil saß) zur Verfügung. Hier muß ihn jemand verraten haben. Sein alter Widersacher, der Forstknecht Hans von Waldmichelbach, erfuhr seinen Aufenthalt und erwirkte in Birkenau bzw. Weinheim beim wamboltischen Keller seine Verhaftung. Er wurde am 8. Sept. 1596 verhaftet und ins Gefängnis im Birkenauer Rathaus gebracht, obwohl er nirgendwo in dieser Zent auf frischer Tat erwischt worden war. Er gestand freimütig seine bisherigen Fehltritte und Verhaftungen. Bei den Justizbehörden in Heidelberg, Weinheim, Hirschhorn und Lindenfels wurde um weitere Auskunft gebeten. Sie ergaben keine neuen Erkenntnisse, Balsbach hatte schon beim ersten Verhör am 10. September alle notwendigen und wichtigen Angaben gemacht. Bei dieser Gelegenheit erfahren wir auch, daß sich seine Frau kurzfristig bei dem Bauern Philipp Bechtold in Nieder-Liebersbach zum „Schneiden" (Getreideernte) verdingt hatte.

Warum die beiden Zentjunker Landschad und Wambolt es für nötig hielten, Balsbach vor das Birkenauer Zentgericht zu stellen und ihn in einem peinlichen Verfahren aburteilen zu lassen, läßt sich aus den Gerichtsakten nicht ersehen, es war auf keinen Fall notwendig. Die Kurpfalz war nicht beider Lehensherr, doch standen sie sonst in deren Diensten und wollten wohl der kurpfälzischen Administration einen Dienst erweisen.

Die Gerichtsverhandlung fand am 19. Okt. 1596 statt. Am Tag zuvor wurden Balsbachs Geständnisse in einem Protokoll zusammengefaßt, von ihm bestätigt und von den drei Zentschöffen Nikolaus Rohr, Martin Scheuermann (beide aus Kallstadt) und Hans Wein (Nd.-Liebersbach) unterschrieben.

Der Zentschultheiß Engelhard Wieder hegte das Gericht in der strengen, für Halsgerichte vorgeschriebenen Form (s. oben). Ankläger („Fiscal", heute Staatsanwalt) war der Jurist und Bürger zu Weinheim Jakob Traugodt (?), als Verteidiger wurde Stoffel Seiler, Bürger zu Schriesheim bestellt. Auf seine Bitte wurde Balsbach ein Beistand gewährt.

Der Ankläger holt bei seiner Anklagerede weit aus, beschreibt alle bisherigen Vergehen, Verhaftungen und Verurteilungen Balsbachs in allen Einzelheiten. Balsbach sei leichtfertig und unverbesserlich, die ihm auferlegten Strafen habe er nicht ernst genommen oder befolgt, deshalb habe er, wenn es auch nur leichte Diebstähle gewesen seien, weil sie sich wiederholt hätten und eine Besserung des Täters nicht mehr anzunehmen sei, nach der kaiserlichen Halsgerichtsordnung den Tod verdient. Er plädiere daher für eine Hinrichtung mit dem Strang.

Der Verteidiger Stoffel Seiler, Bürger zu Schriesheim, erbittet sich eine kurze Bedenkzeit („kurzen Bedacht"), dann stellt er die bisher begangenen Taten in seiner Sicht dar, besonders legt er Wert darauf, daß Balsbach für alle bisherigen Diebstähle rechtmäßig verurteilt worden sei und kein Täter könne für die gleiche Straftat zweimal verurteilt werden. Anzulasten sei ihm lediglich, daß er seine beschworenen Urfehden nicht eingehalten habe.

Der Ankläger ergreift von neuem das Wort, will von einer Milderung nichts wissen, von seinem Strafantrag könne er nicht abgehen, denn man müsse in Betracht ziehen, daß Balsbach 20 Jahre Zeit gehabt hätte, von seinem Tun abzulassen. Er sei unverbesserlich. Er habe einwandfrei gegen die göttlichen und kaiserlichen Rechte verstoßen, sei doch „zu Erhaltung menschlicher Ruhe und Einigkeit, auch damit jedem das Seine bleibe, der Diebstahl je und allwegen verboten und gestraft worden. Dieweil dies Laster zu viel gemein werden wollen, haben christliche Kaiser zuletzt die Lebensstraf demselbigen aufgesetzt".

In seiner Gegenrede bringt der Verteidiger nun ein neues, vielleicht ausschlaggebendes Argument zu Gunsten Balsbachs vor. Niemals zeit seines Lebens habe Balsbach einen Bauern oder Bürger bestohlen und auch nicht das geringste entwendet. Auch wisse jedermann, daß Gott der Herr die Vögel unterm Himmel und die Fische im Wasser für alle Menschen erschaffen habe. Nun sei zwar der freie Fischfang verboten, allein Balsbach habe dafür früher jedesmal seine gebührende Strafe erhalten. Er bittet daher um ein gnädiges Urteil.

Damit spielte er geschickt auf die allgemeine Volksmeinung an, denn bekanntlich akzeptierten die Landbewohner niemals, daß das Wild, das auf ihren Äckern graste, ihnen nicht gehören dürfe. Das gleiche Argument brachten übrigens 70 Jahre zuvor die Bauern in ihren 12 Artikeln während des Bauernkrieges vor.

Der Ankläger verwahrte sich heftig gegen dieses Argument.

Der Verteidiger hatte das letzte Wort, er bat die Schöffen, ihre Urteil nicht nach der strengsten Auslegung zu treffen.

Das Urteil sprachen allein die Schöffen des Zentgerichts, die alle Bauern waren und sich gewiß gelegentlich an Kleinwild, Rebhühnern usw. vergriffen, auch von Fall zu Fall einige Fische bei Bedarf gefangen hatten. Sie waren, obwohl sie das nicht

zeigen durften, insgeheim dem Balsbach wohlgesinnt. Ihr Urteil lautete dahin, daß Balsbach wegen seiner begangenen Taten zur wohlverdienten Straf und andern zur Abschreckung dem Nachrichter an die Hand geliefert werden, an den Pranger gestellt und ihm das rechte Ohr abgeschnitten werden solle, damit er für alle Zeit gebrandmarkt und gekennzeichnet sei. Schließlich sei er aus der Zent Birkenau und dem Territorium des Erzstifts Mainz auf ewige Zeiten zu verweisen.
Dies geschah wohl auch so. Balsbach wurde mit diesen Schandstrafen belegt zum Gaudium vieler Zuschauer und dann aus der Zent mit Rutenschlägen beim Grenzüberschreiten verwiesen. Vorher hatte er von neuem Urfehde schwören müssen, die im Text vorliegt.
Damit enden unsere Quellen und somit auch unser Bericht. Wo wird er, der damals mit seinem schlimmen Bein kaum noch laufen konnte und ein kranker Mann war, geblieben sein?

Urfehde

Da vollständige Texte von Urfehden im ländlichen Raum kaum überliefert sind, ist es angebracht, Balsbachs Urfehde 1596 den Lesern zwar wortgetreu, aber in heutiger Schreibweise mitzuteilen.

Dem Nikolaus Balsbach wird auf dem Pranger das rechte Ohr abgeschnitten

*Ich, Niklaus Balsbach von Gammelsbach bekenne hie mit dieser Urfehdens-
verschreibung, daß ich hiebevor in annos 1582, 84, 87 und 90 wegen
begangenen Diebstahls des Krebsens und Fischens in Churfürstlicher Pfalz
und andern Orten verbannten Fisch- und Krebsbächen, deshalben zum
fünftenmalen als zu Heidelberg, Lindenfels, Weinheim, Hirschhorn und
Heppenheim zur fänglichen Verhaft gebracht worden und derselben jedesmal uf gewöhnlichen Urfehdens-Verschreibung, Rutenausstreichens und
Fingerabschlagens und Verweisung Churfürstlicher Pfalz, beider Bistümer
und Städten Worms und Speyer verwiesen worden.
Obwohl ich mir ehn diese Straf und dann erzeigte Gnade billig eine
Warnung sollt haben sein lassen und mich diesfalls gebessert und mein
Leben frommlich angestellt haben sollt, so bin ich aber dem allen stracks
zuwider gewesen und meinen vielmals getanen und versprochenen Treu nit
nachkommen, an demselben zum höchsten meineidig und treulos worden,
indem ich bis anhero und bis uff diese Stund mich Krebs- und Fisch-
stehlens beflissen, derowegen ich dann in der gestrengen, edlen und festen
Hansen Landschaden von Steinach, Hansen Wambolten von Umstadt,
meinen gnädigen Junkern, Verhaftung zu Birkenau den 10. Sept. dieses
1596 Jahrs gefänglich einkommen. Un wiewohl ihre Strenghheit und Feste
gut Fug und Macht gehabt, mich als einen Treulosen, Meineidigen mit
ernstlicher Lebensstraf anzusehen, so haben jedoch Ihre Strengen und
Festen die Milde der Strenge vorgesetzt und mich der Verhaftung dergestalt
wieder erlediget:*

*Nämlich zum ersten gerede und versprich ich, diese meine erlittene
Gefängnus wegen gegen wohl- und ehrngedachte meine gnädige Junkern,
dero Erben, Schultheißen, Zentschöffen und dero Untertanen oder
Verwandten bin füro zeit meines Lebens in Ungutem nimmermehr zu ahnden, äffern (= rächen), weder mit Worten, Werken, heimlich noch öffentlich, nit durch mich selbsten noch jemands sunst meinetwegen anrichten
oder zu tun gestatten, in keinem Wege, sondern tue mich dieser erzeigten
hohen Begnadigung und geschenkter Lebensstraf unterthänig bedanken.
Ich soll und will auch mich alsbalden nach dieser ausgestandenen und
erlittenen Straf ußer dero Zent und Gebiet entheben, kein Tag oder Nacht
länger darin verharren und also ewiglich außer derselben, wie auch des
Hohen Stifts Mainz, verbleiben und verwiesen sein und solches (Gebiet)
nimmermehr betreten.
Hierauf habe ich mit handgegebener Treu angelobt und einen leiblichen
Eid geschworen, allen itzt erzählten Punkten, so hierin beschrieben, stet,
fest und unverbrüchlich nachzukommen, dawider nit zu sein,
noch schaffen getan werden.
Da ich aber hinfüro mich abermals leichtfertigerweis erzeigen und
dieser meiner Urfehdensverschreibung zuwider handeln, davor mich der
allmächtige Gott behüten wolle, so sollen alsdann mehrgemelte,
meine gnädige Junker, dero Erben oder Befehlshaber mich, wo ich
dermaßen betreten, wiederum gefänglich anzunehmen oder mich meinem
Wohlverschulden nach mit oder ohne Recht an Leib und Leben strafen zu*

*lassen wohl befugt sein und hierin gegen niemand gefrevelt haben.
Darwider solle mich, mein Leib und Leben nit schützen oder schirmen einerlei Recht, christlich oder weltlich, Satzung, Begnadigung noch ichtwas anders, wie das Namen haben mag.
Dann ich mich dessen allem freiwillig und wissentlich verziehen
(= verzichten) und begeben habe, Gefährde und Arglist hierin gäntzlich ausgeschlossen.
Zu wahrem Urkund hab ich obgemelter Niklaus Balsbach mit Fleiß erbeten Herrn Schultheiß und Gericht zu Birkenau, daß sie dero gewöhnlich Gerichtsiegel, alle obbeschriebene Ding damit zu besagen, für mich uffgedruckt, doch ihnen und ihren Nachkommen unter dem Gericht in allwege ohne Schaden.*

Geben zu Birkenau, den 19. Oktobris 1596

Rudolf Kunz

Der Ortsbürgernutzen

Die Gemeindenutzungen waren ein Teil des Gemeindevermögens. Das Gemeindevermögen insgesamt setzte sich aus Kapital-, Grund- und Anlagevermögen zusammen. Oberster Grundsatz war, daß der Ertrag aus dem Vermögen in erster Linie zur Deckung der Gemeindeausgaben verwendet wurde.

Dieser Grundsatz erlitt eine Einschränkung durch die Rechte der Ortsbürger an diesem Vermögen. Der diesem Nutzungsrecht unterworfene Vermögensteil waren die Allmende (Bürgervermögen). Den Gegensatz hierzu bildeten die dem öffentlichen Gebrauch dienenden Sachen, wie Straßen, Plätze usw.

Das Gemeindenutzungsrecht wurde in Deutschland nicht einheitlich gestaltet. In Hessen jedenfalls war die Gemeinde Eigentümerin der Allmende.

Weitere Nutzungsrechte der Ortsbürger gab es bei Holz, Waldstreu und Weide. Die Gemeinde dagegen hatte dauernde Rechte an Gemeindejagden, Gemeindefischerei und Weide, auch wenn sie nicht Eigentümerin war.

Dem Nutzungsberechtigten stand kein dingliches Recht auf die Benutzung der Allmende zu.

Dingliches Recht heißt, Verfügungsmacht über ein Grundstück zu haben, als Eigentümer im Grundbuch eingetragen zu werden bzw. das Grundstück belasten zu können.

Es handelte sich vielmehr um ein öffentliches Recht, welches die Ortsbürgereigenschaft voraussetzt.

Den Erwerb der Ortsbürgereigenschaft und damit die Zulassung zu den Nutzungen wurde durch Gesetz des Großherzoges von Hessen und bei Rhein vom 21. Juni 1852 neu geregelt.

Hiernach wurde zu den Nutzungen nur zugelassen, wer
a) das 25. Lebensjahr vollendet hat,
b) verheiratet ist oder war (d.h., verwitwet oder geschieden) und
c) in der Gemeinde wohnte.

Durch dieses Gesetz wurden die Gemeindenutzungen der Ortsbürger zumindest für Hessen reglementiert.
Es mußte ein Verzeichnis angelegt werden, worin alle Ortsbürger erfaßt wurden, welche das 21. Lebensjahr vollendet hatten.
Es gab allerdings schon lange vor dieser Reglementierung ein besonderes Nutzungsrecht. Rechtsgrundlage war die im Jahre 1821 erlassene Gemeindeordnung. Vor diesem Zeitpunkt waren die Genußberechtigten Mitglieder der sogenannten engeren Gemeinde. Diesen war das Recht auf Anteilen an der Benutzung oder dem Ertrag an den Gemeindegütern auf Lebenszeit gewährleistet. Diese Rechte waren unantastbar und konnten auch nur mit der Zustimmung der Berechtigten abgeändert werden. Diese Nutzungsrechte der Bürger waren eine gewisse Gegenleistung für Hand- und Spanndienste, zu welchen die Nutzungsberechtigten verpflichtet waren.
Die Hand- und Spanndienste beinhalteten Fuhrleistungen für die Gemeinde, Wegeunterhaltungsarbeiten usw.

Bei denjenigen Ortsbürgern, welche ihren Wohnsitz (Domizil) aufgaben und sich von ihrem Wohnort entfernten und keinen eigenen Haushalt bzw. Familie hinterließen, ruhte das Nutzungsrecht. Kehrte der Ortsbürger wieder in seine Heimat zurück, so wurden ihm die Jahre seiner Abwesenheit bei der Bestimmung des Ranges, nach welchem die Bürger zum Allmendgenuß gelangen, angerechnet.

Der Heimkehrer rückte, wenn ihn sein Alter als Ortsbürger einschl. der Zeit der Abwesenheit dazu berechtigte, in das erste freiwerdende Los ein. Sind während dieser Zeit der Abwesenheit jüngere Ortsbürger in den Allmendgenuß eingerückt, so verblieben diese in ihrem bisherigen Genuß.

Voraussetzung für die Zulassung zu den Gemeindenutzungen war der Eintrag im Ortsregister. Wer sich nicht eintragen ließ, konnte also das Recht auf Zuteilung von Losholz oder Allmendgrundstücke nicht in Anspruch nehmen.

Diejenigen Ortsbürger, welche das Recht aufgrund der Geburt (der Vater war Ortsbürger und der Sohn wurde in Birkenau geboren) in Anspruch nehmen konnten, wurden nach Vollendung des 21. Lebensjahres gegen Zahlung von 5,— RM — Feuereimergeld — in das Ortsbürgerregister eingetragen.

Mit dem Eintrag erhielt der Betreffende einen Feuereimer. Ein Behälter aus rotbraunem Segeltuch in Form eines Eimers. Das war gleichzeitig ein Ausrüstungsgegenstand zur Brandbekämpfung, zu welcher jeder Ortsbürger verpflichtet war.

Diejenigen, welche das Bürgerrecht aufgrund ihrer Geburt nicht in Anspruch nehmen konnten, mußten einen Aufnahmeantrag stellen. Über diesen Antrag entschied die Gemeindevertretung. Außerdem mußte der Betreffende ein Einkaufsgeld entrichten. Dieses durfte den 5-fachen Wert der einem Ortsbürger jährlich im Durchschnitt zukommenden Nutzung nicht übersteigen. Für die Ortsbürger von Birkenau betrug dieses Einkaufsgeld 100,— RM. Der erste Eintrag in das noch vorhandene Ortsbürgerregister der Gemeinde erfolgte am 28. 1. 1806. Es war ein Georg Schaab, Landwirt, geb. im Jahre 1784.

Gemäß den von der Gemeindevertretung beschlossenen und von dem Kreisamt Heppenheim am 7. 8. 1876 genehmigten Lokalstatuten bestanden die Gemeindenutzungen im Bezug von Holz aus dem Gemeindewald und der Nutznießung von Grundstücken.

Um ein ständiges Anwachsen der Berechtigten zu verhindern, wurde die Zahl der berechtigten Ortsbürger auf die Zahl der im Jahre 1871 vorhandenen Ortsbürger beschränkt. Damit war ein Anwachsen der Berechtigten ausgeschlossen. Das war auch notwendig, weil ja die Ertragsfähigkeit des Waldes nicht in dem Umfange gegeben war.

Für die Allmendgrundstücke wurden ca. 22 1/2 Hessische Morgen (1 Morgen hat 2.500 qm) zur Verfügung gestellt. Dieses Allmendgut wurde in 180 Lose aufgeteilt. Jedes Los hatte eine Größe von etwa 300 qm. Aufgrund der topographischen Lage der Birkenauer Gemarkung war es nicht zu vermeiden, daß 120 Allmende auf den Anhöhen oder Hängen und 60 im Tal angelegt wurden. Die 60 im Tal befindlichen wurden als die besseren bezeichnet und bildeten die I. Klasse. Diese wurden an die im Ortsbürgerregister eingetragenen ältesten Ortsbürger vergeben.

Die auf den Höhen angelegten 120 Allmenden bildeten die II. Klasse und wurden an die nächsten 120 nach dem Eintrag in das Ortsbürgerregister eingetragenen Ortsbürger vergeben.

Neben diesen 180 Allmendgrundstücken wurden noch an die 287 ältesten Ortsbürger je 2 Rm = 574 Rm Losholz und je 20 Wellen = insgesamt 5 740 Wellen zum Erntepreis abgegeben. Bei dem Losholz handelte es sich um Buche, Eiche, Birke und Tanne, Scheit und Knüppel. Das Holz wurde in 287 Lose aufgeteilt.

144 Lose enthielten je 1 Rm Buche-Scheit
                      1 Rm Eiche- oder Kieferknüppel
                      und 20 Buche-Wellen
143 Lose enthielten je 1 Rm Kiefern-Scheit
                      1 Rm Buche-Knüppel
                      und 20 Buche-Wellen

Um zu vermeiden, daß der einzelne Ortsbürger nicht immer das angeblich schlechtere Holz erhielt, wurde in der Weise verfahren, daß diejenigen, welche Buche-Scheit erhielten, im nächsten Jahr sich mit Kiefern-Scheit begnügen mußten.

Als Erntekosten mußten die Ortsbürger je Los 6,— RM an die Gemeindekasse entrichten.

Aufgrund eines Vergleiches zwischen der politischen Gemeinde und der katholischen Gemeinde Birkenau erhielt der katholische Pfarrer als Besoldungsanteil ebenfalls 3,1 Rm Buchen-Scheit. Hierfür mußte er 7,50 DM als Erntekosten an die Gemeindekasse zahlen.

Der letzte Eintrag erfolgte im Jahre 1962. Das Gesetz zur Bereinigung der Rechtsvorschriften über die Nutzungsrechte der Ortsbürger vom 18. 10. 1962 (GVBl I Seite 467) hebt die Nutzungsrechte mit Wirkung vom 1. 1. 1962 auf. Ab diesem

Zeitpunkt war eine Eintragung in das Bürgerregister und ein Nachrücken in das Nutzungsrecht nicht mehr möglich.

Diejenigen, welche bereits zu diesem Zeitpunkt nutzungsberechtigt waren, behielten dieses Recht bis zu ihrem Ableben bzw. Wegzug aus der Gemeinde.

Durch Tod und Wegzug aus der Gemeinde gingen die Ansprüche auf die Nutzung von Gemeindevermögen verloren. Selbstverständlich auch bei Verlust der bürgerlichen Ehrenrechte.

Letzteren gleichzusetzen war die Aberkennung der Nutzungsberechtigten für die hiesigen Juden. Im Jahre 1936 wurden sechs jüdischen Bürgern das Recht auf Nutzung von Allmendgrundstücken bzw. auf Bezug von Losholz entzogen (siehe Allmendverteilung 1936). An deren Stelle rückten sog. „arische Bürger" nach.

Bei Streitigkeiten über Ansprüche der Ortsbürger hatte der Kreisausschuß zu entscheiden.

Peter Spilger

Vom Birkenauer Galgen

Im Birkenauer Tal, unterhalb des Dorfes, standen nachweislich und nacheinander zwei Galgen. Der erste, vermutlich hölzerne, wurde bei dem großen Hochwasser der Weschnitz 1732 umgerissen und hinweggespült. Wir dürfen annehmen, daß er seinem grausamen Zweck gedient hat und wissen, daß 1609 unter dem Galgen in Birkenau zwei namentlich bekannte Frauen wegen Abtreibung der Leibesfrucht mit dem Schwerte hingerichtet worden sind. Das Mittelalter und die verwilderte Zeit im und nach dem 30jährigen Kriege kannten keine langen Haftstrafen wie unsere Rechtsordnung. Gesetzesbrecher mußten ihre Strafe 'erleiden'. Was rechtens und was Rechtsbruch sei war in der 'Sachsenspiegel' genannten Sammlung zum Landrecht zu lesen. Auch „Die peinliche Gerichtsordnung Kaiser Karls V. von 1532" war mit über 200 Artikeln Grundlage der Rechtsprechung für und um die Birkenauer Galgen. Die praktische Handhabung des alten Rechts ist in Gerichtsbüchern aufgeschrieben. Einen anschaulich illustrierten Auszug hat uns Peter Bräumer in seinem Buch „Szenen aus der (Birkenauer) Zent" 1986 aufgeschrieben.
Zum schauerlich-schönen Bild eines Galgens gehören seit altersher Alraune. So nannte man die menschenähnlichen Erd- oder Galgenmännchen, die als Wurzelgebilde unter dem Galgen aus dem Samen eines gehängten Diebes nur dann entstanden, wenn dieser noch ein Junggeselle war. Schon aus diesem Umstand erhellt sich die Seltenheit der teuren, kaum zu bezahlenden Glücksbringer, die in allen erdenklichen Situationen helfen sollten. Für Birkenau ist kein Alraun überliefert.

Das neue Hochgericht

Im Anfang stand das berüchtigte Michaelishochwasser von 1732. Hatte noch 1655 der an der Herrschaft über Birkenau beteiligte Bertram von Hersbach befürchtet, mit dem Umfallen des Gerüstes falle auch seine Gerichtshoheit, so waren mit dem neuen

Jahrhundert wieder sichere Rechtsverhältnisse eingekehrt. 1721 wurden vom Kurfürsten von Mainz die Reichsfreiherren von Wambolt und Umstadt mit der Alleinherrschaft über die Cent Birkenau belehnt. Das bedeutet für die Dorf- und Zentbewohner relative Sicherheit vor Raub, Mord und Totschlag und klare Ordnung im Gemeinwesen. Der Preis dafür waren die Centabgaben an die Ortsherrschaft.

Bereits 4 Jahre nach dem Untergang des alten Galgens wünschte die Ortsherrschaft die Errichtung eines neuen, jetzt „Hochgericht" genannten Galgens. Die Cent hatte es indessen nicht eilig mit dem verlangten teuren Steinbauwerk und verzögerte den Abschluß des Werkvertrages mit dem von der Herrschaft vorgeschlagenen Steinhauer aus Waldmichelbach. Aus diesem mit „Actum Bürkenau den 30. Juni 1741" überschriebenen Vertrag sei hier die Einleitung wörtlich zitiert.

„In Präsentia Herrn Ambtmann Krausens, als Centhgrafen,
des Centhschultheißen Hans Georg Stephan und ganzen Ehrsamen
Centhgerichtsschöpfen."
Nach dem von gnädiger Herrschaft der abermahlige Befehl als Centherrn
ergangen, daß das durch das große Gewässer anno 1732 hinweg geführt
wordene Hochgericht an wiederum und zwar an jetzo zu mehrerer
Sicherheit von Steinen auch nicht mehr auf dem alten Platz sondern über
den Weg hinüber gegen den Berg zu aufgerichtet werden solle,
sofort (ist) sothaner Herrschaftlicher Befehl denen sämbtlichen Centh-
gerichtsschöpfen von Ambts wegen ferner (hin) weith notificiret und erteilet
worden; so haben sich solche gestern als dem 29. Juni in des hiesigen
Centhschultheißen Haus samt und sonders zusammen verfüget,
mit hin (zu) auch einen Steinhauer berufen lassen und folgenden Accord
mit ihm geschloßen.

Dem Steinhauermeister Heinrich Hänßlein von Waldmichelbach wurde der Auftrag erteilt, „ein neu steinern Hochgericht" zu fertigen und möglichst vor Bartholomä (24. Aug.) aufzustellen.
Die technischen Daten: 2 Säulen 18 Schuh hoch im Lichtmaß (Birkenauer Schuh oder Fuß vor 1817 = 30,4 cm). Das sind, wie auch die folgenden Maße umgerechnet, 5,5 Meter Gesamtlänge. Sie sollen in ein 1,8 Meter tiefes Fundament eingesetzt, 3,7 Meter über die Erde herausragen. Zwischen den Pfeilern soll ein Fundament von 3,6 Metern Länge (= Säulenabstand?) bei einer Breite von 1,2 Metern und einer Tiefe von 90 cm gegraben und dann ausgemauert werden. Dabei sollen die Grabarbeiten zu Lasten der Cent gehen, die Mauerarbeiten aber zum Lieferumfang des Steinhauers gehören. Als Preis wurden 40 Gulden vereinbart. Davon sind 3 Gulden sofort und die restlichen 37 nach Fertigstellung zu zahlen.
Der 'Accord' genannte Vertrag wurde am 29. Juni 1741 vom Steinhauermeister Heinrich Hänßlein, dem Centschultheißen Hans Georg Stephan und den Centschöffen unterschrieben.

Centschöffen waren:
    Hans Kadel Schultheiß zu Hornbach als Centschöffe
    Hans Adam Edelmann Hornbach
    Andreas Eck Schultheiß zu Liebersbach als Centschöffe
    Sebastian Jüllich Centunthan zu Balsenbach

Johannes Eck gemeins Bürgermeister zu Birkenau
Mattheus Sorg gemeins Vorsteher von Birkenau
Adam Brecht Centschöffe von Birkenau
Theobald Schuch Centschöffe von Birkenau
Hanß Paul Schaab Centschöffe von Birkenau
Johann Adam Jakob Centschöffe von Birkenau
Nicolaus Jöst Centschöffe von Birkenau

Der Heimatort des Steinhauers im Sandsteinteil des Odenwaldes läßt einen sicheren Schluß auf das Material der bestellten Säulen zu. Die langen, nur baumstarken Sandsteinstücke erfordern eine gleichmäßige Struktur und Festigkeit, wie sie nicht in jedem Steinbruch und auch dort nicht an jeder Stelle gewonnen werden kann. Vielleicht um diese Qualitäten, den Stand der Arbeiten und die Wegverhältnisse zu erkunden, machten zwei erfahrene Männer, der Centschultheiß Georg Stephan und Hans Geiß einen in der Abrechnung ausgewiesenen „Gang nach den Steinern". Der Steinbruch des Meisters lag nach der Quittung der Fuhrleute „Am Zollstock" bei Siedelsbrunn.

Die Frage, wie das herrschaftsgerechte Bauwerk aussah, ist nicht ganz unserer Fantasie überlassen. Sehen wir von dem in fremden Zeichnungen häufigen Fallboden und der langen Leiter ab, dann können wir uns auf das Zeugnis eines erfahrenen Kunstkenners berufen. Der Weinheimer Bürgermeister und Heimatforscher Albert Ludwig Grimm beschreibt die Anlage in seinem 1822 erschienenen Buch „Vorzeit und Gegenwart an der Bergstraße dem Neckar und im Odenwald". Darin schildert er in begeisterten Worten einen Gang durch das Birkenauer Tal. Er schreibt: „Hinter der letzten Mühle erheben sich zwei steinerne Säulen mit Kapitälern verziert. Der Freund altertümlicher Baukunst irre sich nicht an ihnen, es sind Galgensäulen, die aber noch nie als Galgen dienten. Von hier aus sieht man das Dorf Birkenau mit dem Freiherrlich v. Wamboltischen Schlößchen und Garten, und das Ganze bildet eine schöne Landschaft." In seiner Beschreibung sind zwei unser Thema berührende Fragen angesprochen: Die Säulenköpfe und der Standort des Galgens. Über den genauen Platz haben sich in der Vergangenheit sehr gute Kenner der Akte vergeblich den Kopf zerbrochen und auch nachgraben lassen. Bedenkt man, daß in früheren Jahren Leute, die um den Galgen wußten, die Straße am Abend nur mit Unbehagen und schnell passierten, so ist es nicht Sinn der Heimatgeschichte, Ängste aufs neue zu erwecken.

Anders ist es mit den „Kapitäler" genannten Säulenköpfen, auf denen, durch Eisenklammern gehalten, der eichene „Zwerrschbaum", das ist das eigentliche Galgenholz, gelagert war. Die Säulenköpfe erscheinen als versteigerungswürdige Steine nach dem Abbruch des Hochgerichts, sprich Galgens, erstmalig in den Akten. Sie heißen jetzt „Sockelsteine", nämlich des hohen Galgenholzes. Das Hochgericht war durch den Übergang der Gerichtshoheit von der Reichsritterschaftlichen Cent Birkenau auf das Großherzogtum Hessen im Jahre 1806 sinnlos geworden und wurde nach seinem Abbruch am 7. Mai 1828 meistbietend versteigert. Über das zugehörige Protokoll läßt sich der Weg der Säulen und der zugehörigen Köpfe verfolgen. Steigerer waren die Müller Valtin Kinscherf und Nikolaus Kadel. Sie zahlten für je eine Säule und einen Sockelstein 1 1/2 Gulden und 21 Kreuzer.

Kapitell des ehemaligen Birkenauer Galgens, das heute als Untersatz für einen Blumenkübel dient. (Obergasse, Anwesen Geiß)

Die Namen Kinscherf und Kadel sind auch heute nach über 150 Jahren in Birkenau mehrfach anzutreffen. Die Mühlen haben ihre Besitzer inzwischen mehrfach gewechselt. Die Zusammenhänge für diese und die Mühlengeschichte hat in mühsamer Archivarbeit Herr Scheller so gründlich nachgeforscht, daß wir eindeutig sagen können: Die Kinscherfenmühle lag im Bereich der heutigen Firma Frank, Nikolaus Kadels Mühle war das jetzige Anwesen Nikolaus Geiß in der Obergasse. Warum zwei Müller die langen, leicht anzupassenden Säulen kauften, läßt sich aus ihrem ständigen Baubedarf erklären. Die Sockelsteine, wir würden sie nach ihrer Funktion heute Kapitelle nennen, waren jedermann als Galgensteine erkennbar. Sie mußten ihrer makabren Vergangenheit wegen aus dem Blickfeld, unter die Erde. Bei Ausschachtungsarbeiten für ein Fundament fand man in den zwanziger Jahren unseres Jahrhunderts im Anwesen Geiß einen Sandstein, der nach Form und kunstvoller Verzierung ein Säulenkapitell darstellt. Der Stein wurde, weil er so schön war, als Schmuck auf einen Mauerabsatz gestellt, 1987 von einem Arzt als Kapitell erkannt und dürfte einer der verschollenen Galgensteine sein. Nach dem anderen Kapitell im ausgedehnten Bereich der Firma Frank zu suchen wäre zu aufwendig. Es mag als Überraschungsgeschenk für die Nachkommen an seinem Platz verbleiben.

Klaus Zenner

Die Birkenauer Bürgermeister seit 1821

Vor 1821, dem Zeitpunkt der Einführung der Hessischen Gemeindeordnung, gab es den Begriff des Bürgermeisters, doch in einem völlig anderen Verständnis. Der Rechnungsbürgermeister führte die Gemeinderechnung, der gemeine Bürgermeister stand dem Ortsgericht vor. Beide Ämter wechselten gewöhnlich jährlich, so haben sich in den Birkenauer Gemeinderechnungen, die ab 1696 fast lückenlos erhalten sind, mehrere hundert „Bürgermeister" durch ihre Unterschrift „verewigt". Eine bürgermeisterähnliche Stellung, wenn dies überhaupt so vergleichbar ist, hatte der Schultheiß, der von der Ortsherrschaft meist für Jahrzehnte ernannt wurde.

Am 4. Dezember 1821 fand die erste Birkenauer Bürgermeisterwahl statt, und zwar durch Direktwahl der Einwohner, die in ein evangelisches und katholisches Lager gespalten waren. Entsprechend dem evangelischen Bevölkerungsanteil entfielen auf die drei evangelischen Kandidaten die meisten Stimmen. Die Birkenauer Bürgermeister seit 1821 waren:

1. Jakob Kadel Senior. Er hatte als Kanonier in Darmstadt gedient und es bis zum Landwehrleutnant gebracht. Von Hause aus war Jakob Kadel sen. Bauer, er wurde am 5. März 1822 der Bevölkerung präsentiert. Jakob Kadel verstarb am 6. Oktober 1824.

2. Georg Peter Schäfer. Ein „armer Schuhmacher", für den sich die „Großbegüterten" schämten, da er nur ein einstöckiges Haus besaß. Er wurde am 7. Dezember 1824 mit 97 Stimmen gewählt und übte sein Amt bis zur Jahresmitte 1831 aus.

3. Johannes Bernhard, ein Wirt und Krämer wurde Nachfolger. Er hatte auch das Amt des örtlichen Zolleinnehmers inne, das er mit Strenge versah. Einmal war er so „unverschämt", daß er den Wagen des Rittmeisters Wambolt nach verzollbaren Gegenständen durchsuchte. Er setzte sich bei der Wahl am 25. Dezember 1830 denkbar knapp mit 65 gegen 63 Stimmen durch. 1833 mußte er zurücktreten. Er hatte eine Brunnenkette mit 67 1/2 Pfund Gewicht bezahlt, obwohl diese Kette acht bis zehn Pfund leichter war. Später stellte es sich heraus, daß er hierfür nichts konnte, der Lehrjunge des Schmieds hatte die Waage manipuliert.

4. Bürgermeisterverwalter Leonhard Jüllich, ein wohlhabender Bauer, der in dem Anwesen Kreuzgasse 9 wohnte. Er versah die Bürgermeisterstelle kommissarisch von 1833 bis März 1836.

5. Johannes Bernhard, der sein Amt 1833 hatte vorzeitig aufgeben müssen. Er wurde mit 121 Stimmen zu 83 Stimmen gewählt. Gleich nach Amtsantritt wurden Vorwürfe laut, er habe bei der Bestellung einer Partie Tannensamen für Kulturen im Gemeindewald seinen Vorteil gesucht, dennoch blieb er bis September 1843 im Amt.

6. Leonhard Jüllich wurde am 13. Mai 1843 zum Birkenauer Bürgermeister gewählt. Wahlergebnis 157 Stimmen zu 135 Stimmen. Er hatte das Amt bereits von 1833 bis 1836 inne. Er wurde folgendermaßen charakterisiert, „... ist ein sehr braver, rechtlicher und unbefangener Mann und was sehr löblich an ihm ist, er ist ohne konfessionelle Parteilichkeit, ... dessen insbesondere den katholischen Einwohnern zugetane Gesinnung lassen ihn besonders geeignet erschei-

nen..." Er übte sein Amt bis Jahresende 1848 aus. Er hatte „Herz" und kassierte angesetzte Strafgelder, die vom Amtsgericht Fürth festgesetzt worden waren, nicht. Meist handelte es sich um „Straftäter", die aus bitterer Armut gestohlen hatten. Dafür erhielt er selbst 61 Geldstrafen zudiktiert.

7. Adam Kadel war von Januar bis Oktober 1849 Bürgermeisterverwalter.
8. Adam Reinig, ein Gastwirt und Spezereikrämer, war vom Oktober 1849 bis 18. 1. 1856 als Bürgermeister im Amt.
9. Johannes Denger vom 19. 1. 1856 bis Mai 1873, er wurde 59 1/4 Jahre alt und verstarb am 18. Mai 1873 im Amt.
10. Der Beigeordnete Peter Steffan der II. versah das Amt von Mai bis September 1878.
11. Bürgermeister war von Sept. 1878 bis 12. Mai 1893 Johann Adam Oehlenschläger, auch er verstarb im Amt, wie es heißt „nach kurzem Unwohlsein an Herzversagen". Mag sein, daß ihn der Bau der Bahnlinie Weinheim-Fürth zu sehr aufregte, es ging dabei um Streckenführung und Enteignungen von Gelände, die Wellen schlugen damals hoch in Birkenau.
12. Georg Adam Brehm war Birkenauer Bürgermeister von 1893 bis 31. 12. 1910, er verstarb kurz darauf am 22. April 1912. Für einige Wochen versah der Erste Beigeordnete und Sattlermeister Jung das Bürgermeisteramt kommissarisch.
13. Adam Jakob VI war vom Februar 1911 bis Juli 1922 im Amt und mußte die schwere Kriegszeit in dieser verantwortungsvollen Position „überstehen", er gab sein Amt vorzeitig auf.
14. Für die Zeit von 1922 bis Juli 1928 wurde Peter Brehm zum Bürgermeister gewählt.
15. Adam Jakob VI, der 1922 sein Amt vorzeitig zur Verfügung gestellt hatte, wurde im Juli 1928 wiederum Bürgermeister, er wurde Anfang April 1945 von den alliierten Militärbehörden abgesetzt. Wiederum mußte er die schwierigen Kriegszeiten meistern. Adam Jakob VI ist das mit 28 Dienstjahren am längsten amtierende Gemeindeoberhaupt.
16. Eine Bekanntmachung vom 7. April 1945 lautet: „Auf Anordnung der amerikanischen Militärkommandantur Weinheim wurde heute der seitherige Bürgermeister Jakob mit sofortiger Wirkung seines Amtes enthoben. Zum Bürgermeister wurde Germann Guby ernannt."
17. Nach kurzer Zeit, noch im April 1945, wurde Georg Hirt zum Bürgermeister bestimmt. Im März 1946 wurde er von der Gemeindevertretung auf weitere zwei Jahre gewählt.
18. Am 14. September 1948 wurde Adam Weber zum Bürgermeister gewählt, er verstarb am 17. Dezember 1962.
19. Karl Stief wurde am 29. Januar 1963 zum Bürgermeister gewählt, er ist am 27. Dezember 1967 verstorben.
20. Willi Flemming wurde am 9. April 1968 zum Bürgermeister gewählt. Wiederwahl auf zwölf Jahre erfolgte zum Jahresende 1973, erneute Wiederwahl auf 6 Jahre war am 3. Dezember 1985. Mit 24 Amtsjahren ist er der am längsten ununterbrochen amtierende Bürgermeister in Birkenau.
21. Albert Kanz wurde am 19. 11. 1991 zum Birkenauer Bürgermeister gewählt und trat sein Amt 1992 an.

ADAM JAKOB, Bürgermeister
von 1911 - 22 und 1928 - 45

PETER BREHM, Bürgermeister
von 1922 - 28

GERMANN GUBY, Bürgermeister
April 1945

GEORG HIRT, Bürgermeister
von 1945 - 48

ADAM WEBER, Bürgermeister
von 1948 - 62

KARL STIEF, Bürgermeister
von 1963 - 67

WILLI FLEMMING, Bürgermeister
von 1968 - 92

ALBERT KANZ, Bürgermeister
ab 1992

Jakob Kadel sen.

Georg Peter Schäfer

Johannes Bernhard

Der Bürgermeister
Leonhard Jöllich

13. April 1939.
Bürgermeisterverwalter
Adam Kadel

Der Bürgermeister
Adam Reinig

Johannes Denger

Peter Steffan II

Johann Adam Ohlschläger

Adam Brehm

Beigeordneter Georg Jung

Adam Jakob VI

Peter Brehm

Germann Guby

Georg Hirt

Adam Weber

Karl Stief

Willi Flemming

Albert Kanz

Die Gemeindevertretung

Ein wichtiges Datum für die Entwicklung der kommunalen Selbstverwaltung in Deutschland war das Jahr 1808. Damals wurde vom preußischen König Friedrich Wilhelm dem Dritten die Preußische Städteordnung erlassen. Ausgearbeitet und in ihren Grundzügen entwickelt worden war sie von dem Preußischen Minister Friedrich Karl Reichsfreiherr vom und zum Stein. Diese „Stein'sche Städteordnung" kann mit Steins Worten charakterisiert werden: „Wenn dem Volk alle Teilnahme an den Organisationen des Staates entzogen wird, kommt es bald dahin, die Regierung teils gleichgültig, teils in einzelnen Fällen in Opposition mit sich zu betrachten." Ganz klar und unmißverständlich wurde hier die Grundlage für die kommunale Selbstverwaltung geschaffen. Das Stichwort heißt: „Gemeindliche Demokratie". Sie ist qualitativ nichts anderes als staatliche Demokratie, wobei das Maß der direkten bürgerlichen Mitbestimmung in der Gemeinde fast immer höher ist als in den Ländern oder im Bund.

Die Stein'sche Städteordnung von 1808 war in der Folgezeit des 19. Jahrhunderts Ausgangspunkt und Anlaß für das Entstehen einer Vielzahl von neuen Städte- und Gemeindeordnungen auf deutschem Boden. Es würde den Rahmen dieser Darstellung sprengen, wenn auf die Vielzahl der Entwicklungen eingegangen werden sollte. Fest steht, daß mit der Machtergreifung Hitlers die demokratische Selbstverwaltung der Kommunen zum Erliegen kam. Sie wurde durch die Herrschaft der nationalsozialistischen Partei und des damit verbundenen „Führergedankens" verdrängt. Der Bürgermeister nahm als „kommunaler Führer" die Spitzenstellung in der

Die Birkenauer Gemeindevertreter im Jahre 1994

Gemeinde ein, ihm oblag die volle und ausschließliche Verantwortung für die Kommune. Den Gemeinderäten war die beschließende Funktion genommen worden, sie waren praktisch nur Statisten. Nach dem Zusammenbruch des Dritten Reiches schufen sich alle Bundesländer ein neues Kommunalverfassungsrecht. Hier ist anzumerken, daß nur Hessen mit seiner Magistratsverfassung an die „Stein'sche Städteordnung" aus 1808 anknüpft. Es erfolgte eine genaue Abgrenzung der Kompetenzen von Gemeindevertretung (Stadtverordnetenversammlung) und Gemeindevorstand (Magistrat). Die Gemeindevertretung besteht aus den Gemeindevertretern. Sie werden von den Wahlberechtigten in freier, allgemeiner, geheimer und unmittelbarer Wahl nach den Grundsätzen der Verhältniswahl auf die Dauer von vier Jahren gewählt. Die Wahl der Gemeindevertreter stellt neben der Neuerung der unmittelbaren Wahl des Bürgermeisters und der Möglichkeit der Durchführung eines Bürgerentscheides die wesentliche Mitwirkung des Bürgers am kommunalen Geschehen dar. Die Gemeindevertreter sind ehrenamtlich tätig und nehmen ihre Aufgaben im Sinne des freien Mandats wahr.

Gemeindevorstand mit der Sekretärin Frau Speicher

Die Gemeindevertretung ist für die Angelegenheiten der Gemeinde grundsätzlich allzuständig, soweit sie nicht durch Gesetz oder durch die Gemeindevertretung dem Gemeindevorstand übertragen wurden. Wesentliche Dinge müssen jedoch in alleiniger Entscheidungsbefugnis der Gemeindevertretung verbleiben, wie z.B. die allgemeinen Grundsätze der Verwaltung, die Durchführung von Wahlen, der Erlaß von Satzungen, insbesondere der Haushaltssatzung (Haushaltsplan), die Gemeindebetriebe und die Änderung von Gemeindegrenzen. Aufgabe ist die Überwachung der Verwaltung und die Wahl des Gemeindevorstandes. Bis zum 1. 4. 1993 oblag es ihr auch, den Bürgermeister zu wählen. Mit Beginn der Wahlperiode im Frühjahr 1993 trat dann eine wesentliche Neuerung in Kraft, und zwar die unmittelbare Wahl des Bürgermeisters durch die wahlberechtigten Bürger. Der Gesetzgeber hat also zugunsten einer größeren Mitwirkung der Bürger an der Verwaltung der Gemeindevertretung diese Zuständigkeit entzogen. Eine Änderung der Rechtsstellung des Bürgermeisters war mit dieser Neuerung jedoch nicht verbunden.

Grundsätzlich kann festgestellt werden, daß die Hessische Gemeindeordnung in der Fassung vom 1. 4. 1993 wesentliche Weiterentwicklungen beinhaltet, die dem Bedürfnis des Bürgers nach mehr Teil- und Einflußnahme auf das gemeindliche Geschehen außerhalb der Wahltage entsprechen. Das alles wird jedoch nur möglich sein, wenn sich auch weiterhin Bürgerinnen und Bürger zur Mitarbeit in den gemeindlichen Gremien bereit erklären.

Willi Flemming

Von Wirten, Lehrern und Doktoren

Von Birkenauer Gastwirten und „Chirurgen"

Johannes Eisenhauer erwarb mit Kaufvertrag am 8. 10. 1765 vom Birkenauer Schultheißen Nicolai Jöst einen Bauplatz mit den Ausmaßen 100 auf 30 Schuh. Zusätzlich kaufte er von der Gemeinde ein Stück „gemeines Gut", das an den Bauplatz angrenzte. In den Folgejahren erbaute er darauf ein Fachwerkhaus (heute in unverändertem Zustand das Anwesen Hauptstraße 88, direkt neben dem wamboltischen Schloß gelegen). Dieses Gebäude findet Erwähnung im Kunstdenkmälerband des Kreises: „Gut erhaltenes Gebäude auf hohem Sockel. Das einfache Fachwerk durch Andreaskreuze und überkreuzte Rauten bereichert. Ende 18. Jahrhundert."

Johannes Eisenhauer hatte sich entweder beim Bau dieses Hauses übernommen, oder er führte einen unsoliden Lebenswandel, daß er nun auf äußerst fragwürdige Weise seine Finanzen aufzubessern versuchte. Von Beruf war Eisenhauer Actuarius (= Amtsschreiber), „Chirurg" und Gastwirt, wobei die Einnahmen aus dem Wirtshaus seine sonstigen Einkünfte sicherlich überstiegen. Der Begriff Chirurg bedarf einer kurzen Erläuterung. Seinerzeit genügte eine gewisse praktische Erfahrung als Barbier oder Feldscher und eine theoretische Prüfung, die sich in der Beantwortung verschiedener Fragen erschöpfte, um als Landarzt, Wundarzt oder Chirurgus tätig sein zu können. Die Einnahmen waren entsprechend bescheiden, da für das Einrenken von Gliedmaßen, für Aderlaß, Schröpfen, Zahnziehen und die Verordnung von heute manchmal seltsam anmutenden Tinkturen und Salben nur wenige Gulden berechnet werden durften. Mit etwas Phantasie kann man sich gut vorstellen, wie Patienten in der Gaststube der Eisenhauerschen Wirtschaft behandelt wurden und dabei mehr oder weniger unpassende Bemerkungen der anwesenden Gäste über sich ergehen lassen mußten.
Birkenau hatte um 1780 nur 480 Einwohner, was für fünf oder sechs Gastwirtschaften einen harten Konkurrenzkampf bedeutete. Auch vor diesem Hintergrund ist der nachstehende Vorgang zu sehen.

Der anonyme Brief

Am Karsamstag 1788 erhielt Freiherr Philipp Franz von Wambolt, als er sich während des Osterfestes in Mainz aufhielt, einen anonymen Brief, der ihn mächtig aufregte. Zu erfahren, daß in seiner Residenz Birkenau in zwei Wirtschaften ungeniert, ja öffentlich gegen die Sittlichkeit verstoßen wurde, das konnte ihm die Feiertagsstimmung gründlich verderben. Ein angeblich besorgter Weinheimer Bürger, der sich der Initialen A.M.R. bediente, machte nämlich folgende vertraulichen Mitteilungen:

„Hochwohlgeborener Reichsfreiherr, gnädiger Herr!

Ich kann unmöglich länger stillschweigen wegen des Schäfers und [des] Bordschnitters zu Birkenau Haushaltung[en] und Wirtschaft[en], weil die Schäferin und der Wittemayer einen so abscheulichen, verdächtigen und im höchsten Grad verantwortungslosen Umgang pflegen, worüber sich nicht nur die erwachsenen Leute, auch Kinder, nicht allein in Birkenau, sondern auch in den vier und fünf Stunden entliegenen Orten auf der Gasse aufhalten... Die nämliche Beschaffenheit hat es mit der Bordschnitterin und ihrer Tochter mit dem Schmitts-Jakob."

Scheinheilig empfahl der ungenannte Briefschreiber, hinter dem sich Johannes Eisenhauer verbarg, die beiden Gasthäuser zu schließen, da „es kein Wunder wäre, wenn Gott wegen dieser abscheulichen Menschen den ganzen Ort Birkenau strafen würde". Die Erklärung für seine Anonymität gab er auch halbwegs plausibel: „Nehmen Sie es aber nicht ungnädig, daß ich meinen Namen nur mit einzelnen Buchstaben unterschrieben habe, es hat seine besondere Ursache deswegen, weil ich auch einen Schwager habe, welcher mit seiner Frau und den Kindern wie Hund und Katze miteinander wegen der zwei Häuser (= Wirtshäuser) lebt und fast täglich oder längstens über den anderen Tag sich dahin begibt." Der Inhalt dieser Mitteilungen war mit einiger Wahrscheinlichkeit zutreffend, der Beweggrund jedoch geheuchelt. Nicht christliche Moral, sondern die Sorge um den eigenen Geldbeutel veranlaßten Johannes Eisenhauer, seinem Ortsherrn eine solche Botschaft zukommen zu lassen.

Bezug nahmen diese Anschuldigungen auf die Wirtschaft des Michael Krämer, die auf dem Grund und Boden des Anwesens Hauptstraße 71 (Maria Brehm) stand. Michael Krämer hatte eine Schafherde von 370 Tieren, die er auf Birkenauer Gemarkung in den Jahren 1769-1787 weiden lassen durfte, deshalb auch die Bezeichnung Schäfer. Seine Ehefrau, „Schäferin", um die 50 Jahre alt, hatte ein Verhältnis mit dem katholischen Lehrer und örtlichen Salzhändler Michael Wittemayer. Dieser wohnte in dem späteren wamboltischen Amtshaus bzw. Kindergarten (1962 abgerissen) in der Obergasse 14.

Die zweite betroffene Wirtschaft war die des Bordschnitters [= Brettschneiders] Johannes Hofmann, die vermutlich in dem 1876 umgebauten Haus Kreuzgasse 14 (Anwesen Frank) betrieben wurde. Hofmanns Frau war etwa 56 Jahre, die Tochter knapp über 20 Jahre alt, und beide sollten Beziehungen zu dem Schmitts-Jakob, über den nähere Informationen fehlen, haben. Bereits am Ostersonntag, dem 23. März, reagierte Freiherr Wambolt. Er ordnete die sofortige Schließung dieser ohnehin „liederlichen" Gastwirtschaften an. Dem Schmitts-Jakob wurde Zuchthaus, dem Lehrer Verlust seines Amtes angedroht. Außerdem sollte unverzüglich nachgeforscht werden, wer sonst noch Umgang in den beiden Häusern pflegte. Amtmann Ignaz Bouthelier, dem diese undankbare Aufgabe zufiel, empfahl, sich bedeckt zu halten. Seine Schilderung entbehrt nicht einer gewissen unfreiwilligen Komik:

„...nicht nur einer, sondern mehrere verehelichte Männer, teils von Weinheim, Mannheim und Ladenburg, nebst der von hier, darunter Metzger, Schneider, Müller und Fuhrleute, die die Straße oft zu passieren haben. Mir wäre es möglich, den einen ausfindig zu machen, ohne die anderen zugleich mit in Verdacht zu ziehen... befinden sich nach Berichtgebers Privatnotiz unter den Gemeldeten nicht nur Bürger, sondern auch etliche aus der Pfalz, die eine Civil-Bedienung [= bürgerliches Amt] bekleiden und deren Weiber, soviel man vermuten kann, noch nicht die geringste Spur der abscheulichen Nebenwege ihrer Männer haben, wo also sicher bei näherer Veranlassung der Sache die respektive [= allenfalls] noch glücklichen Ehen sich in Mordgruften verwandeln dürften."

Sollten tatsächlich Personen aus dem „Ausland" diese beiden Wirtschaften aufgesucht haben, dann hätte es einen Skandal über Birkenau hinaus gegeben. Das erschien dem bei anderen Gelegenheiten so forschen Amtmann zu gewagt.

Schriftlich hatten sich beide Gastwirte, Michael Krämer und Johannes Hofmann, zu Wort gemeldet und beteuerten ihre persönliche Unschuld in der ganzen Angelegenheit. Für den Fall, daß ihre Gasthäuser für längere Zeit geschlossen bleiben sollten, befürchteten sie, an „den Bettelstab" zu kommen. Vom Birkenauer Ortsvorstand hofften beide „das beste Zeugnis" zu erhalten, da sie jederzeit als ehrliche Leute „gehauset und gewirtschaftet".

Die Sache hätte damit eigentlich erledigt sein können, doch am 8. 4. 1788 meldete sich noch der Heidelberger Notar Amandus Braun. Ihm waren inzwischen Bedenken gekommen, denn er war es, der für Johannes Eisenhauer von dessen Konzept den anonymen Brief abgeschrieben hatte, weil Eisenhauers Handschrift in Birkenau bekannt war. Amandus Braun vermutete, daß die Anzeige die Kluft zwischen Katholiken und den evangelischen Gemeindemitgliedern vergrößern sollte.

Tatsächlich waren alle Beteiligten, außer Eisenhauer, nach einer Bevölkerungsliste aus dem Jahre 1787 ausschließlich katholisch. Bei den erheblichen Spannungen, die zwischen der evangelischen Bevölkerungsmehrheit und der katholischen Minderheit bestanden, nicht zuletzt deshalb, weil die als baufällig bezeichnete Kirche gemeinsam benutzt werden mußte, wäre dieser Vorgang ein willkommener Anlaß gewesen, gegenüber den Katholiken auftrumpfen zu können. Amandus Braun bediente sich einer kräftigen, derben Ausrucksweise:

„Den 21. März war der Tag, wo diese Bosheits-Unternehmung ausgebrochen, wo diese niederträchtige Person, die – so verborgen sie auch bleiben wollte und so schlau er auch seine Rolle gespielt – dennoch bekannt geworden, nach Heidelberg sich begab, um diese Schrift kopieren zu lassen, als wäre sie zu Weinheim verfertigt worden. Was für eine Bosheit, und wer ist es, der sie verübet? Ihre hochfreiherrliche Exzellenz würden freilich staunen, wenn ich ihn abmalen wollte, ich halte es für unnötig, weil dieses lasterhafte Schweineportrait nicht nur zu Birkenau schon öfters, sondern noch neuerdings, da er diese Schmäh- und Verleumdungsschrift kopieren ließ, zu Heidelberg an der Neckarbrücke bekannt ist; ich halte deshalb für genug seinen Namen zu schreiben: es ist der Eisenhauer."

Amtmann Ignaz Bouthelier sah nach der Schließung der beiden Wirtschaften die öffentliche Ordnung wiederhergestellt. Zufrieden vermerkte er, daß sich niemand über diesen Schritt aufgehalten habe, bis auf zwei Karmeliter-Patres zu Weinheim. Offenbar hatten Angehörige dieses Ordens versucht, vermittelnd einzugreifen, um Spannungen zwischen der evangelischen und der katholischen Bevölkerung abbauen zu helfen. Der Amtmann, selbst katholisch und Bruder des Heppenheimer Stadtpfarrers (1769 - 1809) Joh. Lukas Bouthelier, kommentierte diese Vermittlungsversuche recht bissig:

„...ein neuer Beweis, daß kein Übel auf der Welt geschehen kann, wo nicht unmittelbar immer diese Geistlichkeit, besonders die Mönche, Anteil daran haben und meistens die Werkzeuge davon sogar selbst sind, so wie sie von Anbeginn ihrer Existenz schon waren und leider auch bleiben werden. Der dermalige Stationarius [= Bezirks-Almosensammler], sonst ein recht ehrlicher, höflicher und frommer Mann, außer daß er ebenfalls die unheilbare evangelische [= auf das Evangelium sich beziehende] Krankheit hat, nämlich totus quartus [= voll und ganz] Mönch zu sein, fragte mich am jüngst verflossenen Sonntag, ob mir nichts wegen der Schäferin von Euer Exzellenz zugeschickt worden sei... Nunmehr reute es ihn sehr, daß er so voreilig den Defensor [= Verteidiger] gemacht habe. Weil beide, nämlich er und der Subprior [= Vertreter des Priors], mittlerweile unterderhand verschiedene Histörchen von beiden Häusers, besonders von dem der Schäferin erfahren haben."

Der evangelische Pfarrer Johann Martin Hacker hatte die Anordnung, die Wirtschaften zu schließen, „im höchsten Grad gelobt" und nur bedauert, daß Michael Krämers Ehefrau nicht schon vor zehn oder 20 Jahren ins Zuchthaus getan worden sei. Die Schäferin war demnach wegen ihres unmoralischen Lebenswandels zumindest vorübergehend inhaftiert. Dem Johannes Eisenhauer wurde zur Strafe ebenfalls der Betrieb seiner Wirtschaft verboten. Das von ihm erbaute Haus verpachtete er, da er des Ortes verwiesen wurde und sich vermutlich in Hornbach niederlassen mußte. Zur Jahresmitte 1788 hatten sich die Wogen geglättet, beide Gastwirte stellten den Antrag, ihre Gasthäuser wieder eröffnen zu dürfen. Amtmann Bouthelier gab zwar dem Freiherrn Wambolt die Empfehlung, diesem Gesuch mit der Auflage einer Überprüfung der Verhältnisse von Quartal zu Quartal zu entsprechen, konnte sich aber einer Bemerkung über Michael Krämer nicht enthalten:

„Ganz mit allem Recht beruft sich der Antragsteller auf seine Unschuld, denn für seine Person kann ihm niemand etwas zur Last legen, weil er nach seiner schäfermäßigen Einfalt und Dummheit fast unfähig ist, Handlungen, so zum öffentlichen Ärgernis geeignet [sind], zu begehen. Seine Frau aber hat und wird wohl den Ruf einer unverschämten Frau behalten. Wer ist imstande, als Mensch heimliche Sünden zu verhüten?"

Der Sohn Jakob Eisenhauer bewirbt sich

Johannes Eisenhauers Haus war verpachtet, der Sohn Jakob wollte eine Änderung herbeiführen. Im Frühjahr 1796 bewarb er sich als Chirurg und Gastwirt. Aufgrund des Verhaltens seines Vaters im Jahre 1788 bedurfte es mehrerer Vorstellungen und Eingaben, bis er sein Ziel erreichte. In seinem Bewerbungsschreiben gibt Eisenhauer an, daß er neun Jahre in der Fremde war, die Zeit u.a. in Heidelberg, Mannheim, Mainz, Würzburg und Frankfurt als Barbiergeselle zugebracht habe. Seine Mutter leide seit einem Dreivierteljahr an Schlagfluß, so daß es seine unbedingte Pflicht sei, die Eltern zu ernähren. Daher bat er als Gemeindsmann, als Wirt und Chirurg angenommen zu werden. Das Führungszeugnis der Gemeinde Birkenau vom 9. 3. 1796 bestätigte ihm, „daß er sich in der Zeit des Hierseins nicht nur sehr gut und anständig betragen hat, sondern auch in verschiedenen Vorfällen hinreichende Proben seiner Geschicklichkeit und Erfahrung abgelegt hat".

Zwar seien 600 Gulden Schulden vorhanden, das in den 1760er Jahren gebaute Haus wurde jedoch als ausreichende Sicherheit angesehen.

Auch mehrere Empfehlungsschreiben wurden vorgelegt, so

— ein Schreiben des Adam Steffan zu Birkenau vom 23. 4. 1796: Steffan war in seiner Scheuer gestürzt, und Eisenhauer hatte ihm die Schulter eingerenkt.
— Johann Sturm bestätigt mit Datum vom 24. 4. 1796 sogar, daß Eisenhauer ihn während einer gefährlichen Krankheit dem Tode entrissen habe.
— Pfarrer Johann Martin Hacker empfiehlt ebenfalls die Annahme.

Ein Prüfungszeugnis der Heidelberger Chirurgischen Innung von 1796 lautet:

„Es erschien vor dahiesiger Innung Jakob Eisenhauer von Birkenau, freiherrlich von wamboltischer Herrschaft, mit der Bitte, ihn als chirurgischen Kandidaten zu prüfen und ihm über den Befund seiner Kenntnisse ein pflichtgemäßes Zeugnis zukommen zu lassen. Man hat unter heutigem Datum die Prüfung in Gegenwart des Herrn Professor Moser vorgenommen und kann danach auf die [zu den] gemachten Fragen erhaltenen Antworten pflichtgemäß bezeugen, daß der gedachte Eisenhauer als gewöhnlicher Landchirurg bestehen kann. Solches wird bekundet: Heidelberg, den 6. April 1796, Moser, Professor; H.G. Klunckart, Chirurg[us] jurat[us], Prosector anatomiae [= vereidigter Chirurg, Vorschneider, d.h. Assistent, der Anatomie].

Alle vorgenannten Schriftsätze reichten dem Freiherrn Franz Philipp Wambolt für eine positive Entscheidung nicht aus. Eisenhauer sollte ein Jahr das Medizinische Kolleg in Mannheim besuchen, was allerdings bei seiner betrüblichen finanziellen Situation unmöglich war.

Erst die Fürsprache von Jakobs Vetter, einem Herrn Scola aus Bensheim, brachte den entscheidenden Durchbruch. Dabei distanzierte sich der Sohn von seinem Vater: „Ich kann freilich nicht verbergen, daß der Vater ein weltbekannter Trunkenbold sei, der sich durch allerlei Anschweifungen die Ungnade der Herrschaft zugezogen habe."

Jakob Eisenhauer hatte sich eine Braut auserkoren, die über ein Vermögen von 1200 Gulden verfügte. So sollte der finanzielle Engpaß überwunden werden. (Eine zuerst genannte Verlobte, die „Schwester des Kinscherf", hatte sich durch anderweitige „Heirat unterschlagen"). Der überschwengliche Dankesbrief vom 18. 12. 1796 bezeugt, daß dem Gesuch um Annahme entsprochen worden war.

Ein Konkurrent tritt auf

Die Absicht des Nikolaus Bergold aus Mörlenbach, sich in Birkenau als Chirurg und Gastwirt niederzulassen sowie die Witwe Wittemayer — sie führte eine Gastwirtschaft — zu heiraten, mußte Jakob Eisenhauer, der 1811 noch praktizierte, zum Protest herausfordern. Und weil es zu der damaligen Zeit offenbar üblich war, unangenehme Konkurrenten zu diffamieren, schrieb Eisenhauer über seinen angehenden Berufskollegen Bergold am 4. 8. 1811:

„Da ich nun die Gnade gehabt habe, als Orts- und Amtschirurg dahier angestellt worden zu sein, und ohnehin mein weniger Verdienst nicht ausreichen will, bei gegenwärtiger Zeit meine zahlreiche Familie zu ernähren, auch besagter Bergold in der ganzen Nachbarschaft als ein Windbeutel, Schwätzer und Lügner bekannt ist, der wenig oder nichts erlernt und bei einem geringen oder gar keinem Vermögen weder der Wittemayerin noch der hiesigen Gemeinde Vorteil bringen würde", bat Jakob Eisenhauer, das in Kürze zu erwartende Gesuch Bergolds abschlägig zu bescheiden.
Nikolaus Bergold bewarb sich tatsächlich am 29. 10. 1811 um die Annahme als Bürger, Feldscher und Gastwirt. Er gab an, 36 Jahre alt zu sein, seinen Beruf bereits sechs Jahre ausgeübt zu haben und die ihm ehelich versprochene Anna Rosina Wittemayer heiraten zu wollen. Bergolds Vater war Wundarzt in Mörlenbach. Sein eigenes Vermögen gab der Sohn mit 300 Gulden, das der Braut mit 300 Gulden an. So ist es nicht erstaunlich, daß Nikolaus Bergold als Gemeindsmann angenommen wurde.

Birkenau hatte also ab 1811 zwei praktizierende Chirurgen, die als Gastwirte tätig waren.

Johann Leonhard Schneider, Gerichtsschreiber und Lehrer in Birkenau (1783 bis 1835)

Johann Leonhard Schneider, am 10. Februar 1757 in Gadernheim als Sohn bürgerlicher Eltern − so seine eigene Angabe − geboren, hat auf seine Weise das Gemeindeleben in Birkenau von 1783 bis zu seinem Tod im Jahre 1835 beeinflußt. Sein Vater Johann Peter Schneider stammte aus Groß-Gumpen, war aber seit spätestens 1750 Gemeindsmann in Gadernheim, hatte in erster Ehe am 26. Oktober 1742 in Reichenbach geheiratet, in zweiter Ehe am 1. August 1753 in Reichenbach Anna Margaretha Pfeifer aus Groß-Gumpen.
Der Sohn aus dieser zweiten Ehe, Johann Leonhard Schneider, war ohne Zweifel als Lehrer ein fleißiger, integrer Mann, der sich wie jeder Pädagoge damals mit überfüllten Klassen bei kärglicher Besoldung abmühen mußte. Schon deshalb versuchte er sich als Gerichtsschreiber zu etablieren und war, als er dieses Ziel erreicht hatte, auf die Ortsherrschaft fixiert. Aus dem absoluten Abhängigkeitsverhältnis heraus fühlte er sich verpflichtet, wie er selbst schreibt, inkognito Hinweise auf die im Ort bestehenden Mißstände zu geben. So ist Schneider eine schillernde Persönlichkeit, die sich von den in Birkenau sonst tätig gewesenen Amtsschreibern abhebt. Seine Berichte sind geprägt von dem ehrlichen Bemühen, der im Jahre 1771 erlassenen Polizeiordnung und den herrschaftlichen Anweisungen Geltung zu verschaffen, wirken aber heute zum Teil auch grotesk.

Im Frühjahr 1783 bewarb sich Johann Leonhard Schneider bei dem Birkenauer Ortsherrn Philipp Franz Wambolt von Umstadt um die Stelle des evangelischen Lehrers. Er gab dabei an, bereits acht Jahre Unterricht in „etlichen Dorfschaften" gehalten und sich mit Mühe und Fleiß das Lesen, Schreiben, Rechnen, Singen und Klavierspielen so beigebracht zu haben, daß er mit dieser notwendigen Erfahrung der Birkenauer Schule vorstehen könne. Zur Empfehlung legte er folgende Zeugnisse vor:

− die Bestätigung des Pfarrers Kröll vom 26. Mai 1777, daß Schneider von 1775 bis 1777 Winterschullehrer in Rodau gewesen war und seinen Dienst ohne Beanstandung versehen hatte,
− das Zeugnis des Reichenbacher Pfarrers Heinrich Christian Pagenstecher vom 7. März 1783 mit dem Attest, daß Schneider zur vollen Zufriedenheit von 1777 bis 1780 als Winterschullehrer in Knoden gewirkt hatte,
− von 1781 bis 1783 war Schneider als Privatlehrer tätig u.a. von 1782 bis 1783 beim evangelischen Pfarrer in Bedenkirchen, Wollhard, der bescheinigte, daß Schneider die Pfarrerskinder gut unterwiesen habe und auch sein allgemeines Verhalten ohne Mängel gewesen sei.

Ein überschwenglicher Dankesbrief vom 23. Juni 1783 an den Ortsherrn belegt seine Anstellung als evangelischer Lehrer. In 11 Punkten regelt eine Instruktion seinen Dienst als Glöckner und Lehrer. Einige markante Bestimmungen, die Schneiders vielfältige Aufgaben widerspiegeln, lauten:

− Von der Herrschaft und den Beamten solle er Schaden und Nachteil abwenden,
− er solle alle Tage in der Woche 6 Stunden halten, je 3 Stunden vormittags

[7.00-10.00 Uhr] und nachmittags [12.00-15.00 Uhr], mittwochs und samstags fand an den Nachmittagen kein Unterricht statt.
- Jeder Schultag hatte mit Morgengesang, Morgengebet und Katechismuslesen zu beginnen und die erste Unterrichtsstunde mit dem Gebet „Herr, himmlischer Vater" zu enden. Am Dienstag und Freitag schloß sich an diese Religionsstunde eine allgemeine Betstunde an, die in der Kirche gehalten wurde.
- An „Strafmitteln bei denen widerspenstigen, mutwilligen und bösen Kindern" war allenfalls die Rute zu gebrauchen. Doch sollten die Kinder den Pädagogen nicht als „Peiniger", sondern als „sanftmütigen Lehrer" erleben.
- Als Glöckner mußte er vor dem Gottesdienst die Lieder [beim Pfarrer] erfragen, sie auf der Liedertafel vermerken, dann mit „erhabener" Stimme „nicht langsam, aber auch nicht zu geschwind, anfangen zu singen".
- Er sollte für die nötige Ordnung in der Kirche sorgen, die Altardecke bereitlegen, die für den Gottesdienst nötigen Gerätschaften aufstellen, Spinnweben von der Decke fegen und mehrmals wöchentlich die Kirche säubern,
- das Geläute zum Gottesdienst verrichten, am Morgen, Mittag und Abend läuten, die Uhr aufziehen,
- beim Gottesdienst, aber auch sonst den Kirchhof verschließen und ja nicht gestatten, daß „mutwillige" Buben auf dem Kirchhof umherspringen oder gar Vieh die Gräber zerwühle und zertrample.
- Eine christliche Lebensweise setzte man als selbstverständlich voraus.
- Punkt 11 ermahnte den Lehrer ernstlich, „daß er sich mit den Seinigen allen Fleißes hüten sollte vor Leuten, welche aus Umtrieb des Satans und ihres Herzens Bosheit entweder wider gnädige Herrschaft, das Amt, wider den Pfarrer oder das [Orts-]Gericht allerhand Übles reden, sonderlich wenn sie besoffen sind und [dann] lästern und schmähen". Aufwieglern sollte er kräftig widersprechen und sie beim Amt anzeigen.

Die Besoldung setzte sich aus folgenden Positionen zusammen. Er erhielt:
- vom Almosenpfleger zu Martini [11. November] 18 fl 18 xr.
- Schulgeld von jedem Kind pro Quartal 10 xr. nebst zwei Holzscheiten,
- von jeder Hochzeit 30 xr., Kindstaufe 10 xr., bei Beerdigungen mit Predigt 30 xr., ohne Predigt 15 xr,
- von jedem in der Zent, der einen Pflug führt, zu Ostern, Pfingsten und Weihnachten je 1 Laib Brot,
- von jedem in der Zent, der keinen Pflug führt, zu Pfingsten 3 xr.,
- verschiedene Naturalien sowie Nutzung mehrerer Acker- und Wiesenstücke.

Am 11. November 1783 heiratete Johann Leonhard Schneider Maria Margaretha Stief, die Tochter des Zieglers Johann Nikolaus Stief. Dieser betrieb eine gutgehende Ziegelei, was bei der kärglichen Besoldung die wirtschaftliche Lage des Lehrers verbessern half. Das Ehepaar Schneider bewohnte den Vorgängerbau des Anwesens Kirchgasse 6, die evangelische Schule lag direkt gegenüber, so daß sich die vielseitigen Verpflichtungen, auch in der Kirche, reibungslos erledigen ließen. Das Ehepaar Schneider hatte 8 Kinder, von denen die ersten beiden im frühen Kindesalter verstarben. Schneider war ein strebsamer junger Mann, er bewarb sich Ende

1783 zusätzlich um das Amt des Gerichtsschreibers – eine Verbindung beider Ämter, wie sie bereits früher gehandhabt worden war. Die verlangte Anstellung als Gerichtsschreiber ließ sich jedoch erst 1795 realisieren.

Für 1793 ist ein Vorgang überliefert, der nach seinem Ablauf Schneider zugeschrieben werden könnte. In diesem Jahr erließ der Ortsherr eine Verordnung gegen verbotene Glücksspiele. Darin heißt es: „Zu meinem Mißfallen habe ich vernehmen müssen, weßmaßen die unglückliche und das äußerste Verderben nach sich ziehende Leidenschaft des Spielens bei mehreren der hiesigen Gemeindsleute, besonders unter einigen des Ortsvorstandes, dergestalt eingerissen ist, daß hierdurch die Vermögenslage derselben nicht allein zerrüttet wurde, sondern der Jugend der gewöhnlichsten Beispiele gegeben und zu sittenlosesten Unordnungen Türen und Angel geöffnet wurde." Demzufolge wurden alle Spiele ohne Ausnahme, gleich an welchen Tagen, verboten. Diese Verordnung wurde öffentlich bekanntgemacht. Danach erhielten der Schultheiß Jöst sowie die Gerichtsleute Georg Kadel und Kinscherf zusätzlich schärfste Ermahnungen, weil sie nach vertraulichen Informationen – die vermutlich von Schneider stammten – das Spielverbot gröblichst mißachtet hatten.

Zweimal kam es im Verlauf des Jahres 1799, einmal im April und dann im Oktober/November, zu kriegerischen Handlungen zwischen französischen Einheiten und dem Odenwälder Landsturm. Beide Ereignisse hat Schneider in einer längeren schriftlichen Abhandlung festgehalten; ihr hat der verstorbene Rektor Johannes Pfeifer die meisten Angaben für seine Schilderung entnommen. Das Schriftstück gilt heute als verschollen, sein etwas umständlicher Titel lautet „Kurze historische Beschreibung der vom Frühjahr 1799 bis zum Ausgang selbigen Jahres zwischen dem so benannt wordenen Odenwäldischen Landsturm in Vereinigung der k.k. von Szekeler Husaren und nachher auch kurmainzischen Truppen und den Franzosen in hiesiger Gegend und an der Bergstraße vorgefallenen Gefechte und deren Erfolg, besonders im Hinblick auf den Ort Birkenau".

Im Frühjahr 1799 gelang es, dem Angriff der Franzosen standzuhalten, im Herbst nicht. Am 29. Oktober 1799 nahmen die Franzosen den Birkenauer Schultheißen Hofmann, den Anwalt Jöst und den herrschaftlichen Verwalter Güthel als Geiseln. Eigentlich sollte auch Schneider zu ihnen gehören; der saß aber, wie jeden Morgen, auf dem Kirchturm, um die Tagesereignisse besser verfolgen zu können. Hier vermuteten ihn die Franzosen nicht, seine Neugier hat ihn vor größerem Unheil bewahrt. Die Geiseln wurden gegen Zahlung von 1000 fl. Lösegeld freigelassen.

Als es im Jahre 1801 mit den Gemeindefinanzen durch die kriegerischen Ereignisse nicht zum besten stand, suchte man nach Einsparungsmöglichkeiten. Auf Kosten der Birkenauer Vollbauern sollte ein zweiter „Farrochse angeschafft" und im wechselnden Turnus von jedem Bauern ein Jahr im Stall gehalten werden. Unter diesen Bauern war auch der vermögende Mühlenbesitzer Georg Kinscherf, sein Vermögen wurde auf 8000 fl. geschätzt; er weigerte sich hartnäckig und war der Kopf des Widerstandes. Kinscherf organisierte sogar eine Unterschriftenaktion gegen die geplante Maßnahme und forderte damit die Herrschaft heraus. Bei diesem Vorgang, der einer gesonderten Darstellung wert wäre, verfaßte Schneider mehrere vertrauliche Berichte, die die Situation zusätzlich anheizten. Es kam, wie es kommen mußte, nach langem Hin und Her wurde dem Georg Kinscherf 1804 der Farrochse gewaltsam auf den Hof gestellt. Dies war für Johann Leonhard Schneider der Anlaß, inkognito an die Herrschaft zu schreiben, seiner Loyalität Ausdruck zu geben und über Kinscherf zu spotten. Dabei reimte er: „Spiritus, Spiritus unter die Nasen, dies weckt die Schlummernden über die Maßen", und bemerkte: „Der Farrochs ist hier etwas gegen 30 Gulden erkauft, auf die Mühle geführt worden, wie man sagt, allda sofort stößig geworden, derselbe fand Stallung und zwar im Überfluß, daß Kinscherf einen Tag hernach noch eine Kuh kaufte und selbe noch ausreichend Platz fand." Schneider schloß seinen Brief mit dem Ratschlag: „Dieser Mann wird in seinen Ränken schwerlich seinesgleichen haben. Immer springt derselbe aus der Furche, wenn der Pflugkommandant nicht aufschaut, so wird derselbe abscheulich betrogen."

Am 3. Januar 1803 bat Schneider um eine „hohe ortsherrschaftliche Weisung" wegen des schlampigen gemeindlichen Rechnungswesens". Von 1794 bis 1801 hätten die betreffenden Rechnungsbürgermeister den ausstehenden „Aktiv-Receß [= Rechnungslegung über die Außenstände] nicht abgeliefert. Dies war der Anlaß, daß die Herrschaft zwei Tage später einen Sechs-Punkte-Katalog aufstellte, mit dem die eingerissenen Mißstände behoben werden sollten. Am 9. Mai 1803 übersandte der Gerichtsschreiber dem Ortsherrn „hingeworfene Gedanken" über die noch unbezahlten Kriegsschulden, die von der Gemeinde Birkenau verausgabt, aber von den Einwohnern noch nicht durch eine Umlage beglichen waren. Diese Außenstände gab Schneider mit etwa 1000 fl. an und bat um einen Befehl, der notfalls mit der „Executionspeitsche" durchgesetzt werden sollte. Der erhoffte Befehl kam umgehend.

Im Jahre 1803 wurde auf Schneiders Anregung eine „Beschreibung aller Birkenauer Ortsgrenzen, gemeinen Grundstücke, aller Häuser, Gärten, Allimentäcker, Hecken und Waldungen" angefangen. Diese Maßnahme zog sich bis zum 10. Oktober 1807 hin. Das Werk umfaßte im Original 89 Seiten, die allesamt von der Hand Schneiders stammten. Zu diesem Zweck wurden die Gemeindegrenzen komplett abgegangen, verschiedentlich wurde ein längst als verschollen geltender Grenzstein entdeckt. Es handelte sich um eine fleißige und genaue Arbeit, die heute für die Ortsgeschichtsforschung bedeutend ist.

Am 2. April 1804 äußerte sich Schneider über die seiner Meinung nach zu leichten Birkenauer Wecken. Der Birkenauer Weck war nach ihm „… öfters lothweise zu leicht gegen den Weinheimer…; solcher Wucher von denen zwei Bäckern dahier schadet viel, und sollte der Ausdruck 'zivilisierte Diebe' etwas zu hart erscheinen, so haben sich solche bisher unstrittig eines unerlaubt übersetzten [= überhöhten] Gewinnes teilhaftig gemacht. Die Not, in der Geschwindigkeit einen Weck haben zu müssen, läßt dem Käufer keine Wahl, solchen erst woanders holen zu können, und so zwingen Umstände die Käufer, sich wissentlich übervorteilen zu lassen." Es blieb nicht aus, daß die Birkenauer Bäcker schärfer überwacht wurden. Die Sache hatte ein Nachspiel. 1810 beantragten die Birkenauer Bäcker, daß während des Anfang September gehaltene Ägidimarktes nur die einheimischen Weckproduzenten ihre Erzeugnisse verkaufen dürften. Die unliebsame auswärtige Konkurrenz sollte so vom offenbar lukrativen Geschäft ausgeschlossen werden. Ein entsprechendes Gesuch ging an das Großherzoglich Hessische Amt nach Heppenheim, das dann um Stellungnahme der örtlichen Verwaltung bat. Das Antwortschreiben verfaßte

Schneider, der nicht gut auf die Bäcker zu sprechen war. Er bedauerte, daß es für Birkenau kein Back-Regulativ gebe, in dem die Backgewichte festgelegt sind. Zudem seien die Birkenauer Bäcker in keiner Zunft organisiert. 1811 wurde eine Abschrift der „Mainzer Brottax" aus dem Jahre 1693, die auch 1811 noch in Heppenheim Anwendung fand, vom Amt nach Birkenau gesandt. Diese Verordnung sah vor, daß 1 Lot [= 14,7 g] Untergewicht mit einem halben Gulden Strafe zu ahnden sei. Es wurden auch Bestrebungen laut, die Birkenauer Bäcker zwangsweise in die Heppenheimer Zunft aufnehmen zu lassen, was lautstarke Proteste schließlich verhinderten. Die Forderung nach schwereren Brötchen in Birkenau war aber von amtlicher Seite anerkannt worden.

Am gleichen Tag, dem 2. April 1804, wollte Schneider alle Mißstände, die seiner Ansicht nach bestanden, auf einmal abstellen. Er schrieb deshalb auch wegen der „unnötigen Geldverschwendung bei Kinderleichen durch Kronen und die Bäume- und Sträußemacherei". Diese Beschwerde informiert über einen längst vergessenen Brauch bei Beerdigungen:

„Daß wegen den Kronen und Sträußen außerordentliche Geldsummen verschleudert werden, beweist das hiesige Kirchspiel. Es stirbt darum kein Kind oder ledige Person, wo nicht der Sarg mit Sträußen gefüllt, das Grab mit Kronen bedeckt und die Kirche mit sogenannten Bäumen und Kronen bemalt wird. Womit nach einer gemäßigten Rechnung zwischen 10 und 20 Gulden hinweggeworfen sind. Dieses Frühjahr nahm ich mir bei Beerdigung eines gewissen Kindes die Gelegenheit, solche Kronen und Tand zu besehen, und fand, daß er sich auf 30 Gulden belief. Ein jeder Pate, Petter oder Gothe will die kostbarste Krone oder Bäumen machen lassen; die Freundin, Nachbarin will im Aufwand die andere übertreffen... Wollte man ja den Sarg lediger Personen oder eines Kindes von anderen Särgen unterscheiden, so könnten hier zwei Kronen, für jede Religion eine, in Vorrat gehalten und hierzu gebraucht werden." Am 25. März 1806 hakte Schneider wegen der festgestellten Unsitte nach, also war auf seine Eingabe ein herrschaftliches Verbot gegen diese Verschwendung ergangen. Schneider empfahl nochmals ein scharfes Verbot, besonders sollten die Sträußemacherinnen, Adam Bernhards und Johannes Kadels Ehefrauen, ihre Tätigkeit aufgeben.

Am 6. Februar 1805 machte Schneider in einem Schreiben an die Herrschaft „untertänige Bemerkung über die bisherigen Freiheiten von Tolerierten" und forderte die Einführung einer Abgabe von seiten dieser ärmsten Bevölkerungsschicht – ursprünglich Fremde. Sie waren im Ort nur geduldet und hatten an Nutzungen und Rechten des Dorfes keinen Anteil. Schneider schreibt u.a.: „Bekanntlich sind es drei Klassen von Untertanen, die ihnen bekannte und längst bestimmte Abgaben leisten, als sind dies Bürger (richtig: Gemeindsleute), Beisassen und Juden. Diesen zum Nachteil befinden sich hier noch die Tolerierten..., die nichts entrichten. Sind solche nicht von hier, so wird durch deren Hantierungen die Gemeinde in ihren Waldungen durch Holzfreveln besonders durch Vieh- und Geißenhalten geschädigt. So sind diese [Tolerierten] ein Auswuchs, die dem Stamm die Kräfte entziehen." Schneider zählt acht solche Familien und drei Witwen auf. 1806 wurde dann auch eine Verordnung erlassen, die Viehhaltung nur erlaubte, wenn der Halter über eigenes Wiesengelände verfügte. Die anderen Viehhalter, darunter auch sämtliche Tolerierten, sollten ihre Geißen abschaffen. Nach mehreren Gesprächen blieb nur noch die „Marxin Wittib oder auch Orschels Bärbel genannt" übrig. Der Verordnung entsprechend wurden deren „alte Geiß mit drei Jungen und eine tragende Geiß" zwangsversteigert. Zusammen mit ihrem „Frischlingsschweinchen" bracht die Versteigerung 14 fl. 50 xr., nach Abzug der Gerichtskosten blieben 9 fl. 30 xr. übrig. Diesen ihr zustehenden Betrag wollte die Orschels Bärbel aus Stolz und verletztem Ehrgefühl nicht annehmen. Das Geld wurde „Paul Webers närrischem Sohn Johannes" zur Verfügung gestellt. Am 28. März 1808 wollte der Gemeindediener bei der Witwe 2 fl. 2 xr. Tolerierten-Geld erheben. Diese gab zur Antwort: „Der Herr Amtmann Bouthelier solle das offene Tolerierten-Geld mit dem Geißengeld verrechnen." Amtmann Ignaz Bouthelier war zutiefst über diese „impertinente Äußerung" gekränkt. Umgehend ließ er das Bett der Marxin Wittib auf das Rathaus holen, um – ebenfalls durch Zwangsversteigerung – den Rückstand an Tolerierten-Geld abzudecken. Die arme Frau schrieb einen Brief an den Freiherrn Wambolt und legte dar, daß sie durch Reinigen des herrschaftlichen Hofes, Wassertragen zum Bau und Mithilfe beim Heu- und Ohmetmachen ihren Lebensunterhalt verdiene. Der Amtmann empfand dies als „Frechheit" und wollte die Witwe des Ortes verweisen lassen. Freiherr Philipp Hugo Wambolt (1762 - 1846) sah die Angelegenheit nicht so unerbittlich wie sein Beamter und wies diesen in die Schranken. Um das Gesicht zu wahren, wurde die Witwe zu einem halben Tag Arrest verurteilt, ihr Bett erhielt sie zurück.

Am 1. August 1805 regte Schneider die Anpflanzung verschiedener Baumarten unten, oben und hinten im Dorf bei den allgemeinen Allmendgärten an. Jeder Allmendgartenbesitzer sollte einen „Obst- oder Zwetschgenbaum" anpflanzen, den Nutzen davon sollte er selbst haben. Junge Bürger dagegen sollten wahlweise fünf Erlen, je ein Apfel- und Birnbaum oder zwei Zwetschgenbäume zur allgemeinen Nutzung pflanzen und sie noch dazu drei Jahre versorgen. Die Saumseligen hätten für die Nichtanpflanzung eines Obstbaumes 1 fl., eines Zwetschgenbaumes 40 xr. und für eine Erle 14 xr. zu zahlen.
Johann Leonhard Schneider verlangte ebenso die Lieferung einer bestimmten Anzahl von Spatzenköpfen von jedem Gemeindsmann.

Am 25. März 1806 befaßte sich Schneider mit der Weschnitz und stellte fest, daß dieser Wasserlauf in die herrschaftliche Hornbacher Talwiese 6-7 große Löcher gerissen habe, und bemängelte die fehlende Aufsicht. Zur Abhilfe schlug er die Anpflanzung von Weiden und Erlen vor. Gemeindsleute sollten das Ufer durch die Anbringung von Faschinen (Reisiggeflecht) befestigen. Außerdem sollte die Weschnitz von Unrat und größeren Steinen, die den Wasserabfluß hemmten, geräumt werden.

1804 war bei der Sanierung der steinernen „Emichebrücke", mitten im Ort, auf eine Initiative des Gerichtsschreibers das Erdreich unter dem dritten Brückenbogen beseitigt worden, damit Hochwasser keine Schäden anrichte.

Ein Schreiben vom 25. März 1806 bestätigt, daß Schneider für seine nützlichen, teils auch wichtigtuerischen vertraulichen Eingaben an die Herrschaft Geschenke erhielt, gelegentlich auch einmal einen Ratschlag zur Erziehung und Ausbildung seines Sohnes.

Am 25. März 1806 starb Freiherr Philipp Franz Wambolt in Heidelberg. Damit enden auch schlagartig die Berichte Johann Leonhard Schneiders, der seinen Ansprechpartner verloren hatte.

1817 hatte Schneiders Sohn, der ebenfalls den Vornamen Johannes trug, die „Definitorial-Prüfung" bestanden und konnte deshalb auch als Lehrer tätig sein.

Am 9. Februar 1820 diktierte der wamboltische Verwalter Gutfleisch dem Gerichtsschreiber die Aufhebung „einer besonderen Gerichtsschreiberstelle dahier". Die Schriftzüge spiegeln den inneren Kampf wider, den Schneider ausfocht. Sie sind zwar korrekt, doch im Gegensatz zu anderen Schreiben zittrig. Die Stelle des Schultheißenamtes und die des Gerichtsschreibers wurden zusammengefaßt, eine Rationalisierungsmaßnahme. Am 15. Februar 1820 sandte Schneider zwei Schreiben ab, eines an den Freiherrn Wambolt, das andere an den Konsulenten Schmitt. Schneider fühlte sich zutiefst gekränkt und erinnerte daran, daß er ein würdiger Nachfolger des „wegen seines unsittlichen Betragens und oft berauscht gewesenen Aktuarius Eisenhauer" war und solch eine Behandlung nach 25 Dienstjahren nicht verdient habe. Im Falle einer Meinungsänderung sagte er zu, „sich weiter erkenntlich" zu zeigen. Er hoffte vergeblich – sicherlich ein harter Schlag für diesen Mann, der seine Pfründe schwinden sah und unversehens auf ein Abstellgleis geraten war. Am 10. März 1821 stellte Johannes Leonhard Schneider den Antrag, seinen Sohn zu seiner Unterstützung in Birkenau in der evangelischen Schule unterrichten zu lassen. Zu einem späteren Zeitpunkt bat er um die Zusicherung, daß dieser Sohn sein Nachfolger werde. 1823 war dieser Zeitpunkt nach 40 Jahren Schuldienst gekommen. Wegen „geschwächter Gesundheit" nahm Schneider Abschied von der Schule. Der Sohn Johannes Schneider unterrichtete an Stelle des Vaters.

1826 ist nochmals von Johannes Leonhard Schneider zu hören. Er unterstützte seinen Sohn, der um eine bessere Besoldung nachgesucht hatte. Der Vater vermerkte dabei, daß die jährliche Besoldung des Pfarrers mit ca. 1500 fl., die Lehrerbesoldung mit „etwas über 200 fl. angeschlagen" [= festgesetzt] sei. Nach dem Ableben des Pfarrers Weyland sah er die Möglichkeit gekommen, dieses seiner Ansicht nach krasse Mißverhältnis etwas zu korrigieren. Johannes Leonhard Schneider starb am 11. Januar 1835 in Birkenau.

Günter Körner

Zur Geschichte des Hebammenwesens in Birkenau

Nach einer Notiz im evangelischen Kirchenbuch kam es am 11. Dezember 1723 in Birkenau zu einem Menschenauflauf auf offener Straße. Michel Rischel hatte die ledige Elisabeth Margaretha Fischer aus Erlingen [etwa 20 km nördlich von Augsburg] des Hauses verwiesen, nachdem er von ihrer offenbar bevorstehenden Niederkunft Kenntnis erhalten hatte. Die Bedauernswerte brach vor dem Haus des Schuhmachers Georg Junker in heftigen Wehen zusammen, einige Frauen trugen sie in das Haus und verständigten die Hebamme Margaretha Boll. Diese hatte nun außer der Verpflichtung, bei der Geburt beizustehen, auch die Aufgabe, eine Nottaufe vorzunehmen, da das neugeborene Mädchen sehr schwach war. Infolge der allgemeinen Hektik wußte die Hebamme tags darauf dem Pfarrer Heinrich Hallenbauer nicht mehr zu berichten, ob sie die Taufformel korrekt und vollständig gesprochen hatte, ja sogar der Name, auf den sie das neugeborene Kind getauft hatte, war ihr entfallen. Der Pfarrer befragte die Hebamme streng und wiederholte die Taufe am 12. Dezember 1723, wobei er dem Mädchen die Namen Anna und Barbara gab.

Der Vorgang macht das Dilemma deutlich, in dem sich die damals tätigen Hebammen befanden: Nach einer ungenügenden, meist nur praktischen Ausbildung sollten sie bei der Geburt mit allen denkbaren Komplikationen und Begleitumständen fertig werden und auch noch den Anforderungen der kirchlichen Seite genügen. Eine fast unlösbare Aufgabe.

Über eine Nachfolgerin Margaretha Bolls, Maria Ziegler, haben sich einige Informationen erhalten. Der Schwerpunkt der Hebammenausbildung lag im 18. Jahrhundert, wie bereits erwähnt, im praktischen Bereich. In der Regel wurde einer Geburtshelferin, die in absehbarer Zeit ihren schwierigen und aufreibenden Dienst aufgab, eine sog. Gehilfin zugeordnet, die bei einer Anzahl von Entbindungen assistieren mußte. Auch Anna Maria Ziegler dürfte so angelernt worden sein. Am 3. Februar 1769 stellte sich die angehende Hebamme zu einer theoretischen Prüfung in Bensheim vor. Der Arzt Dr. med. Georg Friedrich Medicus, so der Familienname, richtete verschiedene Fragen an die Kandidatin, die sie zu seiner Zufriedenheit beantwortete. Das im Original erhaltene Prüfungszeugnis bestätigt, daß „dieselbe zu sothaner Funktion insoweit passieren [= zugelassen] und in Pflichten und daher auch angenommen werden kann". Nach geleistetem Hebammeneid, der sich besonders auf das Verhalten bei einer Nottaufe bezieht, wurde „die Zieglerin" als Hebamme angenommen. Bis zum Ende ihrer Dienstzeit im Jahre 1785, also während 16 Jahren, dürfte sie etwa 200 neuen Erdenbürgern ins Leben verholfen haben. Am 19. Februar 1785 wurde Maria Ziegler bei dem Amtmann Ignaz Bouthelier vorstellig und bat, ihr eine Gehilfin zuzuordnen. Sie gab dabei an, sie sei 62 Jahre alt, körperlich verbraucht und mit einem „bösartigen Fluß" behaftet, der sie jedesmal für ein paar Tage bettlägerig mache. Für den Fall, daß gerade bei einer Entbindung dieser Fluß über sie komme, befürchtete sie, daß „also Mutter und Kind durch ihre Unzulänglichkeit leicht zu Grunde gehen könnten". Bis zum Eintreffen der Hebamme aus Weinheim, im schnellsten Fall innerhalb einer Stunde, sei es in kritischen Fällen wahrscheinlich zu spät.

Als Nachfolgerin schlug sie Nikolaus Werners Ehefrau vor. Bouthelier war mit dieser Kandidatin einverstanden, was er so ausdrückte: „Berichtgeber hält gedachte Werner – sowohl wegen ihrer guten Conduite [= Aufführung] als [auch] katholischen Religion, guten Vernunft, gutem Lesen und Schreiben, ihrem 31jährigen Alter, erforderlicher Leibsgestalt – übereinstimmend mit der alten Amme vorzüglich für die beste hier im Ort." Der Ortsherr Philipp Franz Wambolt legte größten Wert darauf, daß die neue Hebamme das Ammenkollegium in Mainz absolvierte. Während der Studienzeit könne sie in seinem dortigen Haus unentgeltlich essen und wohnen, die Studiengebühren in Höhe von etwa 18 fl [= Gulden] müßte allerdings die Gemeinde aufbringen. Dieses Angebot bedeutete eine erhebliche Verbesserung im Ausbildungsstand gegenüber dem der Vorgängerin. Die Hälfte der erzielten Einnahmen, über deren Höhe keine Angaben vorliegen, mußte sie als Altersversorgung der alten kränklichen Hebamme zur Verfügung stellen. Zu einem gewissen Ausgleich für die Schmälerung ihrer Einnahmen bat Frau Werner um 3 Klafter Holz und 100 Wellen aus dem Gemeindewald. Für ihren Ehemann verlangte sie Personalfreiheit, also Befreiung von Hand- und Spanndiensten, sowie sonstigen Fronden. Wie lange die Hebamme Werner dann tätig war, ist nicht bekannt. Im Geburtsregister der Birkenauer Judenschaft, das 1808 beginnt, wird Eva Katharina Florig als Hebamme genannt; sie dürfte die Nachfolgerin gewesen sein. Einzelheiten über Besoldung, Ausbildung und das Wirken dieser Amme sind nicht greifbar. Im September 1811 wurde eine Nachfolgerin gesucht.

Nach langem Drängen waren zwei Frauen bereit, sich einer Wahl zu stellen. Der Gerichtsschreiber Leonhard Schneider schildert diese Frauen:
Katharina Barbara Dillmann, 42 Jahre alt, 4 Kinder, kann lesen, hat ein gutes Mundstück und ist herzhaft, ihr Mann betreibt das Schneidergewerbe, das Ehepaar hat ein eigenes Haus und etwas Feld.

Anna Christina Lieberknecht, 27 Jahre, kann lesen und etwas schreiben, hat 2 Kinder, ist vielleicht etwas zaghafter als die erstere, der Mann ist Leinenweber, treibt auch Feldbau.
Die Wahl fiel vermutlich wegen ihrer Jugend auf Christina Lieberknecht, die ihren Dienst bis 1836, also 25 Jahre, versah. Die Anstellungsbedingungen sind bekannt:
> Freie Lehre, Kost und Logis in Darmstadt (nicht Mainz!),
> 1 Gulden von jeder Geburt, Personalfreiheit
> zur Nutzung einen sog. Ammen-Alimentgarten (Allmend-, mundartlich Almen-), einen Alimentacker von 1/2 Morgen, 1 Klafter Holz;
> den Gebärstuhl und sonstige „kostspielige Gerätschaften" hatte die Gemeinde anzuschaffen.

Die Zentorte Kallstadt und Rohrbach sollten wegen der größeren Wegstrecken zusätzlich bei jeder Geburt 40 Kreuzer zahlen. Der jährliche Verdienst der Vorgängerin Florig wurde mit etwa 50 fl., der neu festgesetzte auf 70-80 fl. veranschlagt. Das Hebammenwesen war mit Großherzoglicher Verordnung vom 14. April 1805 für Hessen vereinheitlicht und damit manche Unsicherheit bei Auswahl, Ausbildung und Überwachung beseitigt worden. Die Verordnung vom 14. Februar 1809 hatte letzte noch bestehende Zweifelsfragen geklärt. Danach waren schwangere Frauen in jedem Falle verpflichtet, die Dienste einer Hebamme in Anspruch zu nehmen,

„damit das Leben der Mütter und Kinder nicht in Gefahr komme". Bei einem gestörten Vertrauensverhältnis zwischen Hebamme und werdender Mutter konnte allenfalls auch eine Hebamme aus der Nachbarschaft zu Hilfe gerufen werden. Eine Geburt war sofort dem zuständigen Pfarrer anzuzeigen, und einen Fortschritt brachte sicherlich der Passus, daß der Hebamme ein gewisses Mindesteinkommen zu garantieren sei. Bei „frevelhafter Abfassung von Verträgen", die niedrigere Gebühren vorsahen, sollte der Ortsvorstand bestraft werden. Der Amtsarzt erhielt den Auftrag, jährlich Berichte über das Hebammenwesen zu fertigen sowie auf die Fortbildung bedacht zu sein.

Birkenauer Hebamme war dann von 1836 bis 1861 Anna Maria Brehm, die an Naturaleinkünften 2 Stecken [= 3,2 Raummeter] Holz und 1 Morgen am Scheeresberg zur Bewirtschaftung erhielt. Zusätzlich zahlte die Gemeinde jährlich 20 fl. zu den Gebühren, die bei jeder Geburt fällig waren.

1862 wurde Anna Elisabeth Kadel Hebamme, sie bekam neben den Gebühren 3,1 Meter Holz sowie 1/2 Morgen Acker und Wiesen zur Nutzung; aus der Gemeindekasse flossen 54 fl. jährlich.

Die eigentlichen Hebammengebühren waren in der „Medicinaltaxe" vom 22. Dezember 1865 festgelegt. Diese Gebührenordnung zählt 16 Punkte auf, die durchschnittlichen Gebührensätze für Leistungen vor und nach einer Geburt bewegen sich dabei zwischen 6 und 24 xr. Für eine, wie es heißt, regelmäßige leichte Geburt konnten 1 - 2 Gulden, für eine regelmäßige langsame Geburt 1 fl. 30 xr. bis 3 fl. verlangt werden. Schwierige Geburten, die ohne Hinzuziehung eines Arztes sicherlich auch vorkamen, sah dieser Tarif nicht vor.

Ein Arzt konnte für eine „leichte Zangengeburt" 3 - 9 fl., in schwierigen Fällen zwischen 6 und 18 fl. fordern. Bekannt ist, daß eine Hebamme bereits 1811 für eine Geburt 1 Gulden berechnen konnte, bei der inzwischen eingetretenen Teuerung bedeutete dies gewiß keine wesentliche Verbesserung der Einkommensverhältnisse.

Die Sterberate war bei Kleinkindern im 19. Jahrhundert enorm hoch. Ohne sich auf genaue Erhebungen zu stützen, ging man 1939 davon aus, daß im vorigen Jahrhundert jedes dritte Kind bis zum 2. Lebensjahr starb. Diese Angabe scheint in den Berichten des Kreisarztes im Anzeige- und Verordnungsblatt für den Kreis Heppenheim, die jährlich bekanntgemacht wurden, ihre Bestätigung zu finden.

Die erwähnte Hebamme Kadel erhielt nach den maßgeblichen Gemeinderechnungen bis zum 25. Juli 1896 einen Teil ihres Lohnes in der Zuteilung von 1 1/2 Morgen Acker- und Wiesengelände und 3,1 Raummetern Holz. Da Anna Elisabeth Kadel ihren Dienst bereits im Laufe des Jahres 1892 aufgab, waren diese Nutznießungen demnach auch als Teil der mageren Altersversorgung gedacht.

Im Jahre 1892 kam es zu heftigen Meinungsverschiedenheiten wegen der Besetzung der Birkenauer Hebammenstelle. Im August stellte Maria Nikolai aus Birkenau den Antrag, an die Großherzogliche Entbindungsanstalt in Mainz als private Schülerin zugelassen zu werden. Außer ihr besuchte noch eine zweite junge Frau diese Hebammenschule. Beide bestanden die vorgeschriebene Prüfung mit gutem Erfolg. Die zweite Bewerberin, so wurde erst nach der Prüfung bekannt, litt an Epilepsie. Zahlreiche protokollierte Zeugenaussagen schienen den geäußerten Verdacht zu bestätigen. Eine Grundvoraussetzung für den von ihr gewählten Beruf, gute körperliche

Verfassung, traf demnach nicht zu. Weder Maria Nikolai noch die ungenannte Bewerberin wurden später als Hebamme eingesetzt. Im Juli 1892, besagt eine kurze Notiz, war die alte Amme Kadel nach ihrer ausgestandenen Krankheit wieder einsatzfähig.

Inzwischen hatte die Liebersbacher Amme Jeck starkes Interesse an der Birkenauer Stelle bekundet, da sie in Nieder-Liebersbach nicht existieren könne. Diese Frau wäre auch die Wunschkandidatin des Birkenauer Gemeindevorstandes gewesen, doch wegen der angegriffenen Gesundheit der alten Amme des heutigen Birkenauer Ortsteiles – sie hatte ein Alter von 80 Jahren – und einer ablehnenden Stellungnahme des Amtsarztes wurde nichts aus diesen Plänen.
Der Amtsarzt schlug von sich aus die Hornbacher Amme Schwöbel vor, die von der Gemeinde Reisen angestellt war. Als Empfehlung bestätigte der Vorstand von Reisen, daß sich die Hebamme Schwöbel nichts habe zu Schulden kommen lassen, außerdem „sei sie nicht schwatzhaft und in Hornbach sehr beliebt". Der Birkenauer Gemeindevorstand behauptete gerade das Gegenteil; gegen diese Person würden auch ihre 5 kleinen Kinder und der kranke Mann sprechen, zum Schluß, so befürchtete man, falle womöglich die ganze Familie der Gemeinde zur Last.

Die Situation hatte sich indes weiter zugespitzt. Es wird von einem Fall berichtet, bei dem wegen des Fehlens einer Hebamme die Frau des Johannes Brehm und das Kind sich in akuter Lebensgefahr befunden hätten. Der Amtsarzt sprach sogar von einem öffentlichen Notstand. In diese Diskussion schalteten sich zusätzlich noch mehrere Privatleute ein, die meinten, ebenfalls gute Ratschläge geben zu müssen. Endlich, Anfang April 1893, wurde Maria Diehm unter vier Bewerberinnen ausgewählt und verpflichtet. Auch sie war in Mainz ausgebildet worden. Anfangs erhielt sie von der Gemeinde die schon mehrmals aufgezählten Nutznießungen, die man ihr jedoch ab 1897 trotz ihrer heftigen Proteste strich. Über die bereits weiter oben erwähnte Hebamme Schwöbel aus Hornbach lautet ein Vermerk aus dem Jahre 1897, daß „sich vor 3 Jahren die Hebamme Schwöbel hier [in Birkenau] niedergelassen hat und auch hier tätig ist". Die Birkenauer Frauen wurden also von zwei Hebammen betreut, hauptsächlich jedoch von Frau Diehm. Sie erhielt 1897 pauschal von der Gemeinde jährlich 47 Mark, dafür mußte sie den ärmsten Frauen in Birkenau Geburtshilfe leisten. Diese Regelung ging auf einen Beschluß vom 2. März 1834 zurück.

Gelegentliche Streitereien zwischen der Hebamme Diehm und der Gemeinde gingen darum, wer die Kosten für benötigte Watte, Arzneien, Zangen usw. übernehmen sollte. So mußte am 23. August 1909 das Kreisgesundheitsamt die Gemeinde anweisen, die Anschaffungskosten für eine Taschenuhr mit Sekundenanzeige und für einen Badethermometer „nach Celsius" zu übernehmen.

1913 führte die Gemeinde gegen Maria Diehm einen Prozeß, bei dem es sich darum handelte, ob die Hebamme freiberuflich tätig sei oder aber fest angestellt. Im letzteren Falle war die Gemeinde verpflichtet, die Alterssicherung bei der Fürsorgekasse zu gewährleisten. Der Provinzialausschuß Starkenburg kam am 29. November 1913 zu dem Ergebnis, daß durch die Zahlung der Ausbildungskosten und die Kostenübernahme von je 10 Mark für Wiederholungskurse ein Vertragsverhältnis entstanden wäre, und bejahte den Status als Gemeindehebamme. In den Jahren 1909 bis 1920 leistete Maria Diehm in 579 Fällen Geburtshilfe, also jährlich in 50 Fällen, dafür bekam sie an Gebühren durchschnittlich 700 Mark im Jahr.

Eine Anzeige vom 23. Mai 1920 besagt, daß durch „die maßlose Teuerung laut Beschluß des Hessischen Hebammenverbandes als Mindestsatz für eine Entbindung bis zu 12 Stunden Dauer 120 Mark verlangt werden können". Dieser Satz konnte sich je nach Einkommen erhöhen. Am 9. Oktober 1923 beschloß der Gemeinderat wegen „der Notlage, in der sich die Gemeinde befindet, die Kosten für Arzneimittel nicht mehr zu übernehmen", und bürdete sie der Hebamme auf. Diese Angaben lassen erkennen, wie mühsam die Tätigkeit einer Gemeindehebamme damals war. Maria Diehm ging zum 31. Dezember 1929 in den Ruhestand. Die schmale Pension von 112 Mark, die auf ihrer Tätigkeit von 1909 bis 1929 basierte, gewährte kaum den notwendigen Lebensunterhalt. Ihre Dienstzeit von 1893 bis zum 31. Dezember 1908 zählte dabei nicht.

Margarethe Sachs, die Nachfolgerin, ist sowohl wegen ihrer 40jährigen Dienstzeit als auch ihres sozialen Engagements, obwohl sie zum 31. Dezember 1963 in den Ruhestand versetzt wurde, vielen Birkenauer Bürgern heute noch ein Begriff.
1924 war es wegen der angegriffenen Gesundheit der Hebamme Maria Diehm notwendig geworden, sich um eine zweite Kraft zu kümmern. Am 21. Juni 1924 kam deshalb der Kreisarzt Dr. Heid nach Birkenau und befragte im Beisein der beiden Ortsgeistlichen und der Bürgermeister von Reisen und Birkenau sechs Bewerberinnen intensiv. Nach vier Stunden stand das Ergebnis fest: „Frau Sachs zeigte von den dreien [die in die engere Wahl gekommen waren] die rascheste Auffassungsgabe, gewandtes Auftreten, Schriftgewandtheit und Gewandtheit im Ausdruck, so daß sie, da sie auch körperlich den beiden anderen Bewerberinnen nichts nachgibt, als diejenige zu betrachten ist, die als zweite Hebamme für den Bezirk Birkenau, Reisen und Hornbach in Betracht kommt."

Umgehend wurde ein entsprechender Vertrag mit Frau Sachs geschlossen. Zuerst absolvierte sie vom 1. Oktober 1924 bis zum 30. Juni 1925 eine Ausbildung in der Hebammenanstalt in Mainz, wofür der Gemeinde 837 Mark Kosten entstanden. Nach abgelegter Prüfung bezog die Gemeinde für sie eine komplette Hebammentasche und dazugehöriges Material von der Firma Karl Frohnhäuser in Mainz für 158,90 Mark. Der 7. August 1925 brachte Frau Sachs den ersten Einsatz. Der erste Erdenbürger, der mit ihrer Hilfe geboren wurde, war Christian Eschwey, ganze 49 cm groß und 3000 Gramm schwer.

In den Jahren 1925 - 1929 waren, wie erwähnt, zwei Hebammen tätig, dementsprechend waren die Einnahmen geschmälert. Damals half Frau Sachs bei der folgenden Anzahl von Geburten in Birkenau: 14 (1925), 31 (1926), 24 (1927), 21 (1928) und 24 (1929). Ab 1930 hatte sie Birkenau, Reisen, Schimbach, Hornbach und Kallstadt allein zu betreuen. Um 1930 sah der maßgebliche Tarif für eine Entbindung eine Gebühr von 30 Reichsmark vor. Diese Pauschale schloß mehrmalige Hausbesuche vor und nach der Geburt mit ein. Hinzu kam ein sog. Wartegeld von jährlich 100 Reichsmark, das von den Gemeinden als Entschädigung für zu unterlassende Arbeiten (Berührung von fauligen Stoffen in der Landwirtschaft usw.) aufzubringen war. Nach dem Ausscheiden der Hebamme Diehm lag die Anzahl der Geburten jährlich zwischen 55 und 70.

1933 erging eine Anordnung gegen das Doppelverdienertum, die vorsah, daß auch Hebammen bei einem gesicherten Einkommen des Ehemannes ihre Tätigkeit aufgeben sollten. Diese Anordnung enthielt zwar die Weisung, nicht schematisch vorzugehen und eine gesicherte Grundversorgung zu gewährleisten. Vor diesem Hintergrund wurde ein Verfahren wegen Doppelverdienertums gegen das Ehepaar Sachs eingeleitet. Bürgermeister Jakob stellte sich jedoch vor seine bewährte Kraft und wies Vorhaltungen, „es seien genug geeignete Frauen arbeitsloser SA-Männer vorhanden", zurück. So konnte Frau Sachs weiter in Birkenau tätig sein.

Anfangs radelte sie mit einem Fahrrad, dessem Hinterrad völlig verkleidet war, auch in die heutigen Ortsteile von Birkenau zu den Schwangeren. Dieses für Birkenau einmalige Fahrrad war ein untrügliches Kennzeichen, und die Kunde ging sofort rundum, bei wem Frau Sachs gerade war.

Um 1938 schaffte sie sich ein DKW-Auto an, das sie für längere Wegstrecken benutzte. Mit ihrer resoluten, aber einfühlsamen Art gewann sie rasch das Vertrauen der Birkenauer Frauen. Sie hatte einen Blick für kritische Situationen und zog rechtzeitig den Weinheimer Gynäkologen Dr. Ohligmacher oder den praktischen Arzt Dr. Becker zu Rate.

Hebamme Sachs mit ihrem Auto im Februar 1953

Besonders während und nach dem 2. Weltkrieg galt es, Schwierigkeiten, Versorgungsengpässe und Wohnungsnotstände zu überwinden. Als beispielsweise einmal während des Krieges Frau Sachs zu einer Entbindung nach Rohrbach gerufen wurde, hatte wegen der allgemeinen Verdunkelung der Schein des Herdfeuers, der durch die geöffnete Ofentür drang, als Beleuchtung zu genügen. Bei einer anderen Geburt mußte der werdende Vater eine Ziehlampe, die an der Stubendecke befestigt war, auf das sich anbahnende Geschehen richten. Als dann die Geburt einsetzte, wurde dem Mann übel. Er fiel um und riß die Lampe aus der Decke, schlagartig war es stockdunkel. Frau Sachs soll, mit einem Blick für die Situation, geäußert haben: „Laßt den jetzt liegen, der kommt schon wieder zu sich, holt schnell Kerzen, damit wir hier weitermachen können!"

Unmittelbar nach dem 2. Weltkrieg richtete die Hebamme in ihrem Haus in der Hornbacher Straße ein Wochenbettzimmer ein. Bei der herrschenden Wohnungsnot war dies eine spürbare Erleichterung. Oft waren damals acht Personen in zwei Zimmern untergebracht. Wegen dieser engen Platzverhältnisse besichtigte Frau Sachs vor jeder Niederkunft die betreffende Wohnung und wies die Familien an, die Kinder bei Freunden und Bekannten unterzubringen, damit sich die Mütter einige Tage von den überstandenen Strapazen erholen konnten.

Zu Kindtaufen wurde Frau Sachs ebenso wie der Pfarrer eingeladen, und weil der Pfarrer bis Anfang der 1950er Jahre noch kein Auto hatte, fuhren beide gemeinsam zur Taufe. Bis zur Währungsreform 1948 war das Benzin rationiert, Frau Sachs erhielt deshalb das zum Betrieb des Kraftfahrzeugs nötige Benzin über Bezugsscheine. Im Februar 1953 war Margarethe Sachs bei der 2000. Geburt behilflich. Die genau geführten Hebammenbücher geben darüber Auskunft, daß in besonderen Fällen manchmal auch besondere Maßnahmen ergriffen wurden. So lautet ein Eintrag: „Weil das Kind so klein war und die Mutter keine Ahnung von der Pflege, nahm ich das Kind mit nach Hause. In acht Tagen nahm es 80 Gramm zu; Herrn Kreisarzt davon verständigt." Die 1946 eingerichtete Wochenstube wurde bis 1954/55 betrieben, danach war wegen der verbesserten Wohnverhältnisse offenbar kein Bedarf mehr für eine solche Einrichtung. Am 1. April 1964 schied Frau Sachs aus dem Dienst: nach fast 40 Dienstjahren und 3281 Geburten. In den folgenden Jahren reduzierten sich die Hausgeburten erheblich, immer mehr Frauen suchten Kliniken auf. In den letzten zehn Jahren wurden beim Standesamt Birkenau gerade noch zehn Geburten registriert.

Hebamme Sachs im Dienst

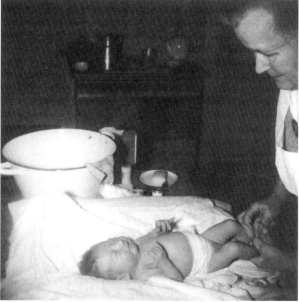

Die Nachfolgerin im Hebammendienst, Frau Hermine Schmitt, blieb deshalb nur eine begrenzte Zeit tätig und wirkte dann im Krankenhaus Weinheim. Ihren letzten Fall von Geburtshilfe hatte Frau Sachs 1968, als sie ihrer Enkelin bei der Niederkunft beistand. Im Alter von fast 80 Jahren starb sie Anfang Januar 1977.

Günter Körner

Dr. Johannes Stöhr –
Ein unermüdlicher Helfer der Kranken

Es liegt über einhundert Jahre zurück, als ein junger 25jähriger Arzt, aus Obererlenbach bei Friedberg stammend, gegen Jahresende 1882 seine beschwerliche Landarzttätigkeit in Birkenau aufgenommen hat. Auf Ersuchen der Gemeinde Birkenau war nach der Pensionierung des bisherigen Arztes, Dr. Kunz, ein Nachfolger gesucht worden. Der weitläufige Bezirk erforderte volle Hingabe, Zähigkeit und Ausdauer. Birkenau, Nieder-Liebersbach, Ober-Liebersbach, Reisen, Hornbach, Rohrbach und Kallstadt hatten damals zusammen 2769 Einwohner. Ferner mußten Löhrbach mit Buchklingen, Gorxheimertal, Obermumbach und Mörlenbach mit versorgt werden, diese Orte hatten nochmals 2836 Einwohner. Anfänglich monierte Dr. Johannes Stöhr die zu niedrig angesetzten Subventionsbeiträge der Gemeinde, da er sich wegen des großen Amtsbezirks ein Pferd halten müsse. Nach langem Hin und Her wurde dann doch ein Vertrag zwischen Dr. Stöhr und der Gemeinde Birkenau geschlossen, der lautete:

Dem praktizierenden Arzte Dr. Johannes Stöhr wird von der Gemeinde Birkenau, Kreis Heppenheim, der Betrag von jährlich 1150 Mark (später geändert auf 750 Mark) zahlbar in vierteljährlichen Raten und aus Staatsmitteln eine wiederrufliche Subvention von 110 Mark in gleicher Weise aus der Gemeindekasse gewährt. Hingegen übernimmt Dr. Stöhr folgende Verpflichtungen:

§1 Dr. Stöhr, welcher im Januar seinen Wohnsitz in Birkenau genommen hat, behält denselben auch fernerhin bei und besorgt vom 1. November 1883 ab die Behandlung bei innerlichen und äußerlichen Erkrankungen sowohl in geburtshülflichen Fällen, er darf die Gewährung ärztlicher Hülfe Niemanden, der solcher bedarf, verweigern. Die Ausübung der Praxis in den Nachbargemeinden und der Abschluß von Verträgen zur Armenbehandlung, insbesondere ist dem Dr. Stöhr gestattet, sofern hierdurch die Bereitschaft zur Hülfe in der Gemeinde Birkenau nicht beeinträchtigt wird.

§2 Die Behandlung der ihm von dem Ortsvorstande der Gemeinde Birkenau notorisch Armen bezeichneten Gemeindezugehörigen, sowie der nach dem Gesetz über den Unterstützungswohnsitz der Gemeindeverpflegung, auch eine fallenden kranken Person hat Dr. Stöhr unentgeltlich zu versorgen.

§3 Dr. Stöhr übernimmt ferner ohne Entgelt die Überwachung der in der Gemeinde Birkenau befindlichen Pflegekinder in Gemäßheit der Bestimmungen in §§ 12-14 der Instruktion zur Ausübung des Gesetzes vom 10. September 1878 betr. den Schutz der in fremde Pflege gegebenen Kinder unter sechs Jahren.

§4 Über die Besorgung der Leichenschau in der Gemeinde Birkenau wird nähere Vereinbarung vorbehalten.

§5 An Dienstleistungen öffentlicher Art werden dem Dr. Stöhr übertragen:
   1. die ärztliche und chirurgische Behandlung, sowie die Untersuchung und Beaufsichtigung der armen Waisen in der Gemeinde Birkenau. Die jährlich aufzustellende vorgeschriebene Waisentabelle hat Dr. Stöhr aufzustellen und an Großherzoglichen Kreisarzt Dr. Scotti in Heppenheim einzusenden.

2. Die Untersuchung, Behandlung und Begutachtung erkrankter Gendarmen in Birkenau auf an ihn etwa ergehendes Ersuchen gegen die den Kreisärzten zustehenden Gebühren.
3. Die Untersuchung erkrankter Gefangener in seinem Wohnort, und zwar ohne besondere Vergütung.

§ 6 Den Requisiten der Gerichte hat Dr. Stöhr, falls solche an ihn gelangen sollen, pünktlich Folge zu leisten und die den Ärzten hierzu zustehenden Gebühren zu beanspruchen. Die ihm von den vorgenannten Kreisämtern und dem Kreisgesundheitsamt Heppenheim übertragenen polizeilichen Geschäfte hat er ebenfalls pünktlich zu besorgen.

Vorstehenden Vertrag, welcher mit vierteljährlichem Kündigungsrecht von beiden Teilen abgeschlossen wird, bleibt die Genehmigung Großherzoglichen Ministerium des Innern und der Justiz vorbehalten, ohne dessen Zustimmung der Vertrag nicht aufgehoben werden soll. Dessen zur Urkunde ist vorstehender Vertrag von den contrahierenden Teilen unterschrieben worden.

Heppenheim, den 13. November 1883 (unleserlich), Dr. J. Stöhr

Direkte Zeugnisse über das Wirken in seiner 42jährigen Tätigkeit haben sich leider nicht erhalten. So ist man auf Augenzeugenberichte angewiesen, die sich auf die Zeit von 1915-24 beziehen: Es handelt sich wegen des zeitlichen Abstandes ausschließlich um Kindheitserinnerungen. Die Praxis von Dr. Stöhr war in der Hauptstraße 81, er praktizierte hier ohne Arzthelferin. Er lebte recht zurückgezogen und genehmigte sich nach getaner Arbeit schon mal ein Gläschen im „Engel". Dr. Stöhr war ledig und ein praktizierender Christ. 1919 legte er sich ein Auto zu, das heute als das erste von Birkenau angesehen wird, obwohl Freiherr Wambolt schon einige Jahre vorher ein Kraftfahrzeug hatte. So versah er seinen mühevollen Dienst, besuchte auch nachts die Kranken und zog, falls es notwendig war, schon einmal einen Zahn. Seinen Haushalt führte Frau Schmitt. Eine Patientin, damals im Kindesalter, wurde von Dr. Stöhr mit den Worten begrüßt „Guten Tag, Luise, geht es gut auf der grünen Wiese". Auch sonst hatte Dr. Stöhr ein Herz für Kinder. Im Herbst wurden in den Wäldern Bucheckern gesammelt, die die Kinder mit Säckchen zur Ölmühle nach Weiher trugen, ein beschwerlicher Fußmarsch. Nach Ablieferung der Bucheckern hieß es meist: „Kommt in drei, vier Wochen wieder, das Öl abzuholen!" So kam es dann auch, es wurde nach Zeitablauf 1/8 oder 1/4 Liter Öl ausgehändigt. Der Zufall wollte es, daß Dr. Stöhr ab und an

Dr. Johannes Stöhr um 1920 (verst. 1924 im Alter von 67 Jahren)

auch in Weiher Patienten besuchte. Dann wurde der Fahrer, zuerst war es der „Steierts Seppl", anschließend Martin Wilderotter (Dr. Stöhr ließ sich grundsätzlich chauffieren), gefragt, ob man nicht mit dem Auto zurück nach Birkenau fahren könnte. Dabei gab es niemals ein Nein. So saßen vorne der Fahrer und Dr. Stöhr, auf den Rücksitzen vielleicht 5 bis 6 Kinder, die mit „Hallo" in Birkenau einfuhren, wer konnte damals schon behaupten, einmal mit einem Auto gefahren zu sein!

Dr. Stöhr verstarb am 22. Oktober 1924, dies zeigte der Lehrer Johann Wenicker beim Standesamt Birkenau an. Ein Bericht aus dieser Zeit schildert sein Lebenswerk und die Lücke, die er hinterließ, folgendermaßen:

„Birkenau, 27. Oktober (1924).

Ein unübersehbarer Leichenzug, besonders von seiten der Männerwelt, wie in Birkenau noch nie gesehen, bewegte sich gestern, an der Spitze der kath. Männer- und Jünglingsverein mit den Vereinsfahnen, nach dem hiesigen Friedhofe, denn es galt unseren langjährigen allverehrten Arzt Herrn Sanitätsrat Dr. Stöhr, die letzte Ehre zu erweisen. Am Grabe des teueren Entschlafenen hielt Herr Pfarrer Lampert eine tiefergreifende, von Herzen kommende und zu Herzen gehende Gedächtnisrede unter Zugrundelegung des Bibelwortes: „Wohlan! Du guter und getreuer Knecht, weil du über weniges getreu gewesen bist, will ich dich über vieles setzen, gehe ein in die Freude deines Herrn!" Hierauf entrollte der Geistliche ein getreues Lebensbild des Verstorbenen. Er war gut, er war treu, er war selbstlos, er kannte nur seine Kranken, und für diese war ihm kein Opfer zu groß, und erst seine Wohltätigkeit gegen die Armen! Was er da leistete weiß nur Gott allein, denn Dr. Stöhr ließ die eine Hand nicht wissen, was die andere tat. Der Verstorbene war tief religiös und ein treuer Sohn seiner Kirche und darum ein Vorbild für alle Christen. Sein Wahlspruch war in guten und in schlechten Tagen und auch während seiner schweren Krankheit: „Der Herr hat's gegeben, der Herr hat's genommen, sein Name sei gebenedeit."
Die aus tiefster Seelenstimmung kommenden Worte des Geistlichen machten auf alle Umstehenden einen gewaltigen seelischen Eindruck, und in vielen Augen sah man Tränen perlen. Ja, es war ein guter, edler Mensch, den wir zu Grabe getragen, und wir alle, die wir sein Grab umstanden, wollen unserem lieben Verstorbenen ein treues und dankbares Andenken bewahren. Kränze wurden niedergelegt von den Gemeinden Birkenau, Kallstadt, Löhrbach und Buchklingen, sowie dem Ärzteverein Bensheim-Heppenheim."

Soweit dieser Zeitungsbericht.

Zum Andenken an Dr. Johannes Stöhr wurde eine Straße nach ihm benannt, damit auch zukünftige Generationen an diesen selbstlosen Arzt erinnert werden.

Günter Körner

Rektor Johannes Pfeifer – ein Birkenauer Heimatforscher

Die Liebe zur Heimat in die Herzen der Jugend einzupflanzen ist eine der vornehmsten Aufgaben eines jungen Pädagogen. Diesen Gedanken zum wesentlichen Inhalt seines eigenen Lebens gemacht zu haben, ist die besondere, über das Schulische hinausgehende, Eigenheit Johannes Pfeifers gewesen.
Seine Veröffentlichungen in den Tageszeitungen erreichten einen großen Kreis Erwachsener, die auf diese Weise die Verbindung von fundiertem geschichtlichen Wissen und der täglich erlebten Gegenwart fanden. Es ist das besondere Verdienst Johannes Pfeifers, für Birkenau und eine Reihe Odenwälder Orte den Grundstock zur Erforschung der Heimat gelegt zu haben.

Die Odenwälder Familie Pfeifer[1] stammt aus dem Dorf Winkel am Fuß der Burg Lindenfels. Der Großvater Adam Pfeifer (geb. 1803) war Ackersmann in seinem Heimatdorf. Dem Sohn Johann Adam (geb. 17. 7.1836) ermöglichte er eine Ausbildung als Lehrer. Dreißigjährig heiratete dieser Margareta Bitsch (geb. 6. 6. 1842) aus Erlenbach. Ihr gemeinsamer Lebensweg ging mit nur einem Jahr Unterschied 1923 bzw. 1922 zu Ende. Dieser Odenwälder Bauern- und Lehrerfamilie entstammte Johannes Pfeifer, der am 3. Dezember 1872 in Mitlechtern geboren wurde. 24jährig heiratete er Elisabeth, geb. Schöffel (geb. 9. 9. 1876, gest. 21. 2. 1963). Der einzige Sohn Ernst (geb. 16. 1. 1897, gest. 23. 6. 1969) unterbrach die Reihe der Lehrer und wurde Diplomingenieur. Der einzige Urenkel ist wieder Pädagoge.

Der berufliche Weg Johannes Pfeifers begann mit dem Besuch der Präparandenanstalt[2] in Lindenfels und wurde im Lehrerseminar in Bensheim fortgesetzt. Die Stationen des beruflichen Wirkens nach der ersten Anstellung 1893 in Ober-Scharbach waren[3]: 1896 Bobstadt, 1898 Ober-Mumbach und 1902 Lehrer in Birkenau. Aus dieser Tätigkeit heraus wurde Pfeifer 1918 Rektor der evangelischen Schule in Birkenau. Als 1934 die drei Birkenauer Schulen zu einer Simultanschule zusammengefaßt wurden, übertrug man ihm ihre Leitung bis zu seiner Versetzung in den Ruhestand 1937.

Im kirchlichen Bereich leitete er als Organist den Chor der evangelischen Kirche in Birkenau. Den Gesangverein Ober-Mumbach dirigierte der junge Lehrer bis 1902. Dann übernahm er am neuen Schulort den Männergesangverein Eintracht Birkenau. Auch zu der Familie

Rektor Johannes Pfeifer, Birkenauer Heimatforscher

Wambolt von Umstadt im Birkenauer Schloß stand der Rektor in freundlichem Verhältnis. Von Amts wegen mußte er dort der Prüfung der in Privatunterricht erzogenen Kinder beiwohnen.

Handschrift von Johannes Pfeifer: Konzept des Aufsatzes „Die Besiedlung des Weschnitztales vor 1100 Jahren" (1943)

Das Bild des Lehrers in der Erinnerung seiner Schüler wird gezeichnet von Erlebnissen, die manchmal auch die Eigenarten des Schülers widerspiegeln. So ist den Jungen die feste Hand Rektor Pfeifers in deutlicher Erinnerung, den Mädchen dagegen die oft unverdiente Güte. In Erinnerung geblieben ist auch der Naturfreund und Kenner, dem die Pilzsammler ihre Beute zur Durchsicht vorlegen konnten. Durch diese Neigung zur heimatlichen Botanik und Geologie errang Johannes Pfeifer schon in der Studienzeit landesweit ausgeschriebenen Preise der hessischen Schulbehörde.

Das reiche Wissen um die Heimat mag in den Kenntnissen der Natur ihren Anfang genommen haben. Sicher wurde es durch die Freundschaft mit Dr. Wilhelm Diehl, dem bekannten Prälaten und Wissenschaftler, gefördert. Die sachlichen Quellen der heimatkundlichen Aufsätze Johannes Pfeifers waren das Archiv seiner Wohn- und Amtsgemeinde Birkenau und das Staatsarchiv in Darmstadt. Im letztgenannten sind einige der Bestände, in denen er noch nach der Geschichte seiner Odenwälder Heimat forschen konnte, den Bomben des letzten Krieges zum Opfer gefallen.

Als Rektor Johannes Pfeifer am 13. November 1951 starb, wurden über lange Jahre Aufsätze in seiner allgemeinverständlichen, aber wissenschaftlich fundierten Art für diesen Teil des Kreises Bergstraße selten. Wenn auch Einzelheiten der Pfeiferschen Schriften heute anders gesehen werden, die Themen sind fast die gleichen geblieben, wie auch die Heimat – sie will von jeder Generation in eigenen Betrachtungen neu überdacht und erst damit als Besitz gewonnen werden.

Anmerkungen

[1] Für die Angaben zur Familie Pfeifer habe ich Frau Käthe Pfeifer (geb. 1900, tödlich verunglückt 1983), der Schwiegertochter Johannes Pfeifers, zu danken.

[2] Die Präparandenanstalten bereiteten in zweijährigen Kursen Volksschulabgänger auf die Volksschullehrer-Ausbildung der sog. Lehrerseminare vor. Dieses System wurde in Hessen-Darmstadt 1920 durch eine akademische Lehrerausbildung ersetzt. Die 1875 eröffnete Präparandenanstalt in Lindenfels wurde 1912/13 dem Lehrerseminar in Bensheim auch räumlich angegliedert. Die Zöglinge beider Konfessionen kamen aus den Provinzen Starkenburg und Rheinhessen. Ihre Zahl betrug bei der Eröffnung 58, „darunter mehrere Lehrersöhne" (nach Rudolf Kunz, Bergsträßer Anzeiger vom 16. 3. 1983).

[3] Für die Angaben über das berufliche Wirken Johannes Pfeifers danke ich Herrn Rektor Reinhard, Birkenau.

Von den rund 170 aus verschiedenen Archiven zusammengetragenen Aufsätzen beschäftigten sich die meisten mit Birkenau. So ist es kein Wunder, daß seine Anregungen auch in unserer Zeit spürbar werden, obwohl den heute Schreibenden viele Quellen erstmalig und leichter zugänglich sind. Es wäre müßig, das genaue Verzeichnis der Arbeiten Pfeifer an dieser Stelle abzudrucken. Sie sind in den Geschichtsblättern für den Kreis Bergstraße, Band 18 (1985) veröffentlicht.

Klaus Zenner

Was das Dorf zusammenhält

Kirchliche Geschichte

Die kirchliche Entwicklung in der Cent Birkenau kann nicht losgelöst von der allgemeinen geschichtlichen Entwicklung unserer Heimatgemeinde betrachtet werden. Im Jahre 773 schenkte Karl der Große dem Kloster Lorsch die Heppenheimer Mark. Im Anschluß an ein Grenzverzeichnis wird auch Birkenau als ein in dieser Mark liegendes Dorf aufgeführt. Der Ausgangspunkt für die Besiedlung war die „cella birkenowa". Eine Cella ist eine kleine klösterliche Niederlassung oder eine Einsiedelei. Durch die Lorscher Benediktinermönche erfolgte die erste Urbarmachung und die Heranziehung von Siedlern. Im Jahre 795 wird diese Einsiedelei erstmals urkundlich erwähnt. Die geistliche Betreuung der Bewohner der kleinen Siedlung erfolgte wohl durch die Lorscher Mönche.

Aus der Zeit um 1300 gibt es zwei Aufzeichnungen, in denen Birkenau als ein zum Landkapitel (Dekanat) Weinheim gehöriger Filialort genannt wird. Daraus ergibt sich, daß Birkenau noch keine eigene Kirche besaß. Die Einpfarrung nach Weinheim blieb wohl auch dann noch bestehen, als das Kloster Lorsch 1232 seine Selbständigkeit verlor und an das Kurfürstentum Mainz fiel.
Eine eigene Pfarrei in Birkenau wird bestimmt im Jahre 1365 bestanden haben. Das in Weinheim ansässige Rittergeschlecht der Swende war mit einem Teil von Birkenau, Kallstadt und Liebersbach belehnt. Die Gebrüder Wilpert, Ganod und Konrad Ritter von Swende stifteten eine Frühmesse in Birkenau. Diese wurde in einer Urkunde des Bischofs Theoderich von Worms bestätigt. Das setzte voraus, daß hier eine Pfarrei bestand. In einem Kopialbuch von 1420 wird ein Swend als Lehensträger genannt und im Zusammenhang damit auch die Pastorei und Frühmesse ausdrücklich aufgeführt.
Bis zum 16. Jahrhundert gab es in Birkenau wie in ganz Deutschland nur die katholische Religion. Die Pfarrei gehörte zur Diözese Worms und damit zum Erzbistum Mainz.
Die Reformation schlug auch ihre Wellen nach Birkenau. Ab 1515 waren Hans Philipp Landschad von Steinach und Philipp Wambolt von Umstadt je zur Hälfte mit der Cent Birkenau belehnt. Hans Landschad von Steinach nahm 1522 die Lehre Luthers an. 1524 wurde von dem Geistlichen Jakob Otther in Neckarsteinach das Evangelium gepredigt. Ob die lutherische Religion damals auch in der Cent Birkenau schon eingeführt war, läßt sich nicht feststellen. Da vorgenannter Hans Landschad Mitbesitzer von Birkenau, Patronatsherr der Pfarrei und der Frühmesse war, kann dies angenommen werden. Denn auch der andere Mitbesitzer, Philipp Wam-

bolt, wandte sich ebenfalls dem neuen Glauben zu. Er stand damals in kurpfälzischen Diensten – die Kurpfalz hatte das reformierte Bekenntnis eingeführt – und hatte dort eine hohe Stellung inne. Philipp war kurpfälzischer Rat, Vicedom zu Neustadt, Statthalter zu Amberg und Oberhofmeister. Seine Kinder wurden im reformierten Glauben erzogen. Zudem übte Kurpfalz die Oberhoheit über das Oberamt Starkenburg aus. Im Reformationsbuch des früheren Prälaten Dr. O. Diehl heißt es, die Reformation sei in Birkenau wohl schon vor 1548 eingeführt worden. Nach dem Handbuch der Diözese Mainz war Birkenau 1550 lutherisch.

Als ersten evangelischen Geistlichen können wir den 1534 hier amtierenden Pfarrer Hieronymus Müller annehmen. Sein Nachfolger war Leonhard Unselt von 1554-85, der von Johannes Groh (1585-86) abgelöst wurde. In der ältesten Urkunde im Archiv der evang. Pfarrei „Kirchenrechnung von 1588" wird Samuel Langgut als Pfarrer aufgeführt (S. 11). S. 10 heißt es: „Der neue Pfarrer wohnt im Haus der Junker"; S. 14: „beide Pfarrer, der alte und der neue".

„Kirchenrechnung zu Birkenau aller Einnahmen und Ausgaben von Martini 1586 bis uff Martini 1587 verhört den 19. Januarii Anno 1587 durch den Edlen Hanß Landschaden von Steinach und Hanß Dietrich Wambolten von Umstadt. Im Beisein des Pfarrherrn Samuel Langgut".

Aus dieser Urkunde erfahren wir auch die Namen der Zinspflichtigen.
Im Augsburger Religionsfrieden 1555 erhielten die Landesfürsten das Recht, die Konfession ihrer Untertanen zu bestimmen (Cuius regio eius religio). Auch den Reichsrittern, zu denen die beiden Birkenauer Ortsherren gehörten, war dieses Recht garantiert. Das schließt nicht aus, daß auch nach Einführung der Reformation vereinzelt katholische Familien in Birkenau lebten. Mit der Einführung des reformierten Bekenntnisses in der Kurpfalz wurden dort die lutherischen Pfarrer vertrieben (1583). Die Kirchenchronik berichtet, daß nun allsonntäglich Lutheraner aus Mannheim, Heidelberg, Ladenburg kamen, so daß die Menge des Volkes oft so groß war, daß sie nicht alle auf den Kirchhof, viel weniger in die Kirche kommen konnten und oftmals mehr als 1000 Personen zum Heiligen Abendmahl gingen. Weihnachten 1587 sind „zu des Herrn Abendmahl 11 Mas Wein" (1 Mas = 2 Liter) verabreicht worden.

Im Jahre 1461 (1463) hatte das Erzbistum (Kurfürstentum) Mainz das Oberamt Starkenburg einschließlich der Cent Birkenau um 100 000 Gulden an die Pfalz verpfändet. Kurfürst Friedrich V. von der Pfalz ließ sich 1619 zum König von Böhmen wählen. Er wurde jedoch 1620 in der Schlacht am Weißen Berg bei Prag von den kaiserlichen Truppen geschlagen und floh nach Holland. Damit begann ein Krieg, der sich über 30 Jahre hinzog (Dreißigjähriger Krieg). Die kurpfälzischen Lande wurden durch den kaiserlichen Feldherrn Tilly erobert. Nach der Niederlage des „Winterkönigs" Friedrich von der Pfalz zog im Jahre 1623 Kurmainz das Oberamt Starkenburg wieder an sich, kündigte die Pfandschaft und zahlte später die Pfandsumme von 100 000 Gulden an die Pfalz zurück (die eigentliche Rückgliederung erfolgte 1650 durch den sog. Bergsträßer Rezeß).

1623 beauftragte der Erzbischof Johann Schweikart von Kronberg, Kurfürst zu Mainz, den Burggrafen von Starkenburg, Gerhard von Waldenburg, mit der Rekatholisierung des Oberamts. Die evangelischen Geistlichen wurden abgesetzt, die Bevölkerung vor die Wahl gestellt, entweder wieder katholisch zu werden oder nach Verkauf ihrer Habe das Land zu verlassen. Durch den besonderen Status der Cent Birkenau und ihre lutherischen Ortsherrn blieben die Einwohner unseres Dorfes von dieser Maßnahme verschont und behielten ihren seitherigen Glauben. Das änderte sich auch nicht, als 1653 der letzte Landschad starb; denn nun ging das Lehen an den Freiherrn von Bohn zu Weinheim über. Diese Familie war ebenfalls lutherisch. Der Westfälische Friede, der dem 30jährigen Krieg ein Ende setzte, stellte die Konfessionen nunmehr gleich. Die Landesherren wurden gesetzlich verpflichtet, die Bekenntnisse, die nicht die ihrigen waren, wenigstens nicht zu verfolgen oder zu bedrücken. Ferner wurde bestimmt, daß das Jahr 1624 als Normaljahr („annus decretorius") angesehen werde und die freie Religionsausübung so bleiben oder wiederhergestellt werden solle, wie es am 1. Januar 1624 gewesen sei. Damit sollte der gewalttätigen Gegenreformation in Deutschland ein Ende gemacht werden.

Das älteste Kirchenbuch der evangelischen Pfarrei Birkenau wurde 1636 begonnen. Wir übernehmen die ersten beiden Seiten und versuchen, den Text in die heutige Schreibweise umzusetzen.

„Im Namen der Heiligen und Hochgelobten Dreieinigkeit. Amen.
Galater 3 Vers 27
Alle, die getauft sind, die haben Christum angezogen

Nota

Das vorige alte Kirchenbuch ist durch das verderbliche Kriegsgeschehen
neben vielen anderen Büchern verbrannt worden, als daß man von den
vorher getauften Kindern keinen anderen Bericht haben kann,
denn daß man sich bei den alten Leuten erkundigt und Nachfrage hält.

Anno 1636 ist dies neue Birkenauische Kirchenbuch begonnen worden und
die Junggetauften Kinder darein zu schreiben ein Anfang gemacht worden.
Gott erhalt es!

Obrigkeit dar dazumal
Herr Friedrich Wambold von Umbstadt
Röm. Key. May. Obrist zu Pferdt

Herr Friedrich Landschad von und zu Neckarsteinach,
Rittmeister

Die Keller sind gewesen:
Herr Hanß Jerg Glaser, Wamboldischer (Keller)
Herr Barthel Gräber, Landschadischer (Keller)

Der Pfarrer
Abrahamus Meigelius Austriacus, Sancto Petri

> NB. Mein Herr Anteceßor Abraham Meigelius hat die Copulierten und die
> Verstorbenen in diesem Buch nicht aufgezeichnet. Ich habe sie aber
> aufgezeichnet.
> Nach des Herrn Dentzers Abzug [Weggang] meines Herrn Anteceßoris
> [Vorgängers] bin ich, Johannes Lufft, gewesener Pfarrer der evang.
> Gemeinde zu Weinheim, vorher in Vinstingen in Öestreich gestanden,
> auf Königl. Frantz Order 168 [168_] auf Nicolai vertrieben worden,
> hierher nach Birkenau....... den 26. Oktober 1690
> die erste Predigt gethan."

Auf der nächsten Seite (1) finden wir ein Inhaltsverzeichnis mit Angabe der Seitenzahlen, getrennt nach den Namen der getauften Kinder, der Verstorbenen, der Copulierten aus den Centdörfern:

> „Birkenauer Kind stehen aufgezeichnet S. 2,3 ... usw.
> Hornbächer ...
> Rohrbächer
> Caldstätter
> Unterlieberspächer
> Baltzenbächer
> Nota: Soweit gehet die Cent Birkenau, deren Centh Leuth und Kinder
> der Birkenauischen Kirche unterworfen sind".
> „Nun folgen unterschiedliche Örther, auß welchen viel Kind wegen
> Ermangelung ihrer Pfarrherren, bey diesem schädlichen Kriegswesen,
> zur Heiligen Tauff nacher Birkenau getragen sin worden".
> NB.
> „Es sind noch andere Kind mehr in sehr großer Eile getauft worden,
> da man wegen der durchstreifenden ..... großen Gefahr weder Vater
> noch Gevatter wegen ihrer Namen hat befragen können. Und nach .....
> Zeit haben sie sich bey dem Pfarrer nicht mehr angemeld".

Es folgen die Namen der og. Orte nach der Schreibweise von Pfarrer Meigelius:

Mörlenbach	Mackenheimb	Hörtenruet (bei Kocherbach?)
Zotzenbach	Schnornbach	
Mumbach	Geißenbach	Schimbach
Schimmetwoog	Gadernheimb	Alberspach
Weinheimb	Mengelbach	Reußen [Reisen]
Hamelbach	Kleinbreitenbach	Leerbach
	item Groß-Breitenbach	
Kreydach		Rimbach
Steinach und Aptsteinach		Minßbach [Münschbach]
Föckelspach	Waldmichelbach	Arnbach, Amt
		Burcken zu Cassel
Weyer	Oberlieberspach	
Scharbach	Kocherbach	
Obersteinach	Eytterbach	Asbach bei Hirschfeld

Krieg und Krankheiten hatten unter der Bevölkerung schrecklich gehaust. Der Ort hatte zuletzt nur noch wenige Einwohner. Die Lücken mußten ausgefüllt, die Wohnplätze wieder in Benutzung genommen, die Äcker wieder bestellt werden. In großzügiger Weise wurden Neubürger aufgenommen. Sie kamen z.T. aus der Schweiz, die wenig unter dem Krieg gelitten und einen Bevölkerungsüberschuß hatte. Hier sind es die J e c k i [jetz Jeck] in Nieder-Liebersbach, die F l o r y [jetzt Florig] in Birkenau, die H i r s c h b e r g e r aus Liechtenstein, ein Theobald Schuch aus dem Hanauer Land. Unter den Einwanderern waren auch einige Katholiken. Sie waren in der Minderzahl, bildeten keine Gemeinde und gehörten zu der katholischen Pfarrei Ober-Abtsteinach, wo sie auch den Gottesdienst besuchten.

Im Verlauf des 30jährigen Krieges muß die Familie Wambolt wieder zum katholischen Glauben übergetreten sein. Während der 1620 mit der Hälfte von Birkenau belehnte Friedrich Wambolt von Umstadt noch als kurpfälzischer Obrist aufgeführt wird, finden wir seinen Sohn und Nachfolger in der Ortsherrschaft Friedrich Heinrich W.v.U. als kaiserlichen Obristen, Kurmainzer Rat, Oberamtmann zu Dieburg. Er war verheiratet mit Maria Ursula von Schönborn, der Nichte des Erzbischofs von Mainz (Ehekontrakt von 1654). Möglicherweise begann auf ihr Betreiben ein verspäteter Versuch der Gegenreformation in Birkenau.

Doch zuvor zu den Veränderungen in der Ortsherrschaft: die eine Hälfte von Birkenau hatten nach wie vor die Landschad von Steinach inne. Mit der anderen Hälfte war seit 1649 der o.g. Friedrich Heinrich W.v.U. belehnt. Dieser sah sich kurz darauf genötigt, um die während des Krieges von seinem Vater eingegangenen Schulden zu tilgen, seine Hälfte des Lehens an seine *Vettern* Georg Friedrich und Hans Georg Bertram von Hersbach zu verpfänden. Die Pfandsumme betrug 3000 Gulden (fl.). Da dieser Betrag nicht ausreichte, traf er zwei Jahre später ein Übereinkommen mit dem aus einer reich gewordenen Weinheimer Bürgerfamilie entstammenden Reichshofrat von Bohn. Dieser löste bei denen von Hersbach die Pfandsumme ein. Gegen einen weiteren Geldbetrag trat Wambolt die ihm voraussichtlich in Kürze durch Aussterben der Landschad zufallende andere Hälfte des Lehens im voraus ab. Doch sollte die Familie Wambolt weiterhin als Lehensherr von Birkenau anzusehen sein, und das ganze Lehen sollte beim Fehlen eines Bohnschen Lehenserben wieder an Wambolt fallen.

1655 belehnte der Erzbischof von Mainz den Reichshofrat von Bohn mit dem ganzen Birkenauer Lehen. Damit hatte Birkenau plötzlich wieder einen evangelischen Ortsherrn.

Entgegen den früheren Lehensbriefen behielt sich der Erzbischof nun die Einführung und ungehinderte Ausübung der katholischen Religion vor, jedoch ohne Behinderung der Ausübung der evangelischen Religion (jus reformandi). Damit verstieß er gegen die Bestimmungen des Westfälischen Friedens und gab den Anstoß zu den mit heftiger Erbitterung geführten Religionskämpfen in Birkenau, die sich fast ein Jahrhundert hinzogen und erst durch den Religionsvergleich von 1749 wenigstens äußerlich beigelegt wurden.

Gegenreformationsversuch:
1. Man begann den verspäteten Gegenreformationsversuch mit dem bescheidenen Anspruch, daß in der Kirche zu Birkenau alle vier Wochen eine Frühmesse gehalten werden solle gemäß der Stiftung von 1365.

2. Die Kirche wird als Simultankirche bezeichnet, d.h. sie steht beiden Kofessionen in gleicher Weise zur Verfügung. Aber 1624, dem Normaljahr, war Birkenau rein lutherisch. Spätestens 1588 war aus der Kirche alles entfernt, was an die katholische Zeit erinnerte (Kirchenrechnung von 1588).
3. Schon um 1670 wollte man einen besonderen katholischen Altar im Kirchenschiff setzen, obwohl die Benutzung der Kirche durch die Katholiken auf die Sakristei beschränkt war.
4. Der Amtskeller von Heppenheim ersuchte 1687 den Ortsherren von Bohn um Einführung der „neuen Zeit" (Ersatz des Julianischen durch den Gregorianischen Kalender; da letzterer vom Papst angeordnet war, wurde dies als „Glaubenssache" betrachtet und abgelehnt).
5. Der katholische Pfarrer von Ober-Abtsteinach erhebt Anspruch auf den Liebersbacher Zehnten.
6. Die Hauptsache des Zerwürfnisses zwischen den Pfarrern von Birkenau und Ober-Abtsteinach war das „exercitium actuum parochialium", d.s. die Amtshandlungen zur Taufe, Eheschließung, Begräbnis namentlich bei gemischten Ehen. Der katholische Pfarrer vertrat den Standpunkt, daß alle Mischehen als katholisch anzusehen seien und handelte entsprechend. Als 1706 der evangelische Pfarrer Johann Heinrich Hallenbauer nach Birkenau kam, fand er dies so vor und ließ es um des lieben Friedens willen so bestehen, obwohl viele Evangelische nicht damit einverstanden waren.

Zu dieser Zeit (1709) kam der damalige Ortsherr Johann Philipp von Bohn nach Birkenau. Er war früh verwaist und hatte lange in fremden Diensten gestanden (mit 11 Jahren Waise, mit 13 Fähnrich in kaiserlichem Dienst in Ungarn, Obrist-Leutnant bei Prinz Wilhelm in Gotha, 1699 Obrist in Kurpfalz, danach Generalmajor in moskowitischen Diensten. Eine Berufung als General nach Venedig hatte er abgelehnt). Freiherr von Bohn stellte nach seiner Rückkehr kritisch fest, daß sich während seiner Abwesenheit seine Vormünder wenig um Birkenau gekümmert hatten. Er befahl dem evangelischen Pfarrer, die alte Ordnung wieder durchzuführen, d.h. bei gemischten Ehen grundsätzlich die evangelischen Amtshandlungen vorzunehmen. Das war für die Katholiken nicht ohne weiteres annehmbar. Um u.a. auch diese Angelegenheit zu ordnen, kam eine Kommission aus Mainz hierher. Darüber berichtet der damalige evangelische Pfarrer Johann Heinrich Hallenbauer (Kirchenbuch von 1690-1755, S. 241): „Anno 1712 war eine ChurMaintzisch Commission allhier, umb die Streitsache so der Herr Obrist von Bohn mit seinen Unterthanen hatte, zu untersuchen und beizulegen; weil ich nun auch mit dem Herrn Pf. von Abtsteinach einige ..... hatte, wurde auch solches untersucht und darauf d. 6. Sept. ein Commissions Decret ausgefertigt, wie es künfftighin ratione Actuum Parochialium [= kirchliche Amtshandlungen] unter uns beiden sollte gehalten werden, nehmlich wie der Vater so die Söhne und wie die Mutter so die Töchter getaufft und auferzogen werden. Allein der Herr Pfarrer von Abtsteinach hielt sich nicht danach, sondern protestierte dawider, vorgebend, daß ihm die commission nichts zu befehlen hätte, sondern es müßte vom vicariat kommen, was er tun oder lassen sollte, und so ist es bei dem alten geblieben, nehmlich wie das Haupt so die Kinder."

Als im Jahre 1721 die Familie von Bohn im Mannesstamm ausgestorben war, fiel das Lehen gemäß dem Übereinkommen von 1653 an die Familie Wambolt zurück.

Diese waren nun die alleinigen Ortsherren. Somit erhielt der evangelische Ort einen katholischen Herren. Das war Franz Philipp Kaspar Wambolt von Umstadt, kaiserlicher und kurmainzischer Rat, Generalfeldzugmeister und Gouverneur von Mainz, wo er auch wohnte. Durch seine häufige Abwesenheit hatte sein die Dienstgeschäfte führender Amtmann Krauß viel freie Hand und leichtes Spiel. Die Kirche wurde als Simultankirche genutzt, die vierwöchentliche Messe in eine allsonn- und festtägliche umgewandelt und alle vier Wochen Hochamt mit Predigt gehalten. Ferner mutete man den Protestanten zu, die katholischen Feiertage zu feiern und die Kinder aus Mischehen alle katholisch erziehen zu lassen. Erforderlichenfalls sollte dies durch Zwang erreicht werden. Der Amtmann veranlaßte in verschiedenen Häusern Exekutionen durch Mainzer Soldaten; vielen jungen Handwerkern wurde die ihnen als Bürgerkindern zustehende Einbürgerung verweigert, einige mit Gewalt über die Ortsgrenze getrieben.

Vorsprachen und Eingaben nach Mainz erbrachten keine Änderung; auch die Stellungnahme des Ritterkantons Odenwald in Heilbronn, der sich für die Birkenauer Lutheraner energisch einsetzte, führte zu keiner Änderung der Zustände.

1747 kam ein neuer Pfarrer, Josef Winandus Ansion, nach Ober-Abtsteinach. Dieser streitbare Herr ging so weit, in Birkenau von der Kanzel herab die Protestanten zu beschimpfen und zu verkünden, daß diese es für eine Gnade halten müßten, wenn sie nicht alle gezwungen würden, katholisch zu werden. Da hielt man doch die Zeit für gekommen, Einspruch zu erheben, um seine Rechte zu wahren und diesem Unfug Einhalt zu gebieten. Auf eine Vorstellung, welche die Lutheraner unterm 5. Januar 1748 an den damaligen Ortsherren General Franz Wambolt ergehen ließen und worin sie baten, sie zu schützen und den Zänkern Einhalt zu gebieten, wurde ihnen unterm 20. Februar 1748 die beruhigende Versicherung gegeben, daß der General durchaus nicht beabsichtige, die Evangelischen in ihrer Religionsausübung und Freiheit zu beeinträchtigen. Seinem Amtmann habe er bereits die nötigen Befehle erteilt. Daß es dem General mit diesen Worten Ernst war, beweist sein Brief an den Amtmann Krauß des Inhalts, dem Pfarrer von Ober-Abtsteinach sei gelegentlich zu bedeuten, daß sein bisheriger Eifer zur Förderung des katholischen Religionswesens zu belohnen sei, doch müsse solcher Eifer mit solcher Gelassenheit verknüpft sein, daß man protestantischerseits keinen Anlaß bekomme, ein großes Geschrei und Religionsbeschwerden beim Reichstag zu Regensburg zu erwecken. Übrigens habe man noch nicht gehört, daß durch Schmähen und Schänden viele Seelen zum katholischen Glauben bekehrt worden seien. Die Reaktion des Amtmanns lautete (nach einer Notiz im Archiv): „Ich mache doch, was ich will". Unglücklicherweise starb der General am 17. Juni 1748. Nun scheint sich der Amtmann besonders stark gefühlt zu haben, denn er verstärkte noch die Bedrückungen und Drohungen. Als Antwort darauf verlangte die evangelische Gemeinde die Aufhebung des Simultaneums und die Wiederherstellung des Verhältnisses, wie es im Normaljahr 1624 bestanden hatte. Das bedeutete, daß wieder nur evangelischer Gottesdienst in der Birkenauer Kirche gehalten werden dürfte. Es scheinen Protestanten gewesen zu sein, die sich in Erbitterung und Zorn dazu hinreißen ließen, die Inschrift auf dem Denkmal Wolf Wambolts in der Sakristei herauszumeißeln. Pfarrer Sulzbach hat in seiner Schrift „Kath. Religionswesen in Birkenau (1902)" den damaligen evangelischen Pfarrer J.H. Hallenbauer verdächtigt, der Urheber gewesen zu sein.

Um die aufs äußerste gestiegene feindliche Stimmung zu besänftigen und die erregten Gemüter zu beruhigen, aber auch um den katholischen Gottesdienst zu gewährleisten, schloß die Vormundschaft des noch minderjährigen neuen Ortsherrn Philipp Franz Wambolt einen Vertrag (Religionsvergleich) mit der evangelischen Gemeinde (Vertrag vom 26. Juni 1749), der folgendes bestimmte:

1. Die Birkenauer Katholiken sollen in der hiesigen Kirche von einem benachbarten Geistlichen alle vier Wochen eine Predigt mit Hochamt, an allen übrigen Sonn- und Feiertagen ihren bisher üblichen Frühgottesdienst ungestört halten und bei Anwesenheit der Herrschaft auch an Werktagen eine Messe lesen lassen können. Der vierwöchentliche Gottesdienst soll im Sommer um 9 Uhr, im Winter um 10 Uhr anfangen, der sonn- und feiertägliche um halb 7 bzw. halb 8 beginnen und innerhalb einer Stunde beendet sein.
2. Den Katholiken bleibt die Ausübung der Pfarrhandlungen belassen.
3. Alle Ausdehnungen des katholischen Kultus werden für die Zukunft ganz eingestellt.
4. Die Ortsherrschaft wird in Birkenau keinen katholischen Pfarrer einsetzen.
5. Die Kirche soll nicht zum Zwecke der Aufstellung eines besonderen katholischen Altars erweitert oder verändert werden.
6. Dem evangelischen Pfarrer ist zu seinem eigenen Gebrauch ein Schlüssel zur Sakristei auszuhändigen.
7. Die Evangelischen sollen in Zukunft nicht in ihren hergebrachten Rechten gestört werden; sie wären dann an den vorliegenden Vergleich nicht mehr gebunden.
8. Gemischte Ehen sollen in Zukunft nicht mehr gestattet werden.

Dieser Vergleich zwischen der Vormundschaft des noch nicht volljährigen Ortsherrn Philipp W.v.U. und der evangelischen Gemeinde ist unterschrieben von

> Charlotte v. Wambolt Wittib v. Kesselstadt, Vormunderin,
> Joseph Frantz Frh. v. Kesselstadt, dem Probst zu Trier als Vormund
> F.A.E.E.V.W. Freyherr von und zu Dalberg als Vormund.

> Für die evangelische Gemeinde unterschrieben die bevollmächtigten Deputierten:
> Anton Hartwig, Leonhard Schaab, Johannes Kadel, Georg Friedrich Mayer von Birkenau,
> Nicol Kadel von Callstadt,
> Hanß Nicol Scheuermann, Peter Zopp von Hornbach,
> Nicol Kopp von Liebersbach,
> Sebastian Güllich von Balßenbach.

Die Vollmacht war erteilt worden von allen evangelischen Familienoberhäuptern.

Es folgen die Namen der ganzen Gemeinde:
Hanß Georg Stephan, Cent-Schultheiß, Hanß Paul Schaab, des Gerichts, Johann Adam Jacob, Johannes Flohr, Jacob Löw, Johann Nicol Stieff, Lorentz Juncker, Leonhard Jacob, Johann Peter Jacob, Johannes Erhard, Peter Kadel, Hanß Philipp Tramer von Liebersbach, Philipp Brehm, Conrad Meyer, Jacob Fritz, Martin Römer, Johannes Jost, Hanß Georg Erhardt, Heinrich Lieberknecht, Velten Schaab,

Michael Nicolai, Hanß Nicol Attich von Liebersbach, Hanß Georg Hübner von Liebersbach, Caspar Jeck von Liebersbach, Hanß Georg Abel von Liebersbach, Johann Nicol Weber, Hanß Adam Boll, Philipp Jost, Peter Dech, Georg Ernst Koch, Michel Jacob, Matthes Erhardt, Hanß Nicol Sommer, Friedrich Schab, Hanß Schütz von Rohrbach, Peter Müller, Hanß Peter Müller von Callstadt, Johann Leonhard Schuch, Johannes Bernhard, Johannes Kadel von Hornbach, Johannes Eschwey von Hornbach, Johann Georg Schäfer von Hornbach, Hanß Nicol Jochim von Hornbach, Hanß Adam Scheuermann von Hornbach.

Durch den Religionsvergleich von 1749 war der Friede zwischen den Konfessionen wieder hergestellt. Es gab zwar immer wieder einmal Meinungsverschiedenheiten, aber im wesentlichen hielten sich beide Seiten an die Abmachungen. Die Protestanten feierten die katholischen Feiertage mit oder enthielten sich wenigstens der Arbeit.

Inzwischen war die Zahl der Katholiken im Laufe des 18. Jahrhunderts von ungefähr 30 auf etwa 300 angestiegen. Ihre geistliche Betreuung erfolgte durch den Pfarrer von Ober-Abtsteinach, ab 1751 durch den Pfarrer von Mörlenbach. Es ist verständlich, daß bald der Wunsch nach einem eigenen Pfarrer laut und an den Ortsherrn herangetragen wurde. Um neu entstehende Streitigkeiten auszuschließen und beiden Konfessionen die Möglichkeit der ungestörten Ausübung ihrer Religion zu gewährleisten, vermittelte Freiherr Philipp zwischen den beiden Konfessionen einen erweiterten Religionsvergleich, der in seinen wichtigsten Punkten nachstehend aufgeführt ist (vgl. auch die Erweiterungen und Änderungen gegenüber dem Religionsvergleich von 1749).

Religionsvergleich vom 23. August 1793:

> Die Evangelischen gestatten, daß für den katholischen Gottesdienst eine neue Kirche gebaut wird einschließlich eines Glockenturms und des Geläutes; auch soll ein katholischer Geistlicher mit Wohnsitz in Birkenau angestellt werden.
> Der Ortsherr übernimmt die Kosten für die Erbauung der Kirche und des Pfarrhauses; ebenso trägt er Sorge für den standesgemäßen Unterhalt des Pfarrers.
> Die Katholiken sollen zur öffentlichen Ausübung ihrer gottesdienstlichen Handlungen ohne Einschränkung berechtigt sein, jedoch so, daß die Evangelischen in ihrer Religionsausübung nicht gestört, geschmälert und gefährdet werden. Aus diesem Grunde sollen auch die feierlichen Umzüge der Katholiken in Zukunft nur diesseits der Weschnitz und nicht über die Brücke ins Dorf geführt werden.
> Die Unterhaltung der kirchlichen Gebäude (Kirche, Pfarrhaus, Schulhaus) ist Sache der katholischen bzw. evangelischen Gemeinde.
> Das Begräbnis der Katholiken soll wie bisher auf dem gemeinschaftlichen Friedhof (rings um die Kirche) solange beibehalten werden, bis die Katholiken einen eigenen Friedhof angeschafft haben. Dies soll spätestens sechs Jahre nach Vollendung des Kirchenbaues erfolgt sein. Die Katholiken entsagen allen Ansprüchen an dem bisherigen Mitbesitz der Simultankirche einschließlich Glocke, Uhr und Orgel. Die Zeichen ihres Gottesdienstes

versprechen sie, in ihre zu erbauende Kirche nach deren Vollendung zu bringen.
Die Evangelischen verpflichten sich, die Pläne zur Veränderung der derzeitigen Kirche bzw. die Pläne für eine neue Kirche der Herrschaft zur Einsicht und Genehmigung vorzulegen, während diese sich bereit erklärt, auf Ansuchen einen Geldbetrag zum Um- bzw. Neubau zu leisten.
Vermischte Ehen zwischen Katholiken und Protestanten werden nicht gestattet, um Streitigkeiten wegen der Kindererziehung zu vermeiden. Grundsätzlich sollen Kinder aus solchen Ehen, ebenso uneheliche Kinder, der Religion der Mutter folgen; doch verbleibt solchen Kindern das Recht, bei Volljährigkeit sich zu der Religion ihrer Überzeugung zu bekennen.

Der Religionsvergleich von 1793 erweckte bei den Birkenauer Katholiken die Hoffnung, in absehbarer Zeit eine eigene Pfarrei zu bekommen. Früher waren sie von dem Pfarrer von Ober-Abtsteinach, von 1751 an durch den Pfarrer von Mörlenbach betreut worden. Als letzterer aus Altersgründen seine Tätigkeit in Birkenau aufgeben mußte, übernahmen die Carmelitermönche von Weinheim die Vertretung. Die zugesagte Anstellung eines katholischen Geistlichen wie auch der Bau der Kirche und des Pfarrhauses zögerte sich hinaus, da die Freiherrliche Familie wohl durch die politischen Verhältnisse (Napoleonische Kriege) sich nicht in der Lage sah, zu deren baldigen Verwirklichung zu schreiten.
Am 4. September 1802 wurde nach Überwindung vieler Hindernisse die Pfarrei mit Urkunde des Erzbischofs von Mainz errichtet. Sie umfaßte die Orte Birkenau, Nieder-Liebersbach, Kallstadt, sowie die Güter Hasselhof und Balzenbach (7 Höfe). In Hornbach und Rohrbach gab es zu dieser Zeit keine Katholiken. Die Besoldung des Pfarrers war im wesentlichen durch Stiftungen der Familie Wambolt gesichert, die auch ein Haus mit zwei gesonderten Wohnungen für den Pfarrer und den Schullehrer schenkungsweise der Stiftung überließ.
Der Bau der Kirche ließ jedoch noch lange auf sich warten. Nach wie vor war die alte Kirche gemeinsames Gotteshaus (Simultaneum). Sie befand sich jedoch in einem sehr schlechten Zustand. Eine Hauptreparatur lohnte sich nicht mehr. Am 1. Juni 1811 wurde sie wegen Einsturzgefahr polizeilich geschlossen. Die Protestanten drängten nun die Ortsherren auf Erfüllung des im Religionsvergleich eingegangenen Versprechens, den Bau der katholischen Kirche betreffend, damit auch sie zum Bau der evangelischen Kirche schreiten könnten. Doch der Neubau verzögerte sich um 9 Jahre. Inzwischen wurde der evangelische Gottesdienst teils unter freiem Himmel, wohl unter der Linde im Pfarrhof, teils auf dem Rathaus gehalten. Dieser äußerst dürftige Notbehelf währte bis zur Einweihung der neuen evangelischen Kirche am 11. Juni 1820.
Für die Katholiken war die Lage kaum günstiger. Auf Vorschlag des Pfarrers Heier, des ersten Pfarrers seit Neugründung der Pfarrei, gestattet der damals zu Aschaffenburg wohnende Ortsherr Philipp Hugo Wambolt die Benutzung seiner Orangerie für den Gottesdienst. (Auch den Lutheranern sollte dies auf ihre Bitte gestattet werden. Diese lehnten jedoch das Angebot ab, weil sie Differenzen mit den Katholiken befürchteten). Doch zunächst weigerte sich der dort hausende Bruder des Ortsherrn, Emmerich, das Gewächshaus zu räumen. So hielt man eineinhalb Jahre lang den Gottesdienst in einem Zimmer des Pfarrhauses, das notdürftig als kleine Kapelle her-

gerichtet war. Wer keinen Platz bekam, mußte dem Gottesdienst unter freiem Himmel folgen. Als Emmerich schließlich doch einwilligte, äußerte der katholische Kirchenvorstand Bedenken. Er befürchtete, daß der Ortsherr möglicherweise die Orangerie als für den Gottesdienst geeignetes Lokal bezeichnen und den Kirchenbau hintertreiben würde. Sie drohten sogar, sehr zum Ärger des Ortsherrn, mit den Lutheranern gemeinsame Sache zu machen und den Freiherrn auf Einhaltung seiner vertraglichen Verpflichtungen den Kirchenbau betreffend durch Gerichtsbeschluß anhalten zu lassen. Nachdem sich noch der katholische Kirchen- und Schulrat eingeschaltet hatte, entschloß sich der Kirchenvorstand, die innere Einrichtung vorzunehmen. Sie war mit 42 Gulden nicht gerade kostspielig; zudem stiftete der Domdekan von Wambolt zu Worms, ein Bruder des Ortsherrn, eine kleine Kanzel und ein Taufbecken. Der Raum war jedoch nicht ausreichend für die ganze Gemeinde, so daß wiederum ein großer Teil auf der Straße stehend dem Gottesdienst beiwohnen mußte. Außerdem klagte der Pfarrer über die wegen Überfüllung der Orangerie häufig auftretenden Ohnmachtsanfälle und bemängelte den gefährlichen Zustand des Gebäudes, dessen Decke bereits z.T. eingestürzt war und deren Tragebalken an den Auflagen so morsch waren, daß man das Schlimmste befürchten mußte.

Schließlich konnte man 1817 dem Kirchenbau nähertreten. Die Platzfrage war inzwischen gelöst, und die Gemeinde erklärte sich bereit, durch Frohnden und Fuhren zum Kirchbau beizutragen. Mit dem Vertrag vom 16. Okt. 1817 übernahm der Baumeister Ottinel von Heidelberg den Kirchenbau. Die Grundsteinlegung erfolgte am 6. April 1818, die Einweihung am 24. Mai 1819. Damit hatte die katholische Gemeinde ihr eigenes Gotteshaus, und das Gemeindeleben fand nach und nach wieder seinen geregelten Gang. Die Neugründung der Pfarrei war zu einem guten Abschluß gekommen. Noch nicht gelöst war die Friedhofsfrage. 1818 wurde ein den beiden Konfessionen gemeinschaftlich gehörender Friedhof angelegt. Es ist der jetzige „alte Friedhof" Ecke Kirchgasse/Falltorstraße, der vor einigen Jahren erweitert und von der politischen Gemeinde übernommen wurde. Der Friedhof wurde so aufgeteilt, daß 15/28 der evangelischen und 13/28 der katholischen Kirchengemeinde gehörten.

Zur katholischen Pfarrei Birkenau gehörten außer Birkenau noch Nieder-Liebersbach, Kallstadt, Hasselhof und Balzenbach. Letzteres wurde 1806 als badisches Dorf der Pfarrei Hemsbach zugeteilt. In Rohrbach und Hornbach gab es zu dieser Zeit keine Katholiken. Die früheren kurpfälzischen und vorwiegend reformierten Orte Reisen mit Schimbach, Obermumbach mit Repsgrund und Geißenbach wurden 1817/18

Evangelische Kirche Birkenau

zur evangelischen bzw. katholischen Pfarrei Birkenau eingepfarrt. In Nieder-Liebersbach stand eine alte kleine Kapelle, die 1897 abgerissen wurde. 1896 wurde die heutige katholische Kirche eingeweiht. Nieder-Liebersbach blieb zunächst eine Filiale von Birkenau und wurde 1925 selbständige Pfarrei.

Nachdem die katholische Kirche eingeweiht war, konnten die Lutheraner mit dem Abriß der alten und dem Bau der neuen Kirche nach den Plänen des Baumeisters Georg Moller in Darmstadt beginnen. Die Grundsteinlegung erfolgte anfangs 1818, die Einweihung am 11. Juni 1820. Auch hier trugen die Gemeindeglieder durch Frohnden, Fuhren und allerlei Hilfsarbeiten zur Minderung der Baukosten bei. Nach mündlicher Überlieferung brachten die Konfirmanden zum Unterricht einen schweren Feldstein mit, um symbolisch ihre Mithilfe zum Bau der Grundmauer zu leisten. Das frühere Mainzer Oberamt Starkenburg war 1803, die Cent Birkenau 1806 durch den Reichsdeputationshauptschluß an Hessen gefallen. Doch blieb dem damaligen Ortsherrn Wambolt von Umstadt und seinen Nachfolgern bis zum heutigen Tag das Präsentationsrecht für den evangelischen Pfarrer.

Katholische Kirche Birkenau

Die Dörfer Reisen, Schimbach, Obermumbach und Geisenbach waren bisher kurpfälzisch und wurden nun hessisch. Kirchlich wurden sie 1817 zu Birkenau geschlagen. Nun umfaßte das Kirchspiel Birkenau die Orte Birkenau, Nieder-Liebersbach, Kallstadt, Reisen mit Schimbach, Obermumbach mit Rohrbach und Geisenbach. Die Evangelischen der Diasporagemeinden Löhrbach, Buchklingen, Gorxheim, Unterflockenbach und Trösel wurden von Birkenau mitbetreut. Bis nach dem 2. Weltkrieg blieb diese Einteilung bestehen. Danach wuchs die Zahl der Evangelischen in allen Orten, so daß mancherorts der Wunsch nach einer eigenen Kirche oder gar einer eigenen Pfarrei laut wurde. Dieses Bestreben fand seine Erfüllung zunächst in Reisen. Seit 1958 wurden Gottesdienste im dortigen Rathaussaal oder im Saal des Gasthauses „Zum Bahnhof" gehalten. Mit dem 1. Januar 1961 wurde eine selbständige Kirchengemeinde Reisen gebildet.

Zum Kirchspiel Reisen gehörten Reisen, Nieder-Liebersbach, Schimbach, Hornbach, Mumbach mit Rohrbach und Geisenbach. Durch viele Spenden und eine großartige Selbsthilfeaktion konnte das jetzige Gotteshaus mit Gemeindesaal erbaut und 1965 eingeweiht werden.

In Nieder-Liebersbach wurde 1952 ein für den Bau einer Kirche geeignetes Grundstück erworben. Die Grundsteinlegung fand jedoch erst 12 Jahre später statt. 1965 konnte die Kirche, sie ist zugleich Gemeindehaus, eingeweiht werden (Nieder-

Liebersbach gehört jetzt wieder zum Kirchspiel Birkenau im Tausch mit dem Birkenauer Ortsteil Herrenwiese, der nach Reisen eingepfarrt wurde).

In den Dörfern Löhrbach, Buchklingen und im Gorxheimer Tal fanden regelmäßig Gottesdienste statt, wozu die katholische Kirchengemeinde ihre Kirchen zur Verfügung stellten. Inzwischen war die Zahl der Evangelischen stark gewachsen und man entschloß sich zum Bau einer eigenen Kirche mit Gemeindehaus in Gorxheimertal-Unterflockenbach. Die Einweihung erfolgte am 3. Advent 1968. Auf Bitten der Gemeinde um Verselbständigung wurde 1970 zunächst eine Pfarrvikarstelle eingerichtet. Am 1. 1. 1977 gibt es eine evangelische Pfarrei Gorxheimertal für die Dörfer Gorxheim, Unterflockenbach und Trösel. Die Filialen Löhrbach und Buchklingen gehören wieder zur Pfarrei Birkenau.

Friedrich Reinhard

Evangelische Pfarrer in Birkenau

Hieronymus Müller	1533 - 1541
Leonhard Unselt	1554 - 1585
Johannes Groh	1585 - 1586
Samuel Langgut	1586 - 1597
Johannes Hunshagen	1597 - 1610
Johann Joseph Friderici	1611 - 1614
Peter Lucius	1614 - 1635
Abraham Meigelius	1636 - 1670
Nikolaus Dentzer	1670 - 1690
Johannes Lufft	1690 - 1704
Pfarrstelle unbesetzt	1704 - 1706
Johann Heinrich Hallenbauer	1706 - 1738
Johann Heinrich Jakob Hallenbauer	1738 - 1761
Johann Martin Hacker	1761 - 1814
Adam Konrad Weyland	1815 - 1823
Philipp Heumann	1826 - 1838
Ludwig Gilmer	1839 - 1863
Gustav Heinemann	1863 - 1879
Karl Strack	1879 - 1918
Arthur Müller	1919 - 1928
Adolf Storck	1928 - 1954
Gerd Borck	1954 - 1962
Hans Joachim Uhle	1962 - 1982
Dietmar Mayer	1983 - 1991
Dieter Wendorff	1991 -

Katholische Birkenauer Pfarrer

Bis 1751 waren die Abtsteinacher Pfarrer für Birkenau zuständig:

Johann Gerhard Bösen	1662 - 1672
Heinrich Bösen	1672 - 1679

Andreas Kuch	1681 - 1685
Heinrich Pfeifer	1685 - 1702
Heinrich Bösen	1702 - 1716
G.C. Spangenberger	1716 - 1730
Johannes Elbert	1730 - 1747
Winandus Josephus Ansion	1747 - 1751

Von 1751 bis 1802 waren die Mörlenbacher Pfarrer für Birkenau zuständig:

Johann Jakob Maurer	1751 - 1755
Keller	1755 - 1761
Friedrich Caspar Fuhrer	1761 - 1789
König	1790 - 1796
Sebastian Staab	1796 - 1802

Ab 1802 gibt es eine eigenständige kath. Birkenauer Pfarrei

Franz Michael Heier	1802 - 1812
Pater Athanasius Schneider (Pfarrverwalter)	1812
Franz Jakob Bauer	1812 - 1814
Friedrich Heller	1814 - 1838
Conrad Bertsch	1838 - 1852
Johann Adam Wagner	1853 - 1856
Franz Bendix (Pfarrverwalter)	1856 - 1859
Johannes Wohn	1859 - 1867
Adam Weber	1867 - 1887
Georg Schmitt	1887 - 1896
Adam Sulzbach	1896 - 1910
Philipp Lambert	1910 - 1927
Heinrich Zimmermann (Pfarrverwalter)	1927
Ludwig Leo Quinkert	1927 - 1942
Nikolaus Kalteyer	1942 - 1963
Oskar Jacob	1963 - 1976
Paul Nieder	1976
Otmar Germeyer	1976 - 1978
Wigbert Straßburger	1978 - 1990
Hans-Georg Geilersdörfer	1990 -

Fürs Leben lernen – aus der Schulgeschichte

Der letzte Ortsherr von Birkenau, Philipp Hugo Wambolt von Umstadt, schreibt im Januar 1836 rückblickend: „Als nach der Reformation der größte Teil der Einwohner von Birkenau sich zu der protestantischen Religion bekannte, mußte, so wie die Kirche, so die Schule getrennt werden. Die allmähliche Verminderung der katholischen Einwohner hatte die Folge, daß zuletzt für die Kinder derselben keine eigene Schule mehr bestellt wurde."

Im Hessischen Lehrerbuch, 4. Teil, Band XII, von Dr. Dr. W. Diehl, wird auf S. 299 festgestellt: „Birkenau, ohne die Filialorte Hornbach und Reisen, die kurpfälzisch waren, und Nieder-Liebersbach, das kurmainzisch war, gehörte den Freiherren Wambolt von Umstadt, die zur 1. Schulstelle bis 1848 präsentierten". Im Heimatbuch „1100 Jahre Reisen 877 - 1977" hat Karl Ludwig Schmitt ausführlich die Entwicklung des Volksschulwesens in Hessen dargelegt (S. 24-27). Er hat in diesem Beitrag u.a. über den Lehrerberuf und die Schulgesetze bis 1921 berichtet. Wir ersparen uns hier eine Wiederholung und wenden uns den Schulen der Gemeinde Birkenau zu.

Die evangelische Schule

Während in den kleineren Dörfern meist nur im Winter Unterricht erteilt wurde (Winterschulen), besaß Birkenau, soweit sich zurückverfolgen läßt, eine ständige Schule.

Anfänglich waren die Lehrerstellen mitunter von studierten Geistlichen besetzt, die damit die Zeit bis zur Übernahme einer eigenen Pfarrei überbrückten. Die meisten Lehrer (bis 1823) – sie werden im allgemeinen als „Schulmeister" oder „Schuldiener" bezeichnet – besaßen keine Fachausbildung. Die geringen Kenntnisse, die von ihnen verlangt wurden, mußten sie sich auf private Weise aneignen. Die Bewerber um eine Schulstelle mußten ihre Befähigung durch eine Prüfung nachweisen. Diese erstreckte sich auf „Deutsch und Latein lesen und schreiben, Orthographie, Rechnen die 4 Spezies [d.s. Zusammenzählen, Abzählen, Vervielfachen, Teilen], Choral, Stimme [Singen], Federnschneiden, evt. noch Orgelschlagen, Figural [mehrstimmiger Gesang] und Christliche Lehre".

Diese Kenntnisse hatten sich die angehenden Schulmeister bei einem schon tätigen Schulmeister oder einem Pfarrer erworben. Eine systematische Ausbildung wurde erst durch die Errichtung der beiden Lehrerseminare in Friedberg 1817 und Bensheim 1821 ermöglicht. Sie wurden in einem zweijährigen Kursus auf ihre Aufgaben vorbereitet.

Nachricht über das Vorhandensein einer Schule und über die Lehrer geben uns die alten Kirchenrechnungen und das Wamboltische Archiv. In der Kirchenrechnung von 1588 wird ein Glöckner erwähnt, der zugleich Schulmeister war. 1622/29 findet sich folgender Eintrag: Dem Glöckner und Schulmeister zu fünf Jahren nämlich für 1625 - 1629 = 23 fl (Gulden), 5 Btz (Batzen) jedes Jahr wegen der Schul, von der Uhr zu stellen 1 Fl 2 Btz, wegen der Uhr zu säubern 8 Btz. Der Name des Schulmeisters ist nicht genannt.

Im Jahre 1660 verordnete der damalige Ortsherr Freiherr von Bohn, daß die Kinder über 6 und 7 Jahren auf des Pfarrers Erfördern von Dorf zu Dorf zur Kinderlehre (Schule) fleißig geführt werden sollen, und im Jahre 1677 wurden die Eltern aufgefordert, „ihre Kinder fleißiger zur Schule zu schicken". Im Jahre 1708 erließ die Ortsherrschaft eine neue **Schulordnung**, „nach der sich ein Schuldiener [Lehrer] zu Birkenau zu informieren, und nach der sich die Gemeinde zu richten hat." Ihr Inhalt ist in der Hauptsache folgender:

„Nachdem die Herrschaft mißfällig wahrgenommen, daß die Einwohner von Birkenau, Kallstadt und Rohrbach ihre Kinder schlecht zur Schule schicken und diese wenig oder nichts lernen, wird folgendes befohlen:

1. Der Pfarrer soll dem Schuldiener eine Lehrart vorschreiben und mit Zuziehung Vorgesetzter und des Gerichts die Schule fleißig visitieren.
2. Der Schulmeister soll 3/4 Jahr vollkommen Schule halten und die Kinder im Lesen, Schreiben, Katechismus und anderen Tugenden treulich unterweisen, ohne ausdrückliche Erlaubnis die Schulstunden nicht versäumen, noch während derselben etwas anderes vornehmen. Das übrige Vierteljahr soll Spieltag [Ferien] sein, damit er und die Untertanen säen und ernten können, und zwar so eingeteilt, daß im Frühjahr 2 Wochen, in der Heuernte ebensolang, in der Fruchternte 5 Wochen, in der Ohmternte 1 Woche und im Herbst 2 Wochen keine Schule sein soll.
3. Zweimal, im Frühjahr und im Herbst, sollen die Kinder im Beisein des Pfarrers und anderer dazu verordneter Personen examiniert, die Fleißigen belohnt, die anderen gestraft werden.
4. Schulpflichtig sind alle Kinder vom 6. Jahr bis sie zum Heiligen Abendmahl gehen. Dabei sollen die Rohrbacher Kinder in die Hornbacher Schule gehen, weil es sich nicht schicken würde, die Kinder in der harten Winterszeit hierher zu obligieren. Doch muß ihnen, daß dies wirklich der Fall sei, der Hornbacher Schuldiener attestieren.
5. Schulgeld soll das bisher übliche (40 xr jährlich pro Kind) bleiben und den Armen dasselbe aus dem Almosen bezahlt werden.
6. Um die Unzuträglichkeiten mit den Schulscheitern abzustellen [bisher mußten die Schulkinder ein Stück Holz für die Heizung des Schulraumes mitbringen], ist verordnet, daß der Lehrer 6 Klafter Holz, und zwar von Birkenau 4 und von Kallstadt 2 erhalten soll. Die Unbespannten müssen es machen, die Bespannten ins Haus fahren.

So geschehen Birkenau 17. Oktober 1708

Freiherr von Bohn

Als einziges *Schulbuch* war der Katechismus eingeführt. Er war von Pfarrer Johann Heinrich Hallenbauer „den evangelischen Schulen zum Besten" zusammengestellt und 1709 in Worms gedruckt worden. Eine 2. Auflage kam 1760 in Heilbronn heraus. Mit wachsender Schülerzahl wurde es erforderlich, neue Schulstellen einzurichten. 1835 wurden die 135 Kinder von einem Lehrer unterrichtet. 1846 kam eine zweite Schulstelle hinzu für 48 Knaben und 40 Mädchen vom 6. - 10. Lebensjahr; 1885 folgte eine dritte und 1906 eine vierte Schulstelle. Den evangelischen Kindern

im Gorxheimer Tal wurde durch einen Birkenauer Lehrer eine Stunde Katechetenunterricht erteilt.
1857 wurde die früher schon bestandene Strickschule (auch Industrieschule genannt) wieder eingeführt. Den Mädchen wurde von Herbst bis Pfingsten mittwochs und samstags Nachmittag drei Stunden in Stricken und Nähen erteilt. Lehrerinnen dafür waren Anna Elisabeth Brehm, dann Frau Elfner und ab 1906 Katharina Jeck aus Nieder-Liebersbach.
Der Lehrer war zumeist auch Organist, Glöckner und oft auch Gerichtsschreiber. Außer der Wohnung standen ihm noch die „Läutbrode" und „Läutgarben" zu. Diese wurden später durch einen Betrag von 60 Gulden aus der Kirchenkasse abgelöst. Hinzu kamen der Nutzen aus einigen Grundstücken und sonstige Nebeneinnahmen.
Einen ausführlichen Einblick in die Einkommensverhältnisse eines Lehrers vermittelt uns die nachstehende Aufstellung für Johannes Ackermann, der seit dem 1. Aug. 1851 hier wirkte.

I. Gehalt als Lehrer: (fl = Gulden, kr oder Xr = Kreuzer)
    aus der Gemeindekasse 100 fl   100 fl
    aus dem Gemeindewald 9 1/2 Stecken Buchenscheitholz,
    aus dem Kallstädter Wald 1 1/2 Stecken dgl. à 5 fl   55 fl
    (hierunter befanden sich auch 4 Stecken zum Heizen des
    Schulraumes)
    200 buchene Wellen [100 Wellen à 4 fl.]   8 fl
    Wohnung im Schulhaus   20 fl

II. Gehalt als Glöckner (Kirchendiener):
    aus der Birkenauer Kirchenkasse   18 fl 18 xr
    für Besorgung der Turmuhr und Glocke   5 fl
    für Gerät zum Reinigen der Kirche   1 fl 12 xr
    5 % Zinsen von 360 fl Schulbesoldungskapital   18 fl
    aus der Hauptstaatskasse   4 fl 24 xr
    aus der Kirchenkasse fixes Gehalt   60 fl

III. Accidenzien (Nebeneinnahmen; wechselnd):
    Dörrwiese – 3/4 Morgen – 16 Klafter à 14 fl pro Morgen   11 fl 8 xr
    Grambach – 1/2 Morgen – 37 Klafter à 6 fl   4 fl 44 xr
    Wiese daselbst – 85 Klafter à 10 fl   2 fl 7 xr
    Wiese im Gimpelbrunnen – 1 Morgen – 58 Klafter à 6 fl   6 fl 2 xr
    Waldstück daselbst - öde -   – –
    Wiese auf der Au – 1 Morgen – 17 Klafter   ? ?
    die Crecenzien auf beide Kirchhöfen [Erträge]   7 fl
    1 Allmendgärtchen   1 fl 30 xr

    Summe des ganzen Einkommens: 380 bis 400 fl.
    Bei der Umstellung der Währung von Gulden auf Mark
    (1876) entsprechen 7 fl = 12 Mark. Danach hatte der Lehrer
    ein Einkommen von 750 - 800 Mark im Jahr. 1 fl = 60 xr.

Weitere Accidenzien: von einer Hochzeit 40 xr, Taufe 12 xr, öffentliche Beerdigung mit Predigt 36 xr, auswärtige Leiche 40 xr, stille Leiche 12 xr, für das zu schreibende Gerichtsprotokoll 20 xr, bei jedem Abendmahl (9 mal im Jahr) 4 xr = 36 xr.

Die katholische Schule

Wenn vor der Reformation in Birkenau eine katholische Schule bestand, dann wurde sie spätestens 1522 mit Einführung des protestantischen Glaubens aufgelöst. Es ist aber anzunehmen, daß die Ortsherrschaft besonders nach dem 30jährigen Krieg Wert darauf legte, daß die zunächst wenigen katholischen Kinder auch unterrichtet wurden und diese deshalb die evangelische Schule besuchten. Die erste Nachricht über die Errichtung einer eigenen Schule stammt aus dem Jahre 1760. Im April dieses Jahres richteten die katholischen Untertanen zu Birkenau, Kallstadt und Liebersbach eine Vorstellung an den Ortsherrn Freiherr Wambolt von Umstadt um Anstellung eines katholischen Lehrers. Die Eingabe hatte folgenden Wortlaut:

„Hochwohlgeborener Reichsfreiherr!
Gnädiger Herr!
Zu Eurer Hochfreiherrlichen Gnaden nehmen wir armen katholischen
Untertanen unsere Zuflucht und unterfangen uns, unsere äußerste Notdurft
hiermit zu klagen, wie, daß wir dermalen keinen katholischen Ortsschul-
meister mehr haben, viel weniger ein Kirchendiener vorhanden sei,
welcher an Sonn- und Feier- wie auch an anderen Tagen, wenn eine
Heilige Messe gelesen werden will, in die Kirche läutet, den Altar auf- und
abdeckt, bei Krankenversehungen und Begräbnissen, wie auch Kindtaufen
dem Herrn Pfarrer an Hand geht und die Kinder zu ihrem Christentum,
wie auch in Lehre und Sitte unterweiset. Gleichwie nun gnädigst bekann-
termaßen diese vorspezifizierten und sonstige Kirchen-Actus könnten
notwendig diejenigen sein, welche ein Pfarrherr nicht entbehren kann,
zudem ein Schulmeister für die Jugend allerdings so unentbehrlich ja
notwendiger als ein Pfarrer [ist], dahingegen wir armen Katholiken nicht
imstande sind, aus unseren Mitteln einen Schulmeister gänzlich zu unter-
halten, allermaßem es uns sehr hinderlich gehet, bis wir die jährlich für
den Pfarrherrn festgesetzten 25 Gulden unter unsrer armen kath. Gemeinde
zusammenbringen und beitragen. Deshalben wir uns hiermit zu Eurer
Hochfreiherrlichen Gnaden Füßen werfen und in unsrer Not um Hilfe und
Beistand anrufen wollen, ganz untertänigst bittend, uns zum Troste unserer
kath. Jugend und zur Erhaltung unseres mit so großer Mühe und Sorgfalt
erworbenen alle Sonn- und Feiertagsgottesdienstes einige Beisteuer um
Erhaltung eines Schulmeisters in hohen Gnaden angedeihen zu lassen,
für welche hohe Gnade nicht allein die katholische Jugend mit dem Schul-
meister, sondern auch wir katholische Untertanen nicht unterlassen
werden, Gott dem Allmächtigen um Euer Hochfreiherrlichen Gnaden samt
Familie langjähriges Wohlergehen, Flor [Blühen] und ...... inständig zu
bitten. Wir getrösten uns gnädigst Erhör und verharren in tiefstem Respekt

Ew. Reichsfreiherrlichen Gnaden Untertänig Treu gehorsamste arme kath.
Untertanen von Birkenau, Kallstadt und Liebersbach

> *Niklas Geist, Schultheiß*
> *Adam Heberich des Gerichts*
> *Johann Georg Kinscherf*
> *Andreas Jöst des Gerichts*
> *Andreas Eck, Schultheiß"*

Dieser Bitte wurde durch den Ortsherrn, dem k.u.k. Geheimen Rat und Kurmainzer Obrist-Kämmerer Philipp Franz Wambolt von Umstadt und Erbauer des Birkenauer Schlosses, entsprochen. Er beauftragte seinen Amtmann Krauß, ein Verzeichnis aller katholischen Haushalte mit Angabe des geschätzten Vermögens aufzustellen, um danach die Besoldung eines anzustellenden Lehrers festlegen zu können, wobei der Ortsherr sich seinerseits zu einem gewissen Beitrag verpflichtete. Dieser war auf 50 Gulden festgelegt.

Die vorgenannte Aufstellung nennt eine Seelenzahl von 263, und zwar in Birkenau 163, in Nieder-Liebersbach, Kallstadt und Hasselhof 100. Schulpflichtige Kinder sind nicht gesondert aufgeführt; die Zahl mag um 40 gelegen haben.

In einem Gesuch des damals für Birkenau zuständigen kath. Pfarrers Ansion von Ober-Abtsteinach vom 28. 9. 1747 beklagt dieser, daß die kath. Kinder die evangelische Schule besuchen müssen. Er bittet um die Einstellung eines kath. Schulmeisters. 1771 gibt der spätere Lehrer Wittemayer an, daß der erste (kath.) Schulmeister „vor ohngefähr 20 bis 24 jaren dahir gesetzt, welcher aber nur zur Winterszeit Schuhl gehalten, vor welcher Zeit aber die Kinder in die dasige lutherische Schuhl gegangen". Der genannte Winterschullehrer war sicher der von Amtmann Krauß in einem Schreiben an den Ortsherrn aufgeführte „alte Gärtner", über den der neue Gärtner Klage führte, weil er die Kinder unterrichtete und ihm nicht in der Gärtnerei half.

Der erste nachweisbare katholische Schulmeister war Johann Michael Wittemayer (seit 1760). In einem vom Ortsgericht bestätigten Schreiben vom 20. 3. 1783 gibt er an, daß er durch „Tt. Freyherrn von Wambolt Excellenz als hohe Ortsherrschaft zu Birkenau vermöge ihres zuständigen Rechts [Präsentationsrecht] zum katholischen Schulmeister dahier im Jahre 1760 gnädig angenommen und angestellt und auch aus ihren eigenen Einkünften auf mein geschehenes unterthäniges Supplizieren [Ersuchen] eine freiwillige Besoldung jährlich habe abreichen lassen, ohne welche ich außer dem geringen Schulgeld, so die Eltern meiner Schüler auf gnädiger Herrschaft Befehl an mich bezahlen müssen, nichts weiter zu beziehen habe".

Das Schulgeld betrug vierteljährlich 15 Kreuzer, der herrschaftliche Zuschuß zur Besoldung 20 Gulden pro Jahr. Dazu kamen kleinere Zuwendungen bei Hochzeiten, Kindtaufen, Beerdigungen. Er mußte jedoch ohne Bezahlung die sogenannten „niederen Dienste" verrichten (Kirchendiener). Damit reichte er bei weitem nicht an die Besoldung des evangelischen Schulmeisters heran. Zudem blieben mehrere Familien mit der Zahlung des Schulgeldes im Rückstand. Es ist verständlich, daß er versuchte, eine Erhöhung seiner Bezüge durchzusetzen, die zur Ernährung seiner großen Familie (9 Kinder) kaum ausgereicht haben dürften. So hat er kurzerhand „die hiesige kath. Schule aufgeküngt und die Kinder nach Hause geschickt".

1782 erleidet Wittemayer einen Schlaganfall. Er bittet den Ortsherren um eine „Beysteuer", um seine Familie ernähren zu können. Gleichzeitig schlägt er als Nachfolger einen jungen Lehrer aus Mörlenbach vor, der auch von dem für Birkenau zuständigen Mörlenbacher Pfarrer Fuhrer begünstigt und der Mainzer Schulkommission empfohlen wird (der Ortsherr sah darin einen Eingriff in sein Präsentationsrecht und wandte sich beschwerdeführend an das erzbischöfliche Ordinariat. Die Angelegenheit wurde einvernehmlich beigelegt und Metz als neuer kath. Lehrer eingesetzt).

Dieser hatte sich auf seinen Beruf durch den Besuch der einjährigen Normalschule in Mainz vorbereitet und wurde von der Kurmainzischen Schulkommission für tüchtig und tauglich befunden.

Mit der Verordnung des Ortsherrn vom 10. 9. 1786 werden die Besoldung des neuen Schulmeisters und die Altersversorgung des bisherigen geklärt. Wittemayer bleibt von allen bürgerlichen Lasten befreit; als Gemeinsmann erhält er weiterhin zwei Klafter Holz, für die von der Herrschaft gewährten 10 Gulden jährlich soll er die niederen kirchlichen Dienste verrichten (die Ornate verwahren, am Altar bedienen und die Kirchenrechnung führen).

Für den Nachfolger Metz wurde ab 1786 festgelegt:
a) eine freie Wohnung für sich und einen hinlänglichen Raum, um daselbst die Schule zu halten (Sein Vorgänger hatte den Unterricht in seinem eigenen Haus erteilt, ohne dafür eine Vergütung zu erhalten).
b) den Schulallmendgarten
c) vier Klafter Holz von der Gemeinde
d) das von den Musikanten für die Erlaubnis, spielen zu dürfen, eingehende Geld
e) die anfallenden Gebühren bei kirchlichen Amtshandlungen
f) jährlich 60 Gulden von der Gemahlin des Ortsherrn aus deren eigenem Einkommen, ab 1803 von der Kellerei Wambolt

Der Lehrer Metz heiratete die Tochter Wittemayers, Eva Elisabeth. Die Eheleute Metz verpflichteten sich, zur Altersversorgung Wittemayers beizutragen:
1. von der Besoldung die Hälfte,
2. von den Pfarramtsnebenbezügen (bei Amtshandlungen) die Hälfte,
3. von dem eingehenden Schulgeld (alle 6 bis 12jährigen Kinder) 15 xr im Vierteljahr,
4. vom Schul- und Brennholz die Hälfte.

Andererseits versprechen die Eltern Wittemayer den jungen Leuten die Hälfte aller Nutzen an Vieh und Ernteerträgen, wozu die jungen Leute auch mitarbeiten müssen.

Die katholische Privatschule

Der Bischof von Mainz, Wilhelm Emmanuel Freiherr von Ketteler, hatte bei der Großherzoglichen Regierung in Darmstadt erreicht, daß die in der „Congregation der Schwestern von der göttlichen Vorsehung" ausgebildeten Lehrerinnen an öffentlichen Schulen eingesetzt werden durften. Die damalige verwitwete Freifrau Adolphine von Wambolt erkannte bald die Wichtigkeit solcher Schulschwestern für die ländliche Bevölkerung. Da es vorläufig schwierig war, den Schulschwestern die schulpflichtigen Mädchen zu übergeben, sollte der Anfang mit einer Industrie- und Kleinkinderschule gemacht werden. Ein entsprechendes Gesuch wurde am 8. Oktober 1862 an die Großherzogliche Kreisschulkommission Lindenfels gerichtet. Um für den Unterhalt der Schwestern zu sorgen, setzte Freifrau von Wambolt jährlich eine Summe von 450 Gulden aus, wozu ihre beiden Söhne noch je 25 Gulden spendeten. Nachdem so die Vorbedingungen geschaffen und ein gewisser Wolfgang Hofmann sein geräumiges Haus zur Verfügung stellte, konnten die Schwestern ihren Einzug halten (1862). Nachdem 1864 auch die Genehmigung für eine private Mädchenschule durch die Großherzogliche Oberstudiendirektion vorlag, konnten die Schulschwestern den Unterricht aufnehmen. Sie waren auf 10 Jahre verpflichtet. Die Schulschwestern erklärten sich bereit, auch die Kleinkinderschule (Kindergarten) zu betreuen und die Kranken ohne Unterschied der Konfession zu pflegen. Die Mädchenschule durfte auch evangelische Kinder aufnehmen, soweit die Räumlichkeiten es erlaubten und die betreffenden Eltern es wünschten. Die Klasse umfaßte die Mädchen vom 4. - 8. Schuljahr. Die gleichaltrigen Knaben bildeten eine weitere Klasse der katholischen Konfessionsschule, wo auch die Knaben und Mädchen des 1. - 3. Schuljahres unterrichtet wurden.

Die Gemeinschaftsschule (Simultanschule)

Grundlegende Veränderungen im Schulwesen brachten die hessischen Schulgesetze von 1830, 1874 und 1921. In den 30er Jahren des 19. Jahrhunderts wurden die Schulen sog. Gemeindeschulen; der jeweilige konfessionelle Charakter blieb erhalten (Konfessionsschule). Die bürgerliche Gemeinde übernahm die Sachkosten und war zuständig für Lehrerwohnung und Schullokal. Das blieb auch so, als 1874 Birkenau zum Kreis Heppenheim kam (vorher Kreis Lindenfels). Die Lehrerbesoldung erfuhr eine Verbesserung durch die vom Staat gewährte Stellenzulage. Die früheren Naturalleistungen wurden in einen Geldbetrag umgewandelt. Niedere Kirchendienste wurden dem Lehrer untersagt. Die Pfarrer, die seither das Amt eines Schulinspektors bekleidet hatten, wurden von diesem Amt entbunden und ein Kreisschulinspektor (später Kreisschulrat) ernannt. Doch führten die Ortsgeistlichen den Vorsitz in den Schulvorständen.
Mit dem Schulgesetz von 1921 wurde auch das geändert. Von nun an hatte ein Lehrer den Vorsitz inne. Die Lehrer waren nun Staatsbeamte. Als Regelschule wurde die Simultanschule (Gemeinschaftsschule) eingeführt; jedoch konnten die Konfessionsschulen erhalten bleiben. Ab sieben Klassen konnte ein Rektor ernannt werden. Im Februar 1922 wurde der verdienstvolle Heimatforscher Johannes Pfeifer erster Rektor der evangelischen Schule.
Auf einstimmigen Beschluß der Schulvorstände der evangelischen und katholischen Schule und des Gemeinderats wurden am 1. März 1934 die beiden seither konfessionell getrennten Schulen in eine Gemeinschaftschule umgewandelt. Die katholische Privatschule wurde aufgelöst, der Kindergarten weitergeführt. Dem Rektor der bisherigen evangelischen Schule, Johannes Pfeifer, wurde das Rektorat über die Simultanschule übertragen. Am 1. Januar 1938 wurde nach seiner Versetzung in den Ruhestand Lehrer Ludwig Glaßer sein Nachfolger.

Nach dem zweiten Weltkrieg

Der zweite Weltkrieg war zu Ende gegangen. Viele Lehrkräfte befanden sich in Kriegsgefangenschaft oder waren auf Befehl der Militärregierung aus dem Dienst entlassen worden. Erst mit besonderer Genehmigung im Einzelfall und nach Durchführung eines sog. Entnazifizierungsverfahrens konnte von ihnen der Dienst wieder aufgenommen werden.

Das Schulhaus hatte den Krieg ohne Beschädigung überstanden. Durch Einquartierung von deutschen und dann von amerikanischen Truppen waren mannigfache Schäden am Inventar entstanden; viele Einrichtungsgegenstände waren verschwunden; die gesamten Unterlagen der Schulleitung waren nicht mehr aufzufinden. Nach Freigabe des Schulgebäudes konnte am 8. Oktober 1945 der Unterricht wieder aufgenommen werden. Von den früheren Lehrkräften stand nur der Lehrer Franz Kuhn zur Verfügung. Dieser wurde auch mit der Leitung der Schule betraut. Am 1. Nov. 1945 wurde die Schulhelferin Scheerer zugewiesen (Schulhelfer waren nichtausgebildete Lehrer, meistens Abiturienten, die später nach einem Kurzstudium ordentliche Lehrkräfte wurden). Von diesen beiden Lehrkräften wurden die 460 Schüler in den wichtigsten Fächern unterrichtet.

Frl. Scheerer		Herr Kuhn	
1. Schuljahr	37 Schüler	5. Schuljahr	57 Schüler
2. ,,	73 ,,	6. ,,	52 ,,
3. ,,	84 ,,	7. ,,	44 ,,
4. ,,	71 ,,	8. ,,	42 ,,
zusammen	265 ,,		195 ,,

Schulleiter Franz Kuhn wurde 1948 zum Rektor ernannt. Nach und nach nahmen weitere Lehrkräfte den Dienst auf. Die Statistik vom 15. 5. 1950 weist 591 Schüler aus, die in 14 Klassen von 13 Lehrkräften unterrichtet wurden. Für diese standen nur 8 Klassenräume zur Verfügung, von denen einer an zwei Wochentagen von der Mädchenberufsschule belegt war.

Mit Beginn des Schuljahres 1951/52 (5. 4. 1951) wird ein Aufbauzug angegliedert. Er beginnt mit der Klasse A 1 und soll Jahr für Jahr um eine Klasse bis zur A 6 erweitert werden. Die Schüler kommen nach dem 4. Grundschuljahr aus den Orten Birkenau, Kallstadt, Löhrbach, Hornbach, Reisen, Mumbach, Nieder-Liebersbach. Die A 1 wird in fast allen Fächern von Lehrer Reinhard unterrichtet, der später eine Erweiterungsprüfung zum Realschullehrer ablegt.

1952 erfolgt die Umbenennung des Aufbauzugs in „Mittelschulzug". Rektor Franz Kuhn wird nach Erreichung der Altersgrenze in einer Feierstunde am 11. 6. 1958 von Schulrat Regnitz verabschiedet und gleichzeitig der neue Rektor Friedrich Reinhard in sein Amt eingeführt.

Mit Beginn des Schuljahres 1960/61 erhält Birkenau eine Hilfsschulklasse (Sonderschule für Lernbehinderte). Nach Zuweisung einer weiteren Lehrkraft wird diese geteilt. Der Mittelschulzug heißt ab 1. 4. 1963 Realschulzug bzw. Realschule. Der Schule wird eine Schreibkraft zugeteilt.

Lehrerschaft 1960

Der offizielle Name der Schule ist ab diesem Datum

    Grund-, Haupt- und Realschule
    mit Sonderschulklassen
    B i r k e n a u

Am 1. 5. 1965 wird die Schule Birkenau Mittelpunktschule. Sie nimmt zunächst die Schüler des 5. - 8. Schuljahres der Schulen Hornbach, Mumbach, Löhrbach, Buchklingen und Reisen auf. Die Eingliederung erfolgt in einer Feierstunde am 3. 5. 1965 unter Mitwirkung des Schulchores (Leitung Konrektor Tschiedel) und von Schülervertretern. Nach der Begrüßung durch den Schulleiter folgen kurze Ansprachen von Bürgermeister Stief und dem Vorsitzenden des Elternbeirats, Herrn Alois Roesch. Die auswärtigen Schüler (ohne Realschule) werden mit Schulbussen befördert.
Parallel zur Bildung der Mittelpunktschule entsteht der Schulverband „Mittelpunktschule Birkenau und Umgebung". Dem Verbandsvorstand gehören die Bürgermeister Stief, Birkenau, Birkle, Reisen, und Hofmann, Nieder-Liebersbach, an. Die Verbandsversammlung setzt sich aus Mitgliedern der jeweiligen Gemeindevertretungen und Lehrkräften zusammen. Sie hat beratende Aufgaben. Vorsitzender ist Herr Gassen, Birkenau.

1966 wird der Schuljahresbeginn von Ostern auf Herbst umgestellt; deshalb werden zwei Kurzschuljahre verordnet:

    1) 1. 4. 1966 - 30. 11. 1966
    2) 1. 12. 1966 - 31. 7. 1967.

Des weiteren wird ab 1. 8. 1967 das 9. Schuljahr pflichtmäßig eingeführt.

Erstmals seit 1945 ist die Schule in der 2. Hälfte des Schuljahres 1969/70 mit der ihr zustehenden Zahl von Lehrkräften ausgestattet:
Grundschule 7, Hauptschule 11, Realschule 15, Sonderschule 3; hinzu kommen 3 Geistliche für Einzelstunden in Religion und 1 Fachlehrer für Kurzschrift und Maschinenschreiben. Die Schülerzahl beträgt insgesamt 980.
Nachdem am 1. 1. 1970 die Trägerschaft der Schulen von den Gemeinden bzw. den Schulverbänden auf den Landkreis übergegangen war, beauftragte Herr Landrat Dr. Lommel den Kreisrechtsdirektor Dr. Bergmann mit der Erstellung eines Schulentwicklungsplanes zur Reform der Landschulen. Danach war vorgesehen, die Errichtung einer neuen Sekundarstufenschule (zunächst Haupt- und Realschule) in Birkenau am Langenberg und, nach deren Bezug, die Zusammenlegung der kleinen Schulen außer Nieder-Liebersbach. Die Elternvertreter der einzelnen Schulen stimmten in Konferenzen mit dem zuständigen Schulrat, Herrn Kaiser, dieser Planung zu.
Zum Schuljahresbeginn am 1. 8. 1972 hatten sich auf freiwilliger Basis die selbständigen Grundschulen von Reisen, Hornbach und Ober-Mumbach zu einer „Ringschule" zusammengeschlossen, um schnellstmöglich den Kindern die Vorteile des Jahrgangsklassenunterrichts zu ermöglichen. So wurden in Ober-Mumbach ein 1. und ein 2. Schuljahr, in Hornbach ein 3. u. ein 4. Schuljahr und in Reisen ein 3. und ein 4. Schuljahr unterrichtet. Die Schüler wurden mit Schulbussen von Mumbach nach Reisen bzw. Hornbach befördert.

Die Grundschule

Im Rahmen des Schulentwicklungsplanes ist durch Beschluß des Kreisausschusses und nach Genehmigung durch den Kultusminister die Grundschule mit Wirkung vom 1. 1. 1973 verselbständigt worden. Sie soll einen eigenen Rektor und Konrektor erhalten. Bis dahin wird Konrektor Tschiedel die Leitung haben. Die beiden Sonderschulklassen bleiben bis zur Fertigstellung der Mittelpunkt-Sonderschule in Mörlenbach noch der Grundschule angegliedert. Im bisherigen Schulhaus verbleiben die Klassen 1 - 4 (10 Klassen), die Sonderschulklassen (2 Klassen), die Klassen 5 und 6 der Realschule (4 Klassen als „ausgelagerte Klassen" der Realschule); der Unterricht in Hauswirtschaft wird weiterhin in der behelfsmäßigen Küche erteilt.
Mit Beginn des Schuljahres 1973/74, am 1. 8. 1973, wird die schulorganisatorische Trennung von Grundschule/Sonderschule und Hauptschule/Realschule vollzogen. Der inzwischen zum Konrektor ernannte Schulleiter von Reisen, Jörg-N. Meinhof, übernimmt bis zur Ernennung eines Rektors kommissarisch die Leitung der Grundschule. Die Schulen Ober-Mumbach, Reisen, Hornbach, Löhrbach/Buchklingen werden aufgelöst. Die Schüler besuchen jetzt die Grundschule Birkenau.

Mit Schuljahresbeginn 1973 begannen umfassende Bau- und Instandsetzungsarbeiten, die sich über ein ganzes Jahr hinzogen.
Im August 1974 erhielt die Grundschule in Herrn Kretschmer ihren ersten Rektor. Leider mußte er bereits im Juli 1978 aus gesundheitlichen Gründen in den Ruhestand treten. Seine Nachfolgerin wurde mit Beginn des Schuljahres 1979/80 Frau Rita Fink, dies zunächst kommissarisch. Nach ihrer zeitweiligen Abordnung zum Staatlichen Schulamt übernahm die am 1. 10. 84 zur Konrektorin ernannte Lehrerin

Maria Maas vertretungsweise die Leitung der Schule. Anm: Frau Fink kam wieder zurück und blieb bis Mai 1992 Rektorin.

Auf Initiative des Schulamtsdirektors Kaiser lief seit 1972 der Schulversuch „Englisch in der Grundschule" ab 3. Schuljahr. Mit Zustimmung der Elternvertretung waren daran auch die betr. Klassen unserer Schule beteiligt.

1976 wurde im Pausenhof ein „Verkehrsgarten" geschaffen und damit dem Verkehrsunterricht der Grundschüler ein erfreulicher Auftrieb gegeben. Nachdem am 4. 11. 1987 die eigene Sporthalle an der Tuchbleiche in einer Einweihungsfeier übergeben wurde, konnte auch der Unterricht in Leibeserziehung im Sinne der Bildungspläne erteilt werden. Der Freundeskreis stiftete bei dieser Gelegenheit dankenswerterweise eine Theaterbühne. Seit 1. 12. 1990 wird im Hallenbad bei der Langenbergschule auch für die Grundschüler Schwimmunterricht erteilt.

Im Oktober 1990 erhielt die Schule Besuch durch das Lehrerkollegium der Schule Possenheim bei Erfurt, mit der seitdem ein partnerschaftliches Verhältnis besteht.

Die nach der Verselbständigung bestehenden Raumprobleme konnten mit der Zeit behoben werden, da die ausgelagerten Klassen der Realschule in die Langenbergschule und die Sonderschulklassen in die Sonderschule Mörlenbach überführt wurden. In den Schuljahren 89/90 und 90/91 hatte jede der 17 Klassen ihren eigenen Klassenraum. Ab November 1993 ist Herr Harald Purkert Rektor der Grundschule.

Die Langenbergschule
Sekundarstufe I 5.-10. Schuljahr

Durch die Bildung der Mittelpunktschule und das Hinzukommen weiterer Realschulklassen wuchs die Schulraumnot. Der Mittelpunktschulverband erwog deshalb den Bau einer Mittelpunktschule mit Sporthalle. Nachdem Bürgermeister Stief dafür Gelände am Brückenacker erwerben konnte und das Raumprogramm durch den Kultusminister genehmigt war, wurden durch die Architektengemeinschaft Loewer, Jakob und Rehn die Pläne gefertigt.

Der Kreis Bergstraße, inzwischen Schulträger, stufte den Neubau für die Sekundarstufe I in Birkenau in die Gruppe der dringendsten Bauvorhaben ein. Das vom Mittelpunktschulverband am Brückenacker erworbene Gelände wies allerdings nicht die erforderliche Größe für eine Gesamtschule aus und hätte besonders hohe Aufwendungen für die Erschließung verursacht. In zähen Verhandlungen mit verschiedenen Grundstückseigentümern gelang es durch den tatkräftigen Einsatz von Bürgermeister Flemming, ein geeignetes Gelände (z.T. im Tausch mit dem Gelände am Brückenacker) auszuweisen, das vom Kreis zu einem Gesamtkostenbetrag von 1,2 Millionen erworben wurde.

Der Schulneubau sollte in vier Bauabschnitten ausgeführt werden. Nach Genehmigung der Pläne wurde die Ausführung an das leistungsfähige Unternehmen Faber und Schnepp, Gießen, vergeben. Die Kosten (ohne Einrichtung und Ausstattung mit Lehrmitteln) waren mit rund 11 Millionen kalkuliert.

Nach zügig durchgeführten Vorbereitungsarbeiten wurde 1972 der I. Bauabschnitt fertiggestellt. Durch die Vorfertigung der Bauteile war dies in der verhältnismäßig kurzen Bauzeit möglich. Am 26. 2. 1973 wurden die neuen Räume bezogen. Damit ging ein langgehegter Wunsch der Bevölkerung, der Schüler und Lehrer in Erfüllung. Vor allem fand damit der leidige Schichtunterricht sein Ende.

Im I. Bauabschnitt wurden folgende Unterrichtsräume geschaffen:
- 10 Gruppen-(Klassen)räume
- 1 Sprachlabor
- 2 Demonstrationsräume Physik/Chemie/Biologie
- 2 Übungsräume Physik/Chemie/Biologie
- 2 Werkräume
- 1 Raum für Kunsterziehung u. techn. Zeichnen
- 1 Musikraum
- 1 Nadelarbeitsraum

dazu die erforderlichen Nebenräume und die Räume für Verwaltung.

Am „Tag der offenen Tür" (10. 3. 1973) wurde der Bevölkerung die Möglichkeit geboten, unter Führung von Lehrkräften die Schule zu besichtigen.
In den Neubau ziehen um: die Klassen 5 - 9 der Hauptschule (9 Klassen) und die Klassen 7 - 10 der Realschule (8 Klassen).

Schulleitung: Rektor Friedrich Reinhard
                  Konrektor Helmuth Tschiedel

Nachdem durch die Fertigstellung des I. Bauabschnitts der dringendste Raumbedarf behoben war, stellte sich die Frage nach der Fortführung des Schulbaues. Durch das Fehlen jeglicher Möglichkeit zur Durchführung des Unterrichts in Leibeserziehung – die Benutzung der Südhessenhalle in Reisen brachte nur eine geringfügige Entlastung und war mit vielen Schwierigkeiten und viel Zeitverlust verbunden – entschloß sich der Kreisausschuß, den IV. Bauabschnitt, Sporthalle, vorzuziehen. Während die Bauabschnitte I - III dem Architekturbüro Loewer, Darmstadt, in Planung und Durchführung unterstanden, wurde für die Halle der ortsansässige Architekt

Sporthalle der Langenbergschule

Ulrich Rehn beauftragt. Die Bauarbeiten wurden wieder der Firma Faber und Schnepp, Gießen, als Gesamtunternehmer zugesprochen.

Nach zehnmonatiger Bauzeit wurde die Halle ihrer Bestimmung übergeben. An der Einweihungsfeier nahmen zahlreiche Repräsentanten des öffentlichen Lebens teil, an ihrer Spitze Landtagspräsident Dr. Hans Wagner, Landrat Dr. Lommel, Erster Kreisbeigeordneter Dr. Bergmann, Kreistagsvorsitzender MdB Schwabe, zahlreiche Mitglieder des Kreisausschusses und des Kreistages, die Spitze der Schulverwaltung, Vertreter des Elternbeirats, die Architekten und Planer, Bürgermeister Flemming mit Vertretern des Gemeindevorstandes und der Gemeindevertretung, das Lehrerkollegium sowie Abordnungen der Vereine. Nach der Begrüßung durch den Landrat übergab Architekt Rehn den Schlüssel an den Kreisbeigeordneten Dr. Bergmann, der ihn dem Schulleiter mit allen guten Wünschen weiterreichte. Rektor Friedrich Reinhard stellte in seiner Dankesrede treffend fest: „Die Geduld hat sich gelohnt". Die Birkenauer hätten nicht nur eine Sportstätte im üblichen Sinne, sondern vielmehr eine zweckmäßige Halle bekommen, die sich sehen lassen könne. Er dankte besonders Dr. Lommel, der jederzeit ein offenes Ohr für die Belange der Birkenauer Schule habe. In seinen Dank eingeschlossen war Dr. Lothar Bergmann. Er habe die Verbindung zur Schule immer wieder aufgenommen und sich nach den Wünschen und Vorstellungen des Lehrerkollegiums erkundigt. Ihm sei es nicht zuletzt zu verdanken, daß die Zielvorstellungen der Lehrkräfte in die Planung aufgenommen wurden. Zu den rund 400 Schülerinnen und Schülern gewandt, die an der Feierstunde teilnahmen, rief Rektor Reinhard aus: „Was hier entstanden ist, das ist Eure Halle!" Ein Grußwort der Gemeinde durch Bürgermeister Flemming und die Überreichung von Geschenken leiteten über zu turnerischen Vorführungen und Spielen der Schüler.

Die Hallengröße beträgt 27 mal 45 Meter. Der Raum ist durch Trennvorhänge in drei Übungsfelder mit den Maßen 15 mal 27 Meter teilbar. Jeder Übungsfläche sind ein Geräteraum, zwei Umkleideräume, ein Waschraum mit Dusch- und WC-Anlage sowie ein Lehrer-Umkleideraum zugeteilt. Zusätzlich ist ein Konditionsraum vorhanden.

Die Halle steht auch den Sportvereinen zur Verfügung, da dafür ein echtes Bedürfnis besteht. Dem kommt auch die zusätzliche Zuschauertribüne zu gute mit rund 800 Plätzen. Die Kosten hierfür wurden von der Gemeinde Birkenau getragen. Sie beliefen sich auf 3,5 Millionen DM.

Die Übernahme der Sporthalle war zugleich die letzte größere Diensthandlung des Rektors Friedrich Reinhard. Er war bereits am 21. Januar 1975 in einer Feierstunde im evang. Gemeindezentrum durch Schulrat Kaiser verabschiedet worden und trat am 31. Jan. 1975 in den Ruhestand. Bis zur Ernennung eines Nachfolgers lag die Schulleitung in den Händen des Konrektors Tschiedel.

Am 1. 7. 1975 trat der Realschullehrer Rainer Stephan seinen Dienst als Schulleiter an.

784 Schüler besuchten im Schuljahr 1975/76 die Haupt- und Realschule. Klassen- und Fachräume waren dringend erforderlich; zeitweise waren bis zu acht Klassen in die Pavillons bzw. in die Räume der Grundschule ausgelagert.

Vordringlichste Aufgabe war für den neuen Schulleiter, die Errichtung des II. und III. Bauabschnittes mit Gruppen- und Fachräumen voranzutreiben.

Nach langwierigen und zähen Verhandlungen auf den verschiedenen Ebenen von Politik und Verwaltung gelang der große Sprung in der Prioritätenliste über dringliche Baumaßnahmen des Kreises von Platz 19 auf Platz 2. Besonderen Dank gebührt hier in erster Linie Herrn Landrat Dr. Bergmann, der nach allen Seiten Weichen stellte, weil er schon bald die unabdingbare Notwendigkeit erkannt hatte. Am 7. 12. 1978 konnte mit dem II./III. Bauabschnitt begonnen werden. Die Bauleitung hatte wie bei dem ersten Bauabschnitt das Architekturbüro Löwer, Darmstadt, übernommen; die Bauausführung mit Fertigteilen wurde wieder der Fa. Faber und Schnepp übergeben.

Bereits nach 17 Monaten – Anfang Mai 1980 – wurden die ersten Klassenräume bezogen. Am 26. 9. 1980 konnte der Schuldezernent, Herr Dr. Wolff, Rektor Stephan den Schlüssel für den Neubau übergeben. Die Freude von Schulleitung, Lehrern, Schülern, Eltern und Freunden der Langenbergschule äußerte sich in einem „großen" Schulfest unter Ausnutzung aller neuen Räumlichkeiten und der neuen Außenanlagen.

Bau- und Einrichtungskosten beliefen sich auf 6 Millionen DM.

28 Klassen mit insgesamt 732 Schülerinnen und Schülern – davon 10 Hauptschulklassen mit 217 und 18 Realschulklassen mit 515 Schülern waren gemeinsam mit 40 haupt- und nebenberuflichen Lehrkräften Nutznießer von freundlichen, hellen Klassen- und Fachräumen – Nutzfläche 1485 m^2 – mit einer ungewohnt vielfältigen Ausstattung.

Nicht unerwähnt bleiben darf an dieser Stelle, daß die Haupt- und Realschule durch Urkunde vom 23. 1. 1982 jetzt offiziell „Langenbergschule" heißt.

Durch die großräumige Sporthalle herrschte unter den Sportlehrern allgemeine Zufriedenheit. Die Leichtathleten jedoch sahen ihre Wünsche noch nicht erfüllt. Da der Schulträger nicht in der Lage war, 400 - 500.000 DM für den Bau einer Kleinsportanlage aufzubringen, reifte allmählich der Entschluß, selbst initiativ zu werden. Trotz aller offiziellen Warnungen – Skeptiker bei der Kreisverwaltung glaubten nicht an die Verwirklichung des Projektes – wurde am 10. 6. 83 mit dem Bau einer Kleinsportanlage unterhalb der Schule – im Hang – begonnen.

Schüler, Lehrer, Eltern, Freunde und Gönner der Schule machten sich ans Werk. Tiefbaufirmen von Nd.-Liebersbach bis Fürth stellten Maschinen, LKW's und schweres Gerät gegen ein geringes Entgelt zur Verfügung. Bei 53 Arbeitseinsätzen wurden 3656 Stunden Handarbeit geleistet. Selbst in den Osterferien 1984 waren Schüler und Lehrer an der Arbeit.

Nach fast genau 11 Monaten Bauzeit konnte am 26. 5. 1984 die Einweihung stattfinden.

Selbst Offizielle, die nicht an einen erfolgreichen Abschluß geglaubt haben, strahlten über

– ein Kleinsportfeld für Ballspiele aller Art - auch Tennis ist möglich,
– eine Doppelsprunggrube,
– vier 75-Meter-Laufbahnen,
– eine Kugelstoß-Anlage,
– und eine Gymnastik-Wiese.

Von den ca. 46.000 DM Gesamtkosten übernahmen der Kreis Bergstraße 7.000 DM, die Gemeinde freundlicherweise 10.000 DM, der Förderkreis der Langenbergschule erbrachte weitere 10.000 DM; Schulfesterlöse, Baustein-Aktionen und Privatspenden sicherten schließlich die Finanzierung.

Die Schulgemeinde hatte mit diesem Projekt bewiesen, was eine echte **Gemeinschaft** leisten kann.

Nach über 10 Jahren Planung und Bauzeit ist am Langenberg ein Schul- und vor allen Dingen ein Sportzentrum entstanden, das durch die Eingliederung eines Gesundheitscenters und durch die Einrichtung eines Hallenbades seine Abrundung erfahren hat.

Wenn man Bindungen zwischen Schule und der kommunalen Gemeinde sucht, dann darf an dieser Stelle nicht unerwähnt bleiben, daß die deutsch-französische Partnerschaft zwischen Birkenau und La Rochefoucauld ihren Ursprung im Schüleraustausch der Schulen hat, der im Mai 1976 erstmals stattfand.

Die Schulhäuser

Die katholischen Schulhäuser:

Nachdem für die katholischen Kinder eine Schule genehmigt war, fehlte dazu das Schulhaus. Der erste katholische Lehrer, Michael Wittemayer, unterrichtete seit 1760 in seinem eigenen Haus. 1791/92 wurde an der Hauptstraße „am Steg über die Liebersbach" ein Schulhaus gebaut, das ab 1802 zugleich als Pfarrhaus diente. Der Plan stammte von Zimmermeister Bärdlein, die Ausführung erfolgte durch Maurermeister Rutz, beide von Weinheim. Bereits 1838 konnte das Haus wegen des „lebensgefährlichen" Zustandes nicht mehr als Schulhaus benutzt werden. Der Unterricht wurde darauf in einem gemieteten „Schullokal" erteilt und erst 1864 ein Schulhaus gekauft.

Für die katholischen Schulschwestern hatte zunächst ein Wolfgang Hofmann sein geräumiges Haus zur Verfügung gestellt. Die Freiherrliche Familie übergab ihnen

Schulhaus der katholischen Mädchenschule

dann das Haus Obergasse 14, in dem ab 1864 die Mädchenklasse (5. - 8. Schuljahr) und zuletzt die Kinderschule ihre Räume hatte. 1963 wurde das Haus an die Familie Scheuermann, Bahnhofstr., verkauft und abgerissen.

Die evangelischen Schulhäuser:

Die erste Nachricht vom Vorhandensein einer Schule in Birkenau stammt aus der Kirchenrechnung von 1588, wo ein Glöckner erwähnt wird, der zugleich Schulmeister war. Diese Rechnung spricht auch von einem Glockenhaus, das ist die Wohnung des Glöckners. Wir dürfen in diesem Gebäude das erste Birkenauer Schulhaus erblicken. Verstärkt wird diese Vermutung durch die Bemerkung, daß in dem Glockenhaus ein „ungeheuer großer Ofen" Aufstellung fand, der keinem anderen Zweck gedient haben kann, als das Schulzimmer zu heizen. Das Gebäude befand sich in unmittelbarer Nähe der (damals einzigen) Kirche. Es wurde 1670 durch die evangelische Kirchengemeinde umgebaut. Vom alten Schulhaus liegt eine Beschreibung aus dem Jahr 1808 vor. Sie stammt von dem Lehrer Johann Leonhard Schneider. Er amtierte hier als Schulmeister von 1783 - 1823 und war von 1795 ab auch Gerichtsschreiber. Seine Beschreibung lautet:

„Das hiesige alte Schulhaus ist groß nach Nürnberger Schuh gemessen, die Läng hat 28 Schuh, die Breite hat 22 Schuh, die Schulstube ist lang 21 Schuh, breit 11 1/4 Schuh. Der Hausgang mit der Küche ist breit 7 Schuh; der Viehstall dito 8 1/2 Schuh; das Kämmerchen hinten am Stall ist lang 10 3/4 Schuh und so breit wie der Stall. Das Haus ist einstöckig und soll die Schulstube nach abgerechnetem Platz für einen viereckigen Ofen 95 - 100 Kinder fassen." Nachdem Schneider bereits 1791 auf seine Dienstwohnung im Schulhaus verzichtet hatte und in sein eigenes Haus gezogen war, wurde das alte Schulgebäude 1811 abgerissen und durch einen Neubau ersetzt. Es ist das Haus Kirchgasse Nr. 5. Es wird in der Folge als „erste Schule" bezeichnet. Im Jahre 1872 wurde für die errichtete „zweite Schule" das Haus Obergasse 6, Hofraite nebst Grasgarten hinter dem Haus, von Julius Oppenheimer für 5000 fl. abgekauft.

Zweites Schulhaus mit dem 1872 erbauten alleinstehenden Schulsaal

Das Gemeindeschulhaus an der Tuchbleiche

Im Jahre 1904 erwiesen sich die Räume der in Birkenau bestehenden Bekenntnisschulen als unzulänglich. Der Gemeinderat beschloß daher am 27. Mai 1904, ein neues Schulhaus zu erbauen. Die katholische und die evangelische Kirchengemeinde erklärten sich bereit, ihre bisherigen Schulhäuser zu verkaufen und den Erlös der politischen Gemeinde zum Neubau des Schulhauses zur Verfügung zu stellen. Das kath. Schulhaus erbrachte 10.500,— Mark; das erste evang. Schulhaus erwarb Schuhmacher Nikolaus Lieberknecht; das zweite ersteigerte die pol. Gemeinde für 13.000,— Mark. Der im Grasgarten der Hofraite Obergasse 6 alleinstehende Schulsaal verblieb der pol. Gemeinde. Die neue Schule wurde mit einem Kostenaufwand von 115.000,— Mk errichtet. In ihr bestanden die Bekenntnisschulen fort, bis 1934 in Birkenau die Gemeinschaftsschule eingeführt wurde. Das Gebäude hatte acht Schulsäle, ein Lehrerzimmer und einen Lehrmittelraum. Im Keller waren ein Duschraum für die Schüler und ein Wannenbad zur Benutzung durch die Bevölkerung mit besonderem Zugang eingerichtet.

Schulhaus an der Tuchbleiche, fertiggestellt 1906

Am 7. Januar 1907 wurde das Schulhaus bezogen. Die vier evangelischen Klassen mit ihren Lehrern und dem Vorsitzenden des Schulvorstandes, Pfarrer Strack, begaben sich um 1/2 9 Uhr von den alten Schulhäusern in den Hof des neuen Schulhauses, sangen einen Choral und wurden dann in die von Kreisschulinspektor Judith zugewiesenen Räume geführt. In ähnlicher Weise erhielten die katholischen Schüler ihre Klassenräume. Danach fand unter Leitung des Kreisschulinspektors eine gemeinsame Sitzung des ev. und kath. Schulvorstandes im Lehrerzimmer statt, verbunden mit der Übergabe des Hauses an die Schulvorstände. Ansprachen hielten Kreisbauinspektor Zimmermann, Kreisschulinspektor Judith, für die Schulvorstände Pfr. Sulzbach (kath.) und Pfr. Strack (ev.). Zu dem anschließenden geselligen Zusammensein im „Birkenauer Tal" waren auch die Lehrer eingeladen.

Der Erweiterungsbau beim Schulhaus an der Tuchbleiche und die **Pavillons**

Durch wachsende Schülerzahlen, den Aufbau der Realschule und die Einführung des 9. Schuljahres ergab sich die Notwendigkeit, neue Schulräume zu schaffen. Die Gemeinde entschloß sich zu einem Erweiterungsbau. Die Planung wurde dem Architekten Vorlaender, Darmstadt, übertragen. Für die Bauleitung zeichnete der ortsansässige Architekt Jakob verantwortlich. Der Bau wurde auf einem Teil des alten Schulhofes errichtet. Um einen Schulhof in der annähernd alten Größe wiederzubekommen, wurde die Johannisstraße durch einen Zaun abgeschlossen und das gegenüberliegende freie Gelände in den Schulhof einbezogen.

Erweiterungsbau zum Schulhaus Tuchbleiche an der Ludwigstraße

Die Gemeinde ließ auf der Tuchbleiche nahe beim Schulhaus 1967 zwei Pavillons mit vier Unterrichtsräumen errichten, die heute Vereinen zur Verfügung stehen. Die früheren Abortanlagen wurden abgerissen und durch moderne und vergrößerte ersetzt, die insbesondere auch hygienischen Erfordernissen Rechnung trugen. Am 14. 7. 1956 wurde der Neubau seiner Bestimmung übergeben. Es ist ein moderner Zweckbau. Die Verbindung zwischen Alt- und Neubau wurde durch eine Pausenhalle geschaffen. Über zwei Treppenaufgänge erreicht man die Schulräume, die sich auf drei Stockwerke verteilen. Im Keller befinden sich ein Werkraum und verschiedene Abstellräume, im Erdgeschoß Physiksaal, ein Mehrzweckraum und Verwaltungsräume.

Friedrich Reinhard und
Rainer Stephan

Baugenossenschaft Birkenau

Optimismus und Mut gehörten dazu, kurze Zeit nach der Währungsreform ein genossenschaftliches Unternehmen ins Leben zu rufen, das – geführt mit Sachverstand und Verantwortungsfreude – ans Werk ging, um das brennendste Problem dieser Jahrzehnte, nämlich die Beschaffung von Wohnraum, anzugehen. Manch ähnliches Unternehmen scheiterte oder mußte mit vielen Opfern der „Genossen" am Leben erhalten werden. Man ist leicht geneigt, die Zeit um 1950 mit den Maßstäben von heute zu messen. Zwar waren um diese Zeit die größten Sorgen der Ernährung und Bekleidung für die Menschen in der Bundesrepublik behoben, aber es war allen Verantwortlichen und Weitsichtigen klar, daß als Erbe des Krieges und der anschließenden Teilung Deutschlands noch auf viele Jahre hinaus der drückende Schatten der Wohnungsnot über unserem Zusammenleben lasten würde. Es war abzusehen, daß der demokratische Staat trotz vieler Hilfen seinerseits allein nicht im Stande sein würde, die klaffenden Lücken auf diesem Gebiet in erträglicher Zeitspanne zu schließen. Private Initiative und der Einsatz von befähigten Zweckgemeinschaften mußten aktiviert werden, um sichtbare Erfolge zu erreichen.

Die Wohnungen der ehemaligen „Ziegelhütte" hatten noch echtes „Miljö" zu bieten.
Unser Bild aus den 20er Jahren zeigt diese Idylle, die allerdings für die Bewohner auch ihre Schattenseite hatte.
So lagen, wie damals üblich, die Toiletten in dem kleinen Schuppen unter den beiden Wohnhäusern.

Mit Recht und Stolz können wir in Birkenau den 24. 11. 1948 als denkwürdiges Datum verzeichnen. Nur wenige Menschen damals sahen die Entwicklung so positiv voraus, wie sie sich rückschauend darbietet. Der Genossenschaft standen am Beginn weder eine kräftige Finanzgruppe noch eine öffentliche Trägerschaft zur Seite. Überblickt man heute das Ergebnis, so darf man diese Leistung als außerordentlich bezeichnen.

Wenn wir rückblicken, müssen wir feststellen, daß wir in unseren Anfängen wesentlich unterstützt wurden: Von Freiherrn Wambolt von Umstadt in Birkenau, der uns nicht nur das wichtige Baugelände in Erbpacht zur Verfügung stellte, sondern auch die ersten Bausteine lieferte. Von der Gemeinde Birkenau, die uns finanziell unterstützte. Heute hat die Gemeinde über 60 Geschäftsanteile bei uns, stellte uns mehrere Bauplätze zuerst in Erbpacht zur Verfügung und verkaufte uns dann solche in verschiedenen Neubaugebieten. Von der Evangelischen Kirchengemeinde Birkenau, die uns ebenfalls Erbbauplätze überließ. Ohne diese Unterstützung wäre unser Vorwärtskommen viel schwerer gewesen.

Die Gründung der Genossenschaft weist alle typischen genossenschaftlichen Merkmale auf. Da war zunächst nichts als die Idee, der Gedanke, in unserer besonders stark an der Wohnungsnot leidenden Gemeinde Wohnbauten zu erstellen und diese Wohnungen und Wohnhäuser größtenteils in das Eigentum der Genossenschaftsmitglieder zu überführen. Es wurde also zweierlei angestrebt: erstens die dringend notwendigen Wohnungen zu bauen durch die Gemeinschaftsleistung aller und zweitens, den Mitgliedern zu einer Eigentumsbildung zu verhelfen. Damit wurde eine sozialpolitische Aufgabe in Angriff genommen.
In den 60er Jahren kam die Gemeinde Mörlenbach als weiterer Tätigkeitsbereich hinzu, so daß auch hier mit Wohnungsbau begonnen werden konnte.

Welche Leistungen die Genossenschaft seit ihrer Gründung erbracht hat, zeigen folgende Zahlen:

> Seit 1950 errichtete sie in Birkenau und Mörlenbach
> über 200 eigene Mietwohnungen im sozialen Wohnungsbau,
> dazu 100 eigene Garagen
>
> Darüberhinaus 111 Eigenheime mit 200 Wohnungen, die alle an die Kaufbewerber übergingen, darunter 52 Eigentumswohnungen, die sie bis heute verwaltet.
>
> Außerdem baute sie 9 Betreuungsbauten mit 20 Wohnungen.

Diese Leistungen wurden vollbracht auch mit Unterstützung der Mitglieder durch Übernahme von je DM 500,– Geschäftsanteilen. Insgesamt zählt die Baugenossenschaft Birkenau fast 500 Mitglieder, die insgesamt über 1000 Anteile gezeichnet haben.

Diese Geschäftsanteile zusammen mit den guten Geschäftsergebnissen – besonders in den letzten 10 Jahren – trugen mit dazu bei, daß die Baugenossenschaft Birkenau ein gutes Eigenkapital besitzt, das sich aus den gesetzlichen Rückstellungen, den Instandhaltungsrückstellungen und den freien Rücklagen zusammensetzt und über 4 Millionen aufweist.

Schnappschuß vom Abriß der „Ziegelhütte"

Durch den Wegfall der Gemeinnützigkeit im Wohnungswesen im Jahre 1989 änderten auch wir unsere Firmenbezeichnung. So wurde aus der Gemeinnützigen Selbsthilfe Baugenossenschaft eG die Baugenossenschaft Birkenau eG. Wir bauen seit 1992 keine Eigentumsmaßnahmen mehr, sondern beschränken uns ausschließlich auf den sozialen Wohnungsbau.

Hier liegt unsere Aufgabe für die Zukunft. Mit Unterstützung der Gemeinden durch Bereitstellung von zinsbilligen Darlehen und durch Förderung mit öffentlichen Mitteln und nicht zuletzt durch Eigenmittel konnte ein sozial erträglicher Mietpreis gehalten werden.

Auch in der 1991 beschlossenen neuen Satzung fühlt sich die Baugenossenschaft Birkenau weiterhin sozial verpflichtet, auch wenn das Wort „gemeinnützig" und „Selbsthilfe" nun bei der Firmenbezeichnung verschwunden ist.

Die Arbeit konnte in den 45 Jahren nicht zuletzt dadurch kontinuierlich fortgesetzt werden, weil die Zusammensetzung des Vorstandes über Jahrzehnte sehr konstant blieb und Änderungen nur aus Altersgründen und durch Tod eintraten.

So hoffen die Verantwortlichen von Vorstand und Aufsichtsrat, auch in Zukunft in Birkenau und Umgebung weiter tätig sein zu können, auch wenn sich die Zeiten nicht unwesentlich geändert haben.

Durch unsere Tätigkeit bekam in Birkenau z.B. der Ziegeleiweg ein neues Gesicht: Neue Baugebiete entstanden durch unsere Initiative in der Herrenwiese, im Lettenweg/Langenberg, Im Rod und gaben Impulse auch für andere, private Gebäude.

Ebenso leisteten wir in Mörlenbach in verschiedenen Baugebieten Pionierarbeit. Die hier erstellten Häuser beeindrucken durch die gefällige und landschaftsgebundene Bauweise.

Wohnungen der Baugenossenschaft in der „Ziegelhütte"

In den letzten Jahren ist auch ein Generationswechsel im Vorstand und Aufsichtsrat erfolgt. Die neuen Verantwortlichen setzen aber erfolgreich die Arbeit fort im Interesse auch der Gemeinde, um auch denen ein Zuhause zu geben, die nicht in der Lage sind, selbst ein Eigenheim zu errichten.

Und dies wird auch weiter Aufgabe über Jahre hinaus sein.

Alex Glaser

Vereinsleben

Vereine der Gemeinde Birkenau im Jubiläumsjahr

1. ASV Angelsportverein Birkenau 1972 e.V.
2. Die Birkenauer Blaskapelle
3. Birkenauer Carnevalverein „BCV 73"
4. Kleintierzuchtverein Birkenau
5. Kolpingsfamilie Birkenau
6. Mandolinenclub Birkenau
7. Männergesangverein „Eintracht" 1852 Birkenau
8. Odenwaldklub Birkenau
9. Rotes Kreuz, Ortsvereinigung Birkenau
10. Schachklub Birkenau
11. Sportvereine von 1886 bis heute
    a) TSV Turn- und Sportverein Birkenau
    b) Behinderten Sportgruppe Birkenau
    c) VfL Verein für Leibesübungen Birkenau
    d) Tennisverein Blau-Weiß Birkenau
    e) Reit- und Fahrverein Birkenau
12. Verein Vereinshaus
13. Verein zur Partnerschaftspflege e.V. Birkenau - La Rochefoucauld
14. Kultur- und Verkehrsverein Birkenau
15. Volks-Chor Birkenau

Unsere Vereine

Ein Verein stellt die Vereinigung einer größeren Anzahl von Personen dar, die auf Dauer berechnet ist und die Erreichung eines gemeinsamen Zieles verfolgt.
Die wesentlichen Merkmale eines Vereins sind das Vorhandensein eines Vorstandes, die Beschlußfassung nach Stimmenmehrheit durch die Mitglieder und der Name des Vereins. Die Vereine können die Rechtsfähigkeit erlangen, wenn sie im Vereinsregister bei dem zuständigen Amtsgericht eingetragen sind. Voraussetzung hierfür ist jedoch, daß der Verein einen ideellen Zweck verfolgt, also nicht auf einen wirtschaftlichen Geschäftsbetrieb ausgerichtet ist.

Ideelle Vereine sind solche, welche gemeinnützige-, wohltätige-, gesellige-, künstlerische-, sportliche- und wissenschaftliche Ziele verfolgen. Die Gründung der ersten Vereine fand Mitte des 19. Jahrhunderts statt. Im Zeitalter des Absolutismus war ein Zusammenschluß von Menschen zur Verfolgung eines bestimmten Zieles unmöglich. Erst die Ideen der franz. Revolution, welche langsam auch in Deutschland aufgegriffen wurden, und der unbändige Freiheitsdrang einer Schar junger Deutscher – hauptsächlich Studenten – (siehe Hambacher Fest und Frankfurter Nationalversammlung von 1848) machten die Vereinsgründungen möglich.

Als erster Verein in unserer Gemeinde wurde im Jahre 1852 der Männergesangverein „Eintracht" gegründet. Bereits im Jahre 1842 hatte sich dieser Verein schon gebildet, mußte aber aus verschiedenen Gründen im Jahre 1846 seine Tätigkeit wieder einstellen. Erst im Jahre 1886 folgte die Gründung des Turnvereins.

Mittlerweile haben sich in Birkenau eine beachtliche Anzahl von Vereinen gebildet, welche zum großen Teil das Leben in der Gemeinde prägen. Jede Gemeinde kann stolz darauf sein, wenn recht viele Vereine durch ihre Aktivitäten die kulturelle und sportliche Vielfalt eines Gemeinwesens bereichern. Leider ist die Existenz der Vereine z.Zt. sehr gefährdet, weil die Mitarbeit in den Vereinen mehr und mehr schwindet. Insbesondere gefährdet sind die Musik- und Gesangvereine. Es bleibt zu hoffen, daß hier ein Sinneswandel eintritt und das Interesse an den Vereinen wieder zunimmt.

ASV Angelsportverein Birkenau 1972 e.V.

Im Februar 1972 trafen sich zehn Sportangler aus dem Raum Birkenau zu einer zwanglosen Unterredung bezüglich der Gründung eines Angelsportvereins in Birkenau. Man war sich einig, aufgrund der vielen Sportangler und Interessenten, einen Verein zu gründen. Schon vier Wochen später, am 10. März 1972, fand in der Gastwirtschaft „Zur Rose" in der Untergasse (besteht heute nicht mehr) die Gründungsversammlung statt. 23 Petrijünger trugen sich in die Gründungsliste ein. Hugo Dückers wurde zum 1. Vorsitzenden gewählt. Eine der ersten Aufgaben war es, eine Vereinssatzung zu erstellen. Man trat dem Landesfischereiverband Hessen-Süd und dem Verband Deutscher Sportfischer sowie dem Deutschen Sportbund bei.

Oberstes Ziel des Vereins war, gemeinsam zum waidgerechten Fischen zu gehen, ein heimisches Gewässer zu schaffen und den passiven Mitgliedern die Ablegung der Sportfischerprüfung zu ermöglichen. Weitere Aufgaben sah der Verein darin, sich für die Jugend einzusetzen. Es lag in der Natur der Sache, daß sich die Mitglieder des ASV voll und ganz ihrer Aufgabe widmeten und dadurch auch für den Umweltschutz eintraten.

Auf der Suche nach einem vereinseigenem Gewässer konnte im Frühjahr 1973 in Krumbach eine reparaturbedürftige Teichanlage gepachtet und ein vierter Teich unter finanzieller Beteiligung einiger Mitglieder gebaut werden. Federführend bei dieser Aktion war der 2. Vorsitzende Ludwig Müller. Ein großes Ziel war damit erreicht. Die Anlage hat eine Wasserfläche von 4000 qm. Die Arbeiten dauerten bis Herbst 1973. Die Einweihung erfolgte im Beisein von Bürgermeister Willi Flemming.

Nach relativ kurzer Zeit hat sich die Mitgliederzahl des Vereins verdoppelt. Nach intensiver Vorbereitung durch Herbert Dörsam und Heinz Schmitt haben gleich beim ersten Examen 31 Mitglieder die Sportfischerprüfung bestanden. Sie beinhaltete folgende Fachgebiete: Fischkunde – spezieller Teil, Gewässerkunde, Fischhege, Gewässerpflege, Gerätekunde, Wurftechnik, Trophäenkunde sowie das Wissen um die gesetzlichen Bestimmungen. Am Prüfungstag, 6. 4. 74, wurde dem Verein vom Landesverband bestätigt, daß die Prüflinge hervorragend vorbereitet und ausgebildet worden seien. Die Sportfischerprüfung ist notwendig, um ein waidgerechtes Fischen in Seen und Flüssen zu gewährleisten. Es ist erwiesen, daß kein Tier in der freien Natur so gefährdet ist wie der Fisch. Die täglich in der Presse erscheinenden Berichte über die Verunreinigung der Gewässer bestätigen dies. Jeder sollte daher darauf bedacht sein, die Gewässer sauber und von Chemie frei zu halten.

Der ASV trat mehr und mehr in die Öffentlichkeit. So beteiligte er sich an dem 25jährigen Jubiläum des Verkehrsvereins und Kulturgemeinde Birkenau im Jahre 1974. Im Rahmen der erstmals durchgeführten Sport- und Kulturwoche in Birkenau wurde jedermann die Gelegenheit gegeben, an den Seen des ASV in Krumbach einmal selbst den Angelsport auszuüben. Der Zuspruch war groß. Besonders viele Jugendliche versuchten erstmals Forellen zu fangen, dabei standen natürlich erfahrene Sportangler des ASV hilfreich zur Seite. Nach dieser Veranstaltung ist das Interesse am Angelsport spontan gestiegen. Besonders viele Jugendliche wollten dem Verein beitreten, jedoch gab es da einen Haken, die Aufnahmegebühr, die relativ hoch ist. Sie ist aber notwendig, um die hohen Kosten für den Fischbesatz decken zu können. Diese Gebühr hat leider viele von einem Beitritt abgehalten. Aus diesem Grund hat man beschlossen, für Jugendliche bis zum 18. Lebensjahr die Aufnahmegebühr zu erlassen. Das war ein wohlüberlegter Beschluß, der sich auf Dauer auszahlen sollte. Um den Jugendlichen in allen Belangen mit dem Angelsport vertraut zu machen, veranstaltet der ASV regelmäßig Informationsabende. Die Öffentlichkeitsarbeit wurde weiter verstärkt. So beteiligte sich der ASV auch an den Fastnachtsumzügen mit einem Motivwagen.

Seit der Gründung des Vereins war bekannt, daß die Gemeinde im Gewann „In der Grambach" eine Erholungsanlage mit Teichanlage plant. Der ASV war sehr bemüht und interessiert an dieser Anlage. Die Gemeinde selbst hatte für dieses Vorhaben mit dem Verein einen gewissenhaften Partner gefunden und stand der Sache sehr positiv gegenüber. Im Jahre 1974 wurde mit den ersten Arbeiten begonnen. Bereits ein Jahr später konnte der Teich bewässert werden. Durch einen entsprechenden Vertrag mit der Gemeinde wurde das Nutzungsrecht des ASV abgesichert. Bgm. Flemming, selbst ein großer Anhänger der Petrijünger, hatte sich bei der Fertigstellung der Anlage große Verdienste erworben. Nebenbei wurden von Heinz Schmitt im Bereich dieser Anlage der „Gimpelbrunnen" errichtet. Bei der Planung war bereits eine Schutzhütte vorgesehen. Aus dieser Schutzhütte entstand die „Grambachhütte", das Domizil für den Angelsportverein Birkenau. Die Arbeiten wurden von den Mitgliedern des ASV ausgeführt und zahlreiche Sachspenden, auch von Interessenten, gestiftet. Trotz der großen Belastung der Mitglieder durch die Bauarbeiten kam der Angelsport nicht zu kurz. Neben dem Anfischen, Pokalfischen, Königsfischen, Abfischen an Neckar, Rhein, Naab, Jagst usw. wurden zum Abschluß der Saison auf dem traditionellen Anglerball die Meisterfischer geehrt.

Die Grambachhütte, Domizil des ASV

Die Freigabe der Teichanlage „In der Grambach" erfolgte im Jahre 1976. Seit diesem Zeitpunkt steht diese wunderschöne Erholungsanlage allen Einwohnern unserer Gemeinde sowie allen Erholungssuchenden zur Verfügung. Zwischenzeitlich hatte

Peter Kadel Hugo Dückers als 1. Vorsitzenden abgelöst. Durch seine Aktivitäten hat der Verein neue Impulse erfahren. Die Teichanlage kann von Interessenten mit einem gültigen Jahresfischereischein benutzt werden. An diese Personen werden in begrenzter Zahl Tageskarten ausgegeben, um die Ruhe um und in der Anlage zu erhalten.

Wie bereits erwähnt ist der Verein sehr um die Jugend bemüht. Jugendwart Peter Weber widmet sich daher dieser Aufgabe ganz besonders intensiv. Ein Großteil der Vereinsbeiträge wird beispielsweise der Jugendarbeit zur Verfügung gestellt. Neben der Erziehung der Jugendlichen zu ordentlichen Sportfischern werden auch Zeltlager durchgeführt, um den Gemeinschaftssinn zu stärken. Allerdings wurde den Jugendlichen auch eine gewisse Verpflichtung auferlegt, nämlich die Sauberhaltung der Teichanlage und des Geländes. Für einige Mitglieder des ASV waren die heimischen Gewässer zu klein. So organisierte man im Jahre 1977 in der Ostsee das erste Hochseefischen auf Dorsche. In den folgenden Jahren reiste man zum Lachsfischen nach Irland und auf Hechtfang.

1978 fand das erste Fischerfest in der Grambachanlage statt, das seitdem alljährlich stattfindet und sehr beliebt ist. Auch ist der Verein sehr bemüht, den Kontakt zu den anderen Birkenauer Vereinen zu pflegen. Aus diesem Grund findet jedes Jahr im Rahmen des Fischerfestes ein Wettfischen statt. Eigens hierfür hat Bgm. Flemming einen Wanderpokal gestiftet. Dieses Wettfischen ist bei den Vereinen gut angekommen. Insgesamt waren 19 Vereinsmannschaftem beteiligt. Auch die Jugend hatte hierbei ihr eigenes Wettfischen. Strahlende Sieger wurden dabei die Gastschüler aus der Partnergemeinde La Rochefoucauld. Erster Pokalsieger bei den Senioren wurde der Verein „Weschnitzschenke".

Weitere Bauarbeiten warteten auf die Vereinsmitglieder. Es wurde eine überdachte Terrasse an die Grambachhütte angebaut, die in den Sommermonaten nicht nur von den Vereinsmitgliedern, sondern auch von Erholungssuchenden genutzt werden kann. Auch ein vereinseigenes Festzelt wurde in Eigenhilfe errichtet. Ferner mußte die Stromversorgung gesichert werden. Bisher arbeitete man mit einem Stromaggregat, was nicht immer optimal war. Für die Herstellung eines Stromanschlusses wurde ein Kabelgraben durch den Wald in Handarbeit ausgehoben. Als letztere größere Maßnahme wurde eine vorschriftsmäßige WC-Anlage errichtet. Das Provisorium eines WC-Wagens entsprach bei weitem nicht den Anforderungen, insbesondere bei den Fischerfesten. Es enstand eine neuzeitliche Anlage, die an eine Klärgrube angeschlossen wurde. Außerdem wurde in der Verlängerung der Grambachhütte ein Zeltplatz errichtet, der beim Fischerfest als Wirtschaftsraum genutzt werden kann.

Durch das neue Landesfischereigesetz, das im Jahre 1990 verabschiedet wurde, ist das Preis- und Pokalfischen untersagt worden. Dieses Gesetz verbietet auch das Verwiegen der Fische zur Ermittlung des Siegers. Um das Mannschaftsfischen der Birkenauer Ortsvereine auch weiterhin durchführen zu können, entschloß sich der ASV daher, ein Wohltätigkeitsfischen zu veranstalten. Der Reinerlös aus dieser Veranstaltung wurde im Jahre 1991 dem DRK und im Jahre 1992 der Feuerwehr Birkenau zugeleitet. Im Jahre 1992 konnte der Verein im Hirschfeldpark bei Odheim ein komfortables Blockhaus erwerben, das von einem 13.000 qm großen Angel- und Badesee umgeben ist.

Für seine großen Verdienste um den ASV und seiner weiteren ehrenamtlichen Tätigkeiten in anderen Vereinen wurde dem 1. Vorsitzenden Peter Kadel der Landesehrenbrief verliehen. Der ASV kann mit Genugtuung feststellen, daß er in der relativ kurzen Zeit seines Bestehens viel geleistet hat. Er ist zu einem echten Kulturträger der Gemeinde Birkenau geworden. Gelingt es dem Verein, seine Aktivitäten und die Jugendarbeit in der bisherigen Form weiterzuführen, steht dem Angelsportverein Birkenau eine gute Zukunft bevor.

Die Birkenauer Blaskapelle

Es war der Wunsch von sieben Mitgliedern des Evangelischen Posaunenchors Birkenau, sich mehr „weltlicher Blasmusik" zuzuwenden. Nach Auffassung der Kirchenleitung war dies jedoch mit den Zielen der Kirchenmusik nicht zu vereinbaren. Heute denkt man auch darüber etwas anders. Es kam, wie es kommen mußte, die sieben Musiker:
Georg Lieberknecht - Helmut Hübner - Gerhard Kadel - Günter Ulbrich - Karl Geiß
Karl Stief - Friedel Chritz
trennten sich im Spätherbst des Jahres 1963 vom Evangelischen Posaunenchor und gründeten die „Birkenauer Blaskapelle". Den Vorsitz übernahm Karl Geiß. Aller Anfang ist schwer, das mußten auch die Gründungsmitglieder feststellen. Die ersten Proben fanden regelmäßig im Gasthaus „Zum Prinz Ludwig" in der Kirchgasse statt. Das Gasthaus stand gegenüber dem Alten Friedhof, es wurde in den 70er Jahren abgerissen. Nach und nach kamen weitere Freunde der Blasmusik hinzu. Bald war man in der Lage, kleinere Konzerte zu veranstalten. Damit konnte die finanzielle Situation des kleinen Vereins verbessert werden.

Aus dem evangelischen Posaunenchor ging die 1963 gegründete Birkenauer Blaskapelle hervor

Im Jahre 1967 wurde Musikmeister a.D. Kurt Schmitt als Dirigent gewonnen. Man war auf dem besten Wege, sich als Kulturträger zu etablieren, als 1969 einige unmittelbar aufeinanderfolgende Todesfälle von Mitgliedern die Existenz der Kapelle in Frage stellten. Man bemühte sich um Ersatz und fand Hilfe bei Musikfreunden aus Mörlenbach. Sie stellten sich bereitwillig zur Verfügung, und so konnte die kritische Phase überwunden werden. Die neuen Musiker fanden Anklang, und die Kapelle wurde nach kurzer Zeit zu einem festen Bestandteil im Birkenauer Vereinsleben. Hans Schmitt aus Bonsweiher löste im Jahre 1969 Karl Geiß als 1. Vorsitzenden ab. Es gab gerade in diesen Anfangsjahren kritische Situationen zu überwinden, was ihm mit Geschick und Umsicht gelungen ist. Bemerkenswert ist die Tatsache, daß die Kapelle die Ausbildung von jungen Musikern als eine wichtige Aufgabe betrachtet. Z. Zt. werden von Mitgliedern der Kapelle zehn Schüler in der Blasmusik unterrichtet. Für Saxophon und Holzblasinstrumente ist dies Doris Knapp, für alle übrigen Blechblasinstrumente Alfred Rettig, beide aus Mörlenbach. Diese Vorgehensweise bietet die Gewähr dafür, daß der erforderliche Nachwuchs vorhanden ist.

Im Jahre 1987 übernahm Wolfgang Klier, Ober-Liebersbach, den Vorsitz der Kapelle an Stelle von Hans Schmitt, der diese 18 Jahre lang hervorragend geführt und betreut hatte. Gleichzeitig wurde Alfred Rettig aus Mörlenbach neuer Dirigent. Er löste Musikmeister a.D. Kurt Schmitt ab, der aus Altersgründen zurückgetreten war. Kurt Schmitt hat die Kapelle über 20 Jahre mit großem Engagement dirigiert und sie zu einer bemerkenswerten Leistungsstärke geführt. Der Mitgliederstand der Kapelle hat sich im Laufe der Jahre beträchtlich erhöht. Z.Zt. sind es 28 Aktive, darunter 6 Frauen. Seit Jahren erfreut sich die Kapelle größter Beliebtheit und höchster Wertschätzung, nicht nur in Birkenau, sondern weit über die Grenzen unserer Gemeinde hinaus.

Sie ist ein fester Bestandteil der Veranstaltungen der Kulturgemeinde Birkenau, so z.B. bei den Platzkonzerten im Schloßpark usw. Auch bei kirchlichen Anlässen ist sie stets präsent. Nicht zu vergessen die vielen Vereinsveranstaltungen, verbunden mit Festumzügen und den Kirchweihfesten. Es bleibt zu hoffen, daß die Kapelle noch viele Jahre Bestand hat und den Menschen Freude und Entspannung bereitet.

Birkenauer Carnevalverein „BCV 73"

Der BCV wurde am 6. Januar 1973 im Vereinshaus gegründet. Vorausgegangen war bereits in der Faschingszeit des Jahres 1971 ein Kappenabend, getragen von den Mitgliedern des Volkschors Birkenau, Verein für Leibesübungen Birkenau, Reit- und Fahrverein Birkenau, sowie des Vereinshauses. Mit einer Gemeinschaftsveranstaltung wollte man die vorhandenen Räumlichkeiten besser nutzen, vor allem aber die Kosten für Musik usw. auf eine breitere Basis verteilen. Den Mitgliedern der genannten Vereine sollte etwas geboten und einige humoristische Darbietungen vorgetragen werden. Helmut Wagner, Theo Ritzert und Peter Huckelmann erstellten ein Programm, das großen Anklang fand. Aufgrund der sehr positiven Beurteilung entschloß man sich kurzerhand, aus dem geplanten Kappenabend eine öffentliche Veranstaltung in Form einer Narrensitzung zu machen.

Die Resonanz dieser Veranstaltung war so positiv, daß in der Faschingszeit 1972 wieder eine derartige Veranstaltung geplant und durchgeführt wurde. Wegen der außerordentlich großen Nachfrage wurde sie wiederholt. Der Rathaussturm am 11.11. sowie der Umzug am Fastnachtsonntag mit Unterstützung der örtlichen Vereine waren ab diesem Zeitpunkt feste Programmpunkte während der jeweiligen Kampagne.

Der große Zuspruch und das rege Interesse der Bevölkerung an derartigen Veranstaltungen mag ein Grund gewesen sein, daß man sich entschloß, am 6. Januar 1973 den Birkenauer Carnevalverein „Die Schlaglöcher" zu gründen. Der Zusatz „Schlaglöcher" bezog sich auf den damaligen Zustand der Hauptstraße in Birkenau. Am Gründungstag waren bereits 58 Personen dem Verein beigetreten. Bis zum 31. 1. 1973 hatten 85 Personen die Mitgliedschaft erworben. Zum 1. Vorsitzenden des Vereins wurde Alfred Kaufmann gewählt. Stellvertreter wurde Peter Huckelmann, welcher gleichzeitig das Amt des Sitzungspräsidenten übernahm.

Der BCV war jedoch nicht der erste Verein in Birkenau, welcher zur Pflege des Frohsinns und der Geselligkeit gegründet wurde. Bereits am 22. Januar des Jahres 1891 hatten sich in Birkenau 14 Herren zusammengefunden, um zur Förderung der Geselligkeit und des Geistes – wie es in der Presse verlautete – eine Casinogesellschaft zu gründen. Ein entsprechendes Gesuch zur Genehmigung, was zur damaligen Zeit bei Vereinsgründungen erforderlich war, wurde beim zuständigen Kreisamt eingereicht. Diese Vereinsgründung wurde seinerzeit ebenfalls sehr begrüßt, zumal man, wie es heißt, „in diesem kalten Winter, hinter dem Stubenofen gebannt, fast versauern mußte". In kurzer Zeit wurde dem Antrag stattgegeben und am 19. 2. 1891 die Birkenauer-Casinogesellschaft ins Leben gerufen. In den Verwaltungsrat wurde als 1. Vorsitzender Herr Dr. Stutzmann, als Schriftführer Herr Lehrer Schmidt und als Rechner Herr Hugo Gilmer gewählt. Es war weiter zu lesen, daß man schon bald die Wirkung dieser schönen gesellschaftlichen Vereinigung wahrnehmen konnte. Dieser Verein hat sich den Berichten zufolge sehr gut entwickelt und seinen Sinn und Zweck voll und ganz erfüllt.

Weiter wird berichtet, daß dem Verein neue Mitglieder beigetreten sind, welche teilweise den ortsansässigen Gesangvereinen angehörten, wodurch für die Zukunft eine größere Leistungsfähigkeit zu erwarten war. Zur Gestaltung der Herrenabende in der Faschingszeit hat die Casinogesellschaft zur aktiven Mitarbeit aufgerufen, ebenso zur Einsendung von närrischen Liedern oder echt humoristischen und witzigen Vorträgen, jedoch ohne jegliche persönliche Spitze. Der jeweiligen Einsender des besten Liedes oder Vortrags wurde in der Sitzung mit dem höchsten närrischen Orden ausgezeichnet. Über den weiteren Werdegang dieser Casinogesellschaft sind leider keinerlei Unterlagen mehr aufzufinden. Sicher ist, daß sie mit Beginn des 1. Weltkrieges, ebenso wie viele andere Vereine, die Vereinstätigkeit einstellte und nach dem Krieg nicht wieder ins Leben gerufen wurde.

Weitere carnevalistische Aktivitäten gab es in den 30er Jahren, wo stets am Fastnachtsdienstag Kinderumzüge unter Begleitung einer Musikkapelle stattfanden.
Die Kinder und Jugendlichen waren dabei mehr oder weniger maskiert bzw. kostümiert. Mit Beginn des 2. Weltkrieges wurden diese eingestellt. Damit ist festgestellt, daß man in Birkenau schon lange Zeit vor der Gründung des BCV für den Carneval

und den Frohsinn Sympathien hatte. Allerdings mag die Kampagne damals bei weitem nicht so mit Höhepunkten ausgestattet gewesen sein, wie das heute beim BCV der Fall ist. Dies bestätigt schon die Tatsache, daß es damals bei der Casinogesellschaft nur Herrenabende gab, d.h. das weibliche Geschlecht war vom Frohsinn ausgeschlossen.

Nun zurück zum BCV: Alljährlich wählt der Geschäftsführende Vorstand eine Prinzessin, welche jeweils über eine Kampagne hinweg regiert. Die erste Prinzessin war Frau Heidrun Wörthmüller geb. Kaufmann. Seit seiner Gründung im Jahre 1973 hat der Verein Erstaunliches geleistet und darf sich großer Beliebtheit erfreuen.

Bis zum Jahre 1979 fanden insgesamt acht Umzüge, jeweils am Fastnachtsonntag statt. Wegen des immer stärker werdenden Verkehrs, insbesondere auf der Hauptstraße, war es nicht mehr möglich, diese Veranstaltung aufrecht zu erhalten. Hinzu kam noch, daß die Schafstegbrücke zu diesem Zeitpunkt abgerissen und umgebaut wurde.

Aus der Not eine Tugend gemacht veranstaltete man dann im Jahre 1980 die erste Straßenfastnacht, welche sich seither größter Beliebtheit erfreut. Sie findet alljährlich am Fastnachtsonntag auf dem Platz La Rochefoucauld statt. Die örtlichen Vereine errichten dort Stände und Buden und bieten allerlei Kulinarisches an. Weiter finden Darbietungen des vereinseigenen Balletts statt. Es werden Büttenreden gehalten und sonstige Vorführungen zur Unterhaltung der stets sehr zahlreichen Besucher dargeboten.

Im Jahre 1977 wurde erstmals eine Sitzung der Weiberfastnacht veranstaltet. Seitdem ist diese ebenfalls fester Bestandteil der Kampagne und findet jeweils donners-

Bürgermeister Willi Flemming, umzingelt vom BCV, bei der Schlüsselübergabe

tags vor Fastnacht (schmutziger Donnerstag) im stets vollbesetzten Vereinshaus statt. Frau Erika Klicks fungierte als 1. Sitzungspräsidentin. Die Jugendfastnacht ist eine weitere sehr aktive Abteilung des BCV. Im Jahre 1983 trat diese erstmals in die Öffentlichkeit. Aufgrund der dargebotenen Leistungen und der Aktivität der Jugendlichen ist der Verein mit Recht stolz auf diese Abteilung. Erster Sitzungspräsident bei der Jugendsitzung war Rüdiger Holch. Als Abteilungsleiterin fungierte Frau Monika Strobach.

Der Rathaussturm wird seit dem Jahre 1989 durch die Ordensmatinee ersetzt. Diese findet zu Beginn der Kampagne im Sitzungssaal des Rathauses mit symbolischer Schlüsselübergabe durch den Bürgermeister an die Narren und der Inthronisation der Prinzessin statt. Die Hauptveranstaltungen während einer Kampagne sind: Prunksitzungen, Weiberfastnacht, Jugendsitzung. Weitere Aktivitäten in dieser Zeit: Straßenfastnacht, Kinderfasching sowie das Heringsessen am Aschermittwoch. Diese Veranstaltungen haben allesamt eine gute Resonanz und sind sehr beliebt. Es ist das Ziel des Vereins, die Fastnacht auch in Zukunft in unserer Gemeinde zu fördern. Dabei soll die Jugend mehr und mehr in die Vereinsarbeit eingebunden werden. Um den Jugendlichen dafür einen Anreiz zu geben, sind sie bis zum 18. Lebensjahr beitragsfrei. Im Hinblick auf die Pflege einer guten Gemeinschaft finden außerhalb der Fastnachtskampagnen alljährlich ein Grillfest, ein Vereinsausflug sowie ein Ausflug der Hexen statt.

Ein besonderes Anliegen des BCV ist es, zu allen örtlichen Vereinen, besonders aber zu den Fastnachtsvereinen einen guten Kontakt zu pflegen, indem man deren Veranstaltungen soweit wie möglich besucht. Seit Jahren bestehen zum ECV Ettlingen und CdG Viernheim echte Freundschaften, die durch gegenseitige Besuche mit Leben erfüllt werden. Der Verein hat z. Zt. 350 Mitglieder und ist im Vereinsregister eingetragen. Für besondere Verdienste verleiht der Verein neben der Ehrenkappe und den Ehrennadeln in Bronze und Silber einen Ehrenorden. Förderer dieser Idee ist Freiherr Wambolt von Umstadt, der auch erster Träger dieses Ordens ist. Zum Zeitpunkt der 1200 Jahrfeier der Gemeinde Birkenau besteht der Verein 22 Jahre; für den BCV als Jubiläumsanlaß ein besonderer Glücksfall.

Kleintierzuchtverein Birkenau

Der Verein wurde im März des Jahres 1906 gegründet. Gründungslokal war das Gasthaus „Zur Rose" in der Untergasse, welches heute nicht mehr besteht. Es war eine Zeit, die man heute gerne die „gute alte Zeit" nennt.

Insgesamt waren es zwölf Personen, welche den Verein ins Leben gerufen haben. 1. Vorsitzender war Franz Schuster. Es war nicht nur die Liebe zum Kleintier, die von breiten Bevölkerungsschichten entdeckt wurde und die für die Menschen zum Hobby wurde. Die Kleintiere dienten auch zur Ernährung und Versorgung der Bevölkerung. Der Verein hatte großen Zuspruch. Im Jahre 1908 waren es bereits 55 Mitglieder. Eine stolze Zahl für die damalige Zeit. Wie in vielen Vereinen gab es in den Anfangsjahren Schwierigkeiten zu überwinden. Meinungsverschiedenheiten führten dazu, daß Vorstandspositionen öfters neu besetzt werden mußten. Sie führten sogar so weit, daß im Jahre 1909 eine Spaltung eintrat und ein Kaninchenzuchtverein gegründet wurde. Doch schon nach vier Monaten wurde dieser Verein wieder aufgelöst. Johannes Rees war in dieser Zeit 1. Vorsitzender des KLZV, der den Burgfrieden wieder herstellte. Franz Schuster übernahm hiernach wieder den Vorsitz. Von nun an trat der Verein auch mit regelmäßigen Ausstellungen an die Öffentlichkeit. Allerdings waren es anfangs nur wenige Züchter, die mit ihren Tieren Ausstellungen besuchten. Die Ausstellungen selbst wurden stets in einem Lokal mit Saal durchgeführt, wobei jeweils eine Tombola stattfand, die zur Aufbesserung der Finanzen diente. Die Kameradschaft wurde sehr gepflegt, auch das Gesellige kam nicht zu kurz. Regelmäßig fanden Familienabende und Kaninchenessen statt. Im Jahre 1911 wurde Peter Müller 1. Vorsitzender des Vereins, der dieses Amt aus gesundheitlichen Gründen jedoch nur kurze Zeit ausüben konnte. Noch vor Ausbruch des 1. Weltkrieges übernahm erneut Franz Schuster die Vereinsführung.

Während des 1. Weltkrieges wurde von amtlicher Seite der Versuch unternommen, die Kaninchenzucht zu forcieren. Sie sollte zur Linderung der Nahrungsmittelknappheit beitragen. Auch wurden die Kaninchenfelle beschlagnahmt. Nach dem 1. Weltkrieg begann das Vereinsleben wieder zu pulsieren. Franz Schuster führte weiter den Verein. Die schlechten sozialen Verhältnisse zur damaligen Zeit machten auch dem Kleintierzuchtverein zu schaffen. Trotzdem war man bereit, aus der Gefangenschaft heimkehrenden Züchtern eine Beihilfe zur Beschaffung von Jungtieren zu gewähren.

Bedingt durch die Nähe zum Wirtschaftsraum Weinheim/Mannheim gab es Bestrebungen, aus dem Hessischen Landesverband auszuscheiden und sich dem Badischen Verband - Bergstraße - anzuschließen. Dieser Schritt wurde zu diesem Zeitpunkt jedoch nicht vollzogen.

Mit Beginn der 20er Jahre begann man den Verein systematisch auszubauen. Es wurden vereinseigene Käfige angeschafft. Hierzu wurde von der Spar- und Darlehnskasse Birkenau ein Kredit von RM 4000,- aufgenommen. Zur weiteren Finanzierung wurden Anteilscheine verkauft, welche einen Wert von 10,- bis 100,- RM hatten. Neue, versierte Züchter schlossen sich dem Verein an. Es wurden größere Ausstellungen abgehalten und erfolgreiche Züchter des Vereins konnten hohe Auszeichnungen erringen. Die auswärtigen Schauen wurden oft unter großen Strapazen besucht. So fuhr man teilweise mit der Bahn, anschließend mußten dann noch einige Kilometer per pedes und Leiterwagen bis zum Ausstellungsort zurückgelegt werden. Nach der Ausstellung wurde dann die gleiche Prozedur zurück absolviert.

Der langjährige Vorsitzende Franz Schuster wanderte im Jahre 1921 nach Argentinien aus. Schuster hatte sich um den Verein verdient gemacht. Seine Verbundenheit zu seiner Heimat und dem KLZV war so groß, daß er bereits ein Jahr später dem Verein eine Spende von RM 1000,- zukommen ließ. Der Vorstandswechsel brachte innerhalb des Vereins Meinungsverschiedenheiten, die zum Rücktritt des neugewählten 1. Vorsitzenden Peter Müller führten. Intensive Gespräche waren notwendig, um das Vereinsschiff wieder auf Fahrt zu bringen. Peter Müller nahm seinen Rücktritt wieder zurück, jedoch sind einige Mitglieder ausgetreten.

Der Mitgliederstand im Jahre 1923 betrug 70 Personen. Die eintretende Inflation brachte auch den KLZV in Schwierigkeiten. Allein die Versicherungssumme für die vereinseigenen Käfige betrug 50 Millionen RM. Im Jahre 1931 konnte das 25jährige

Vereinsjubiläum gefeiert werden. Im Rahmen einer Feierstunde wurde das Jubiläum begangen. Trotz der sehr schlechten Wirtschaftslage in ganz Deutschland hatte man sich dazu entschlossen, eine große Jubiläumsschau abzuhalten.

Im Jahr 1932 schied man endgültig aus dem Hessischen Verband aus und schloß sich dem Badischen Verband an. Dies wurde durch die Teilnahme an einem Festzug anläßlich des Weinheimer Blütenfestes dokumentiert.

In den 30er Jahren macht sich im Verein der Gedanke der Leistungszucht breit. Wirtschaftliche Erwägungen standen dabei im Vordergrund. Die Züchter mußten über ihre Zucht genau Buch führen. Die Futterzuteilung erfolgte dann entsprechend. Mit wenig Futter sollte der größte Nutzen erzielt werden. Der Staat fing an, das Vereinsgeschehn zu überwachen. Anstelle von Peter Müller wurde im Jahr 1936 Ludwig Bitsch 1. Vorsitzender.

In der Zwischenzeit hatte sich innerhalb des Vereins auch eine Theatergruppe gebildet, die mit großem Erfolg ihre Darbietungen zeigte. Im Jahre 1938 gab es wieder einen Wechsel des Vorsitzenden. An die Stelle von Ludwig Bitsch trat Adam Kadel. Mit Ausbruch des 2. Weltkrieges im Jahre 1939 kam das Vereinsleben vollkommen zum Erliegen. 1939 wurde der Verein auf Anweisung der Behörden wieder dem Hessischen Verband zugeteilt. Ganz langsam kam das Vereinsleben nach dem schrecklichen Krieg wieder in Gang. Erste Versammlungen wurden in privaten Wohnungen abgehalten. Im Jahre 1948 wurde Adam Otterbach 1. Vorsitzender. Die erste Lokalschau nach dem Krieg fand am 20. 11. 1949 im Saale des Gasthauses „Zum Birkenauer Tal" statt.

Im Jahre 1950 wurde eine Futterkasse eingerichtet. Diese hatte den Zweck, durch Sammelbestellungen günstigere Futterpreise zu erzielen. Regelmäßig wurde am Karfreitag ein Ausflug zu dem Gasthof „Zur Frischen Quelle" durchgeführt. Im Jahre 1951 trat man erneut aus dem Hessischen Verband aus und schloß sich wieder dem Badischen Verband an. Der Grund hierfür waren die kürzeren Entfernungen zu den Ausstellungen. Im gleichen Jahr wurde eine Jugendgruppe gegründet.

Die Zuchtanlage des Vereins

1954 trat Adam Otterbach während einer turbulenten Versammlung von seinem Amt zurück. Sein Nachfolger wurde Albert Zimmermann. Im Jahr 1956 beging man das 50jährige Vereinsjubiläum mit einem Fackelzug durch Birkenau, der von einer Blaskapelle angeführt wurde. Unter Beteiligung der ortsansässigen Vereine wurde das Fest begangen. Im November fand im Vereinshaus eine Jubiläumsschau statt.

1957 wurde Ernst Müller 1. Vorsitzender, der im Jahre 1961 von Nikolaus Hildenbeutel abgelöst wurde. Im Jahre 1965 gab es für den Verein erstmals räumliche Schwierigkeiten, seine monatlichen Versammlungen abzuhalten. Der Verein beschloß daher, sich ein geeignetes Grundstück zu beschaffen, um ein Clubhaus mit Zuchtanlage zu errichten. Aus diesem Grunde stellte man einen Antrag an die Gemeinde. Diesem Antrag wurde zunächst nicht entsprochen. Im Februar 1971 wurde eine Frauengruppe gegründet, und 1972 wurde der Verein ins Vereinsregister eingetragen. Die folgenden Jahre waren gekennzeichnet von dem Bemühen des Vereins, eine eigene Anlage zu schaffen. Verschiedene Vorschläge konnten jedoch nicht realisiert werden, bis man im Jahre 1973 auf das Gelände gegenüber der Reithalle aufmerksam wurde. Von den Eheleuten Hans Heiß aus Hornbach wurde ein Gelände von ca. 40 ar oberhalb des Waldfriedhofes und gegenüber der Reitanlage auf 50 Jahre in Erbpacht übernommen. Das Kreisbauamt erteilte 1975 die Genehmigung, und der Bau konnte beginnen. Durch Eigenleistungen von insgesamt 35 Mitgliedern, mit Spenden und dem Erlös einer Altpapiersammlung sowie eines günstigen Darlehens wurde die Maßnahme finanziert. Es entstand ein Clubhaus mit einem Gastraum im Obergeschoß von 83 qm mit Küche und Nebenräumen. Im Erdgeschoß entstand ein Jugendraum von 50 qm, eine Toilettenanlage sowie Abstellräume und Keller. Um das Clubhaus wurde die eigentliche Zuchtanlage errichtet. Von den Züchtern wurden auf eigene Kosten, die Unterkünfte für die Unterbringung der Zuchttiere erstellt. Nach 10 Monaten und einer Eigenhilfe von insgesamt 4000 Arbeitsstunden war das Werk vollendet. Ein wahrlich mutiges Unternehmen für

Der Vorstand des Kleintierzuchtvereins Birkenau bei seinem 75jährigen Jubiläum im Jahre 1981

einen relativ kleinen Verein, das Nachahmung verdient und größte Anerkennung gefunden hat.

Am 13. Aug. 1976 wurde das Clubhaus offiziell eingeweiht. Die Bewirtschaftung wurde vorerst in eigener Regie übernommen. Verschiedene Familien lösten sich dabei ab. Es zeigte sich aber, daß die Belastung auf Dauer nicht tragbar war. Man entschloß sich daher, den Wirtschaftsbetrieb zu verpachten. Das Clubhaus ist in der Öffentlichkeit und bei Vereinen allgemein beliebt und wurde bisher gut angenommen. Nach Beendigung der Arbeiten für das Clubhaus stellte man im Verein die züchterischen Belange wieder stärker in den Vordergrund. Im Jahre 1981 wurde das 75jährige Vereinsjubiläum gefeiert. Mittelpunkt der Festlichkeiten war ein Festabend am 28. 9. im Vereinshaus und die Jubiläumsausstellung im November in der Südhessenhalle.

An Stelle von Nikolaus Hildenbeutel übernahm im Januar 1990 Walter Ankenbauer die Funktion des 1. Vorsitzenden. Hildenbeutel hat während seiner Amtszeit Großes für den Verein geleistet. Mit starkem Willen und großem Engagement hat er seine Aufgabe erfüllt. Der Verein ist unter der Führung von Walter Ankenbauer weiter bemüht, die züchterischen Leistungen und Erfolge zu verbessern und das Geschaffene nicht nur zu erhalten, sondern weiter auszubauen. So soll die Zuchtanlage der einzelnen Züchter von zur Zeit 10, verdoppelt werden. Mittlerweile konnte eine Jugendgruppe gebildet werden, die für den weiteren Bestand des Vereins von großer Bedeutung sein kann. 1994 übernahm Robert Jüllich die Nachfolge von Walter Ankenbauer.

Es bleibt zu hoffen, daß der Verein seine gesteckten Ziele in friedlicher Eintracht erreicht. Dies sollten alle Mitglieder immer wieder bedenken und in den Mittelpunkt ihres Tuns und Handelns stellen. Der Verein zählte im Jahre 1993 über 200 Mitglieder.

Kolpingfamilie Birkenau

Adolf Kolping, geboren am 8. 12. 1813, gestorben am 4. 12. 1865, zuletzt Domvikar in Köln, organisierte und gründete den Gesellenverein der Kath. Jugend. Er warb für die religiöse Erneuerung der Jugend, der Familie und des Volkes. Sein Kampf galt auch im besonderen Maße der sozialen Gerechtigkeit. Dies ist auch der Leitgedanke der Kolpingsfamilie, die nach dem 2. Weltkrieg gegründet wurde, als Nachfolger der Katholischen Gesellenvereine, welche im 3. Reich durch die Geheime Staatspolizei – Gestapo – aufgelöst und verboten worden waren.

In Birkenau besteht die Kolpingsfamilie seit dem Jahre 1952. Sie ist Mitglied des internationalen Kolpingwerkes. Der Mitgliederstand beträgt z. Zt. 55 Personen. Ziel und Aufgabe der Kolpingsfamilie ist es, ihre Mitglieder zu guten Familienvätern, tüchtigen Mitarbeitern auf ihren Arbeitsplätzen, zu verantwortungsvollen Staatsbürgern und nicht zuletzt zu guten Christen zu erziehen.

Neben diesen Zielen wird durch regelmäßige Treffen im Kath. Pfarrhaus auch die Geselligkeit gepflegt. Außerdem finden Vortrags- und Ausspracheabende statt.

Die Gründungsmitglieder der 1952 gegründeten Kolpingsfamilie mit Pfarrer Kaltheyer

Angeboten werden Themen aus dem politischen, sozialen und gesellschaftlichen Bereich. Hinzu kommen auch Spaziergänge in der näheren und weiteren Umgebung, Ausflugs- und Besichtigungsfahrten. Eine echte familiäre und gesellige Atmosphäre, ganz im Sinne von Adolf Kolping.

Mandolinenclub Birkenau

Der Mandolinenclub ging aus der Musikgruppe hervor, die einige Jahre beim Odenwaldclub bestanden hatte. Die offizielle Gründung erfolgte am 1. 12. 1926.
1. Vorsitzender war damals Fritz Bräumer, sein Bruder Hans Bräumer war 1. Dirigent. Der Mandolinenclub war trotz Eigenständigkeit noch stark mit dem Odenwaldclub verbunden. Dies bestätigt auch das Mitwirken bei allen geselligen Veranstaltungen, welche der Odenwaldclub durchführte.

Das erste offizielles Konzert des Clubs fand am 22. 7. 1927 im Saal des Gasthauses „Birkenauer Tal" statt, dem noch viele weitere folgten. In dem Jahre 1931 wurde man Mitglied im DMGB. Insgesamt waren es damals zehn aktive Musiker. Die Darbietungen fanden so großen Anklang, daß man nicht nur bei allen Ortsvereinen mitwirkte, sondern auch außerhalb der Gemeinde Birkenau auftrat. Vereinslokal war das Gasthaus „Zum Engel", wo auch die wöchentlichen Übungsstunden abgehalten wurden.

Ausflug des Mandolinenclubs im Jahre 1948

Bis zum Ausbruch des 2. Weltkrieges hatte der Verein eine große Aktivität nachzuweisen. Durch den Krieg ruhte das Vereinsleben vollkommen. Erst am 14. 1. 1949 kam wieder Leben in den Verein. 1. Vorsitzender wurde Wilhelm Wagner. Als Dirigent fungierte Kurt Schmitt. Das erste Konzert fand noch im gleichen Jahr im Vereinshaus statt, welches Jahrzehnte der Mittelpunkt des Birkenauer Vereinslebens war. Regelmäßige Auftritte bei örtlichen Vereinsveranstaltungen folgten. Am 1. 12. 1951 feierte man das 25jährige Bestehen. Aus diesem Anlaß fand im Vereinshaus ein großes Konzert statt. Der Club war inzwischen auf 18 Musiker angewachsen. Die Aktivitäten steigerten sich noch in den folgenden Jahren. Mit einem Festwagen beteiligte sich der Verein an der Großveranstaltung „100 Jahre MGV Eintracht und 400 Jahre Birkenauer Rathaus" am 15. 6. 1952. Bei einem Musikwettstreit im gleichen Jahr in Münster, an dem vier Clubmitglieder teilnahmen, konnte man einen 1. und einen Ehrenpreis erringen.

Ende 1953 übernahm Fritz Geiß die musikalische Leitung. Man war sehr aktiv. Die Auftritte bei Vereinen und sonstigen Veranstaltungen innerhalb und außerhalb der Gemeinde Birkenau häuften sich. Auch wurden ab dem Jahr 1955 regelmäßig Ausflüge durchgeführt. Am 15. 6. 1958 betrug die Orchesterstärke 30 Musiker. Der Club hatte sich durch seine hervorragenden Leistungen einen guten Platz im Birkenauer Kulturleben erobert und war nicht mehr wegzudenken.

Im Jahre 1965 übernahm Jakob Kaiser das Dirigat von Fritz Geiß. 1969 trat Wilhelm Wagner als 1. Vorsitzender zurück. Seine Stelle übernahm Ernst Bauer. Im November 1970 übernahm Kurt Schmitt erneut die Stabführung. Am 8. 5. 1976 wurde anläßlich des 50jährigen Jubiläums des Clubs ein Konzert abgehalten, das große Beachtung fand. Sehr großen Anklang fanden auch die gemeinsam mit örtlichen Gesangvereinen veranstalteten Konzerte. Auch die Schrammelabende, die in Verbindung mit dem Verkehrsverein für die Feriengäste abgehalten wurde, waren sehr beliebt. Am 17. 5. 1980 ist der Verein zur Förderung der deutsch-französischen Freundschaft dem Partnerschaftsverein beigetreten. 1982 fand der erste Besuch in La Rochefoucauld statt. Im Jahre 1982 übernahm Frau F. Klatt die Aufgabe als

Der Mandolinenclub Birkenau im Jahre 1958 mit seinem Dirigenten Fritz Geiß

Dirigentin bis 6. 5. 1986. Danach trug Kurt Schmitt erneut die musikalische Verantwortung.

Leider konnten in der Folgezeit keine öffentlichen Veranstaltungen mehr durchgeführt werden. Der Grund dieser sehr bedauerlichen Tatsache liegt im Mangel an Nachwuchskräften und daran, daß für die älteren Orchestermitglieder die Belastung zu groß geworden ist. Diese Entwicklung ist außerordentlich zu bedauern. Sie trifft mehr oder weniger alle Vereine, die über Jahrzehnte hinweg traditionellen Werten verpflichtet waren. Es bleibt zu hoffen, daß sich eines Tages wieder Menschen zusammenfinden, die diese Musik pflegen oder in anderer Form in Birkenau wieder zum Leben erwecken. Der Mandolinenclub Birkenau hat Großes geleistet. Er hat bei seinen Veranstaltungen und bei den örtlichen Vereinen vielen Menschen durch seine Darbietungen große Freude bereitet.

Männergesangverein „Eintracht" Birkenau 1852

Lange Jahre vor der Gründung des Vereins trafen sich an Sommerabenden eine Anzahl junger Männer unter der Linde am Dorfbrunnen in der Kirchgasse und sangen fröhliche Lieder. Der Brunnen befand sich zwischen dem heutigen Anwesen Hch. Lieberknecht und P. Scheuermann. Der damals in Birkenau amtierende Lehrer Kilian, welcher die jungen Sänger hörte, schlug vor, einen Gesangverein zu gründen. Bald fanden unter Leitung von Lehrer Kilian Singstunden statt. Erstes Sängerlokal war das Gasthaus „Zur Krone". Man schrieb das Jahr 1842.

Wohl aufgrund der vorrevolutionären Situation in der Zeit um die Jahre 1846/48, welche auch unser Gebiet erreichte, und nicht zuletzt durch die allgemeine Teuerung, stellte der noch junge Verein seine Tätigkeit ein. Erst im Jahre 1852, nach fast sechsjähriger Unterbrechung, wurde wieder gesungen und der Gesangverein „Eintracht" gegründet. Voraussetzung hierzu war, daß sich der von Hammelbach nach Birkenau versetzte Lehrer Ackermann bereit erklärte, die Leitung zu übernehmen. Ackermann brachte den Verein zu hohem Ansehen. Er war auch der Initiator des am 26. 6. 1870 stattgefundenen Festes, bei dem die neue Fahne geweiht wurde. Das Fest selbst litt unter einer ungünstigen Witterung. Es regnete ununterbrochen, wodurch der Verein einen großen finanziellen Schaden erlitt. **Um der Zahlung ihres Anteiles an den entstanden Schulden zu entgehen, traten 60 von insgesamt 86 Mitglieder (70%) aus dem Verein aus. Nur 26 Mitglieder hielten dem Verein weiter die Treue und traten für die Schulden ein!** Unter der bewährten Leitung von Lehrer Ackermann, der von 1852 – 1880 als Dirigent tätig war, erholte sich der Verein langsam und wurde wiederum zum Mittelpunkt des geselligen Lebens in der Gemeinde.

Anfangs der 70er Jahre hatte man sich dem Odenwälder Sängerbund angeschlossen und besuchte eifrig die Sängerfeste, so auch das Bundesfest in Bad König/Odw. Das

Der Männergesangverein „Eintracht" 1870 mit der neu geweihten Vereinsfahne

Jahr 1880 gestaltete sich allerdings wieder zu einem Krisenjahr. Entgegen dem Willen des bewährten Dirigenten Lehrer Ackermann übernahm der Verein das nächste Bundesfest. Ackermann legte daraufhin nach 28jähriger ersprießlicher Tätigkeit sein Amt mit der Begründung nieder, daß er zur Leitung eines solch großen Festes zu alt sei. Weil kein Nachfolger gefunden werden konnte, ruhte das aktive Vereinsleben fast drei Jahre. Erst als sich der von Ober-Mumbach nach Birkenau versetzte Lehrer Gerold bereit erklärte, die Dirigentenstelle zu übernehmen, konnten die Singstunden wieder stattfinden. In Ermangelung eines geeigneten Lokals fanden diese zunächst im Rathaussaal statt. Später zog man in das Lokal „Grünes Laub" (Diese Wirtschaft existiert heute nicht mehr, sie befand sich in der Kirchgasse gegenüber dem alten Friedhof). Ab dem Jahre 1887 wurden dann die Singstunden im Gasthaus „Zum Birkenauer Tal" abgehalten. Auch dieses Lokal existiert heute nicht mehr. Es stand an der Stelle, wo sich heute der Parkplatz zwischen dem „Kleinen Schloß" und dem Supermarkt befindet. Bedingt durch die Versetzungen der Lehrer wechselten auch ständig die Dirigenten. So wurde der Lehrer Gerold im Jahre 1887 nach Zwingenberg versetzt. An seiner Stelle übernahm Lehrer Schäfer dessen Funktion. Nach dessen Versetzung im Jahre 1891 Lehrer Haller, welcher bis 1895 den Chor dirigierte und von 1895 bis 1900 Lehrer Gruber. Dieser legte sein Amt aus Altersgründen nieder.

Zunächst fand man keinen Dirigenten und mußte sich auswärts umsehen. Bis 1902 konnte man den Lehrer Reeg aus Fürth verpflichten, schließlich Lehrer Pfeifer, der von Ober-Mumbach nach Birkenau versetzt worden war. Unter dessen Leitung kam das Vereinsleben wieder zur vollen Blüte und Entfaltung. Der Verein erlebte einen gewaltigen Aufschwung, und die Erfolge blieben nicht aus. Die zahlreichen Preise, die während dieser Zeit gewonnen wurden, legen hiervon Zeugnis ab.

Mit dem Ausbruch des Krieges im Jahre 1914 gab es große Veränderungen. Lehrer Pfeifer gab sein Amt ab. Viele Sänger mußten in den Kriegsdienst, so auch der neue Dirigent, Lehrer Brück aus Zotzenbach, welcher nur für ganz kurze Zeit seine Funktion ausübte. Es gab große Verluste in den Reihen der Sänger. Die Singstunden wurden eingestellt. Erst im Jahre 1919 wurde der Verein wieder aktiv. Da das bisherige Vereinslokal schließen mußte, galt es ein neues Lokal zu finden. Man wechselte ins „Weschnitztal", zuletzt „Birkenauer Tal". Anfangs dirigierte aushilfsweise Lehrer Freund. Dieser wurde von Lehrer Scholl aus Reisen abgelöst, welcher den Chor bis zu seiner Versetzung im Jahre 1920 leitete.

Der ständige Dirigentenwechsel hatte von nun an sein Ende. Lehrer Kuhn aus Birkenau hatte sich bereit erklärt, die Funktion zu übernehmen. Unter seiner Leitung gewann der Chor mehr und mehr an Niveau. Auch nahm die Aktivität zu. Die vom Sängerkreis angesetzten Wertungssingen wurden regelmäßig besucht, wobei der Chor stets eine gute Kritik erhielt. Auch wurden vom Verein laufend Konzerte abgehalten, die schöne Erfolge brachten und sehr beliebt waren.

Am 18., 19. und 20. Juni 1927 feierte der Verein sein 75jähriges Jubiläum, verbunden mit einem Wertungssingen des Sängerkreises Bergstraße. Das Fest war ein voller Erfolg und hinterließ einen nachhaltigen Eindruck. Der Verein war auch bei dem Deutschen Sängerbundfest in Wien im Jahre 1928 vertreten. Die Abordnung bestand kurioserweise aus nur einer Person! Es war der ehem. 1. Vorsitzende Carl Meister, welcher die Vereinsfahne während des Festzuges durch die Stadt Wien trug. Die alljährlichen Theaterabende wurden zur Tradition. Sie sind heute noch sehr beliebt und haben einen guten Anklang. Am 15. 6. 1930 unternahm der Verein eine Rheinfahrt. Die gesamte Bevölkerung von Birkenau war hierzu eingeladen. Insgesamt nahmen 967 Personen! an diesem Ausflug teil. Eine imponierende Zahl von Teilnehmern, für die diese Reise ein unvergeßliches schönes Erlebnis war.

Die kommenden Jahre brachten eine weiter Steigerung der Aktivitäten des Vereins. Die Machtübernahme im Jahre 1933 wurde ohne Beeinträchtigung überstanden. Der Verein konnte sich weiter entwickeln und neue Aktivitäten entfalten. Negativ bemerkbar machte sich die Einführung der allgemeinen Wehrpflicht. Immer mehr junge Sänger wurden zur Ableistung des zweijährigen Wehrdienstes eingezogen und konnten nicht mehr an den Singstunden teilnehmen.

Zu Beginn des 2. Weltkrieges konnten die Singstunden zunächst noch aufrecht erhalten werden. Nach und nach wurden aber immer mehr Sänger zur Wehrmacht einberufen. Das hatte zur Folge, daß im Frühjahr 1943 die aktive Vereinstätigkeit ganz eingestellt werden mußte. Im Rahmen der im „Reich" durchgeführten Metallsammlung, die den Bedarf an Kupfer usw. zur Herstellung der Führungsringe an den Granaten decken sollte, hat der Verein seine bisher gewonnen Preispokale gespendet.

Viele junge Sänger mußten in diesem schrecklichen Krieg ihr Leben lassen. Nach dem Krieg übernahm zunächst die Alliierte Militärbehörde die Regierungsgewalt in Deutschland. Alle bisherigen Vereine waren verboten. Ohne Genehmigung durfte keine Vereinstätigkeit begonnen werden. Es dauerte bis zum 3. Mai 1947, bis die Erlaubnis erteilt wurde, den Verein weiterzuführen. **Um die Erlaubnis haben sich die Mitglieder Wilhelm Ginader, ehem. Vorsitzender, sowie der Schriftführer Johann Peter Krauße und Georg Otterbach, der neue Vorsitzende, große Verdienste erworben. Der Militärbehörde mußte in schwierigen Verhandlungen nachgewiesen werden, daß der Verein keine Organisation der NSDAP war.**

Mit großer Begeisterung nahmen die ehemaligen Sänger, soweit vom Kriege zurückgekehrt, an den Singstunden teil. Sehr erfreulich war auch die Tatsache, daß viele Sänger dem Verein beigetreten sind, die aus ihrer Heimat vertrieben wurden. Auch zahlreiche junge Männer haben sich dem Verein angeschlossen. Es war für viele ein neues Gefühl und zugleich Ansporn, die Kameradschaft zu pflegen und dem Deutschen Lied zu dienen. So wuchs der Verein von Jahr zu Jahr. Es bildete sich ein starker Chor.

Beim 100jährigen Jubiläum, welches am 14., 15. und 16. 6. 1952 gefeiert wurde, hatte der Verein 109 aktive Sänger. Das Fest nahm einen wunderschönen Verlauf. Es war verbunden mit der 400 Jahrfeier des „Alten Rathauses". Ein Festzug mit insgesamt 59 Zugnummern bewegte sich durch den ganzen Ort, der festlich geschmückt war. Über drei Tage ging das Festprogramm. Das Festzelt war im Park des Freiherrn Wambolt vom Umstadt aufgestellt. Der Park selbst war herrlich illuminiert. In den Schloßteich wurde vom Verein ein Springbrunnen installiert, welcher heute noch funktioniert. Das Fest hatte eine sehr gute Resonanz. Der Verein hat sich mit dieser Veranstaltung ein großes Ansehen in der näheren und weiteren Umgebung erworben. Es war nun Aufgabe, diese Leistungsstärke zu erhalten, was natürlich nicht so einfach war. Innerhalb des Chors wurde ein Doppelquartett ins Leben gerufen, um den vielen Verpflichtungen besser gerecht werden zu können. Diese Einrichtung hat sich bis zum heutigen Tage bestens bewährt. Man war dadurch flexibler und der Verein noch leistungsstärker geworden.

1958 mußte der langjährige Chorleiter Rektor Kuhn seine Aufgaben aus Altersgründen niederlegen. 38 Jahre hat er den Chor mit großem Erfolg dirigiert. Sein Nachfolger wurde Fritz Geiß, der bis 1993 Dirigent bleiben sollte. Im Jahre 1961 gab der langjährige Vorsitzende Georg Otterbach sein Amt ab. Nachfolger wurde Kurt Brehm.

Nachzutragen wären noch die Vereinsführer des Männergesangverein Eintracht bis zum Jahre 1961

1852 - 1871	Franz Jung	Sattlermeister
1871 - 1892	Johann Scheuermann	Landwirt
1892 - 1902	Peter Treiber	Zimmermeister
1902 - 1905	Georg Diehm	Schreiner
1905 - 1913	Friedrich Bassimir	Aufseher
1913 - 1919	Peter Stief	Schreiner
1919 - 1922	K. Fr. Meister	Schneidermeister
1922 - 1927	Wilhelm Ginader	Schlosser
1927 - 1933	Michael Zopf	Schlosser
1933 - 1936	Alois Gigl	Dreher
1936 - 1961	Georg Otterbach	Schneidermeister

Die aktiven Sänger des MGV „Eintracht" vor ihrem Vereinsheim

Probleme gab es später mit dem Vereinslokal. Durch die Schließung der Wirtschaft „Zum Birkenauer Tal" mußte eine neue Unterkunft gefunden werden. Eine Lösung bot sich mit dem Schulpavillon der Grundschule an der Tuchbleiche an. Mit der Fertigstellung der Langenbergschule wurden die beiden Pavillons für schulische Zwecke nicht mehr benötigt. Es war eine gute Lösung, dieses Gebäude den beiden Gesangsvereinen als Sängerheime zur Verfügung zu stellen. Durch einen kleinen Anbau wurde zusätzlich ein Wirtschaftsraum geschaffen. Dies gibt dem Verein die Möglichkeit, bei vereinsinternen Veranstaltungen einen Wirtschaftsbetrieb zu unterhalten und dadurch seine finanziellen Mittel zu verbessern.

Im Jahre 1986 übernahm Gerd Kretschmer die Funktion des 1. Vorsitzenden von Kurt Brehm. 1993 gab nach 35 Jahren Dirigententätigkeit Fritz Geiß den Stab an Oliver Schmitt weiter. Der Verein steht heute auf einer soliden Basis und kann eine gute Leistungsstärke im Chor aufweisen. Allerdings, und das gilt für alle musischen Vereinigungen, fehlt seit langem der Nachwuchs. Ein Problem, das in der Zeit und unser heutigen Gesellschaft zu suchen ist. Es bleibt zu hoffen, daß diese für eine Gemeinde so wichtigen Kulturträger auch weiterhin das Deutsche Lied pflegen und weitertragen können.

Odenwaldklub Birkenau

Im Jahre 1897, 15 Jahre nach der Gründung des Gesamtverbandes, wurde in Birkenau eine Sektion des Odenwaldklubs gegründet. Insgesamt 30 Personen gehörten zu den Gründungsmitgliedern. Es waren fast ausnahmslos Geschäftsleute. Die beiden damals amtierenden Pfarrer sowie der Bürgermeister waren unter den Gründern. Letzterer – Georg Adam Brehm – wurde auch 1. Vorsitzender.

Folgendes hatten sich die Wandervereine jener Zeit zum Ziel gesetzt:
– Anlage und Unterhaltung von Wanderwegen;
– Einführung einer einheitlichen Wegeführung im Klubgebiet;
– Durchführung von Wanderungen;
– Bau von Schutzhütten, Wanderheimen und Aussichtstürmen, Erhalt und Pflege von Landschaft und Kulturgütern.

Leider sind über die Aktivität des Odenwaldklubs Birkenau bis zum Jahre 1921 keine Unterlagen vorhanden. Ein Bestandsverzeichnis der einzelnen Sektionen des Gesamt-Odenwaldklubs aus dem Jahre 1907 bestätigt jedoch die Existenz des Odenwaldklubs Birkenau. Aufgrund der allgemein schlechten wirtschaftlichen Lage nach dem 1. Weltkrieg lag das Vereinsleben völlig am Boden. Es dauerte bis zum 4. 7. 1922, an dem die Wiedergründung des Odenwaldklubs Birkenau stattfand. Eingeladen hierzu hatten Ernst Pfeifer und Georg Hönig. Die Versammlung fand in der Gastwirtschaft „Zum Bahnhof" statt. Laut Protokoll nahmen daran 35 Personen teil. Ernst Pfeiffer wurde zum 1. Vorsitzenden gewählt. In einem Brief des Odenwaldklubs Birkenau, gefertigt von Ernst Pfeifer, vom 15. 7. 1922 an den Gemeinderat, wurde auf den Bestand und die Aktivität des Vereins aufmerksam gemacht. Pfeifer teilte darin mit, daß die der früheren Sektion des Odenwaldklubs gehörenden Ruhebänke wieder in eigener Obhut übernommen würden.

Am 23. 7. 22 fand nach langen Jahren wieder eine Wanderung statt. Sie führte über Kreidach zur Tromm, weiter nach Scharbach und Wahlen. Dieser Wanderung folgten noch sechs weitere. Noch im gleichen Jahr, am 16. 12. 1922, wurde ein Dekorierungsfest veranstaltet. Der Saal des Gasthauses „Zum Birkenauer Tal" war hierzu festlich geschmückt. In den folgenden Jahren fanden die Wanderungen regelmäßig statt. Es wurde auch Theater gespielt und Vorträge abgehalten. Vortragende waren der damalige Rektor und Heimatforscher Johannes Pfeifer und der 1. Vorsitzende Ernst Pfeifer.

Der Odenwaldklub war auch auf anderen Gebieten sehr aktiv. Es wurden weitere Ruhebänke aufgestellt und unterhalten. 1923 wurde der Odenwaldstein oberhalb des Sandbuckelweges aufgestellt. Der Birkenbrunnen mit Anlage im Kallstädtertal wurde im Juli 1925 errichtet. Zum Gedenken an das Gründungsmitglied Georg Nikolai erstellte der Verein auf der Eichhöhe den Nikolaistein mit Ruhebänken. Auf dem Tannenbuckel wurde im Jahre 1927 der Trommblick, ebenfalls mit Ruhebänken und einem steinernen Tisch eingeweiht. All diese Anlagen stehen noch heute den Wanderfreunden zur Verfügung. Mit gutem Gewissen kann man heute sagen, daß der relativ kleine Verein damals für unsere Gemeinde Großes geleistet hat.

In den 20iger Jahren bestand innerhalb des Vereins auch ein Männerchor und eine Musikgruppe. Aus dieser ging später der Mandolinenclub hervor. Leider hat der sehr rührige 1. Vorsitzender Ernst Pfeifer im Juni 1929 sein Amt niedergelegt und sogar seinen Austritt erklärt. Die näheren Gründe zu diesem Schritt wurden nicht bekannt. Sein Nachfolger wurde Albert Zimmermann. Auch er setzte sich dafür ein, das Vereinsleben aktiv zu gestalten. Die Zahl der Mitglieder war inzwischen auf über 100 angewachsen. Großer Wert wurde, wie in den Jahren zuvor, auf die Wanderungen gelegt. Klubabende und Dekorierungsfeste waren wesentlicher Bestandteil des Vereinslebens, was sehr zur Kameradschaft und Geselligkeit beitrug. Diese Aktivität konnte bis in die ersten Jahre des 2. Weltkrieges beibehalten werden. Zum Ende des Krieges erlosch das Vereinsleben.

Am 1. Mai 1953 wurde der Verein wieder ins Leben gerufen. Peter Gehron − Lehrer an der hiesigen Schule − war der Initiator. Sofort wurde man aktiv, und die Zahl der Wanderer erreichte in kurzer Zeit den Stand der Vorkriegszeit. Das erste Wanderehrenfest fand am 5. Mai 1955 im Gasthaus „Zum Birkenauer Tal" statt. Innerhalb des Vereins wurde eine Volkstanzgruppe gebildet, die bei ihren Auftritten großen Anklang fand. Aus Unkenntnis der Vereinsgeschichte wurde im Jahre 1962 das 40jährige Jubiläum gefeiert. Man hat den Neubeginn im Jahre 1922 nach dem ersten Weltkrieg als ursprüngliches Gründungsdatum angenommen. Der Klub wurde wie bereits erwähnt, jedoch schon im Jahre 1897 gegründet.

Der Verein war in dieser Phase sehr aktiv. Bis zu 40 Personen nahmen an den Wanderungen teil. Durch den Tod des 1. Vorsitzenden Peter Gehron am 30. 1. 1973 erlitt der Verein einen großen Verlust. Zu Ehren des Verstorbenen wurde am Odenwaldstein eine Gedenktafel angebracht. Gehron sagte einmal: **„Heimat und Seele, diese beiden Begriffe müssen wieder einen helleren Klang bekommen. Es ist notwendig, sich vom Materialismus unserer Zeit abzuwenden, um wieder zu einem**

ruhigeren, besinnlicheren Leben zu gelangen". Ein sehr bemerkenswerter Ausspruch, der heute noch zutreffender geworden ist. Problematisch wurde die Suche nach einem Nachfolger. Am 9. 3. 1974 wurde dann Josef Schubert zum 1. Vorsitzenden gewählt, nachdem er ein Jahr lang die Aufgaben vertretungsweise übernommen hatte.

Der OWK Birkenau vor dem Gründungslokal des Klubs in Zipfen (Otzberg)

Neben Wanderfahrten in die Pfalz und in den Schwarzwald wurden auch mehrtägige Wanderfahrten in die Alpen bis nach Südtirol unternommen. Auch organisatorisch wurde innerhalb der Vereinsführung manches geändert. Die Arbeit wurde auf eine breitere Basis gestellt. Im Jahre 1983 wurde Philipp Guldner Nachfolger von Josef Schubert. 1987 konnte der Verein sein 90jähriges Bestehen feiern. In der Südhessenhalle fand am 13. 6. 87 ein Festabend mit einem reichhaltigen Programm statt. Am Sonntag, den 14. 6. 87 trafen sich nach einer Sternwanderung viele benachbarte Ortsgruppen auf dem Tannenbuckel zu einem gemütlichen Beisammensein.

1988 wurde zu Ehren des ehemaligen Vorsitzenden Josef Schubert am Wanderweg nach Buchklingen auf dem „Jägerkopf" ein Gedenkstein mit Ruhebänken errichtet. Der Wanderer hat von hier aus einen wunderbaren Blick ins Weschnitztal, in den Odenwald und in die Rheinebene.

Im April 1992 löste Werner Bräumer Philipp Guldner im Amt des Vorsitzenden ab.

Der traditionsreiche Odenwaldklub Birkenau wird auch in Zukunft seine eingangs dargestellten und nach wie vor gültigen Ziele verfolgen. Ziele, die auch im häufig wechselnden Freizeitverhalten der Gegenwart über das Jahr 2000 hinaus Gültigkeit haben werden.

Rotes Kreuz Birkenau

Es waren zwei Männer, der Arzt Dr. Simmet und der Kaufmann Karl Schmitt, die sich schon seit einiger Zeit berieten, wie man auch in Birkenau den Gedanken des Internationalen Roten Kreuzes in die Tat umsetzen könne. Dieser Gedanke fand Zuspruch, und so kam es, daß im November 1924 im Gasthaus „Zum Engel" eine erste Zusammenkunft stattfand.

Insgesamt waren es 17 Männer, welche die freiwillige Santitätskolonne Birkenau gründeten. Die Ausbildung übernahm in uneigennütziger Weise Dr. Simmet. Schulungslokal war das Gasthaus „Zum Engel". Nach Beendigung der Ausbildung fand eine Prüfung der Lehrgangsteilnehmer durch einen Inspektor der Hessischen Landesvereine des Roten Kreuz statt. Diese Prüfung war Voraussetzung für die Aufnahme in den Verband des Roten Kreuzes.

Die freiwillige Sanitätskolonne Birkenau im Jahre 1935

Erster Kolonnenführer war Karl Zimmermann. In den folgenden Jahren war es das Ziel der Sanitätskolonne, Erste-Hilfe-Lehrgänge durchzuführen. Mit gutem Erfolg konnte sich die Kolonne auf die Nachbarorte ausweiten. Im Jahre 1931 übernahm Heinrich Wilderotter, mit kurzer Unterbrechung, die Führung der Kolonne bis zum Jahre 1964. Dazwischen, von 1946 bis 1948, war Franz Klein Bereitschaftsführer. Im Jahre 1933 war die Kolonne in eine Bereitschaft des Roten Kreuzes umbenannt worden. Ein Unterkunfts- und Abstellraum für die Geräte existierte bis 1932 bei Kadel, Untergasse. Danach wurde von der damaligen Reichsbahn ein ausrangierter Eisenbahnwagen erworben, welcher für diesen Zweck umgebaut und im Schulhof der Grundschule aufgestellt wurde. Dieser Wagen diente als Unterkunft, bis im Jahre 1954 das DRK-Heim in der Dr.-Joh.-Stöhr-Straße eingeweiht werden konnte.

Im Jahre 1935 wurde eine weibliche Bereitschaft gegründet. Mit Beginn des 2. Weltkrieges kamen bisher unbekannte Aufgaben hinzu: Versorgung von Flüchtlingen, Transport von Kranken in die nahegelegenen Krankenhäuser (oft nur mit Hilfsmitteln, wie einer zweirädrigen Karre), Einsatz bei Fliegerangriffen usw. Nach dem Kriege wurde die Bereitschaft in eine Ortsvereinigung umgewandelt, so daß man auch passiven Mitgliedern den Gedanken und die Ideale des DRK näherbringen konnte. Als Ortsvereinsvorsitzende fungierten: Bürgermeister Weber, Jakob Jäger, Richard Welzel, Ludwig Hofmann, Franz Klein und Bürgermeister Flemming. Im Jahre 1950 kam eine Jugendabteilung hinzu. Durch den Zusammenschluß der männlichen und weiblichen Bereitschaften, der Jugend und auch der Passiven war eine bessere Koordination möglich, um die gestellten Aufgaben wie Krankentransporte, Krankenfürsorge, Ausbildung „Erste Hilfe", Einsatz bei Sportveranstaltungen, Blutspendendienst, Kleidersammlungen usw. leichter erfüllen zu können.

Das 1954 errichtete DRK-Heim mit Einsatzfahrzeugen

Wie erwähnt wurde im Jahre 1954 ein eigenes Heim eingeweiht. Bereits im Jahre 1950 wurde hierzu die Planung erstellt. Die Gemeinde stellte das Gelände in der Dr.-Joh.-Stöhr-Straße zur Verfügung. In selbstlosem Einsatz wurde das Heim in Eigenleistung errichtet. Die Finanzierung erfolgte durch Einnahmen aus Veranstaltungen und der Gewährung von zinsgünstigen Darlehen.

Die Ortsvereinigung zählt heute nahezu 300 Mitglieder. In dieser Zahl ist die Jugendgruppe nicht erfaßt. Die Förderung, besonders der Jugendgruppe, ist sehr wichtig, denn die Aufgaben, die an das Rote Kreuz gestellt werden, werden auch in Zukunft nicht geringer. Man denke dabei an die vielen Sportveranstaltungen innerhalb der Gemeinde, bei denen das Rote Kreuz präsent sein muß, um notfalls Erste Hilfe zu leisten oder an die Unfälle im Straßenverkehr und anderes mehr.

Das DRK-Heim wurde 1991 mit einem Aufwand von fast 160 000,- DM grundlegend renoviert.

Die Bereitschaftsführung besteht seit vielen Jahren aus dem Ehepaar Gisela und Rainer Heinl.

Schachclub Birkenau

Der Schachclub Birkenau wurde im Jahre 1948 gegründet. Hierzu war noch die Zustimmung der Alliierten Streitkräfte erforderlich, welche die politische Unbedenklichkeit überprüften. 15 Schachbegeisterte trafen sich und gründeten den Verein. Clublokal war das Gasthaus „Zum Engel".

Erstmals nahm man 1950 an den Verbandswettkämpfen teil. Im Laufe der Jahre konnten gute Erfolge erzielt werden. So wurde im Jahre 1956 Josef Schäfer (1. Vorsitzender) ungeschlagen Stadtmeister von Weinheim. Namhafte Spielerpersönlichkeiten wurden verpflichtet, gegen die man erfolgreich abschneiden konnte. Bemerkenswert war auch der Aufstieg des Clubs in den Jahren 1962 und 1976 in die A-Klasse und vor allem der Sieg von Josef Schäfer bei einer Simultanveranstaltung gegen den damaligen Vizeweltmeister Viktor Kortschnoi. Hervorzuheben ist auch die Tatsache, daß Josef Schäfer seit Gründung des Schachclubs im Jahre 1948 bis April 1993 als Vorsitzender des Vereins tätig war. Seither leitet Alfred Bauer den Schachclub Birkenau.

Diese Vereinigung ist zwar von der Zahl der Mitglieder her gesehen klein, z. Zt. zählt sie 48 Mitglieder, sie stellt aber eine feste Größe im Birkenauer Vereinsleben dar. Auf Initiative des Clubs wurden in Birkenau zwei Freiluft-Schachanlagen errichtet, die vom Verein betreut werden. Auch bei der jährlichen Sport- und Kulturwoche der Gemeinde ist man stets aktiv. Jugendarbeit ist oberstes Ziel des Vereins. In den letzten Jahren konnten durch die Jugendlichen schöne Erfolge erzielt werden. So wurde in der Verbandsrunde 89/90 ungeschlagen die Kreismeisterschaft errungen, die zum Aufstieg in die A-Klasse berechtigte.

Schach-Projektwoche 1993 in der Schule

Sportvereine von 1886 bis heute

Nach dem Kriege 1870/71 trafen sich regelmäßig junge Burschen in der Gastwirtschaft „Krauße" (Anwesen H. Jüllich, Obergasse) und machten sich Gedanken darüber, wie man die Idee der körperlichen Ertüchtigung in die Tat umsetzen könne. Es dauerte immerhin noch einige Jahre, bis offiziell der erste Schritt getan wurde. Man hatte natürlich schon längst die ersten Gehversuche gemacht und an selbstgezimmerten Geräten geturnt.

Turnverein 1886 e.V. Birkenau

Am 1. Mai 1886 war es soweit. In Birkenau wurde der erste Turnverein des Weschnitztales und des ganzen südlichen, vorderen Odenwaldes gegründet. Die Gründungsversammlung erfolgte im Gasthaus „Zum Grünen Baum" beim Gastwirt Johann Peter Steffan II. neben der evangelischen Kirche. Es waren etwa 20 junge Burschen, die den Grundstock des jungen Vereins bildeten.

Es war vor über 100 Jahren nicht so einfach, einen Turnverein zu gründen, wie das heute der Fall ist. Immerhin fehlten, abgesehen von der immer noch vorhandenen negativen und kritischen Einstellung einflußreicher Bevölkerungskreise, die primitivsten Voraussetzungen für die Erfüllung des Vereinszwecks. Turngeräte wurden teilweise selbst gebastelt, und als Turn- und Übungsplatz wurden private Grundstücke genutzt.

Man muß den etwa 20 jungen Männern, die damals den Mut hatten, in unserem kleinen Ort einen Turnverein zu gründen, dankbar sein. Dankbar sein dafür, daß sie in selbstloser Arbeit den Grundstein zum Wohle der Jugend und des Sports in unserer Gemeinde gelegt haben.

Vieles ist noch vorhanden, das Zeugnis von dieser rastlosen Arbeit in den vergangenen mehr als 100 Jahren ablegt: die Sportplätze „Tannenbuckel" und „Spenglerswald", das Vereinshaus und des Schwimmbad.

In den Statuten dieses ersten Turnvereins wurde als Zweck des Vereins festgelegt:

> „Der Turnverein erstrebt die Stärkung des Körpers und des Geistes, Förderung der Sittlichkeit, verbunden mit vaterländischem Sinn.
> Alle politischen und soziale Tendenzen sind ausgeschlossen."

Eine für die damalige Zeit ganz typische Erklärung, in der sich die „Philosophie" der 48er Jahre und der späteren Reichsgründung widerspiegeln.

Als Schlußsatz ist den Statuten zu entnehmen:

> „Wir erwarten von jedem Mitglied unseres Vereins, daß es sich bemühen wird, durch die Achtung des Gesetzes, die Ehre unseres gemeinsamen Strebens zu wahren, ebenso erwarten wir offenes Auftreten eines Jeden, welcher Gründe zu klagen hat,
> damit Recht und Wahrheit im Verein gepflegt werde und hinterlistige Wühlerei verbannt bleibe."

Eine ebenso deutliche wie richtige Erklärung, die auch heute ihren Sinn und Zweck nicht verfehlen würde.

Laut dem Gründungsprotokoll bildeten folgende Personen den ersten Vorstand des Vereins:

Franz Schütz	Vorstand
Johannes Oehlschläger	Turnwart
(Vater des Ludwig Oehlschläger)	
Peter Steffan	Zeug- und Geldwart
Adam Scheuermann	Zeugwart
Georg Hoffmann	Beiwart
Jakob Jochim	Beisitzer, Schriftwart

Aller Anfang ist schwer, das war dem Vorstand und den jungen Turnern bewußt. Wie bereits erwähnt standen nur primitive Geräte zur Verfügung, und die finanziellen Mittel waren sehr begrenzt. Als Turnplatz diente das Gelände zwischen der Weschnitz und der Hornbacher Straße (jetzt Anlage). Dieses Grasgrundstück wurde durch Beschluß der damaligen Gemeindevertretung an den jungen Verein verpachtet. Dort wurde auch das erste Pfostenreck aufgestellt.

Turnen war damals die Hauptsportart. Sporadisch kamen noch andere hinzu, so auch das Radfahren. In der Generalversammlung am 18.12.1886 wurde Nikolaus Jakob II. zum Vorsitzenden gewählt.

Aus dem Verordnungs- und Anzeigeblatt des Kreises Heppenheim (jetzt Kreis Bergstraße) ist unter dem Datum vom 26. 11. 1893 zu lesen: „Der rührige Turnverein veranstaltete zu Ehren des Geburtstages des Großherzoges Ernst Ludwig von Hessen und bei Rhein im Gasthaus „Birkenauer Tal" einen Ball mit turnerischen Aufführungen."

Es gab Konkurrenz im Ort

Am 24. April 1894 hatte sich in Birkenau ein zweiter Turnverein unter dem Namen „Turngenossenschaft" – im Volksmund „Obergässer Turnverein" – gebildet. Schon längere Zeit vorher traten junge Leute zusammen, kauften sich gemeinschaftlich Geräte und hielten Turnstunden ab. Die Geräte waren auf privaten Grundstücken aufgestellt. Die Zahl der Interessenten wurde immer größer, so daß man es wagte, um die Genehmigung zur Bildung eines Vereins nachzusuchen, welche auch erteilt wurde. Sinn und Zweck des Vereins war der gleiche wie bei dem Turnverein 1886.

Nach relativ kurzer Zeit stellte man jedoch fest, daß es nicht so gut sei, daß in dem kleinen Ort Birkenau zwei Vereine existieren, die den gleichen Sport betreiben und dieselben Ziele verfolgen. Man war daher auf beiden Seiten bestrebt, sobald als möglich einen Zusammenschluß der Vereine herbeizuführen. Obwohl der Wille vorhanden war, dauerte es zehn Jahre, bis der Zusammenschluß Wirklichkeit wurde. Am 3. 4. 1903 fand die Vereinigung statt. Der neue Verein hieß nun „Vereinigter Turnverein Birkenau". Vorsitzender wurde Georg Nikolai, zweiter Vorsitzender Gustav Gilmer, Schriftwart Adam Jakob VI., früher Bürgermeister, Kassierer Wilhelm Geiß, erster Turnwart Jakob Klinger, zweiter Turnwart Philipp Horneff. Als

Vereinslokal wurde das „Birkenauer Tal" festgelegt. Das Vereinsvermögen betrug damals Mk 2.170,10, davon brachte der Turnverein 1886 Mk 1.359,10 und die Turngenossenschaft Mk 811,— ein.

Sehr interessant sind auch die Festlegungen in der Satzung, die sich der „Vereinigte Turnverein" gegeben hat. Man legte sehr großen Wert darauf, daß diese von den Mitgliedern beachtet wurden. Insbesondere darauf, daß politische und Parteibestrebungen vom Verein ferngehalten wurden. Es wurde ein Eintrittsgeld von Mk 1,— verlangt. Der monatliche Beitrag betrug Mk 0,25. Bei einem Todesfall wurde von jedem Mitglied Mk 0,10 erhoben. Dieser Betrag floß in die Vereinskasse. Der Verein stellte bei der Beerdigung eine Deputation, für welche pro Mann vom Verein Mk 1,50 bezahlt wurde.

Sehr streng waren die Bestimmungen der Turnordnung. So mußte z.B. jeder Turner, der zu spät kam, sich bei seinem Vorturner entschuldigen. Bei unentschuldigtem Fernbleiben wurde man mit Mk 0,20 und bei Zuspätkommen und früherem Verlassen des Turnplatzes mit Mk 0,10 bestraft. Auf dem Turnplatz durfte nur das gesprochen werden, was zur Sache gehörte. In der nächsten Generalversammlung am 20. 2. 1904 wurde Adam Jakob VI. neuer Vorsitzender. Das erste große Turnfest in Birkenau war das „Gebirgsturnfest" am 27./28. 5. 1905. Der Verein hatte zu dieser Zeit 103 Mitglieder.

Neben dem Turnen und Radfahren pflegte man nun noch eine weitere Sportart, das Faustballspiel. Es fand regen Zuspruch, nur fehlte es an einem geeigneten Platz. Der Turnplatz an der Hornbacher Straße war für diese Sportart zu klein. Auf dem Schulhof durfte nicht geturnt werden, weil man befürchtete, daß an den dort stehenden Lindenbäumen Schäden eintreten könnten. Von seiten des Vereins bemühte man sich sehr um einen geeigneten Platz, um die positive Entwicklung nicht zu hemmen. Leider hatte man keinen Erfolg. Ein bedeutungsvoller Tag in der noch jungen Geschichte des Vereinigten Turnvereins war der 17. 9. 1911. An diesem Tag wurde das 25jährige Bestehen gefeiert. Mit diesem Jubiläum wurde das 1. Gau-Spielfest des Odenwald-Jahn-Gaues verbunden.

In der Generalversammlung am 11. 6. 1912 wurde der Name des Vereins geändert. Aus dem Vereinigten Turnverein wurde wieder der Turnverein Birkenau 1886. Die Mitgliederzahl war inzwischen auf 135 angestiegen. Mit dem Wachsen der Mitgliederzahl, insbesondere der Aktiven, wurde das Problem Sportplatz immer prekärer. Es wurden intensive und langwierige Verhandlungen mit der Gemeinde und Privatpersonen geführt.

Der Tannenbuckel wird gekauft

In der außerordentlichen Mitgliederversammlung am 11. 4. 1912 beschloß man, sich an den Gemeinderat zu wenden, um einen Platz auf dem Tannenbuckel zu kaufen. Es kam erneut zu langen Debatten, bis es endlich am 19. 7. 1912 soweit war und der Kauf zustande kam. Die damalige Suche nach einem geeigneten Sportplatz ist zu vergleichen mit dem späteren, jahrelangen Bemühen um den Bau der Sporthalle. Im Protokoll der Gemeindevertretung heißt es: „Der Gemeinderat beschließt, dem Turnverein Birkenau 1886 auf dem Tannenbuckel einen Platz von ca. 5.000 qm zum Preis von Mk 0,20 pro qm zu verkaufen." Insgesamt mußten 1.200,– Mk für den

Kauf dieses Geländes aufgewendet werden. Ein wahrlich stolzer Preis für die damalige Zeit und ein scheinbar wertloses Gelände. Der Verein mußte dieses große finanzielle Opfer bringen, um sich weiter entwickeln zu können. Es handelte sich um eine Bergkuppe mit einer geringen Abflachung. Die weitere Einebnung dieses Geländes wurde dem Gärtner Georg Rees zum Preis von Mk 398,– übertragen. Es wurde zunächst nur soviel eingeebnet, um die Größe eines Faustballfeldes zu erhalten. Von der Anlage, wie man sie heute vorfindet, konnte keine Rede sein. Viele Tausende von freiwilligen Arbeitsstunden wurden seitdem bis in die 70er Jahre auf diesem Platz geleistet.

Am 21. 1. 1913 wurde Johann Strauß und am 10. 1. 1914 Adam Büchler zum 1. Vorsitzenden ernannt. 2. Vorsitzender wurde zum gleichen Zeitpunkt Johannes Bechtold II. Die Zahl der aktiven Turner war mittlerweile auf 60 angewachsen. In der Zwischenzeit hatte sich ein weiterer Sportverein in Birkenau gebildet, von dem an anderer Stelle berichtet werden soll. Beide Vereine versuchten, ihre positive Entwicklung voranzutreiben. Allerdings wurde diesen Bemühungen durch den Ausbruch des 1. Weltkrieges im Jahre 1914 ein jähes Ende gesetzt. Jegliche Vereinstätigkeit kam zum Erliegen.

Der Turnverein 1886 konnte am 4. 1. 1919 die Neubildung des Vereinsvorstandes vornehmen. Johann Bechtold, vor dem Weltkrieg 2. Vorsitzender des Vereins, übernahm den Vorsitz. Nur sehr langsam begann sich das Vereinsleben wieder zu rühren. 1922 übernahm Adam Jakob VI erneut den Vorsitz. Der Besuch der Deutschen Turnfeste (des „Deutschen Turnerbundes") war eine Selbstverständlichkeit, so auch jenes im Jahre 1923, das in München stattfand.

Im Jahre 1924 wurde erstmals eine Damenriege gegründet. Sie wurde von Nikolaus Jakob III, Obergasse, geführt und geleitet. Am 17. 5. 1924 fand die Turnplatzweihe, verbunden mit einer Maifeier statt. Im gleichen Jahr, und zwar am 18. 10. 1924, befaßte man sich erstmals mit dem Gedanken, in Birkenau eine Schwimmbad zu bauen. Mit der Planung des Bades wurde das Kulturamt in Darmstadt beauftragt. Mit Sicherheit war es eine gute Idee, diese Behörde zu beauftragen, denn schon am 16. 9. 1925 wurde dem Verein die Konzession zur Errichtung eines Schwimmbades erteilt. Das Bad wurde zum größten Teil in Eigenleistung errichtet. Die Gesamtkosten, einschließlich Einfriedigung, beliefen sich auf RM 10.750,–. Das Becken hatte damals ein Ausmaß von 60 x 13 Metern und war in drei verschiedenen Tiefen angelegt. Gespeist wurde das Becken mit Wasser aus der Weschnitz, was damals noch möglich war. Die Einrichtung wurde von der Einwohnerschaft sehr begrüßt. Viele Besucher kamen damals auch aus dem benachbarten Weinheim. Der erste Bademeister war Karl Guby. Durch dieses Bad erlangte der Turnverein 1886 einen erneuten Auftrieb. Die Mitgliederzahl betrug damals 213 Mitglieder.

Die Aktivität innerhalb des Vereins nahm weiterhin zu. Im Jahre 1929 wurde beim Turnverein 1886 als eine weitere Sportart das Handballspiel eingeführt, nachdem bei der Freien Sport- und Sängervereinigung dieser Sport bereits seit dem Jahre 1927 ausgeübt wurde. Initiator und Mitbegründer war der Sportfreund Georg Roth, welcher leider im Kriege gefallen ist. Damals ahnte man noch nicht, welchen Stellenwert dieser Sport im Verein und in unserer Gemeinde einmal einnehmen würde.

Durch ein Hochwasser wurde im Oktober 1930 das Schwimmbad stark beschädigt. Die Umfassungsmauern wurden zum größten Teil unterspült und eingedrückt, Umkleideräume und Pumpenhaus fast vollkommen vernichtet. Auf längere Zeit haben ganze Kolonnen von Mitgliedern in Selbsthilfe diese Schäden wieder behoben. Die Kosten für die Wiederherstellung wurden mit RM 3.817,17 angegeben.

Mit Beginn der 30er Jahre begann sich die politische Lage zu verschärfen. Zwischen den Ortsvereinen bestand kein gutes Verhältnis. Ursache waren die verschiedenen politischen Strömungen. Man betrachtete sich als Feinde. Auch innerhalb der Vereine gab es Querelen, die durch die politische Entwicklung hervorgerufen wurden. Dies ging soweit, daß Mitglieder wegen „Agitation" ausgeschlossen wurden. Darunter litt natürlich die sportliche Betätigung.

In der Generalversammlung am 24. 1. 1932 wurde die Vergrößerung des Sportplatzes „Tannenbuckel" beschlossen. Von dem damals zuständigen Arbeitsamt Stuttgart wurden im Wege des freiwilligen Arbeitsdienstes hierfür 4700 Tagewerke bewilligt. Der Platz wurde im Durchschnitt um 1,40 m abgehoben. Er hatte danach eine Länge von 130 m und eine Breite von 45 m. Insgesamt wurden 9000 cbm Erde bewegt. Die Arbeiten begannen am 11. 4. 1932 und waren am 12. 11. 1932 beendet. Durchschnittlich 25 jugendliche Arbeitsdienstwillige waren wöchentlich beschäftigt. Die technische Leitung hatte Sportfreund Joh. Schäfer (Geometer). Der Kostenaufwand betrug 8.800,- Mark, wovon der Verein 1.300,- Mark aus eigenen Mitteln aufbringen mußte. 7.500 Mark wurden vom Arbeitsamt bezahlt.

Am 9. 3. 1932 wurde von der Firma Heyl, Worms, zum Preis von 1.000,- Mark das Gelände, auf dem sich das Schwimmbad befindet (insgesamt 5360 qm), käuflich erworben. Ein seit Jahren gehegter Wunsch ging damit in Erfüllung. Man war nun Eigentümer von Grund und Boden und konnte weiter investieren, ohne in Gefahr zu laufen, daß eines Tages das bestehende Pachtverhältnis einseitig gekündigt wurde.

Die Arbeitersportvereine

Die Freie Turnerschaft Birkenau wurde am 9. 6. 1910 im Gasthaus „Zur Krone" ins Leben gerufen. Es war der Turnverein der Arbeiter, und es waren soziale und politische Gründe, die zur Bildung des Vereins führten. Auch dieser Verein hatte große Mühe und Probleme, um seinen Zweck zu erfüllen und bestehen zu können. Sportarten waren das Turnen und Pyramiden-Bauen (Vorläufer des heutigen Kunstkraftsports). Als Turnhalle diente der alte Schulsaal in der Obergasse gegenüber dem Alten Rathaus, wo sich heute der Parkplatz befindet. Ebenso wie beim TV 1886 gab es Probleme, einen geeigneten Platz zu finden, um die Turnstunden abhalten zu können. Der Schulsaal war bald zu klein, weil die Zahl der Aktiven anwuchs. Offiziell wurde am 7. 11. 1911 eine Männerriege ins Leben gerufen. Ein Antrag an den Schulvorstand und an die Gemeinde auf Benutzung des Schulhofes als Turnplatz wurde abgelehnt. Im Jahr 1913 konnte von Adam Weber eine Waldgrundstück – ein Teil des heutigen Sportplatzes auf dem Spenglerswald – zum Preis von RM 600,- erworben werden.

Beziehungen zu anderen Vereinen gab es nicht. Es wurden nur Vereine besucht und unterstützt, welche dem Arbeiter Turn- und Sportbund angehörten. Die Möglichkeit, gleichzeitig Mitglied auch in einem bürgerlichen Verein zu sein, war undenkbar. In einem solchen Fall wurde der Betroffene sofort ausgeschlossen. Interessant war auch die Bedingung, daß sich alle Mitglieder unter 25 Jahren aktiv als Turner betätigen mußten. Eine Befreiung gab es nur im Falle einer Krankheit oder Behinderung. Mit dem Beginn des 1. Weltkrieges 1914 erlosch jegliche Vereinstätigkeit. Ebenso wie für den TV 1886 war auch für die Freie Turnerschaft der Neubeginn nach dem 1. Weltkrieg sehr schwer. Das Vereinsleben begann trotzdem, wenn auch nur in bescheidener Weise.

Mittlerweile hatte sich in Birkenau auch ein Athletenverein gegründet, in dem Gewichtheben und Ringen betrieben wurde. Dieser Verein vereinigte sich am 23. 8. 1925 mit der Freien Turnerschaft. Außerdem schloß sich der Arbeiter-Gesangverein an. Von nun an führte der Verein die Bezeichnung „Freie Sport- und Sängervereinigung". Der 1. Vorsitzende dieser Vereinigung war Johannes Amend.

Oberstes Ziel neben der sportlichen Weiterentwicklung war der Bau eines eigenen Sportheimes. Zunächst war man jedoch bestrebt, den Turnplatz auf dem Spenglerswald zu einem echten Sportplatz zu vergrößern. Mit Hilfe der Gemeinde ist dies auch gelungen. Zwischen der Gemeinde und dem Landwirt Peter Denger fand aus diesem Grund ein Geländetausch (Wald) statt. Es begann der Ausbau. In unzähligen Stunden, ähnlich wie beim Bau des Sportplatzes Tannenbuckel, wurde der Sportplatz auf dem Spenglerswald zu einer Anlage, die sich sehen lassen konnte. Sogar eine Rundbahn und eine 100-m-Bahn wurden angelegt.

Mittlerweile war man vom alten Schulsaal in der Obergasse in den Saal des Gasthauses „Zum Deutschen Kaiser" und von dort in den Saal des Gasthauses „Deutsches Haus" (existiert heute nicht mehr) umgezogen. Auch dies war keine Dauerlösung, denn die Räumlichkeiten waren häufig ungeeignet; dazu kam der ständige Streit mit den Gastwirten, weil die Mitglieder ihr Bier nicht in dessen Lokal tranken und die hohen Saalmieten. Unter diesem Problemdruck ging man daran, sich ein eigenes Heim zu bauen. Das Baugelände konnte vom bekannten Metzgermeister Scheuermann, Weinheim, käuflich erworben werden.

Das Vereinshaus wird gebaut

Unter großen persönlichen und finanziellen Opfern wurde das Vereinshaus errichtet. In wochenlanger freiwilliger Arbeit wurde Bachkies aus der Weschnitz geschaufelt und mit dem Handkarren zur Baustelle gefahren. Die Maurerarbeiten wurden durch das Baugeschäft Brehm und Florig ausgeführt. Die oft bewunderte Dachkonstruktion (Stephansdach) wurde durch den Zimmermann Adam Rausch konstruiert. Alle an dem Bau beteiligten Handwerker gehörten dem Verein an, und ihre Arbeiten wurden zum größten Teil kostenlos und in selbstloser Hingabe an die große Sache ausgeführt. Zum Kirchweihfest im Jahre 1926 konnte das neue vereinseigene Heim eingeweiht werden. Ein großer Fackelzug mit der Kapelle Wilhelm Heß an der Spitze zog am Kirchweihsamstag vom bisherigen Vereinslokal zum neuen Vereinshaus.

Neben dem Faustball begann man auch mit dem Handballspiel. Die ersten Spiele in Birkenau wurden wie bereits erwähnt auf dem Spenglerswald ausgetragen. Wie gesagt, war es den Aktiven verboten, Sportverkehr mit Vereinen zu haben, welche nicht dem Arbeiter-Sportbund angehörten. Zu einem Eklat kam es, als eine Handballmannschaft der Sport- und Sängervereinigung in Mannheim gegen eine Mannschaft spielte, die nicht dem Arbeiter-Sportbund angehörte. Alle Spieler erhielten daraufhin vom Arbeiter-Sportbund die Mitteilung, daß sie aus dem Bund und damit aus dem Verein ausgeschlossen seien. In einer außerordentlichen Generalversammlung stellte sich der Verein vor seine Spieler, was zur Folge hatte, daß auch dieser vom Verband ausgeschlossen wurde. Allerdings war diese mutige Tat des Vereins nur von kurzer Dauer. Schließlich gab man dem Verbandsbeschluß nach, was zu einer Spaltung führte.

Aufgrund dieses Vorfalles, es war im Jahre 1929, gründeten die ausgeschlossenen Spieler einen neuen Verein. Dieser Verein erhielt den Namen „Freie Turnerschaft". Als Vereinslokal wurde das Gasthaus „Zum Deutschen Kaiser" gewählt. Die Arbeiter-Sportbewegung war damit in zwei Lager getrennt. Durch diese Spaltung war die Frage aufgetaucht, welchem Verein nun das Vereinshaus und der Sportplatz gehört. Es gab harte Auseinandersetzungen, bis schließlich durch ein Gerichtsurteil entschieden wurde, daß der Verein „Freie Sport- und Sängervereinigung" der rechtmäßige Eigentümer sei. Vorsitzender der „Freien Turnerschaft" war Karl Stief II.

Es ist immer wieder bemerkenswert festzustellen, wie sich die Vereine sofort bemühten, zu einem Sportplatz zu kommen. In verhältnismäßig kurzer Zeit ist es auch diesem Verein gelungen, das notwendige Gelände zu beschaffen. Vom Landwirt Peter Kadel, wurde ein Grundstück „Im Heiligengrund", neben der Straße „Am Pfarrwald" (heutiges Altersheim), erworben. Trotz der Gründung der „Freien Turnerschaft" und der politischen Querelen, welche immer schlimmere Formen annahmen, war man bei der „Freien Sport- und Sängervereinigung" zuversichtlich. Sie war eine verschworene Gemeinschaft, die ihr utopisches Ziel – die Errichtung einer klassenlosen Gesellschaft – nie aus dem Auge verlor.

Der letzte geschäftsführende Vorstand der „Freien Sport- und Sängervereinigung" setzte sich wie folgt zusammen:

1. Vorsitzender: Georg Schmitt
Schriftführer: Hans Florig
Kassierer: Nikolaus Krall

Mit der Machtübernahme durch die NSDAP wurden alle Vereine, die der Arbeiter-Sportbewegung angehörten oder nicht bereit waren, anstelle der demokratischen, parlamentarischen Grundsätze das Führerprinzip einzuführen, aufgelöst. Das Vermögen wurde beschlagnahmt. Das Vereinshaus und der Sportplatz Spenglerswald wurden der Gemeinde übereignet.

Deutsche Jugendkraft

Bereits im Jahre 1924 wurde in Birkenau noch ein weiterer Sportverein unter dem Namen „Deutsche Jugendkraft" gegründet – DJK. Es waren junge Leute, welche der katholischen Kirche nahestanden. Die Auseinandersetzungen in und zwischen den bestehenden Sportvereinen mögen es gewesen sein, die zur Gründung der DJK

Anlaß gaben. Den Vorsitz führte grundsätzlich der amtierende Pfarrer, der durch einen Laienvorstand vertreten wurde. Der erste Laienvorstand war Philipp Jäger, dieser wurde später durch seinen Bruder Jakob Jäger abgelöst, welcher bis 1933 das Amt innehatte. Von 1933 bis zur Auflösung im Jahre 1934 wurde dieses Amt durch Georg Kinscherf versehen. Als Vereinsheim diente der Jugendraum im kath. Kindergarten. Obwohl der Verein erst 1924 offizielle gegründet wurde, hatte man bereits am 25. 6. 1922 im Park des Freiherrn Wambolt von Umstadt das Deutsche Jugendkraftsportfest durchgeführt.

Gute Kontakte hatte man zu dem Turnverein 1886, mit dem man auch zusammenarbeitete. Die Faustballspiele wurden lange Zeit auf dem Tannenbuckel ausgetragen. Die Hauptsportart war jedoch das Fußballspiel, allerdings fehlte hierzu der geeignete Sportplatz. Auch diesbezüglich war man nicht untätig, und es gelang dem Verein, das notwendige Gelände für einen Sportplatz zu finden. Oberhalb von Birkenau, neben der B 38, vor dem Schwimmbad, wurde der Sportplatz angelegt.

Obwohl sich dieser Verein politisch neutral verhielt, hatte er seine Schwierigkeiten bei der Machtübernahme 1933. Trotz des Reichskonkordats, welches am 20. 7. 1933 zwischen der kath. Kirche und der Reichsregierung abgeschlossen wurde, war es nicht möglich, den Verein am Leben zu erhalten. Man durfte die Jugend zwar weiterhin sportlich betreuen und ausbilden, aber nicht in der Öffentlichkeit auftreten lassen. Das Austragen von sportlichen Wettkämpfen bzw. die Teilnahme an denselben war verboten. Unter diesen Umständen zog man es vor, den Verein im Jahre 1934 aufzulösen.

Verbot der Arbeiter-Sportvereine und Einführung des „Führerprinzips"

Mit der Machtübernahme der Nationalsozialisten änderte sich auch die Struktur der deutschen Sportbewegung. Entsprechend einer Bekanntmachung des Staatskommissars für das Polizeiwesen in Hessen vom 6. Juni 1933 wurden alle Vereine außer dem Turnverein aufgelöst bzw. haben sich selbst aufgelöst (DJK). Die Vermögen wurden beschlagnahmt. Die gesamte Sportbewegung wurde in der „Deutschen Turnerschaft" zusammengeschlossen.

Der Turnverein 1886 durfte weiter bestehen, mußte jedoch alle demokratischen und parlamentarischen Grundsätze aufgeben, nach denen der Verein bisher geführt wurde. Das sogenannte Führerprinzip wurde eingeführt, und es durften keine Generalversammlungen mehr durchgeführt werden. Ein für unser heutiges Verständnis unvorstellbares Vorgehen, dessen Konsequenzen letztendlich ebenso unvorstellbar waren!

Der frühere 1. Vorsitzende, jetzt Vereinsführer, erhielt seine Bestätigung durch die Gauführer und nicht mehr durch die Mitglieder. Der Vereinsführer ernannte sodann seinen Mitarbeiterstab. Die Außerkraftsetzung der demokratischen und parlamentarischen Spielregeln und Grundsätze und die Einführung des Führerprinzips wurde in einer (in der Tat) außerordentlichen Mitgliederversammlung am 25. Mai 1933 vollzogen. Damit hatte sich der Verein dem Diktat der Nationalsozialisten unterworfen und durfte weiterbestehen. Der erste Mitarbeiterstab setzte sich wie folgt zusammen:

Vereinsführer Adam Jakob VI, bisher Vorsitzender
Stellvertreter und Dietwart: Adam Steffan (zuständig für Wandern und Gesang)
Oberturnwart: Georg Strauß
Geschäftsführer und Schriftwart: Heinrich Wilhelm
Kassenwart: Friedrich Metzger

Viele Sportler der verbotenen Vereine konnten oder wollten von nun an ihren Sport nicht mehr ausüben. Einige schlossen sich jedoch dem TV 1886 an, so daß – wie ein Chronist vermerkte – „ein bis dahin nicht vorstellbarer Aufschwung begann". Rückblickend muß man allerdings feststellen, daß dermaßen verordneten Aufschwüngen keine lange Lebensdauer beschert ist.

In finanzieller Hinsicht hat sich im Jahre 1933 eine Besserung eingestellt. So betrugen die Einnahmen aus:

Beiträgen und Veranstaltungen	1.550,– RM
aus Handballspielen	250,– RM
Eintrittsgeldern Schwimmbad	1.550,– RM
insgesamt	3.350,– RM

Am 1. 1. 1934 hatte der Verein 250 Mitglieder über 14 Jahre und 11 Ehrenmitglieder. Im Jahre 1933 sind dem TV 1886 57 Mitglieder beigetreten, 23 Mitglieder haben den Verein verlassen. Von den 250 Mitgliedern waren 38 Mitglieder arbeitslos.

Trotz Führerprinzip kam es innerhalb des Vereins, besser gesagt zwischen den Aktiven und dem Vorstand, zu Unstimmigkeiten, welche zu Rücktritten von Funktionären führten. Insbesondere die Jugendturner waren mit manchem, was ihnen vom Vorstand vorgegeben wurde, nicht einverstanden. Drei Jugendturner wurden aus dem Verein ausgeschlossen. Eine außerordentliche Mitgliederversammlung, abgehalten am 5. 5. 1935, war notwendig, um die Wogen wieder zu glätten.

In der Versammlung am 10. 1. 1936 gab es mit der Ernennung von Georg Strauß einen Wechsel in der Vereinsführung. Dieser hätte eigentlich schon viel früher stattfinden sollen, jedoch wurde Bürgermeister Adam Jakob, der sein Amt schon einige Zeit vorher zur Verfügung stellen wollte, immer wieder gebeten, den Verein ein weiteres Jahr zu führen.

Im Anschluß begannen die Vorarbeiten für das auf den 25., 26. und 27. Juli 1936 festgelegte 50jährige Jubiläumsfest des Vereins. Mit großer Energie ging man an diese große Aufgabe heran. In vielen Sitzungen des Turnrates wurde beraten und beschlossen. Es sollte ein schönes Fest werden, das allen zur Freude gereicht. Ausgeschrieben waren insgesamt elf Wettkämpfe. Die große Anzahl der Teilnehmer warf Probleme auf, mit denen man trotz Vorbereitung nicht gerechnet hatte. Der Zeitplan mußte geändert werden, auch waren die Kampfrichter größten Belastungen ausgesetzt. Ein großer, imposanter Festzug, aufgestellt an der Linde in der Obergasse, führte am Sonntagnachmittag durch die festlich geschmückten Straßen von Birkenau zum Sportplatz Tannenbuckel.

Die erste Handballmannschaft, zu Beginn des Jahres 1936 in die Bezirksklasse aufgestiegen, mußte diese nach Ende der Runde wieder verlassen, weil eine Reihe guter Spieler in den Militär- bzw. Arbeitsdienst eintreten mußten und damit der Mannschaft nicht mehr zur Verfügung standen. Den Vereinen des Reichsbundes für Leibesübungen, so hieß der Verband, dem die sporttreibenden Vereine angeschlossen waren, wurden zusätzliche Aufgaben gestellt. Sie mußten nachweisen, daß in ihrem Übungsbetrieb „allgemeine Körperschulung" betrieben wurde. Es konnte nicht sein, daß in einem Verein lediglich nur geturnt oder Handball gespielt wird. Die Leibesübungen wurden für das gesamte Volk eingeführt. Ein Kuriosum gab es bei der Durchführung der Handballspiele. Die Rundenspiele mußten wegen der grassierenden Maul- und Klauenseuche für lange Zeit unterbrochen werden.

Das erste Deutsche Turnfest der im Reichsbund für Leibesübungen zusammengeschlossener Vereine fand im Juli 1938 in Breslau statt. In der Diktion der damaligen Zeit vermerkt der Chronist hierzu: „In Wahrung der glänzenden Tradition der deutschen Turnfeste vergangener Jahre soll das Fest in Breslau zu einer Leistungsschau deutscher Turnkunst werden." Insgesamt nahmen 14 Mitglieder des TV 1886 davon vier Aktive an den Wettkämpfen teil, und zwar Fritz Bechtold, Philipp Guldner, Werner Schmitt und Karl Schmidt.

In der folgenden Turnratsitzung am 26. 10. 1938 wurde erstmals über den Verkauf des Schwimmbades an die Gemeinde Birkenau beraten. Als Preis wurde der Betrag von RM 10.000,– gefordert. Als Grund wurde angegeben, daß die anstehenden Reparaturen über die finanziellen Verhältnisse des Vereins weit hinausgingen. Außerdem sei „das Reich", also der Staat, bestrebt, in allen Gemeinden mustergültige Sportanlagen zu schaffen, welche von den Gemeinden getragen werden sollten. Mit dem Kaufangebot wollte man den Staat bzw. Gemeinde in die Pflicht nehmen, zumindest eine Sportstätte unterhalten zu müssen. Die Gemeinde selbst stand der Sache wohlwollend gegenüber, jedoch deren Aufsicht – der Landrat – war zunächst damit nicht einverstanden. Für diesen Zweck durften keine Gemeindemittel ausgegeben werden. Dies stand natürlich im krassem Widerspruch zum Sportprogramm des damaligen Regimes. Die Kaufverhandlungen zogen sich bis zum Jahre 1940 hin. Erst als man mit der Schließung des Bades drohte, gab man der Gemeinde die Genehmigung zum Kauf. Allerdings wurde der Preis auf RM 7.000,– reduziert.

Bemerkenswert ist auch, daß zu dieser Zeit bereits eine Planung bestand, im Bereich des Schwimmbades eine zentrale Sportanlage zu schaffen. Das Schwimmbad sollte in diese Anlage integriert werden. Dieser Plan war übrigens in den Jahren 1949/50 nochmals sehr aktuell. Der Sportbetrieb innerhalb des Vereins wurde durch die Verpflichtung der Aktiven zur SA und Hitlerjugend stark eingeengt. So wurde festgelegt, wöchentlich nur noch eine Turnstunde abzuhalten. Eine Tatsache, die ebenfalls im Widerspruch zum dem stand, was von den Nationalsozialisten in sportlicher Hinsicht propagiert wurde.

In der Turnratssitzung am 17. 3. 1939 wurde beschlossen, die Handballer in den Gau Baden zu überführen. In der nächsten Sitzung des Turnrates am 5. 10. 1939 war ein Großteil der Turnratsmitglieder bereits zur Wehrmacht einberufen. Bedingt durch den Krieg ging die Aktivität des Vereins mehr und mehr zurück. Der Krieg forderte von nun an seine Opfer. Der erste Gefallene des Vereins war der stellvertretende Vereinsführer und Gründer der Handballabteilung Georg Roth.

Die letzte Versammlung des Vereins war am 21. 3. 1943 im Gasthaus „Zur Krone". Anwesend waren 34 Mitglieder. Es wurde berichtet, daß die Turnerei ganz zum Ruhen gekommen sei. Lediglich die Handballer seien noch mit zwei Jugendmannschaften aktiv. Der Vereinssport kam schließlich völlig zum Erliegen. Sportliche Aktivitäten waren allerdings noch vorhanden bzw. wurden durch die Jugendorganisationen der Nationalsozialisten betreut und gefördert.

Während die Korbballerinnen bei den Spielen um die Kreismeisterschaft jeweils an den Mädels aus Heppenheim scheiterten, war es den Jugendhandballer vorbehalten, die Hessische Jugendmeisterschaft im Feldhandball zu erringen. Im Ko-System konnte man sich für das Endspiel qualifizieren, das am 13. 8. 1944 in Bad Nauheim stattfand. Gegner war eine Mannschaft aus Friedberg. Nach zweimaliger Verlängerung konnte die Mannschaft, bestehend aus Spielern von Birkenau und Ober-Mumbach, als Sieger vom Platz gehen. Dieses Spiel war auch der Schluß aller sportlichen Betätigungen. Durch den unseligen Krieg wurde alles zerstört, was in all den Jahren durch großen Fleiß, persönliche und finanzielle Opfer und Ausdauer aufgebaut worden war.

Wiederbeginn nach 1945

Wieder war es die Jugend, die nach dem Ende des schrecklichen Krieges die Initiative ergriff, Mittel und Wege suchte, um sich sportlich zu betätigen. Grundsätzlich waren alle Vereine verboten. Ohne Erlaubnis der Amerikanischen Militärregierung lief nichts. Für die Jugend war es schwer zu begreifen, daß sie, wenn sie auf dem Sportplatz Handball spielen wollte, hierzu eine Erlaubnis benötigte. So ist es geschehen, daß man an einem Sonntagnachmittag, ca. vier Wochen nach dem Kriege, ein Handballspiel gegen eine Mannschaft aus Hemsbach auf dem Tannenbuckel austragen wollte und nicht durfte. Die Mannschaften waren gerade beim Einlaufen, als Vertreter der örtlichen Polizei erschienen und das Spiel verboten. Es gab damals großen Ärger, und die Hemsbacher Spieler forderten die Birkenauer auf, mit nach Hemsbach zu kommen, um dort das Spiel auszutragen. Dies war jedoch auf die Kürze nicht möglich, weil nicht genügend Fahrräder zur Verfügung standen.

SKG Sport- und Kulturgemeinde Birkenau

Langsam kam Leben in die Sportbewegung. Zunächst war es nur ein loser Zusammenschluß Sportfreudiger. Es mangelte an allem. Sportkleidung, Bälle und sonstige Sportgeräte fehlten. Nachdem das sportliche Interesse sich mehr und mehr gesteigert hatte, entschloß man sich schließlich zur Gründung eines Vereins. Vom damaligen Bürgermeister Georg Hirt wurde mit Genehmigung der Amerikanischen Militärregierung eine Versammlung der Sportinteressierten einberufen. Diese fand am 22. 9. 1945 in der Volksschule (heute Grundschule) statt. Anwesend waren 94 Personen, deren Namen festgehalten sind. In dieser Versammlung wurde die Sport- und Kulturgemeinde Birkenau (SKG) gegründet. Der neue Verein gliederte sich in eine Gesangs- und eine Sportabteilung. Der Vorstand setzte sich wie folgt zusammen:

1. Vorsitzender Georg Hirt
2. Vorsitzender Johann Müller V.

Die SKG bzw. die Verantwortlichen waren bemüht, in Birkenau eine einheitliche Sportbewegung zu schaffen. Aus diesem Grunde fanden Gespräche mit den ehemaligen Funktionären des noch verbotenen TV 1886 statt. Man wollte vermeiden, daß ein weiterer Verein entsteht. Die Gespräche verliefen zufriedenstellend.

Die ersten Turn- und Übungsstunden wurden in einem Schulsaal der jetzigen Grundschule abgehalten, weil das Vereinshaus noch nicht zur Verfügung stand. In der Anfangszeit wurden in den Vereinsversammlungen die Mitglieder stets darauf hingewiesen, sich mit allen Kräften für die demokratische Grundordnung einzusetzen. Das Interesse am Sport war zu dieser Zeit sehr groß. Es war für die Menschen damals die einzige Chance zu einem geselligen Beisammensein. Mit der heutigen Zeit und deren zahllosen Unterhaltungsangeboten sind jene Tage überhaupt nicht mehr zu vergleichen.

Anfang des Jahres 1946 wurde das Vereinshaus, ebenso wie der Sportplatz Spenglerswald, an den Rechtsnachfolger der ehemaligen Sport- und Sängervereinigung, den „Verein zur Pflege demokratischen Aufbaus" zurückgegeben, nachdem die Gemeinde den Sportplatz im Jahr 1942 an die Firma Frank veräußert hatte. Das Vereinshaus war dann jahrelang Mittelpunkt des sportlichen Geschehens in unserer Gemeinde.

Die Handballer hatten bereits die erste Verbandsrunde abgeschlossen. Sie wurden ungeschlagen Kreismeister in der Kreissportgemeinschaft Bergstraße. Nach Rundenende beschloß man, wieder in den Badischen Handballverband überzuwechseln. Die Gründe hierfür waren eindeutig und verständlich. Erstens waren die Fahrten zu Gegnern weniger weit, man sparte also Fahrtkosten, zweitens war die Leistungsstärke im Raum Mannheim wesentlich höher als in der Kreissportgemeinde Bergstraße. Das erste Abturnen, das in den folgenden Jahren eine ständige Einrichtung wurde, fand am 6. 10. 1946 auf dem Tannenbuckel statt.

In der Generalversammlung am 21. 6. 1947 wurde beschlossen, allen weiblichen Mitgliedern unter 21 Jahre und allen männlichen Mitgliedern unter 25 Jahre zur Pflicht zu machen, sich in einer Sportart aktiv zu betätigen. Heute unverständlich war dagegen der Versammlungsbeschluß, alle Mitglieder aus der SKG auszuschließen, welche bei dem Männergesangverein Eintracht mitwirkten. Dieser Traditionsverein hatte zwischenzeitlich die Genehmigung der Militärregierung zur Fortführung des Vereins erhalten. Begründet wurde diese Entscheidung damit, daß man auch in der Gesangsabteilung der SKG singen könne. Demokratisch war dieser „Beschluß" mit Sicherheit nicht. Im Jahr 1947 kam mit dem Tischtennis eine weitere Sportart hinzu.

Wie bereits berichtet wurden die Handballer wieder in den Badischen Handballverband integriert. Nach Abschluß der Runde in der Bezirksklasse wurden sie ohne Spielverlust Meister und stiegen in die Badische Landesliga auf. In der Turnerei waren es zunächst die Turnerinnen, welche sich in der Öffentlichkeit zeigten. Der Versuch, die beiden Vereine SKG und Männergesangverein „Eintracht" zu vereinen, scheiterte. Ein Antrag aus Mitgliederkreisen, im Verein eine Fußball-Abteilung zu bilden, wurde vom Vorstand in einer Sitzung am 15. 4. 1948 einstimmig abgelehnt.

Große finanzielle Schwierigkeiten gab es durch die Währungsreform. Die Vereinskasse war leer. Man mußte wieder mit Null anfangen. Um jedoch die Zahlungsverpflichtungen erfüllen zu können, wurde kurzfristig von den Mitgliedern ein Sonderbeitrag erhoben und zwar von den Männern 1,- DM und von den Frauen 0,50 DM. Trotz aller Probleme und Hindernisse, die dem Verein aufgrund der schlechten wirtschaftlichen Lage bei der Erfüllung seiner Ziele im Wege standen, gab es doch eine kontinuierliche Aufwärtsentwicklung. An dieser Aufbauarbeit haben die damaligen Vorstandsmitglieder der SKG großen Anteil. Vor allem der 1. Vorsitzende und damalige Bürgermeister Georg Hirt.

Auf dem Sportplatz Tannenbuckel mußten aufgrund seiner topographischen Lage stets und ständig Unterhaltungsarbeiten durchgeführt werden. Besonders die obere rechte Ecke des Platzes drohte immer wieder abzurutschen. Man konnte jedoch keine größeren Sanierungsmaßnahmen vornehmen, weil das Gelände nicht Eigentum der SKG war. Eigentümer war nach wie vor der TV 1886, auch wenn er zu diesem Zeitpunkt nicht bestand. Wie bereits erwähnt, war der Verein 1945 durch die Militärregierung verboten und bisher nicht wieder gegründet worden. Dies geschah nicht zuletzt im Interesse einer einheitlichen Sportbewegung in Birkenau. Diese Situation machte es notwendig, daß mit ehemaligen Vorstandsmitgliedern des TV 1886 Gespräche geführt wurden. Dazu wurde von Seiten der SKG eine Kommission gebildet. Es wurde erreicht, daß durch Franz Sachs − ehemaliger stellvertretender Vereinsführer des TV − eine außerordentliche Versammlung des TV 1886 einberufen wurde. Diese fand am 5. 11. 1949 im Gasthaus „Birkenauer Tal" statt. Anwesend waren 109 Mitglieder.

In der folgenden Vorstandssitzung der SKG wurde über den Vorschlag einer Namensänderung beraten. Im Interesse einer kameradschaftlichen Zusammenarbeit und vor allem zum Wohl der sporttreibenden Jugend unserer Gemeinde wurde der Änderung des Vereinsnamen in Turn- und Sportverein − TSV − einstimmig entsprochen. Dieser Beschluß wurde einer außerordentlichen Generalversammlung der SKG, welche am 19. 11. 1948 stattfand, zur Abstimmung vorgelegt. In dieser Versammlung gab der 1. Vorsitzende Georg Hirt nochmals einen Rückblick über die Entstehung der SKG. Er erinnerte an die übergroßen Schwierigkeiten, die in der Zeit der Besatzung durch die Alliierten durchzustehen waren und daß der derzeitige Leistungsstand der SKG nur durch eine tadellose Zusammenarbeit der einzelnen Abteilungen und der Vorstandsmitglieder zustande kam. Hermann Unrath stellte auch in dieser Versammlung den Antrag auf Namensänderung. Er begründete seinen Antrag damit, daß sich insbesondere die Handballer in einer besonderen Notlage befänden und die Gefahr bestehe − hervorgerufen durch Proteste der auswärtigen Vereine − daß auf dem Tannenbuckel keine Heimspiele mehr ausgetragen werden dürfen. Der 1. Vorsitzende Georg Hirt nahm Stellung zu den Ausführungen von Hermann Unrath. Er stellte fest, daß ein neuer Name der wahren Sache nicht im Wege stehen dürfe und nur die Einigkeit unter den Sportlern das Ziel in Birkenau sein könne. Bei der folgenden Abstimmung wurde die Namensänderung bei zwei Stimmenthaltungen gebilligt. Das war wiederum mit ein Verdienst des 1. Vorsitzenden Georg Hirt, der in seiner Ansprache die Mitglieder von der Notwendigkeit einer Namensänderung überzeugte.

Am 3. 2. 1950 fand eine Vorstandssitzung des TSV – vormals SKG – statt, in der über den Zusammenschluß beider Vereine beraten wurde. In dieser Sitzung gab es heftige Debatten, insbesondere über die Forderung des TV 1886, einer Vereinigung nur zuzustimmen, wenn die vormalige SKG-Gesangsabteilung vom TSV getrennt werde. Man war auf Seiten des TSV nicht ohne weiteres bereit, diese Forderung zu erfüllen. Schließlich war es wieder der 1. Vorsitzende Georg Hirt, der einen Ausweg aus diesem Dilemma fand, indem er den Vorschlag machte, diese Entscheidung der Gesangsabteilung des TSV zu überlassen. Damit war die Entscheidung praktisch gefallen, weil man wußte, daß die Gesangsabteilung zu einem selbständigen Verein tendierte. Aus der Gesangsabteilung des TSV – vormals SKG – entstand der Volkschor Birkenau, welcher an die alte Tradition der Arbeiter-Sport- und Sängervereinigung anknüpfte. Dieser Verein hat sich in all den Jahren prächtig entwickelt und wurde zu einem echten Kulturträger unserer Gemeinde.

TSV – Turn- und Sportverein Birkenau e.V.

Der Weg für eine gemeinsame Generalversammlung des Turnvereins 1886 – TV 1886 – mit dem Turn- und Sportverein Birkenau – TSV – war damit frei. Diese fand am 26. März 1950 im Vereinshaus statt. Anwesend waren 153 stimmberechtigte Mitglieder beider Vereine. In seinen Ausführungen hob Georg Hirt den großen Idealismus und die Bereitschaft zur freiwilligen Arbeitsleistung hervor, die von den Mitgliedern der Sportvereine in unserer Gemeinde erbracht wurden.

Der Tagesordnungspunkt „Zusammenschluß der beiden Vereine" löste eine längere Debatte aus, welche sehr sachlich geführt wurde. Die Satzung des TSV – vormals SKG –, die durch das Registeramt bereits genehmigt war, wurde in verschiedenen Punkten ergänzt, worüber im Einzelnen abgestimmt wurde. So auch darüber, daß in der Satzung verankert wird, **daß der neue Verein die Tradition Birkenauer Vereine fortführe bzw. der neue Verein unter den Akten des ältesten Vereins, des TV 1886, weitergeführt wird.** Der Zusammenschluß wurde daraufhin einstimmig beschlossen. 1. Vorsitzender wurde Karl Brehm. Damit waren die Voraussetzungen geschaffen für die großen Erfolge des Birkenauer Sports, die sich in der Folgezeit auf regionaler und nationaler Ebene bestätigen sollten.

Man muß den damals Verantwortlichen für ihren Weitblick und vor allem für ihr Engagement um den Zusammenschluß höchstes Lob aussprechen. Nach dem Wahlspruch „Großes Werk gedeiht nur durch Einigkeit" ist in den folgenden Jahren ein Verein herangewachsen, der sowohl durch seine Leistungen auf sportlichem Gebiet als auch durch sein sauberes Auftreten weit über die nähere Umgebung bekannt wurde. Unter dem Vorsitz von Karl Brehm, welcher seine ganze Kraft dem Verein zur Verfügung stellte, wurde Enormes geleistet. Man kann mit ruhigem Gewissen behaupten, daß dies in der heutigen Zeit höchstwahrscheinlich nicht mehr möglich wäre. Der neue Vorstand hatte sich große Ziele gesetzt. Hauptaufgabe war zunächst die Erweiterung des Sportplatzes Tannenbuckel. Es bestand nach wie vor die Gefahr, daß ein Spielverbot für die Pflichtspiele ausgesprochen würde. Vereine, die

Der TSV bei einem Umzug mit dem damaligen 1. Vorsitzenden Karl Brehm an der Spitze

ebenfalls der Verbandsliga angehörten, hatten den Platz als zu klein abgelehnt. Er hatte nur eine Breite von 48 m und eine Länge von 86 m.

Die notwendige Erweiterung war aufgrund der topographischen Lage des Platzes mit großen Schwierigkeiten verbunden. Aus diesem Grunde wandte man sich an die Gemeinde bezüglich der Schaffung eines Sportplatzes im Bereich des Schwimmbades. Dieses Ansinnen war bereits im Zusammenhang mit den Verkaufsverhandlungen des Schwimmbades im Jahre 1940 an die Gemeinde gestellt worden. Leider, und das ist sehr zu bedauern, fand auch diesmal der Antrag keine Befürworter bei der Gemeinde. Es fehlte das notwendige Verständnis und der Weitblick, betrachtet man die heutige Situation in Birkenau: fünf Sportplätze, in allen Himmelsrichtungen verstreut, wovon nicht einer den Anforderungen, leichtathletische Disziplinen durchzuführen, entspricht. Ganz abgesehen von den Mehrkosten für Unterhaltung und Betreuung. Es wäre eine ideale Lösung gewesen, im Bereich des Schwimmbades eine zentrale Sportanlage zu schaffen, wie dies in nahezu allen Städten und Gemeinden unserer näheren und weiteren Umgebung der Fall ist.

Aufgrund des Desinteresses und der ablehnenden Haltung der Gemeinde in jenen Tagen war man nun doch gezwungen, an die schwierige Aufgabe der Erweiterung des Platzes heranzugehen. Damit begann eine Phase, die bis in das Jahr 1968 andauerte. In gewissen Zeitabständen wurden größere Erweiterungs- und Umbauarbeiten durchgeführt. Unzählige freiwillige Arbeitsstunden wurden, wie auch schon in früherer Zeit, von den Mitgliedern aufgewendet. Aber es war nicht allein der Platz, der im argen Zustand lag. Es fehlten auch die erforderlichen Räumlichkeiten und vor allem ordnungsgemäße Waschanlagen. Bisher konnte man sich auf dem Tannenbuckel nicht waschen. Man mußte entweder in die Nachbarschaft oder nach Hause. So wurde der Platz an die Frischwasserversorgung der Gemeinde sowie an die elektrische Versorgung angeschlossen und eine Pumpstation gebaut. Ferner wurde ein Gebäude errichtet, in dem neben zwei Umkleideräumen, ein Waschraum und im Erdgeschoß ein Geräteraum sowie Toilettenanlagen untergebracht wurden. Außerdem ging man daran, auf dem Tannenbuckel eine Unterstellhalle mit einem Verkaufshäuschen zu errichten.

Die Turnerinnen waren zu jener Zeit der aktivere Teil und in der Überzahl

Bei der Generalversammlung im März 1952 hatte der Verein 447 Mitglieder über 14 Jahre, darunter 19 Ehrenmitglieder. Die finanziellen Verhältnisse des Vereins waren nicht besonders gut; die Ausbauarbeiten auf dem Sportplatz hatten hohe Kosten verursacht.

Das erste internationale Handballspiel auf dem Tannenbuckel wurde am 9. August 1952 zwischen einer Jugendmannschaft aus Basel/Schweiz und dem TSV ausgetragen. Am 21. 6. 1953 fand in Birkenau das Kreiskinderturnfest statt.

Zum ersten Mal wurde in der Generalversammlung 1954 von der Notwendigkeit einer Sporthalle gesprochen. Dieser Ruf wurde von Jahr zu Jahr stärker und die Notwendigkeit dringender. Eine weitere Ausbaumaßnahme auf dem Sportplatz wurde im Sommer 1954 durchgeführt. Mit Hilfe einer amerikanischen Pioniereinheit wurde der obere Teil des Sportgeländes vollkommen neu gestaltet. Es wurde ein Kleinspielfeld und Leichtathletikplatz angelegt. Durch die Planierung des Spielfeldes bekam der Verein Ärger mit den tieferliegenden Anliegern an der Hauptstraße. Bei starkem Regen floß das Oberflächenwasser, welches sich auf dem Platz sammelte, auf die Hausgrundstücke. Um diesen Mißstand zu beseitigen, mußte der untere Bereich des Sportplatzes fachgerecht entwässert werden. Um den notwendigen Parkraum für Sportplatzbesucher schaffen zu können, wurden im Jahre 1957 oberhalb des Sportplatzgeländes von der Gemeinde bzw. den Eheleuten Franz Schütz und Georg Jakob Grundstücke von insgesamt 4.446 qm erworben.

Das Ansteigen des Leistungsniveaus der Handballer stellte auch höhere Anforderungen an die Platzanlage. So faßte man den Beschluß, die Umkleide- und Waschmöglichkeiten durch Schaffung neuer Räume zu verbessern. An den vorhandenen Waschraum wurde ein Duschraum angebaut und die Umkleideräume erweitert. Eine Warmwasseraufbereitungsanlage wurde installiert und ein WC eingebaut. Diese Arbeiten wurden im Winterhalbjahr 1960 ausgeführt, so daß die neuen Räume zu Beginn der Feldhandballrunde in der Süddeutschen Oberliga, in die man aufgestiegen war, zur Verfügung standen. Bei dieser Gelegenheit muß wieder darauf hingewiesen werden, daß durch die Eigeninitiative und das Besinnen auf die eigene Stärke Leistungen erbracht wurden, die heute nur mit hohem Kapitaleinsatz möglich wären. Im Jahre 1958 wurde, nachdem ein Jahr zuvor das neue Schwimmbad der Gemeinde eröffnet worden war, eine Schwimmabteilung gegründet.

In der Generalversammlung am 22. 2. 1962 gab es einen Wechsel in der Vereinsführung. Der bisherige 1. Vorsitzende Karl Brehm gab in einer Erklärung bekannt, daß er aus gesundheitlichen Gründen nach 12jähriger Tätigkeit sein Amt nicht mehr ausüben könne. Seine Entscheidung wurde allgemein bedauert. Der 2. Vorsitzende Karl Stief bezeichnete zu Recht Karl Brehm als den Baumeister des TSV. Zum neuen Vorsitzenden wurde der bisherige Schriftführer Peter Spilger einstimmig gewählt. Der neue Vorsitzende war Gründungsmitglied der SKG und hatte seitdem verschiedene Funktionen ausgeübt. Der Verein hatte zu dieser Zeit 511 Mitglieder über 14 Jahre. Das Hauptaugenmerk des Vorstandes galt weiterhin der Verbesserung der Platzverhältnisse, um dem Leistungsstand der Aktiven gerecht zu werden. So wurde im Jahre 1963 das Kleinsportfeld mit einer Walzasphaltdecke ausgestattet. Im Jahre 1963 erschien zum ersten Mal das TSV-Vereinsheft. Mit dieser Zeitschrift, die vierteljährlich herausgegeben wird, werden die Mitglieder bis heute über das Vereinsgeschehen unterrichtet.

Aufgrund starker Regenfälle im Spätsommer 1965 wurde der Sportplatz, insbesondere die Zuschauerränge auf der linken Seite, erheblich in Mitleidenschaft gezogen. Die vor Jahren vorgenommenen Befestigungen wurden brüchig, und die Zuschauerränge rutschten teilweise bis an den Spielfeldrand ab. Es war eine kritische Situation, und es mußte unverzüglich gehandelt werden. Man hatte keine andere Wahl, als die gesamte Seite neu zu befestigen. Zunächst wurde der Bereich in einer Breite von 2 m und einer Tiefe von 1 m ausgehoben. Dann wurde in Abständen von 1,50 m Eisenbahnschienen in einer Länge von 4,50 M in den Hang eingerammt. Diese Arbeiten wurden durch die Firma Nickerl, Weinheim, ausgeführt. Anschließend wurde eine Winkelstützmauer errichtet, welche sich auf die eingerammten Schienen stützte. Danach wurde dieser Bereich verfüllt und verdichtet, nachdem zusätzlich Kanal- und Wasserleitung verlegt worden waren. Die Gesamtkosten waren auf ca. 50.000,– DM veranschlagt. Die Arbeiten wurden im Winterhalbjahr 1965/66 ausgeführt.

Am 2. Weihnachtsfeiertag sowie am Sonntag, den 2. 1. 1966 haben Mitglieder an diesem Bauwerk die Verschalung ausgebaut, um Zeit zu gewinnen, damit die Firma ihre Arbeit fortsetzen konnte. Ein Jahr später wurde in gleicher Art und Weise die gegenüberliegende Seite des Platzes befestigt. Allerdings waren die Arbeiten dort nicht so schwirig. Durch diese Maßnahmen wurde die Platzanlage in einen vorbildlichen Zustand gebracht. Durch die jetzt mögliche Errichtung von Stehtribünen konnte das Zuschauervolumen wesentlich erweitert werden. In der Folgezeit waren bei einem Spiel gegen die SG Leuterhausen nahezu 4.000 Zuschauer auf dem Platz. Mit der Fertigstellung dieser Maßnahme, es war im Jahre 1968, waren die Um- bzw. Ausbauarbeiten auf dem Sportplatz Tannenbuckel vorerst abgeschlossen.

In sportlicher Hinsicht ging es weiterhin aufwärts. Die Turnriege konnte im Jahre 1964 in der Oberstufe die Gaumeisterschaft erringen. Folgende Turner waren daran beteiligt: Herbert Vogler, Paul Jakob, Theo Ritzert, Emil Florig, Walter Roschauer, Fritz Walter und Ernst Fischer. Man war bestrebt, sich an sämtlichen Landes- und Deutschen Turnfesten aktiv zu beteiligen. Im Feldhandball spielte man seit 1960 in der höchsten Klasse, der Süddeutschen Oberliga, und belegte dort hervorragende Plätze. Im Spieljahr 1961 konnte der 4. Tabellenplatz errungen werden, und man nahm damit erstmals an den Spielen um die Deutsche Feldhandball-Meisterschaft teil.

Der TSV läßt die deutsche Handballwelt aufhorchen

Der größte Erfolg bis dahin gelang dann im Jahre 1964 mit der Erringung der Süddeutschen Meisterschaft im Feldhandball und der erneuten Teilnahme an den Spielen um die Deutsche Meisterschaft. Dies löste eine Begeisterung aus, wie man sie bisher nicht gekannt hatte. In souveräner Manier wurde dieser Titel von folgenden Spielern errungen: Hans Angel, Franz Sauer, Horst Müller, Erich Peller, Ladislaus Laßlop, Karl-Heinz Brehm, Hans Bechtold, Achim Lehmann, Albert Korgitta, Martin Andes und Wolf-Rüdiger Pfrang.

Als Trainer fungierte damals Willi Kitzing, Sportdozent an der Universität Heidelberg. Dieser großartige Erfolg war Anlaß einer würdigen Meisterschaftsfeier, welche im Saal des Vereinshauses abgehalten wurde. Viel Prominenz aus Sport und Politik war anwesend. Kein geringerer als der spätere Chef der Mission bei den Olympischen Spielen in Melbourne, Siegfried Perry, auch „Mister Olympia" genannt, hielt damals die Festansprache. Dieser Erfolg wiederholte sich nochmals im Jahre 1966. Nach Abschluß der regulären Runde war man punktgleich mit der SG Leutershausen. In einem Entscheidungsspiel im Stadion Weinheim konnte die Mannschaft des TSV Birkenau in einem begeisterten Spiel vor 5.000 Zuschauern die SG Leutershausen mit 16:12 Toren besiegen und wurde damit erneut Süddeutscher Feldhandballmeister. Gleichzeitig erreichte die Mannschaft damit auch die Qualifikation zur Feldhandball-Bundesliga, nachdem man bereits vorher die Qualifikation zur Hallenhandball-Bundesliga geschafft hatte. Mit Fug und Recht darf man dieses Jahr als eines der erfolgreichsten Jahres des TSV unter der Ägide von Peter Spilger bezeichnen.

Im Rückblick stellen sich die wichtigsten Handballerfolge seit 1951 wie folgt dar:
  1951/52 Bad. Meister im Hallenhandball
  1953/54 Kreismeister im Hallenhandball

1954/55   Bad. Pokalsieg im Feldhandball
1960   Bad. Meister im Feldhandball
1864   Süddeutsche Meisterschaft im Feldhandball
1966   Süddeutsche Meisterschaft im Feldhandball
1966   Bad. Meisterschaft im Hallenhandball
1966   Qualifikation für beide Bundesligen

Nicht aufgeführt sind die zahlreichen Meisterschaften der Jugendmannschaften auf Kreis- und Landesebene.

Ungeheure Probleme gab es bei der Suche nach Trainingsmöglichkeiten für die Hallen-Handballspiele. Schon vor Jahren wurde von seiten des Vereinsvorstandes immer wieder der Ruf nach einer Sporthalle an Gemeinde, Kreis und Land gerichtet, leider ergebnislos. Eine begrenzte Möglichkeit gab es dann im Jahre 1967 nach der Fertigstellung der Südhessenhalle in Reisen sowie in der TSG-Halle in Weinheim. Der Verein mußte für jede Trainingsstunde DM 6,– Hallenmiete zahlen. Dies war eine große finanzielle Belastung; im Gegensatz zu heute, wo die Hallen den Vereinen kostenlos zur Verfügung stehen.

Nach dreijähriger Zugehörigkeit zur Hallenbundesliga mußte die Mannschaft im Jahre 1969 absteigen. Dies war übrigens das erste Mal seit 1945, daß eine 1. Mannschaft des TSV Birkenau absteigen mußte. Die widrigen Umstände, mit denen man zu kämpfen hatte, waren die Ursache des Abstiegs. Das Spielermaterial selbst war zu diesem Zeitpunkt hervorragend.

Der Deutsche Feldhandballmeister des Jahres 1974 heißt TSV Birkenau

In einer im Jahre 1969 erschienenen Statistik in der Deutschen Handballwoche — dem amtlichen Organ des Deutschen Handballbundes — wurden die „Großen Sieben" im Handball ermittelt. Laut dieser Statistik stand der TSV Birkenau damals aufgrund seiner Erfolge und Tabellenplätze im Feldhandball auf dem 3. Platz, im Hallenhandball auf dem 7. Platz und in Feld und Halle auf dem 5. Platz.

In der Feldhandballbundesliga war man vertreten bis zu deren Auflösung im Jahre 1973. Der Grund hierfür lag darin, daß der Hallenhandball in seiner internationalen Bedeutung dem Feldhandball überlegen war und sich die Spitzenmannschaften mehr und mehr auf den Hallenhandball konzentrierten.

Nochmals konnte der TSV im Feldhandball einen großen Erfolg erzielen, 1974 wurde der Titel eines Deutschen Meisters errungen. Folgende Spieler waren an der Meisterschaft beteiligt:

Manfred Erhard, Hans Eschwey, Hans Kellner, Heinz Malzkeit, Rudi Dörr, Erich Peller, Jürgen Drabant, Günther Töpfer, Albert Korgitta, Wolfgang Spatz, Klaus Heckmann, Helmut Osada, Karl-Heinz Brehm, Helmut Fischer und Rolf-Peter Laßlop. Trainer war Helmut Rück.

In der Generalversammlung des Vereins am 22. 3. 1974 trat eine Veränderung in der Vereinsführung ein. Der bisherige 1. Vorsitzende Peter Spilger kandidiert aus dienstlichen Gründen nach 12 Jahren nicht mehr. Er war außerdem der Auffassung, daß nach dieser langen Zeit für einen Vorsitzenden die Gefahr bestehe, daß er seine Aufgaben nicht mehr mit dem notwendigen Schwung erfülle. Peter Spilger übernahm die Aufgabe des 2. Vorsitzenden. 1. Vorsitzender wurde Rudolf Etzdorf. Der Verein hatte zu diesem Zeitpunkt 745 Mitglieder über 14 Jahre, darunter 30 Ehrenmitglieder.

Das Geräteturnen, jahrelang eine vereinstragende Sportart, ging zum größten Bedauern mehr und mehr zurück. Die Männer- und Frauenriege wurde aufgelöst. Diese Entwicklung entsprach dem Trend, wie er auch in anderen Sportvereinen zu beobachten war. Der Grund war sicherlich darin zu suchen, daß die Bundesrepublik im Geräteturnen international weit zurückgefallen war und für die Jugend keine Anreize mehr bot. Dagegen war der Zuspruch im Kinderturnen so groß, daß der Verein große Schwierigkeiten hatte, die notwendigen Übungsleiter und die notwendigen Räumlichkeiten zur Verfügung zu stellen.

Der Verein erfüllte damals wie heute eine wichtige Aufgabe für die Gesundheit und körperliche Ertüchtigung unserer Kinder, die von der Schule nur eingeschränkt wahrgenommen werden konnte. In dieser Zeit ist das kommerzielle Denken im Sport stark in den Vordergrund gerückt. Dieser Trend, in unserer Wohlstandsgesellschaft geboren, sollte in den Sportvereinen keine Chance haben, weil er in vielerlei Hinsicht schädlich ist. Die Entwicklung ging aber ins genaue Gegenteil. Auch der TSV geriet mehr oder weniger notgedrungen durch die Finanzierung der 1. Handballmannschaft in dieses Fahrwasser. Die Alternative hätte „Verzicht auf den Leistungshandball" gelautet.

Im September 1974 wurde eine Volleyabteilung innerhalb des Vereins gebildet. 18 Interessenten waren die Gründer. Die Misere einer fehlenden Sporthalle bestand seit Mitte der 50er Jahre, also schon über zwei Jahrzehnte. In jeder Generalversammlung wurde leidenschaftlich an die zuständigen Stellen appeliert und auf die Mißstände hinsichtlich des Trainings hingewiesen. Lange Jahre hat es gedauert, bis endlich Anfang des Jahres 1975 die Langenberg-Sporthalle ihrer Bestimmung übergeben werden konnte. Die Halle wurde im Rahmen des Mittelpunktschulprogramms durch den Kreis Bergstraße errichtet. Die Gemeinde Birkenau hat sich mit 800.000,- DM an diesem Bau beteiligt, um die Halle in den erforderlichen Zustand zu versetzen und die notwendigen Zuschauerplätze zu schaffen.

Im Jahre 1976 gab es erneut einen Wechsel in der Vereinsführung. Anstelle des 1974 gewählten Rudolf Etzdorf wurde Ernst Brehm 1. Vorsitzender des Vereins. Zu dieser Zeit hatte der Verein 827 Mitglieder über 14 Jahre, darunter 42 Ehrenmitglieder. Zielsetzung des neuen Vorstandes war, die sportlichen Leistungen zu steigern, die wirtschaftliche Stabilität des Vereins anzustreben, dabei aber gegenüber anderen Vereinen konkurrenzfähig zu bleiben.

In der Generalversammlung am 15. 4. 1978 wurde die Schwimmabteilung wegen Mangel an Trainingsmöglichkeiten in einem Warmwasser- bzw. Hallenbad aufgelöst. In der Handballabteilung hatte man sich zum Ziel gesetzt, wieder in die damals zweigeteilte Bundesliga aufzusteigen. Dies ist nach Abschluß der Spielrunde 1978/79 gelungen, nachdem die Mannschaft wesentlich verstärkt worden war.

Im Jahre 1975 konnte das 50jährige Jubiläum der Handballabteilung gefeiert werden. Initiator und Gründer des Handballsports beim TV 1886 war Georg Roth, der leider im 2. Weltkrieg, im Mai 1940, in Frankreich gefallen ist. Das Jubiläum wurde am 24. 8. 1979 mit einem Festabend in der Südhessenhalle begangen. Davor fand auf dem Sportplatz Tannenbuckel eine Sportwoche statt.

Bedingt durch die Aufgabe des Großfeldhandballspiels stellte sich die Frage, was wird aus dem „Tannenbuckel"? Das Kleinod einer Sportanlage drohte zu verkommen. Daher wurden Überlegungen angestellt, wie man das Gelände sinnvoll nutzen könne. Dabei wurde einer kommunalen Nutzung (durch die Gemeinde) der Vorzug vor einer kommerziellen Nutzung gegeben. Das Vorhaben des Vorstandes scheiterte jedoch am Widerstand der Mitglieder, so daß der Platz dem Verein auch weiterhin erhalten blieb.

Aufgrund der Plazierung in der Hallenrunde 1980/81 schaffte die 1. Mannschaft die Qualifikation zur neugeschaffenen 2. Bundesliga. Große Sorgen bereitet den Verantwortlichen des Vereins die finanzielle Lage. Die Einnahmen aus den Spielen der 1. Mannschaft waren früher die hauptsächliche Geldquelle des gesamten Vereins. Die Einnahmen aus den Spielen in der 2. Bundesliga reichten hingegen nicht mehr aus, um die Ausgaben für den Spielbetrieb dieser Mannschaft zu decken.

In der Generalversammlung am 2. 4. 82 gab es erneut einen Wechsel in der Vereinsführung. Nach 6jähriger Tätigkeit legte Ernst Brehm seine Funktion als 1. Vorsitzender nieder. Nachfolger wurde Hans Steffan. Dieser betrachtete es als seine Aufgabe, die Verbindlichkeiten des Vereins abzubauen, aber gleichzeitig die 2. Bundesliga zu halten. Es wurde ein Sanierungsplan entwickelt, mit dessen Hilfe die finanzielle Lage des Vereins langfristig verbessert werden sollte. Die Handballabteilung konnte im Jahr 1983 eine bedeutende Meisterschaft erringen: Die männliche C-Jugend der 12 bis 14jährigen wurde Deutscher Hallenhandballmeister. Folgende Spieler waren am Erfolg beteiligt:

Peter Bechtold, Ramon Garrido-Villar, Frank Jöst, Frank Dümmler, Markus Hochhaus, Stefan Schmitt, Markus Jöst, Tilmann Jakob, Tomi Uremovic, Stefan Schössau, Mathias Brock, Jürgen Brehm und Steffan Ockert.

Die C-Jugend des TSV wird Deutscher Meister des Jahres 1983

Die finanzielle Situation des Vereins sowie sportliche Probleme veranlaßten den Vorstand im April 1985, ehemalige aktive Funktionsträger und Freunde des Leistungshandballs zu einer Diskussion in das Feuerwehrgerätehaus einzuladen. Die Meinungen gingen dabei auseinander. Während sich der Großteil für den Erhalt des Leistungssportes im Verein aussprach, gab es auch solche, die im Hinblick auf die finanzielle Lage dafür plädierten, mit eigenem Spielermaterial die Runde zu bestreiten und gegebenenfalls einen Abstieg in Kauf zu nehmen.

In der Jahreshauptversammlung des Jahres 1985 erklärte der 1. Vorsitzende Steffan, daß überlieferte Traditionen von einer neuen Zeit abgelöst werden. In der Tat war es so, daß diese neue Zeit auch die Sportvereine voll erfaßt hatte und die Strukturen veränderte. Schon seit längerer Zeit machte man sich über die Zukunft der Vereine, insbesondere der Sportvereine, Gedanken. Können Turn- und Sportvereine in ihrer derzeitigen Rechtsform, die seit 90 Jahren gilt und die im Bürgerlichen Gesetzbuch festgelegt ist, in dieser Zeit des professionalisierten Sports noch existieren? Zunehmend ist man heute der Auffassung, daß der moderne Sportverein in erster Linie ein Dienstleistungsunternehmen sein muß, welches wie ein moderner Betrieb als kostendeckendes Wirtschaftsunternehmen geführt wird, in dem es Unterteilungen in

Leistungs- und Wettkampfsport auf der einen, und Breiten- und Freizeitsport auf der anderen Seite geben soll. Die Gemeinnützigkeit wäre weiter gegeben, weil ein wirtschaftlicher Nutzen daraus nicht gezogen wird. Der Verein sollte weiterhin ehrenamtlich geführt, aber auf dem Feld des Leistungssports professionell gemanagt werden.

Durch den Weggang verschiedener Leistungsträger der 1. Mannschaft aus finanziellen Gründen mußte diese nach Abschluß der Runde 1986/87 aus der 2. Bundesliga absteigen und spielt seitdem in der Regionalliga Süd. Dieser Abstieg hätte nur vermieden werden können, wenn der Verein finanziell in der Lage gewesen wäre, erneut leistungsstarke Spieler zu verpflichten.

Aus Anlaß des Jubiläums „100 Jahre Vereinssport in Birkenau" fand am 18. 10. 1986 in der Südhessenhalle eine Festveranstaltung statt. Wie eingangs erwähnt begann der Vereinssport mit der Gründung des Turnvereins am 1. 5. 1886. Es war nicht das Jubiläum eines einzelnen Vereins, sondern aller seit 1986 in Birkenau existierenden Sportvereine. Mehrfach erwähnt bzw. anerkannt wurde die Tatsache, daß in Birkenau in diesen 100 Jahren hervorragende sportliche Leistungen erbracht wurden.

Aus familiären Gründen hat der seitherige Vorsitzende Hans Steffan im Herbst 1988 sein Amt zur Verfügung gestellt. Nachfolger wurde Wolfgang W. Freudenberger. Er übernahm eine nicht leichte Aufgabe. Auf der einen Seite sollte der leistungsbezogene Handball unter allen Umständen erhalten, d.h. die 1. Mannschaft sollte in die Bundesliga zurückgeführt werden, auf der anderen Seite fehlen hierzu die finanziellen Mittel. Aufgrund der weiterhin negativen Entwicklung hat man sich in der Generalversammlung 1990 dafür ausgesprochen, keine weiteren Risiken einzugehen. Es wurde beschlossen, daß die 1. Mannschaft künftig mit dem Spielermaterial auskommen muß, das der Verein finanziell verkraften kann, selbst auf die Gefahr hin, daß weitere Abstiege die Folge sind.

Im November 1989 wurde die auf dem Sportplatz Tannenbuckel vorhandene Unterstellhalle angezündet und ist vollkommen abgebrannt. Der Verein hat sich entschieden, diese Halle in erweiterter Form in Eigenhilfe neu zu errichten. Aus dem ehemaligen Provisorium für Tannenbuckelfeste wurde eine attraktive kleine Gaststätte, die für den Verein eine wichtige gesellschaftliche und finanzielle Funktion erfüllt.

Trotz aller Probleme und Schwierigkeiten sind die Verantwortlichen des TSV Birkenau zuversichtlich, mit ihrem Konzept den richtigen Weg in die Zukunft eingeschlagen zu haben.

Behindertensportgruppe Birkenau

Am 5. Mai 1959 wurde im Gasthof „Zum Engel" die Versehrtensportgruppe Birkenau gegründet. Zum Vorsitzenden wurde Georg Fändrich gewählt. Ziel und Aufgabe dieser Gruppe war es, für die körperlich und seelisch angeschlagenen Kriegsversehrten einen sportlichen und geselligen Standort zu schaffen und sie wieder in die Gesellschaft einzugliedern. Gymnastik und Spiele waren und sind bis heute Schwerpunkt der Aktivitäten dieses Vereins, der sich inzwischen neuen, gesundheitserhaltenden Arbeitsfeldern zugewandt hat.

Der erste Übungsabend wurde im Saale des Gasthauses zum „Birkenauer Tal" abgehalten. Die Gruppe hat sich in kurzer Zeit voll in die Gesellschaft integriert und nimmt einen festen Platz im Birkenauer Vereinsleben ein. Ein breitgefächertes versehrtensportliches Programm wurde entwickelt. Dr. med. Wolf-D. Becker, Birkenau, hat die Gruppe jahrelang medizinisch betreut. Aus versicherungsrechtlichen Gründen hatte man sich zwischenzeitlich der SVG Nieder-Liebersbach angeschlossen. Denn nur so war es möglich, an Sportfesten teilzunehmen. Innerhalb eines Jahres verfügte die Gruppe über so viele Aktive, daß man Faust-, Sitz- und Prellball spielen konnte. Im Jahre 1962 zog man in den Saal des Vereinshauses. Ab 1965 konnte die Gruppe die neuerbaute Südhessenhalle in Reisen benutzen. Gleichzeitig übernahm der TV Reisen den Versichertenschutz. Auch Schwimmen wurde in das Programnm aufgenommen. Hierzu benutzte man das Hallenbad in Weinheim.

Die Behinderten-Sportgruppe bei einem Ausflug nach Rohrbach im Jahre 1985

Seit der Fertigstellung der „Langenberg-Sporthalle" im Jahre 1976 hatte man dort seine Bleibe. Neben den regelmäßigen wöchentlichen Übungsstunden werden jährlich verbandsoffene Faust- und Sitzballturniere ausgetragen. Mit der Gleichstellung der Zivilbehinderten mit den Kriegsversehrten im Jahre 1976 wurde die Versehrtensportgruppe in Behindertensportgruppe umbenannt. Damit ist allen Behinderten die Möglichkeit zur Teilnahme an den Übungsstunden gegeben. Im Jahre 1978 bildete man eine Frauengymnastikgruppe, womit ein weiterer Aufschwung eingeleitet wurde. Neben dem sportlichen Angebot wurde natürlich auch die Geselligkeit gepflegt. Im Mai 1984 konnte das 25jährige Jubiläum gefeiert werden.

Zwischenzeitlich hat sich eine Konorar-Sportgruppe dem Verein angeschlossen. In dieser Gruppe finden sich Menschen zusammen, die sich einer Therapie ihrer Herzkrankheit unterziehen müssen. In wöchentlichen Übungsstunden werden unter strenger ärztlicher Aufsicht in der Mehrzweckhalle Hornbach leichte sportliche Übungen durchgeführt. Der Zuspruch ist so groß, daß man inzwischen drei Gruppen bilden mußte, um die vorgegebenen Übungen ordnungsgemäß durchführen zu können. Es bleibt zu hoffen, daß diese Gruppe zum Wohle der Behinderten weiterhin so aktiv und wirkungsvoll agiert wie bisher.

VfL Verein für Leibesübungen Birkenau

Im Jahre 1963 wurde in Birkenau ein zweiter Sportverein, der „Verein für Leibesübungen – VfL", gegründet. Hauptsportart des neuen Vereins war Fußball. Außerdem waren Gymnastik und Kunstkraftsport geplant. Damit scheiterte das ursprüngliche Ziel, in Birkenau nur einen sporttreibenden Verein zu schaffen, wie es durch den Zusammenschluß der SKG bzw. TSV mit dem TV 1886 zunächst erreicht worden

Der Gründungsvorstand des VfL im Jahre 1963 v.l.n.r. stehend: Willi Flemming, Heinz Schrödelsecker, Herbert Maiwald, Horst Beckmann†, Roland Heckmann, Adolf Jursitzky, sitzend: Werner Golla, Josef Heinrich†, Frieda Bormuth, Toni Baier†, Helmut Morr†

war. Zum 1. Vorsitzenden wurde Leo Dörger gewählt, welcher im Jahre 1964 durch Georg Schmitt abgelöst wurde. Verständlicherweise gab es gewisse Spannungen wegen dieser Neugründung. Die Behauptung, der VfL sei aus politischen Gründen ins Leben gerufen worden, war einer der Gründe. In einer außerordentlichen Generalversammlung des TSV, einberufen vom 1. Vorsitzenden, befaßte man sich mit den gegen den Verein und einzelne Mitglieder erhobenen Vorwürfe, im Zusammenhang mit der Bürgermeisterwahl am 29. 1. 1963. In einer lebhaften, aber sachlichen Diskussion versuchte man den Sachverhalt zu klären.

Schon lange Jahre vor der offiziellen Gründung des VfL wurde innerhalb der SKG sowie des TSV mehrmals diskutiert, ob man eine Fußballabteilung bilden solle. Man war stets zu der Auffassung gekommen, daß dies der Leistungsstärke im Handball nicht förderlich sei. Die Erfolge im Handball haben denjenigen, welche diese Meinung vertraten, recht gegeben. Man wollte verhindern, daß die zielstrebige Aufbauarbeit im Handball durch Abwanderung zu den Fußballern beeinträchtigt wird. Außerdem wäre ein Wechselspiel Handball-Fußball für keine Seite förderlich gewesen.

Von 1969 bis 1972 führte Georg Zubeck, von 1972 bis 1976 Roland Heckmann, von 1976 bis 1986 Bodo Döring und ab 1986 bis 1993 Dr. Herbert Dörsam den Verein. Die Zeit heilte die Wunden, und in friedlicher Koexistenz gehen heute beide Vereine ihren Weg, gegenseitige Unterstützung durch den Besuch von Sportveranstaltungen sind inzwischen eine Selbstverständlichkeit. Im Jahre 1988 konnte man das 25jährige Bestehen des Vereins feiern. Im Fußball stieg der VfL im Jahre 1967 in die B-Klasse

Der VfL steigt nach Abschluß der Runde 1967 in die B-Liga auf

auf. Der Klassenerhalt konnte allerdings in diesem Jahr nicht geschafft werden. Im Jahre 1976 gelang der erneute Aufstieg in die B-Klasse, die man jedoch wiederum nach Ablauf der Runde verlassen mußte. Doch bereits 1991 schafft die junge Mannschaft unter Trainer Karl Fritz den Aufstieg in die A-Klasse, und nach weiteren drei Jahren war es soweit: Seit 1994 spielt der VfL Birkenau in der Bezirksliga Süd. Auch in der Vereinsführung gab es ein Wechsel: Im November 1993 löste German Pauli Dr. Herbert Dörsam im Vorsitz ab.

Schöne Erfolge konnten die Kunstkraftsportler erzielen. besonders erfolgreich waren die „Veteranos", welche überregional bekannt wurden. Sie erhielten Einladungen zu großen Sportfesten und waren sogar im Fernsehen vertreten.

Tennisverein Blau-Weiß Birkenau

Ein weiterer Sportverein wurde im Dezember 1966 gegründet, der Tennisverein Blau-Weiß. Die Gemeinde stellte dem Verein Gelände im Bereich des Schwimmbades zur Errichtung einer Tennisanlage zur Verfügung. Hierfür muß der Verein eine geringe Nutzungsentschädigung an die Gemeinde zahlen. Der Zuspruch war so groß, daß die Sportanlage bald zu klein war und weitere Tennisplätze gebaut werden mußten.

1. Senioren-Mannschaft 1985 - Aufstieg in die Bezirksklasse A

1. Vorsitzender bis zum Jahre 1974 war Rudolf Farr. Mit der Gründung dieses Vereins hat sich das sportliche Angebot in Birkenau erneut um eine Sportart erweitert, die in den Folgejahren einen ungewöhnlichen Aufschwung erlebte. Im Jahre 1970 errichtete der Verein sein Clubhaus. Nachfolger von Rudolf Farr wurde Alois Krug. Dieser führte den Verein bis 1981.

1976 feierte der Verein sein 10jähriges Jubiläum. Die Zahl der Mitglieder war inzwischen auf 170 angewachsen. Die Aktivität machten die Errichtung eines weiteren Tennisfeldes erforderlich. Die Gemeindevertretung hat hierfür weiteres Gelände zur Verfügung gestellt. Damit konnte der Verein über vier Plätze verfügen.

Nachfolger von Alois Krug wurde im Jahre 1981 Hermann Sattler, welcher die Funktion bis 1984 ausübte. Kurzfristig, und zwar 1984 bis 1985, übernahm nochmals Rudolf Farr den Vorsitz. Sein Nachfolger wurde Horst Zeidler. Im Jahre 1988/89 konnte das Clubhaus erweitert und modernisiert werden. Die positive Entwicklung des Vereins hält weiter an. Wesentlichen Anteil an dem allgemeinen Aufwärtstrend im Tennissport hatten die großen Erfolge der deutschen Tenniselite. Dies wirkt sich ebenfalls sehr positiv auf die Jugendarbeit aus. Bei dieser Entwicklung braucht sich der Tennissport um seinen Nachwuchs keine Sorgen zu machen.

Reit- und Fahrverein Birkenau

Der Reit- und Fahrverein wurde am 15. November 1969 gegründet. Aufgabe des Vereins ist die Pflege und Förderung des Reit- und Fahrsports in Birkenau. Um diese Aufgabe erfüllen zu können, brauchte man natürlich einen Reitplatz. Dieser konnte nach verhältnismäßig kurzer Zeit auf dem von der Gemeinde zur Verfügung gestellten Gelände oberhalb des neuen Friedhofes errichtet werden. Bis zu diesem Zeitpunkt stellte Baron Freiherr Wambolt von Umstadt seinen Reitplatz im Schloßpark zur Verfügung. Als 1. Vorsitzender fungierte Peter Huckelmann.

Nachdem der Reitplatz erstellt war, wurde ein Zelt errichtet, welches vorübergehend als Reithalle benutzt wurde. Nach kurzer Zeit war das Zelt aber nicht mehr benutzbar, und man stellte sich die Aufgabe, eine Reithalle mit Stallungen zu errichten. Finanziert wurden diese Maßnahmen durch Zuschüsse der Gemeinde sowie Aufnahme von Krediten und Spenden der Mitglieder. Zwischenzeitlich gab es innerhalb des Vereins Probleme. In einer vom damaligen Bürgermeister Flemming einberufenen Versammlung wurde auf die große Verantwortung hingewiesen, welche die Gründungsmitglieder übernommen hätten, insbesondere durch den Bau der Reitanlage und deren Finanzierung. Flemming wies darauf hin, daß die Existenz des Vereins nicht gefährdet werden dürfe, andernfalls die Gemeinde letztlich die von dem Verein übernommenen Verpflichtungen zu tragen habe.

Durch die Übernahme des Vorsitzes durch Sigurd Heiß im Jahre 1978 hat sich die Situation innerhalb des Vereins wieder normalisiert. Reithalle mit Stallungen und Lager konnten fertiggestellt werden. Damit wurde ein beachtliches Anlagevermögen

Die Reitanlage des Vereins am Waldfriedhof

geschaffen. Allerdings mußten vom Verein und seinen Mitgliedern große finanzielle Opfer erbracht werden. Auf sportlichem Gebiet wurde ebenfalls Beachtliches geleistet und geboten. Jährlich finden auf der Reitanlage Turniere der Kategorie C + B mit großer Beteiligung statt. Großen Wert legt man auch auf die Jugendarbeit und dabei insbesondere auf das Voltigieren – dem Turnen auf dem Pferd.

1994 konnte der Verein mit einem Festakt und einem Tag der offenen Tür sein 25jähriges Jubiläum feiern.

Verein Vereinshaus

Mitte der 20iger Jahre wurde von dem damaligen Verein „Freie Sport- und Sängervereinigung" unter großen persönlichen und finanziellen Opfern der Mitglieder das Vereinshaus gebaut. Die Einweihung erfolgte am Kirchweihsamstag des Jahres 1926. Man hatte sich zu diesem Bau entschlossen, weil in der Ausübung des Sportbetriebes immer größere Schwierigkeiten auftraten, hervorgerufen durch die engen Räume in den örtlichen Sälen und nicht zuletzt durch immer höher steigende Mieten.

Um eine möglichst breite Basis zu haben für diesen zur damaligen Zeit bewundernswerten Entschluß, haben sich der Arbeitergesangverein, der Athletenbund und die Freie Turnerschaft unter dem obengenannten Verein am 23. 8. 1925 zusammengeschlossen. Da keine größeren Barmittel vorhanden waren, wurden von den männlichen Mitgliedern, welche in Arbeit standen, freiwillig jede Woche eine Mark als Baufond abgeführt.

Das Baugelände konnte zu einem günstigen Preis von dem aus Kallstadt stammenden Weinheimer Metzgermeister Scheuermann erworben werden. Wochenlang wurden in freiwilliger Arbeit viele cbm Bachkies als Betonmaterial aus der Weschnitz geschaufelt und zur Baustelle gefahren. Auch die umfangreichen Ausgrabungsarbeiten sind in Gemeinschaftsarbeit durchgeführt worden. Alle am Bau tätigen Handwerker gehörten dem Verein an, und die Arbeiten wurden zum weitaus größten Teil kostenlos in selbstloser Hingabe für die große Sache ausgeführt. Mit einem imposanten Fackelzug wurde das Haus am Kirchweihsamstag des Jahres 1926 seiner Bestimmung übergeben. Von nun an lebte die Vereinstätigkeit in allen Belangen stark auf.

Die markante Silhouette des alten Vereinshauses an der Hauptstraße

Ärger gab es im Jahre 1929, als sich die „Freie Turnerschaft" vom Verein löste und sich selbständig machte. Dabei gab es harte Auseinandersetzungen, wer nun der rechtmäßige Eigentümer des Vereinshauses sei. Ein Gericht entschied letztlich, daß der Verein „Freie Sport- und Sängervereinigung" Eigentümer bleibt.

Es kam das Jahr 1933. Am 27. März 1933 vormittags 8.00 Uhr wurde das Vereinshaus durch die Gendarmerie geschlossen. Entsprechend der Anordnung des Staatskommissars für das Polizeiwesen vom 6. Juni 1933 wurden alle Vereine, die sich nicht dem Führerprinzip unterworfen haben, d.h. nicht auf alle demokratische Gepflogenheiten verzichteten, aufgelöst, das Vermögen beschlagnahmt und sichergestellt. Das Vereinshaus wurde in das Eigentum der Gemeinde überführt. Von nun an wurde es zweckentfremdet verwendet. In erster Linie diente es der NSDAP als Versammlungsraum, die dort große Parteiveranstaltungen abhielt. Im Mai 1937 wurde im Vereinshaus ein NS-Kindergarten eröffnet. Weiter diente der Saal als Lagerraum für Getreide und einer hiesigen Firma für Maschinenteile.

Nach dem 2. Weltkrieg wurde das Vereinshaus den Mitgliedern der ehemaligen „Freien Sport- und Sängervereinigung" von der Gemeinde zurückgegeben. Vom Inventar war nichts mehr vorhanden. Es mußte alles wieder neu beschafft werden. Die ehemaligen Mitglieder der „Freien Sport- und Sängervereinigung" bzw. die

Rechtsnachfolger gründeten einen neuen Verein unter dem Namen „Verein zur Pflege demokratischen Aufbaus". Dieser Verein war nun rechtmäßiger Eigentümer des Vereinshauses. Zum 1. Vorsitzenden wurde Nikolaus Krall gewählt. Der Verein setzte sich dafür ein, das Vereinshaus zum Mittelpunkt aller Birkenauer Sportvereine und des Kulturlebens zu machen. Der Gaststättenbetrieb wurde wieder aufgenommen, und im Festsaal, der stark frequentiert wurde, fanden Tanz-, Sport- und Kulturveranstaltungen statt. Im Jahre 1951 feierte man das 25jährige Bestehen dieses Hauses, das am Sonnabend, dem 21.1., festlich begangen wurde.

Trotz intensiver Nutzung des Hauses durch die örtlichen Vereine gab es im Laufe der Jahre finanzielle Probleme. Die Ansprüche zu den Veranstaltungen stiegen, es wurden Umbauarbeiten notwendig, außerdem mußten Reparaturarbeiten durchgeführt werden. Hinzu kam noch, daß durch den ständigen Wechsel der Pächter das Leistungsniveau in der Gastwirtschaft den Anforderungen nicht mehr gerecht wurde. Am 4. 3. 1969 erfolgte eine Namensänderung. Anstelle von „Verein zur Pflege demokratischen Aufbaus" trat die Bezeichnung Verein „Vereinshaus". 1. Vorsitzender wurde Werner Horneff, der Nikolaus Krall ablöste.

Wie bereits erwähnt war die finanzielle Lage des Vereins nicht besonders gut. Um den Verpflichtungen nachzukommen, verkaufte man den Sportplatz „Spenglerswald", – der heute vom VfL Birkenau genutzt wird –, zum Preis von DM 60.000,– an die Gemeinde Birkenau. Auch diese Mittel reichten nur kurzfristig, um die finanziellen Verpflichtungen erfüllen zu können.

Anfang der 80iger Jahre wurden im Vorstand Stimmen laut, das gesamte Anwesen zu verkaufen. Diesen Gedanken ließ man jedoch wieder fallen. Im April 1988 war es schließlich doch soweit. Das gesamte Anwesen wurde zum Preis von DM 300.000,– an die Gemeinde Birkenau verkauft. Der Verein „Vereinshaus" blieb zunächst weiterhin bestehen. Die Gemeinde hat das Gebäude vollständig renoviert und modernisiert und es den örtlichen Gemeinschaften und Vereinen für ihre Veranstaltungen zur Verfügung gestellt. Es besteht kein Zweifel, daß es erneut eine große Zukunft haben wird. Rückblickend kann festgestellt werden, daß sich die Prognose bestätigt hat.

Verein zu Partnerschaftspflege e.V. Birkenau - La Rochefoucauld

Am 17. Mai 1980 haben sich 45 Bürger aus Birkenau dazu entschlossen, den Verein zur Partnerschaftspflege ins Leben zu rufen. Zielsetzung und Zweck des Vereins ist, persönliche Kontakte über die Grenzen der Bundesrepublik Deutschland hinaus mit Bürgern anderer Staaten zu pflegen, welche die friedliche Entwicklung auf zwischenstaatlicher Ebene unterstützen. Vornehmlich mit der Partnerstadt La Rochefoucauld sind die freundschaftlichen Beziehungen zu festigen und weiterzuführen.

Begonnen hatte die Freundschaft mit dem Austausch von Schülern im Jahre 1976. Zwischen den Schulen hat sich dieser Austausch zu freundschaftlichen Begegnungen entwickelt. Sie haben dazu beigetragen, daß sich auch die Menschen beider Gemeinden näherkamen. So wurde das Interesse geweckt für weitergehende Beziehungen auf verschiedenen Ebenen. Insbesondere die Vereine haben durch ihre zahlreichen Begegnungen die Sache sehr unterstützt. Von beiden Gemeinden wurden diese Bestrebungen gefördert und ausgebaut. In verhältnismäßig kurzer Zeit war man bereit, nachdem erste Kontakte stattgefunden hatten, engere Bindungen miteinander anzustreben und die Verschwisterung einzugehen.

Bürgermeister André Linard und Bürgermeister Willi Flemming bei der Unterzeichnung der Partnerschaftsurkunden

Am 15. Juli 1978 war es dann soweit. Die Bürgermeister André Linard und Willi Flemming unterzeichneten anläßlich einer Feierstunde im Mehrzwecksaal des OT Hornbach die Partnerschaftsurkunde. In dieser denkwürdigen Stunde wurde zum Ausdruck gebracht, daß der Partnerschaftsvertrag nur den äußeren Rahmen abstecken könne; die Aufgabe aller Bürger müsse es sein, ihn mit Leben zu erfüllen. Dies ist bisher mit gutem Erfolg gelungen, wie die Besucherstatistik – veröffentlicht in der Jubiläums-Festschrift 10 Jahre Partnerschaft – klar aufzeigt. Demnach besuchten in den Jahren 1976 - 1987 1.769 Personen aus Birkenau die Partnergemeinde und 1.723 Personen aus La Rochefoucauld unsere Gemeinde.

In der Zeit vom 9. 5. 1988 - 20. 5. 1988 fanden in Birkenau die Jubiläumsfeierlichkeiten statt. Mit mehreren Bussen und Privatfahrzeugen waren 284 Gäste aus der Partnergemeinde und dem Kanton La Rochefoucauld angereist, um gemeinsam mit ihren Gastgebern und Freunden ein umfangreiches Festprogramm zu absolvieren.

Im Herbst erfolgte der Birkenauer Gegenbesuch in La Rochefoucauld.

Zum Zeitpunkt der Veröffentlichung des Heimatbuches hat der Partnerschaftsverein 158 Einzelpersonen und 24 Vereine als Mitglieder. Für die Zukunft gilt es, die Verbundenheit und Freundschaft mit den Menschen in und um La Rochefoucauld – gerade im Hinblick auf ein noch enger zusammenwachsendes Europa – zu festigen und zu vertiefen.

Kultur- und Verkehrsverein Birkenau

Der Gedanke zur Gründung eines Verkehrsvereins war schon in den 30iger Jahren aufgegriffen worden. Man wollte den Fremdenverkehr, der sich allmählich in Birkenau zu regen begann, fördern. Jedoch ist es damals nicht zu einer Gründung gekommen. Erst einige Zeit nach dem Kriege, am 29. 10. 1949, fand die Gründungsversammlung statt. Initiator war in erster Linie Bruno H.C. Sonnen, welcher in unermüdlicher Kleinarbeit die Vereinsgründung vorantrieb. Unterstützung hierbei fand er beim Gemeindevorstand und hierbei insbesondere bei Bürgermeister Weber.

Im Gegensatz zu vielen anderen ideellen Vereinen, bei denen in erster Linie die Interessen der Mitglieder verfolgt werden, sah der Verkehrsverein seine Aufgabe darin, den Fremdenverkehr in unserer Gemeinde zu unterstützen und zu fördern. Außerdem hatte man sich zur Aufgabe gestellt, Anregungen zur Verbesserung und Verschönerung des Ortsbildes zu geben. Aus diesem Grunde nannte man den Verein zunächst auch „Verkehrs- und Verschönerungsverein". Es waren 19 Personen, die den Verein gründeten. Zum 1. Vorsitzenden wurde Bruno H.C. Sonnen gewählt, der seine Aufgabe mit großem Engagement wahrnahm. Seine Gedanken und Ziele fanden allerdings nicht immer die ungeteilte Zustimmung bei den gemeindlichen Gremien.

Bereits bei der ersten Generalversammlung am 22. 3. 1950 wurden verschiedene Vorschläge zur Verbesserung des Ortsbildes gemacht u.a. Straßenreparaturen, Wiederherstellung alter Fachwerkhäuser, Sperrung der Tuchbleiche für den Durchgangsverkehr und Bezeichnung von Wanderwegen. Durch die Verbesserung der allgemeinen wirtschaftlichen Lage stellte man sich immer größere Aufgaben. So war man darauf angewiesen, einen Teil der Arbeiten auf die Gemeindeverwaltung zu übertragen. Heinrich Wilhelm, der damalige Gemeindesekretär, wurde ab 1952 Geschäftsführer des Vereins. Ihm oblag in erster Linie die Aufgabe, den Fremdenverkehrs zu fördern. Dies war allerdings durch den Mangel an Unterkünften zunächst nur in beschränktem Umfang möglich. Auch das gastronomische Angebot mußte noch wesentlich verbessert werden, um den Ansprüchen gerecht zu werden. Die Situation verbesserte sich langsam aber stetig mit dem wachsenden Wohnungsbau.

Strukturelle Verbesserung in der Gemeinde wie der Umbau des Freibades und der Ausbau von Wanderwegen trugen dazu bei, die Zahl der Urlaubssuchenden in Birkenau zu steigern. Natürlich hatte die Gemeinde selbst einen großen Anteil an diesem Aufschwung. Der Verein mit seinen geringen Mitteln wäre hierzu nicht in der

Lage gewesen. Er konnte jedoch Motor und Initiator sein, um die Bevölkerung mehr und mehr für den Fremdenverkehr zu gewinnen. Im Jahr 1959 hatte der Verein 50 Mitglieder.

Auf kulturellem Gebiet wurde gerade in den 50iger Jahren Großes geboten. Auf Initiative des Vorsitzenden wurden die „Birkenauer Schloßgartenspiele" ins Leben gerufen. Durch die guten Beziehungen von Bruno H.C. Sonnen gelang es, bekannte internationale und nationale Orchester und Theaterensembles zu verpflichten. So gastierten am 30. 3. 1952 die Hessische Volksbühne, Frankfurt, im Vereinshaus Birkenau mit dem Schauspiel „Der zerbrochene Krug".

Am 25. 3. 1953 spielte das Heidelberger Zimmertheater im Corneliusheim, dem heutigen Rathaus. Im Juli 1953 gastierten die „Wiener Sängerknaben" im Schloßgarten und am 19. 6. 1954 das Große Opernballett und Orchester des Landestheaters Darmstadt im Schloßpark. Am 13. 8. 1955 filmte das Hessische Fernsehen einen Hochzeitszug in Odenwälder Tracht in Birkenau. Ausgangspunkt war das Alte Rathaus, Ziel die Tannenmühle. Die Mitwirkenden waren Birkenauer Bürgerinnen und Bürger. Lehrer Gehron war der Gestalter und Ausstatter des Zuges. Die Fernsehaufnahmen wurden anläßlich der Veranstaltung am 27. 8. 55, bei der das Kurpfälzische Kammerorchester, Ludwigshafen, im Schloßpark gastierte, übertragen. Am 25. 8. 1956 gastierte das Jugoslawische Staatsballett „Tanec" im Schloßgarten. Den Schlußpunkt der Schloßgartenspiele setzte „Die Schöpfung", das Oratorium von Joseph Haydn.

Die Schloßgartenspiele hatten eine sehr große Resonanz. Sie waren stets gut besucht. Allerdings kamen die Besucher zu 80 % aus der näheren und weiteren Umgebung. Die Birkenauer selbst standen diesen Spielen mehr oder weniger skeptisch gegenüber. Dies hatte zur Folge, daß man auf weitere Veranstaltungen verzichtete.

Erstmals wurde am 30. 10. 1957 eine Theaterfahrt zum Nationaltheater nach Mannheim durchgeführt. Seit dieser Zeit werden regelmäßig Theaterfahrten unternommen.

Im Februar 1959 wurde der Verein in „Verkehrsverein und Kulturgemeinde" umbenannt. Der Mitgliederstand betrug 100 Personen. Am 5. 6. 1961 war der Hessische Rundfunk mit seiner Frühsendung „Frankfurter Wecker" zu Gast im Vereinshaus. Kulturelle Vorträge über verschiedene Themen und die Studienfahrten nahmen zu diesem Zeitpunkt ihren Anfang. Die Gemeindebücherei wurde am 21. 8. 1963 im Haus Obergasse 6 gegenüber dem „Alten Rathaus" eröffnet. Im Sommerhalbjahr 1966 fand erstmals der Wettbewerb „Birkenau im Blumenschmuck" statt, an dem 31 Personen Preise erringen konnten.

In der Vereinsführung hat sich in dieser Zeit folgendes verändert: Der 1. Vorsitzende Sonnen ist 1955 ausgeschieden. An seine Stelle trat Rektor Reinhard bis zum Jahre 1962. Von 1962 bis 1965 war Gg. Schanz 1. Vorsitzender. Von da an bis 1969 übernahm Frau Kayser diese Funktion. Nach Frau Kayser übernahm Bgm. Willi Flemming den Vorsitz. Im Juni des Jahres 1964 wurde Walter Voigt Geschäftsführer des Vereins. Er kam aus der Fremdenverkehrsbranche und ergriff sofort die Initiative, indem er Verbindung zu großen Fremdenverkehrsbüros aufnahm. Außerdem wurde die Werbung durch den Druck von neuen Prospekten forciert. Die Zahl der Übernachtungen stieg von diesem Zeitpunkt an.

Im Dezember 1967 wurde ein neuer Werbeslogan für Birkenau vorgestellt: „Birkenau das Dorf der Sonnenuhren". Dipl. Ing. Seile war der Intitiator für die Verbreitung von Sonnenuhren. Mittlerweile sind über 100 Sonnenuhren in Birkenau zu bewundern. Es wurde eigens hierfür ein Postwerbestempel angefertigt, der den neuen Werbeslogan trägt. Am 16. 2. 1968 wurde der Gemeinde das Prädikat „Staatlich anerkannter Erholungsort" verliehen. Im Haus Obergasse 6 konnte ein Leseraum für Feriengäste eingerichtet werden. In der Saison 1969 waren es bereits 10 000 Übernachtungen. Der Verein hatte Ende diesen Jahres 171 Mitglieder. Im Frühjahr 1970 wurde ein Fünfjahresplan mit dem Ziel der Anerkennung als „Staatlich anerkannter Luftkurort" aufgestellt. Im April 1971 berichtete das Hessische Fernsehen über das Dorf der Sonnenuhren und seinen Sonnenuhren-Baumeister Seile.

Auf Grund der großen Belastung durch die steigende Zahl der Übernachtungen, übernahm die Gemeindeverwaltung die Bearbeitung des Fremdenverkehrs. Der Verein konzentrierte sich ab diesem Zeitpunkt auf die Schwerpunktaufgabe Kultur. Im Jahre 1972 war Birkenau durch den Fremdenverkehr voll ausgelastet. Es zeigt sich erstmals, daß die Bettenkapazität nicht ausreicht. Die Übernachtungszahlen waren auf über 14 500 gestiegen. Durch die Gemeindevertretung wurde eine Kursatzung beschlossen. Im Frühjahr 1973 startete der Verein in Zusammenarbeit mit der Gemeinde, die Aktion „Sauberes Birkenau". Außerdem wurden 12 neue Wanderwege markiert.

Vom 12. bis 23. Juni 1974 fand die erste Birkenauer Sport- und Kulturwoche statt. Mit ihr verbunden war das 25jährige Jubiläum des Vereins. Der Festabend fand mit einem großen Programm im Vereinshaus statt. Das Programm der Sport- und Kulturwoche beinhaltete mehrere Sportveranstaltungen, welche von den Vereinen ausgerichtet wurden, u.a. fand auf dem Sportplatz „Tannenbuckel" ein Feldhandballturnier und ein Tischtennisturnier statt. Die Sport- und Kulturwoche ist seitdem eine ständige Einrichtung. Leider sind dabei die sportlichen Darbietungen fast in den Hintergrund getreten.

Im September 1973 fand wiederum unter großer Beteiligung ein Blumenschmuckwettbewerb statt. Unter dem Motto „Birkenau einst und jetzt" wurde im Juni 1975 ein Fotowettbewerb gestartet. Bei der Sport- und Kulturwoche 1976 wurde erstmals eine Ortsmeisterschaft im Kegeln auf der gemeindeeigenen Bahn in der Südhessenhalle ausgetragen. In der Saison 1977 betrug die Zahl der Übernachtungen in der Großgemeinde 39 000. Eine erfolgreiche Ausstellung „Altes Handwerk in Birkenau" wurde in der Zeit vom 10. bis 16. 7. 1978 durchgeführt.

Im April 1978 ist der Sonnenuhrenbauer Dipl.-Ing. Seile im Alter von 85 Jahren verstorben. Noch kurze Zeit vorher hatte er Sonnenuhren nach den USA und in das europäische Ausland verschickt. Die erste Birkenauer Trimm-Dich-Woche für Senioren wurde im April 1978 veranstaltet. An die Stelle von Walter Voigt, welcher aus Altersgründen aus dem Dienst ausgeschieden war, trat Rainer Westermann. Walter Voigt wurde Ehrenmitglied des Vereins. Erstmals fanden in Birkenau Ferienspiele statt. Es waren über 100 Kinder, die sich im Juli 1979 daran beteiligten.

Der Gemeinde Birkenau wurde am 7. 11. 1979 im Rahmen einer Festveranstaltung in der Mehrzweckhalle Hornbach das Prädikat „Staatlich anerkannter Luftkurort" verliehen. Im Schloßpark konnte am 21. 9. 1980 eine neue Schachanlage eingeweiht werden. Leider wird diese Anlage wenig benutzt. Großen Zuspruch fand hingegen erneut die „Trimm-Dich-Woche" für Senioren im Sept. 1980. Am Ende des Langenbergweges wurde im Juni 1981 eine Kneippanlage eingerichtet. Mitglieder des Vereins haben sich damals verpflichtet, diese Anlage zu pflegen und zu unterhalten.

Im Juli 1981 konnte eine weitere Einrichtung „Die Grillhütte" am Scheeresberg der Öffentlichkeit übergeben werden. Diese Hütte ist seitdem so stark frequentiert, so daß binnen kurzer Zeit ein Anbau notwendig wurde. Eine Kunstmappe, erstellt von Peter Bräumer, über malerische Winkel in Birkenau wurde durch den Verein herausgegeben. Im Sept. 1981 fand die erste Wanderwoche in Birkenau statt. Die Sport- und Kulturwoche im Mai 1982 brachte eine Kulturschau. Es wurde Volkstümliches aus Birkenau und Umgebung ausgestellt: Bäuerlicher Alltag, Keramik aus dem Odenwald, bäuerliche Trachten, Liebes- und Hochzeitsgeschenke, Volksfrömmigkeit, Brauchtum an Ostern und Weihnachten, Flurdenkmäler sowie das Fachwerkhaus.

Die Aktion „Wandern ohne Gepäck" wurde erstmals im März 1983 gestartet, eine Einrichtung, welche sich großer Beliebtheit erfreut. Beteiligt hieran sind die Verkehrsvereine Birkenau, Heppenheim und Fürth. Die allgemeine Stagnation der Touristenzahlen im Inland traf auch Birkenau. Die Übernachtungen gingen auf 30 000 Personen zurück. Eine Neuerung im Rahmen der Sport- und Kulturwoche im Mai 1984 war die Gemarkungswanderung unter Führung von Revierförster Winkler.

Der erste Weihnachtsmarkt in Birkenau wurde im Dezember 1984 in der Kreuzgasse abgehalten. Die Gewerbetreibenden der Kreuzgasse, der Brückenstraße und des unteren Teils der Obergasse waren die Initiatoren. Es sollte der Anfang weiterer derartiger Veranstaltungen sein. Insgesamt 21 Mannschaften nahmen am Staffellauf in Birkenau während der Sport- und Kulturwoche im Mai 1985 teil. Außerdem beteiligten sich 83 Mannschaften an den Ortsmeisterschaften im Kegeln. Im Dezember 1985 fand im Bereich Kreuzgasse, Kirchgasse und Platz La Rochefoucauld ein Weihnachtsmarkt statt. Unter Beteiligung des evangelischen Posaunenchors, des Männergesangvereins Eintracht, des Volkschores, der Jagdhornbläser, des Kirchenchors Reisen, der Kindergärten und der Birkenauer Blaskapelle war dies eine gelungene Veranstaltung. Bei der Sport- und Kulturwoche im Mai 1986 wurde erstmals ein Hallenfußballturnier ausgetragen. Mehrere Mannschaften kämpften dabei um den Titel eines Ortsmeisters.

In der Generalversammlung des Vereins im März 1987 wurde Werner Helmke an Stelle von Bgm. Willi Flemming zum 1. Vorsitzenden des Vereins gewählt. Bgm. Willi Flemming wurde zum Ehrenmitglied ernannt, ebenso Alex Glaser für seine langjährige Mitarbeit im Vorstand des Vereins. Im Rahmen der Gästebetreuung fand im September 1987 im Gasthaus „Zum Engel" ein gutbesuchter Schrammelabend statt, durchgeführt vom Birkenauer Mandolinenclub. Diese Abende, welche nun regelmäßig abgehalten wurden, fanden großen Zuspruch.

Der Weihnachtsmarkt 1987 hatte an Umfang noch zugenommen. Insgesamt 60 Stände waren aufgebaut. Die Besucher kamen aus der näheren und weiteren Umgebung. Am traditionellen Grillfest des Vereins im Mai 1988 nahmen 700 Besucher teil. Im August des gleichen Jahres konnte man das 25jährige Jubiläum der Bücherei begehen. Insgesamt stehen über 10 000 Bücher zur Verfügung. An den Ortskegelmeisterschaften im November 1988 waren 58 Mannschaften und 86 Einzelkegler beteiligt.

Verkehrsverein, Gemeinde Birkenau und Evangelische Kirchengemeinde Birkenau haben am 10. 11. 1988 an der Stelle, an der die Synagoge stand, welche am 10. 11. 1938 schwer beschädigt und später abgerissen wurde, einen Gedenkstein errichtet.

Der Weihnachtsmarkt 1988 erfuhr erneut eine Steigerung. In den Monaten April/Mai 1989 feierte der Verein sein 40jähriges Jubiläum. Eine Ausstellung und der Festabend waren bei den Jubiläumsfeierlichkeiten die herausragenden Ereignisse. In einer Festansprache betonte Bürgermeister Willi Flemming, daß dem Verein innerhalb der Gemeinde eine wichtige Schlüsselrolle als Mittler zwischen den Vereinen zufalle. Zu diesem Zeitpunkt hatte der Verein 214 Mitglieder.

Eröffnung einer Ausstellung in der Veranstaltungsreihe „Kultur im alten Rathaus"

Am 26. 4. 1990 änderte der Verein seinen Namen nochmals, jetzt in 'Kultur- und Verkehrsverein'. Diese Änderungen waren und sind Ausdruck für die sich allmählich ändernden Schwerpunkte der Vereinsarbeit. Zunehmend werden Bereiche des gesellschaftlichen Lebens durch die Gemeinde organisiert. In der Vereinstätigkeit dominieren kulturelle Veranstaltungen, musikalische Abende, Kunstvorträge, Vorträge über Geschichte und Heimatgeschichte, Studienfahrten, Museumsbesuche, Theateraufführungen und Reiseberichte. Das Alte Rathaus bietet seit seiner Renovierung im Frühjahr 1990 den stilvollen Rahmen für Kunstausstellungen und Vortragsreihen, im Vereinshaus ist der Platz für Schauspiel, Chor und Kabarett, und in der evangelischen Kirche finden Konzerte statt, ein kulturelles Angebot, das durch ehrenamtliche Mitarbeit im Verein möglich wird.

Volks-Chor Birkenau

Das von Reichskanzler Bismarck erlassene Sozialistengesetz mit seinen rigorosen Maßnahmen — das auch die fortschrittliche Sozialgesetzgebung nicht abmildern konnte — war eine der Ursachen, daß sich die Arbeiterklasse mehr und mehr zusammenschloß. Es entstanden Arbeitersportvereine und Arbeitergesangvereine. Auch in unserer Gemeinde war dies der Fall. Im Jahre 1910 wurde die „Freie Turnerschaft" gegründet und im Jahre 1912 der Arbeitergesangverein „Sängerbund" Birkenau. Ca. 50 werktätige Männer gründeten im ehemaligen Gasthaus „Hessischer Hof" — gegenüber dem Vereinshaus den Verein. Neben der Pflege des Chorgesangs hatte man sich auch zur Aufgabe gestellt, Kampflieder der sozialistischen Arbeiterbewegung zu singen. 1. Vorsitzender war Peter Müller, Stuhlmacher. Als Chorleiter fungierte Karl Flocken, Musiklehrer aus Weinheim. Unter seiner Stabführung wuchs der Chor zu einem beachtlichen Klangkörper zusammen.

Leider hat der 1. Weltkrieg die Entwicklung des Vereins stark gehemmt. Durch die Einberufung der meisten Sänger zum Kriegsdienst ruhte das Vereinsleben. Viele der Einberufenen kehrten nicht mehr in ihre Heimat zurück. Nach dem Ende des Krieges im Jahre 1919 fanden sich die Sänger wieder zusammen. Unter dem Vorsitz von Leonhard Florig begann der Verein sich langsam zu erholen. Neuer Chorleiter wurde Wilhelm Heß aus Birkenau. Aufgrund der allgemeinen wirtschaftlichen Not — es gab viele Arbeitslose — war es sehr schwer, die finanziellen Mittel zur Finanzierung der Kosten aufzubringen. Viele junge Kräfte schlossen sich jedoch in dieser Zeit dem Verein an. Ein besonderer Höhepunkt im Vereinsleben war die Fahnenweihe im Jahre 1923, die mit einem großen Fest feierlich begangen wurde.

Bedingt durch die hohen Saalmieten und die zumeist engen Räume im Dorf entschloß man sich, im Lager der Arbeitervereine „Freie Turnerschaft" und „Arbeiter-Sängerbund" ein eigenes Vereinslokal zu bauen. Voraussetzung war jedoch, der Zusammenschluß beider Vereine. Am 23. August 1925 kam diese Vereinigung unter dem Namen „Freie Sport- und Sängervereinigung e.V." zustande. Außerdem hat sich noch ein junger Verein, der Athletenbund angeschlossen. 1. Vorsitzender wurde Johannes Amend. Der Bau des eigenen Vereinslokals war zu dieser Zeit eine riesige Aufgabe. Größere Barmittel waren nicht vorhanden. Von den männlichen Mitgliedern, welche in Arbeit standen, wurde freiwillig wöchentlich eine Mark als Baufond abgeführt. Das Baugelände konnte unter relativ günstigem Preis käuflich erworben werden. In unzähligen freiwilligen Arbeitsstunden wurde das neue Vereinslokal errichtet und am Kirchweihsamstag des Jahres 1926 eingeweiht. Es erhielt den Namen „Vereinshaus". Die Schaffung des Lokals verhalf dem Verein zu einem gewaltigen Aufschwung.

Mittlerweile hatte sich auch ein Frauen- und ein Gemischter Chor gebildet. Im Jahre 1931 wurde auch ein Kinderchor aktiv. Wie gesagt, der Verein entwickelte sich prächtig. Durch den eigenen Wirtschaftsbetrieb hatte man auch die notwendigen finanziellen Mittel zur Verfügung. Leider wurde dieser Aufwärtstrend im Jahre 1933 durch die Machtübernahme der NSDAP jäh beendet. Der Verein wurde verboten und das gesamte Vermögen beschlagnahmt. Erst nach dem Zusammenbruch des Dritten Reiches im Mai 1945 war der Weg wieder frei für ein neues Vereinsleben.

Es wurde die Sport- und Kulturgemeinde – SKG – gegründet. Man glaubte damals, alle sportlichen und kulturellen Kräfte und Bestrebungen in einem Verein vereinigen zu können. Erster Vorsitzender war der damalige Bürgermeister Georg Hirt. Als Leiter der Gesangsabteilung fungierte Michael Zopf, welcher von 1927 bis 1933 1. Vorsitzender des Männergesangvereins „Eintracht Birkenau" war.

Bis zur Wiederinbetriebnahme des Vereinshauses wurden die Singstunden im Gasthaus „Zur Krone" abgehalten. Chorleiter war Rektor Kuhn. Anfang des Jahres 1946 wurde das Vereinshaus wieder an den Rechtsnachfolger, die ehemalige Sport- und Sängervereinigung zurückgegeben. Ab diesem Zeitpunkt war das Vereinshaus jahrelang Mittelpunkt des kulturellen und sportlichen Geschehens der Gemeinde Birkenau.

Mit dem Zusammenschluß des TV 1886 und dem TSV als Nachfolger der SKG am 26. 3. 1950 zum TSV Birkenau hat sich die Gesangsabteilung vom TSV getrennt und einen eigenen Verein gebildet. Er erhielt den Namen „Volks-Chor Birkenau" In relativ kurzer Zeit gelang es, den Chor auf eine gute Leistungsstufe zu bringen. Erster Vorsitzender war Michael Zopf. Im Jahre 1952 übernahm Kurt Schmidt an Stelle von Rektor Kuhn die Leitung des Chors. Auch er verstand es hervorragend, den Chor durch seine Fähigkeiten zu erstklassigen Leistungen zu führen, so daß er im Jahre 1959 am Bundesleistungssingen teilnehmen konnte. Im Jahre 1956 wurde ein Kinderchor gegründet.

Michael Zopf mußte aus Altersgründen den Vorsitz niederlegen. An seine Stelle trat Willi Renner. Am 23., 24. und 25. Juni 1962 wurde das 50jährige Jubiläum gefeiert. Es war ein stimmungsvolles Fest mit Preissingen und Festzug. Das Festzelt stand auf dem heutigen Platz La Rochefoucauld. Im Jahre 1965 übernahm Peter Bechtold den Vorsitz, den er bis 1972 innehatte. An Stelle von Kurt Schmidt übernahm Kurt Wind den Dirigentenstab. In dieser Zeit hatte der Verein erhebliche Probleme. Die Zahl der Sänger war stark zurückgegangen, und in der Generalversammlung konnte kein neuer Vorsitzender gefunden werden.

Am 18. März 1972 übernahm Heinrich Halblaub den Vorsitz. Es wurde in der Folge regelmäßig an Wertungssingen und sonstigen Veranstaltungen teilgenommen, wobei der Chor gut abschnitt. Die Zahl der Aktiven nahm erfreulicherweise wieder zu. Im Jahre 1976 erfolgte die Neugründung eines Kinderchores. 1978 übernahm Frau Hedwig Appold-Kohl, an Stelle von Kurt Wind, die Stabführung. In dieser Zeit wurde eine einheitliche Sängerkleidung angeschafft, um den Verein auch nach außen hin entsprechend zu repräsentieren. 1983 besuchte der Partnerschaftschor „L'echo de la Tardoire" aus La Rochefoucauld den Verein. Der Kinderchor ist sehr aktiv in dieser Zeit und feiert schöne Erfolge.

1983 erfolgte die Übernahme des ehemaligen Schulpavillons „An der Tuchbleiche" und dessen Umbau zum Sängerheim. Dies war notwendig geworden, nachdem im Vereinshaus ein geregelter Singstundenbetrieb nicht mehr gegeben war. Es gab mehr und mehr Schwierigkeiten, und es drohte sogar der Zerfall der Chorgemeinschaft. 1984 nahm der Chor erneut am Bundesleistungssingen teil. Vom 22. 5. - 25. 5. 1987 fanden die Feierlichkeiten zum 75jährigen Jubiläum des Vereins und zum 10jährigen Bestehen des Kinderchors statt. Vor großem Publikum und mit der Teilnahme zahlreicher Gastvereine wurde diese Festveranstaltung auf dem Platz La Rochefoucauld

Der Volks-Chor im Jubiläumsjahr 1987

zu einem bleibenden Erlebnis. Der Verein ist nach wie vor sehr aktiv. Er hat durch den Bestand des Kinderchores glücklicherweise keine Nachwuchsprobleme, wie es bei den meisten anderen Gesangvereine der Fall ist.

Peter Spilger

Was das Dorf am Leben hält

Landwirtschaft in Birkenau

Die Landwirtschaft ist als Grundlage der Ernährung in allen Kontinenten und Ländern der Erde eine elementare Aufgabe der Menschen. Bei allem wissenschaftlichen und technischen Fortschritt unseres Zeitalters wird es auch in Zukunft nötig sein, die Erde zu bebauen. Die Sorge um das tägliche Brot ist so alt wie die Geschichte der Menschheit.

Bis zum Beginn der Industrialisierung stand die Landwirtschaft im Mittelpunkt des Wirtschaftslebens. Ab diesem Zeitpunkt verlor sie ihre zentrale und regulierende Funktion hinsichtlich der Entwicklung von Löhnen und Preisen. Industrie und Gewerbe erlangten wirtschaftliche Macht und übernahmen die volkswirtschaftliche Führung. Hinzu kam die Abwanderung von Arbeitskräften aus der Landwirtschaft in die Industrie. Zu diesem Zeitpunkt lebten noch mehr als 65 % der Menschen auf dem Lande. Parallel zu diesem Wandel begann auch die naturwissenschaftliche Epoche, die vor allem durch die Mineraldüngung eine Intensivierung der Landwirtschaft brachte. Begleitet und verstärkt wurde diese Entwicklung durch die Erfindungen der Landtechnik. Dadurch war es möglich, neue Ackerflächen zu erschließen, auch durch zusätzliche Rodung von Wald.

Zu Beginn des 19. Jahrhunderts – vor der Industrialisierung – waren noch etwa 80 % der Erwerbspersonen in der Landwirtschaft tätig. Heute sind es etwa noch 3 %. Um die Arbeiten das ganze Jahr über in den landwirtschaftlichen Betrieben verrichten zu können, mußten alle Familienangehörigen und oft auch familienfremde Personen mithelfen. Alles wurde in Handarbeit getan. Es gab keine Traktoren, Mähmaschinen, Wendemaschinen, Ladewagen, Dreschmaschinen oder Melkanlagen, und noch vieles andere fehlte, was heute als selbstverständlich angesehen wird. Der Zeitaufwand war im Vergleich zu heute um ein Vielfaches größer. Es wäre auch undenkbar, die Arbeiten mit den wenigen noch vorhandenen Arbeitskräften durchzuführen, wenn es keine Maschinen gäbe, zumal die Betriebsflächen der noch vorhandenen Vollerwerbsbetriebe sich wesentlich erweitert hat. Diese Entwicklung zeigt sich ganz deutlich auch in unserer Gemeinde. Die Bedarfsdeckung an land- und forstwirtschaftlichen Erzeugnissen ist nach wie vor die wichtigste Aufgabe; durch die Verbesserung der Anbaumethoden und die Steigerung des Maschineneinsatzes ist sie um ein Vielfaches gestiegen.

Früher wurden die Lebensmittel vorzugsweise für die Eigenversorgung der oft drei Generationen umfassenden Bauernfamilien erzeugt, die sich außerdem eines großen

Kinderreichtums erfreuten. Was übrig blieb, wurde direkt an die Haushalte verkauft. Heute geht die Erzeugung, die sich außerdem stark spezialisiert hat, vorwiegend an die Nahrungsmittelindustrie zur Weiterverarbeitung.

Obwohl sich die Zahl der landwirtschaftlichen Betriebe in unserer Gemeinde erheblich verringert hat, liegen bisher keine Flächen brach. Bei Betriebsaufgabe wurden die freiwerdenden Flächen bisher stets von den übrigen Betrieben übernommen. Allerdings haben sich die landwirtschaftliche Nutzflächen und die Anbauarten erheblich verändert. Die Birkenauer Gemarkungsfläche beträgt insgesamt 763 ha.

Davon waren um die Jahrhundertwende
- 432 ha landwirtschaftliche Nutzfläche
- 302 ha Wald
- 8 ha Gebäude- und Hofflächen
- 21 ha Straßen, Wege und Gewässer

Nach den katasteramtlichen Unterlagen aus dem Jahre 1990 ist die Aufteilung wie folgt:
- 313 ha landwirtschaftliche Nutzfläche
- 297 ha Wald
- 103 ha Gebäude- und Hofflächen
- 48 ha Straßen, Wege und Gewässer

Demnach hat sich die landwirtschaftliche Nutzfläche um 119 ha also, um 25 % verringert, die bebaute Fläche hat dagegen um 123 ha zugenommen. Das sind erhebliche Veränderungen im Laufe der letzten 100 Jahre. Auch der Anbau, die Nutzung der Flächen hat sich stark gewandelt. So waren früher die Hackfrüchte (Kartoffeln und Rüben) in der Anbaufläche gleich groß wie der Getreideanbau. Heute werden überhaupt keine Hackfrüchte mehr angebaut. Die Hauptanbauarten sind Getreide (Korn, Weizen, Gerste und Hafer) sowie Grünfutter wie Mais und Raps. Diese Veränderung ist darauf zurückzuführen, daß man sich bei uns in erster Linie auf die Milchgewinnung spezialisiert hat, im Gegensatz zu früher, wo man großen Wert auf die Fleischerzeugung legte. Dieser Wandel macht sich auch in der Tierhaltung bemerkbar.

So waren im Jahre 1840 folgende Tierarten vorhanden:

| Pferde | 47 | Rindvieh | 455 | Schweine | 178 | Ziegen | 28 |

Im Jahre 1880

| Pferde | 33 | Rindvieh | 313 | Schweine | 126 | Ziegen | 96 |

Im Jahre 1959

| Pferde | 29 | Rindvieh | 188 | Schweine | 258 | Ziegen | 252 |

Im Jahre 1990

| Pferde | 1 | Rindvieh | 249 | Schweine | 16 | Ziegen | 0 |

Die landwirtschaftliche Pferdehaltung ist durch den Maschineneinsatz ganz zurückgegangen. Auf Grund der topographischen Lage unseres Ortes hat es im Vergleich zu anderen Gebieten verhältnismäßig lange gedauert, bis Traktoren und Schlepper die Kühe und Pferde als Zugtiere ersetzten. Der erste Schlepper kam erst kurz vor Beginn des 2. Weltkrieges zum Einsatz. Das gleiche Bild zeigt sich bei den Ziegen, welche hauptsächlich von den Arbeiterfamilien als „die Kuh des kleinen Mannes" gehalten wurde. Auf Grund der guten wirtschaftlichen Lage und des wesentlich besseren Einkommens der Arbeitnehmer nach 1960 ist das Halten von Ziegen heute eine Seltenheit. Eine ähnliche Situation finden wir bei der Schweinehaltung, die extrem zurückgegangen ist.

Erwähnenswert ist auch, daß die Städte und Gemeinden durch das Tierzuchtgesetz verpflichtet waren, Vatertiere zu halten, um eine einwandfreie Zucht an Rindern, Schweinen und Ziegen zu gewährleisten. Die Kosten der Vatertierhaltung wurden zu 50 % von der Gemeinde und zu 50 % von den Tierhaltern entsprechend der Anzahl der deckfähigen Muttertiere getragen. Die Vatertiere mußten auf einer Auktion, die durch das Tierzuchtamt durchgeführt wurde, ersteigert werden. Es waren ausgesuchte und für Weiterzucht bestens geeignete Tiere. Die Vatertierhaltung ist in den 60er Jahren durch die Anwendung der künstlichen Besamung weggefallen.

Eine solche Versteigerung fand jährlich zwei- bis dreimal in Darmstadt, dem Sitz des Tierzuchtamtes, statt. Es war für die Beteiligten immer ein schönes Erlebnis. Stets waren sehr viele Käufer anwesend, welche die Zuchttiere auch schon vor der Versteigerung begutachten konnten.

Die Versteigerung selbst geschah wie folgt: Die Vatertiere wurden von dem Züchter in einem Rondell vorgeführt, und die Interessenten konnten dann ihr Preisangebot abgeben. Die Tiere selbst waren in Klassen eingeteilt und zwar in die Zuchtwertklasse I bis III. Klasse I waren die besseren Tiere, Klasse III die weniger guten. Mitunter lag zwischen den Klassen ein Preisunterschied von mehreren tausend Mark. Da die Gemeinde Birkenau schon immer finanzielle Probleme hatte, konnte man sich nur ein Tier der unteren Klasse leisten. Ein Bulle der Zuchtwertklasse I kam je nach Angebot auf 6 - 7.000,– DM. Ein Ziegenbock auf etwa 3.000,– DM.

Bei einer Ziegenbockversteigerung in Darmstadt hat sich übrigens folgende Episode ereignet: Die Kommission bestand meistens aus dem Bürgermeister, einem Sachbearbeiter und einem Sachverständigen – Vatertierhalter oder Metzger –, der gleichzeitig auch das Transportgefährt stellte. An dem besagten Tage war auch eine Frau aus der Gemeinde dabei, die den Ablauf einer solchen Versteigerung miterleben wollte. Wie gesagt: Die Vatertiere wurden in einem Rondell den Käufern angeboten, und die Kauflustigen mußten ihr Interesse anzeigen, indem sie eine Platsche hochhielten. Durch die Anwesenheit der Frauensperson war man offensichtlich nicht ganz bei der Sache. So kam es, daß man einen Bock ersteigerte, den man überhaupt nicht kaufen wollte. Man hatte die Platsche von der Anbietung des vorherigen Bockes noch in der Höhe und merkte nicht, daß inzwischen schon ein anderes Tier angeboten wurde. Die Wahl des falschen Bockes war nicht mehr rückgängig zu machen. Als der Bürgermeister das Tier sah, welches man irrtümlich für die Gemeinde ersteigert hatte, sagte er spontan: „Mit diesem Bock können wir bei Tag nicht heimfahren"! Man wartete also die Dunkelheit ab, bevor man sich auf den Heimweg machte! Zu Hause angekommen wurde die Kommission vom Vatertierhalter mit den Worten empfangen: „Was habt ihr denn da für einen Krüppel gekauft?" Nach einiger Zeit erklärte der Vatertierhalter jedoch, daß sich der Bock sehr gut entwickelt habe und sehr sprungfreudig sei. Überhaupt gab es im Zusammenhang mit der Ziegenbockhaltung lustige Episoden. So schrieb der Bockhalter eines Tages an die Gemeinde: „Der Bock ‚Seppl' ist in Ausübung seines Dienstes einem Herzschlag erlegen."

In den letzten Jahren war die Entwicklung der Landwirtschaft mehr schlecht als recht. Die Zukunftsaussichten sind äußerst ungewiß. Die wenigen noch vorhandenen Vollerwerbslandwirte bangen um ihre Existenz. Durch die Bildung der Europäischen Union (EU) und des Binnenmarktes sind die Sorgen der Landwirte um ihre Zukunft noch größer geworden. Der freie Verkehr mit landwirtschaftlichen Produkten innerhalb der EU-Staaten hat zur Folge, daß die Erzeugerpreise immer weiter absinken. So bekommt man heute für einen Zentner Weizen etwa 6,– DM weniger als vor 30 Jahren. Das gleiche gilt für die Schlachtpreise für Rinder und Schweine. Dagegen klettern die Verbraucherpreise mehr und mehr in die Höhe. Die Preisschere klafft mehr und mehr auseinander. Obwohl der Staat bisher Subventionen für die Landwirtschaft gewährt hat, z.B. für Kraftstoffe, konnte diese Negativ-Entwicklung nicht gestoppt werden. Eine Steigerung der Milchgewinnung, die ja für die Landwirte in unserem Bereich aufgrund der topographischen Lage unseres Ortes die wichtigste Einnahmequelle darstellt, ist aufgrund der Kontingentierung der Milchabgabemenge nicht möglich. Durch diese Festlegung will man eine Überproduktion vermeiden.

Die Landwirte müssen umdenken, um weiter existieren zu können. Sie sollten den Markt vor der Haustür suchen und ihre Produkte direkt an den Verbraucher verkaufen, wie dies vor vielen Jahren auch gewesen ist, d.h. die Nahrungsmittelindustrie nach Möglichkeit umgehen. Aufgrund des bei den Verbrauchern vorhandenen Interesses an natürlichen landwirtschaftlichen Produkten scheint dies ein Lichtblick zu sein. Dadurch könnten die Einnahmen und damit die Existenzgrundlage verbessert werden. Zu den angezeigten Problemen kommt noch hinzu, daß die Nachkommen zum großen Teil an der Weiterführung des elterlichen Betriebes nicht interessiert sind und sich in anderen Berufen betätigen, was besseren Verdienst bei wesentlich weniger Arbeitsaufwand bedeutet.

Von den in unserer Gemeinde z.Zt. noch bestehenden landwirtschaftlichen Betrieben werden im Laufe der nächsten Jahre weitere ihren Betrieb einstellen. Von den einst vorhandenen 45 Voll- und Nebenerwerbsbetrieben in unserer Gemeinde werden etwa vier bis fünf übrigbleiben. Diese haben dann die große Aufgabe, künftig unsere Kulturlandschaft zu pflegen und zu hegen, denn neben dem Wald haben die Wiesen, Weiden und Ackerflächen eine wichtige Funktion für den Klima- und Wasserhaushalt zu erfüllen. Die landwirtschaftliche Nutzung und die Erhaltung unserer Landschaft hat einen äußerst wichtigen und förderlichen Einfluß auf den Sauerstoffgehalt unserer Luft. 100 qm Grünfläche können z.B. den Sauerstoffbedarf für einen Menschen decken. Hinzu kommt, daß der Charakter unserer Landschaft, der harmonische Wechsel von Äckern, Wiesen und Wäldern ein gutes Stück unserer Lebens- und Wohnqualität ausmacht. Hier kommen auf die Landwirtschaft vollkommen neue Aufgaben zu.

Peter Spilger

Der Eisenbahnbau 1895

Im Vorfeld des Eisenbahnbaus in der Gemarkung Birkenau standen heftige Debatten, die von der Bevölkerung sehr interessiert verfolgt wurden. Es bildeten sich sogenannte Eisenbahnkomitees. Wie es dazu kam und was diese Komitees erreichen wollten, sei im Nachstehenden kurz beschrieben.

Mit der Fertigstellung der Main-Neckarbahn 1846 sahen die Bewohner der angrenzenden Odenwaldtäler ihre Chance, am „Weltverkehr" teilhaben zu können. Einige Optimisten sahen schon Eisenbahnzüge der direkten Bahnverbindung Paris - Krakau durch das Weschnitztal fahren! Durch den Bahnbau versprach man sich ein Aufblühen aller Wirtschaftszweige im Odenwald. Es gab mehrere Täler im Odenwald, deren Bewohner sich um den Bau einer Eisenbahnstrecke bemühten, und es gab die schon erwähnten Eisenbahnkomitees, deren Mitglieder eine Bahnlinie durch „ihr" Tal für am wichtigsten hielten und dafür eintraten, daß bei der Planung neuer Bahnlinien „ihr" Tal als Trasse berücksichtigt werden sollte. Es wurden Denkschriften verfaßt und den entsprechenden Behörden zugeleitet. Es ist interessant, darin von Land und Leuten des Odenwaldes vor ca. 120 Jahren zu lesen und zu erfahren, mit welch schillernden Worten die Vorzüge einer künftigen Weschnitztalbahn gepriesen wurden.

Titelseite der Fürther Denkschrift

Laut einer Fürther Denkschrift stiegen die Holz- und Lohrindenpreise derart an, daß sie als Basis des Wohlstandes der Bevölkerung im Odenwald betrachtet wurden. Nicht weniger wurden Ackerbau und Viehzucht in dem „reich gesegneten Odenwald" beschrieben. Ein nicht minder erfreuliches Bild wurde für Handwerk und Industrie gezeichnet. Alle diese Produktionszweige sahen in der zu bauenden Eisenbahnlinie eine gute Chance, ihre Erzeugnisse an entfernte Absatzmärkte bringen zu können.

Ja, man sah schon so viele Eisenbahnlinien den Odenwald durchziehen, daß kein Ort des Odenwaldes mehr als 3 bis 4 Stunden zu Fuß von einer Bahnlinie entfernt sein sollte. So wollten es auch die Weschnitztäler, die ihre Weschnitztalbahn in der Mitte sahen, flankiert von den Bahnlinien Darmstadt - Aschaffenburg im Norden und Heidelberg - Mosbach im Süden.

Es existierten aber auch anderenorts interessierte Kreise, die in „ihrem" Tal „ihre" Eisenbahnlinie haben wollten. Sehr engagiert war das Heppenheimer Eisenbahnkomitee, das sich für eine Bahn durch das Kirschhäuser Tal nach Fürth einsetzte. Das Eisenbahnkomitee Vorderer Odenwald kämpfte 1867 mit einer Denkschrift für eine Bahnlinie König - Erbach und pries darin ebenfalls die Bevölkerung, Wirtschaft und Wohlstand in dieser Region und erwähnte dabei auch die billigen Arbeitslöhne und die Arbeitskraft „dieses an Körper und Geist gesunden Volksstammes".

Die sogenannte Mümlingtal-Bahn stand in direkter Konkurrenz zu dem Projekt Weschnitztal-Bahn. Es mußten daher von dem Fürther Komitee die Nachteile der Konkurrenzbahn aufgezeigt werden. So wurden Terrainschwierigkeiten bei der Trassierung von Erbach nach Hirschhorn genannt, außerdem seien Genehmigungen der angrenzenden Länder Baden und Kurhessen einzuholen. Noch ein direkter Nachteil wurde darin gesehen, daß die Mümlingtal-Bahn in „geringer" Entfernung zur Main-Neckarbahn parallel verlaufen würde und dadurch eine gefährliche Konkurrenz für die bereits bestehende Bahnlinie sei. In der Fürther Denkschrift ist zu lesen: *Es ist hiernach wohl einleuchtend, daß man durch Ausführung der vorgeschlagenen Weschnitzbahn allen Theilen des Odenwaldes gerecht werden würde.*

Den Anschluß an die große weite Welt stellte man sich gemäß Fürther Denkschrift so vor: *Kommt eine Bahnverbindung, was wir für wahrscheinlich halten, von Kaiserslautern über Alzey und Worms zur Bergstraße und von da durch das Weschnitztal nach Erbach (Michelstadt), Miltenberg und Würzburg zu Stande, wäre eine durchgehende Verbindung mit Frankreich und Belgien im Westen und im Nordosten mit Breslau, im Osten mit Krakau und im Südosten mit Wien geschaffen.* Wie europäisch hatten unsere Altvordern damals schon gedacht! Kaum auszudenken, wenn heute auf der Strecke des „Roten Rüttlers" ein ICE auf seiner Fahrt von Paris nach Wien oder Krakau den Bahnhof Birkenau passieren würde!

Die Denkschrift ist unterschrieben von Kaplan Hesch und Oberförster Seeger aus Fürth und wurde an die Großherzogliche Staatsregierung in Darmstadt gesandt. Soviel zur Vorgeschichte der Weschnitztalbahn, doch das Für und Wider dauerte noch fast 25 Jahre an, bis konkrete Beschlüsse gefaßt wurden.

Die Gemeinde Birkenau war am Zustandekommen der Weschnitztal-Bahn sehr interessiert und entsandte ihren Bürgermeister Denger in das Komitee, das sich für eine Bahnverbindung von Reinheim durch das Gersprenztal nach Fürth und weiter durch das Weschnitztal nach Weinheim mit Anschluß nach Käfertal und Mannheim einsetzte. Die betroffenen Gemeinden auf hessischer und badischer Seite sandten im März 1870 Petitionen an das Großherzogliche Handelsministerium in Karlsruhe und an das Großherzogliche Ministerium des Innern in Darmstadt.

In der statistischen Übersicht wird Birkenau als Hauptstation genannt. Sie sollte außerdem für die Dörfer Ober- und Niederliebersbach, Vöckelsbach, Obermumbach, Reisen, Hornbach, Ober- und Unterabtsteinach, Löhrbach, Rohrbach und Kallstadt zuständig sein. Birkenau hatte zu dieser Zeit 1340 Einwohner, besaß 12 Mühlenbetriebe und hatte vier Jahr- und Viehmärkte. Um den Petitionen und allgemein dem Bauvorhaben mehr Nachdruck geben zu können, wurde in Darmstadt dem Hofgerichtsadvokaten Ferdinand Schenk zur Wahrnehmung der Bahnbaugeschäfte eine Vollmacht von allen Bürgermeistern des Gersprenztales erteilt. Dieser Vollmacht schlossen sich die Bürgermeister des Weschnitztales an. Bürgermeister Denger bekam im September 1871 hierzu von seinen Gemeinderäten die erforderliche Unterstützung.

Großhl. Hohes Handels-Ministerium in Carlsruhe.
Großhl. Hohes Ministerium des Innern in Darmstadt.

Petition
mehrerer badischen und hessischen Gemeinden
Den
Bau einer Eisenbahn von Reinheim durch das Gersprenz- und Weschnitzthal über Weinheim, Viernheim, Käferthal nach Mannheim betrf.

Wenn Wasser- und Eisenstraßen im Allgemeinen den Nationalwohlstand bedingen, wenn bevölkerte Länderdistricte mit Handel, Industrie und reicher Bodenproduction die ersten und Hauptansprüche auf Eisenbahn-Verbindung nach dem Vorbilde in Baden, Rheinhessen und Rheinbaiern haben, so erscheinen die Bestrebungen der Bewohner — des zur Provinz Starkenburg — gehörigen hessischen Odenwaldes
dem Eisenbahn-Netze in Süddeutschland näher gelegt zu werden, an seinen Wohlthaten und Segnungen Theil zu nehmen gewiß in jeder Beziehung gerechtfertigt und begründet.

Die Ueberzeugung und die allerwärts bestätigte Wahrheit, daß Eisenbahnen den wohlthätigsten Einfluß auf Entwickelung der Landwirthschaft, der Industrie, des Handels und Verkehrs ausüben, die geistigen wie materiellen Lebensverhältnisse des Einzelnen wie ganzer Ländertheile zur allgemeinen Wohlfahrt umgestalten und verändern, haben schon vor Jahren im hessischen Odenwalde den lebhaftesten und dringendsten Wunsch nach einer Eisenbahn-Verbindung hervorgerufen.

Die Wichtigkeit einer Eisenbahn-Verbindung anerkennend, und zur Förderung der industriellen, productiven und materiellen Verhältnisse des hessischen Odenwaldes hat die Großh. hessische Staatsregierung

in erster Linie

den Bau einer Eisenbahn von Darmstadt über Reinheim in das Mümlingsthal bis Erbach genehmigt.

Mit dieser Mümlingsthal-Bahn ist aber nur einem kleinen Bedürfnisse des hessischen Odenwaldes Rechnung getragen, das in jeder Beziehung weit wichtigere Gersprenz- und Weschnitzthal bleibt noch immer von einer geordneten Eisenbahn-Verbindung ausgeschlossen.

Der Bau der Mümlingsthal-Bahn macht

in zweiter Linie

den Bau einer Eisenbahn von Reinheim durch das Gersprenz- und Weschnitzthal über Weinheim, Viernheim, Käferthal nach Mannheim zur unabweislichen Nothwendigkeit.

Die gehorsamst unterzeichneten Vertreter von badischen und hessischen Gemeinden haben gleiches Interesse an Realisirung der projectirten Bahnlinie und sich daher zu gemeinsamen Schritten bei den beiderseitigen hohen Staatsregierungen vereinigt.

Es kann wohl keinem Zweifel unterliegen, daß die hier in Frage stehende Eisenbahnlinie von der größten Wichtigkeit für alle theils direct, theils indirect an der Bahnlinie kommenden Gemeinden ist, dieselbe eröffnet einen Wechselverkehr einerseits über Darmstadt nach Mainz, andererseits über Weinheim nach Mannheim, sie wird zugleich eine Verbindungsbahn von Reinheim über Babenhausen, Aschaffenburg, Würzburg, nach München und Wien und durch die gleichfalls projectirte Bahnlinie — Babenhausen-Hanau — eine directe Verkehrsader nach Leipzig und Berlin.

Vom Rhein nimmt die Bahn ihre Richtung nach Westen und Norden auf den bestehenden pfälzischen und rheinischen Schienenstraßen.

Dieser Zusammenhang mit verschiedenen anderen Bahnlinien reiht die projektirte Bahn in das große Netz der Weltbahnen und des internationalen Verkehrs ein, sie erscheint daher nicht nur als Localbahn, sondern auch als Glied des großen deutschen Eisenbahn-Netzes gleichwichtig und großartig.

Zur Veranschaulichung erlauben wir uns eine kleine Karte (sub Anlage 1) ehrerbietigst anzuschließen, auf welcher die von uns angestrebte Eisenbahn mit blauer Farbe eingezeichnet ist. Einer Bahnlinie durch das Gersprenz- und Weschnitzthal über Weinheim nach Mannheim hat gleichsam die Natur ihren Weg vorgezeichnet, sie folgt der bisherigen Verkehrsrichtung, verbindet den hessischen Odenwald auf 2 Seiten mit dem Rheine, schließt den an Naturschönheiten und Producten aller Art so reichen Gebirgsthälern neue Erwerbsquellen auf, macht es möglich, die daselbst noch unbenutzten Wasserkräfte der Weschnitz und Gersprenz dem menschlichen Geiste und seiner Thätigkeit nutzbar zu machen, erhöht den allgemeinen Wohlstand, den Werth des Grundeigenthums und vermehrt die Steuerkraft seiner Einwohner.

Dabei kommt in Betracht, daß der Bauführung selbst keine Terrainschwierigkeiten entgegenstehen, es vereinigen sich vielmehr alle Factoren und Momente zu einem wohlthätigen Ganzen, zu einem lucrativen und rentablen Bauwerke, wie dies eine hohe Staatsregierung aus nachstehender

statistischer Uebersicht

hochgeneigtest ersehen wollen.

Petitionsschreiben des Eisenbahnkomitees von Weinheim, Viernheim sowie des Gersprenz- und Weschnitztales

Bestätigung der Vollmacht durch den Birkenauer Gemeinderat vom 7. September 1871

An dem Bau von Nebenbahnlinien war natürlich auch die Landesregierung interessiert, doch die Finanzierung stieß an Grenzen, denn auch aus den anderen hessischen Landesteilen wurden Wünsche und Forderungen vorgetragen. So sollten die Gemeinden den Unternehmern das zum Bahnbau erforderliche Gelände kosten- und lastenfrei zur Verfügung stellen.

Diese Forderung übermittelte das Kreisamt Heppenheim im Auftrag des Großherzoglichen Finanzministeriums am 20. Mai 1886 der Bürgermeisterei Birkenau. Daß dieses Ansinnen beim Birkenauer Gemeinderat auf taube Ohren stieß, ist nur zu verständlich, denn die Birkenauer Gemeindekasse war nicht reich gesegnet. So kam es am 29. Mai zu einer Gemeinderatssitzung, bei der nachstehendes Protokoll erstellt wurde:

Geschehen Birkenau, den 29. Mai 1886.

Betr. Den Bau von Nebenbahnen im Großherzogtum Hessen, insbesondere den Bau einer Nebenbahn von Lörzenbach nach Weinheim. Dem heute nach vorausgegangener Einladung in gesetzlicher Anzahl versammelten Gemeinderath der Gemeinde Birkenau und Kallstadt mit der Verfügung Gr. Kreisamt vom 20. l.Ms. in obigem Betreff bekannt gemacht, wurde folgendes erklärt und beschlossen,
wir sehen nicht ein, uns bereit erklären zu können, das Gelände zur fraglichen Nebenbahn, die für hiesige Gemeinde gar keinen Vorteil, im Gegensatz nur Nachteil hat, unentgeltlich zu stellen, welches die Gemeinde nur mit bedeutenden Schulden belasten würde. Das Acker- und Wiesengelände in hiesiger Gemarkung ist für hiesigen Ort zu wenig und sehr hoch im Preiße, und würde durch den Bahnbau gerade noch die beßte Lage durchschnitten und verwendet, welches immer dem Ort als Ernährungszweig fehlen würde. Der Hauptverkehr auf dieser Bahn dürfte voraussichtlich so sein, daß er sich in keinem Falle rentiert und nur einigermaßen dem Aufwand entsprechend sein. Wenn von dieser Bahn in dem einen oder anderen Ort ein oder zwei Bewohner Nutzen haben könnten, so ist nicht einzusehen, daß die Gemeinde für solche ein solch großes Opfer bringen sollte, ohne nur den geringsten Vortheil oder Entschädigung genießen zu können. Einem jeden Ort nur einzelnen Bewohner, der eine Bahn benutzen könnte und dadurch Vortheil hätte, können die Bahnen nicht gebaut werden, wenn solche für das allgemeine Interesse nicht entsprechend und andere Gemeinden benachtheiligt sind.
Wir können daher die uns vorgelegte Einwilligungserklärung zur Bezahlung und Stellung des erforderlichen Geländes nicht anerkennen resp. unterschreiben.

Gr. Bürgermeister
Oehlschläger

Das bislang gezeigte Interesse der Birkenauer am Bahnbau sank mehr und mehr, doch konnte die klare Absage des Gemeinderates das Großherzogliche Ministerium der Finanzen nicht hindern, bezüglich des Bahnbaues neue Verfügungen zu erlassen, denn angesichts der Tatsache, daß man von badischer Seite mit Vermessungen für den Bahnbau von Weinheim in das Weschnitztal begann, war man zum Handeln gezwungen. Am 30. Juli 1887 wurde vom Kreisamt Heppenheim den Bürgermeistern der Orte im Weschnitztal mitgeteilt, daß der Königlich Preußische Regierungsbaumeister von Braun mit der Vermessung und Nivellierung des Geländes zum Bahnbau der Nebenlinie von Lörzenbach nach Weinheim von der Großherzoglichen Regierung beauftragt sei. Außerdem sei ihm Einsicht in die Parzellenkarten zu gewähren. Die hessischen und badischen Regierungsstellen traten in Verhandlungen ein. Die Großherzoglich Hessische Regierung verpflichtete sich in einem Staatsvertrag mit Baden zum Bau einer Bahnlinie von Weinheim nach Fürth im Odenwald.

Im Verordnungs- und Anzeigenblatt des Kreises Heppenheim konnte man unter dem 14. 6. 1890 lesen:

Die zweite badische Kammer genehmigte den Staatsvertrag zwischen Baden und Hessen, die Herstellung einer Eisenbahn von Weinheim nach Fürth betreffend.

Noch im gleichen Jahr wurde mit den Vermessungsarbeiten begonnen, und es wurden Meßgehilfen gesucht.

> **Arbeiter gesucht.**
> Zu den Vermessungsarbeiten der Nebenbahn von Fürth nach Weinheim werden Arbeiter als Meßgehülfen gesucht.
> Meldungen sind schriftlich unter genauer Angabe des Vor- und Zunamens sowie des Wohnortes bei unterzeichneter Stelle einzureichen.
> Darmstadt, im Juli 1890.
> Großherzogliche Baubehörde für Nebenbahnen.
> Stahl.

Die zum Vermessen benötigten Stangen und Pflöcke wurden durch öffentliche Ausschreibung beschafft. Derjenige, der am wenigsten nahm, erhielt den Zuschlag. Um die günstigste Trasse zu finden, mußten mehrfach Terrainstudien vorgenommen werden, und immer wieder erfolgten Ausschreibungen für Signalstangen und Pflöcke in der Zeitung.

Nebenbahn Weinheim—Fürth.

Die zur Absteckung der Achse der Linie von Weinheim nach Fürth nöthigen Signalstangen und Pflöcke sind wie folgt anzuliefern:

nach	Signalstangen	Pflöcke		
		Bohr-	Erd-	Nummer-
Weinheim	5	90	225	225
Fuchsen-Mühle	4	70	165	165
Birkenau	5	90	350	350
Reisen	4	70	290	290
Mörlenbach	9	140	600	600
Rimbach	6	90	500	500
Fahrenbach	4	70	250	250
Fürth	3	30	120	120
Zusammen	40	650	2500	2500

Die Bedingungen können gegen Einsendung einer Zehnpfennigmarke für deren Zusendung von uns bezogen werden.
Darmstadt, den 10. September 1890.
Großherzogliche Baubehörde für Nebenbahnen.
Stahl.

Über das Eisenbahnprojekt Weinheim - Fürth war Ende 1891 in der Darmstädter Zeitung zu lesen:

> *Für diese Linie bestand nur ein schmalspuriges, für eine normalspurige Linie völlig unbenutzbares Vorprojekt, die Vorarbeiten mußten also von Anfang an neu ausgeführt werden und wurden insbesondere im unteren Theil der Linie zwischen Birkenau und Weinheim umfangreiche und schwierige Terrainaufnahmen erforderlich, ehe die günstigste Trace ermittelt werden konnte.*
>
> *Mit diesen Aufnahmen wurde im Herbste vorigen Jahres begonnen und wurden dieselben so gefördert, daß die definitive Linie noch im Winter*

1890/91 abgesteckt werden konnte.
Nach Aufnahme der erforderlichen Querprofile ist die Ausarbeitung des Entwurfes im letzten Sommer erfolgt, worauf die landespolizeiliche Prüfung für die den hessischen Theil betreffenden Entwurfsstücke der Großherzoglich badischen Regierung zu gleichem Zwecke übermittelt wurde.
Die Gesamtlänge der Linie beträgt 16,6 km, bei einer Maximalsteigung von 1:70. Die Schwierigkeiten und hauptsächlich auch die Baukosten der Linie koncentrieren sich im unteren Theil der Strecke zwischen Weinheim und Birkenau, es werden daselbst 3 Tunnel von 130, 120 und 85 Meter Länge und 2 Überbrückungen des Weschnitztales von 100 bzw. 50 Meter Gesamtweite, ferner eine weitere kleine Brücke über die Weschnitz erforderlich.
Haltestellen für Personen- und Güterverkehr sind in Birkenau, Reisen, Mörlenbach, Rimbach und Fürth, Haltepunkte nur für den Personenverkehr bei Zotzenbach und Fahrenbach vorgesehen.

Obwohl der Gemeinderat 1886 ein klares Nein zum Geländeerwerb durch die Gemeinde ausgesprochen hatte, konnte er nicht gegen Verfügungen und Verordnungen bestehen. Am 10. August 1891 war es nun soweit, das Kreisamt meldete sich wieder im Auftrage des Großherzoglichen Ministeriums der Finanzen gemäß §5 der Verordnung zum Bau und Betrieb der Nebenbahnen vom 13. Juni 1885.
Um wegen des Landerwerbs in entsprechende Verhandlungen eintreten zu können, mußte der Gemeindevorstand erneut zusammentreten, und das Kreisamt ließ wissen:

Wir bestimmen zu diesem Zwecke Termin auf Mittwoch, den 12. l.Ms. nachmittags 2 Uhr praecis in dem Rathause zu Birkenau und fordern Sie auf, den Gemeinderath von Birkenau auf diese Stunde zum vollzähligen Erscheinen einzuladen.
Letzteres ist umsomehr geboten, weil Gr. Ministerium thunlichst Beschleunigung der Angelegenheit wünscht und weil am Termin die von dem Ortsvorstande abzugebende positive Erklärung über die unentgeltliche und lastenfreie Geländeabtretung vollzogen werden soll.

Was blieb da den getreuen Landeskindern schon übrig, als sich mit den Gegebenheiten abzufinden.
Nun begann die schwierige Phase des benötigten Landerwerbs. Da nicht nur gemeindeeigene Ländereien betroffen waren, mußten aus Privatbesitz Äcker, Wiesen und Wald, aber auch Gehöfte oder einzelne Gebäude um und in Birkenau aufgekauft werden. Zur Bewertung von Grund und Gebäuden wurde eine Kommission eingesetzt, mit deren Leitung Oberfinanzassessor Dr. Clemm beauftragt war. Ihm zur Seite standen der Bürgermeister der betroffenen Gemeinde sowie zwei weitere Persönlichkeiten der Gemeinde, die in der Taxation von Liegenschaften kundig waren – meist Mitglieder des Ortsgerichtes. Zu dieser schwierigen Aufgabe kam in Birkenau noch die Wahl des Standortes für den künftigen Bahnhof.
Aufschluß über den Standortstreit, der sich anscheinend über eine längere Zeit erstreckte, geben verschiedene Zeitungsberichte von Januar bis Dezember 1892.
Es bildeten sich drei Interessengruppen, die verschiedene Standorte des Bahnhofs-

471

gebäudes favorisierten. Der Bevölkerungsteil rechts der Weschnitz mit Nieder-Liebersbach war für einen Standort an der Staatsstraße, sollte dem nicht so sein, wurde von dieser Gruppe vorausgesagt, daß der projektierte Bahnhof für diesen Teil der Bevölkerung *so gut wie nicht existiere und dieselben würden nach wie vor auf die Station Weinheim angewiesen sein.* Die Bürger links der Weschnitz sprachen sich für den heutigen Standort des Bahnhofs aus. Die dritte Gruppe schließlich sah nur Kosten ohne den geringsten Nutzen, vielmehr nur Schaden durch den Bahnbau auf sich zukommen. Dazu eine Anmerkung vom Januar 1892: *Außerdem wird der Gemeinde Birkenau für die Zukunft eine bedeutende Ausgabe nicht erspart bleiben dadurch, daß die Bahn dicht am Schulhause (ja sogar mitten durch den Schulhof) vorübergeführt werden soll.*

Gescheitert ist letztlich die Trassenführung entlang der Staatsstraße durch massive Einsprüche und hohe Grundstückspreise durch Baron Wambolt. Die Fronten waren so verhärtet, daß der Baron damit drohen mußte, Birkenau zu verlassen, wenn der Bahnhof an der Staatsstraße zu liegen käme. So weit wollten es die Birkenauer denn doch nicht kommen lassen.

Der Baron schrieb am 10. 9. 1891 aus Eltville an Bürgermeister Oehlschläger:

Mein lieber Herr Bürgermeister

Bei meiner letzten Anwesenheit in Darmstadt habe ich die Pläne der beiden Bahnhofsprojekte genau angesehen und mir erklären lassen. Hierdurch wurde ich überzeugt, daß wenn man der Gemeinde nicht eine unerschwingliche Last aufbürden will, man entschieden für das Projekt um den Ort sein muß. Ich schreibe Ihnen diese Zeilen und wiederhole Ihnen daß die Gemeinde wenn die Pläne aufgelegt werden und der Termin anberaumt ist (was voraussichtlich Ende September oder Anfangs Oktober sein wird) leicht das Projekt um den Ort durchsetzen kann. Ich bitte Sie daher lieber Herr Bürgermeister in dieser Angelegenheit mit dem Gemeinderath zu thun was Sie können und müssen, denn ich erinnere Sie an die Folgen der Zerstörung meines mit vielen und sehr großen Opfern gegründeten Besitzes, ich verlange eine sehr große Entschädigung für Minderwerth, durch die Zerstörung des Besitzes werde ich gezwungen meinen ständigen Wohnsitz zu verlegen wodurch ein Wegfall meiner und meiner Frau Mutter Steuern, Schließung der Mädchenschule etc. etc. entstehen wird; überhaupt hört mein Interesse für Birkenau mit Verlegung meines Wohnsitzes auf.
Ich werde meine Ansicht in der Birkenauer Eisenbahnfrage auch dem Herrn Kreisrath schriftlich mittheilen. Sollte die Gemeinde das Projekt um den Ort durchsetzen so kann dieselbe überzeugt sein daß mein Interesse für Birkenau noch größer wird und ich wann irgendwie möglich suchen werde mich der Gemeinde entgegenkommend zu zeigen. Von dem Inhalt dieses Schreibens bitte ich so viel Gebrauch zu machen als Sie für gut erachten. Indem ich nicht nur hoffe sondern fest glaube daß in der Eisenbahnfrage meine Interessen auch die Interessen der Birkenauer sind bin ich mit herzlichem Gruß lieber Herr Bürgermeister

Ihr Baron Wambolt.

Klare Worte des Barons, die ihre Wirkung nicht verfehlten. Im Nachhinein müssen wir heute noch dafür dankbar sein, denn sonst müßte die tägliche Autoschlange die Ortsdurchfahrt mit den Schienenbussen teilen.

Das Taxieren des zum Bahnbau benötigten Geländes sollte gerecht erfolgen, deshalb beschloß der Gemeinderat am 25. Juni 1892, noch zwei weitere Taxoren, Johannes Jost und Gg. Ad. Brehm, in die Kommission aufzunehmen.

Eine Zusammenstellung des für den Bahnbau erforderlichen Geländes gibt 115 anzukaufende Einzelgrundstücke an. Es waren Flächen zwischen 2 und 4.301 qm, insgesamt hatte Birkenau 64.869 qm Gelände zum Eisenbahnbau bereitstellen müssen. Der größte Teil war Ackerland, gefolgt von 7.893 qm Wald. 8 Hofraithen hatten dem Bahnbau zu weichen. Die Eigentümer erhielten Entschädigungszahlungen, und nicht jeder Betroffene war mit dieser Regelung einverstanden.

Die Kommission zum Erwerb des künftigen Bahngeländes hatte keine leichte Aufgabe. Im Frühjahr 1893 waren in Birkenau immer noch 37 Grundbesitzer, die den von der Kommission erstellten Taxpreis nicht anerkannten. Nach längerer Kommissionsberatung wurde am 22. März 1893 beschlossen, daß die örtliche Kaufkommission noch einmal mit den „renitenten" Grundbesitzern verhandeln sollte. Die Gemeinde Birkenau stellte mit Abstand die größte Gruppe der Renitenten im Weschnitztal. Erst am 20. September 1893 konnte die Bürgermeisterei an das Gr. Kreisamt melden, daß alle Besitzer die Verträge vom 13. April unterzeichnet und damit die Bauerlaubnis erteilt hätten.

Unterzeichnete läßt den 5. September d. J. wegen dem Bahnbau folgende Gebäulichkeiten gegen Baarzahlung auf den Abbruch versteigern:
I. Einstöckiges Wohnhaus, in Eichenholz erbaut, 14,20 Meter lang, 8,90 Meter breit.
II. Scheune in Eichenholz, 9,50 lang, 9,00 Meter breit.
III. Holzhalle, 7,00 Meter lang, 2,80 Meter breit.
Birkenau, 16. August 1893. Nikolaus III. Kadel Wtw.

Gebäude, die in der geplanten Trasse lagen, wurden auf Abbruch versteigert. Vor allem waren davon die Ober- und Untergasse betroffen. War eine Hypothekenforderung vorhanden, die nicht durch den Verkauf der Liegenschaft abgedeckt werden konnte, mußte die Gemeinde einspringen.

Die neue Bahnlinie führte in unmittelbarer Nähe der Synagoge vorbei. Das veranlaßte den Vorstand der jüdischen Gemeinde, Bernhard Löb, an den Kreisrat folgendes zu schreiben:

Birkenau, 14. Febr. 1893

Da der Bau rubr. Linie jetzt zur Ausführung gelangt und wir in Erfahrung gebracht haben, daß die Trace mindestens 5 Meter von den Gebäulichkeiten entfernt sein muß, so sind wir genöthigt Gr. Kreisamt folgendes vorzutragen.

Durch den Bau dieser Linie verlieren wir den Eingang in unsere Synagoge und berührt nun der Bahnträger den Eingang welcher noch keine 2 Meter Entfernung an der Synagoge ist. Gesetzlich ist demnach solches

nicht zulässig, wir bitten daher Gr. Kreisamt weiter darüber verfügen zu wollen. Nach dem Bau der Bahn erhalten wir unseren Eingang von der Straße aus.
Unsere Synagoge ist ganz eingefriedigt und mit zwei Thoren versehen, solche kommen auch in Wegfall und beantragen wir gehorsamst,
daß unsere Synagogeneinfriedigung gerade so hergestellt wird wie solche war und bitten wir Gr. Kreisamt gehorsamst auch hierüber verfügen zu wollen und sehen Ihrem Bescheid entgegen.
Der Vorstand
Bernhard
Löb

Die Großherzogliche Baubehörde für Nebenbahnen in Starkenburg beantwortete das Schreiben und bat um Unterlagen, aus denen hervorging, daß ein Abstand von 5 Metern zu Gebäuden beim Bau von Nebenbahnlinien gesetzlich vorgeschrieben ist. Erst nach Erhalt einer solchen Unterlage könne man zum Eingang zur Synagoge Stellung nehmen. Die Einfriedigung werde man in zweckentsprechender Weise wieder herstellen.
Nach den langen, oft sehr schwierigen Verhandlungen mit den Grundbesitzern fiel den Mitgliedern der Kommission zum Landerwerb ein Stein vom Herzen, als sie im Jahre 1893 nachstehende Mitteilung vom Verordnungs- und Anzeigenblatt veröffentlichen ließen:

> * Birkenau, 13. Nov. Die zum Bahnbau Weinheim-Fürth abgesteckten Gelände unserer Gemeinde sind nun glücklich angekauft worden. Der Preis für dasselbe ist durchschnittlich 1 Mk. 30 Pfg. pro Meter. Die meisten Verkäufer gaben sich mit dem Angebot zufrieden. Viele sehen sich in der Nichtbewilligung ihres Verlangens getäuscht, indem sie die Preise viel höher schätzten. Die Arbeit ist bis jetzt noch nicht vergeben, doch steht die Vergebung in aller Nähe bevor.

Nimmt man die oben angegebenen 1,30 Mk., es waren Goldmark, als Durchschnittspreis und die von der Baubehörde 1891 genannte benötigte Landfläche von 64.869 qm an, so mußte die Gemeinde Birkenau 84.329,70 Mk. nur für den Landerwerb flüssig machen, fürwahr eine hohe Summe in der damaligen Zeit, die den Gemeindehaushalt sehr belastete.
Natürlich waren für den Bahnbau viele Arbeitskräfte erforderlich, die nicht nur aus der näheren und weiteren Umgebung beschafft werden konnten. Deshalb wurden auch im Ausland Arbeiter angeworben, die im Stein- und Erdbauhandwerk erfahren waren. Besonders aus Italien und Österreich kamen die Arbeiter, aber auch aus Bayern und anderen deutschen Staaten meldeten sich Leute im Baubüro, das vorübergehend in Weinheim eingerichtet worden war und die amtliche Bezeichnung „Großherzoglich Hessische Staatseisenbahnen Neubau-Abteilung I" führte.

Unter dem 23. 4. 1893 berichtete das Verordnungs- und Anzeigenblatt aus Birkenau: *Morgen wird durch italienische Arbeiter der Bau der Weschnitztalbahn in Angriff genommen. Es sollen noch weitere Arbeiter für diese Arbeiten herangezogen werden.* Allein in Birkenau wohnten zur Zeit des Eisenbahnbaus laut Anmeldebuch über 200 Gastarbeiter.

Das untere Weschnitztal glich einem Heerlager, und überall an der abgesteckten Linienführung herrschte reges Treiben. Mit Muskelkraft mußten alle Arbeiten bewältigt werden. Baumaschinen im heutigen Sinne gab es noch nicht, und es wimmelte an der Baustelle von fleißigen Menschen.

Bauabschnitt am Talbahnhof 1893

Kein Wunder, daß da die Reporter ihre Zeitungen mit neuesten Meldungen aus dem Bahnbaugebiet bedienten: *Aus dem Odenwald. Der Bau der Bahnstrecke Weinheim - Fürth geht gegenwärtig rüstig vorwärts und bietet namentlich ein Gang durch das Birkenauer Thal ein recht interessantes Bild. Es sind hier viele fleißige Leute, Arbeiter aus Italien, Bayern und Österreich, Tag und Nacht mit Steinsprengen, Abtragen und Ausfüllen des Bahngeländes beschäftigt. Man kann hier überall fremde Trachten, fremde Sprachen und Sitten beobachten. Wir wünschen, daß den fleißigen Arbeitern, bei den gefahrvollen Arbeiten kein ernstliches Unglück zustoßen möge.*

Die Darmstädter Zeitung schreibt zur Nebenbahnlinie Weinheim - Fürth u.a. am 3. Juli 1893:

> *...daß die Arbeiten des ersten Baulooses, welches den im Großherzogtum Baden liegenden Theil der genannten Linie umfaßt, in Angriff genommen sind. Die Erdarbeiten dieses Looses betragen etwa 77.000 Kubikmeter; 3200 Kubikmeter belaufen sich auf Maurerarbeiten an Brücken und Durchlässen und die 3 Tunnels haben zusammen 338 Meter Länge. Die Arbeiten werden in zufriedenstellender Weise gefördert. Die Inangriffnahme der Bauarbeiten des hessischen Theils der Nebenbahnlinie wird noch im Herbst dieses Jahres erfolgen können.*

Im September 1893 forderte der Bahnbau sein erstes Opfer. Es wird berichtet, daß ein Arbeiter aus Südtirol einen mit Steinen schwer beladenen Karren über eine Notbrücke fuhr, dabei kippte der Karren um und riß den Bedauernswerten mit in die Tiefe, wo er mit zerschmetterten Gliedern liegen blieb.

Im Jahre 1893 herrschte große Futternot, und aus diesem Grunde wurden alle Vergnügungen öffentlicher Art verboten. Die Musikalität und das Temperament der beim Bau beschäftigten Italiener rüttelten an diesem Verbot, und im Oktober konnte man über Birkenau lesen: *Es dürfte vielleicht von großem Interesse sein, zu erfahren, daß durch das wegen der Futternoth entstandene Verbot von öffentlicher Tanzmusik hier in unserem, durch die mit dem Bahnbau beschäftigten Italiener und sonstigen Arbeiter kolossal überfüllten Birkenau eine wirkliche Tanzmusiknoth ausgebrochen ist. Ganz besonders fühlbar machte sich diese Musiknoth in der vergangen Woche, indem einige Mädchen ihre Verehrer in die Wohnungen ihrer Eltern einluden und dann bei gut besetzter, klangvoller Harmonikamusik ein lustiges Tänzchen arrangierten, so daß sogar einzelne Frauen es nicht unterlassen konnten, ihre Tanzbeine in Bewegung zu setzen. Da nun die Zahl der Tanzlustigen immer mehr zunimmt und die kleinen Wohnungen dann nicht mehr ausreichen werden, dürfte es sich empfehlen, um diesen Tanzlustigen und besonders noch den Tanzsaalbesitzern, deren Säle leer stehen, Rechnung zu tragen, das Verbot von öffentlicher Tanzmusik aufzuheben.*

Wie man weiß, hat einigen die Birkenauer Tanzmusik so gut gefallen, daß diese die Heimreise nach Italien nicht mehr angetreten haben.

Die Tunnelarbeiten gingen zügig voran, und Ende Oktober 1893 war der Tunnel zwischen der Hildebrand'schen und der Fuchs'schen Mühle durchbrochen worden. Das Ereignis wurde von den fleißigen Tunnelarbeitern festlich begangen. Beide Portale waren geschmückt und nach Bekanntwerden dieser Nachricht zogen die Birkenauer in hellen Scharen dorthin und liefen durch den Felsengang. Es war ein Volksfest für das ganze Dorf. Anfang Dezember waren auch die beiden anderen Tunnel durchbrochen.

Der Bahnbauunternehmer hieß Ludwig Jahns und kam aus dem Elsaß. Beim Kreisamt Heppenheim stellte er den Antrag, in der Gemarkung Birkenau Dynamit und Pulver lagern zu dürfen. Dieses wurde ihm gestattet, jedoch unter strenger Beachtung der gesetzlichen Vorschriften. Besonders wurde darauf verwiesen, daß Dynamit nur in verschlossenen Blechkästen zu lagern sei. Die Lagerung erfolgte in einem Bretterhaus auf dem Wiesengelände am Brückenacker.

Am 26. Februar 1894 wurde mit dem mittleren Teil, dem Bauabschnitt von Birkenau bis Mörlenbach, begonnen. 80 Arbeiter arbeiteten in Birkenau, ebenso viele in Reisen und Mörlenbach.

> **Lokale und vermischte Nachrichten.**
> Mitarbeiter für diesen Theil, besonders aus dem Kreise, sind willkommen.
> * **Aus dem Weschnitzthale.** Der Bahnbau Weinheim-Fürth macht erfreulicher Weise bedeutende Fortschritte. Es ist dies viel dem Umstande zuzuschreiben, daß gleichzeitig an verschiedenen Punkten mit den Grundarbeiten begonnen wird; auch dürften die günstigen Witterungsverhältnisse viel zur Beschleunigung beitragen. — Günstiges ist auch von dem Straßenbau Mörlenbach Wald-Michelbach zu berichten. Man hofft daß beide Unternehmen bis Herbst 1894 vollendet sind, und die Weschnitzthalbahn bis Frühjahr 1895 dem Betriebe übergeben werden kann.

Ein Arbeiter verdiente täglich 4 - 5 Mk. Das war ein sehr guter Verdienst und viele Arbeitssuchende wurden davon angezogen.
Es ereigneten sich jedoch auch immer wieder kleinere und größere Unglücksfälle.

> * **Birkenau, 16. April.** Ein beim Bahnbau beschäftigter italienischer Arbeiter stürzte gestern im Birkenauer Thale, in der Nähe der Fuchs'schen Mühle, von einer beträchtlichen Höhe herab. Außer bedeutenden Verwundungen an Kopf und Armen zog sich der Bedauernswerthe auch schwere innere Verletzungen zu und mußte derselbe in das Spital nach Weinheim gebracht werden.

Der Gebäudeabbruch erfolgte immer durch öffentliche Ausschreibung, der Meistbietende erhielt den Zuschlag. Gleichzeitig wurden Bauarbeiten zur Erstellung von Ersatzgebäuden öffentlich ausgeschrieben, derjenige, der am wenigsten verlangte, wurde dann berücksichtigt.

> **Bekanntmachung.**
> Die in der evangel. Pfarrhofraithe zu Birkenau auszuführenden Bauarbeiten und Lieferungen, als:
>
> | | | | |
> |---|---|---|---|
> | 1) Maurerarbeit | veranschlagt zu | 2801 Mk. | 88 Pfg. |
> | 2) Steinhauerarbeit | " | 321 | 40 |
> | 3) Zimmerarbeit | " | 1008 | 93 |
> | 4) Eisenlieferung | " | 46 | 50 |
> | 5) Dachdeckerarbeit | " | 290 | 69 |
> | 6) Schreinerarbeit | " | 388 | 33 |
> | 7) Schlosserarbeit | " | 689 | 20 |
> | 8) Glaserarbeit | " | 97 | — |
> | 9) Tüncherarbeit | " | 368 | 50 |
> | 10) Pflasterarbeit | " | 22 | |
>
> sollen **Donnerstag, den 15. März l. J., Vormittags 9 Uhr,** im Rathhaus zu Birkenau öffentlich versteigert werden.
> Pläne, Voranschläge und Bedingungen liegen am 14. März l. J., Vormittags von 9—12 Uhr und Nachmittags von 2—4 Uhr in dem Pfarrhause zu Birkenau zur Einsicht offen.
> Nimbach, am 10. März 1894.
> Kabey, Gemeinde-Baumeister.

Öffentliche Ausschreibung für den Neubau der evangelischen Pfarrhofraithe

Die Kaufpreise, die die Kommission zum Landerwerb für den Eisenbahnbau festsetzte, wurden in der ersten Hälfte des Jahres 1894 an die Betroffenen, einschließlich 4,5 % Zinsen für die Zeit ab 1. April 1893, ausbezahlt.

Eine Ausschreibung „Für Arbeiten und Lieferung zur Herstellung der Stationsgebäude, Güterschuppen und Nebengebäude zu Birkenau" erfolgte am 20. Juli 1894.

Mit dem Fortgang der Arbeiten war man sehr zufrieden, was auch der nachstehende Zeitungsbericht bestätigt. Fürwahr, im April 1893 hatte man mit dem Bau begonnen, und Mitte des folgenden Jahres konnte man sich schon mit dem Bau der Stationsgebäude befassen.

> Aus dem Weschnitzthal, 5. Juli Bahnbau. Verschiedenen Orts gehen die Arbeiten des Bahnbaues ihrem Ende entgegen. Nächster Tage werden die Arbeiten zu den Stationshäusern vergeben, so daß ohne allem Zweifel mit Beginn des Frühjahres der Betrieb auf der neuen Bahn eröffnet werden kann. Es gibt also eine Vollbahn, welche in Weinheim an der Main-Neckar-Bahn Anschluß erhält, alsdann Birkenau, Reisen, Mörlenbach, Rimbach und Fahrenbach berührt und in Fürth endigt, da nach neueren Verhandlungen die Bahn nicht von Fürth, sondern durch eine Abzweigung von Mörlenbach nach Wald-Michelbach geführt wird. Unstreitig wird die neue Bahn der Gegend reges Leben und der Bevölkerung großen Nutzen bringen.

Auch solche Begebenheiten brachte der Bahnbau mit sich:

> Birkenau. Der letzte Sonntagsgottesdienst in der hiesigen katholischen Pfarrkirche wurde in empörender Weise gestört. Ein fremder Eisenbahnarbeiter erlaubte sich die Frechheit, die Predigt des Herrn Pfarrers durch laute Zurufe zu unterbrechen. Die Predigt handelte vom Segen der durch Christus geheiligten Arbeit. Der „Genosse" wurde dingfest gemacht.

Der Geländebedarf war nicht nur für den Bau des Bahnkörpers ermittelt worden, sondern 2.971 qm waren auch für Straßen und Wege, die wegen des Bahnbaus angelegt werden mußten, erforderlich.

Einen historischen Fund machten Bahnbauarbeiter beim Graben, als sie oberhalb von Birkenau ein Schwert zutage förderten. Der Fund wurde lt. Zeitungsnotiz in die Altertümersammlung nach Darmstadt gebracht. Auf eine Rückfrage beim Hessischen Landesmuseum in Darmstadt teilte dieses mit, daß es hierüber keine Unterlagen gebe. Im Verordnungs- und Anzeigenblatt erschien im April 1895 eine kleine Anzeige, die besagte, daß wegen verschiedener Hindernisse die Weschnitztal-Bahn nicht 1. Juni, sondern erst am 1. Juli eröffnet werde. Am 29. Juni 1895 erfolgte die landespolizeiliche Abnahme der Weschnitztal-Bahn nach zwei Jahren und zwei Monaten Bauzeit, eine Leistung, die heute ohne Mithilfe moderner Maschinen nicht denkbar wäre. Ab 1. Juli 1895 verkehrten fahrplanmäßig die Eisenbahnzüge zwischen Weinheim und Fürth.

Erster Fahrplan der Weschnitztal-Bahn

Die Bahnhöfe der neuen Odenwaldstrecke mußten auch mit Personal besetzt werden. Statt Leute neu auszubilden und anzulernen, versetzte man einfach erfahrene hessische Eisenbahnbeamte in den Odenwald an die Strecke Weinheim - Fürth.

So kam auch Johannes Erdmann mit 31 Jahren von Langen nach Birkenau und wurde erster Stationsvorsteher des Bahnhofs Birkenau. Vor dem Wechsel war Johannes Erdmann am Bahnhof Sprendlingen tätig. Als er seinen Dienst in der neuen Umgebung aufnehmen sollte, war der Wohnungsausbau im Stationsgebäude noch nicht abgeschlossen, so daß der Bahnhofsvorstand mit seiner Familie die erste Zeit in den Kellerräumen des Bahnhofs wohnen mußte. Das Jahressalär des Stationsvorstehers betrug 300 Mark. Da ist es verständlich, daß die „Eisenbahnerkuh" (Ziege), Schweine, Geflügel und Hasen, die alle im hinteren Teil des Toilettengebäudes untergebracht waren, zur Verbesserung der Haushaltskasse beitragen mußten.

Dem Vorstand standen noch drei weitere Bahnbedienstete zur Seite. Es waren dies Jakob Brehm III., Adam Heckmann und Johannes Müller IV. Mittels Morsegerät wurden die Züge an- und abgemeldet. Die Weichen mußten größtenteils an Ort und Stelle von Hand umgelegt werden, was im Winter besonders beschwerlich war. Während es vor der Eisenbahnzeit die Postuhr war, nach der sich die öffentlichen Uhren zu richten hatten, war es nun die Bahnuhr, die die genaue Uhrzeit lieferte. Im Bahnhofsgebäude gab es einen Wartesaal 1. Klasse mit Tischen und Stühlen und einen Saal 2. Klasse mit Holzbänken an den Wänden.

Johannes Erdmann war bis 1924 Stationsvorsteher des Birkenauer Bahnhofs. Er erhielt für 25 Dienstjahre bei der Bahn den silbernen und für 40 Jahre den goldenen Bahnorden mit dem geflügelten Rad. Sein Nachfolger von 1924 bis 1935 war Peter Breunig.

Die beschauliche Zeit der Postkutschen ging mit dem Aufkommen der Eisenbahn nun auch im Weschnitztal zu Ende. Die Bahnlinie von Weinheim nach Fürth wurde als eine der idyllischsten Deutschlands bezeichnet. 1890 hatten die hessischen Landstände 1.400.000 Mark für diese ca. 20 km lange Bahnstrecke bewilligt. Dem Vernehmen nach wurde diese Summe aber überschritten. So soll zum Abschluß noch etwas über die finanziellen Aufwendungen gesagt werden, die Birkenau und sein Umfeld betrafen. Nach Aufteilung der Kosten des Bahnbaus auf die einzelnen anliegenden Gemeinden wurden diese und sogenannte Nutznießer zur Kasse gebeten.

Johannes Erdmann (1864 - 1944)

Birkenauer Bahnhof 1895
Auf dem Bild sieht man u.a. den Vater von Rektor Pfeifer mit seinen Schulkindern von Erlenbach, die mit einer Bahnfahrt von Fürth nach Birkenau ihren Schulausflug begannen und von Birkenau wieder zurück nach Erlenbach wanderten.

Birkenau hatte 64.019,09 Mark und Reisen 11.636,76 Mark zu zahlen. „Nutznießer" waren Nieder-Liebersbach mit 1.900,- Mark, Kallstadt mit 295,- Mark, Hornbach mit 1.205,- Mark, Müller, Reisen, mit 400,- Mark und aus Birkenau die Mühlenbetriebe Emich mit 100,- Mark, Spengler mit 300,- Mark, Heinz & Warthorst mit 150,- Mark, Dr. Stutzmann mit 150,- Mark und die Ziegelei Stief mit 100,- Mark Baukostenanteil.

Um mit heutigen Worten zu sprechen, war der Bau der Weschnitztalbahn nur möglich durch einen „Solidarpakt" zwischen den Ländern Hessen und Baden, den Gemeinden, Interessenten aus der Wirtschaft und den Bürgern dieser Region. Sie alle ermöglichten den Bau der Weschnitztalbahn, die in diesem Jahr (1995) ihren 100. Geburtstag begehen kann.

Heinz Walther Koch,
Mörlenbach

Kurze Postgeschichte

In Birkenau kann die Post im Jahre 1995 auf eine 134jährige Tätigkeit zurückblicken.

1861   Am 1. August 1861 nahm eine Postexpedition in Birkenau ihren Dienst auf und hatte 26 weitere Flecken, Dörfer und Höfe zu versorgen. Der erste Birkenauer Postverwalter war Johann Georg Jochim I. Er hatte das Amt bis 1882 inne. Das erste Birkenauer Postamt befand sich in dem inzwischen abgerissenen Haus von Dr. Simmet in der Hauptstraße 65. Ebenfalls ab dem 1. August 1861 verkehrte eine Carriolpost zwischen Weinheim und Fürth.

1882   Auf Postverwalter Johann Gg. Jochim I. folgte sein Sohn Georg Jochim II.

1895   Am 30. Juni 1895 verkehrte zum letzten Mal die Postkutsche von Fürth nach Weinheim. In dieser Zeit war Georg Müller (1859 - 1933) Landbriefträger in Birkenau.

1902   Das erste Telefon in Birkenau war eine „Öffentliche" bei Gastwirt Buß im Gasthaus „Zum Birkenauer Tal".

1914   Bis Ende September 1914 blieb Georg Jochim II. Postverwalter. Nach seinem Ausscheiden bezog das Kaiserliche Postamt neue Räume im Haus Hauptstr. 63 (heute Firma D. und L.), und Postverwalter Jakob Maas übernahm die Leitung des Postamts Birkenau.

1924   Von 1924 bis 1934 war Philipp Valentin Leiter des Postamts.

1930   Die erste Birkenauer Landkraftpost nahm ihren fahrplanmäßigen Betrieb auf.

1934   Ab 1. Oktober 1934 gehörte Birkenau zum Leitpostamt Weinheim und damit zur OPD Karlsruhe. Übergangsweise war Albert Pietz und ab 1. Dezember 1934 war Johann Schwöbel neuer Postverwalter.

1937   Karl Bischler war bis 1963 Leiter der Birkenauer Post. Während des Zweiten Weltkrieges, als Bischler zum Kriegsdienst mußte, war Ludwig Fabian mit der Wahrnehmung der Amtsgeschäfte betraut.

1945   Nach dem Zusammenbruch erfolgte unter Kontrolle der Siegermächte der Wiederaufbau des Postwesens in Deutschland. Deutschland war in Besatzungszonen aufgeteilt, und Birkenau gehörte wieder zur hessischen OPD Frankfurt.

1959   Erster „Nur-Paketzusteller" mit Fahrrad und Anhänger war Günther Krotz.

1960   Ein „Opel Blitz" war das erste Birkenauer Postauto, das Pakete ausfuhr.

1963   Vom 1. Mai 1963 bis 1990 war Hans Peterl mit der Leitung des Birkenauer Postamts betraut.

1970   Der Umzug in ein neues, größeres Postamt erfolgte zum Jahresende 1970. Es ist das dritte Domizil der Post seit ihrem Bestehen in Birkenau.

1990   Seit dem 1. Dezember 1990 ist Posthauptsekretär Gustav Dengler mit der Leitung des Postamts betraut.

Mehr über die „Birkenauer Postgeschichte" ist dem Heft 3 (Ausgabe von 1992) der „Birkenauer Schriften" zu entnehmen.

Heinz Walther Koch,
Mörlenbach

Vom Feuerlöschwesen

Brandbekämpfung und Feuerschutz existieren so lange, wie Menschen ihr Hab und Gut schützen müssen. Nur hat sich die Art der Bekämpfung und die Objekte, die zu schützen sind, erheblich geändert. Schon mit Beginn des organisierten Brandschutzes vor 100 Jahren, insbesondere aber mit dem Wiederaufbau nach dem 2. Weltkrieg, wurde die Brandbekämpfung wesentlich effektiver. Die bessere Ausbildung der Feuerwehrleute, technisch hochentwickelte Feuerlöschgeräte und die Weiterentwicklung der Alarmierung sind die Hauptursachen dafür.

In den früheren Jahren waren es ganz einfache Gerätschaften, mit denen die Menschen versuchten das Feuer zu löschen. So z.B. mit den sogenannten Feuereimern, Feuerplatschen und Feuerhaken. Schon damals galt es, nicht nur die Unterkünfte von Mensch und Tier zu schützen, sondern auch Wald und Flur. Jeder, der etwas zu schützen hatte, mußte mit den entsprechenden Gerätschaften versorgt sein. Der Feuereimer war ursprünglich aus Stroh geflochten. Später wurde er aus starkem Leinen hergestellt. Von diesem Zeitpunkt an konnten die Bürger die Eimer bei der Gemeinde erwerben. In der Gemeinderechnung aus dem Jahre 1790 ist die Anschaffung von solchen Eimern nachgewiesen.

Übrigens mußte später entsprechend dem Gesetz des Großherzoges von Hessen und bei Rhein vom 21. 6. 1852 jeder männliche Einwohner, welcher die Ortsbürgerschaft und damit die Zulassung zu den Gemeindenutzungen erwerben wollte, das sogenannte Feuereimergeld in Höhe von 5,– Mark an die Gemeindekasse zahlen. Dafür erhielt er einen Feuereimer. Dies war gleichzeitig auch die Verpflichtung zur Mithilfe bei der Brandbekämpfung. Zum Teil sind solche Eimer noch in älteren Gebäuden vorhanden.

Damit jeder, der dazu verpflichtet war, Feuerlöschgerätschaften zu besitzen, diese auch tatsächlich greifbar hatte, wurden regelmäßige Kontrollen durch eine Gerichtsperson durchgeführt. Aus einem solchen Gerichtsprotokoll vom 26. 10. 1819 ist zu entnehmen, daß bei einer Mängelfeststellung Geldstrafen verhängt wurden, wenn diese Gerätschaften nicht innerhalb einer Frist von vier Wochen angeschafft wurden. Die Überprüfungen fanden nicht nur bei den Einwohnern, sondern auch bei der Gemeinde statt. Dort wurde geprüft, ob die der Öffentlichkeit zur Verfügung stehenden Gerätschaften wie Feuerleiter und Feuerhaken ausreichend vorhanden, in einem brauchbaren Zustand und jederzeit greifbar waren. Außerdem mußte die Gemeinde ein Verzeichnis führen, aus dem zu ersehen war, welche Männer bei einem Brandfall welches Gerät zu bedienen hatten. So war festgelegt, daß zum Bedienen eines Feuerhakens vier Mann, für jede Feuerleiter sechs Mann, notwendig sind. Die Männer waren namentlich bestimmt und auf Lebenszeit verpflichtet, es sei denn, sie waren aus gesundheitlichen Gründen oder sonstigen Gebrechen nicht mehr in der Lage, diesen Dienst zu versehen. Wichtig war auch das Feueransagen. Bei Ausbruch eines Brandes in unserer Gemeinde mußten Männer in die Nachbarschaft reiten oder laufen und den Brand ansagen und um Hilfe bitten. So war z.B. 1872 festgelegt, daß sich Jakob Kling II nach Weinheim, Georg Eisenhauer nach Nieder-Liebersbach, Adam Fendrich nach Mörlenbach und Jakob Jeck nach Reisen zu begeben hatten. Anderen Ortes geschah das Feueransagen durch ein Lärmfeuer. Dies wurde auf einer

Anhöhe weithin sichtbar entzündet. Zum Teil wurden diese Festlegungen mit Beginn des organisierten Feuerschutzes noch intensiviert und gelten heute noch.

Zur Eindämmung der Feuersgefahr hat am 4. 5. 1835 der Kreisrat eine Verordnung erlassen, wonach alle Dächer, welche mit Stroh gedeckt waren, abzuschaffen und mit Dachziegeln zu decken sind. Es wurde ab sofort verboten, neue Strohdächer zu errichten. Für die Reparatur eines Strohdaches brauchte man eine Erlaubnis.

Eine wesentliche Verbesserung des Feuerschutzes in unserer Gemeinde erfolgte im Oktober des Jahres 1866. Damals schenkte die Aachen-Münchener-Feuerversicherungsgesellschaft der Gemeinde eine Feuerspritze. Es war natürlich nur eine Druckspritze. Zunächst war dieses Geschenk mit einer Auflage verbunden, und zwar sollte die Spritze innerhalb des Anwesens des Freiherrn Wambolt von Umstadt untergestellt werden, damit im Ernstfall keine Zeit für das Herbeischaffen der Spritze verloren ginge. Gegen diese Auflage hat der damalige Bürgermeister Denger protestiert. Er schrieb, daß man die Spritze für die Allgemeinheit zugänglicher unterstellen solle und zwar in der Halle des Rathauses. Außerdem könne man der Wambolt'schen Familie den Lärm, der beim Transport der Spritze, insbesondere in der Nachtzeit entstehe (!), nicht zumuten. Dem Einspruch des Bürgermeisters wurde stattgegeben und die Spritze in der Halle des Rathauses untergestellt. Die übrigen Gerätschaften zur Brandbekämpfung waren in einem kleinen Gebäude, das im Jahre 1827 im Bereich der heutigen Brückenstraße in der Nähe des Wambolt'schen Anwesens errichtet worden war, untergestellt. Zur Bedienung dieser neuen Feuerspritze wurden zwölf Männer eingeteilt, außerdem noch zwei Mann mit je einem Gespann von zwei Pferden zum Ziehen. Als die neue Spritze defekt geworden war, mußte sie von Jakob Kadel mit dessen Gespann nach Darmstadt gezogen werden, damit sie repariert werden konnte.

Für alle jungen Männer war es Pflicht, sich dem Brandschutz zur Verfügung zu stellen. Durch die Landesfeuerlöschordnung vom 29. 3. 1890 wurden die Gemeinden aufgefordert, namentliche Grundlisten der einzelnen Jahrgänge zu erstellen. An dieser Verpflichtung zur Teilnahme am Brandschutz änderte sich auch nichts, als im Jahre 1895 in Birkenau eine Freiwillige Feuerwehr gegründet wurde. Durch Beschluß der Gemeindevertretung wurden Hilfsmannschaften zusammengestellt, die den Männern der Freiwilligen Feuerwehr im Falle eines Brandeinsatzes Hilfe leisten mußten. Die Hilfsmannschaften waren nach Straßen eingeteilt. So mußte z.B. die Hilfsmannschaft aus der Obergasse und Sandbuckel Hilfe leisten, wenn es in diesem Bereich brannte.

Wie bereits erwähnt, wurde im Jahre 1895 die Freiwillige Feuerwehr gegründet. Gemäß ihrer ersten Satzung vom 1. 10. 1895 waren alle Mitglieder verpflichtet, bei einem Brandfall den Lösch- und Rettungsdienst nach den Vorschriften der Kreisfeuerlöschordnung zu versehen. Mitglied der Freiwilligen Feuerwehr konnten nur Männer werden, welche das 18. Lebensjahr vollendet hatten. Sie mußten sich auf fünf Jahre verpflichten. Die Wehr bestand aus dem Kommandanten und dessen Stellvertreter, dem Zeug- und Zahlmeister; der Steigermannschaft, bestehend aus Führer und acht Steigern; der Spritzenmannschaft, bestehend aus Führer und 28 Mann pro Spritze; dem Ordnungsdienst, bestehend aus dem Führer und elf Mann. Außerdem gab es noch eine Mannschaft zum Herbeischaffen des Löschwassers, zum Pumpen und für das Meldewesen. Letztere wurde aus den Verpflichteten gebildet. Mit diesen Festlegungen begann in Birkenau der organisierte Brandschutz.

Erster Kommandant war Valentin Jakob. Im Jahre 1899 wurden die ersten Uniformen durch die Gemeinde angeschafft. Weiteres Gerät wurde nach und nach, entsprechend den finanziellen Möglichkeiten der Gemeinde, erworben. Mit der Fertigstellung der ersten gemeindlichen Wasserleitung im Jahre 1904 trat eine wesentliche Verbesserung des Brandschutzes ein. Durch den Einbau von Hydranten war die Versorgung mit Löschwasser auch in den Straßen, wo kein öffentliches Gewässer erreichbar war, gesichert. Allerdings wurde von der Brandversicherungskammer zur Auflage gemacht, daß der Vorrat an brauchbaren Hydrantenschläuchen mindestens 150 m betragen müsse, da sonst kein Zuschuß gewährt werde.

Im Jahre 1907 wurde von der Firma Magirus eine fahrbare mechanische Feuer- und Rettungsleiter erworben. Die Leiter war zweirädrig, hatte eine Höhe von 10 m und mußte von Hand gezogen werden. Im gleichen Jahr konnte die Wehr auch ein neues Spritzenhaus beziehen. In der „An der Tuchbleiche" errichteten Volksschule wurde der Wehr im Erdgeschoß ein größerer Raum zur Verfügung gestellt. Damit konnte man endlich alle Geräte gemeinsam unterbringen, was eine wichtige Voraussetzung für einen schnelleren Einsatz war. Außerdem war das Gelände, das ja an die Weschnitz angrenzt, bestens für die Durchführung der Übungen geeignet. Bei einem Brand auf dem Hasselhof im Oktober des Jahres 1909 konnte erstmals eine Saug- und Druckspritze zum Einsatz gebracht werden. Bis zu Beginn des 1. Weltkrieges im Jahre 1914 hatte die Wehr folgende Brandeinsätze:

Umzug aus Anlaß des 30jährigen Stiftungsfestes im August 1925

9. 4. 1902: Anwesen Joh. Brehm II., 10. 9. 1902: Anw. Franz Schütz III., 24. 10. 1902: Anw. Freiherr Wambolt v. Umstadt, 8. 9. 1903: Johannes Scheuermann VI., 2. 1. 1906: Hess. Oberförsterei, 15. 9. 1906: Nikolaus Geiß, 15. 9. 1907: Nikolaus Geiß, 6. 10. 1909: Hasselhof (Hugo Gilmer), 2. 2. 1910: Ludwig Quenzer, 4. 1. 1911: Hofreite Michael Steffan, 12. 5. 1912: Kammfabrik Schmitt, 15. 3. 1913: Anwesen Johann Adam Gölz. Bei diesem Brand gab es einen heftigen Streit zwischen der Feuerwehr und dem Gendarmerieposten in Birkenau. Anlaß war die Einmischung der Gendarmerie in die Befehle des Kommandanten und die Behauptung, die Wehr wäre zu spät am Brandherd eingetroffen. Kommandant Anton Müller legte daraufhin bei der Aufsichtsbehörde Beschwerde ein. Nach mehreren Aussprachen wurde der Streit schließlich beigelegt. Der Gendarmerie wurde zur Auflage gemacht, sich künftig nicht mehr in die Angelegenheiten der Feuerwehr einzumischen. Ein weiterer Brand entstand am 18. 10. 1913 im Anwesen Quenzer.

Das erste festliche Ereignis der Wehr, die Fahnenweihe, fand im Jahre 1911 statt. Die Fahne war ein Geschenk des ehemaligen Soldatenvereins 1870/71, welcher sich im gleichen Jahr auflöste. Die Fahne zeigt auf der einen Seite „Die Germania", das Sinnbild des Zweiten Reiches, auf der anderen Seite das Emblem der Feuerwehr mit dem Spruch:

„Rasch zur Glut — Rechter Mut
Ruhig Blut — Rette gut"

Bis zu dem Jahre 1913, in dem Anton Müller das Kommando übernahm, gab es folgende Kommandanten: Valentin Jakob, Johann Bernhard, Peter Fries und Wilhelm Gölz. Mit dem Ausbruch des 1. Weltkrieges mußten viele Feuerwehrmänner an die Front. Es gab große Lücken innerhalb der Wehr, die durch dienstverpflichtete ältere Männer ersetzt werden mußten. Von den großen Verlusten blieb auch die Birkenauer Wehr nicht verschont. Auch viele Verwundete waren zu beklagen, die ihren Feuerwehrdienst nach dem Kriege nicht mehr ausüben konnten. Es dauerte lange, bis nach dem Krieg wieder einigermaßen geordnete Verhältnisse eintraten. Das lag nicht nur daran, daß nicht genügend Männer zur Verfügung standen, welche bereit waren, Feuerwehrdienst zu leisten, sondern auch an den sehr schlechten finanziellen Verhältnissen, die zu dieser Zeit herrschten. Das 25jährige Jubiläum, das im Jahre 1920 zur Feier anstand, konnte aus diesem Grund nicht stattfinden. An dessen Stelle beging man im Jahre 1925 das 30jährige Jubiläum verbunden mit dem Kreisfeuerwehrtag. In den damals vorhandenen drei Sälen der Birkenauer Gastwirtschaften, Zum Birkenauer Tal, Deutsches Haus und Deutscher Kaiser, wurden Festbälle abgehalten.

Im Jahre 1926 wurde der Birkenauer Ludwig Knaup einstimmig zum Landesfeuerwehrführer in Hessen gewählt. Nach einem Bericht in der Hessischen Feuerwehrzeitung aus dem Jahre 1936 war er in seinem Amt sehr erfolgreich. Er war Initiator der Feuerwehrfachschulen und legte großen Wert auf die sorgfältige Ausbildung der Feuerwehrmänner und die Schlagkraft der Wehren. Auch war er es, der die Altersabteilungen der einzelnen Wehren ins Leben gerufen hat. Er wollte damit erreichen, daß die dienstunfähig gewordenen Männer weiterhin am Geschehen der Wehr teilnahmen.

Die folgende Zeit des wirtschaftlichen Niedergangs in Deutschland ging auch an der Wehr nicht spurlos vorüber. Wegen der vielen Arbeitslosen wurde damals darüber abgestimmt, ob man künftige Versammlungen in der Schule an Stelle in den Gastwirtschaften abhalten solle. In der Zeit von 1914 bis 1933 gab es folgende Brandeinsätze: 28. 8. 1916: Anwesen Nik. Zopf, Kallstadt. Zum Glück, war dies der einzige Brand während des 1. Weltkriegs. Am 28. 11. 1920: Anwesen Philipp Müller IV., am 4. 2. 1929: Anwesen Peter Schmidt, am 30. 4. 1929: Anwesen Michael Gruber Wwe., am 16. 11. 1929: Anwesen Johann Treiber, am 8. 7. 1932: Philipp Schuch (Ziegelei), am 2. 11. 1933: Anwesen Jakob Kadel.

Feuerwehrübung im Jahre 1928 bei der ehemaligen Wirtschaft „Zur Rose" in der Untergasse

Im Jahre 1929 gab es einen Wechsel im Kommando der Wehr. An Stelle von Anton Müller übernahm Johannes Bechtold II. das Kommando. Neben diesen Brandeinsätzen war die Wehr in dieser Zeit auch öfters zu Rettungsarbeiten bei Hochwasser der Weschnitz eingesetzt. So mußten Lebensmittel geborgen werden, da die Keller, insbesondere im Bereich der Kirchgasse, unter Wasser gestanden hatte. Auch bei politischen Anlässen hatte nun die Wehr präsent zu sein. So bei der Reichstagseröffnung am 21. 3. 1933, bei der sich die Wehr mit Kapelle am Festzug durch die Straßen von Birkenau beteiligte.

Mit der Machtübernahme durch die NSDAP im Jahre 1933 änderte sich auch einiges in der Wehr. Wie bei den übrigen Vereinen, die nicht verboten worden waren, trat an die Stelle des demokratischen Verfahrens das sogenannte Führerprinzip. Es gab keine Wahlen mehr, es wurde bestimmt. Nach jeder Versammlung mußte das Deutschlandlied sowie das Horst-Wessel-Lied gesungen werden. Durch das Reichsgesetz über das Feuerlöschwesen aus dem Jahre 1936 wurden die Freiwilligen Feuerwehren als öffentliche Feuerlöschpolizei deklariert. Das Kommando mußte sich vorher verpflichten, daß es sich dem zuständigen Ortspolizeiverwalter unterstellt. Die Mitglieder der Wehr waren von da an berechtigt, das polizeiliche Hoheitszeichen zu tragen. In die Übungen der Feuerwehr ist ab diesem Zeitpunkt eine Art vormilitärischer Ausbildung eingeflossen.

Am 8. 3. 1935 gab es wieder einen Brand zu löschen und zwar an dem Anwesen Michael Weber und Heinrich Ziegler. Bei diesem Brand kam erstmals die kurz vorher erworbene Motorspritze zum Einsatz, der es zu verdanken war, daß das Feuer keinen allzu großen Schaden anrichtete. Anläßlich dieses Brandes entstand ein Lied, das noch viele ältere Birkenauer kennen und das unter Umständen heute noch gesungen wird. Es lautete:

„*Er Leitscher es brennt*
die Feierwehr rennt,
zum Zieglers Gaul.

Drowe unerm Dach
im Michel soim Gemach,
hots zuerscht gebrennt.

Was do en Unrat ligt,
alles uff die Hauptstroß fliegt,
Michel was hoscht gemacht,
beim Zieglers Gaul"

Ein weiterer Brand brach am 7. 8. 1937 in der Scheune des Johann Weber V. aus. Diese Scheune, neben der alten Post stehend, brannte samt der Heu- und Erntevorräte bis auf die Grundmauern ab.

Mit der Einführung der allgemeinen Wehrpflicht im Jahre 1936 mußten auch einige Feuerwehrleute zu einer zweijährigen Ausbildung zur Wehrmacht. Hierfür mußte Ersatz geschaffen werden. Es sollte jedoch der Grundsatz der Freiwilligkeit weiterhin Vorrang haben, d.h. nur wenn nicht genügend Freiwillige für den Feuerwehrdienst zur Verfügung standen, mußte die Pflichtfeuerwehr aufgestellt werden. Je näher jedoch der 2. Weltkrieg kam, desto dünner wurden die Reihen der Wehr. Eine Pflichtfeuerwehr wurde daher aufgestellt, um auch weiterhin schlagkräftig zu bleiben. Die Pflichtfeuerwehr bestand vorwiegend aus älteren Männern, die nicht mehr zum Kriegsdienst eingezogen werden konnten. Am 12. 12. 1939 brach in der Ziegelei Mölter ein Brand aus, der keinen allzu großen Schaden anrichtete.

Nach Kriegsbeginn mußte die Wehr nach Luftangriffen, bei denen anfangs meist Brandbomben abgeworfen wurden, zu Einsätzen nach Weinheim. Für ihren Einsatz am 16. 8. 1941 erhielt sie von der Freiwilligen Feuerwehr Weinheim ein Dankschreiben für vorbildlichen Einsatz. Im Jahre 1941 trat ein Wechsel in der Führung der Wehr ein. An Stelle von Johannes Bechtold II übernahm Karl Müller die Führung. Die Wehr bestand zu dieser Zeit aus 24 Personen.

Durch die Aufsichtsbehörde wurden im Jahre 1940 Brandhilfebezirke gebildet. Einer Wehr, welche mit einer Motorspritze ausgerüstet war, wurden einige andere Gemeinden zugeordnet, in denen im Brandfalle Löschhilfe geleistet werden mußte. So waren der Birkenauer Wehr zugeteilt: Kallstadt, Rohrbach, Gorxheim, Unter-Flockenbach, Löhrbach, Reisen, Hornbach, Ober-Mumbach, Geisenbach, Schnorrenbach, Nieder- und Ober-Liebersbach. Es gab zum guten Glück im 2. Weltkrieg in unserer Gemeinde nur zwei Brandeinsätze. Am 13. 7. 1941 ein Zimmerbrand im Anwesen Leonhard, Wilhelmstraße/Ringstraße. In dieser Wohnung wohnte eine alleinstehende Engländerin. Aus Dankbarkeit für die schnelle Hilfe schenkte sie der Gemeinde eine wunderschöne Standuhr. Diese Uhr steht heute noch im Treppenhaus des Rathauses. Der zweite Einsatz war am 15. 11. 1944 beim Zimmergeschäft Treiber.

Anfang des Jahres 1944 wurde in Birkenau eine motorisierte Feuerlöscheinheit der Luftwaffe stationiert. Diese Einheit war mit modernstem Löschgerät ausgestattet. Sie hatte den Auftrag, nach Luftangriffen auf die Städte und Gemeinden der Umgebung Brände zu löschen und Menschen zu retten. Bei einem solchen Einsatz sind vier Soldaten gefallen. Sie wurden auf dem Birkenauer Friedhof mit allen militärischen Ehren beigesetzt. Die schweren Fahrzeuge waren teilweise in Scheunen untergestellt. Die Einheit blieb bis kurz vor Kriegsende in Birkenau. Das Kommando war im Nebenzimmer des Café Eberle untergebracht. Führer dieser Einheit war Oberleutnant Helm, der nach dem Kriege in Birkenau blieb.

Am 23. 11. 1944 wurde von der Gemeinde ein Antrag auf Anschaffung einer zweiten Motorspritze gestellt. In dem Antrag heißt es: „Obwohl wir wissen, daß das Material, aus der das Gerät hergestellt wird, nicht von guter Qualität ist, brauchen wir dringend eine Spritze." Die Notwendigkeit hat sich bei dem Brand in dem Zimmergeschäft Treiber ergeben. Es zeigte sich, daß aus der Wasserleitung nicht genügend Löschwasser bereitgestellt werden konnte. Diesem Antrag wurde aber nicht entsprochen, da die gesamte Produktion auf Herstellung von Kriegsmaterial ausgerichtet war. Nach dem Ende des schrecklichen Krieges war, neben vielem anderen, auch die Feuerwehr am Ende.

Der Wehrführer und alle Feuerwehrleute, welche Mitglied der NSDAP waren, wurden aus der Wehr entfernt. Die heimkehrenden Soldaten wollten von weiterem Dienst nichts mehr wissen. Durch den Landrat wurde daher am 18. 6. 1945 Franz Sachs II. als Feuerwehrkommandant eingesetzt. Ihm standen sage und schreibe noch fünf Feuerwehrleute zur Verfügung. Nach einer Bestandsaufnahme war folgendes Gerät vorhanden:

1 Motorspritze − 1 Saug- und Druckpumpe − 1 Hydrantenwagen
1 mechanische Leiter − 1 Schlauchwagen.

Der Neuaufbau der Wehr war dringend notwendig. Das 50jährige Jubiläum, das im Jahr 1945 hätte begangen werden sollen, wurde ersatzlos gestrichen. Der für die Motorspritze erforderliche Betriebsstoff mußte in Heppenheim geholt werden. Bei den Übungen durfte die Spritze nur ganz kurz laufen, um zu sehen, ob sie noch funktioniert; es mußte Betriebsstoff gespart werden!

Vordringliche Aufgabe war es jetzt, Männer zu suchen, die bereit waren, Dienst in der Feuerwehr zu tun. Der Brandschutz wurde von der inzwischen gebildeten Pflichtfeuerwehr so gut es ging aufrechterhalten. Mit aller Strenge wurde gegen diejenigen vorgegangen, welche sich dem Pflichtdienst entziehen wollten. Erst als man im November 1946 einen Appell an die Pflichtfeuerwehr richtete und um Mitarbeit und Mitgliedschaft in der Freiwilligen Feuerwehr bat, gab es erste Lichtblicke für einen Neuanfang. Damals haben sich spontan 46 Männer bereiterklärt, in der Freiwilligen Feuerwehr Dienst zu tun.

Mittlerweile hat sich auch die Verwaltung der Wehr wieder geändert. An Stelle des Führerprinzips trat wieder das demokratische Verfahren. Es hieß also nicht mehr

Wehrführer, sondern wie früher Kommandant. Auch der Begriff Feuerlöschpolizei wurde aufgegeben. Die Feuerwehr war wieder ein Verein des Bürgerlichen Rechts. Das Reichsgesetz vom 23. 11. 1938 über das Feuerlöschwesen wurde außer Kraft gesetzt. Es galten ab sofort wieder die alten Gesetze von vor 1933, sogar das Gesetz vom 29. 3. 1890 bekam wieder Gültigkeit.

Die Gemeinde und die Freiwillige Feuerwehr versuchten nun gemeinsam den Brandschutz zu verbessern. Auf Grund der schlechten Finanzlage und der überaus großen Probleme, die auf der Gemeinde lasteten, war es natürlich äußerst schwer, die alten Ausrüstungsgegenstände zu ergänzen. So mußte man sich noch einige Zeit mit dem begnügen, was vorhanden war. Es zeigte sich, daß die Männer, die sich damals freiwillig in den Dienst der Freiwilligen Feuerwehr stellten, mit ganzem Herzen bei der Sache waren. Nur so war es möglich, daß diese schwere Zeit nach dem Kriege überstanden wurde. Diese Männer bildeten letztendlich die Grundlage für den neuen Aufbau der Wehr.

Im Jahre 1948 wurde zwischen Gemeinde, Wehr und Feuerwehrkapelle, ihr Leiter war Willi Heß, ein Vertrag geschlossen, der besagte, daß die Musiker als beitragsfreie Mitglieder der Freiwilligen Feuerwehr geführt und die Kapelle jederzeit der Wehr zur Verfügung steht. Zu bemerken ist noch, daß bereits in den 20er Jahren eine Feuerwehrkapelle bestanden hatte. Im gleichen Jahr wurde auch ein Spielmannszug gegründet. Er bestand zeitweise aus 28 Mann. Erster Stabführer war Adam Bechtold.

Am 11. 1. 1949 war Großeinsatz bei einem Scheunenbrand im Anwesen Arnold in Kallstadt. Bedingt durch das sehr kalte Wetter, den Schnee und den Steilhang, den die Wehrmänner zu überwinden hatten, mußte Großes geleistet werden, um noch größeren Schaden zu verhindern. Am 29. 1. 1952 beklagte sich die Wehr in einem Schreiben an die Gemeinde über die unzureichende Ausrüstung, vor allem über das sehr schlechte Schlauchmaterial, welches noch nicht einmal für Übungszwecke taugte. Dieses Schreiben hatte Erfolg. Es wurden daraufhin Mittel für Ersatzbeschaffungen bewilligt. In einem weiteren Schreiben vom 26. 10. 1952 an den Gemeinderat beklagten sich ehemalige Wehrmänner wegen ihres Ausschlusses im Jahre 1945 aus der Wehr. Es handelte sich dabei um Männer, welche aufgrund ihrer Beziehung zur NSDAP aus der Wehr ausgeschlossen worden waren. Im Einvernehmen mit der Gemeindevertretung und dem Vorstand der Wehr wurden diese wieder aufgenommen.

Am 29. 4. 1952 wurde die erste Feuerwehrsatzung durch die Gemeindevertretung beschlossen. Sie wurde auf Grund des am 19. 5. 1951 in Kraft getretenen Brandschutzgesetzes erlassen. Am 5. 8. 1954 wurde der Wehr eine neue Motorspritze übergeben. Die alte Spritze war nur noch bedingt einsatzfähig. Bei der neuen Spritze handelt es sich um eine TS 8/8. Um zu Geld für den Ankauf weiterer Geräte zu kommen, führte die Wehr im März 1953 eine öffentliche Sammlung durch. Insgesamt wurden DM 3.400,– gespendet. Eine schöne Summe für die damalige Zeit. Auf Grund eines Unfalles, der sich bei einer Übung im Spritzenhaus ereignet hatte, teilte die Wehr der Gemeinde mit, daß die Unterkunft nicht mehr den Anforderungen entspricht und man sich dringend um ein neues Spritzenhaus kümmern müsse. Dem Vorschlag der Wehr, dies im Rahmen der Erweiterung der Schule in der Ludwigstraße zu tun, wurde nicht entsprochen.

Im August 1956 wurde die Erhebung einer Feuerwehrabgabe durch die Gemeindevertretung beschlossen. Alle Männer, die nicht Mitglied der Freiwilligen Feuerwehr waren, vom Gesetz her jedoch Feuerwehrdienst leisten konnten, mußten eine Abgabe zahlen. Mit diesen Mitteln sollten die Ausgaben für den Brandschutz finanziert werden. Diese Abgabe wurde jedoch nach kurzer Zeit wieder aufgehoben, weil sie mit dem Grundgesetz nicht vereinbar war. Der Ruf nach einer neuen Unterkunft wurde immer lauter. Mitglieder der damaligen Gemeindevertretung machten in ihrer Sitzung am 4. 3. 1956 den Vorschlag, die Wehr solle sich selbst ein Spritzenhaus bauen. Welch ein Vorschlag, wenn man bedenkt, daß die Wehrmänner in freiwilligem selbstlosen Einsatz Menschen und Güter schützten!.

Am 16. 3. 1957 gab es einen Wechsel in der Führung der Wehr. Peter Erdmann löst Franz Sachs II. ab, der sich 1945 in einer Zeit größter Not bereit erklärt hatte, das Kommando zu übernehmen. Nur fünf Feuerwehrleute standen ihm damals zur Verfügung, und die Ausrüstung war überaltert und zum Teil nur bedingt brauchbar. Trotzdem ist es ihm gelungen, im Laufe der Zeit eine schlagkräftige Wehr aufzubauen, die volle Anerkennung fand.

Der Personalbestand im Jahre 1958: 74 aktive Wehrmänner, 26 passive Mitglieder. Ein guter Bestand, der nicht zuletzt auf die gute Kameradschaft und Führung der Wehr zurückzuführen war. Zur Förderung des Nachwuchses wurde im Jahre 1963 eine Jugendgruppe gebildet. Verantwortlich für diese Abteilung waren Werner Strauß und Dieter Diehm. Diese Gruppe hat sich bis heute nicht nur gehalten, sondern auch bestens bewährt. Bis zu 20 Jungen und Mädchen beteiligen sich stets an den Übungen. Am 20. 9. 1963 bescheinigte die Aufsichtsbehörde, daß sich die Wehr in weiterem Aufbau befinde, daß vor allem die Motorisierung, Ausbildung und Ausrüstung einen guten Stand erreicht hätte.

Im Februar 1964 wurde der Wehr eine weitere TS 8/8 zur Verfügung gestellt. Die alte Spritze aus dem Jahre 1935 wurde endgültig außer Dienst gestellt. Nachdem der Antrag der Wehr vom 29. 12. 1958 auf Erstellung eines Spritzenhauses im oberen Teil des Schulhofes – Grundschule – von der Brandversicherungskammer Darmstadt abgelehnt worden war, suchte man weiterhin nach einem geeigneten Platz. Es dauerte immerhin noch sechs Jahre, bis am 26. 5. 1965 die Schlüsselübergabe für das neue Spritzenhaus, kombiniert mit dem Bauhof der Gemeinde, auf dem heutigen Platz La Rochefoucauld erfolgen konnte. Der Geländeankauf durch die Gemeinde war eine langwierige und zugleich schwierige Angelegenheit. Große Freude herrschte an diesem Tag bei den Wehrmännern, und es wurde ensprechend gefeiert. Die Blaskapelle und der Spielmannszug umrahmten mit Märschen die Feierstunde. Anschließend erfolgte ein Umzug durch die Straßen von Birkenau zum Vereinshaus, wo ein Kameradschaftsabend stattfand. Die Verbesserung des Brandschutzes, insbesondere der feuerwehrtechnischen Ausrüstung, machte weitere Fortschritte.

Im August 1965 galt es, einen Zimmerbrand in der Nieder-Liebersbacher-Straße zu löschen. Ein weiterer Brand entstand am 30. 11. 1965 in einem Nebengebäude des Gasthauses „Zum Birkenauer Tal", das völlig ausbrannte. Hierbei war allergrößte Vorsicht geboten, da sich zum Zeitpunkt des Brandes im Tanzsaal des Gasthauses über 200 Menschen befanden. Am 30. 11. 1965 beschloß die Gemeindevertretung die Anschaffung eines Löschgruppenfahrzeugs LF8 - TS als Ersatz für den Mann-

schaftsgerätewagen, welcher für einen Einsatz nicht mehr tauglich war. Die Lieferung des neuen Fahrzeuges erfolgte jedoch erst am 30. 5. 1967. Leider mußte im Jahre 1968 nach 20jährigem erfolgreichen Wirken der Spielmannszuges aus Mangel an Nachwuchs aufgelöst werden.
Mit der Zunahme des Kraftfahrzeugverkehrs und den damit steigenden Unfällen hat sich der Aufgabenbereich der Feuerwehr erweitert. Die Wehr wurde immer öfter zu Aufgaben der Verkehrssicherung und zu Rettungseinsätzen bei Verkehrsunfällen gerufen. Um auch dieser Aufgabe gerecht zu werden, wurde nach und nach entsprechendes Gerät, wie z.B. eine Rettungsschere, angeschafft.

Im Jahre 1970 konnte die Wehr ihr 75jähriges Jubiläum feiern. Eine Festschrift wurde erstellt und das Jubiläum entsprechend gefeiert. Erwähnenswert ist noch, daß die traditionsreiche Fahne der Wehr, nach dem Kriege nur noch aus Stoffresten bestehend, von Frau Gerti Gertenbach in mühseliger Kleinarbeit restauriert und zu den Feierlichkeiten in neuem Glanz präsentiert werden konnte. Im Zuge der Gebietsreform in den Jahren 1971/72 wurden die ehemaligen selbständigen Gemeinden Nieder-Liebersbach, Reisen, Hornbach, Kallstadt, Löhrbach und Buchklingen in die Gemeinde Birkenau eingegliedert. Die in diesen Ortsteilen bestehenden Feuerwehren blieben selbständig.

Am 5. 10. 1970 trat ein neues Brandschutzhilfeleistungsgesetz in Kraft. Nach diesem Gesetz hat sich der öffentlich rechtliche Status der Freiwilligen Feuerwehren geändert. An Stelle eines Vereins des Bürgerlichen Rechts trat jetzt eine öffentliche Einrichtung der Gemeinde im Sinne der Gemeindeordnung. Es bestand aber nach wie vor die Möglichkeit, daß die Mitglieder der Wehr einen Verein gründen, nur durfte dieser nicht mehr Träger des örtlichen Brandschutzes sein. Der Verein Feuerwehr hat jedoch weiterhin eine wichtige Aufgabe zu erfüllen: die Pflege der Kameradschaft und der Geselligkeit.

Im Rahmen der Neu- und Ersatzbeschaffung von Fahrzeugen stellte sich die Frage der Unterbringung, denn das im Jahre 1965 bezogene Domizil war bereits wieder zu klein geworden. Im März 1975 übernahm Egon Müller das Kommando der Wehr. Der bisherige Komanndant Peter Erdmann hatte sein Amt aus Altersgründen zur Verfügung gestellt. Peter Erdmann hat durch seine technischen Fähigkeiten, insbesondere im Fahrzeugbereich, in selbstlosem Einsatz außerhalb seines Feuerwehrdienstes viele Stunden geopfert und Reparaturen durchgeführt und damit der Gemeinde erhebliche Kosten erspart. Zu diesem Zeitpunkt bestand die Wehr aus 58 Aktiven. An Geräten und Fahrzeugen waren vorhanden: 1 LF 8 (TS), 1 TSF (T), 1 Mannschaftswagen (Ford), 1 ALS 18 Anhängeleiter, 1 Schlauchwagen.

Am 30. 11. 1976 beschloß die Gemeindevertretung die Anschaffung eines TLF 16-Tanklöschfahrzeuges. Allerdings war zu diesem Zeitpunkt die Landesbeschaffungsaktion für diese Fahrzeuge bereits abgelaufen. Die Gemeinde mußte dieses Fahrzeug also selbst beschaffen und entsprechende Zuschußanträge stellen. Durch diese Sachlage hat sich die Lieferzeit erheblich verzögert. Die Anschaffung eines solchen Fahrzeuges war notwendig geworden, weil sich herausstellte, daß die Löschwasserversorgung aus der gemeindlichen Wasserleitung, insbesondere in den höher gelegenen Wohngebieten, bei weitem nicht ausreichte. Die Lieferung erfolgte dann im Jahre 1978. Dabei stellte sich heraus, daß es Probleme mit der Unterstellung gab. Das Gerätehaus war für dieses Fahrzeug zu niedrig. In Selbsthilfe haben die Wehrmänner die Einfahrt um einen halben Meter tiefer gelegt.

Seit dem Jahre 1971 führt die Wehr alljährlich ein Sommerfest durch. Dieses Fest ist ein fester Bestandteil im Birkenauer Veranstaltungskalender und bei der Bevölkerung sehr beliebt. Im Jahre 1977 wurde die erste Sprechfunkanlage mit den erforderlichen Handsprechfunkgeräten angeschafft. Diese Hilfsmittel sind sowohl bei Übungszwecken sowie im Ernstfall von großem Vorteil und nicht mehr wegzudenken. In den frühen Morgenstunden des 30. 12. 1977 gab es einen Brandeinsatz bei der Fa. Frank in Birkenau. Eine Lagerhalle ist dabei den Flammen zum Opfer gefallen. Die Löscharbeiten waren sehr schwierig, da Minustemperaturen von 15 Grad herrschten.

Die Wehr trägt auch ihren Teil zur Pflege der Partnerschaft zwischen Birkenau und La Rochefoucauld bei. Seit der Verschwisterung 1978 war die Wehr schon mehrmals in der Partnergemeinde und hat mit den dortigen Feuerwehrkameraden freundschaftliche Bande geknüpft. Auch Gegenbesuche fanden statt. Am 16. 3. 1979 wurde der Kommandant der Freiwilligen Feuerwehr Birkenau, Egon Müller, von den Mitgliedern sämtlicher Wehren unseres Ortes zum ersten Ortsbrandmeister der Gemeinde Birkenau gewählt. Damit wurde er Leiter sämtlicher Feuerwehren von Birkenau. Sein Amt als Kommandant der Birkenauer Wehr übte er weiter aus.

Einen Lichtblick gab es hinsichtlich der Erweiterung des Feuerwehrgerätehauses, als die Gemeinde die Montagehalle der Firma Petersen im Ortsteil Nieder-Liebersbach erwarb, um dort den gemeindlichen Bauhof unterzubringen. Damit war die Voraussetzung geschaffen für eine sinnvolle Erweiterung der bestehenden Unterkunft.
In freiwilligen Einsätzen haben die Wehrmänner einen Teil des Bauhofes abgerissen und die Baugrube ausgehoben. Die Gemeinde hat dadurch erhebliche Kosten eingespart. Es entstand ein modernes, der Zeit gerechtes Feuerwehrgerätehaus mit einem Gemeinschaftsraum, welcher auch der Öffentlichkeit zur Abhaltung von Veranstaltungen zur Verfügung steht. Die Bauzeit war relativ kurz. Das Haus konnte im März 1984 seiner Bestimmung übergeben werden. Die Unterbringung der Fahrzeuge und Gerätschaften dürfte damit auf längere Sicht gelöst sein. Die Schlüsselübergabe erfolgte in feierlicher Form.

Am 13. 9. 1982 gab es einen Brandeinsatz im Anwesen Hasselhof. Dort war in den Nachmittagsstunden ein Teil der Stallung mit Scheune in Flammen aufgegangen. Durch den raschen Einsatz der Wehr konnte größerer Schaden verhindert werden.

Im Dezember 1983 wurde ein neuer Mannschaftswagen an Stelle des bisherigen angeschafft.

Die Birkenauer Wehr im Einsatz beim Brand am „Alten Engel" im Jahre 1981

Die Schwere der Verkehrsunfälle auf unseren Straßen machten es erforderlich, daß weiteres Hilfsgerät angeschafft werden mußte. Am 27. 11. 1984 wurde ein Spreizer erworben, um im Fahrzeug eingeklemmte Menschen zu retten. Am 11. 5. 1981 erfolgte ein Brandeinsatz im Gasthof „Zum Schloßpark", vormals „Engel". Der Dachstuhl brannte völlig aus. Größerer Schaden konnte durch den wirkungsvollen Einsatz verhindert werden. Am 21. 4. 1981 wurde durch die Gemeindevertretung eine neue Satzung beschlossen. Sie regelt den inneren Aufbau der Wehren, der Status der einzelnen Organe und deren Aufgaben. Sie basiert auf den Richtlinien des Brandschutzhilfeleistungsgesetzes von 1976. Am 6. 7. 1981 brach in einem Nebengebäude der Bäckerei Emich ein Brand aus, welcher schnell unter Kontrolle gebracht werden konnte.

Am 18. 3. 1989 löste Dieter Diehm Egon Müller als Ortsbrandmeister und Führer der Birkenauer Wehr ab. Dieter Diehm wurde mit großer Mehrheit von den Kameraden der örtlichen Wehr gewählt. Er war bereits als junger Mann der Wehr beigetreten, hat sich sehr um die Jugendwehr bemüht und hat sich im Feuerlöschdienst umfassende Kenntnisse erworben. Der scheidende Ortsbrandmeister und Wehrführer Egon Müller hat seine ganze Kraft in den Dienst der Feuerwehr gestellt und seine Aufgabe hervorragend gemeistert. Er war stets bemüht, die feuerwehrtechnische Ausrüstung der Wehr in einem guten Zustand zu halten, was ihm in ausgezeichneter Weise gelungen ist.

Im März 1990 gab es in Folge der großen Stürme, die über unser Land hinweggefegt waren, für die Wehrmänner viel zu tun. Große Hilfsaktionen waren erforderlich, um umgebrochene Bäume zu beseitigen, Wohnhäuser zu schützen. Im Jahre 1991 erhielt die Wehr ein Löschfahrzeug LF 16. Dieses Fahrzeug hat 8 Mann Besatzung und ist im wesentlichen stärker ausgestattet als das TLF 16. Durch die Ausrüstung mit diesem Fahrzeug und auf Grund des vorhandenen Gerätebestandes wurde der Birkenauer Wehr die Funktion eines Feuerwehrstützpunktes zugeordnet. Dies bezieht sich nicht nur auf Brandeinsätze, sondern auch auf andere Feuerwehr-Hilfsdienste. Das neue LF 16 wurde in feierlicher Form vor dem Gerätehaus der Wehr übergeben. Erwähnenswert ist noch, daß die Birkenauer Wehr in den 80er Jahren mehrmals zu Brandeinsätzen und Verkehrsunfällen außerhalb ihres Wirkungskreises gerufen wurde.

Im Dezember 1991 mußte ein Wohnungsbrand im Anwesen Schütz, Schillerstraße, gelöscht werden. Am 29. 9. 1992 brannte die Unterkunft der Österreichischen Bauarbeiter, welche im Saukopftunnel für die B 38a arbeiteten. Hier bestand allerdings keine Chance mehr, etwas zu retten. Das aus Holz errichtete Gebäude brannte vollkommen nieder. Kurze Zeit später gab es erneut einen Brandeinsatz, und zwar brannte die Lagerhalle der Fa. Sattler, Am Schloßpark. Das Feuer konnte verhältnismäßig schnell gelöscht werden.

Abschließend ist zu sagen, daß Feuerwehrmänner echte Kameraden und Idealisten sein müssen. Die Birkenauer Wehr kann dies von sich behaupten. Diese Einstellung wird z.Zt. erneut unter Beweis gestellt bei der Konstruktion eines Vorausrüstwagens. Dieses Fahrzeug wird von den Wehrmännern in freiwilligen Arbeitsstunden und ohne öffentliche Mittel, mit Rettungsschere, Spreizer, Generator 10 kw und einem Lichtmast bestückt.

Das moderne Feuerwehrgerätehaus mit Einsatzfahrzeugen auf dem Platz La Rochefoucauld

Es bleibt zu hoffen und zu wünschen, daß die Birkenauer Wehr auch in Zukunft ihrem Wahlspruch „Gott zur Ehr – dem Nächsten zur Wehr" treu bleibt und daß sich immer wieder junge Menschen finden, die bereit sind, in selbstlosem Einsatz ihre Pflicht als Feuerwehrmänner zu erfüllen.

Peter Spilger

Dorfgeschichte – Dorfgeschehen

Die Eskapaden des Johann Georg Bertram von Hersbach

„Daß die Zeiten des 30jährigen Krieges auch demoralisierend auf das Volk gewirkt, ist eine unbestreitbare Tatsache." So beginnt der katholische Pfarrer Adam Sulzbach 1902 seinen bescheidenen Beitrag über den sittlichen Zustand der Gemeinde Birkenau nach dem großen Krieg. Nicht nur auf die Bevölkerung, möchte man ergänzen, war die Wirkung entsittlichend, sondern teilweise auch auf die Ortsherrschaft, die eigentlich als Vorbild hätte fungieren sollen. Zum besseren Verständnis dieser Festlegung ist ein kurzer Exkurs in die Birkenauer Ortsgeschichte vonnöten. Ortsherren waren nach dem 30jährigen Krieg die Landschade von Neckarsteinach und die Gebrüder Bertram von Hersbach, die 1649 mit dem wamboltischen Anteil belehnt wurden. Mit dem Tod des Friedrich Landschad III. erlosch 1653 dieses Geschlecht, das Lehen fiel an Kurmainz zurück, und der Reichshofrat Johann Philipp von Bohn wurde noch im selben Jahr mit dem landschadischen Teil belehnt. Er versuchte von Anfang an der Unordnung, die durch die Kriegswirren eingerissen war, entgegen zu steuern, was auf den heftigen Widerstand der Bertram von Hersbach stieß. Die beiden Brüder Georg Friedrich und insbesondere Johann Georg Bertram suchten die Autorität der von Bohn dadurch zu untergraben, daß sie Untertanen regelrecht terrorisierten und dem Ansehen ihrer Konkurrenten schadeten, wo immer sie konnten.

Die Brüder Bertram lebten im Haus des Samuel König, der in diesem Anwesen bis 1624 eine Gastwirtschaft betrieben hatte. Von hier aus schalteten und walteten beide rücksichtslos. Erste Einzelheiten berichtet ein Schreiben, das Reichshofrat von Bohn wohl Anfang 1655 verfaßte, als er sich über beide direkt beim Lehensherren in Mainz beschwerte, nämlich, „...daß derselbe Hans Georg Bertram sich durch hartes Bedrohen der Untertanen und sonderlich beim Trunk nicht bloß [mit] dem Degen und Gewehr in die Häuser geht und am Tag herumschreiet, dadurch denselben Angst und Furcht einzujagen versuchet"; und außerdem „verlangen beide Brüder Bertram auf dem Rathaus und in der Kirche die Obgestell und Vorsitz vor den Gebrüdern von Bohn:

1. weil sie [die Bertram] die Hilf am Lehen von ihrem Vettern, Herrn Obristen Wambolt, als ältestem Versallen haben, 2. weilen sie die vier Hohen Zentfälle [Mord, Brand, Diebstahl und Ehebruch] mit ihrer churfürstlichen Gnaden [gemeinsam] haben, 3. weilen Herr[in] von Wambolt[s] Begräbnis oben im Chor, auch ihres

seligen Vaters Begräbnis und die Fräulein uff der rechten Seite in der neuen Bordkirch stecken."

Die von Bohn versuchten eine Renovation [Neuaufzeichnung] des Grundbesitzes durchzuführen, was erbitterten Widerstand der von Bertram hervorrief. Nach einer lautstarken Auseinandersetzung zwischen beiden Parteien drohten Handgreiflichkeiten: „... hat er [Johann Georg von Bertram] mit Ungestüm angefangen, er sei ein Kavalier, wolle er mit dem Degen und der Pistole mit mir ausmachen, sollte mit ihm hinauskommen; darauf [hat er] seinen Knecht gerufen, er sollte sein Pferd holen." Von Bohn ließ sich aber nicht provozieren, er schließt seinen Bericht resignierend: „Wegen des Stuhls in der Kirche, was Ursache [war], er selbigen hab heraus auf den Kirchhof tragen lassen zu gedenken."

Am 20. Mai 1655 wurde der Reichshofrat von Bohn mit ganz Birkenau belehnt. Bevor die Belehnung durch den Burggrafen von Starkenburg, Freiherrn von Hoheneck, stattfand, hatte dieser ein ernsthaftes Gespräch mit beiden Brüdern Bertram. Von Hoheneck zeigte ihnen den entsprechenden Kurmainzer Befehl und bat, „daß sie die Bach zu Weinheim [Weschnitz] nicht durch fremde Fischer [wie geschehen] merklich eröößen [= ausfischen] lassen sollten", und drohte bei Zuwiderhandeln an, daß „die von Bohn [mit] 1000 Gulden wieder in den vorigen Stand zu bringen seien". Zu dem sogenannten „Schwenden-Lehen" gehörte seit alters das Recht der Ortsherren von Birkenau, „Fisch und Krebs in der Weschnitz von der Reysenheimer Brücken biß nach Weinheim am Steg zu fangen".

1658 wurde die Kluft zwischen beiden Kontrahenten immer tiefer. Hans Georg von Bertram hielt sich eine Konkubine, die er auf Geheiß seines Vaters „abschaffen sollte. Das Ansinnen wies er zurück, denn es „habe ein jeder Bauer, also auch er, Macht eine Magd zu seinem Gefallen [zu halten]". Dieses ablehnende Schreiben ließ er, als Antwort auf den väterlichen Brief, von dem lutherischen Pfarrer Abraham Meigelius nach Diktat ausfertigen. Den Pfarrer brachte dieses „Schmierwerk" in so schwere Gewissensnöte, daß er dem „Herrn Gevatter", dem Reichshofrat von Bohn, heimlich einen Bericht über das Gebaren des Junkers Hans-Jörg, wie er schreibt, zukommen ließ. Das Schriftstück ist in seiner Aussage für diese Zeit ungewöhnlich direkt und lebhaft verfaßt. Es verdient deshalb, in einem längeren Auszug wiedergegeben zu werden. Weggelassen wurden lediglich der Anfang und das Ende des Schriftstückes, wo einmal familiäre Angelegenheiten der Bertram und zum anderen persönliche finanzielle Verhältnisse des Pfarrers geschildert werden, die ohne — nicht vorhandene — nähere Informationen schwer in einen Zusammenhang gebracht werden können.

Meigelius schreibt: „Ferner folgt sein gottloses Hausleben, solches bringt er mit täg- und nächtlichem Turnieren und öffentlicher Hurerei. Seine Konkubine hält er in adeliger Kleidung, [sie] sitzet neben ihm über Tisch, gehen miteinander spazieren, schlafen in einer Kammer, Fritz schläft auch in einer absonderlich [= eigenen] Kammer. Wer Gunst haben und etwas vom Junker Hans-Jörg erlangen will, der hält sich zu der Konkubin und spricht sie an, der kommet fort [= voran] und hat Gunst. Er hat dem Gesinde befohlen, seine Konkubin eine Jungfrau zu titulieren, die Untertanen imitieren diesen Namen; dem Schultheißen hat er befohlen, wenn er verreist, soll er ihr unterdessen parieren, bei Tag und Nacht, wie ihm selbst. Er und der Fritz und sie duzen sich untereinander, es heißt immer: du, du; wenn die, Leute bei ihnen sind, tun sie es zwar nicht, aber es entfährt ihnen bisweilen das Wort 'du'. Sie regiert mehr als er, denn sie stiftet ihn an zu tun, wie und was sie begehrt; mir wurde zugetragen, sie werde [dafür] belohnt. Es sagt der Fritz, sein Bruder [Hans-Jörg] hätte sie schon zweimal erstochen, wenn er es nicht verhindert hätte, denn sie entspringt ihm fast wöchentlich. Wann er voll und toll ist, so nimmt er Büchsen und Schwerter und trägt alles zum Haus hinaus, schwärmet die ganze Nacht hindurch und schießet das Rohr los; wenn und sooft das geschieht, ist allen Leuten angst und bang. Denn wenn er an den einen oder anderen denkt, der muß mitten in der Nacht aufstehen, mit ihm zu saufen, oder er straft ihn. Unlängst mußte der Schultheiß und Hans Ziegler vom Bett aufstehen, mit ihm zu saufen. Es war eine Sonntagsnacht davor, der Schultheiß [war] krank worden; gegen Tag, wie die Glocke hat [angefangen] zu läuten am Morgen, haben sich beide Männer von ihm abgewendet und nach Gewohnheit ein Vaterunser beten wollen, [da] hat er sie scharf angefahren und gesagt: 'Was betet ihr jetzt, sollet auf mich sehen!'

Neulich schickt er in der Nacht zu dem Glöckner, mit ihm zu saufen, wendet [als] Ursache vor – denn er erdenket [sich] alle Zeit etwas zur Ursache –, fraget ihn, wie lang der Galgen sei gestanden, er sorge [sich], er werde umfallen, und dann verliere er sein Recht.

Vor sechs Wochen ungefähr hat Herr Rabenhaupt und sein hiesiger Hofbauer einen halben Morgen Acker begutachtet, und er, [der] Hofbauer, gab dafür Zeugnis; nach Mitternacht schickte er in toller Weise nach dem Schultheißen, Büttel und erwähnten Hofbauern, läßt diesen in das Gefängnis legen. [Darauf] redet Herr Rabenhaupt Peter Habsch an, der solle herauf [zu] Junker Hans-Jörg gehen und fragen, warum er das tue. Peter Habsch hat es aus gewissen Ursachen abgeschlagen, darauf läßt Herr Rabenhaupt mich ansprechen, ich schlage es auch ab, denn der Teufel sage [dem Junker] solche Sachen zu tun. Herr Rabenhaupt ist willens, ihn bei Kurmainz zu verklagen, ob es aber geschehen, weiß ich nicht. Es fürchtet sich jedermann vor ihm, wenn er voll und toll ist, weil er dann gleich haut und sticht; wenn er [dann wieder] nüchtern ist, sagt er nichts.

Vor 14 Tagen schicket er nach einem Zimmermann, es war Abend, [es] ist ein junger Bürger, der mußte die ganze Nacht mit ihm saufen; unterdessen kommt seine Frau in Kindesnöte, und wie es fast das Ansehen hatte, daß Mutter und Kind beisammen bleiben wollte[n], ruft die Kindsgebärin: 'Ach, mein Mann.' Da läuft eine Frau hin, rufet den Zimmermann, er soll eilends kommen, seine Frau könnte sonst sterben. Das glaubte der Junker Hans-Jörg nicht und läßt den Büttel holen, er soll diese Frau einsperren, sie aber entgeht. Endlich geht der Zimmermann auch fort zu seiner Frau. Herr Obrist Löw schickt neulich einen Brief an ihn durch den Anger Hans, er wisse ihm [dem Junker] eine gute Heirat, er solle zu ihm herüberkommen. Obrist Löw hat dem Anger Hans mündlich befohlen, ihm [Hans-Jörg] zu sagen, er solle seine Köchin abschaffen. Anger Hans sorgte sich, er könnte ein böses Trinkgeld bekommen, [er] hat es deswegen nicht ausgerichtet; den Brief hat er ihm gegeben, [der Junker] hat sich aber nicht entschlossen.

Als vorigen Winter ein neuer Büttel bestimmt werden sollte, hat es der Reihe nach Rabenhaupts Hofbauer und Beständer getroffen. Der Schultheiß überging diesen und bestimmte den Hertel. Der geht in guter Meinung durch Anstiftung der Gemeinde zum Junker Hans-Jörg, erzählt ihm die Sache und fragt, ob er das Büttelamt anneh-

men soll. Dieweil Junker Hans-Jörg eben voll und toll war, spricht er zu ihm: 'Du Schelm, willst du nicht Büttel werden? – Junge, hol mir ein Schwert, ziehe es heraus, laß es auf dem Tisch liegen, hol mir noch eins.' Darauf stellte er einen Stuhl mitten in die Stub, spricht zu dem Hertel: 'Knie nieder, deinen Kopf will ich dir auf den Stuhl legen.' Dieses ängstigt den Hertel dermaßen, daß er niederfällt und bittet um der Barmherzigkeit Gottes Willen, er soll ihm das Leben schenken. Man weiß nicht, wie lange diese Phantasie dauerte, auf einmal spricht er zu Hertel: 'Stehe auf, wenn du lutherisch werden willst, so brauchst du nicht Büttel werden.' Dabei ist er selbst nicht lutherisch, denn er geht zu keinem Nachtmahl; weil aber der Hertel gut katholisch ist, konnte er nichts anderes machen, als Büttel zu werden.
An einem Sonntag trinkt ein Zimmergesell im Schultheißen-Haus [bei Jörg Knoff] er will aus der Wirtschaft und seines Weges gehen, da steht die Schultheißin und die Konkubin beisammen unter der Tür, da spricht der Zimmergesell: 'Wie ist es ihr Weiber, wollt ihr mich hinauslassen?' Nach Aussage der Schultheißin ging die Konkubin nach Hause und klagt dem Junker Hans-Jörg, ein Zimmergesell habe den Hut nicht vor ihr abgezogen; er befiehlt alsbald, den Zimmergesellen einzusperren, was auch geschehen.
Da ich eben der Konkubin gedenke, so haben sie [die Gebrüder Bertram] noch ein junges Hurlein; diese beiden hat Junker Hans-Jörg in toller und voller Weise mit Sack und Pack innerhalb von zehn Tagen zweimal hinausgejagt. Beide sind dann bei Ernst im Haus über Nacht geblieben. Den anderen Tag hat sie Junker Fritz jedesmal wieder abgeholt, und auf dem Rückweg hat er der Konkubin immer mit einer Gerte auf den Hintern geklopft und seine Gaukelei getrieben, daß es eine Schande ist; sie heißet [dabei] beide Brüder Schelme und Diebe.
Meiner Frau hat sie [die Konkubine] bekannt, er habe es mit Blut unterschrieben, er wolle sie zur Kirche führen [= heiraten], aber er habe gelogen wie ein Schelm, wollte Gott, daß sie schwanger würde. Weiter sagte sie, die Gegefelderin wolle sie zur Dienstmagd, und sie sei neulich mit ihrem Pack bis nach Schriesheim gekommen, ist ihr Junker Hans-Jörg nachgeeilt und hat nicht nachgelassen, bis sie wieder mit ihm zurückgegangen. Wann er voll ist, jagt er sie weg, wenn er nüchtern ist, sucht er sie und schreit, daß er ihr Übles getan hat. Summa, er führt ein gottloses ärgerliches Leben, es ist niemand da, der ihm dies sagen darf.

Herr Amtmann von Bohn hat geheiratet. Dieses habe ich durch gute Ermahnung zuwege gebracht, daß er von seiner Sünde abgegangen, Gott Lob! Er hält gut Haus, meint es mit der Zent [Birkenau] gut. Junker Hans-Jörg hat viele jura-judicierliche [rechtswidrige] Sachen mit ihm begangen, er hat ihn nicht als Kirchenherrn anerkannt und ähnliche Dinge mehr. Wie Herr Siegfried von Bohn unlängst aus Holland gekommen [ist] und hiervon hörte, daß den von Bohn besonders in der Kirche mit Schimpf begegnet würde, weil Junker Hans-Jörg dem Glöckner befohlen [hat], er solle alle Zeit das Almosensäcklein zuerst den Bertram, dann der Konkubin und dem Gericht im Chor vorbehalten, und Herr Siegfried von Bohn selbst dabei im Chor gestanden und es auch so geschah, hat [von Bohn] die ganze Zent auf das Rathaus gerufen und ihm angeloben lassen. Dabei hat er öffentlich mitgeteilt, es standen auch die Gebrüder Bertram dabei, er habe weltliche und geistliche Chorgerechtigkeit, die vier hohen Zentartikel ausgenommen; so hat es Junker Hans-Jörg dabei bewenden lassen, wir [der Pfarrer] sind im Weg gestanden, weil ich dachte, es möchte Händel

geben, es ist doch gut abgegangen. Nicht desto weniger läßt Junker Hans-Jörg nicht nach zu sprechen, er wäre die höchste Obrigkeit, und tut was er will.
Nun komme ich auf mich zu sprechen, wie er es mit mir hält. Er hat mich auf diese Weise angegriffen. Wie er seine Konkubin hierher gebracht hatte, legte er seinen Degen auf den Tisch und spricht zu ihr: 'Dieser Degen wird einem den Rest geben!' Er hat mich gemeint, weil ich aus göttlichem Eifer seine Hurerei strafen und ihn davon abbringen will. Ein Untertan ist vor der Tür gestanden, hat solches gehört und mich gewarnt. Ich habe aber deswegen nicht nachgelassen, meine Predigten danach zu richten, daß jedermann, Obrigkeit und Untertan, nicht leichtfertig leben und von der Sünde abstehen soll. Dabei habe ich biblische Exempel an den Königen und Fürsten, die gesündigt und Buße getan haben und wie solche später unter die Heiligen gezählt wurden gepredigt. Als ich am letzten Sonntag des vorigen Advent den Nutzen der Zukunft [= Ankunft] Christi erklärte und die prophetische Weissagung von dieser Handlung anzeigte, er aber die ganze Nacht bis zur Kirchzeit gesoffen, lief er in voller Weise in die Kirche und trat gräßlich auf, so daß die Zentschaft erschrocken; er fing gleich an zu schlafen und ist am Ende der Predigt aufgewacht und hörte noch das Beispiel Davids, wie er gesündigt, Buße getan und sich der Zukunft gefreuet. Er verstand die Sache gar unrecht, schickte nach der Kirchzeit nach mir, ich kam, er sagte zu mir: 'Höret Pfarrer — hat mich nicht 'Gevatter' genannt, ich [aber] war der Meinung [ihn] hierdurch zu gewinnen —, warum zieht ihr so viele alte Exempel heran und richtet sie auf mich?' Ich sah wohl, daß er vom Teufel besessen war, und sagte: 'Wohledler Herr Gevatter, ich rede dem Evangelium gemäß, wenn Sie die Exempel auf sich beziehen, kann ich nichts tun.' Er spricht: 'Ihr wißt, daß Ihr von uns Bertram eingesetzt wurdet, wir haben die Gewalt der Kirche, Euch anzunehmen und abzuschaffen; damit verbiete ich Euch, daß Ihr nie mehr aus dem Alten Testament predigt; Ihr sollte auch die Sünden nicht so öffentlich und hart strafen, sondern sanft, sanft, sollt Ihr predigen; Ihr sollt auch nichts von dem Maß der Obrigkeit noch [von dem] der Untertanen predigen, denn ich weiß wohl, was ich tun soll, und die Untertanen wissen auch, was sie schuldig sind zu tun; Ihr macht hiermit eine Rebellion, das sollt Ihr wissen.' Ich hätte zwar weitläufig hierauf antworten können, ich habe aber keine Hilfe um mich gesehen, denn er hatte schon seine Leut aus dem Haus gejagt, trotzdem habe ich mich mit Gott gestärkt und gesagt: 'Wohledler Herr Gevatter, ich bitte um Verzeihung, der Kaiser hat nicht die Macht, mir das zu befehlen: Denn dieser Befehl ist des Teufels Befehl und geht wider Gott und mein Gewissen.' Diese Worte habe ich zwar nicht wörtlich geredet, jedoch habe ich sie nachher an den Herrn Amtmann geschrieben. Er wurde darüber verbittert und sprach: 'Ich begehre Euch nicht mehr zum Pfarrer, Ihr sollt Euch nach einem anderen Dienst umsehen.' Darüber kam meine Frau, denn die Zeit wurde ihr zu lange, und wendet vor, ich solle geschwind heimgehen, es wollen Leute zu mir; so bin ich alsbald fortgegangen. Diesen unbilligen gottlosen Befehl habe ich nicht respektiert, sondern bin wie bisher in meinem Amt fortgefahren, jedoch habe ich dem Herrn Amtmann hiervon berichtet."
Soweit die Mitteilung des Pfarrers Meigelius, der übrigens trotz seiner damaligen Befürchtungen bis 1670 im Amt zu Birkenau tätig bleiben konnte († 28. Jan. 1679), Hans-Jörg von Bertram, dessen Treiben uns an den weinseligen Rodensteiner in Viktor von Scheffels Liedern erinnert, war gewiß suchtkrank, ein Alkoholiker, dem man aber wegen seiner gesellschaftlichen Stellung nicht Einhalt gebieten konnte. Ein

Verhörprotokoll, ebenfalls aus dem Jahre 1658, rundet das Bild ab:
„Hans Ziegler zeigt an, daß am 22./23. März [= gregorianisches/julianisches Datum] Junker Hansjörg gleichfalls des Abends um sechse sey ins Dorf ganz [be]trunken geritten kommen, erstlich an des Kleh Hansen Haus angeklopft, das Pferd hineingezogen, alles gesoffen, was darin gewesen; [dann] an Hans Zieglers Haus angeklopft, [die] Frau gerufen und gefragt, ob der Schultheiß zu Hause sei, befohlen, daß er [Ziegler] hineingehen und den Schultheiß herausrufen soll, aber [er habe] nicht sagen wollen, wer da sei; als er an die Tür wollte, sei der Junker ihm auf dem Fuß gefolgt, habe ihn der Junker [zusammen mit dem] Schultheißen zum Büttel Peter Schab mit[genommen], von da mit ihm in sein [des Junkers] Haus gehen müssen, da habe er frische Fackeln [holen] lassen. Danach hat [er] gesagt, sie müssen auf das Rathaus gehen, da wollt[e] er ihnen einen Brief vorlesen. Hat drauf gesagt, sie sollten vorangehen, und dem Knecht befohlen, wann einer von ihnen ausreißen wollte, sollte [er] ihn niederschießen; also sind wir mit ihm aufs Rathaus gegangen, [dort] hab er die Schlüssel begehrt; wie sie ihm solche [ge]geben haben, habe er angefangen, daß Abraham Wolfgang von Bohn zu Unrecht das Lehen ergriffen habe, er habe nicht die Macht, sondern nur was den landschadischen Teil [betreffe], hätte er nichts dagegen; weil aber das geschehen [Verleihung von ganz Birkenau an die von Bohn], so sollten sie ihm auch angeloben und ihm parieren…, dernach [sei der Junker] ins Schultheißen-Haus und Stube geritten, das Pferd in die Stube geführt, die ganze Nacht gesessen, getrunken bis des Tags Früh…"

Hans-Jörg Bertram versuchte demnach, den Schultheißen mit Waffengewalt auf seine Seite zu ziehen und auf sich schwören zu lassen. Dies war auch seinerzeit eine Ungeheuerlichkeit.

Über den Fortgang der Angelegenheit finden sich keine weiteren Nachrichten. Bekannt ist aber, daß die von Bohn erst 1668 in der Lage waren, die Rechte der Bertram von Hersbach abzulösen. Es ist deshalb anzunehmen, daß die Eskapaden bis zu diesem Zeitpunkt andauerten.

Günter Körner

Chronikalische Aufzeichnungen des Pfarrers Johannes Heinrich Hallenbauer (1707-1738)

Der evangelische Pfarrer Johann Heinrich Hallenbauer hat im Anhang des Kirchenbuches Aufzeichnungen über die bedeutsamen Ereignisse in Birkenau von 1707-38 gemacht. Er schildert aber auch Truppendurchmärsche, Wetterphänomene und die Auswirkungen des sog. Michaelishochwassers im Jahre 1732. Der Sohn Johann Heinrich Jacob hat diese chronologischen Aufzeichnungen nach dem Tode seines Vaters bis zum Jahre 1740 fortgeführt. Birkenau verfügt für den genannten Zeitraum über eine zeitgenössische Quelle, die für die Heimatgeschichtsforschung einen hohen Stellenwert besitzt. Leider haben die nachfolgenden Pfarrer diese Tradition nicht fortgeführt.

Kurze Nachricht, was in der Amtszeit des Evang. Pfarrers Joh. Heinr. Hallenbauer allhier zu Bierkenau Bemerkenswertes in der Kirche und Kirchensachen passiert (ist)

1. ao (Anno = im Jahre) 1707 am Fest ....verehrte der gnädige Herr, Herr Joh. Phil. von Bonn eine große schöne Sanduhr auf die Cantzel.
2. ....am Fest asc. Christi (Himmelfahrt Christi) haben ich der Pfarrer und mein liebes Weib Dorothea Sophie das grüne Altarbuch in die Kirche verehrt.
3. ....den 2. Oktober hat die gn(ädige) Fräulein Amalia von Bonn das schöne weiße Altartuch mit den großen Spitzen der Kirche geschenkt.
4. ....den 28. Oktober hat des Gn. Herrn Kammerdiener Herr Georg Johann Glautsch einen schwarzsamtenen Klingelbeutel in die Kirche gegeben.
5. ....den 20. November wurde unser Dank- und Erntefest celebriert (gefeiert), an welchem ein Becken zur Erbauung einer neuen Kanzel allhier ausgestellt und kam ein 18 fl. (Gulden) 25 xr (Kreuzer), wozu gn. Herr und dessen 3 freiherrliche Schwestern 7 Gulden geopfert.
6. Anno 1708 am neuen Jahrestage wurde unsere neue Kanzel zum erstenmal betreten und im Namen Jesu eingeweiht. Gott lasse diesen Namen allezeit auf diese verherrlicht werden.
7. ....m. Apr. ist der neue Pfarrstuhl verfertigt und Fest Paß zum erstenmal betreten worden.
8. ....am Sonntag Rogate wurde ein herrschaftliches Mandat verlesen, daß niemand am Sonntage in die nächsten Dörfer zum sauffen gehe, auch nicht tanzen oder sonst den Tag des Herrn entheiligen. Bei Strafe.
9. ao 1709 ist das Ev. Schulbuch oder Katechismus zu Worms gedruckt und im Segen des Herrn in hiesiger Schule eingeführt worden.
10. ....den 1. Febr. wurde zwar eine Ordnung publiziert, wie es mit dem Läuten der Glocken sollte gehalten werden, allein sie kam um vieler Ursachen willen nicht zustande.
11. ....wurde auch eine neue Schulordnung publiziert und eingeführt.
12. ao 1710 wurde auf gn. Befehl des Herrn Obrist von Bonn eine Kirchenrevision gehalten, in welcher die Kirchenintraden (Einnahmen) und Gefälle getreulich untersucht und soviel möglich in guter Ordnung wieder gebracht worden.

13. ao 1710 wurden auch, weil sehr schlechte Sitze in der Kirche waren, auch etliche Weiber immer des Vorsitzes wegen zankten, 8 neue Stühle an der Nordseite verfertigt und den Birkenauer Weibspersonen angewiesen.
14. ao 1711 war eine kurmainzische Kommission allhier, um die Streitsache, so der Herr Obrist von Bonn mit seinen Untertanen hatte, zu untersuchen und beizulegen. Weil ich nun auch mit dem Herrn Pfarrer von Abtsteinach einige Irrung [Meinungsverschiedenheiten] hatte, wurde auch solches untersucht und darauf den Sept. ein Kommissionsdekret ausgefertigt, wie es künftig ratione actuu parochalium (Amtshandlungen) sollte gehalten werden, nämlich (bei Mischehen) wie der Vater, so sollten die Söhne, und wie die Mutter so die Töchter getauft und aufgezogen werden. Allein der Pfarrer von Abtsteinach hielt sich nicht danach, sondern protestierte dagegen, vorgebend, daß ihm die Kommission nichts zu befehlen habe, sondern es müßte vom Vicariat kommen, was er tun oder lassen sollte. Und so ist es beim alten geblieben, nämlich wie das Haupt so die Kinder.
15. Als ich Pfarrer ao. 1714 eine Vocation (Berufung) nach Montingen (Monzingen jetzt Sobernheim) bekam, wollte mich der gn. Herr Obr. v. Bonn als Kirchenpatron nicht weglassen, wie denn auch die Centgemeinde um mein Hierbleiben sich bemühet.

    Nachdem ich nun resolviert (mich entschlossen), allhier zu bleiben, und solches in Gegenwart des gn. Herrn, des Centgerichts und der Kirchenältesten angezeiget, ersuche ich sie insgesamt zugleich, daß, weil ich einige Gewissensscrupel wegen des hier gewöhnlichen Leichgeldes hätte, doch solches möchte abgeschafft und dagegen, weil es pars salarii (ein Teil des Einkommens des Pfarrers) wäre, mir eine sonstige ..... (Vergütung) gegeben werde. Nachdem ich nun meine Motive angeführt, wurde von allen es für genehm gehalten und resolviert (beschlossen), daß anstatt des abgeschafften Leichgeldes ich jährlich auf Martini sollte aus dem Kirchengelde bekommen vierzig Gulden, dagegen sollte des Jahres 5 mal, nämlich 1. auf Ostern, 2. Pfingsten, 3. an Kirchweih, 4. Dankfest und 5. an Weihnachten ein Collektenbecken aufgestellt und die Gemeinde ermahnet werden, fleißig sowohl in das Becken als auch in den Klingelbeutel ihre Gaben zu legen. Wie solches alles Exaudi Dom. öffentlich von der Kanzel ist angekündigt worden. Doch wurde auch vorbehalten, sowohl wegen meines Successors (Nachfolgers) als anderer Umstände halber das abgestellte Leichgeld wieder einzuführen und hingegen das Collektenbecken wieder abzustellen.
16. ao 1716 wurde zwar vom gn. Herrn Obrist von Bonn und der ganzen Centgemeinde resolviert (beschlossen), eine neue Kirche bauen zu lassen, welches auf Dom. Sexagesimä von der Kanzel angekündigt und bei der ganzen Gemeinde eine große Freude graßhieret [geherrscht], mithin von jedem eine freiwillige Beisteuer versprochen wurde. Allein Satanas hat das gute Vorhaben verhindert; denn als nach Ostern die alte Kirche sollte abgebrochen werden, fing der Obrist an, etliche Judenhäuser zu bauen, wozu die Untertanen fast täglich mußten frönen; ob ich nun wohl unterschieden mal einige Vorstellung tat und untertänig bat, daß man doch die Ehre und das Haus Gottes seinem eigenen privaten Nutzen möchte vorziehen, so half doch alles nichts. Weil wir nun viel Schandreden mußten anhören, indem öfter gefragt wurde, ob die Judenhäuser unsere Kirche wären usw., so konnte ich nicht umhin, die Ehre des Hauses Gottes auch öffent-

lich zu retten. Predigte daher am Kirchweihfeste über den Text Haggai 1 Vers 2 - 9, und stellte vor: den Eifer Gottes um sein Haus, darauf ich dann auch aus einem heiligen Eifer in applic... anzeigte die Ursachen, warum unser Gotteshaus so wüste liegen bliebe und diese gute Vorhaben nicht ins Werk gerichtet wurde usw. Aber mein Lohn war: Amara et veritas et quod eam praedicat amaritudine repletur, ingleichen veritate praedicare nihil aliud est quam omnen furorem Satanas in se incitare. (Wahrheit zu verkündigen ist nichts anderes als die ganze Wut Satans auf sich zu ziehen). Doch gab Gott Geduld, daß ich alle Widerwärtigkeit Glücklich überwand. Im übrigen wurden vieler Herzen Gedanken offenbar.

Im Jahre 1720 den 27. April hat der gn. Herr Obrist von Bonn das fein schwarz Leichentuch der Kirche verehrt.

17. ao 1722 wurden die neuen Kirchensitze sowohl auf der Emporkirche für die Männer als auch unten an der Südseite und die übrigen an der Nordseite für die Weiber verfertigt.
18. ao 1723 sind die beiden Emporkirchen, oder Bühnen, oben unterm Dach gemacht worden.
19. ao 1724 ....Paschatos hat die gn. Frl. Maria Benedicta von Bonn den schwarzsamtenen und mit Gold gestickten Klingelbeutel verehrt.
20. ....p. Michaelis hat oben gedachte gn. Frl. von Bonn das blaue Altartuch der Kirche geschenkt.
21. ao 1725 den 14. Mai wurde der alte sehr baufällige Kirchenturm abgebrochen, mit welcher Arbeit man 3 Tage zubrachte und darauf den 28. Mai den Anfang gemacht den neuen aufzuführen, womit den Sommer hindurch continuieret (fortgesetzt) wurde. Die Baukosten wurden aus dem Kirchenalmosengeld bestritten, weil aber solches nicht hinlänglich war, auch eine Haube aufsetzen zu lassen, mußte nur so lange, bis dafür Zeit und Mittel vorhanden, ein Notdach gemacht werden.
22. ao 1725 Festo Michaelis ist von der hochwohlgeborenen und gnädigen Fräulein Sophia von Bonn der Kirchen zum Gebrauch des Hlg. Abendmahls verehrt worden: die schön vergüldete silberne Hostienschachtel.
23. u. 24. (fehlen)
25. eodem anno (im gleichen Jahr) den 22. November Dom. XXIV p.Trin. (am 24. Sonntag nach Trinitatis) wurde unsere neue Orgel mit einem Dankgottesdienst eingeweiht. Gott erhalte solches Werk auf viele Jahre in gutem Zustand. Zu solcher Orgel haben gn.(ädigst) verehrt: Herr General Wambolt unser gn. regierender Herr 15 fl (Gulden), dann der hochwürdige und hochwohlgeborene Freiherr von Großschlag Domsänger in Worms 15 fl., ferner Sr. Excellenz der Herr Geheimraths-Direktor in Gotha Freiherr Becher d. Echt. 200 fl., weiter die beiden hochwohlgeborenen Freifräulein von Bonn 22 fl. So ist auch von der Centgemeinde eine freiwillige Beisteuer da ein jeder nach seinem Willen und Vermögen beigetragen, welches alles Gott in Gnaden reichlich mehren wolle. Zwar haben sich etliche widerspenstige gefunden, die nichts gewilligt und gegeben haben, wie solche im Verzeichnisbüchlein mit angezeichnet stehen.
Die Orgel kommt mit allen Unkosten 236 fl.
26. ao 1728 hat Johannes Geiß von Rohrbach eine schöne neue Communion-Kanne zu Gebrauch des H. Abendmahls verehrt, welche in Frankfurt 4 fl 20 x (Kreu-

zer) gekostet. Sie wurde Dom. 25 Trin. als an dem Dank- und Erntefeste zum erstenmal gebraucht. Gott vergelte solches.

Andere Notabilia

Seite 244:

1. Anno 1707 am neuen Jahrestage, etwa halb 8 Uhr früh erhob sich ein Brausen in der Luft. Als ich nun hinaus sah, flog eine große Menge Vögel mit solchem Getöse in der Luft, daß man sich darüber entsetzte, und war als eine schwarze dicke Wolke anzusehen. Kam über den Wachenberg her, und zog nach dem Odenwald zu. Der Zug währte 1/4 Stunde lang; des Abends zogen sie wieder zurück. Andere Leute wollten solches schon einige Tage vorher gesehen haben.

2. Eodem ao. [im selben Jahre] m. Jul. mußten wir wegen der Franzosen flüchtig werden, denn sie hatten sich unweit Heidelberg gesetzet, und schickten die Bergstraße hinunter und auch dann in das gräfliche [erbachische] Land einzufallen; doch währte es nicht länger als 14 Tage, allein es ging viel Frucht im Felde zunichte, indem es zu überreif wurde und nachgehend anhaltender Regen einfiel.

3. ao 1709 d. 5.Jan. regnete es den ganzen Tag, darauf fiel in der Nacht eine solche Kälte ein, als bei Mannsgedanken nicht geschehen; sie war so durchdringend, daß man sich kaum legen konnte, wie denn hin und wieder viel Vieh im Stalle erfroren; solche Kälte hielt bis den 25. Jan. an, und wurde in den Novellen gemeldet, daß solches in den Wettergläsern bis auf 94 Grad gestiegen. Von dieser Kälte erfroren nun durchgehends die Weinstöcke, die Nußbäume und anderen Obstbäume, so daß sich wenig erhalten. Man fand Eichbäume, die von der Kälte auseinandergesprungen, daß man fast einen Arm durchstecken könne. Der Schaden, der durch diese Kälte geschehen, ist nicht zu schätzen, inmaßen in 50 und mehr Jahren keine solche Nuß- und andere Obstbäume werden stehen an der Bergstraße als diesmal erfroren, und wird es dies Jahr kein Wein geben. Die zweyte Kälte, so am 23. Febr. einfiel, war mit der ersten gleicher Art, nur daß sie nicht länger als 8 Tage dauerte. Die 3te Kälte kam den 9. Martii [März] und währte 6 Tage. Weil man nun auch mutmaßte, als ob viel Samenfrucht im Felde erfroren, so wurde eine solche Teuerung im ganzen Lande, daß das Malter Korn bis zu 5 Gulden verkauft wurde, welche Teuerung bald 2 Jahre gewährt, und sind manche Tag über 50 arme Leute für vor die Tür kommen.

4. ao 1711 zwischen dem 9. und 10. Febr. des Nachts fiel ein solch tiefer Schnee, der über 1 Elle hoch lag, darauf eine grimmige Kälte bis zum 17. anhielt. Den 18. Febr. taute es plötzlich und wurde ein sehr groß Gewässer. Insonderheit ergoß sich der Rhein dergestalt, daß das Land auf beiden Seiten weit unter Wasser stand, tat dies Jahr großen Schaden und wurden in manchen am Rhein liegenden Dörfern Häuser und Scheunen samt Menschen und Vieh mit fortgeführt. In Feudenheim ist es bis an die Kirche gegangen. Ganz Mannheim stand unter Wasser und war ganz umgeben, die Straßen mußten mit Mist und anderen Sachen vertheuet werden; der neue Damm wurde an etlichen Orten Stellen durchbrochen. Das Zollhäuschen wurde ganz fortgeführt. Die Keller in Mannheim waren alle voll Wasser. Von dem Wachenberg aus war der ganze Distrikt

nicht anders als ein großer See anzusehen, aus welchem die Hügel, Bäume, Städte und Dörfer als kleine Inseln herausragten.

5. Anno 1711 im Januar sind hin und wieder sonderlich jenseit des Rheins unterschiedliche Feuerzeichen gesehen worden, als ob Feuer vom Himmel fiele und Städte und Dörfer brennten; insonderheit ist solches auch in Mannheim observiret worden, da die Stadt gemeint, es brenne in der Festung, die in der Festung sind nach der Stadt zugelaufen, aus einer Straß in die andere gelaufen, und jeglichem gedünkt, da sei das Feuer, welches nicht war.

6. anno 1712 war ein solches reiches Weinjahr, als kein Mensch gedenken konnte, und waren nicht genug Gefäße zu bekommen, den Wein zu fassen, und galt das Fuder 12 bis 20 fl. Gulden aber das folgende Jahr wurde er desto teurer und das Fuder für 100 und mehr fl verkauft, weil sich der Reif hier am Rheinstrom gezogen und wenig Wein wegen des vor Michaelis eingefallenen Frostes ward.

7. sAo 1713 den 30. April des Nachts ist auf dem Hofe allhier durch Verwahrlosung des Hintergebäu, als Backhaus, Stall und Schuppen abgebrannt.

8. ao 1713 Nachdem im Frühjahr zu Utrecht der Friede zwischen Frankreich, Holland und England geschlossen, der Kaiser und das Reich aber nicht einwilligen können, sondern nur ein [Waffen-]Stillstand bis zum 1. Juni gemacht, ging nach diesem Termins Endung der Krieg am Rheinstrom mit aller Macht an, da dann die Franzosen den Rhein jenseits bis Oppenheim besetzet, die kaiserliche und Reichsarmee aber diesseits. Die Franzosen belagerten Landau und bekamen es am 15. August p.accord [Übergabebetrag], auch belagerten sie die Mannheimer Schanze, welche sie am 27. Jan., nachdem sich der Commandant mit seiner Besatzung, welche sich ritterlich gehalten, nachts vorher übern Rhein salviret, erobert. Den 24. und 25. Jan. wurde auch Mannheim von jenseits Rheins heftig beschossen und große Brände und Schaden verursacht. Nachdem sie wieder in guten Stand gesetzt und man sich allda nicht so leicht etwas zu befürchten hatte, gingen die Franzosen oben übern Rhein und belagerten Freyburg im Brisgau, ob nun wohl allda der Commandant mit seiner Garnison sich tapfer wehrte, so mußten sie sich doch nach einiger Wochen Belagerung ergeben. Es wurde allda so grausam geschossen, daß mans allhier hören können.

9. ao 1714 wurde im Frühjahr zu Rastadt praeliminariter [Vorfriede] und darauf zu Baden in der Schweiz der Friede zwischen dem Kaiser und Frankreich geschlossen. Gott erhalte solchen.

10. ao eodem [im selben Jahr] im Juni erschossen von des Baltzer Langen zu Weinheim seinen hinterlassenen Söhnen einer den anderen, geschah zu Großsachsen, allwo sie getrunken hatten.

11. ao 171 [fehlt]. Dom.Laetare Sonntag Laetare wurde ich eines sonderbaren Phänomens gewahr. Ich saß in meiner kleinen Studierstube und las in einem Buche, da wurde es auf einmal ganz hell an den Fenstern. Ich in der Meinung, als ob Feuer in der Nachbarschaft wäre, sprang voller Schrecken von meinem Stuhl auf und sah zum Fenster hinaus, und siehe, da erblickte ich eine große feurige Kugel in der Größe des vollen Monds am Himmel, ungefähr wo der Polarstern steht, alsdann schoß solche wie ein Pfeil gegen Mitternacht zu und schien, als ob sie an der Först oder im Liebersbacher Tal hinter dem herrschaftlichen Hof niederfiel, tat einen großen Knall und ließ einen feurigen Strahl und schwef-

lichen Gestank nach sich. Der Himmel war ganz trübe und geschah solches nachmittags etwa 1/4 nach 4 Uhr, da es noch heller Tag war.

12. anno 1720 den 2. Jun. Dom. 1. Trin. ist unter der Nachmittagskirchen ein Bub von Liebersbach ungefähr 14 Jahr alt, Cath. Religion, des Hanß Adam Schmidts Gemeinsmann allda Sohn, in der obersten Währe (Wehr) ersoffen, als er sich baden wollte.
13. ao 1721 d. 1. März haben wir ein sehr großes Phänomen, welches von den Gelehrten Aurora borgalis genannt wird, gesehen und gehabt, da der halbe Himmel bis an den Polarstern ganz hell und feurig war, und schossen die Strahlen entsetzlich gegeneinander. Dauerte von 9 Uhr abends bis um 2 Uhr nach Mitternacht.
14. ao 1722 am Neujahrstag hatten wir gegen 9 Uhr abends ein merkwürdig Feuerzeichen. Es wurde, obschon der Himmel mit Wolken überzogen und gar trübe war, auf einmal sehr feuerhelle, so daß man nicht anders meinte, als ob die bonnische Mühle in vollem Brande stünde; daher wurde mit den Glocken gestürmt und die meisten Leute von hier, wie auch von Hornbach rannten und liefen mit Kübeln hinunter, als man aber sah, daß solches nicht war, lief man auf die 2. und 3. Mühle, ja gar bis Weinheim, allwo man gar nichts mehr gesehen; dieses Feuerzeichen dauerte bei 1 Stunde und war öfters so helle, daß man eine kleine Schrift hätte lesen können.
15. ao 1723 den 22. Juni hatten wir allhier ein sehr starkes Donnerwetter, desgleichen bei Menschengedenken nicht soll gewesen sein.
16. ao 1724 d. 29. December entstand des Morgens früh um 5 Uhr ein solche entsetzlich Donnerwetter, daß man nicht anders meinte, als ob der jüngste Tag würde kommen.
17. ao 1727 den 6. Jan. hat auf dem Watzenhof der Bauer Hans Georg Diner seiner Frauen Schwester mit einem Stich auf den Rücken erstochen, daran solche in 1/4 Stunde verstorben, seinem Schwiegervater hat er 3 Stiche gegeben, daran solcher den 3. Tag gestorben, und seiner Schwiegermutter hat er 2 Stiche auf die Brust beigebracht, welche aber nicht durchgegangen, daher sie beim Leben erhalten worden. Der Mörder wurde in Rimbach bekommen, von da nach Heppenheim und dann nach Ladenburg geführt, allwo er mit dem Schwert gerichtet worden.
18. ao 1728 den 18. Juli, als die Catholischen das Scapulierfest gehalten, entstand gegen Abend ein starkes Donnerwetter und schlug der Donner in den Herrn Gerhard Mephii in Weinheim Scheuer, (in welcher kurz vorher der Knecht mit 2 Taglöhnern Frucht sollen abgeladen haben und kaum heraus gewesen sein), und brannte solche mit mehr als 300 Haufen Frucht ab, wie auch die danebenstehende Schäferei. Das Merkwürdigste dabei ist, wie gesagt worden, daß nicht nur der ganze in der Scheuer stehende Wagen verbrannt, sondern auch alles Eisen daran verschmolzen und zunichte worden sein soll.
19. im gleichen Jahr am 3. Aug. verspürten wir allhier des Nachmittags ein starkes Erdbeben, und meinte ich nicht anders, als daß das Pfarrhaus umgeworfen werde.
20. ao 1729 den 29. Jan. bekamen wir nach bisher gehabter großer Kälte und tiefem Schnee ein gelindes Tauwetter, wodurch die Weschnitz sehr hoch angeschwellet und hin und wider sehr großer Schaden verursacht wurde. Man konnte in 3

Tagen den Weg nach Weinheim nicht passieren, denn an etlichen Orten lag das Eis über 2 Mannshoch aufeinander.

21. am 16. Nov. hatten wir abermals ein solch Phänomen, wie es 1721 zu sehen gewesen, doch dauerte es nur etwa 3 Stunden.

22. ao 1730 haben wir öfters am Johannistage solch starke Regen gehabt, die gleichsam in einer Minute alles überschwemmten und großen Schaden verursachten.

23. ao 1731 den 10. Febr. legte es einen solch tiefen Schnee, desgleichen kein Mensch hierzulande gedenken konnte. Er war bei 3 Schuh tief und blieb bis Mathäi Tag liegen.

24. ao 1731 den 8. Mai wurde ein Mühlarzt in des Kaysers Mühle vom Kammrad ergriffen und erbärmlich zu Tode gepreßt.

25. zwischen dem 8. und 9. Oktober haben wir fast die ganze Nacht hindurch den Himmel voll feuriger Strahlen gehabt.

26. ao 1732 im Monat Januar und Febr. graßierte in Deutschland eine sonderliche und gefährliche Seuche unter dem Hornvieh, welche in den Niederlanden ihren Anfang genommen und jeden Tag 4 Stunden weiter soll gerückt sein. Den 21. Februar kam solche auch hier an und bestand darin, daß das Rindvieh auf der Zunge eine harte Beule, eine halbe Baumnuß groß bekam. Wenn man nicht bald Rat schaffte, so wurde in wenigen Stunden der ganze Rachen inflanniert und crepierte das Vieh. Der Cur nahm man folgender Gestalt vor: man hatte ein bifel Silbermünze oder französischen 3 Batzen spitzrändig wie eine Säge ausgefeilt und in der Mitte einen eisern Stiel festgemacht, mit solchem riß man die erhabene Beule aus der Zunge heraus und wusch darauf das Loch, welches über 2 Finger breit tief war, mit Essig, Pfeffer und Salz rein aus; das herausgerissene war anzusehen wie ein Stück hartes rohes Fleisch, welches mit Bändern durchzogen und umwunden wäre. Gott sei Dank, hier in Birkenau ist kein Stück gefallen; aber an manchen anderen Orten desto mehr.

27. ao 1732 Festo Michaelis haben wir allhier auch eine große Wasserfluth gehabt wie solche in Franken, sonderlich bei Nürnberg, an der Tauber, Mayn, Neckar u. anderen Orthen gewesen und großen Schaden getan, davon Hl. J. Chr. Heuson Gamn. Francof. College eine wahrhaft Historische Nachricht unter dem Titel: Diluviu Franconicum Magnum und darinnen auf pag. 39 f. Bürckenau angeführet und gemeldet, welchen Schaden die Wasserfluth allhier auch angerichtet, dieweil aber solchen Tractat man hinkünftig nicht möchte zu lesen bekommen, so will ich denen Nachkommen zur Nachricht eine völlige Beschreibung von solcher Wasserfluth, so weit solche hießiegen Orth betroffen, hieher setzen.

Als am bemelden Michaelis Tage es von frühmorgens an beständig geregnet, so lief die Bach zusens an, so daß man nach der Früh Kirche mit genauer Not kunte über den hohen Cent Steg kommen. Um 3 Uhr nachmittags hörte zwar der Regen auf, allein das Wasser stieg immer höher, tobte und rauschte dergestalt, als ob es unten donnerte und die Erde erschütterte. Nach 4 Uhr kamen die Bäume vom Schafsteg, dann auch von der Brücke bei Reißen, ingleichen eine ganze Wand und Giebel von einer Scheuren zu Mörlenbach, ferner viel Klötzer, Planken, ander Holz, etliche Wagen voll Kürbse, Rüben, Kraut ..... angetrieben, welches alles sich an den Cent Steg anlegte und darauf solchen aus dem

Fundamente mit seinen sehr starken steinern Pfeilern fortriß, dem folgte darauf die Brücke unterm Dorf und die an der Bonnischen Mühle [jetzt Fa. Frank, Weinheimerstr.]. Weil nun das Wasser die gantze Bitz [= Gewannbezeichnung, heute öffentl. Teil des Schloßparkes] bis in die Landesstraße, wie auch diesseitsalle Almengärten, den Dornweg, das meiste in der Frohnhuben u.s.w. hatte überschwemmt, so war es auch in den schönen herrschaftliche Garten eingedrungen und riß um 5 Uhr an 3 Orthen die starke Mauer bey …Schuh lang ein. Über 3 Schuh hoch hatte es darinnen gestanden und großen Schaden verursacht. Da nun wie gedacht, der Regen aufgehöret und das Wasser anfing zu fallen, bekamen wir gute Hoffnung, daß es mit diesem Unglück auf diesmal würde genug sein: allein weit gefehlt, es hieß vielmehr aus Offenbarung 9, V.12: Ein Weh ist dahin; siehe, es kommen noch zwei Wehe nachdem. Nach 7 Uhr fing es wieder an heftig zu regnen, anbei gegen Ost entsetzlich zu blitzen un zu donnern, da dann das Wasser wieder hoch anwuchs. Gegen 9 Uhr wurde des Peter Jacobs sein an die Kirchofmauer neu erbautes Häuschen aus dem Grunde mit fortgerissen; bald darauf folgte des Christian Bischof sein Haus; dann des Michael Schönherrns seine Stallung, welche bei 30 Schuh hoch hinabstürzte, nachdem vorher des Adam Brechts seine Gartenmauer und der an der Weschnitz gewesene Fuhrweg samt dem hohen Raine mit allen darauf stehenden Bäumen bei 12 Schritt Breite war weguntermininert und weggeführt worden. Um 10 Uhr mußte auch die über 20 Schuh hohe und mit starken Strebepfeilern wohl versehene alte und feste Kirchhofmauer dran, welche bei 90 Schuh lang aus dem Fundament ausgehoben und mit grausamen Krachen umgeworfen, auch vom Kirchhofe über 10 Schuh breit mit fortgerissen wurde. Kurz vorher war (dort) der Schulmeister nebst seinem jüngsten Sohn und anderen bey 10 bis 12 Personen gestanden, so dem wütenden Wasser zugesehen, als aber unter ihnen ein starker Krach sich hören ließ, sprangen sie davon und sind noch nicht vom Kirchhof gewesen, als die Mauer umgestürzet, da es dann leicht hätte geschehen können, daß sie alle ums Leben gekommen wären. Um 11 Uhr wurde dem Paul Schabs sein Haus und Mühle mit entsetzlichem Geprassel umgeworfen. Da erhub sich ein erbärmlich Geschrei im Dorfe, dieweil jedermann meinte es wären etliche Personen mit umgekommen, denn man hatte wohl gesehen, die Mühle würde Not leiden, hat man eine Stunde vorher angefangen, die Früchte und andere Mobilien zu salvieren, wobei 20 Männer geholfen. Aber Gott sei Dank, waren alle heraus, da der Sturz geschehen. Und so endigte sich mitten in der Nacht der betrübte Michaelistag, dessen Gedächtnis billig mit blutigen Tränen auf die Nachkommen soll und muß angezeichnet werden. Wir brachten die übrige Zeit der Nacht mit Zittern und Zagen zu. Als der Morgen angebrochen, sah man auch den Graus der Verwüstung außerhalb des Dorfes, denn an manchen Orten hatte der Fluß einen ganz anderen Lauf genommen, mehr als 20 Morgen Acker und sehr viel Aliment-Gärten ruiniert, das Hohe Gericht (Galgen) umgeworfen, das ganze Wehr an der Bonnischen Mühle ausgehoben und bei 20 Schritte lang die Mauer an dem Mühlgraben weggeführt; an der Walkmühle ein großes Stück Mauer eingerissen usw. Als etwas sonderliches ist noch anzumerken, daß die ungestüme Flut einen sehr großen viel 100 Zentner schweren Stein aus seiner Lage ausgerissen und bei 10 Schritt fortgewälzet und ind die Höhe gestellet, wie solcher noch den der Grenzen gegenüber zum Zeugnis stehet und zu sehen ist. Was solche Flut sonst in der Weinheimer Gemarkung für Schaden angerichtet, ist nicht zu beschreiben. Der ganze Weg von hier bis Weinheim war so ruiniert, daß solcher nicht mehr zu passieren war. Alle Währe an den Mühlen waren ausgehoben und die Mühlgräben gänzlich verdorben; an des Kaysers Mühle waren die Schneid-Öhl-Mühlen und das Brauhaus aus dem Grunde mit fort; die schöne und starke Brücke in Weinheim beym Adler ist aus dem Grunde ausgehoben worden; wie auch der B..steg; die ganze Hintergasse ist unter Wasser gestanden etc. In Summa: diese Wasserfluth hat entsetzlich und unbeschreiblichen Schaden getan. Gott behüte uns vor dergleichen hinkünftig in Gnaden. Von der Cent allhier ist beliebet worden, all Jahr den Michaelistag als einen großen Buß- Bet- und Fasttag zu celebrieren.

28. ao 1733. So wohl bey dem Beschluß des alten, als im Anfang diese neuen Jahres graßierte eine sonderliche Seuche und Krankheit durch gantz Deutschland, wie auch in anderen Ländern, welche von den Medicis Morbus epidemicus genannt wurde (not: auch wurde diese Krankheit genannt Febris catharahlis makiggna-petchialis), und blieben wenig Menschen davon befreyt; doch starben wenig daran. In den Zeitungen kamen folgende Verse an den Tag:

> Es ist ganz Teutschland fast ein rechtes Lazarett,
> wovon man überall so manches Krankenbett,
> als Husten, Schnuppen, Fluß und Brust-Beschwerden zahlet,
> und werden tausende darüber gantz entseelet.
> Man schaudert immerhin und ist doch voller Gluth,
> verliehrt den Appetit, ja selbsten Muth und Blut,
> und ob man Regung zwar zum Reden pflegt zu fühlen,
> hört man beym Husten doch nur Klapper-Mühlen,
> Nun wünschet man wohl Rath, vor Geld und gropen Dank,
> doch ist der Beutel itzt und selbst der Doctor krank.
> Drum laß, o Mensch allein den Artzt im Himmel rathen,
> sei fromm und gutes Muths und schick den Leichdukaten
> dem Doctor, Prediger und Apotheker zu;
> so lässet dir der Todt noch wohl ein Stündgen Ruh.

Als ich am Neujahrstage in die Kirche ging, überfiel mich solche Krankheit auch; daher konnte ich nicht über eine Viertelstunde predigen. Doch waren auch nicht über 20 Leute in der Kirche.

29. ao 1733 d. 8. Febr. Dom. Sexag. wurde ein neuer luth. Inspektor zu Weinheim inthronisiert, da es denn leider geschah, daß des Abends zwischen 8 und 9 Uhr nach gehaltener Gasterei einer von den Kirchen-Vorstehern namens Leonhard Flößer, seines Handwerks ein Küfer, die Stiegen hinab gestürzt und tot geblieben. Geschah im Wirtshaus Zum Ochsen.

30. ao 1734 den 28. Febr. Dom. Sexag. hatten wir die ganze Nacht einen grausamen Sturmwind, davon nicht nur die meisten Dächer beschädigt, sondern mehr als 1000 starke Bäume im Wald teils mit der Wurzel herausgerissen, teils mitten entzwei gebrochen wurden.

31. ao 1734. Nachdem im vorigen Herbst der Franzose den Frieden mit dem Kaiser und dem Reich gebrochen und die Festung Kehl weggenommen, eröffnete er in diesem Jahr die Campagne zu Anfang des Mai und nahm die Linie bei Ettlingen

weg, da sich die schwache Reichsarmee nach Heilbronn retirierte. Die Franzosen aber gingen auf Philippsburg zu und belagerten solches. Zur gleichen Zeit als die Linie emportiert wurde, setzten etl. 1000 Mann Franzosen 1 Stunde oberhalb Mannheim über den Rhein und besetzten Neckarau. Hierdurch wurden wir und die ganze Gegend bis an den Main in große Furcht gesetzt und ergriffen die Flucht. Weil aber Churpfalz die Neutralität ergriffen, so gingen die Franzosen wieder zurück und taten diesseits keinen Schaden. Hingegen vor Philippsburg fingen sie desto schärfer an, indem nicht nur die ganze Gegend bis an den Neckar in Contribution gesetzt und das Landvolk zum Schanzen angetrieben wurde, sondern die Festung wurde bey 8 Wochen lang belagert und aufs grausamste bombardiert und beschossen. Da denn die Belagerten nichts schuldig blieben, und wurde den 12. Juli vormittags um 9 Uhr der en chef commandierende General Duc de Derwill bei Besichtigung der approchen [Laufgräben] totgeschossen, wie sonst noch unterschiedene hohe Offiziere und viele Gemeine geblieben sind. Die teutsche Armee, nachdem solche sehr verstärkt worden, marschierte zwar an um einen Entsatz zu tendieren, allein da die Franzosen ihr Lager sehr stark verretrenchieret und verhauen, auch mit sogenannten Wolfsgruben rund herum verwahrt, so war es nicht wohl möglich ohne den größten Hazard etwas zu unternehmen; mußten daher zusehen, daß Philippsburg, nachdem es zum Stein- und Aschehaufen gemacht und die Garnison sehr abgenommen, den 18. Juli p.accord überging. Hierauf ging eine fliegende Armee jenseits Rheins auf Mainz zu und hatte das Ansehen, als ob solches sollte belagert werden. Diesen nach zog sich der Prinz Eugen mit der teutschen Armee, die 120 000 Mann geschätzt wurde, auch diesseits herunter und kam den 4. Aug. bei Weinheim zu stehen, da dann in der Stadt das Hauptquartier war. Den 6. Aug. brach selbige wieder auf und marschierte auf Mainz zu. Nachdem aber die Franzosen sich jenseits Rheins wieder heraufzogen, rückte auch die teutsche Armee herauf und schlug ihr Lager im Weinheimer Felde auf den 16. Aug. und blieb bis zum 20. stehen und war abermals das Hauptquartier in Weinheim 6 Tage lang, allwo zugegen waren der Prinz Eugenius, der König von Preußen und sein Cronprinz, der Herzog von Wolfenbüttel-Bevern und seine Prinzen, der Prinz Alexander von Württemberg, der Prinz von Oranien, 3 Prinzen von Sachsen-Gotha, Prinz Max von Hessen-Cassel, der alte Fürst von Anhalt-Dessau und seine Prinzen, nebst noch vielen anderen Prinzen und großen Generalen. Darauf vorrückte die Armee bis an den Rhein, allwo sie diesseits stehen blieb, bis sie die Winterquartiere bezog. Als die Armee bei Weinheim und am Neckar stund, sind wir allhier und in dieser Gegend bis an den Main an Hafer und Heu gänzlich ausfouragiert worden, und sind manchen Tag mehr als 6 bis 8000 Mann hierdurch passieret, welches bei 8 Wochen währet. Als darauf im Oktober die Armee in das Winterquartier ging und täglich viele Truppen hierdurch marschierten, kamen den 23. Okt. (war Donnerstag) anhero 4 Companien Sachsen-Weimarische Cürrassier-Reiter, welche sich de facto einquartierten und blieben bis zum 25. liegen und haben wir von diesen viel ausstehen müssen, wie ich denn im Pfarrhause und -hofe einen Rittmeister samt 38 Personen, 35 Pferde, 15 Paar Ochsen, 12 Wagen gehabt, und so hat sich die diesjährige Campagne geendet.

32. ao 1735 am neuen Jahrestag des Nachmittags erschoß ein weimarischer Cürassier-Reiter in der Stuben zu Föckelsbach seines Wirts des Peter Öhlschlägers ältesten Sohn vorsätzlich.

33. In diesem Jahr haben wir wegen des Krieges keine sonderliche Not gehabt, ohne daß wir im Frühjahr viele Durchzüge und Nachtlager mußten halten, und Heu mußte geliefert werden. Den 25. August marschierte hierdurch der moskowitische General Cassey mit 8 Regimentern Russen. Haben uns aber nicht den geringsten Schaden zugefügt. Im Herbste wurde unvermutet Frieden gemacht.

34. ao 1736 d. 19. Jul. nachdem es Tag und Nacht sehr stark geregnet, ist die Weschnitz hoch angewachsen, hat alle Steg mit fortgenommen und sonst in Äckern und Frucht großen Schaden getan.

35. ged. ao den 10. Dez. geschah zu Weinheim in der Hintergasse in des Hans Georg Lutz Haus folgendes Unglück. Man hatte Hanf in die Stuben und um den Ofen gestellt, und als die Magd früh Feuer im Ofen macht, kommt der Hanf in Brand. Nun wurde zwar durch die Nachbarn, so solches bald gewahr wurden, das Feuer gedämpft, allein die Frau und ihr kleines Kind, welche beide noch im Bette gelegen, erbärmlich zugerichtet, daß sie bald darauf gestorben.

36. ao 1737 am Neujahrstag hatten wir ein sehr großes Wasser, welches alle Stege mit fortgerissen, u. da solche kaum wieder befestigt, so wurde durch starken Regen d. 13. Jan. die Weschnitz noch größer, wovon nicht nur die Stege wieder ruiniert, sondern auch das eine Hirtenhaus umgestürzt wurde, und waren die Menschen kaum eine Viertelstund vorher darausentwichen. Geschah des Morgens 1/2 acht Uhr.

37. ao 1738 im Aug. hatten wir hier ein gewaltiges Hagelwetter, daß dadurch alle noch im Feld stehenden Früchte als Hafer, Gerste, Heidekorn fast völlig verderbt wurde.

38. ao 1739 im Monat Juni strafte uns Gott hier abermals mit einem starken Hagelwetter, dadurch die Fenster eingeschlagen, die Dächer verderbt und gar großer Schaden an den Früchten verursacht wurde.

39. das 1740. Jahr war ein gar merkwürdig und fatales Jahr. Gleich anfangs den 9. Jan. fiel die entsetzliche Kälte, dergleichen noch kein Mensch erlebet, ein und wie sie diejenige von 1709 um etliche Grade überstiegen, so hielt sie auch dergestalt lang an, daß jedermann zweifelte, ob es Sommer werden wolle. Der Rhein, Neckar und alle Flüsse waren über 1/4 Jahr dergestalt zugefroren, daß alle Lasten konnten darüber gefahren werden. Verschiedenen Orts sind viel Menschen und Vieh erfroren, die Vögel fielen aus der Luft herunter und starben vor Kälte. Es kamen auch viel fremde Vögel herbei, die ganz zahm waren. Die großen Flüsse brachen erst im April auf und Schnee und Eis ist vielerorts bis in den Mai liegen blieben, denn es wollte so gar nicht warm werden, daß es im Mai wie sonst im März aussah und Bäume und alle Gewächse kamen auch 5 Wochen später als sonst ordentlich und weil immer ein Schnee auf den anderen fiel daß auch etliche 30 aufeinander kamen ohne daß einer vergangen, so fürchtete jedermann es sei um die Erde geschehen. Allein Gott hat sie wunderbar behütet, also daß ob sie gleich 4 Wochen später gefallen, dennoch kein Mangel an Früchte gewesen. Den Juli hatten wir abermals ein hartes Hagelwetter, daß jedermann meinte, es wäre alles im Feld erschlagen, doch ist nachgehends der

Schaden nicht so groß gewesen als man befürchtet. Diese aber, daß ein beständiges Regenwetter in die Frucht einfiel, hat mehr Schaden verursacht, denn es konnte die Frucht nicht eingebracht werden, daß sehr vieles, sonderlich an der Bergstraße, ausgewachsen und verdorben. Und wie durch die große Kälte fast alle Weinstöcke erfroren, so waren wenig Trauben anzutreffen, und das was noch war, konnte nicht gesammelt werden, denn gleich an Michaeli fiel die Kälte schon wieder dergestalt ein, daß es in einer Nacht so stark fror, daß man darüber rücken konnte und daher alles was in Weinbergen noch an Trauben gewachsen, alles Obst, Quetschen, Nüß erfror dergestalt daß mans nicht genießen konnte, und wie also immer eine Straf auf die andere folgte, so mußte das Ende des Jahres ebenso merkwürdig sein wie dessen Anfang, denn im Dezember fiel erstlich ein starker Schnee darauf, dem gleich ein großer Regen folgte, daher alle Flüsse und Bäche sich dergestalt ergoßen, daß es unbeschreiblich ist. Insonderheit war am Rhein und Neckar eine solche Wassersnot, daß viele Leut elend sind umkommen. Der Rhein war an vielen Orten 3 Stunden Wegs breit. Alle Örter so an demselben lagen, stunden unter Wasser, alle Dämme waren durchbrochen. In Mannheim drangs mit Gewalt in die Stadt, daß man mit Nachen darin mußte herum fahren.

Bearbeitet von Friedrich Reinhard

Meinungsstreit über die Moral in Birkenau (1805)

Nicht selten legten die Birkenauer Pfarrer beider Konfessionen in früheren Jahrhunderten ihre Gedanken über den sittlichen Zustand der Gemeinde schriftlich nieder. Entsprechende Verordnungen, etwa gegen heimliche Verbindungen [„Freundschaften"], sind überliefert. Im 18. Jahrhundert wurden bekanntgewordene Verfehlungen mit aller Strenge verfolgt und geahndet. Auch der erste katholische Birkenauer Pfarrer nach der Reformation, Franz Michael Heier (1802-12), trat an den Ortsherrn heran und schilderte die aus seiner Sicht bestehenden Mißstände. Nicht allein die Schilderung dieser „Verfehlungen", auch die Antwort des herrschaftlichen Sekretärs Georg Schmitt ist bemerkenswert. Georg Schmitt war, nach den erhaltenen Schriftstücken zu urteilen, ein überaus fähiger Jurist, der dem Haus Wambolt in langjähriger Tätigkeit mit seinem Rat zur Seite stand; andererseits erregte er zuweilen mit seinen bissigen oder sarkastischen Kommentaren bei seinen Ansprechpartnern heftigen Widerspruch. Das Schreiben des Sekretärs an den katholischen Pfarrer Heier ist außerdem gekennzeichnet von einer nicht gerade verständnisvollen Haltung gegenüber kirchlichen Dingen. Der in Rage gebrachte Pfarrer blieb seinem Widerpart aber nichts schuldig.

Doch zunächst zu dem Antrag des Pfarrers, mit dem er die Ortsherrschaft anregen wollte, die Zügel in Birkenau anzuziehen. Um einen Eindruck zu vermitteln, hier die wichtigsten Passagen dieses Schreibens:

> „Hochwohlgeborener Reichsfreiherr, gnädiger Herr!
>
> Ich sehe mich genötigt, Euerer Exzellenz über einen Unfug zu berichten, welcher auf die Sittlichkeit Hochdero Untertanen den nachteiligsten Einfluß hat. Das Laster der Unzucht macht leider sogar auf dem Lande empörende Fortschritte. Zeuge hiervon ist die tägliche Erfahrung. Unter der geringen Zahl jener, die sich seit meinem Hiersein [seit 1802] nur aus dem hiesigen Orte verpflichten [= heiraten] sind nicht weniger als sechs, die sich vor ihrer ehelichen Verbindung miteinander vergangen hatten und einige Monate nach der Trauung ihre Kinder zur Welt gebaren. Noch vor wenigen Tagen waren drei verschiedene Haushaltungen hier, wo junge katholische Burschen, die sogar noch ihre Eltern haben, zu Mädchen, mit denen sie in Verbindung stehen, teils schon eine geraume Zeit her in die Kost gehen, teils sich [dies] erst neuerdings unterfangen haben. Da es mir angezeigt wurde, mußte ich es meiner Pflicht gemäß untersagen. Von zweien wird es, soviel ich weiß, unterlassen. Der Dritte, den ich wegen seiner Widersetzlichkeit nennen muß, ist der Sohn des Steinsprengers, Nikolaus Wagner. Er ist mit der Tochter des herrschaftlichen Hausknechts Herd etwa seit 14 Tagen förmlich verlobt, geht aber schon eine lange Zeit täglich zu ihr ins Haus und seit fünf oder sechs Wochen auch in die Kost. An Werktagen bringt sie ihm mittags die Kost auf die Weinheimer Straße, wo er arbeitet, alle Abende aber sowie an Sonn- und Feiertagen spricht er ungehindert allein mit seiner Geliebten. Er bleibt nach Aussage des hiesigen Bürgers Fries, bei dem die Tochter des Hausknechts Herd in Miete wohnt und den ich selbst darüber befragte, sicher oft bis nachts zehn Uhr bei ihr. Herds Tochter ist außer ihrer kleinen Schwester, einem Kinde

von höchstens neun Jahren, allein für sich. Die Gründe, welche der Nikolaus Wagner zur Rechtfertigung anführte, waren: Sein Vater könne ihm nichts geben, er arbeite auf seine Rechnung und müsse auch auf seine Rechnung leben, er könne dieses nun nicht besser und nicht wohlfeiler als bei seiner Braut. Allein, so wie er bisher immer bei seinem Vater in die Kost ging, ohne sich über Mangel zu beklagen, so kann er es auch noch bis zu seiner Trauung fortsetzen, zudem weiß ich, wie bei Steinsprenger gelebt wird, nur zu gut!"

Pfarrer Franz Michael Heier empfahl dem Ortsherrn als Maßnahmen, um diesem Unwesen zu steuern:

„1. Alle dergleichen täglichen Zusammenkünfte der jungen Leute und namentlich das Kostgeben an den Bräutigam durch die Braut oder ihre Eltern ist aufs strengste zu untersagen, unter der Bedrohung, daß die Zuwiderhandelnden durch den Wachtmeister ausgehoben und sie sowie dergleichen unternehmende Eltern mit nachdrücklicher Strafe belegt werden sollen. Damit zu gleicher Zeit den vielfältigen Schwängerungen lediger Personen ein Daumen [= Einhalt] gesetzt werde, so trage ich

2. dahin an, dergleichen Vorgehen nach dem löblichen Beispiele der kurbadischen Regierung für beide Teile mit einer empfindlichen Strafe zu belegen, die aber keineswegs mit Geld abgekauft werden dürfte. Sowie auch

3. den neu Verehelichten, die noch vor der gesetzlichen Zeit ein Kind zur Welt gebären, eine gemessene, nicht zu erlassende Strafe angesetzt werden mögte."

Dieses Schreiben wurde von Pfarrer Heier am 29. April 1805 an den Ortsherrn nach Heidelberg gesandt, der offensichtlich mit dringenderen Problemen beschäftigt war und die Beantwortung seinem Sekretär und Rechtsberater Georg Schmitt überließ. Dieser antwortete bereits am 3. Mai auf die Vorschläge des besorgten Pfarrers. Auch dieser Schriftsatz sei hier auszugsweise wiedergegeben:

„Sehr geehrter Herr Pfarrer Heier!

Schon bei mehreren Gelegenheiten äußerten Sie einen sehr eifrigen Beruf, Ihre kirchliche und Pfarrersgewalt auf Gegenstände auszudehnen, die vor diesen Richterstuhl nicht geeignet waren. Ohne mich auf die Untersuchung einzulassen, ob dies die Folge eines reinen moralischen, kanonischen oder orthodoxen Religionseifers oder Ausbrüche usurpierten [= angemaßten] Jesuitentums sei, machte ich Sie oft auf die nachteiligen Wirkungen, welche Ihr Betragen bei dem jetzt herrschenden Zeitgeist, besonders bei den örtlichen Verhältnissen von Birkenau, hervorbringen könnte, aufmerksam. Es gibt besonders unter Mönchen und Exmönchen [Pfarrer Heier gehörte bis 1801 dem Dominikanerorden an] sehr wenig Geistliche, die in manchen kontroversen Fällen eine vernünftige und bestimmte Grenzlinie zwischen dem hero iterno et externo [dem inneren, geistlichen und dem äußeren, weltlichen Herrn] zu ziehen wissen. Es haben mehrere Regierungen die sogenannte Synod in jedem Pfarrbezirk eingeführt, welche monatlich von dem Pfarrer und [dem] Beamten zugleich gehalten [wird], wobei von diesen gemeinschaftlich alle mit der öffentlichen Moralität gegen den sittlichen Anstand, gegen mancherlei Pflichten streitenden Ausführungen gerügt und nach Befund bestraft werden. Wo diese Art Synod eingeführt ist, da wird es nicht leicht einen Konflikt zwischen der geistlichen und weltlichen Jurisdiction [= Rechtsprechung] in dergleichen Fällen geben, und an Stoff für ihren apostolischen Eifer wird es auch nicht leicht [ge]brechen, nur mit dem Unterschiede, daß derselbe Eifer nötigenfalls durch die kältere [= abgeklärtere] Prüfung des weltlichen Beamten gemildert würde. Sie äußerten schon unlängst bei Herrn Domdechant und mir Ihren Entschluß, daß Sie dem jungen Wagner die Kopulation [= Heirat] verweigern würden, wenn er nicht wenigstens acht Tage zuvor die Kost, welche er bei der Braut erhält, aufgäbe. Diese Auffassung läßt sich durch keine Kirchenordnung, durch kein weltliches oder geistliches Gesetz rechtfertigen. Welche Obrigkeit darf mir als ledigem Menschen untersagen, zu einem Frauenzimmer, ledig oder Witwe, alt oder jung, schön oder häßlich, Braut oder unverlobt, zu Tisch zu gehen? Wenn Sie hierbei als mißtrauischer Pfarrer Veranlassung zur Sünde vermuten, so müssen Sie weit eher darauf bedacht sein, den Bauern ihre ganze Lebensweise, die Art Ihrer Anrede, ihrer Scheuer- und Stallarbeit, wo gesunde Knechte und Mägde in Stroh und Heu miteinander arbeiten, zu untersuchen, und wo es bei jedem dergleichen Geschäft weit mehr Gelegenheit zur Sünde gibt als beim Essen, wo die Befriedigung des hungrigen Magens den Vorzug erhält. Sie sind ganz allein mit ihrer jungen Haushälterin, und wer dürfte sich hierbei einen Verdacht erlauben? Bei des Herds Tochter ist immer eine 10-11jährige Schwester mit dabei, die mehr sehen und glauben kann als des Herrn Pfarrers Schelm [= Informant]. Wenn schon die Vermutung von leichterer Möglichkeit zu einem Vergehen die Ergreifung solcher Maßregeln notwendig machen und rechtfertigen könnte, welche erschreckliche Schikane hätte die bürgerliche Gesellschaft nicht von einem oder dem andern ihrer intoleranten Priester zu befürchten?

Jeder zur Polizei- oder Kriminalinquisition geeignete Fall verbindet zugleich mit sich den kategorischen Begriff von Sünde, und doch befaßt sich die weltliche Obrigkeit allein mit deren Untersuchung und überläßt der Sphäre des Geistlichen ungestört das Ihrige, nämlich die besudelte Seele des Sünders zu reinigen und zum Himmel zu qualifizieren. Der Entschluß der Sünde gehört in den Beichtstuhl; wie weit wäre es, wenn Macht dieser selben [Sünde] immer vorbeugen könnte! Gerade die heutige Darmstädter Zeitung enthält einige Denksprüche, die ausdrücklich hierher gewählt zu sein scheinen: wo das Gewissen aufhört, muß die Polizei anfangen, Gesetzlichkeit schlichtet den offenen Kampf. Religion beruht von innen und Polizei von außen vor! Was das Paradoxon Ihres Antrages einigermaßen rechtfertigen könnte, wäre der Umstand, daß der junge Wagner oder seine Braut sich Ihnen im Beichtstuhl anvertraut hätten, das Mittags- und Abendessen sei nicht der richtige Zweck und die ausschließliche Beschäftigung bei ihrer täglichen Zusammenkunft, sondern sie naschten auch von den verbotenen Bäumen des Paradieses. Ist dies geschehen, so dürfen Sie dies weder ausdrücklich noch mittelbar äußern, ohne das *schuldige Schweigen zu brechen. Haben Sie im Beichtstuhl während der Bußpredigt hierüber befohlen, nicht mehr zusammen zu schmaußen [= essen] und sähen diese Ermahnung nicht befolgt, so sind Sie nicht befugt, zu diesem speziellen Fall den stärkeren Arm der weltlichen Obrigkeit zu requirieren, um durch diese seine aufgegebene Buß- und Besserungsverfügung mit kräftigem Nachdruck vollziehen zu lassen. Unausführbar möchte es wohl sein, jungen Burschen den Zutritt oder das Kostnehmen in Häusern zu verbieten, wo Mädchen sind. Bewilligen die Eltern dies, wer kann es untersagen? Oder gehen Sie in dem Resultate ihrer gesammelten Menschenkenntnis so weit, daß Sie alle Mädchen für Huren halten? Nach diesen Voraussetzungen zerfällt Ihr erster Vorschlag [an Gegenmaßnahmen] als unanwendbar. Der zweite könnte Erfolg nach Befund der Umstände haben, da nebst der Geldstrafe auch eine Fron- und Gefängnisstrafe zuweilen zudiktiert würde. Der dritte Vorschlag ist auch sonsten allenthalben Observanz und dürfte auch in dem Amte Birkenau eingeführt werden.*

Heidelberg, den 3. Mai 1805, Georg Schmitt."

Dieses Antwortschreiben muß beim Empfänger heftig gewirkt haben, da Pfarrer Heier sofort zur Feder griff und antwortete:

„Sehr geehrter Herr Sekretär!

Ich bin schon 14 Tage krank und also gar nicht aufgelegt, den überschickten Brief weitläufig zu beantworten. Hätten Sie meinen Aufsatz mit reifer Überlegung geprüft, so würden Sie ihn nicht so schief beantwortet haben. Hier folgen einige Gegenbemerkungen, die eben nicht mit Zeit und Gabe geschrieben sind. Schon der Eingang der Schrift scheint der Wahrheit zu nahe zu treten. Warum führen Sie zum Beweis Ihres Satzes keinen Fall an, in dem ich mich bestrebte, meine Pfarrgewalt über die mir vorgesteckten Grenzen auszudehnen? Ich wußte nicht, daß die Unwissenheit bei Geistlichen so groß sei, daß nur wenige, besonders unter Mönchen und Exmönchen, eine bestimmte, vernünftige Grenzlinie zwischen hero interno und externo zu ziehen wissen. Ich gestehe, ich hielt mich bisher für nicht so dumm. Gern will ich jetzt zu einem weltlichen Herrn in die Schule gehen, aber ihn doch vorher bitten, daß er nicht zu parteiisch sei, den Geistlichen alles zu nehmen, und sich alles zueignen mögte. Über die Erfahrung einer Synode wäre ich allerdings mit Ihnen einverstanden, wenn es auch nur darin wäre, daß der Verstand eines Pastors durch die kältere Prüfung des weltlichen Beamtens gemildert werden kann. Ist die Unfehlbarkeit auf die weltlichen Beamten übergegangen? Wenn dies der Fall ist, so dürften Sie wirklich nicht Beamter sein, oder Sie müßten sich erst eine kältere Prüfung angewöhnen. Da nun die Verfassung mit Synoden [hier] nicht ist [= existiert], so mahnte ich den Wagner und die übrigen auf meinem Zimmer, und das mit freundschaftlichen Worte, und da er mir nicht folgte, so machte ich über den Unfug und in specie das Betragen Wagners Anzeige beim gnädigen Herrn. Sie nehmen bei dieser Gelegenheit

Die Autoren:

Heinz Bormuth, Eberstädter Str. 30, Mühltal
Willi Flemming, Dornweg 33, Birkenau
Wolfgang Gebhard, Schillerstr. 19, Rimbach
Alex Glaser, Breslauer Str. 19, Birkenau
Werner Helmke, Waldstr. 24, Birkenau
Albert Kanz, Im Eichenbüschel 7, Birkenau
Heinz-Walter Koch, Schillerstr. 13, Mörlenbach
Günter Körner, Ortsstraße 55, Birkenau
Dr. Falk Krebs, Jossastr. 22, Seeheim-Jugenheim
Rudolf Kunz, Mathildenstr. 22, Seeheim-Jugenheim
Helga Müller, Mumbacher Str. 38, Birkenau
Friedrich Reinhard, Birkenweg 13, Hirschberg
Peter Spilger, Am Rosenberg 2, Birkenau
Rainer Stephan, Siegfriedstr. 20A, Fürth/Odw.
Sibylle Freifrau Wambolt v. Umstadt, Hauptstr. 84, Birkenau
Siegfried Winkler, Am Lehenwald 5, Birkenau
Klaus Zenner, Neugasse 1, Birkenau

Bildnachweis:
(Die Zahlen geben die betreffende Seite an)

Baugenossenschaft Birkenau 392
BCV Birkenau 401
Blaskapelle Birkenau 398
Bräumer, Peter 301, 304, 305, 315
DRK Birkenau 417
Freiwillige Feuerwehr Birkenau 485, 487, 495
Gebhard, Dr. theol., Wolfgang 149
Gemeindearchiv Birkenau 3, 6, 24, 35, 67, 69, 70, 71, 72, 86, 95, 97, 101, 102, 103, 104, 106,
    107, 108, 115, 118, 120, 121, 122, 123, 143, 151, 157, 167, 169, 172, 173, 175, 176, 177,
    178, 185, 225, 241, 247, 253, 260, 262, 274, 279, 282, 289, 293, 326, 327, 328, 389, 409,
    451, 465, 467, 468, 470, 473, 474, 477, 478, 479
Glaser, Alex 163, 164
Guldner, Erich 225
Heinl, Gisela 418
Helmke, Werner 68, 74
Höreth, F. 82
Foto Hördt 329, 330, 413
Koch, Heinz Walther 475, 480
Körner, Günter 23, 29, 83, 129, 208, 236, 249, 250, 251, 323, 396, 404, 448
Kolpingfamilie Birkenau 407
Kopetzky, Fritz 182, 190, 367, 368, 382, 387, 393, 405
Krebs, Dr., Falk 195, 198, 199
Landesvermessungsamt Hessen 180, 181
Löb, Hermann 146
Löb, Walter 147, 148
MGV Birkenau 410

den Mund voller Gesetze, schreien so laut über usurpierte Depositen [= angemaßte Güter], daß man glauben sollte, Sie wären ein lebendiges Corpus juris utriusque [= Institution für beiderlei Rechte, d.h. des kirchlichen und weltlichen Rechts]. Haben Sie nicht auch Quadratura circuli [= Quadratur des Kreises] gefunden? Das übrige Ihres Aufsatzes bis zur Darmstädter Zeitung sind unnütze Floskeln, unzeitige Furcht vor Schikanen, die doch mit ihrem Allvermögen des weltlichen Beamten in Widerspruch stehen. Was Sie vom Beichtstuhle niedergeschrieben haben, ist gar nicht zu verdauen, da könnten Sie wohl zu einem Mönche in die Schule gehen. Lesen Sie meinen Bericht, ich äußerte keinen Verdacht gegen eine oder andere Person, sondern redete überhaupt von der Unschicklichkeit dieser Zusammenkünfte – von der Gefahr und Gelegenheit, sich miteinander zu verfehlen. Dies waren die Bewegursachen meiner gemachten Anzeige, und die finden besonders aus geführten Gründen bei den genannten Personen statt. Wahrlich, ein Mädchen von 10 oder 11 Jahren ist ein schwacher Schutzengel für eine noch schwächere Tugend. Das ist alles, was ich über Ihren Aufsatz bemerken mag.

Ich hoffe, Sie werden sich dadurch nicht beleidigt finden. Leben Sie wohl, ich befinde mich wirklich heute übler als die anderen Tage. Daran ist Ihr unzuverdauernder Aufsatz schuld. Entweder habe ich blinde [= innere] Hämorrhoiden oder, welches der Doktor vermutet, Gicht-Materie [= Stoff] in meinen Knochen."

Damit hat Pfarrer Heier recht deutlich zum Ausdruck gebracht, was er von dem Sekretär Schmitt hielt. Dies änderte freilich nichts daran, daß die Kontakte zwischen Verlobten wie bisher weiterbestehen konnten. Im Ergebnis hatte der Sekretär recht, daß es auf unüberwindliche Schwierigkeiten stoßen müßte, Beziehungen zwischen Verlobten auf die Öffentlichkeit zu beschränken. Ein verbindlicher Ton gegenüber dem Pfarrer wäre allerdings besser angekommen. Pfarrer Heier sah seine Versuche zur Verbesserung von Moral und Sittlichkeit der Birkenauer gescheitert. Im übrigen fiel es dem Pfarrer schwer, seinen Lebensunterhalt zu bestreiten, da die neu eingerichtete Pfarrstelle kaum über ausreichende Einnahmen verfügte. So hatte Franz Michael Heier einen schweren Stand.

1812 wurde er Pfarrer von Hirschhorn. Dort starb er an den Folgen eines Schlaganfalles, nachdem er zwei Jahre zuvor in den Ruhestand getreten war.

Günter Körner

Maiwald, Gretel 408, 443, 444, 445, 449
Meyer, Georg 229, 237, 416, 456
Müller, Helga 46, 50
Nitsche, Adolf 77, 201, 203, 204, 206
Reinhard, Friedrich 379, 385, 386, 388
Reutter, Dr., Rolf 51
Sachs, Hildegard 349, 350
Schäfer, Josef 419
Schneider 434
Schunk 459
Stadtarchiv Regensburg 291
Stadtarchiv Weinheim, Titel, 65, 240, 251
Steffan, Eva 391
Steinel, Albert 118, 352
Stern, Ilse 154
Tennisverein Blau-Weiß Birkenau 446
TSV Birkenau 438, 441
Wamboltisches Familienarchiv 27, 188, 190, 191, 192, 280
Zenner, Klaus 354, 355

Alphabetisches Namensverzeichnis

Die Zahlen geben die betreffende Seite an.

Abel, Hans Georg 365
Abele, Siegfried 236
Abraham, Jud 139
Ackermann, Franz Xaver 129
Ackermann, Karl 129
Ackermann, Lehrer 410, 411
Adalbero, Abt 7
Adam, Velten 13
Adelbodo 5
Afron, Löser 140
Aitt, Hanß 17
Albrich 5
Alram, Martin 192
Amend, Johannes 129, 425
Amend, Karl 129
Amon, Dr., Stephan 158
Andes, Heinz 129
Anger, Hans 499
Ankenbauer, Walter 406
Ansion, Josef Winandus 363, 370, 375
Antonow, Alexander 269
Appold-Kohl, Hedwig 458
Arco, Gräfin Lidwine 194
Arnold, Georg 129
Arnold, Joseph 129
Arnold, Wolf 313
Artmeier, Peter 129
Attich, Hans Nicol 365
Babist, Arthur 179
Backes, Magnus 197
Bär, August 151
Bär, Bernhard 151
Bär, Ellen Irma 158
Bär, Erich 158
Bär, Fanny geb. Löb 157, 158
Bär, Gretel Julie 158
Bär, Heinz 156, 158
Bär, Kurt 156, 158
Bär, Max 154, 158
Bär, Resi geb. Löb 158
Bär, Tirza, geb. Mayer 156, 158
Bärdlein, Zimmermstr. 385
Baier, Toni 444
Ballmann, Etzel 129

Balsbach, Nikolaus 307, 310, 311, 312, 315, 316
Balschbach, Nikolaus 8
Bartsch, Philipp 129
Bassimir, Friedrich 413
Bauer, Alfred 419
Bauer, Bäcker 91
Bauer, Ernst 408
Bauer, Franz Jakob, Pfr. 370
Bauer, Michael 94
Baumann, Alexander 219
Beauregard 183
Bechtold, Adam 490
Bechtold, Fritz 429
Bechtold, Johann 423
Bechtold, Joh. II. Feuerwehrk. 487
Bechtold, Hans 10
Bechtold, Peter 441, 458
Bechtold, Philipp 129, 313
Bechtold, Walter 129
Becker, Abraham 129
Becker, Dr. 349
Becker, Gendarm 55
Becker, Hans 240
Becker, Lenhardt 17
Becker, Ludwig 194
Becker, Peter 129
Becker, Wilhelm 117, 202
Becker, Dr. med. Wolf-D. 443
Beckmann, Horst 444
Beinung 5
Beitel, Arthur 129
Beithorn, Amtmann 295
Bellendorff 16
Bendix, Franz, Pfr. 370
Bensheim, Abraham 140
Berg, Adam 236
Bergmann, Dr. Lothar 175, 177, 380, 383, 384
Bergold, Nikolaus 33, 235, 335, 336
Berk, Hans 10
Bernauer, Ernst 129
Bernauer, Lorentz 17
Bernhard, Adam, Ehefrau 341

Bernhard, Anton 80
Bernhard, Geometer 57
Bernhard, Georg 129, 151
Bernhard, Johann, Feuerwehrk. 486
Bernhard, Johannes, Bürgerm. 324
Bernhard, Johannes 23, 365
Bernhard, Peter 22
Bernhard, Velten 11
Bertsch, Conrad, Pfr. 46, 370
Bickler, Jerg 17
Biegeleisen, Salomon 145
Binding, Dr.-Ing., Phil. Günter 269
Birkenauer, Jonas 140
Birkle, Paul 168, 379
Bischler, Karl, Postverw. 482
Bischof, Christian 510
Bitsch, Ludwig I. 404
Bitsch, Margareta 354
Bladt, Caspar 11
Blechschmidt, Konrad 303
Blum, Lemle 140
Bodenwieser, Marx 145
Bodololf 5
Böckel, Dr. Otto 150
Böhm, Adam 129
Böhm, Alois 129
Böhm, Hans 129
Böhm, Karl 129
Bohn, Abraham Wolfgang 242, 288
Bohn, Benedikte 291
Bohn, Hans Philipp 286
Bohn, Johann Philipp 14, 187, 240, 283, 286, 290, 291, 301, 362, 497
Bohn, Markus Friedrich 286
Bohn, Philipp 285
Bohn, v., Reichsfreiherr 143
Bohn, Siegfried Christoph 288, 290
Bohn, Sophia 291
Boll, Friedrich 40
Boll, Hans Adam 365
Boll, Hanß 15, 17
Boll, Margaretha, Hebamme 344
Bonn, Amalia 503
Bonn, Maria Benedicta 505
Bonn, Sophia 505
Borck, Gerd, Pfr. 369
Bormuth, Frieda 444
Bormuth, Heinz 217, 221
Bormuth, Karl 129

Bösen, Heinrich, Pfr. 369
Bösen, Johann Gerhard, Pfr. 369
Bougolf, Graf 4
Bouthelier, Ignaz, Amtmann 18, 19, 37, 228, 332, 333, 334, 342, 344
Bouthelier, Joh. Lukas 334
Bräumer, Fritz 407
Bräumer, Hans 407
Bräumer, Johannes 250
Bräumer, Karl 129
Bräumer, Ortsgruppenleiter 117
Bräumer, Peter 37, 320, 455
Bräumer, Werner 416
Brantel, Franz 93
Brauch, Otto 129
Braun, Amandus 333
Braun, Egidius 207
Bravmann, Salomon 145
Brecht, Adam 322, 510
Brehm, Adam 129
Brehm, Anna Maria 33, 346
Brehm, Bürgermeister 102
Brehm, Ernst 440
Brehm, Jürgen 441
Brehm, Georg 129
Brehm, Georg Adam 414
Brehm, Georg Adam, Bürgerm. 325
Brehm, Georg Adam, Taxator 473
Brehm, Hans 129
Brehm, Helmut 178, 179, 182, 183
Brehm, Jakob III. 479
Brehm, Joh. II., Anwesen d. 486
Brehm, Johannes Ehefrau 347
Brehm, Johann Georg 129
Brehm, Karl 433, 434, 436
Brehm, Kurt 413, 414
Brehm, Maria 331
Brehm, Nikolaus 94
Brehm, Paul 130
Brehm, Peter 97, 105
Brehm, Peter, Bürgermeister 325, 326
Brehm, Philipp 130
Brehm, Karl-Heinz 439
Breit, Rudolf Emil 130
Brenner, Georg 246
Brenner, Karl 246
Breumling, Leonhard 16
Breunig, Peter 480
Brock, Mathias 441

523

Brückner, Gabriel 145
Bubo 5
Buchbinder, Israel 140
Büchler, Karl 130
Büchler, Adam 423
Büchler, Peter 20
Bundschuh, Georg 130
Buß, Gastwirt 481
Buschmann, Christmann, Zentschulth. 300

Carben, Guta 276
Chlodwig 5
Christ, Hubert 130
Christ, Johann 80
Christ, Michael 27
Chritz, Friedel 398
Cleh, Hans 14
Clemm, Dr. 471
Cordova, General 9
Cotta 261
Cuntz, Hans 303

Dalauen, Wundarzt 25, 34
Dalei, Benedikt 47
Darmstädter, Anschel 140, 144
Darmstädter, Gustav 145
Darmstädter, Karl D. 151, 152
Darmstädter, Prof. 151, 159
Darmstädter, Samuel 142, 144
Darmstädter, Zacharias 140, 142, 143, 144, 145
David, Emanuel 145
David, Mendel 145
Dech, Peter 365
Deißel, Philipp 17
Denger, Bürgermeister 79, 466, 484
Denger, Hans 130
Denger, Johannes 245
Denger, Johannes, Bürgerm. 325
Denger, Peter 23, 425
Dengler, Gustav, Leiter d. Post 482
Dentzer, Nikolaus, Pfr. 360, 369
Diehl, Dr. O. 358
Diehl, Dr., Wilhelm 354
Diehm, Dieter 491
Diehm, Dieter, Feuerwehrk. 494
Diehm, Georg 413
Diehm, Maria 347, 348
Diesbach, Kaufmann 53
Diethbreht 5

Dillmann, Georg 20
Dillmann, Katharina Barbara 345
Diner, Hans Georg 508
Dingeldey, Oberst 57, 58
Dörger, Leo 445
Döring, Bodo 445
Döring, Katharina, geb. Mastelotto 127
Dörr, Rudi 439
Dörsam, Adam 130
Dörsam, Dr. Herbert 395, 445
Drabant, Jürgen 439
Dragobodo 5
Dückers, Hugo 395, 397
Dümmler, Frank 441
Duodo 5
Dürn, Margarete 278

Eberhard, Hanß 15
Eberle, Adam 66, 130, 245
Eberle, Bäcker 91
Eberle, Bürgerm. 57
Ebert, Friedrich 84
Eck, Andreas 321, 375
Eck, Hans 130
Eck, Johannes 261, 322
Edelmann, Hans Adam 321
Effenberger, Heinrich Ernst 130
Egilbreht 5
Eginhelm 7
Ehrenfried, Hermann 130
Ehrenfried, Nikolaus 96, 98
Ehret, Adam 28, 130
Ehret, Hans 130
Ehret, Karl 130
Eisenhauer, Aktuarius 34
Eisenhauer, Franz 55, 61
Eisenhauer, Johannes 331, 333
Eisenhauer, Georg 498
Eisenhauer, Jakob 20, 25, 33, 235, 237, 335, 336
Eisenhauer, Johannes 233, 236, 237
Eisenhauer, Schultheiß 21
Eisentraud, Gauredner 114
Eitenmüller, Johannes 130
Eitenmüller, Philipp 130
Elbert, Johannes, Pfr. 370
Elsässer, Lehrer 46
Emich, Ernst 130
Emig, Familie 248
Emig, Katharina 62

Emmerling, August 248
Erdmann, Johannes 479, 480
Erdmann, Peter, Feuerwehrk. 491, 492
Erdmann, Philipp 130
Erhard, Agnes 8, 308
Erhard, Andreas 260
Erhard, Hans 130
Erhard, Johannes 364
Erhard, Johann Peter 364
Erhard, Katharina 8, 308, 309
Erhard, Konrad 308
Erhard, Manfred 439
Ehrhard, Hanß 364
Erhardt, Matthes 365
Erkemann, Hans 10
Erkenbreht 5
Ernst, Willibald 130
Erpolt 5
Eschwey, Christian 348
Eschwey, Hans 439
Eschwey, Heinrich 127
Eschwey, Johannes 365
Eschwey, Nikolaus 130
Etzdorf, Rudi 439
Ewald, Karl 130
Exner, Hugo 130

Fabian 165
Fabian, Ludwig, Postverw. 482
Fändrich 165
Fändrich, Georg 130, 165, 443
Farnkopf, Wilhelm 130
Farr, Rudolf 447
Farrenkopf, Peter 248
Fath, Adam 130
Faut, Philipp 306
Feistel, Schutzjude 139
Felsing, Heinrich 49
Fendrich, Adam 483
Fendrich, Heinrich 135
Fikler, Josef, Journalist 48
Fink, Rita 380, 381
Fischer, Elisabeth Margaretha 344
Fischer, Ernst 130, 437
Fischer, Friedrich 130
Fischer, Hans 130
Fischer, Harry 130
Fischer, Helmut 439
Fischer, Josef 130
Fischer, Wilhelm 130

Flach, Hanß 12
Fleck, Hanß 17
Fleck, Nickel 15
Fleck, Philipp 16
Flemming, Ingeburg 184
Flemming, Willi, Bürgermeister 167, 168, 174, 176, 177, 179, 182, 183, 185, 233, 325, 326, 330, 381, 383, 395, 396, 418, 444, 447, 451, 455, 456
Fleßer, Peters Frau 12
Flocken, Karl 457
Flößer, Elisabetha 62
Flößer, Nikolaus, Zentschulth. 300
Flößer, Leonhard 511
Flohr, Johannes 364
Flori, Hanß 17
Flori, Lorenz 304
Florig, Adam 126
Florig, Anwesen 127
Florig, Eva Katharina, Hebamme 345
Florig, Emil 437
Florig, Hans 426
Florig, Johann 246
Florig, Johannes 22
Florig, Leonhard 246, 457
Florig, Ludwig 243
Florig, Peter Andreas 130
Flory 361
Forstmeister, Agnes 276
Forstmeister, Gerhard 277
Forstmeister, Guta 276
Forstmeister, Hans 275, 276
Forstmeister, Philipp 277
Fraas, Kreisbeigeordneter 183
Frank, Karl 125, 241
Frank, Firma 323
Frankenstein, Dorothee 276
Frankenstein, Philipp 276
Frei, Adolf 130
Freudenberger, Dr. 255
Freudenberger, Wolfgang W., 442
Freund, Lehrer 411
Friderici, Johann Joseph, Pfr. 369
Fried, Georg 43
Friedmann, Nathan 145
Fries, Adam 236
Fries, Georg 235
Fries, Heinrich 80
Fries, Kaufmann 57

Fries, Maria, Witwe 236
Fries, Nachtwächter 25
Fries, Peter, Feuerwehrk. 486
Fries, Wilhelm 66
Fritz, Jacob 364
Fritz, Karl 446
Fuchs, Jakob 57
Füssel, Josef 130
Fuhr, Advokat 60
Fuhr, Wilhelm 130
Fuhrer, Friedrich Caspar, Pfr. 370, 376
Fuhrmann, Othmar 130
Funk, Bruno 130
Funk, Familie 136
Funk, Josef 130
Funk, Paul 130

Gagern, v. Heinrich 48, 49
Gampe, Walter 130
Gareis, Hermann 168
Garrido-Villar, Ramon 441
Gaßmann, Johann 67
Gassen 379
Gaulrapp, Theodor 130
Gayer 261
Gebehard 5
Gebhard, Wolfgang 159
Gebhard, Karl 131
Gehron, Peter 415
Geidenheimer, Ulrich 306
Geilersdörfer, Hans Georg, Pfr. 370
Geiß, Fritz 408, 413
Geiß, Georg Adam 109
Geiß, Hans 322
Geiß, Johannes 505
Geiß, Karl 398, 399
Geiß, Nikolaus, Anwesen d. 486
Geiß, Nikolaus 131, 243, 245, 323
Geiß, Peter 17
Geiß, Wilhelm 421
Geiss, Hans 131
Geist, Niklas 375
Gemmingen, v. Anna 279
Gerbig, Georg 88, 92, 131, 165
Gerbig, Wilhelm 131
Gerhart 5
German 5
Germann, Lenhart 303
Germann, Lenhart, Frau 306
Germeyer, Otmar, Pfr. 370

Gerold, Lehrer 411
Gerstenmeier, Rudolf 131
Gertenbach, Gerti 492
Gertrauden, Wirtin 306
Getrost, Johannes 127
Geyder, Stefan 310
Gilmer 76
Gilmer, Familie 194
Gilmer, Gustav 421
Gilmer, Hugo 248, 400
Gilmer, Hugo, Anwesen d. 486
Gilmer, Karl Ludwig 248
Gilmer, Ludwig, Pfr. 369
Ginader, Wilhelm 412, 413
Glaser, Alex 164, 392, 455
Glaser, Hanß Jerg, Keller 359
Glaßer, Lehrer 115
Glaßer, Ludwig 377
Glaßer, Ortsgruppenleiter 128
Glautsch, Georg Johann 503
Gockel, Amtmann 46
Gölz, Adam 131
Gölz, Johann Adam 486
Gölz, Konrad 55
Gölz, Lorenz 60
Gölz, Nikolaus 55
Gölz, Werner 131
Gölz, Wilh., Feuerwehrk. 486
Götz, Ernst 135
Golla, Werner 444
Gräber 227, 233
Gräber, Karl, Wilhelm 131
Graf, Philipp 210
Gräfen, Hans 304
Grein, Gerd J. 269
Grimm, Albert Ludwig 18, 322
Grimm, Lehrer 79, 80
Grimm, Michael Andreas 46
Grösche, Fabrikant 92
Grösche, Franz 88
Grösche, Friedrich 241
Grösche, Fritz Hermann 241
Grösche, Kammfabrik 98
Grösche, Martha 241
Groh, Peter 130
Groh, Johannes, Pfr. 369
Groschlag, Domherr zu Mainz 292
Gross, Günter 176
Gruber, Lehrer 411

Gruber, Michael Witwe, Anwesen d. 487
Grünspan, Herschel 119
Guby, Germann 128, 325, 326
Guby, Hermann 165
Guby, Karl 423
Güllich, Sebastian 364
Güntz, Adam, Zentschulth. 300
Guldner 165
Guldner, Adam 131
Guldner, Paul 131
Guldner, Philipp 416, 429
Gumbel, Hanß 15
Gutfleisch, Verwalter 226, 339
Gutfleisch, Landgerichtsass. 21
Gutfleisch, Verwalter 343
Gutmann, Heinrich 150

Haas, Wilhelm 131
Haase, Fraktionssprecher 85
Habsch, Peter 499
Hacker, Martin, Pfr. 18, 334, 335, 369
Hadebreht 5
Hänßlein, Heinrich 321
Härter, Fritz 47, 53, 54
Härter, Civilkommisär 57
Hahn, Karl 131
Haimes, Anna 10
Halblaub, Heinrich 458
Hallenbauer, Dorothea Sophie 503
Hallenbauer, Johann Heinrich, Pfr. 344, 362, 363, 369, 503
Hallenbauer, Johann Jakob, Pfr. 369
Hallenbauer, Pfarrer 292
Haller, Lehrer 411
Hammer, Josef 131
Hartig 261
Hartnagel, Franz 179
Hartwig, Georg Andreas 241
Hartwig, Anton 244, 364
Hasenzahl, Ludwig 84
Haßlang, v. Obrist 13
Hausch, Daniel 131
Heberich, Adam 375
Hecker, Friedrich 48, 49, 52
Heckler, Josef, Oberfinanzeinnehmer 237
Heckmann, Adam 479
Heckmann, Heinz 131
Heckmann, Klaus 439
Heckmann, Michael 53
Heckmann, Roland 444, 445

Heckmann, Sebastian 101
Heddersdorf, Barbara 278
Heid, Dr. 348
Heidenreich, Maulwurffänger 25
Heidenstengel, Melchior 12
Heier, Franz 18
Heier, Franz Michael, Pfr. 366, 370, 515, 516
Heiligenthal, Franz 131
Heim, Landrat 21., 22
Heinemann, Gustav, Pfr. 369
Heinl, Gisela 418
Heinl, Rainer 418
Heinrich, Josef 444
Heintz u. Warthorst, Firma 252
Heinzelbecker, Georg 131
Heiß, Hans 405
Heiß, Sigurd 447
Helfrich, Adam 20
Helfrich, Bernhard 22
Helfrich, Peter Witwe 12
Helfrich, Stephan 20
Heller, Friedrich, Pfr. 370
Hellmann, David 145
Helm, Oberstleutnant 489
Helmbreht 5
Helmke, Werner 89, 455
Henig, Jörg 13
Henkel, Hermann 114, 131
Henner, Anna Christina 287
Henner, Peter 286
Henrici, Ludwig, Arzt 205
Herd, Hausknecht 514
Herda, v., Elisabeth 285
Hereman 5
Hererat 5
Herget, Veiox 303
Hersbach, Bertram 14, 17, 320
Hersbach, Georg Friedrich 361, 497
Hersbach, Hans Georg 14, 281, 283, 285, 286, 361
Hersbach, Johann Georg 240, 497
Hersbach, Wilhelm Bertram 285
Hertel 499
Hertinghausen, v., Anna Maria 281
Hertrinc 5
Herz, Jud 141
Herz, Simon 145
Heß, Wilhelm 425, 457, 490

Hesch, Kaplan 466
Hess, Ernst 131
Heumann, Isaias 144
Heuman, Joseph 142, 144
Heumann, Julius 150
Heumann, Philipp, Pfr. 369
Heuson, Chr. 509
Heyer 261
Heyl, Cornelius 247
Heyl, v., Freiherr 99
Heymann, Ludwig 145
Heinzelbecker, Nikolaus 12
Hildenbeutel, Nikolaus 405, 406
Hirsch, Bäcker 91
Hirsch, David 144
Hirsch, Gustav 144
Hirsch, Jud 141
Hirsch, Kusel 140
Hirsch, Raphael 144
Hirsch, Schutzjude 34
Hirsch, Siegmund 74
Hirschel, Otto 84
Hirt, Georg, Bürgermeister 128, 135, 136, 138, 165, 166, 325, 326, 430, 431, 432, 433, 458
Hochhaus, Markus 441
Hock, Johann Friedrich 242
Hönig 151
Hönig, Gerd 414
Hönig, Georg 114
Hönig, Jakob 151
Hörl 162
Hoffmann, Aßmuß Pfrangen 17
Hoffmann, Georg 421
Hoffmann, Heinz 131
Hoffmann, Johannes, Zentschulth. 300
Hoffmann, Karl 165, 261
Hoffmann, Peter 12
Hofmann 379
Hofmann, Georg 57, 58, 62
Hofmann, Johann, Schultheiß 18, 20
Hofmann, Johannes 23, 27, 332, 334
Hofmann, Karl 28
Hofmann, Peter 131
Hofmann, Willi 131
Hofmann, Wolfgang 377, 385
Hoheneck, v., Eva Maria 283
Holch, Rüdiger 402
Holzhausen, Schütz v. 292

Honeff, Elisabetha 78
Horneff, Philipp 131, 421
Horneff, Walter, Adam 131
Horneff, Werner 450
Horneff, Wilhelm 131
Huber, Barbara 95
Huckelmann, Peter 399, 400
Hübner, Ernst 131
Hübner, Hans Georg 365
Hübner, Helmut 398
Hübner, Julius 131
Hühn, Hans 131
Hülzenkopf, Hans 10
Hufnagel, Karl 131
Hunshagen, Johannes, Pfr. 369
Hunzinger, Gerichtsangest. 44
Hutten v. Stolzenberg, Marie Charlotte 292

Illich, Bernhard 21
Iselin, Ernst 131
Isenbreht 5

Jacob, Hans 17
Jacob, Johann Adam 364
Jacob, Johann Peter 364
Jacob, Leonhard 364
Jacob, Michel 365
Jacob, Oskar, Pfr. 370
Jacob, Peter 510
Jäger, Albert 131
Jäger, Anton 239
Jäger, Bäcker 91
Jäger, Jakob 166, 418, 427
Jäger, Karl 131
Jäger, Philipp 427
Jahns, Ludwig 476
Jakob, Adam 80, 127
Jakob, Adam VI., Bürgerm. 85, 87, 92, 97, 105, 107, 110, 126, 128, 153, 165, 325, 326, 349, 421, 422, 423, 428
Jakob, Architekt 388
Jakob, Georg 436
Jakob, Johann 165
Jakob, Johann Adam 322
Jakob, Johannes, Schuldiener 117
Jakob, Karl 131
Jakob, Leonhard 79, 131
Jakob, Nikolaus 421, 423
Jakob, Paul 437

Jakob, Peter 131
Jakob, Tilman 441
Jakob, Valentin, Feuerwehrk. 485, 486
Jakob, Walter 131
Jakob, Willi 131
Jantzen v. d. Mühlen, August 131
Jeck, Adam 131
Jeck, Amme 347
Jeck, Jakob 483
Jeck, Caspar 365
Jeck, Michael Karl 131
Jecki 361
Jeremias 145
Jochim, Adam 55
Jochim, Georg II., Postverw. 481
Jochim, Jakob 94, 421
Jochim, Joh. Gg., Postverw. 481
Jochim, Hans Nicol 365
Jochim, Rich. 151
Jochum, Johannes 237
Jöst, Andreas 375
Jöst, Frank 441
Jöst, Johann Georg, Zentschulth. 300
Jöst, Johannes 149
Jöst, Nikolai 236, 331
Jöst, Nicolaus 322
Jöst, Nikolaus, Zentschulth. 300
Jöst, Peter 17, 36
Jöst, Schmied 46
Jöst, Schultheiß 339
Jost, Fritz 108
Jonack, Siegfried 131
Joos, Dr., Oskar 96, 98
Joseph 145
Jost, Hans 14
Jost, Hanß 15
Jost, Johannes 132, 364
Jost, Johannes, Taxator 473
Jost, Karl 132
Jost, Peter 14
Jost, Philipp 17, 132, 365
Judith, Kreisschulinsp. 387
Jüllich, Beigeordneter 47
Jüllich, Christoph, Zentschulth. 300
Jüllich, Georg 132
Jüllich, Leonhard, Bürgerm. 324
Jüllich, Leonhard 22, 23, 25, 36
Jüllich, Sebastian 321
Jüllich, Robert 406

Juncker, Lorenz 364
Jung, Franz 413
Jung, Georg 238
Jung, Karl 238
Jung, Peter 238
Junker, Georg 344
Jursitzky, Adolf 444
Kadel, Adam VI. 132
Kadel, Adam, Bürgermeisterverw. 325
Kadel, Anna Elisabeth 346
Kadel, Christina, geb. Jochim 242
Kadel, Georg 23, 339
Kadel, Gerhard 398
Kadel, Hans 321
Kadel, Heinrich 104
Kadel, Jacob sen. 21, 22
Kadel, Jakob 112, 484
Kadel, Jakob, sen. Bürgerm. 324
Kadel, Jakob, Anwesen d. 487
Kadel, Johann 244
Kadel, Johann Jakob 242
Kadel, Johann Nikolaus 242, 249
Kadel, Johannes 19, 20, 55, 61, 101, 250, 296, 364, 365
Kadel, Johannes, V. 249
Kadel, Johannes IX. 250
Kadel, Johannes, Ehefrau 341
Kadel, Karl 132
Kadel, Leonhard II 242
Kadel, Maria, Katharina 244
Kadel, Nicol 364
Kadel, Niklaß 214
Kadel, Nikolaus 322, 323
Kadel, Peter 397, 398, 426
Kadel, Peter I. 244
Kadel, Peter II 244
Kadel, Peter, III. 244
Kadel, Peter, VI 246
Kahn 145
Kaidel, Peter 17
Kain, Franz 132
Kain, Otto 132
Kaiser 380
Kaiser, Jakob 408
Kaltheyer, kath. Pfarrer 164, 370
Kanz, Albert 183, 185, 325, 326
Katzenstein, Mayer 145
Kaufmann, Alfred 185, 400
Kaufmann, Kora, geb. Libmann 155

Kayser 453
Keck, Friedrich 132
Keller, Pfr. 370
Keller, Jakob 145
Kellner, Hans 439
Kellner, Max 88, 92, 249
Kern, Jörg 303
Keß, Wendel 306
Keßenauer, Jakob 306
Kesselstadt, Joseph Franz 364
Kesselstein, Maria Charlotte 292
Kessler, Siegmund 179, 182, 183, 184
Ketteler, Wilh. Emanuel 376
Kiefer, Andreas 279
Kiefer, Hanß 12
Kießetter, Philipp 17
Kilian, Peter 132
Kilian, Lehrer 409
Kinscherf, Adolf 132
Kinscherf, Anton 78
Kinscherf, Ferdinand 54, 61
Kinscherf, Franz 53, 132
Kinscherf, Georg 241, 339, 427
Kinscherf, Georg, Witwe 27
Kinscherf, Hans 167
Kinscherf, Hermann 132
Kinscherf, Johann 165
Kinscherf, Johann Georg 375
Kinscherf, Josef 54, 61
Kinscherf, Joseph 251
Kinscherf, Valentin 22, 47, 48, 53, 55, 56, 241, 250
Kinscherf, Valtin 322
Kistner, Franz 135
Klatt, F. 408
Kleh, Hans 17, 502
Klein, Elisabeth 40, 43, 74, 75
Klein, Franz 417, 418
Klein, Jacob 44, 46
Klein, Jakob 54, 55, 61, 75, 79, 132
Klein, Johann 165
Klein, Johannes 44, 74, 75, 94, 132
Klein, Peter 132
Klein, Peter, Ehefrau 303, 306
Klein, Philipp 96
Klicks, Erika 402
Klier, Wolfgang 399
Kling, Jakob II. 483
Klinger 165

Klinger, Egon 132
Klinger, Gebrüder 101
Klinger, Jakob 421
Klingmann, Kurt 132
Klunckart, H.G. 335
Knapp, Doris 399
Knapp, Georg Leonhard 132
Knapp, Heinz 132
Knapp, Johannes, Beigeordneter 58
Knaup, Karl 132
Knaup, Ludwig, Landesfeuerwehrf. 486
Knebel, v. Katzenelnbogen, Anna Marg. 281
Knispel, Arzt 34
Knosp, Georg 16
Knosp, Jörg 8
Knosp, Marx, Zentschultheiß 13, 15, 17, 284, 288, 300, 307
Koch, Georg Ernst 365
Koch, Heinz-Walther 481, 482
Kocher, Peter 17
Köbel, Lenhart 17
Köhler, Walter, Gauleiter 110
Koeniger, Kreisbaumeister 248
Kohl, Adam 132
Kohl, Josef 206
Kohl, Martin 40
Kometter, Karl 132
König, Pfr. 370
König, Samuel 8, 10, 11, 12, 16, 497
Königsfeld, Lehrer 18
Kopff, Hans 17
Kopf, Hanß 12
Kopp, Andreas 55, 61
Kopp, Gastwirt 55
Kopp, Nicol 364
Körner, Günter 18, 36, 138, 209, 252, 271, 308, 350, 353, 502, 519
Korgitta, Albert 439
Korgitta, Arthur 132
Kortschnoi, Viktor 419
Krämer, Michael 331, 333, 334
Krämer, Peter 132
Krämer, Philipp 20, 57, 58, 62
Kraft, Georg 243
Kraft, Pfarrer 93
Krall, Johann Adam 233, 234
Krall, Nikolaus 426, 450
Kraus, Amtmann 321

Krause, Gauhandwerksmeister 119
Krause, Jakob 101
Krauß, Amtsvogt 37, 295
Krauße, J.A. 246
Krauße, Johann Peter 412
Krauss, Georg 132
Krauss, Hermann 132
Krauss, Leonhard 233
Krausse, Heinrich 132
Krebs, Dr., Falk 198, 201, 269
Kretschmer 380
Kretschmer, Gerd 414
Kreuter, Amtskeller 71
Kröll, Pfarrer 337
Kromer, Friedrich 132
Kronberg, Johann Schweikard 358
Krotz, Günther, Paketzusteller 482
Krug, Alois 447
Krug, Hans 306
Krutzke, Richard 132
Kuch, Andreas, Pfr. 370
Kuhn, Franz, Rektor 378, 411, 458
Kunz, Rudolf 7, 296, 317
Kunz, Dr. 351

Lachmann, Hans Peter 5
Lambert, Philipp, Pfarrer 96, 370
Lambodo 5
Lammer, Michael 19
Lammer, Philipp 17
Landolt, Hans 303, 306
Landschad, Bleickard (Pleickard) 11, 277, 278
Landschad, Christoph II. 277
Landschad, Dieter Blicker XIV 277
Landschad, Friedrich 15, 284, 359
Landschad, Friedrich III. 14, 278, 497
Landschad, Hans 268, 276, 316
Landschad, Hans III 268, 275, 277
Landschad, Hans VI. 277
Landschad, Hans Philipp 357
Landschad, Margreth 285
Landschaden v. Steinbach 8
Lang, Hanß 15
Langgut, Samuel, Pfr. 369
Lanz, Heinrich 76
Laser, Mendel 140
Laser, Samuel 140
Laßlop 162
Laßlop, Rolf Peter 439

Laurent, F. 179
Lautenschläger, Ludwig 217
Lay, Ziegelei 189
Leitrad 5
Lenz, Heinrich Wilhelm 132
Leonhard, Anwesen 488
Levi, Nathan 145
Levin 145
Levin, Jakob 145
Libmann, A. 151
Libmann, Abraham 144
Libmann, Adolf 142, 145, 150, 158
Libmann, Albert Michael 158
Libmann, Fanny 111, 152
Libmann, Fanny, geb. Dreifuß 158
Libmann, Frieda, geb. Mayer 158
Libmann, Gerdi 158
Libmann, Ilse 158
Libmann, Irma 158
Libmann, Kora 158
Libmann, Libmann 144
Libmann, Michael 142, 144
Libmann, Rudolf 142, 145, 150, 152
Lieb, Andreas 189
Liebener, Jost 268
Lieberknecht, Anna Christina 345
Lieberknecht, Christine 33
Lieberknecht, Georg 398
Lieberknecht, Heinrich 20, 364, 409
Lieberknecht, Karl 132
Lieberknecht, Nikolaus 96, 387
Liebmann, Marum 140
Linard, Andre 176, 179, 183, 451
Lindner, Adam 165
Lindner, Flüchtlingskommissar 136
Lippert, Amtmann 292
Liuthar, Graf 7
Lockmurer, Philipp 311
Löb, Aaron 124, 157, 159
Löb, Albert 158
Löb, Anschel 142, 144
Löb, Benjamin 124, 142, 144, 156, 157, 158
Löb, Benno 159
Löb, Bernhard 144, 159, 474
Löb, Berta 159
Löb, Berta, geb. Löb 124, 157, 159
Löb, Berthold 124, 135, 142, 157, 159
Löb, Edith 159

531

Löb, Elsa 159
Löb, Emmanuel 124, 142, 145, 157, 158
Löb, Erna 158
Löb, Ferdinand 153, 156
Löb, Ferdinand I. 145
Löb, Ferdinand II. 142, 145, 159
Löb, Frieda 159
Löb, Hermann 159
Löb, Herz 144
Löb, Ida, geb. Remi 159
Löb, Inge 159
Löb, Jakob II. 58, 62
Löb, Leopold 142, 144, 159
Löb, Lina 157, 159
Löb, Manfred 159
Löb, Melitta Martha 159
Löb, Moses 142, 144
Löb, Rosalie 159
Löb, Ruth 159
Löb, Sally Hugo 159
Löb, Salomon 142, 152
Löb, Sara, geb. Neumark 124, 157, 158
Löb, Schutzjude 139
Löb, Walter 159
Löhr, Dr. v. Ferdinand 57
Löser, Jakob 140
Löw, Obrist 499
Löw, Benjamin 140, 143
Löw, Georg 20
Löw, Isaak 143, 144
Löw, Jacob 364
Löw, Michael 25
Lommel, Dr. 380, 383
Ludeley, Jeremias 243
Ludolf, Karl 50
Lufft, Johannes, Pfr. 369
Lugsch, Dr. 164
Lust 165
Lust, Walter 132
Lutz, Hans Georg 513
Luzius, Peter, Pfr. 11, 369

Maas, Jakob, Postverw. 481
Maas, Maria 381
Maca, Franz 168
Mader, Anwesen 127
Maderer, Johannes 252
Madern 305
Maier, Heinrich 132
Maier, Hans 132

Maiwald, Herbert 444
Maletzky, Richard 132
Malzkeit, Heinz 439
Mangold, Karl Philipp 132
Männel, Jud 139
Mannheimer, Abraham 144
Mannheimer, Elias 144
Mannheimer, Nathan 144
Mannheimer, Jakob 140
Mannheimer, Nathan 142, 144
Mayer, Jakob 140
Marquard, Ludwig 167
Martin, Georg, Geometer 84
Marx, Georg 306
Marx, Jonas 140
Marxins, Witwe 32, 342
Materns Frau 303
Matzke 162
Maurer, Johann Jakob, Pfr. 370
Mayer, Dietmar, Pfr. 369
Mayer, Georg Friedrich 364
Mayer, Julius 156
Mayer, Johannes Witwe 245
Mayer, Peter 149
Mayer, Peter, Zentschulth. 300
Mecking, Julius 132
Medicus, Dr. med. Georg Frd. 344
Meier, Max 145
Meigelius, Abraham 284, 359, 360, 369, 498
Meinhof, Jörg-N. 380
Meister, Carl 411
Meister, Else 126
Meister, K. Fr. 413
Melbert, Georg Karl 132
Melbert, Hans Bernhard 132
Mendel, Anschel 140
Menk, Hans 243
Menk, Otilia 243
Menus, Hans 306
Metsch v. Brunn, Anna Jacobea 181
Metz, Emil 185
Metz, Erich 132
Metz, Lehrer 48, 376
Metz, Lorenz 306
Metzger, Adam 132
Metzger, Friedrich 98
Metzger, Georg Friedrich 132
Metzger, Heinrich 132

Metzger, Johann 104
Meuer, Hans 305
Meyer, Conrad 364
Meyer, Julius 159
Minck, Johann Daniel, Pfr. 9, 284
Mölter, Ziegelei 94, 121
Moises, Kalmann 143
Moor 5
Morr, Helmut 444
Mosche, Levi 141
Moser, Professor 335
Moses, Levi 140, 144
Moyses, Kallmann 140
Moyses, Lemele 140
Muchau, Philipp 133
Müller, Adam 43
Müller, Anton, Feuerwehrk. 486
Müller, Arthur 93
Müller, Arthur, Pfr. 105, 369
Müller, Egon, Feuerwehrk. 492, 493
Müller, Elise 126
Müller, Ernst I. 405
Müller, Friedrich 133
Müller, Fritz 133
Müller, Georg 17
Müller, Georg, Postverw. 481
Müller, Gendarm 55
Müller, Hans 133
Müller, Hans Peter 365
Müller, Heinrich 92, 95, 103
Müller, Helga 62
Müller, Henche 243
Müller, Hieronymus, Pfr. 358, 369
Müller, Johann V. 431
Müller, Johannes 43
Müller, Johannes IV. 479
Müller, Karl 124, 133, 157, 261
Müller, Karl, Feuerwehrk. 488
Müller, Ludwig 395
Müller, Michael 133
Müller, Nachtwächter 25
Müller, Otto 133
Müller, Peter 22, 43, 126, 365, 457
Müller, Peter I. 403, 404
Müller, Peter III. 261
Müller, Pfarrer 104
Müller, Philipp 58
Müller, Philipp, Anwesen d. IV. 487
Müller, Philipp 11

Müller, Reinhold 133
Müller - Glaser, Georg 133
Münckler, Regierungsbaumeister 99, 269
Nanthoch 5
Naß, Hans 303
Nathan, Israel 140
Nathan, Jakob 140
Neubauer, Barthel 245
Neuburger 145
Neumann, Balthasar 189
Neuschl 162
Nicolai, Michael 365
Nieberlein, Ignaz 34
Nieberlein, Johannes 260
Nieder, Paul, Pfr. 370
Nikitsch, Dr. 269
Nikolai, Friedrich 244
Nikolai, Georg 421
Nikolai, Hans Michael 244
Nikolai, Maria 346, 347
Nikolai, Nikolaus 246
Nikolai, Peter 133
Nikolai, Philipp 244
Nöllner, Kriminalrichter 45
Oberlin, Georg 306
Oberlin, Jörg 304
Oberlin, Ulrich 304, 305
Öberlin, Jörg 306
Öberlin, Ulrich 306
Oberndörfer, Laser 140
Ockert, Steffan 441
Oehlenschläger, Heinz 133
Oehlschläger, Johann Adam, Bürgerm. 325, 469, 472
Oehlschläger, Johannes 421
Oehlschläger, Ludwig 421
Öhlschläger, Peter 513
Öhlschläger, Wegewärter 25
Oelschläger 78
Oelschläger, Adam 100
Ölschläger, Heinz 133
Ohligmacher, Dr. 349
Ohly, Karl, Pfarramtskandidat 57, 58
Opimont, Jacob 34
Opimont, Katharina 34
Opimont, Peter 28, 34
Oppenheimer, Julius 144, 386
Oppenheimer, Laser 140, 143
Oppenheimer, Salomon 226

Oppenheimer, Simon 151
Orschels Bärbel 32, 342
Osada, Helmut 439
Otterbach, Adam I. 404, 405
Otterbach, Georg 412, 413
Otther, Jakob 357

Pagenstecher, Heinrich Christian, Pfr. 337
Pauli, Johannes 260
Pauli, Johannes, Zentschulth. 300
Pauli, Förster 258
Pauli, German 446
Peller, Alois 133
Peller, Erich 439
Peller, Franz 133
Peterl, Hans, Leiter d. Post 482
Pfeifer, Adam 354
Pfeifer, Anna Margaretha 337
Pfeifer, Claus 303
Pfeifer, Ernst 354, 414, 415
Pfeifer, Johann Adam 354
Pfeifer, Johannes 5, 9, 12, 37, 103, 197,
 201, 202, 224, 239, 247, 255, 270, 339,
 354, 355, 356, 377, 415
Pfeifer, Heinrich, Pfr. 370
Pfeifer, Lehrer 411
Pfeifer, geb. Schöffel, Elisabeth 354
Pfeil 261
Pflästerer, Jakob 210
Pietz, Albert, Postverw. 482
Pleß, Freiherr 240
Polster, Rudi 119
Poth, Friedrich 133
Prießnitz, Josef 162
Prinz, Christian 52
Prinz, Provinzial-Commissär 57, 58, 60
Probst, Bastian 12
Probst, Ulrich 307
Purkert, Harald 381

Quenzer, Franz 133
Quenzer, Ludwig, Anwesen d. 486
Quinkert, Ludwig Leo, Pfr. 370

Rabenhaupt, Generalmajor 14, 15, 16,
 239, 240
Rabenhaupt, Karl, v. Sucha 278
Rado 5
Raetz, Justizrat 56
Raupenstein, Hartmann, Zentschulth 300
Rausch, Adam 425

Rausch, Philipp 227
Rech, Zentschultheiß 295
Reeg, Lehrer 411
Rees, Johannes 403
Rees, Georg 423
Regenher 5
Reginbreht 5
Reh, Theodor 49, 50
Rehn, Ulrich, Architekt 173, 175, 383
Reich, Dr. Pfarrer 150
Reinhard, Barbara 79
Reinhard, Friedrich, Rektor 369, 378,
 382, 383, 384, 388, 453, 513
Reinhard, Hermann 133
Reinhard, Johannes 133
Reinhard, Karl Julius 133
Reinig, Adam 25, 43, 47
Reinig, Adam, Bürgermeister 79, 325
Reinig, Erich 133
Reinmund, Jakob Wolf 145
Reipolt, Wendel 306
Reiß, Claus 15
Reißen, Claus 14
Reitz, Heinz 239, 245, 250
Renner, Willi 458
Rentrup, Georg 242
Rettig, Adam 17
Rettig, Alfred 399
Reusch, Philipp, Amtskeller 313
Richter, Ernst 133
Riegger, Dr. Helmut 184, 185
Rischel, Michel 344
Ritzert, Gehilfe 108
Ritzert, Theo 399, 437
Rodenstein, v. Neidhard 281, 283
Römer, Charlotta Amalie 36
Römer, Elisabeth 242
Römer, Johannes Michael 36
Römer, Martin 364
Römer, Michael 243
Roesch, Alois 379
Rohner, Karl, Pfarrer 157
Rohr, Lorenz 11
Rohr, Niklas 305
Rohr, Nikolaus 314
Rohr, Veit 16, 17
Roschauer, Walter 437
Rosenheim, Raphael 145
Roth, Georg 121, 133, 329, 423, 440

Rudolf 5
Rück, Helmut 439
Rücker, Rudolf 246, 247
Rugger 5
Rupert, Graf 5
Ruppert, Kreisleiter 117
Rutz, Bastian 307
Rutz, Velten 12
Sachs, Franz 85, 432
Sachs, Franz II, Feuerwehrk. 491
Sachs, Hebamme 85
Sachs, Karl 133
Sachs, Leonhard 133
Sachs, Margarethe 348, 349
Sachs, Valentin 133
Sachs, Wilhelm 133
Salomon, Jud 141
Samuel, Anschel 140
Samuel, Laser 143
Samuel, Zacharias 140
Sander, Karl-Peter Ernst 133
Sangl 162
Sattler, Adam 133
Sattler, Anwesen 494
Sattler, Jakob 133
Sattler, Hermann 447
Sattler, Peter W. 265
Sauer, Leonhard 133
Schaab, Adam 133
Schaab, Georg Adam 58, 59, 60
Schaab, Hanß Paul 322, 364
Schaab, Leonhard 364
Schaab, Nikolaus 47, 48, 53, 54, 55, 61
Schaab, Velten 364
Schab, Adam 127, 237
Schab, Anna Marg. 242
Schab, Elisabeth Eva 242
Schab, Friedrich 365
Schab, Georg 248
Schab, Georg M. 80
Schab, Georg Michael 33
Schab, Hans 257
Schab, Johann 245
Schab, Johann Adam 242
Schab, Johann Friedrich 242
Schab, Johann Leonhard 245
Schab, Johann Michael 235
Schab, Johann Paul 245
Schab, Peter 15, 16, 17, 307, 502

Schab, Velten 15, 17
Schab, Veltin Erben 244, 245
Schab, Wendel 245
Schabel, Georg 133
Schäfer, Adam 133
Schäfer, Georg 126
Schäfer, Georg Peter 246
Schäfer, Georg Peter, Bürgerm. 324
Schäfer, Johannes III. 245
Schäfer, Joh. Geometer 424
Schäfer, Johann Georg 365
Schäfer, Josef 419
Schäfer, Karl 133
Schäfer, Lehrer 411
Schäfer, Peter 22, 23
Schäfer, Sebastian 246
Schäffer, v. Bernstein, Generalmajor 57
Schanz, Georg 453
Scharer, Anna 241
Scharer, David 241
Scharf, Johann Georg 260
Scharmann, Ferdinand 133
Schaub, Hans 306
Schaub, Martin 303
Schauenburg, Berthold 273
Scheerer, Schulhelferin 378
Scheffer, Jakob 306
Scheible, Karl 100
Scheidel, Wilhelm Alois 133
Scheller, Franz 261
Scheller, Hans 133
Scheller, Karl 133
Scheller, Peter 133
Scheller, Werner 323
Schenk, Ferdinand, Hofgerichtsadv. 466
Schepfer, Johann Leonhard 242
Scherben, Johann Philipp 10
Scherer, Philipp 305, 306
Scheuermann 165
Scheuermann, Adam 165, 421
Scheuermann, Hans 133
Scheuermann, Hans Adam 365
Scheuermann, Hanß Nicol 364
Scheuermann, Helmut 133
Scheuermann, Joh. VI., Anwesen d. 486
Scheuermann, Johann 413
Scheuermann, Johannes 236
Scheuermann, Karl 133
Scheuermann, Martin 305, 314

Scheuermann, Metzgermeister 100
Scheuermann, P. 409
Scheuermann, II. Peter 94
Schickle, Willi 134
Schindler, Emil 134
Schindler, Karl 134
Schmid, Rudolf 134
Schmidt, Adam 15
Schmidt, Erwin 134
Schmidt, Georg 93
Schmidt, Hans Adam 508
Schmidt, Heinrich Theodor 191
Schmidt, Karl 134, 429
Schmidt, Katrin 304
Schmidt, Konrads Frau 307
Schmidt, Kurt 458
Schmidt, Lorenz 304
Schmidt, Oskar 241
Schmidt, Peter, Anwesen d. 487
Schmiedt, Adam 17
Schmiedt, Conrad 17
Schmitt, August 134
Schmitt, Elisabetha 33
Schmitt, Friedrich 134
Schmitt, Friseur, Ehefrau 124
Schmitt, Fritz 134
Schmitt, Georg 134, 426
Schmitt, Georg, Konsulent 343, 514, 515, 516, 518
Schmitt, Georg, Pfr. 370
Schmitt, Hans 306, 399, 445
Schmitt, Heinrich 134
Schmitt, Heinz 395, 396
Schmitt, Hermine 350
Schmitt, Jakob 332
Schmitt, Johannes 20
Schmitt, Karl 100, 417
Schmitt, Konrads, Hausfrau 13
Schmitt, Kurt, Musikmeister a.D. 399
Schmitt, Ludwig 134
Schmitt, Kurt 408, 409
Schmitt, Oliver 414
Schmitt, Oskar 77
Schmitt, Stefan 441
Schmitt, Werner 429
Schneider, Athanasius, Pfarrverw. 370
Schneider, Johann Leonhard 22, 32, 226, 243, 337, 338, 340, 342, 343, 386
Schneider, Johann Peter 337

Schneider, Martin 305
Schneider, Velten 304
Schnürer, Josef 134
Schönborn, Johann Philipp 287
Schönborn, Maria Ursula 283, 361
Schönherr, Michael 510
Schönleben, Wilhelm 134
Schössau, Stefan 441
Schösser, Ferdinand 162
Schott, Elisabeth Katharina 290
Schott, Joh. Christoph 290
Schrödelsecker, Heinz 444
Schrödelsecker, Wilhelm 134
Schröder, Bernd Philipp 265
Scholl, Bartel 304
Schubert, Josef 416
Schuch, Gerd 134
Schuch, Jakob 134
Schuch, Johann Leonhard 365
Schuch, Philipp, Anwesen d. 487
Schuch, Theobald 322, 361
Schütz, Adam V. 248
Schütz, Anna Maria 235
Schütz, Anwesen 494
Schütz, Familie 206
Schütz, Franz 421, 436
Schütz, Franz II., Anwesen d. 486
Schütz, Hans 134, 365
Schütz, Konrad 235
Schütz, Michael 20
Schütz, Sebastian 22
Schütz, Wilhelm Georg 134
Schulz, Dr., Wilhelm 49, 50
Schumacher, Gendarm 58
Schunk, Julius 134
Schunk, Rudolf 134
Schuster, Fabrikarbeiter 96
Schuster, Franz 402, 403
Schuster, Johann 134
Schwabenland, Johannes 134
Schwartz, Johann Nikolaus 192
Schwartz, Obrist 189
Schwöbel, Johann, Postverw. 482
Schwöbel, Oskar 134
Schwöbel, Walter 134
Scipio, Ferdinand 84
Scola 335
Scotti, Dr. 351
Sedel, Jakob 140

Seeger, Gefälleverw. 49
Seeger, Oberförster 466
Seile, Otto 177
Seiler, Stoffel 314
Seip, Karl 134
Seip, Wilhelm 134
Senkel, Friedrich 248
Sewermann, Velten 305
Siebert, Peter Josef 244
Silchmüller, Ella 168, 184
Simmet, Dr., Hans 100, 417
Sinsheimer, Daniel 145
Skell, Friedrich Ludwig 192
Snellhart 5
Snyger, Barbara v. Moßauw. 290
Söhnlein 165
Sommer, Hanß 17
Sommer, Hans Nicol 365
Sonnen, Bruno H.C. 452, 453
Sorg, Mattheus 322
Spamer, Prof. 211
Spangenberger, G.C., Pfr. 370
Spangenberger, Jörg Konrad 292
Spath, Hans 13, 17
Spatz, Wolfgang 439
Spede, Michel 304
Speicher, Peter 126
Spengler, Valentin 241
Spilger, Peter 320, 436, 437, 439, 459, 464, 495
Spitz, Paul 242
Spönlen, Anna Maria 290
Springer, Moses 145
Staab, Hans 134
Staab, Sebastian, Pfr. 370
Stadion Wertheim, Berhardine Magdal. 294
Stadler, Heinrich sen. 252
Stadler, Heinrich jun. 252
Stahelmann, Clesel, Ehefrau 303
Stahl, Architekt 189
Stahl, Hofgerichtsadv. 49
Staiger, Hans 278
Stain, Jerg 11
Stainmiller, Hans 195
Stanek, Hans 134
Starkenburg, Hoheneck, Burggraf 286
Stauch 162
Steckman, Hanß 15

Steffan, Adam 335, 428
Steffan, Anna Maria 242
Steffan, 1. Vorsitzender 441, 442
Steffan, Hans 440
Steffan, Hans Georg, Zentschulth. 300
Steffan, Johann Peter II. 420
Steffan, Michael, Anwesen d. 486
Steffan, Peter 421
Steierts, Seppl 353
Stein, Georg 241
Stein, Erich 134
Stein, Hans 134, 241
Stein, Heinrich 252
Steinbinder, Georg 185
Stephan, Georg 322
Stephan, Gustav 134
Stephan, Hans 17
Stephan, Hans Georg 321
Stephan, Hans Georg, Schultheiß 364
Stephan, Rainer, Rektor 176, 182, 383, 384, 388
Steppes, Landrat 231
Stern, Ilse, geb. Libmann 154
Stern, Isidor 145
Stern, Otto 155
Stern, Kallmann 143, 140
Stief 379
Stief, Hans 134
Stief, Johann 67
Stief, Johann Nikolaus 338
Stief, Jakob 67
Stief, Karl 167, 398, 436
Stief, Karl II. 426
Stief, Karl, Bürgerm. 325, 326
Stief, Margaretha 338
Stief, Nikolaus 189
Stief, Peter 413
Stief, Ziegelei 100, 111
Stieff, Johann Nicol 364
Stöhr, Dr., Johannes 94, 99, 351, 352
Storck, Adolf, Pfarrer 105, 369
Strack, Karl, Pfarrer 369, 387
Straßburger, Wigbert, Pfr. 370
Strauch, Forstinsp. 21
Strauß 145
Strauß, Georg 15, 134, 428
Strauß, Johann 88, 92, 423
Strauss, Werner 491
Strauß, Walter 134

Streicher, Julius, Gauleiter 153
Strobach, Monika 402
Stromel, Gottfried 157
Struve 48
Struve, Gustav 53, 55
Sturm, Franz 249
Sturm, Franz Georg 80
Sturm, Johann 335
Stutz, Ernst 134
Stutz, Georg Peter 20
Stutzmann, Dr. 247, 400
Sulzbach, Adam, Pfarrer 370, 387, 497
Swende v. Weinheim 7, 272, 273
Swende, Anna geb. Forstmeister 276
Swende, Bernhard 273
Swende, Blicker 273
Swende, Eberhard 273, 276
Swende, Ernfried 273
Swende, Ganod 223, 357
Swende, Gernot 273
Swende, Hennel 273
Swende, Konrad 223, 273, 357
Swende, Philipp 275, 278
Swende, Winter 275
Swende, Wilpert 357
Swende, Wipert 223, 273
Swende, Wiprecht 273
Szelag, Anton 134

Tausch, Thomas 189
Thiel, du Chefminister 44, 48
Thoma, Anton 134
Tieto 5
Töpfer, Günther 439
Traugott, Jakob 314
Treiber, Anwesen 489
Treiber, Hugo 134
Treiber, Jakob 80
Treiber, Johann, Anwesen d. 487
Treiber, Peter 235, 413
Treiber, Zimmerleute 70
Tritsch, Jakob 134
Tritsch, Johann 97
Tritsch, Peter 109
Tschiedel, Helmuth, Konrektor 379, 380, 382, 388
Tuch, Michael 145

Ugo 5
Uhl, Johannes 55
Uhle, Hans Joachim, Pfr. 369
Ulbrich, Günter 398
Ulner 286
Ulner, Ulrich 276
Unholzer, Albinus 134
Unrath, Hermann 432
Unrath, Peter 134
Unrath, Reinhold 178, 179
Unselt, Johannes, Pfr. 369
Unselt, Leonhard, Pfr. 358
Uremovic, Tomi 441

Valentin, Philipp, Postverw. 481
Vetter, Adam 134
Vogel, Adam 218
Vogel, Ludwig 134
Vogler, Herbert 437
Voigt, Walter 453, 454

Wacher 5
Wachmunt 5
Waenbolt, Conradus 278
Wagner, Erwin 135
Wagner, Dr. Hans 383
Wagner, Helmut 399
Wagner, Herbert 166
Wagner, Johann Adam, Pfr. 370
Wagner, Johannes 27, 58, 224
Wagner, Nikolaus 515
Wagner, Dr. Otto 270
Wagner, Wilhelm 408
Waldenburg, Gerhard 358
Waldrich 5
Waldt, Ulrich 303
Wallbrunn, Freifrau 258
Walter, Fritz 437
Wambolt v. Umstadt 8, 46, 162
Wambolt, v. Umstadt, Anwesen d. 486
Wambolt, Adolphine 234
Wambolt, Anselm Kasimir, Kurfürst 187, 279, 282
Wambolt, Antoinette, geb. Gräfin zu Eltz 194
Wambolt, Brigida 278
Wambolt, Charlotte 364
Wambolt, Franz Philipp Caspar 187
Wambolt, Eberhard 279
Wambolt, Emmerich 366
Wambolt, Franz 80
Wambolt, Franz Kaspar 291

Wambolt, Franz Philipp 335
Wambolt, Franz Philipp Kaspar 292, 363
Wambolt, Friedrich 12, 279, 281, 283, 285, 359
Wambolt, Friedrich Heinrich 281, 361
Wambolt, Hans 224, 243, 268, 278, 279, 316
Wambolt, Hans Casimir 279
Wambolt, Heinrich 281
Wambolt, Johann Casimir 10, 243
Wambolt, Karl Philipp 135
Wambolt, Luise Juliana 281, 285
Wambolt, Margaretha 275
Wambolt, Philipp 80, 194, 275, 276, 278, 285, 357, 364
Wambolt, Philipp II. 278
Wambolt, Philipp III. 279
Wambolt, Philipp Franz 189, 192, 292, 331, 343, 345
Wambolt, Philipp Hugo 294, 342, 366
Wambolt, Reinhard Casimir 281
Wambolt, Schweikard 279
Wambolt, Sibylle 194
Wambolt, Theodor 279
Wambolt, Wilhelm 279
Wambolt, Wolf 239, 243, 281, 363
Warin, Gaugraf 2, 4
Warthorst, Alois 252
Warthorst, Franz 252
Weber, Adam 109, 166, 424
Weber, Adam, Bürgermeister 167, 325, 326, 418
Weber, Adam, Pfr. 370
Weber, Georg Adam 135
Weber, Hans 135
Weber, Hans Georg 245
Weber, Johannes 53
Weber, Joh. V., Anwesen d. 488
Weber, Johann Nicol 365
Weber, Joseph 233
Weber, Kurt 135
Weber, Maria 233
Weber, Michael, Anwesen d. 488
Weber, Paul, Sohn 342
Weber, Peter 242
Wecht, Hans 135
Wedel, Friedrich Wilhelm 135
Weidig, Friedrich Ludwig 49
Weigant, Peter 10

Weigold, Heinrich 135
Weimert, Johann 307
Weinbrenner, Velten 305
Weiß, Peter 16
Weiß, Dr. 9
Weißenheim, Stephan 14
Welzel, Richard 418
Wendorff, Dieter, Pfr. 73, 369
Wenicker, Johann 353
Wenzel, Diener 136
Wentzel, Nikolaus 260
Werinher, Graf 6, 7
Werner, Nikolaus, Ehefrau 345
Werner, Nickel 17
Westermann, Rainer 454
Westernacher, Dr. 150
Wetzel, Jost 243
Weyland, Adam Konrad, Pfr. 343, 369
Wieder, Engelhard 314
Wieder, Engelhard, Zentschulth. 320
Wiegand, Hugo Franz 135
Wilderotter, Martin 353
Wilhelm, Heinrich, Sekretär 108, 428, 452
Wind, Kurt 458
Winkler, Siegfried 264
Winter, Heinrich 197, 206
Wittemeyer, Anna Rosina 336
Wittmeyer, Johann Michael 375, 376, 385
Wittemeyer, Michael 20, 233, 234, 235, 237, 332
Wittmershaus, Familie 96
Wohn, Johannes, Pfr. 370
Wolf, Adam 227
Wolf, Anschel 140
Wolfert, Alfred A. 271
Wolff, Dr., Schuldezernent 384
Wolff, Hofrat 294
Wolfhart 5
Wolfmuhr, Abraham 145
Wollhard, Pfarrer 337
Wörthmüller, Heidrun, geb. Kaufmann 401
Württemberger, Hartmann 17

Zacharias, Jud 143
Zeidler, Horst 447
Zeiler, Michael 53
Zeiß, Adam, Zentschulth. 300
Zenner, Klaus 39, 323, 356

Ziegler, Hans 297, 499, 502
Ziegler, Hans, Zentschulth. 300
Ziegler, Hanß 12, 17
Ziegler, Hch., Anwesen d. 488
Ziegler, Maria, Hebamme 344
Ziegler, Martin 17
Ziegler, Otto Theodor 248
Ziernstein 162
Zimmermann, Albert 405, 415
Zimmermann, Hch., Pfarrverw. 370
Zimmermann, Karl 417
Zimmermann, Kreisbauinsp. 387
Zimmermann, Velten 11

Zimmermann, Wolf 11
Zinck, Michel, Witwe 17
Zinkgräf, Karl 210, 214
Zöller, Michael 310
Zopf, Friedrich 135
Zopf, Hanß 17
Zopf, Johannes 135
Zopf, Michael 135, 413, 458
Zopf, Nikol 245
Zopf, Nikol, Anwesen d. 487
Zopf, Veltin 15
Zotz, August Otto 135
Zubeck, Georg 445